직접교수 읽기

Direct Instruction Reading [6th ed.]

Douglas W. Carnine · Jerry Silbert · Edward J. Kame'enui
Timothy A. Slocum · Patricia A. Travers 공저
정광조 · 신재현 · 이대식 공역

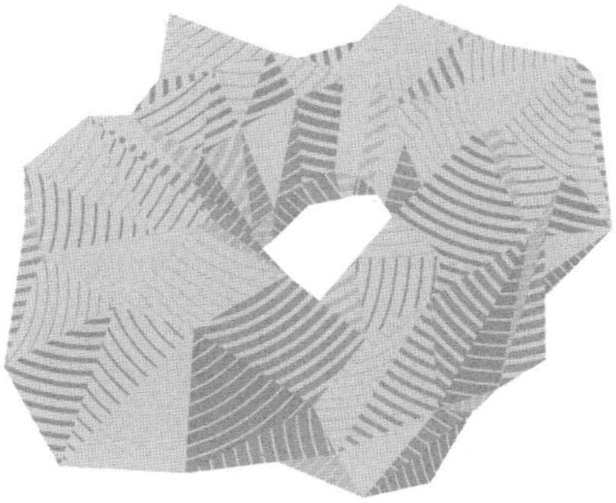

학지사

Direct Instruction Reading, 6th Edition
by Douglas W. Carnine, Jerry Silbert, Edward J. Kame'enui,
Timothy A. Slocum, and Patricia A. Travers

Authorized translation from the English language edition,
entitled DIRECT INSTRUCTION READING, LOOSE-LEAF VERSION, 6th Edition,
ISBN: 9780134276106 by CARNINE, DOUGLAS W.; SILBERT, JERRY; KAME'ENUI, EDWARD J.; SLOCUM, TIMOTHY A.; TRAVERS, PATRICIA A., published
by Pearson Education, Inc., publishing as Pearson,

KOREAN language edition published by HAKJISA PUBLISHER, INC.
by arrangement with Pearson Education, Inc.

역자 서문

이 책은 직접교수법 발전의 주역인 Carnine과 그의 동료 교수인 Silbert, Kame'enui, Slocum, Travers가 2017년에 출간한 『Direct Instruction Reading(6th ed.)』을 완역한 것이다. 이 책에서는 자·모음 원리, 글자 및 단어 해독, 어휘, 읽기 유창성, 독해 등 읽기의 각 영역을 초기 읽기 단계, 초등학교의 저·중학년 읽기 단계별로 직접교수법 원리를 적용하여 지도하는 구체적인 방안과 예시를 제시하고 있다. 이 책의 초판이 1979년에 나왔으니 6판이 나오기까지는 40여 년이 걸린 셈이다. 그만큼 읽기 분야에서의 이론과 실제 발전과 변화 과정을 반영했다고 볼 수도 있다.

이 책을 번역하게 된 이유는 최근 몇 년 사이에 사회적으로 국내 난독증 학생과 기초학력 향상에 대한 국가와 사회의 관심이 고조되고 있음에도, 읽기 현상을 심층적으로 다룬 전문 학술서적이 상대적으로 부족하여 대학이나 대학원에서 강의를 할 때 어려움을 겪었기 때문이다. 또한 국내에 일반적인 읽기 지도 방법 등에 관한 도서는 많이 있지만 읽기 학습장애처럼 읽기에 어려움을 보이는 학생들을 지도하는 방법에 관한 서적이 많지 않았던 것도 이유이다.

이 책은 다음 세 가지 측면에서 다른 책들과는 차별화된 특징을 갖고 있다. 첫째, 직접교수법 원리를 충실히 반영하여 각 읽기 지도 영역별로 구체적인 지도 방법과 내용을 '수업 형식(teaching format)' 형태로 제시해 주고 있어 학교 현장에서 곧바로 사용 가능하다. 특히 이 수업 형식 안에는 교사의 언행과 예상되는 학생의 반응, 오류가 발생했을 때의 대처 방안 등이 상세하게 기술되어 있다. 둘째, 각 장 후반부에는 해당 장에서 다룬 내용을 적용할 수 있도록 하는 응용 연습문제가 제시되어 있어 독자로 하여금 해당 장을 얼마나 잘 이해했는지 스스로 확인할 수 있게 하고 있다. 셋째, 음운 인식, 글자-소리 대응부터 독해, 내용 교과 읽기 이해까지 읽기의 전 영역을 매우 상세하게 다루고 있다.

이 책에서 다루는 읽기는 모두 영어를 대상으로 한 것이다. 한글과 영어는 여러 가지 면에서 차이가 있다. 하지만 읽기의 기본 원리나 읽기의 영역, 읽기 학습장애의 특징 등은 공통적인 부분이 매우 많기 때문에 한글 읽기에 관한 이해와 지도방안을 강구하는 데 있어서 이 책은 매우 유용할 것으로 본다.

이 책은 학부나 대학원 과정에서 읽기에 대한 기본적인 이해, 읽기 학습문제의 이해, 효과적인 읽기 지도 방법 등을 다루는 강좌의 교재로 사용하기에 적절할 것이다. 또한 읽기에 관심이 있는 개인이나 소집단이 스터디를 할 경우 교재로 사용해도 좋을 것으로 생각한다. 특히 이 책이 국내 읽기 학습장애 관련 이론과 실제 발전에 유용하게 활용되었으면 한다.

번역은 창작하는 것보다 훨씬 어려운 경우가 많다. 매끄럽지 못하거나 잘못 번역된 부분은 전적으로 번역자들의 부족함으로 인한 것이다. 부족한 부분은 지속적으로 수정 · 보완해 나갈 예정이다. 독자 여러분의 양해와 아낌없는 의견을 바란다.

끝으로, 좋은 책을 번역할 수 있도록 인내심을 갖고 기다려 주신 학지사의 김진환 사장님과 전문적인 편집 능력과 조언으로 이 책의 완성도를 높여 주신 박지영 선생님께 깊은 감사를 드린다.

2022. 8.

역자 일동

저자 서문

Lewis Carroll의 소설『이상한 나라의 앨리스』에 다음과 같은 대화 장면이 나온다. 왕은 진지하게 다음과 같이 말했다. "처음부터 시작하라. 끝까지 계속하라. 끝이 나면 그때 멈추라." 이 대화에서 왕이 말한 것처럼 우리도 그렇게 할 것이다.

『Direct Instruction Reading(6th ed.)』에 온 여러분을 환영한다.『Direct Instruction Reading(6th ed.)』은 인쇄용으로는 마지막 출판물이 될 것으로 보인다. 왜냐하면 앞으로 교재들은 학생들에게 낮은 가격 혹은 무상으로 정보에 접근할 수 있도록 하는, 즉 열린 교육자원과 열린 교과서를 고려한 기술력과 인터넷을 이용한 e-교과서와 다른 디지털 교과서 파생 형태의 교과서들로 이루어진 미래형 디지털 기술로 출판된 미래형 교과서로 대체될 것이기 때문이다. 따라서『Direct Instruction Reading』초판의 시작과 그 역사에 대해 간략하게 이야기하고자 한다.

『Direct Instruction Reading』의 초판은 원저자인 Douglas W. Carnine과 Jerry Silbert가 썼는데, 지금으로부터 약 40년 전인 1979년에 출판되었다. 상업용으로 출판된 이 초판은 3인치 두께의 스프링으로 제본된 비공식적인 교재였다. 이 책은 1970년 초기에『경도 장애 학생들을 위한 읽기 교수(Reading Instruction for the Mildly Handicapped Child)』라는 제목으로 오리건 대학교의 교육과정에서 주요 필수 교재로 사용되었고 처음으로 현장 검증을 거쳤다. 나는 고백한다. 특수교육 석사과정의 첫해 학생이고, March Stein의 도움을 받아 진행된 Douglas Carnine의 과정에 처음 등록한 1975년에 오리건 대학교의 서점에서 구입한 온전하지만 너덜너덜한 노란색 커버로 된 직접교수 읽기 복사본의 초판을 소장하고 있다는 것을. 그 이후로 직접교수 읽기의 각 교재는 40년 전에 시작되어 그 후에 명성을 얻게 되었다.

이 책이 처음 출판된 이래 현재까지 교재 관련 접근, 배부 그리고 출판 기반 정보를 위한 기술들이 극적으로 변화하였음에도 불구하고, 역사적으로 변화되지 않은 것은 Carnine과 Silbert가 초판에서 개념화하고 발전시키고 주장한 초기 직접교수 읽기의 기본적 원리인 내용과 실체이다. 예를 들어, 거의 40년 전에 Carnine과 Silbert(1979)는 자신들이 언급한 '소리 합성(blending sounds)' 및 '소리 분절(segmenting)'과 같은 '음소 단위로 소리 내어 읽기의 선행기술'로 무엇을 가르쳐야 하는지에 대한 논의를 하였다. 이 선행기술들은 단어 읽기와 음운 해독에 전제 조건이 되는 필수적 기술인 음소 인식 기술들로 알려져 있다. 초판에서 Carnine과 Silbert(1979)는 초기 읽기 교수에서 '다섯 가지 핵심 아이디어' 중의 하나인 음운 인식을 확인하였는데, 이와 같은 음운 인식은 그 후로 30년 뒤인 2000년에 국가읽기위원회가 자신들의 연구를 통해 중요 내용으로 선정한 후 이를 미국 의회에 보고하면서 강조되었다.

Carnine과 Silbert(1979)의 분석과 교수적 필수 조건은 음운 인식에 제한된 것만이 아니라, 국가읽기위원회(2000)가 확인한 발음, 어휘, 유창성 그리고 읽기 이해와 같은 다른 핵심 아이디어들도 포함된다. 미국 의회는 국가읽기위원회의 읽기 교수 관련 연구물을 검토한 후, 읽기 성공과 관련된 방법들을 검토하는 책무성을 요구하였다. 국가읽기위원회 연구결과는 직접교수 읽기 초판에서부터 포함되어 온 절차와 내용들의 타당성을 확인해 주었다. 국가읽기위원회 위원들은 음소 인식(제6장), 글자-소리 대응(제7장), 체계적이고 명시적인 발음(제8, 9, 10, 13, 14장), 유창성(제16장), 어휘(제11, 17장) 그리고 서술적 이해와 교재 글 이해를 위한 전략(제12, 18, 19, 20, 21장) 지도의 중요성을 지적하였다. 더구나 국가읽기위원회 위원들은 모든 읽기 영역에서 체계적이고 명시적인 지도의 중요성을 강조하였다. 국가읽기위원회의 연구결과는 2000년 4월에 발표되었는데, 이는 1979년 이 책의 초판에서 읽기에서의 체계적 및 명시적 교수를 요구한 것과 같은 것이다.

따라서 Carnine과 Silbert(1979)는 읽기 교수의 지식 분야에 대단한 선견지명이 있었다고 할 수 있다. 제5장의 서문에서 언급한 것과 같이 직접교수의 본질은 읽기 교수에 관한 다양한 접근법은 설명하지 않았다는 점과 읽기 연구에 전념하였다는 점에서 확실히 다른 교재들과 다르다. 직접교수 읽기는 필수적 읽기 기술들을 체계적이고 명시적으로 가르치는 방법에 대한 아주 세부적인 정보까지 제공해 주고 있다. 직접교수 읽기에서 촉진된 읽기 접근법들은 국가읽기위원회의 연구결과들과 아주 동일하다. 이 교재에서 설명되는 절차들은 모든 학생의 읽기 능력을 향상시키는 데 효과가 있다는 것이 입증되어 왔다. 특히 이 책에서 제시된 방법들은 가난, 장애 혹은 영어 언어 및 알파벳 쓰기 체계에 제한된 지식을 가지고 있는 위기 학생들과 같은 학습에 취약한 학생들에게 효과가 크다는 것이 입증되어 왔다.

이전 5판과 같이 이번 6판에서는 현직 교사들은 물론 예비교사들에게 모든 학생을 위한 효과적인 읽기 교수에 관한 구체적인 정보를 제공할 수 있도록 저술되었다. 6판에서는 학생들이 읽기를 잘 할 수 있도록 하기 위해서 무엇을 해야 하는지는 물론, 왜 이와 같은 특별한 절차가 제안되었는지를 설명하는 내용을 포함시켰다. 게다가 이 책은 '초기 교수 절차'를 구조화하는 방법을 통해 학생들이 읽기에서 성공적인 경험을 할 수 있도록 하는 데 필요한 정보를 제시하고 있다. 즉, 교수는 학습자가 처음으로 새롭고 신기한 정보들을 배우도록 하는 것이라는 가정을 한다. 그래서 교사의 수업 진행은 명확해야 하고 교사가 사용하는 언어와 구체적인 설명 내용은 모든 학생이 이해할 수 있어야 한다고 주장한다. 또한 교사의 수업 진행 기법은 교사와 학생 간의 상호작용이 최대한 성공적인 것이 될 수 있도록 해야 하며, 개별 수업은 학생들의 읽기 숙달 수준을 최대한 높은 수준으로 향상될 수 있도록 적절한 연습과 복습을 제공해야 한다고 주장한다.

6판은 교사들이 효과적인 방법으로 학생들을 가르칠 수 있는 교수학습 환경을 조성하도록 하는 것에 염두를 두고 썼다. 학습 환경은 환경 조성을 통해 학생들의 자아개념을 증가시킬 수 있도록 해야 한다. 이 책의 저자들은 그동안의 자신들의 경험과 읽기 연구로 검증해 온 연구결과를 바탕으로 학생들에게는 유능감이 우선이며, 이는 자아개념의 향상으로 이어진다는 점을 제안하였다. 그리고 학습 환경은 최소한의 자원을 가지고 최단 시간에 가장 많은 양의 학습이 이루어지도록 할 때 가장 효율적이라고 주장한다. 특히 이는 학습에 어려움을 보이는 학생과 자원에 의존하고 있는 기관(예: 학교, 학군, 주 교육기관)에게는 매우 중요한 고려사항이라고 주장한다.

인쇄 형태로는 이제 마지막이 될 6판에서는 국가읽기위원회가 강조한 읽기 교수에 관한 핵심 아이디어 다섯 가지 주요 영역과 동일하도록 각 장들을 구성하였다. 특히 읽기 교수에 있어 처음 한 달이 이후 읽기 성공에 매우 중요하기 때문에 다른 장에 비해 6판의 초기 읽기 부분이 많은 비중을 차지하도록 구성하였다.

6판의 새로운 내용들

- 각 장은 '학습 목표'라는 목록을 제시하는 것으로 시작된다. 이를 통해 독자들이 각 장을 읽고 성취해야 할 것으로 기대되는 구체적인 성과들을 이해하기 쉽게 하였다. 이 목표들은 각 장을 통해 무엇을 새롭게 알게 될 것인지를 구체적으로 제시하는 역할을

할 뿐만 아니라 각 장의 내용에 대한 선행 조직자 역할도 한다.

- 초기 읽기에 대한 직접교수 접근의 맥락에서 중재반응모형에 대한 새로운 장을 만들어 제시하였다. 즉, 독자들에게 초기 읽기를 직접교수 접근으로 가르치는 맥락에서 중재반응모형을 어떻게 생각해야 하는지에 대한 설명을 제시하였다.
- 읽기 교수에 대한 직접교수 접근에 있어 새로운 경험적 근거로서의 역할을 하는 새로운 연구들을 제시하였다.
- 미국 주의 공통 핵심 성취기준(Common Core State Standards: CCSS)에 대한 내용이 제시되었으며 주 공통 핵심 표준 교육과정에서의 읽기 지도에 대해 직접교수 접근의 근거를 제시하였다.
- 웹 자료, 비디오 연결 그리고 참고 자료로 활용 가능한 다른 일반적인 연구들을 제시하였다. 그리고 따로 초기 읽기 연구와 교수 전략에 관한 중요 정보 자원에 접근하여 쉽게 자료를 찾아 읽을 수 있도록 하기 위해 '글상자'로 강조하였다.
- 참고 자료와 링크 자료들을 제시하였으며, 주요 연구 및 평가에 관한 역할을 하고 있는 미국 교육부 통계 기관인 교육과학원(Institute of Education Sciences: IES)을 통해 이용 가능한 연구들을 제시하였다.

감사의 말

이전 5판의 교재들과 마찬가지로, 이번 6판도 최종적인 교재로 저술된 것이 아니다. 그러므로 우리는 계속 배워 나갈 것이며 이를 통해 우리의 절차들을 개선할 수 있도록 할 것이다. 6판의 주요 저술 목적은 교사들이 교실에서 마주치게 되는 문제들에 대한 구체적인 교수법을 제시함으로써 교사들의 전문성을 향상시키는 데 있다. 6판에 제안된 읽기에 관한 체계적인 절차는 읽기 지도에 대한 한결 더 개선된 절차들을 개발하도록 할 수 있을 것이다. 게다가 우리는 교사들이 학습자를 변화 불가능한 특성을 지닌 존재로 보는 것에서 학습을 통해 교수 성과를 성취할 수 있는 존재로 볼 수 있도록 돕고자 한다. 또한 우리는 상업용 교재 출판업자들이 학생들을 위한 보다 효과적인 프로그램들을 계획하도록 하고자 한다. 종합하면, 우리는 6판을 통해 모든 학생에게 효과적인 읽기 교수 방법이 제공되기를 희망하며, 특히 지도하기 쉽지 않은 그리고 위기의 학생들에게 효과적인 읽기 교수 방법이 적용될 수 있기를 희망한다.

우리는 지난 40년 동안 직접교수 읽기 유산을 남긴 많은 사람에게 감사의 마음을 표하고 싶다. 가장 중요한 분으로, 우리는 교수 계획에 관한 경험적 접근을 통해 아주 효과적인 교수 프로그램들을 개발할 수 있도록 해 주신 Zig Engelman에게 감사드린다. 6판에 제시된 많은 절차는 Engelman과 그의 동료들이 저술한『읽기 숙달 교재들(The Reading Mastery Series)』『학습을 위한 언어프로그램(Language for Learning)』그리고『교정적 읽기 교재들(The Corrective Reading Series)』에서 제시된 것들이다. 50년 전부터 Engelman은 자신의 프로그램에 발음, 음소 인식, 어휘, 유창성 그리고 읽기 이해를 체계적이고 명시적으로 가르칠 수 있도록 적용해 왔다. 그는 모든 학생의 고차원 학습과 이해를 위해 학생들이 어떻게 읽도록 해야 하는지를 배우는 동안에 기본적 언어와 사고 기술 지도의 명시적 교수의 중요성을 인식하였다. 그의 프로그램들은 어떻게 모든 학생, 특히 학습에 취약한 학습자들이 성공적인 학습을 이루어 낼 수 있는지에 대한 모델로 여전히 교실에서 적용되고 있다.

이러한 프로그램들로부터 얻은 아이디어들 외에 많은 동료와 학생이 6판의 개발에 그들의 경험과 통찰력을 제공해 주었다. 다음은 초기 직접교수 읽기에 많은 공헌을 해 준 분들이다.

Sara G. Tarver, Anita Archer, Mary Gleason, Carrie Thomas-Beck, Robert Dixon, Marcy Stein, Kathy, Jungjohann, Karen Davis, Gary Davis, Linda Carine, Billie Overholser, Conley Overholse, Kathy Howe, Scott Baker, Elizabeth Jankowski, Mary Darner, Vicky Vachon, Nancy Woolfson, Frank Falco, Ramon Alvarez, Abby Adams, Elaine C. Bruner, Vonnie Dicecco, Phil Dommes, Jane Dougall, Ruth Falco, Mickey Garrison, Alex Granzin, Tracey Hall, Cheri Hansen, Lisa Howard, Sheri Irwin, Joleen Johnson, Jean Osborn, Mary Rosenbaum, Barak Rosenshine, Sandra Schofield, Marilyn Stepnoski, Candy Stevens, and Joan Thormann.

이 외에 Barbara Bateman, Wes Becker, Meredith Gall, Joe Jenkins, Marty Kaufman, Deb Simmons 그리고 Ruth Waugh와 같은 다른 동료들도 중요한 지원과 격려를 해 주었다.

마지막으로, 우리들은 샌디에이고 주립대학교의 Anne Graves, 서던일리노이 대학교의 Wendy Fuchs 그리고 오번 대학교의 Kate D. Simmons에게도 진심으로 감사를 드린다.

저자를 대표하여, Edward J. Kame'enui

차례

제6부 학교 차원의 읽기 교수 조직화

단글자, 글자 조합, 접사의 대표음

I. 단글자(single letters)	II. 글자 조합(letter combinations)	III. 접사(affixes)
연속음(continuous sounds)	ai (maid)	a (alive)
a (fat)	ar (car)	a (formula)
e (bet)	au (haul)	able (enjoyable)
f (fill)	aw (lawn)	ac (accuse, cardiac)
i (sit)	ay (stay)	ad (address)
l (let)	ch (chip)	age (package)
m (mad)	ea (beat)	al (personal)
n (nut)	ee (need)	be (become)
o (not)	er (fern)	com (compare)
r (rat)	ew (shrewd)	con (confuse)
s (sell)	igh (high)	de (defeat)
u (cut)	ing (sing)	dis (disappear)
v (vet)	ir (first)	ed (jumped, landed, hummed)
w (wet)	kn (know)	en (harden)
y (yes)	oa (load)	ence (occurrence)
z (zoo)	oi (boil)	er (keeper)
	ol (hold)	es (misses)
파열음(stop sounds)	oo (boot)	est (smallest)
b (boy)	or (short)	ex (expect)
c (can)	ou (cloud)	ful (handful)
d (did)	ow (own)	ic (heroic)
g (got)	oy (toy)	in (inside)
h (his)	ph (phone)	ing (jumping)
j (jet)	qu (quick)	ion (action)
k (kiss)	sh (shop)	ish (selfish)
p (pet)	th (thank)	ize (realize)
q (quit)	ur (burn)	ist (artist)
t (top)	wh (whale)	ive (detective)
x (fox)	wr (wrap)	le (handle)
		less (useless)
		ly (sadly)
		ment (payment)
		ness (kindness)
		ous (joyous)
		over (overtime)
		pre (preschool)
		pro (protect)
		re (refill)
		s (hits)
		ship (friendship)
		teen (sixteen)
		un (unhappy)
		ward (forward)
		y (funny)

제1부

견해

제1장

읽기 교수에 대한 견해

학습 목표

1. 읽기 교수에 대한 네 가지 주요 견해를 설명한다.
2. 네 가지 견해가 어떤 점에서 차이가 있고 각 관점이 읽기 교수에 미치는 시사점은 무엇인지 토론한다.
3. 직접교수의 중요 원리들과 업적이 무엇인지 알아본다.
4. 직접교수(DI)와 '직접교수(di)'의 차이점을 설명한다.

읽기는 복잡한 과정이다. 배우는 과정도 가르치는 과정도 복잡하다. 심리언어학자, 정보체계 분석가, 읽기 연구자, 인지 심리학자 모두 읽기 과정을 서로 다르게 설명한다. 이들이 제시한 읽기 과정에 대한 설명은 모두 읽기 과정의 이론적 질문에 대한 답변으로는 중요하지만, 이들 중 대다수는 현장의 교사들의 요구는 제대로 설명하지 못하고 있다. 우리의 목적은 다양한 읽기 과정 관련 이론을 조사하는 것이 아니라 읽기 절차, 읽기 전략 그리고 학생들의 읽기 수행을 향상시킬 수 있는 읽기 활동을 설명하는 데 있다. 우리의 기본 입장은 교사가 필수적인 읽기 기술들을 확인하고, 이들 필수적 읽기 기술들 중에서 학생들이 부족한 읽기 기술을 평가한 후, 이들 필수적 읽기 기술들을 직접적으로 가르쳐 학생들이 필수적 읽기 기술들을 성공적으로 사용할 수 있는 정도의 독립적이고 숙달된 수준에 도달하도록 하지 못한다면 많은 학생은 결국 성공적인 독자(readers)가 될 수 없다는 것이다.

읽기에서의 성공은 학생들의 학업은 물론 직업 능력 발달과 정신건강에도 매우 중요하다.

읽기를 효과적이면서 효율적으로 지도하기 위해서는 교사들이 읽기에 관한 개념적 지식은 물론 몇몇 분야에 관한 실제적 기술을 갖추어야 한다. 교사들이 알아야 할 것은 다음과 같다.

1. 문자 체계[예: 알파벳, 음절문자(syllabary), 어표 등의 기본적 특징, 언어 발달]와 읽기 과정 및 기술
2. 읽기 과정을 구성하는 필수적 읽기 기술과 이런 읽기 기술들을 지도하기 위한 절차들
3. 필수적 읽기 기술을 제시하는 순서
4. 교실 내 모든 학생의 읽기 교육적 요구를 충족하는 데 필요한 읽기 프로그램 평가, 선정 및 수정과 관련된 절차
5. 과제 속도 조절과 같은 효과적인 수업 제시, 학생 참여와 동기부여 및 학생들의 읽기 실패에 대한 진단 및 교정 관련 기법
6. 효과적인 읽기 교수를 지원할 수 있는 평가 유형 및 각 평가 유형별 목적과 관련된 내용들
7. 학생들의 읽기 수행을 점검하기 위해 평가로부터 얻은 정보를 활용하는 방법과 읽기 교수 중 필요한 조정법(읽기 지도 방법 중 꼭 필요한 부분을 시의 적절하게 조정하는 방법)
8. 읽기 교수에 참여하는 학생들의 시간을 최대화하기 위한 교실 배치 방법

학생들의 읽기 수행 향상과 관련된 견해

효과적이며 효율적인 읽기 교수는 모든 학생에게 유익하지만, 특히 읽기 학습에서 어려움을 보이는 학생들에게는 필수적이다. **읽기 기초학습 부진학생들**은 새로운 정보를 쉽게 받아들이지 못하기 때문에 쉽게 혼란에 빠져 교수 내용에 집중하는 데 어려움을 보인다.

학생들의 읽기 수행 향상과 관련된 네 가지 견해가 있다. 첫 번째는 회의론자들의 견해(pessimist's viewpoint)로, 학생들의 체질이나 가정 및 사회적 환경이 바뀌지 않으면 학교가 할 수 있는 일이 거의 없다고 본다. 두 번째는 일반론자들의 견해(generalist's viewpoint)로, 학교에서 학생들이 읽기의 기초가 광범위한 능력들을 발달시킴으로써 읽기 수행을 향상시킬 수 있다고 본다. 세 번째는 구성주의자 견해(constructivist viewpoint)로, 개별 독자

들의 의미 구성을 읽기의 핵심이라고 보고, 발음과 단어 '해독(decoding)'을 읽기의 목적을 경시하는 전략으로 여긴다. 네 번째는 직접교수의 견해(direct-instruction viewpoint)로, 만약 교사가 학습 과제에 대한 철저한 분석, 치밀한 교수 내용 위계화, 교수 내용의 명확한 구성을 한 후에 학생들이 체계적인 연습 및 복습, 적용 활동을 하게 한다면, 학생들이 위기에 처할 수 있는 학교 밖 상황과 관계없이 학교에서 성공 경험을 할 수 있다고 본다. 이들 각각의 견해들에 대한 토론 내용은 다음과 같다.

회의론자들의 견해

회의론자(pessimist)들의 견해는 학생의 체질이나 가정 및 사회적 환경이 바뀌지 않는다면 학교가 할 수 있는 일이 거의 없다고 보며 학교가 통제할 수 없는 학교 밖 상황들을 학교에서의 성공 관련 우세 인자로 본다. 따라서 이들 회의론자의 성향을 가진 교육자들은 왜 일부 학생이 학교에서 실패하는지에 대한 설명을 위해 학교 내에서 무엇에 의해 이와 같은 결과가 발생하는지에 대한 점검을 하지 않게 된다. 그리고 회의주의적인 견해를 가진 교육자들은 자신들의 교수의 효과성에 대해 책무성을 지지 않으려고 한다.

예를 들어, 오래전에 Alessi(1998)는 학생들이 학교에서 성공하지 못하는 이유를 알아보기 위해 학교심리학자들이 제시한 5,000개의 보고서를 조사한 획기적인 연구를 진행한 바 있다. 연구결과는 흥미롭게도 이 중 단 한 건의 보고서도 학생들이 겪은 문제가 교육과정이나 교수 방법에 있다고 지적하지 않았다는 점이다. 오히려 이들 보고서는 학생들의 문제는 학생 자체 혹은 학생 주변 환경과 관련이 있다고 설명하였다는 것이다.

학생의 수행에 대해 책무성을 지지 않으려고 하는 입장은 매우 위험할 수 있다. 극빈곤층 지역에 위치해 있지만 많은 학생이 성공하게끔 하는 학교들이 있다. 가난, 파괴적 가정생활, 생리학적 장애와 같은 문제는 교수학습에 걸림돌이 될 수 있다. 그러나 우리가 사회경제적 여건이 향상되기를 바라는 만큼이나, 우리는 학생들의 사회경제적 여건이 향상되었으면 좋겠지만 그렇다고 학생들의 사회경제적 환경 변화가 없으면 읽기 성취의 향상이 불가능할 것이라는 가정에는 찬성하지 않는다. 교육자들은 학생의 사회 및 가정환경을 핑계로 학교에서 낮은 수행을 보이는 학생들에 대해 책무성을 지지 않으려고 해서는 안 된다. 우리는 교육자들이 학생들의 사회적 환경 개선을 주장해 주길 바라지만, 이러한 불리한 환경을 모든 학생에게 효과적인 교수를 제공하지 못한 것에 대한 변명으로 사용하지 않기를 바란다.

과거 40년 넘게 방대하고도 엄격한 절차에 따라 이루어져 온 연구결과들은 만약 학생들이 기초적인 읽기 기술들을 직접적이고 명시적이며 전략적으로 사려 깊은 교수를 받게 된다면, 읽기를 배울 수 있다는 제안을 뒷받침해 주고 있다(Adams, 1990; Archer & Hughes, 2011; Baker, Fien, & Baker, 2010; Becker & Carnine, 1980; Coyne, Kame'enui, & Carnine, 2011; Foorman, 1995; Kame'enui, Fien, & Korgesaar, 2013; Kame'enui & Simmons, 1990; Lyon, 1995; National Reading Panel, 2000; Smith, Simmons, & Kame'enui, 1995).

일반론자들의 견해

일반론자(generalist)들이 읽기 수행 향상에 대해 갖고 있는 전형적인 성향은 학습의 기초가 되는 **과정**(process) 혹은 **능력**(abilities)에 집중하여 이를 향상시킨다면 읽기 수행도 향상될 수 있다는 것이다. 일반론자들은 읽기 기술들을 강조하는 것은 적절하지 않다고 여긴다. 일반론자들은 학생들이 일단 '학습하는 방법을 학습하게 되고' '동기부여가 되고' '시각화 기술을 향상시키고' 또는 '청각적 결함을 극복하게 되면' 읽기는 학생들에게 상대적으로 쉬운 일이 된다고 말한다. 일반론자들의 성향에 의해 반영된 교육적 태도는 그래도 회의론자들보다는 더 건설적이다. 왜냐하면 일반론자들의 전제가 학생들이 읽기에서 성공할 수 있으며, 교사가 학생들의 읽기 학습에 영향을 줄 수 있다고 보기 때문이다. 그렇지만 일반론자들의 견해는 다음과 같은 심각한 문제점들이 있다.

1. 읽기 교수의 질과 동떨어진 것에 관심을 보인다. 이들은 읽기를 지도하는 방법보다 시지각(visual perception)과 같은 일반적 정보처리 기술을 강조한다.
2. 일반론자들의 읽기 교수에 대한 해결방안은 학생들이 정상적인 상황에서 받는 읽기 교수보다 실제 읽기 교수를 덜 받게 되는 의도치 않은 결과로 이어질 수 있다.
3. 선행연구 검토결과에서 나타난 자료도 일반론자들의 견해를 지지하지 않고 있다 (Kavale & Forness, 1987; Lloyd, 1984).

학습자의 정보처리 양식 매칭(modality matching)이나 학습양식(learning style)에 맞추어 읽기를 지도하는 접근은 일반론자들의 견해로부터 유래하였다. 이와 같은 접근법에서는 학습자들을 청각 정보 선호형 학습자 혹은 시각 정보 선호형 학습자로 분류한 후, 각각의 선호하는 유형에 맞게 청각 정보처리 교수 방법 혹은 시각 정보처리 교수 방법에 배치하여 관련 교수를 받게 한다. 왜냐하면 청각 선호형 학습자는 청각 정보처리 교수법에서, 그리고 시각 선호형 학습자는 시각 정보처리 교수법에서 가장 잘 학습이 된다는 것을 전제로 하고 있기 때문이다. 그러나 정보처리 양식 매칭과 학습양식에 대해 검토한 연구들에서는 이런 접근법을 지지할 만한 증거들이 충분히 제시되고 있지 않다(Forness, Kavale, Blum, & Lloyd, 1997; Landrum & McDuffie, 2010; Pashler, McDaniel, Rohrer, & Bjork, 2009; Snider, 1992; Stahl & Kuhn, 1995; Willingham, 2005). 일반론자들의 견해에 대해 부정적인 연구결과들은 학생들이 자신의 정보처리 양식 선호(modality preferences) 혹은 학습양식과 상관없이 명시적이고 체계적인 읽기 교수를 통해서도 읽기를 배울 수 있다는 것을 지적한 연구들과 그 견해가 맞닿아 있다.

일반론자들의 견해에 대한 또 다른 예는 글자 추적(tracking)이나 시각 반전(visual reveral)과 같은 시각 결함(visual deficits)들이 읽기 장애의 중요 요인이라는 것이다. 당연히 모든 아동은 전문의에게 정기적으로 시력검사를 받고, 필요하다면 안경이나 콘텍트렌즈를 처방받아 사용해야 한다. 그러나 일부 일반론자는 읽기 장애가 글자 추적, 반전 상(images), 그리고 읽기를 저해하는 다른 과정들에 의해 발생한다고 주장한다(읽기 문제가 글자 추적의 어려움, 글자 이미지 반전, 읽기를 방해하는 기타 독특한 시각 처리 과정과 같은 시각적 결함 때문에 생긴다고 주장한다). 이런 이론은 오랫동안 회자되어 왔지만, 과학적 연구를 통해 지지를 받지 못하고 있다. 미국소아과학회(American Academy of Pediatrics: AAP, 2009)는 방대한 양의 과학적 연구들을 진행한 후, 공식적 정책 성명서를 통해 다음과 같은 입장을 발표하였다.

> 안구운동, 행동시각치료(behavioral vision therapy) 혹은 특수 색필름이나 렌즈를 사용하는 것이 복잡한 소아기 신경인지적 조건하에서는 장기간의 교육 수행 향상에 효과가 있다는 주장을 지지해 주는 과학적 근거는 없다. 과학적 근거가 부족한 진단 및 처방법, 즉 안구운동, 행동시각치료, 특수 색필름이나 렌즈 같은 것을 포함한 진단 및 처방법에 대해서 우리 학회는 이를 보증할 수도 없을 뿐만 아니라 추천할 수도 없다(p. 837).

구성주의자들의 견해

읽기 수행의 향상에 대해 구성주의자(constructivist)들은 아동들은 자신만의 속도로 발달하고 진보해 가는데, 읽기 학습도 말하기 학습과 같이 자연스러운 발달 과정을 거쳐 배우게 되므로 읽기 학습과 말하기 학습 모두 총체적인 언어 발달의 일부로 둘 다 비슷하다고 주장한다(Foorman, 1995; Liberman & Liberman, 1990). 또한 구성주의자들은 아동들에게 유의미하고 유목적인 언어 사용을 돕는 환경을 제공하면 아동들이 언어를 자연스럽게 발달시키는 것처럼, 아동들에게 자신만의 속도에 따라 유의미하고 유목적으로 읽기 및 쓰기 사용을 촉진하는 환경을 제공하면 아동들이 읽기 및 쓰기 기술도 자연스럽게 발달시켜 나간다고 본다. 구성주의자들의 견해에 따르면, 교사는 읽기 과정에서 주로 조력자 혹은 안내자로서 여겨지며, 학생들의 학습에 직접적인 교수적 영향을 미칠 수 있는 사람으로 보지 않는다. 따라서 읽기 수행에서의 차이는 시간이 지나면서 점차 그 차이가 사라지게 될 발달 상황에서의 차이에 불과하다고 본다.

구성주의자들의 읽기에 대한 견해는 읽기 학습은 말하기 학습처럼 자연스럽게 이루어진다는 전제에서 출발한다. 이런 가정을 검증하기 위해 우리는 두 가지 질문을 던져 본다. ① 읽기는 말하기처럼 자연스럽게 습득되는가? ② 아이들이 읽기와 쓰기 능력을 갖추려면 무엇이 필요한가?

연구자들(Liberman & Liberman, 1990; National Reading Panel, 2000; Pinker, 1994; Perfetti & Dunlap, 2008)은 첫 번째 질문에 대해 절대 '아니다.'라고 대답해 왔다. 말하기는 기본적으로 생물학적이다. 인간은 선천적으로 말하기를 발달시키려는 경향을 타고난다. 그러나 읽기 학습은 특정한 쓰기 체계에서 언어를 쓰기로 표현하는 것에 대한 합의된 관습을 지식화하고 연습하는 것을 통해 이뤄지기 때문에 선천적으로 읽기가 발달되는 것이 아니다. 대부분의 사람은 공식적인 교수 없이도 자신이 태어난 환경에서 사용하는 말을 배운다. 그러나 공식적인 읽기 교수를 받지 않고 읽기를 배울 수 있는 사람은 그리 많지 않다. 단순히 책 주변에 머물러 있다고 해서 책을 읽을 수 있는 사람이 되는 것은 아니다. 거의 모든 사람이 말하기를 배우지만, 반대로 사람들의 문해 능력(읽고 쓸 수 있는 능력) 수준은 사회 전반에 걸쳐 매우 다양하게 나타난다. 아이들이 읽기와 쓰기를 배울 수 있도록 하려면 무엇이 필요한가라는 두 번째 질문에 대한 궁금증을 풀기 위해 초기 읽기 기술에 초점을 두고 수행된 최근의 많은 연구는 아동들이 읽기를 학습할 수 있도록 하기 위해서는 음운 인식 기술과 읽기 및 쓰기를 배우는 데 필요한 선수 조건인 알파벳 이해와 같은 기술들을 명시적이고 체계적으로 가르쳐야 한다고 주장한다(National Reading Panel, 2000). 하지만 지원적이고 '글을 읽고 쓸 수 있도록(literate)' 하는 풍부한 환경 안에서 읽기가 자연스럽게 이루어진다는 구성주의자들의 견해는 적절한 읽기 교수 없이는 "알파벳을 인지하지 못하는 20~25% 정도의 아이들"에게는 부정적인 관점일 수 있다(Liberman & Liberman,

1990, p. 54).

직접교수의 견해

네 번째 견해이자 본 교재의 저자들인 우리의 견해로는 직접교수(Direct Instruction)가 학생의 읽기 수행을 어떻게 향상시킬 수 있는가라는 질문에 가장 생산적인 답을 제공해 준다고 본다. 직접교수는 필수적 읽기 기술을 매우 효과적이면서 효율적인 방법으로 지도하기 위해 끊임없이 노력한 결과로 이루어졌다. 직접교수는 교사들이 학생의 읽기 수행에 책임을 져야 한다고 주장한다. 직접교수는 아이의 가정환경이나 아이들에게 임의적으로 붙여진 표식(label)이 교사의 효과적 읽기 교수를 제공해야 할 책무성을 면제해 줄 수 없다고 본다. 학생들이 읽기 수행을 하지 못하거나 바람직한 수준으로 진보를 해 나가지 못했을 때, 교사는 자신이 학생들에게 제공한 교수 방법과 학생들이 겪고 있는 특별한 어려움을 점검해야 한다고 주장한다. 이를 위해 교사는 교수의 중요 구성 요소를 점검해야 한다. 예를 들어, 강의 도입부는 명확했는가? 적절한 수의 예시들이 제시되었는가? 교수를 통해 학생들이 수업에 참여하고 학습 참여가 유지되었는가? 적절한 연습 기회를 제공하였는가? 적용 과제에 대한 안내를 하고 체계적으로 학습한 내용을 점검하도록 하였는가? 이 외에도 직접교수는 수업의 중요 구성 요소 중에서 무엇이 효과적으로 작동하였는지 혹은 효과적으로 작동하지 않았는지를 결정하기 위해 지속적으로 학생들의 수행 관련 데이터를 점검하도록 구성되어 있다. 직접교수는 읽기 발달, 읽기 교수 그리고 읽기 장애에 관한 과학적 연구에 기반하여 필수적 읽기 기술 및 효과적이고 효율적인 교수 실제 중심으로 만들어졌다.

웹 자료

직접교수에 대한 추가 정보는 직접교수학회(The National Institute for Direct Instruction: NIFDI) 홈페이지(http://www.nifdi.org)에서 얻을 수 있다.

네 가지 읽기 교육 방향에 관한 각 관점 적용 사례

어떻게 읽기 교수를 향상시킬 것인가에 대한 질문에 대한 네 가지 대답에 대해 토론이 이루어져 왔다. 회의론자들은 학교 밖에서 해결책을 찾으려 하고, 일반론자들은 일반적 능력(예: 정보처리 능력 등)이 읽기의 기초가 된다고 본다. 구성주의는 교내 환경을 더 풍요롭게 하여 학생들이 이들 환경을 통해 읽기 교육의 의미를 구성하고 읽기 교육의 목적에 도달할 수 있도록 해야 한다고 본다. 그리고 직접교수는 연구 기반의 효과적인 교수 방법론을 활용하려 한다. 다음 사례들은 몇몇 학생의 읽기 문제들에 대해 네 가지 읽기 교육 관점에서 설명하는 해결책이 무엇인지를 보여 준다.

3학년이 된 Arthur는 3학년 읽기 프로그램에 참여하게 되었다. 매일 선생님은 3학년 읽기 프로그램에서 연습문제를 뽑아 제시하였다. 하지만 안타깝게도 Arthur는 연습문제 및 학생용 읽기 지문(student reader)과 과제(assignment)에서 제시되고 있는 단어들 중 60%밖에 읽지 못하였다. 며칠이 지나자, Arthur는 읽기 수업 시간에 소란스럽게 행동하며 옆 친구들에게 말을 걸기 시작하였다. Arthur는 좀처럼 집중을 하지 못하였고 자신의 과제도 다 해결하지 못하였다. 이에 대한 회의주의 관점은 Arthur가 주의력결핍 과잉행동장애(ADHD)가 있는 학생이고, 결손가정에서 자라 읽기 교육에 대한 동기부여를 받지 못하고 있다고 본다. 따라서 교사는 학교심리학자나 사회복지사에게 Arthur에 대한 특수교육 대상 여부에 대한 진단을 의뢰해야 한다고 본다. 그러나 학교에서는 Arthur에 대한 향후 교수 계획이나 과제 제시와 같은 읽기 프로그램의 변화를 위한 어떤 대책도 마련하지 않는다.

일반론자 관점에서는 Arthur의 상황을 잘 파악한 후, Arthur가 읽기 수업을 잘 받을 수 있도록 동기유발을 잘 시켜 Arthur의 자아개념을 향상시킬 수 있는 방과 후 교실에 참여하도록 제안할 수 있다. 일반론자들은 '결국 자신에 대해 긍정적이지 않은 학생들은 읽기가 어렵다'고 주장한다. 따라서 일반론자와 회의론자 누구도 Arther에게 제공되었던 과제나 읽기 수업을 분석하는 것에서 해결책을 고안해 내지는 않을 것이다.

구성주의 옹호자들은 Arthur가 어려움을 보이는 행동들을 개선하기 위해서는 Arthur에게 책을 읽어 주고 의미를 스스로 형성해 갈 기회를 주는 데 더 주력해야 한다고 주장한다. 이들은 Arthur에게 글을 읽어 주고 읽은 내용에 대해 질문을 던지는 활동을 통해 Arthur가 읽기 교수의 주요 목적인 읽은 내용에 대해 의미를 구성할 수 있도록 해야 한다고 제안한다.

직접교수 옹호자들은 Arthur에게 제공되는 읽기 교수 프로그램이 시급하게 변화되어야 한다고 본다. 예를 들어, 첫째, 교사는 Arthur가 현재 학년의 읽기 과제에서 왜 성공하지 못하는지를 평가하기 위해 이전 학년에 배웠던 읽기 기술을 평가해야 한다고 주장한다. 만약 초기 읽기 기술에 대한 평가 결과에서, Arthur가 저학년의 여러 읽기 기술을 습득하지 못했다는 것이 밝혀지면, 이들 초기 읽기 기술들을 다시 교수할 수 있는 명시적이고 체계적인 읽기 프로그램이 제공되어야 한다고 제안한다. 그리고 읽기 수업이 진행되는 모든 시간에 Arthur가 읽기 성취를 이룰 수 있을 뿐만 아니라 학년 기준에 부합하는 학업성취도를 충분히 따라잡을 수 있을 정도의 광범위하고 전반적이며 종합적인 Arthur를 위한 읽기 프로그램이 개발되어야 한다고 주장한다.

다음의 사례는 초등학교 1학년 Janice이다. Janice는 소그룹 교수 시간에 구두 읽기(oral reading)에서 단어 읽기 오류를 많이 보여 왔다. 가장 최근의 읽기 수업에서 Janice는 *it*을 'at'으로, *him*을 'ham'으로 읽었다. 이에 대해 회의론자들은 Janice는 낮은 지능지수(IQ) 때문에 유창한 구두 읽기를 통해 성공적인 독자가 되는 데 어려움을 갖고 있어 교실에서 교사가 무엇을 하든 성공할 수 없다고 주장한다. 일반론자들은 Janice에게 시각적으로 읽을 수 있도록 하기 전에 먼저 청각적 정보처리 결함(auditory processing deficits)을 극복해야 한다고 주장한다. 구성주의자들은 Janice는 읽기 준비가 되어 있지 않을 뿐만 아니라, 읽기를 하기에는 아직도 미성숙한 상태라고 말한다. 또한 구성주의자들은 교사들이 단어 읽기 오류에 관심을 가지는 것은 적절하지 않으며, 이것은 글의 의미 구성 및 이해인 읽기 목적보다는 덜 중요하다고 주장한다. Janice가 한 '낱말'을 해독하는 것은 그렇게 중요한 것이 아니라고 주장한다.

Janice의 읽기 수행에 대해 직접교수 옹호자들은 먼저 Janice의 읽기 능력에 대한 평가가 먼저 이루어져야 한다고 주장한다. 예를 들어, 먼저 교사는 Janice가 모음과 자음의 소리를 아는지 그리고 단어 읽기 전략을 알고 이를 글 읽기에 적용할 수 있는지에 대한 판단을 위해 관련 평가가 이루어져야 한다고 주장한다. 만약 Janice가 이 두 기술 중에 1개라도 문제가 있다면, 읽기 유창성 향상과 같은 특정한 읽기 교수 목적을 달성하기 위한 구체적인 교수 절차가 즉각적으로 실행되어야 한다고 주장한다.

마지막 사례는 교과서에 제시된 여러 주제에 대해 적절한 정보를 찾아내는 과제에서 어려움을 겪고 있는 초등학교 6학년 Dale이다. Dale의 교사는 몇 주 전 자신이 교과서에서 주제 색인을 사용하는 방법에 대해 Dale과 나머지 학생들에게 가르쳤다고 설명한다. 그러나 어제 Dale은 역사책에서 이집트인을 다룬 페이지 수를 쭉 나열하라는 연습문제를 풀 때, 선생님이 설명해 준 주제별 색인을 사용하는 방법을 기억하지 못하고 역사책을 일일이 다 펼쳐보며 이집트인을 다룬 부분을 찾기 시작했다. 결국 Dale은 시간이 부족했고, 과제를 다 마치지 못했다. Dale의 문제에 대해 회의론자들은 Dale이 자신의 가정에 대해 너무 많은 걱정을 할 뿐만 아니라 그의 홀어머니가 가족부양을 위해 두 가지 일을 병행하여 Dale이 이들 네 형제를 돌봐야 하기 때문에 Dale이 자신의 과제를 다 끝내지 못하였다고 주장할 것이다. 일반론자들은 Dale을 위한 기억력훈련 방법을 제안할 수 있다. 구성주의자들은 Dale에게 과제가 무의미할 뿐만 아니라 교사가 시간 제한까지 두어, Dale이 교재의 의미를 이해하는 데 어려움을 겪게 되었다고 주장할 수 있다. 직접교수 지지자들은 Dale에게 색인을 활용하는 방법에 대한 더 많은 교수와 연습이 제공되어야 한다고 주장한다.

만약 Dale이 교사의 처음 설명에 따라 즉각적으로 주제 색인을 사용하는 연습에서 성공한 후 바로 이에 대한 점검이 이루어진다면, Dale은 색인을 언제 그리고 어떻게 사용해야 하는지를 보다 쉽게 기억할 수 있을 것이다. 직접교수 접근에서는 Dale에게 색인 사용 방법에 대한 교수를 한 후, 즉각적으로 그 기술을 연습할 수 있도록 해야 한다고 본다. 만약 Dale이 이 **기술**을 학습하게 되면, 그다음에는 Dale이 그것을 여러 교과 교재에서 제시된 질문들에 대한 해답을 찾는 데 적용할 수 있도록 지도해야 한다고 주장한다.

직접교수에 대한 심도 있는 고찰

직접교수(Direct Instruction)란 용어는 1968년 과학연구협회(Science Research Associates: SRA)에서 Sigfried Engelmann과 동료들이 제작한 DISTAR 초기 읽기 프로그램이 발표되면서 처음 사용되었다. [DISTAR는 본래 '수학과 읽기 지도를 위한 직접교수체제(Direct Instruction System for Teaching Arithmetic and Reading)'라는 의미였다.] 1968년 이후 **직접교수**라는 용어는 크게 두 가지 방향으로 발달되어 왔다. 대문자 D와 I를 쓰는 **직접교수**는 Engelmann과 동료들이 만들어 처음에는 SRA에서 출판하다가 현재는 McGraw Hill이 출판하고 있는 읽기 지도 프로그램을 의미한다. Engelmann과 동료들은 영·유아나 초기 학습에 어려움을 겪는 초등학교 학생들을 위한 읽기, 수학, 언어, 철자, 과학과 관련된 100개 이상의 프로그램을 개발하였다. 이들 교수 프로그램의 설계 및 '구조'의 기본이 되는 원칙들은 Engelmann과 Carnine(1991)의 **교수이론**(Theory of Instruction)에 의해 개발된 것이다. 또한 **직접교수**(DI)는 지난 수십 년에 걸쳐 Engelmann 자신이 개발한 교수 자료가 학교에서 성공적으로 실행될 수 있도록 개발하고 정교화한 학교전체실행모델(school-wide implementation model)을 뜻하기도 한다. 직접교수 모델은 전문성 개발(연수 및 임장 수업 지도 둘 다를 포함한), 학습자 집단 구성하기(grouping), 수업 시간 설정 안내(scheduling guidelines), 평가(사정과 진전도 평가를 포함한) 그리고 진전도 점검에서 목표 수준에 이르지 못할 경우 이를 조정할 수 있는 체제, 동기화 절차, 교장 및 교육구 소속의 지도자들을 위한 리더십 요소 등이 포함된다.

직접교수 프로그램 개발이 시작된 때는 DISTAR가 개발되기 몇 년 전으로, 미국 일리노이 대학교의 Carl Bereiter가 저소득 학생들을 위한 유아교육 프로그램 설립을 위한 관련 재정 지원을 받은 후, Engelmann에게 이 프로젝트를 이끌어 달라고 연락을 취한 시기부터이다. Engelmann과 Engelmann(1966)은 아동 학습 촉진을 위한 원리와 절차를 강조한 『당신의 자녀에게 최고의 지성을 제공해 주세요(Give Your Child a Superior Mind)』라는 일반서를 저술했다. 이 책은 베스트셀러가 되었으며, 여러 언어로도 번역되었다. 이후 4년간 Engelmann은 교사 그룹을 모아 훈련시키고 매일 아이들과 수업하면서, 저서 『당신의 자녀에게 최고의 지성을 제공해 주세요』의 일반적 개념들을 적용한 아이들의 읽기, 언어, 수학 지도용 일일 학습 내용으로 만들어 내었다. 그 결과는 성공적이었다. 지능지수(IQ)가 24점 올라가는 효과가 나타난 것이다. 유치원에서 위기 아동으로 분류되었던 아동들이 2학년 초기 수준에서 1학년 읽기 단계의 수업을 시작하게 되었고, 수학에서는 2학년 중간 수준의 학업성취를 이루었다. 이 유아교육 프로젝트에 대한 더 많은 정보를 보고 싶다면 www.zigsie.com을 살펴보라.

유아교육 프로젝트를 위해 개발된 이들 교수학습 자료들은 나중에 더 다듬어져서 그 당시 IBM이 소유한 SRA가 출판한 DISTAR 프로그램들로 발표되었다. 그리고 DISTAR 프로그램은 이후 미국 전역에 걸쳐 널리 보급되었으며, 많은 도시에서 이 프로그램을 적용한 후 아이들의 읽기 등의 향상에 큰 성과가 나타났다.

Follow Through 프로젝트

1960년대 후반, 미국 연방교육국(Federal Office of Education)는 Bereiter와 Engelmann을 당시 미 연방정부가 수행한 역사상 최대 규모의 실험적인 교육연구 프로젝트에 참여시켰다. Follow Through 프로젝트(Project Follow Through)라고 불린 이 프로젝트의 목표는 유치원부터 초등학교 3학년까지의 저소득층 학생들을 교육하고 있는 다양한 교육 접근법 중에 어느 것이 가장 효과가 있는지를 평가하는 것이었다. 이 프로젝트의 연구 기간은 거의 6년에 달했다. 180개의 지역사회에서 모집된 만 명 이상의 저소득층 학생들이 연구 대상으로 참여하였으며, 50억 달러의 예산이 집행되었다.

웹 자료

Follow Through 프로젝트에 대한 더 많은 정보는 직접교수학회(NIFDI) 홈페이지(http://www.nifdi.org/what-is-di/project-follow-through)에서 찾아볼 수 있다.

Follow Through 연구결과에서 나타난 데이터들을 분석한 결과, 직접교수(DI)가 모든 학업 및 인지 측정 점수에서 학생들의 성취를 향상시키는 데 가장 효과적인 교수 모델이라는 것이 밝혀졌다. 특히 자기효능감에 대한 측정 결과, 직접교수 프로그램에서 지도받은 학생들의 점수가 가장 높은 것으로 나타났다. 이와 같은 결과는 연구자들을 특히 놀라게 했는데, 이들은 다음과 같이 표현했다.

> Follow Through 프로젝트 중에서 직접교수(DI)에 참여한 학생들이 정서적 측면에서 보여 준 결과는 예상 밖이었다. 직접교수(DI) 모델은 교수 성과로 정서적인 효과를 명확히 강조하지 않는다. …… 직접교수(DI) 모델에 대한 비판가들은 직접교수(DI) 모델이 교사에 의해 철저히 통제된 교수 방법을 강조하기 때문에, 이 수업에 참여하는 학생들은 자신들의 의견을 자유롭게 표현할 수 있는 기회가 많지 않기 때문에 자기효능감 및 다른 정서적 기술의 발달에 제한이 있을 수 있다고 비판해 왔다. 그러나 Follow Through 프로젝트 연구결과, 이는 사실이 아닌 것으로 밝혀졌다(ABT Associates, 1977).

다양한 사회경제적 배경을 가진 유치원생에서 고등학생까지 일반교육 및 특수교육 학생들을 대상으로 직접교수(DI)를 활용한 수많은 연구가 이루어져 왔다. 몇몇 메타분석(meta-analyses) 연구는 이들 연구결과들을 요약하여 발표하였다. 먼저, White(1988)는 직접교수(DI)와 다른 교수법을 비교한 25개의 연구결과를 조사하였다. 25개의 연구 중에서 비교집단에서 긍정적인 결과가 나온 것은 단 하나도 없었다. 연구결과물 중 53%는 직접교수(DI)가 0.84의 평균 효과크기(사전 검사와 사후 검사에서의 변화 정도가 큰 크기인)로 상당히 긍정적인 결과를 보였다. Adam과 Engelmann(1996)은 직접교수법(DI)과 다른 교수법을 적용한 비교집단과 비교한 37개의 연구를 분석하였다. 특수교육 학생이 참여한 연구물(n=21)을 따로 분석했을 때, 평균 효과크기(mean effect size)는 0.90(사전 검사와 사후 검사에서의 변화의 정도가 큰 크기인)이었다. Forness, Kavale, Blum과 Lloyd(1997)는 특수교육 서비스를 받고 있는 학생들을 위한 다양한 개입(intervention) 프로그램의 효과를 분석하는 연구를 수행한 결과, 직접교수법(DI)이 다른 7개의 중재 프로그램 중에서 성공에 대한 근거가 가장 강하다는 것을 밝혀냈다. 미국연방교사회(American Federation of Teachers, 2004), 미국연구협회(American Institutes of Research, 1999), 위기학생교육연구센터(Center for Research on the Education of Students Placed at Risk; Borman, Hewes, Overman, & Brown, 2002) 모두 위기 학생들을 위한 교수 모델들에 대한 연구물들을 검토한 결과, 많은 연구에 의해 효과가 있는 것으로 밝혀진 2~3개의 교수 모델 중 하나가 바로 직접교수 모델이라고 주장하였다.

눈에 띄는 연구결과를 보여 준 연구들도 있다. 예를 들어, 1988년에 미국 앨러배마 대학교의 Paul Weisburg 박사는 저소득층 학생들을 위한 유치원 프로젝트에 대해 보고하였다. 이 프로젝트에서는 유치원 이전 시기의 아동부터 유치원생까지의 아동을 대상으로 직접교수법(DI) 언어와 읽기 프로그램을 적용하였다. 2년 후, 학생들을 대상으로 1학년 말 수준의 학업성취도검사인 MAT(Metropolitan Achievement Test)로 수행평가를 실시하였다. 그 결과, 2년 동안 직접교수법(DI)에 참여한 아동들은 1학년 입학 시험 결과에서 80백분위 수를 얻은 반면, 비교집단의 학생들은 20백분위수에 해당되는 것으로 나타났다.

수천 명에 이르는 학생이 참여한 텍사스 휴스턴의 많은 학교 프로젝트에서도 매우 인상적인 연구결과가 나타났다. 2002년 휴스턴 대학교의 연구진들은 휴스턴 교육구(Houston School District)에 속한 10개 학교의 저소득층 학생들에게 직접교수법(DI)을 적용한 후, 평가한 결과를 보여 주는 자료들을 요약하여 보고서로 발표하였다. 직접교수법(DI) 실행을 위해 Rodeo 교사 수월성 협회(Rodeo Institute for Teacher Excellence: RITE)의 지원을 받았다. 그리고 직접교수법(DI) 읽기 및 언어 프로그램들이 적용되었다. 교사들은 직접교수법(DI) 프로그램을 사용하면서 높은 수준의 전문성 개발 훈련을 받았다. 또한 학생들의 수행에 대한 면밀한 진전도 점검이 이루어졌으며, 학생들이 바람직한 수준의 진전도를 보이지 않을 때는 시기 적절한 방법으로 조정이 이루어졌다. 다음 내용은 연구 요약본에서 발췌한 것이다.

1998~1999년도에 이루어진 RITE 프로그램에 대한 외부평가 결과, 이 프로그램에 참여한 아동들은 다른 읽기 프로그램에 참여한 교육구의 아동들에 비해 상당한 수준 혹은 그 이상의 성취를 보였다.

가장 극적인 발달은 유치원부터 이 프로그램에 참여한 학생들에서 나타났다. 1학년 말이 되었을 때, 이들 학생들의 수행 수준은 같은 교육구의 학생들보다 높은 수준이었을 뿐 아니라 전국 평균을 훨씬 뛰어넘는 것으로 나타났다.

출처: Direct Instruction: A Theoretically Complex Approach That Produces Success, After Success, After Success. Remarks of Jerry Silbert on Direct Instruction to the Duvall County School Board Work Session, June 13, 2000. DI News_Vol 4_No 1_Spring 2004, page 38. Direct Instruction News, Association for Direct Instruction.

1997년부터 2003년까지 볼티모어시에서 직접교수법을 적용한 여러 학교의 1학년 학생들의 수행 수준이 매년 향상되어 처음 26백분위수 수준에서 2003년에는 60백분위수 수준까지 향상되었다(성적은 매년 향상되어 처음에는 백분위 26이었으나 2003년에는 백분위 60까지 올랐다). 또한 연구자들이 직접교수법(DI)을 5년에 걸쳐 계속적으로 잘 실시하고 있는 학교의 학생들의 수행 수준을 조사한 결과, 이들 학생이 읽기 이해에서 상당히 의미 있는 정도의 높은 점수를 받은 것을 발견하였다.

소문자 직접교수(di)

소문자를 두음 철자로 쓰는 **직접교수**(direct instruction)라는 용어는 위기 학생들의 학습에 효과가 있는 교수법들에서 사용한 일반적인 교수 기법들을 의미하는 것으로 사용되어 왔다. 현재 이 용어가 일반적으로 사용되고 있다. 그리고 때로는 Engelmann의 교재들을 의미하는 '대문자' 직접교수(DI)와 반대되는 의미로, **소문자 직접교수**(little direct instruction)라고도 부른다[이 '대문자' 직접교수(DI)와 '소문자' 직접교수의 차이 분석은 Kame'enui, Fien, & Korgesaar, 2013; Rosenshine, 2008 참조].

Rosenshine(1986)은 학생들의 학업적 성공과 관련된 교사 효과성 변수(effectiveness variables)에 대한 연구들을 검토하였다. 그리고 그는 이러한 변수들의 집합체를 **직접교수**(direct instruction)라고 명명했다. 그의 연구 요약본에 다음과 같은 설명들이 제시되어 있다.

- 높은 수준의 학생 참여도
- 학업 집중도
- 교사 지도
- 신중하게 계열화하고 구조화한 자료
- 명확한 목표
- 교수(instruction)를 위한 충분한 수업 시간 할당
- 광범위한 내용 범위
- 학생의 수행에 대한 점검
- 학생을 위한 즉각적이고 학업 지향적인 피드백
- 구조화되었지만 권위주의적이지 않은 교사-학생 간 상호작용

Rosenshine의 연구가 비록 저소득층의 초등학생들의 학업성취도에 초점을 두고 있지만, 다른 연구자들(Brophy & Good, 1986)은 다른 유형의 학생들에게도 유사한 연구결과가 나타났다고 보고하였다. 더 나아가 이들 직접교수법(di)은 교육적 학업성취도와 관련된 최근의 800개 이상의 메타분석 연구결과를 통해서도 지지받고 있다(Hattie, 2008).

이 책의 나머지 부분에서, 우리는 교사들이 모든 학생이 성공적인 읽기 경험을 할 수 있도록 Engelmann이 개발한 교수설계와 교수 전달법 그리고 Rosenshine이 확인한 효과적인 교수 전달요소의 원리들을 잘 활용하는 방법에 대해 설명하고자 한다. 우리가 설명하게 될 구체적인 절차는 직접교수(DI) 프로그램에서 나타나는 것들과 같지는 않다. 직접교수(DI) 프로그램에서는 학생들이 학습에 성공할 수 있도록 매일매일 조금씩 수업을 조정하는 것에 대부분을 할애하였다. 어떻게 이들 구체적인 읽기 기술들을 가르칠 것인가에 대한 우리의 설명은 보다 일반적이다. 우리가 여기서 제공하는 지침들과 제안들이 앞으로 유용하게 활용되길 바란다.

제2장
읽기 교수 모델

학습 목표

1. 직접교수(DI) 읽기에 대한 국가적 · 역사적 배경에 대해 논의한다.
2. 국가읽기위원회(National Reading Panel: NRP), 국립아동건강 및 인간발달 협회(National Institute of Child Health and Human Development), 미국 주 공통 핵심 성취기준(Common Core State Standards), 교육과학원(Institute of Education Sciences)와 같은 몇몇 중요한 국가 기관에 대해 알아보고 이들 기관이 읽기 교수에 미친 영향에 대해 설명한다.
3. 체계적이고 명시적 교수의 기본적 특징들과 읽기 과정에서의 주요한 네 단계를 설명한다.
4. 영어 학습자들을 위한 읽기 교수의 중요성에 대해 논의한다.

읽기 교수 중에 **무엇을 어떻게** 가르칠 것인가는 교사들에게는 아주 핵심적인 결정사항들이다. 사실 이런 결정사항들에 대해 연구자들과 그 외의 이해당사자들[정부기관, 교육청(boards of education), 국제독서협회(International Reading Association), 주교육감위원회(Council of Chief State School Officers), 국가주지사협회(National Governors Association)]이 교사들에게 내린 지침서(지침)는 지난 반세기(1955~2015년)를 지나오면서 그 내용이 다양해졌다. 읽기 지도를 '어떻게' 할지에 대한 지침과 논쟁 사안의 대부분은 Stanovich(2000)가 "읽기 모델과 교수 실제 간의 접점"(p. 208)이라고 주목했던 것과 읽기 이해에서 해독이나 발음과 같은 단어 인지의 중요성에 초점이 맞추어져 있었다. 이 시기에 읽기 교수의 가장 효과적인 실제를 알리기 위해 수많은 연구가 집중적으로 이루어졌다.

예를 들어, 1990년대 후반에는 교육 분야에서 읽기 교수 중에 가르쳐야 할 내용과 그 내용의 전달 방법을 어떻게 해야 하는지를 결정하는 데 필요한 신뢰할 수 있는 연구 기반 정보를 제공하는 데 있어 상당한 진전이 이루어졌다. 그 지침은 국립아동건강 및 인간발달

협회(NICHD)가 주도한 주요 연구들에 의한 것들이다. 이 연구를 주도하게 된 기폭제는 바로 미국의 낮은 문해력 문제를 지적한 연구결과였다. 국립아동건강 및 인간발달 협회의 아동발달행동 부서의 장을 맡았던 G. Reid Lyon 박사는 미국 하원의 교육개혁 소위원회에서 읽기에 실패하는 아동들의 수가 많다는 점과 읽기 실패의 영향에 대해 다음과 같이 증언하였다.

> 국립교육통계센터(National Center for Educational Statistics, 1998)에 따르면, 전국적으로 4학년 학생의 38%가 기초적인 수준의 글을 읽을 수 없다. 말하자면, 이들 학생은 쉬운 아동 도서에서 흔히 볼 수 있는 짧은 단락 하나를 읽고 이해하지 못했다. 안타깝게도 이런 읽기 실패 현상은 빈곤층 아이들에게서 높은 비율로 나타났다. 사실상 도심부의 저소득층에 속한 학교 중에는 기초 수준의 읽기 능력도 갖추지 못한 4학년 학생의 비율이 70%에 달한다. 이런 수준의 읽기는 교육과 공중보건에 미치는 영향이 매우 심각하다. 결국 중도에 학업을 그만두는 학생 10~15% 중 75% 이상이 읽기 습득에 어려움이 있다고 보고되고 있다. 마찬가지로 읽기 학습에 어려움을 겪는 학생들을 위한 특수교육 혹은 보충교육을 받는 학생들 중 2%만이 4년제 대학과정을 마칠 수 있을 것이다. 범죄기록이 있는 청소년이나 청년층을 조사한 결과, 적어도 50% 이상이 읽기에 어려움이 있었으며, 4학년 시기의 읽기 실패 비율을 가지고 앞으로 10년 후 어떤 주의 감옥 크기를 예측할 수 있을 정도이다. 약물남용의 전과기록이 있는 아동과 청소년들의 약 50%가 읽기 능력에 문제가 있었다. 읽기 학습의 실패가 아이들의 미래와 인생에 얼마나 해로운 결과를 가져올지는 이루 다 말할 필요가 없다. 바로 이런 이유에서 NICHD는 읽기 실패를 국가적 공중보건 문제로 반영해야 한다고 주장한다. …… NICHD 연구결과에서 분명히 알 수 있는 것은 이런 종류의 읽기 실패가 아동에게 미치는 부정적인 영향은 사람들이 생각하는 이상으로 더 빠른 시기부터 나타난다는 점이다. 1학년 말까지 읽기 학습에 어려움을 보이는 아이들은 입학 때보다 자기 자신에 대해 더 부정적으로 인식하기 시작한다. 아이들을 초등학교부터 중학교까지 추적해서 알아본 결과, 읽기 학습에 대한 자기효능감과 동기가 그 이전보다 훨씬 더 떨어져 있다는 것을 발견하였다. 대부분의 경우, 이들 학생은 문학, 과학, 수학, 역사, 사회 과목에 대한 학습능력도 떨어지는데, 이는 자신의 학년 수준에 맞는 교과서를 제대로 읽을 수 없어서이다. 잘 읽는 학생들은 중학생 때까지 적어도 1,000만 개의 어휘를 읽을 수 있다는 것을 생각해 보라. 그러나 읽기에 어려움을 가진 학생들은 같은 기간 동안 10만 개 미만의 어휘를 읽는다. 읽기에 어려움이 있는 학생들은 어휘 개발과 읽은 내용을 이해

하기 위한 전략을 습득하는 데 뒤처져서, 읽기와 읽기가 요구되는 과제 수행을 자주 기피한다. 그리고 고등학교에 들어서면 이들의 대학교 입학 가능성이 현저히 줄어든다. 고등학교까지 어떻게든 학교에서 버틴 학생들은 읽기는 어렵고 자신이 '바보'처럼 느껴지기 때문에 읽기를 싫어한다고 말한다. 우리 연구에 참여한 한 고등학교 저학년 학생은 이렇게 말했다. "읽기보다 차라리 치아 신경치료를 받는 게 낫겠어요."(Lyon, 2001)

국가읽기위원회(NRP) 연구결과

읽기 실패에 관한 심각한 통계 결과에 대한 대응으로, 1997년 미국의회는 Richard W. Riley 교육부 장관과 협의하에 NICHD 소장에게 읽기 교수에 관한 과학적 자료를 검토하고 그것에 기반한 가장 효과적인 읽기 지도 방법을 결정하라고 요청했다. 이를 위한 검토로, 국가읽기위원회(NRP)는 1966년 이후에 출간된 약 10만 건과 그 이전에 출간된 1만 5천 건의 읽기 연구 자료를 대상으로 연구를 하였다. 연구 자료의 양이 방대했기 때문에 패널은 실험 및 준실험 연구들만을 선택하였으며, 결과를 도출할 때는 엄격한 **과학적 기준에 부합하는 연구물**만을 선정했다. 이들 연구를 묶어서 과학적 기반의 읽기 연구물들(scientifically based reading research: SBRR)이라 칭했다. SBRR는 2001년에 연장된 「초·중등 교육법(Elementary and Secondary Education Act: ESEA)」에 100번 이상 나오는 용어로 다음과 같은 연구를 의미한다.

1. 읽기 발달, 읽기 교수, 읽기 어려움 관련 타당한 지식을 얻기 위해 엄격하고, 체계적이며, 객관적인 절차를 적용한다.
2. 관찰 혹은 실험에 체계적이며 실증적인 방법론을 사용한다.
3. 진술된 가정의 검증과 일반적 결론의 타당성을 적합화할 수 있도록 엄격한 절차를 거친 자료 분석을 사용한다.
4. 평가자, 관찰자, 다양한 측정 및 관찰 방법 간에 일관되게 타당한 정보를 제공해 주는 측정법 혹은 관찰법에 근거한다.
5. 상대적으로 엄격하고, 객관적이며, 과학적 검토를 통해 동료 학자가 심사하는 학술지에 투고되었거나 독립적인 전문가 패널로부터 승인받은 바 있다.

웹 자료

국가읽기위원회(NRP) 보고서에 대한 더 많은 정보는 http://www.nichd.nih.gov/research/supported/Pages/nrp.aspx/에서 얻을 수 있다.

2000년 국가읽기위원회(NRP)는 다섯 가지 핵심적인 읽기 영역과 무엇을 어떻게 가르칠 것인지에 대한 지침을 담은 보고서를 발표하였다.

- **음소 인식(phonemic awareness)**: 음소 인식은 단어 내의 각 소리를 파악하고 조작하는 구두 읽기 기술이다. 개념상으로 음소 인식은 단어가 개별적 소리로 이루어져 있고, 이 소리들은 수없이 다양하게 결합하면서 단어들을 구성하고 있다는 이해에서 비롯된다. 최근 연구들은 음운 및 음소 인식 수준이 높은 1학년 입학생은 그렇지 못한 학생보다 읽기 수행능력이 훨씬 뛰어나다는 것을 명확하게 보여 주고 있다(Adams, 1990; Brady & Shankweiler, 1991; Catts & Kamhi, 1999; Kame'enui, 1996; Smith, Simmons, & Kame'enui, 1995; Stanovich, 2000; Torgesen & Wagner, 1998; Vellutino et al., 1996).

> **읽기 실패의 원인**
>
> 문해 전문가 Connie Juel 박사와 Elfrieda (Freddy) Heibert 박사는 읽기 실패를 가져오는 두 가지 주요 원인에 대해 논의한다.

- **발음(phonics)**: 발음 교수에서는 아동들이 구어(spoken language)를 구성하는 글자들(letters; 문자소, graphemes)과 개별 소리(음소, phoneses) 간의 관계를 알 수 있도록 가르친다. 발음 교수의 목적은 아동들이 알파벳 원리를 배우고 이를 읽기에 적용할 수 있도록 돕는 것이다. 여기서 알파벳 원리란 문어(written language)와 구어(spoken sounds)의 관계가 체계적이고 예측 가능하다는 것을 이해하는 것을 말한다. 국가읽기위원회는 체계적인 발음 교수가 비체계적이고 발음 교수가 제공되지 않는 다른 교수법들에 비해 아동들의 읽기 향상에 매우 효과가 있다는 결론을 내렸다. 게다가 체계적인 발음 교수는 다양한 사회경제적 수준의 모든 아동에게 효과적이라는 근거도 제시하였다.
- **유창성(fluency)**: 유창성은 글을 정확하면서도 빨리 읽는 능력을 말한다. 유창한 독자는 단어를 자동적으로 인식하고, 글을 읽으면서 의미를 이해하는 데 도움이 되도록 단어를 빠르게 그룹화하며, 힘을 들이지 않고 감정을 넣어 읽는다. 유창성은 단어의 인식(recognition)과 이해(comprehension) 사이의 교량 역할을 한다. 유창한 독자는 단어를 해독하는 데 노력을 쏟을 필요가 없기 때문에, 글이 의미하는 바가 무엇인지에

집중할 수 있다. 유창성은 숙련된 읽기 기술에서 중요한 요소지만, 읽기 수업 중에 유창성을 종종 간과하는 경우가 있다. 국가읽기위원회는 유창성을 향상시키는 교수 절차도 단어 인식과 읽기 이해에 긍정적인 영향을 준다는 점을 발견했다. 더구나 이들 연구는 구두 읽기에 대한 피드백과 안내 또한 읽기 유창성을 향상시켜 주며 읽기 이해에도 긍정적인 영향을 미친다는 것을 발견하였다. 그러나 아직까지 혼자 묵독하는 것이 읽기 유창성과 전체적인 읽기 성취를 향상시킨다고 발표한 연구들은 없다.

- **어휘(vocabulary)**: 어휘는 읽기 방법을 학습하는 데 중요한 역할을 한다. 단어의 의미에 대해 알지 못하면 읽는 내용을 이해할 수 없다. 아이들은 글을 읽으면서 구두 어휘에 없는 단어들의 의미를 배워야 한다. 국가읽기위원회(NRP)는 대부분의 어휘가 간접적으로 습득되긴 하지만, 명시적인 어휘 교수가 읽기 이해의 향상으로 이어진다는 것을 발견했다. 그렇더라도 어휘 교수는 독자의 연령과 수행능력에 적합해야 한다. 어휘를 반복하여 자주 노출시키는 것은 매우 중요하다.
- **글 이해(text comprehension)**: 읽기 이해 교수에는 교사들이 모든 학년을 통해 적극적으로 가르치고 발달시켜야 할 복잡한 기술과 전략들이 포함된다. 최근 연구들은 읽기 이해와 이미 배운 지식, 어휘, 경험 간에 직접적 관계가 있다는 연구결과들을 제시하고 있다. 좋은 교수는 이해 숙달을 돕고 이해의 문제점을 예방하는 가장 강력한 방법이다. 우리가 읽기 이해 교수에 관하여 이미 알고 있는 지식들은 2002년에 RAND 읽기 연구 집단(RAND Reading Study Group)에 의해 잘 요약된 것이며, 국가읽기위원회(NRP)의 읽기 교수에 관한 연구 기반 결론과도 일치한다. 이들 두 연구 집단이 모두 강조하고 있는 것은 다음과 같다.
  - 학생이 텍스트를 이해하는 데 필수적인 배경 지식과 어휘를 결정하고 발달시키는 교사 역할의 중요성
  - 교사의 명확한 전략 설명, 전략에 대한 모델 제시, 학생들이 이들 전략을 배우고 적용하도록 하는 안내 제공, 그리고 학생들이 이들 전략을 독립적으로 적용할 때까지 연습 제공하기와 같은 구체적인 읽기 이해 전략에 대한 명시적 교수
  - 다수의 독해 전략을 어떻게 결합하여 사용할지에 대한 명시적 교수
  - 다양한 유형의 글에 이들 전략을 어떻게 유연하게 적

> **🔊 효과적 문해 교수의 차원**
>
> Tim Shanahan 박사는 효과적인 문해 교수의 몇몇 차원에 대해 토의한다. 이들 차원 중의 하나는 다섯 가지 핵심적 요소를 가르치는 것이다. 이 이외에 Shanahan 박사가 효과적인 교수에 필요하다고 제안하는 다른 차원들은 무엇인가?

용할 수 있는지에 대한 명시적 교수

체계적이며 명시적인 교수

국가읽기위원회(National Reading Panel, 2000)는 읽기를 어떻게 가르쳐야 하는지에 대한 유익한 정보를 제공해 왔다. **체계적이며 명시적인 교수**(systematic and explicit instruction)라는 용어는 국가읽기위원회(NRP) 보고서 전체에 걸쳐 등장하고 있다. 교사가 학생들이 학습해야 하는 것에 대한 명시적인 시범을 보여 줄 때(혹은 필요하다면 설명할 때) 명시적 교수가 이루어지게 된다. 교사는 학생들이 학습해야 하는 것에 정확히 집중해야 한다. 교사는 학생들에게 시범을 보이고, 그들의 수행을 평가함으로써 주요 개념들과 규칙들을 분명히 보여 줄 수 있다.

다음과 같은 내용이 포함될 때 체계적인 교수가 이루어지게 된다. ① 잘 계획되고 논리적으로 배열된 읽기 지식과 읽기 기술들(예: 논리적 위계로 짜인 글자-소리 관계 학습 단원을 통한), ② 학생들이 해야 할 것의 관점에서 진술된 명확히 정의된 목표들, ③ 유창성과 기억의 유지를 위해 잘 계획된 연습 과제 제시, ④ 이전에 가르친 지식의 일반화 혹은 적용을 할 수 있도록 새로운 예시들(예: 단어, 글)에 대한 학습 계획.

국가읽기위원회(NRP)의 보고서는 홈페이지(www.nationalreadingpanel.org)에서 찾아볼 수 있다. 국가읽기위원회(NRP) 연구결과는 교사들과 다른 전문가들을 위해 국립문해협회(National Institute for Literacy)에 의해 『읽기를 최우선으로 하라: 아동의 읽기 지도를 위한 연구결과(Put Reading First: The Research Building Blocks for Teaching Children to Read)』(Armbruster, Lehr, & Osborn, 2001)로 불린 문서에 요약되어 있다. 이 문서는 이외에 수많은 연구 보고서와 마찬가지로, 읽기를 위한 국립문해협회의 파트너십(National Institute for Literacy's Partnership for Reading) 웹사이트(www.nifl.gov/partnershipforreading/publications/k-3.html)에도 실려 있다.

국가읽기위원회(NRP) 보고서 외에도 2002년 미국 의회는 미국 교육부 내에 연구, 통계, 평가 기관인 교육과학원(Institute of Education Sciences: IES)의 설립을 위해 「2002 교육과학개혁법(Education Sciences Reform Act of 2002)」을 통과시켰다. 교육과학원(IES)의 임무는 '교육 실제와 정책을 지지할 수 있는 엄격하고도 적절한 증거를 마련하고 이들 정보를 광범위하게 공유하기 위한 것'이다. 읽기 향상에 효과가 있는 방법인지 그렇지 않은지를 확인하고 그 이유를 밝힘으로써 교육과학원(IES)은 모든 학생, 특히 학습에 실패할 가능성이 높은 학생들의 교육적 성과를 향상시키고자 하였다. 법적으로 교육과학원의 연구 활동은 당파적 정치 영향을 받지 않는다. 홈페이지에 고지되어 있듯이, 교육과학원은 미국의 교육연구 활동에 기금을 지원한다.

> 교육과학원은 특수교육 중재를 포함한 유치원에서 그리고 중등학교의 학생들을 위해 무엇이 이루어져야 하는지에 대한 해답을 찾을 수 있는 연구를 실행하는 최고 수준의 교육연구자들을 지원한다. 우리는 교육여건에 대한 통계치를 수집하고 분석하며, 장기적 종단 연구 및 조사 연구를 수행하고, 국제적 평가를 지원하며, 국가성적표(Nations' Report Card)로 알려진 전국학업성취평가(National Assessment of Educational Progress: NAEP)를 실시한다. 교육과학원은 대규모 교육 프로젝트와 연방교육 프로그램에 대한 평가를 수행한다. 교육과학원은 종단적 자료 시스템의 개발 및 활용을 위한 보조금 제공을 통해 주(州)에서 데이터에 기반한 학교 향상을 위한 일들을 할 수 있도록 지원한다. 마지막으로, 교육과학원은 효과적인 정보처리기관(What Works Clearinghouse: WWC), ERIC 교육데이터베이스, 10개의 지방 교육연구소, 국가연구개발센터를 포함한 기술 지원 프로그램들과 다양한 연구 확산 전략 그리고 회의, 출판물, 상품들을 통해 일반인들에게 정보를 제공하고 현장의 교육자들을 돕고 있다.

교육과학원이 WWC를 통해 내놓는 상품 중 하나는 실행지침서이다. 교육자를 위한 WWC 실행지침서는 "교사와 당국자에게 교육에서 현재 당면한 과제를 어떻게 설명할 것인지에 대한 실용적이고 근거 기반의 권고사항들을 제공하기 위해 마련되었다. 이 지침서의 저자들은 이들 당면 과제를 설명하기 위한 구체적 권고사항을 개발하기 위해 그들의 전문지식과 가용 가능한 연구 증거물을 모았다"(http://ies.ed.gov/aboutus/). 교육과학원 위원회의 지침서 「읽기 곤란 학생 지원하기(Assisting Students Struggling with Reading)」(Gersten, Compton, Connor, Dimino, Santoro, Linan-Thompson, & Tilly, 2009)에서는 "체계적이고, 매우 명시적이며, 활발한 상호작용이 일어나는" 교수를 제공함으로써 초등학교를 지원해야 한다고 권고하고 있다(p. 7).

미국 주 공통 핵심 성취기준(CCSS)

국가읽기위원회(National Reading Panel, 2000) 보고서를 통해 초기 읽기에 관한 질적으로 엄격한 절차를 거친 연구가 이루어지는 발전 외에도, 2009년 최상의 읽기 교수 방법을 위한 국가주지사협회 회원(NGA 센터), 주지사 포함 주정부 학교 임원 단장 회의(CCSSO), 주정부 산하 교육위원회, 48개 주와 2개의 행정구역 컬럼비아 교육구에서 참여한 주정부 산하 학교장들은 미국 주 공통 핵심 성취기준(Common Core State Standards: CCSS)을 개발하고 착수하기 위한 노력을 시도하였다. CCSS는 학생들이 자신이 어디에 살고 있는지와 관계없이, 대학, 경력 그리고 미래에 대한 준비를 할 수 있도록 하기 위해 고등학교 졸업을 확실히 할 수 있도록 계획하는 것이다. CCSS는 유치원에서 12학년에 이르기까지 모든 학년 수준의 수학과 영어 언어에서 모든 학생이 알아야 하고 할 수 있는 것에 대한 명확하면서도 일관적인 지침 제공을 위해 개발되었다(http://www.corestandards.org/what-parents-should-know/). 따라서 CCSS의 교육 기준은 학생들이 알고 수행할 수 있도록 고안되었을 뿐만 아니라, 교사들이 학생들에게 필요한 기술들과 지식들을 성공적으로 가르칠 수 있도록 고안된 학습 목표들이다. 2009년부터 43개 주, 컬럼비아 교육구, 4개의 행정구역, 그리고 국방교육기관(Department of Defense Education Activity: DoDEA)들은 CCSS를 자발적으로 채택해 왔다.

이런 CCSS의 중요성을 고려해 볼 때, 영어 과목(English Language Arts: ELA)에서 학생들이 CCSS의 합리적인 새로운 국가 기준에 도달하도록 하기 위해 읽기 수단을 지도하는 데 직접교수(DI) 접근법이 무엇을 의미하는지를 생각해 보는 것은 매우 중요한 일이다. 간단히 말해, 읽기 지도에서 직접교수(DI) 접근법은 학생들이 이런 기준에 부합하는 지식, 기술 및 내용들을 습득할 수 있도록 교사들에게 믿을 만하고, 신뢰할 수 있고, 체계적인 전략을 제공해 주어야 한다. 영어 과목(ELA)에서 CCSS의 기준은 '모든 학생을 위한 명백하게 중요한 내용'을 요구한다. 예를 들어, '세계의 고전 신화 및 이야기, 미국의 건국 문서, 미국 기초 문학', Shakespeare의 연극과 소네트(sonnet, 시의 일종)와 같은 글들을 읽고 분석하기 등과 같다(http://www.corestandards.org/about-the-standards/frequently-asked-questions/). 만약 CCSS의 기준들이 읽기, 쓰기, 말하기, 듣기를 통해 학생들이 문학에서의 지식과 다른 과목에서의 지식을 체계적으로 확실히 습득할 수 있도록 고안되었다면, 직접교수(DI) 접근법도 학생들의 성공을 보장하기 위해 가르칠 내용(CCSS)들을 매우 체계적인 방식으로 계획하고 전달하는 데 매우 중요하다. 읽기 지도에서 직접교수(DI) 접근법이 CCSS에 기여하는 장점들이 많은데, 이에 대한 예는 다음과 같다.

1. 학생들이나 교사들이 어림짐작할 여지를 주지 않는 매우 체계적이고 명시적 방법으로 읽기 기술 지도
2. 직접교수(DI)의 효과에 대한 무수한 증거를 통해 구축된 신뢰할 수 있는 연구 기반
3. 교사들이 무엇을 어떻게 가르쳐야 하는지에 대해 수업 형식, 교정 절차, 사전 교수 전략들이 포함된 고도로 구체화된 교수 절차 및 교수 형식
4. 학생들의 초기 읽기 수준과 성공적인 진전을 위한 읽기 경험과 위계적 순서들에 대한 세심한 계획(학생들의 초기 읽기 기술 수준을 고려하고 성공적인 진보를 도울 수 있도록 세심하게 고안된 수업 절차와 활동들)
5. 학생들이 학습 기준에 도달하도록 하는 데 있어 학생들을 비난하는 대신에(학습 기준에 도달하지 못한 원인을 학생들의 잘못으로 돌리기보다) 교사들의 교수 기법과 교육 프로그램들에 대한 (우선적인) 점검을 하도록 고안된 교수적 접근

웹 자료

CCSS에 대한 더 많은 정보는 http://www.corestandards.org에서 찾을 수 있다.

읽기 교수 단계

CCSS와 여타 주(州) 표준에서 명시된 것처럼, 읽기 교수는 시간이 흐르면서 초기에는 해독(breaking the code) 중심(종이에 인쇄된 구불구불한 문자를 구두로 읽는 방법에 대한 학습)에서 나중에는 읽기를 통해 새로운 정보를 획득하기 위한 도구로 활용하는 것으로 발전되어 왔다. 다음은 읽기 교수의 각 단계에서 중점적으로 다루는 교수 내용에 대한 설명이다.

읽기 전 단계

읽기 전(前) 단계는 아이들이 학교에 입학하기 전 구어를 이해하고 사용하면서 단어의

소리 구조를 처음으로 이해하는 능력을 기르는 시기이다. 이 시기에 언어 교수는 주로 가정에서 이루어지며 아이들의 가족들로부터 비공식적인 교수가 이루어지게 된다. 가정에서 아이들에게 이뤄지는 교수는 사회경제적 수준에 따라 그 격차가 다양하게 나타난다. Betty Hart와 Todd Risley는 다양한 사회경제적 배경에 따른 가정 내 부모-자녀 상호관계의 차이를 연구하기 위해 수년에 걸쳐 많은 가정을 방문하는 연구를 실시하였다. 연구결과, 전문직 가정의 자녀들은 생애 첫 4년 동안 약 48만 개의 단어를 듣고 자라는 반면에 사회경제적 배경이 낮은 가정의 자녀들은 겨우 13만 개의 단어를 듣고 자란다는 결론을 얻었다(Hart & Risley, 1995). 이들은 이와 같은 연구결과를 통해, 부모-자녀 간 상호작용의 차이가 유치원 입학 시기에 이들 학생 간에 어휘 습득에서 큰 차이로 나타나게 된다는 결론을 제시하였다.

하지만 학교에서 만 4세까지의 언어 발달상의 차이를 완전히 해결해 줄 수 없지만, 교사들의 체계적이고 명시적인 유치원 이전 및 유치원 프로그램 활용을 통해 이와 같은 언어 발달상의 차이를 해결하는 데 중요한 역할을 할 수 있다.

초기 읽기 단계

초기 읽기 단계(beginning reading stage)는 아이가 '부호(code) 깨기'를 학습하는 시기를 의미한다. 아이들은 문자와 소리가 상징하는 관계에 대해 배우고, 이런 지식을 단어를 읽는 데 적용한다. 초기 읽기 단계는 매우 중요한 시기이다. 1학년 말까지 이 해독을 하지 못하는 학생은 상급 학년에서 끊임없는 좌절감과 실패감을 경험하게 될 위험이 크다. Juel(1988)은 텍사스주 오스틴에 있는 학교에 다니는 1학년 초기부터 4학년 말까지의 학생 54명을 대상으로 추적 연구를 실시한 후, 다음과 같은 연구결과를 제시하였다.

> 1학년 말에 읽기 저성취 학생이 4학년 말까지도 읽기에 미숙할 확률은 .88이었다. 만약 이들 학생이 1학년 때 적어도 평균 수준의 읽기 기술을 배운다면, 4학년에 읽기에 미숙할 확률은 .12이었다. 만약 1학년 때 평균 수준의 읽기 능력을 갖춘다면, 4학년 때에 평균 수준의 독자로 남을 확률은 .87이었다. 1학년 때 읽기에 미숙한 학생이 4학년에 평균 수준의 읽기 실력을 갖출 확률은 .13이었다. 연구 대상자들을 통해 밝혀진 결과는 읽기에 어려움을 보이는 1학년 학생은 4학년 말이 되어도 거의 변함없이 읽기에 어려움을 보이게 될 것이라는 사실을 보여 준다(p. 443).

초기 읽기 단계의 중요성 때문에 우리는 이 책에서 초기 읽기 단계에 대해 여러 장에 걸쳐 제시하고 있다. 제5장과 제12장에서 아이들이 처음 몇 백 개의 단어를 읽기 시작하는 동안에 무엇을 어떻게 가르쳐야 하는지에 대한 논의를 하였다. 초기 읽기 단계에서의 읽기 교수에서는 아동들이 단어들을 읽을 수 있는 준비를 할 수 있도록 음소 인식과 발음 기술들을 혼합하여 세심하게 구성해야 한다. 아이들은 제시된 개별 글자와 그 글자들이 갖고 있는 소리의 관계를 학습하고 이 정보들을 이용해 어떻게 개별 단어는 물론 지문 내 단어들을 정확하게 읽는지를 배운다. 발음 교수법과 함께 제시되는 교수는 구두로 어휘 읽기와 읽기 이해 교수이다. 특히 어휘와 언어 발달이 뒤처진 위기 아동들에게 구두 읽기 교수를 제공하는 것은 매우 중요하다. 제한된 언어와 문해 지식을 가지고 초등학교에 입학하는 아동들에게는 명시적이고 체계적인 교수를 제공해야 한다. 초기 읽기 단계는 아동들이 가정에서 이미 배운 학습과 새로운 읽기 기술을 얼마나 빨리 배우는지에 따라 한 달에서 반년에 걸쳐 지속될 수 있다.

초기 읽기 단계의 후반기는 단어를 구성하는 개별 글자에서 여러 글자로 확장해 가는 발음 교수가 이루어지는 시기를 의미한다. 학생들은 글자 조합(예: ai, ou, est, tion, ly, ite, ate)과 소리의 관계에 대해 배우게 되고, 하나 혹은 그 이상의 접사(예: handed, better, careful, sadly, refill)와 어근으로 형성된 단어들을 읽게 된다. 학생들이 읽는 글의 길이는 점차 길어진다. 그리고 읽기 유창성에 대한 교수가 시작된다. 또한 유창하면서도 정확하게 읽는 능력을 함께 발달시키는 것을 강조하게 된다. 어휘와 읽기 이해에 대한 교수는 여전히 우선시되며 학생들이 더 많이 알게 된 어휘를 바탕으로 보다 긴 글을 읽을 수 있게 되면서 점차 관련된 글들이 많아지게 된다(학생들이 더 많은 어휘가 나오는 보다 긴 글을 읽게 되어도 어휘와 독해 교수는 여전히 중요하고, 점진적으로 지문 중심이 된다).

기본 읽기 단계

기본 읽기 단계(primary stage)에서 읽기 교수는 '읽기 위한 학습'에서 '학습을 위한 읽기'로 초점이 전환되기 시작한다. 새로운 단어 읽기에 관련된 읽기 기술을 가르치는 교수가 지속되기는 하지만, 이런 읽기 기술을 지도하는 시간의 비율이 점차 줄어들게 된다. 읽기 유창성 수준이 낮은 학생들을 위해 읽기 유창성을 발달시키기 위한 교수가 증가하게 된다. 어휘와 읽기 이해에 관한 교수가 이 기본 읽기 단계의 마지막 부분에서 강조된다. 기본 읽기 단계는 CCSS(2009)와 같이 보통 초등학교 2학년과 3학년 시기에 이루어진다.

중간 읽기 단계

중간 읽기 단계(intermediate stage)는 일반적으로 초등학교 4학년에서 6학년까지 제공되는 교수를 말한다. 이 시기의 읽기 교수는 읽기 이해 및 어휘를 강조하며, 점진적으로 일반 언어 과목(language arts) 교수와 통합되기 시작한다. 학생들은 교과 내용을 읽으면서 읽기 이해 기술과 어휘 활용의 향상이 이루어진다.

비영어권 학습자(English Language Learners)

영어를 말하지 못하는 초등학교 입학 아동들에게 가장 필요한 것은 수용 및 표현 영어를 가르칠 수 있는 집중적인 언어 프로그램을 개발하는 것이다. 학기 초에 집중적인 영어 언어 교육이 시작된다고 가정하면, 영어로 읽기 교수가 시작되는 시기는 몇 달간의 영어 언어 교수가 끝난 후부터이다. 읽기 교수 초기에는 아이들이 이미 배운 단어만을 사용하여 교수할 수 있도록 신중을 기해야 한다. 초기 음소 인식과 발음 연습을 가르칠 때 교사들은 매우 쉽고 명료하게, 그리고 최소한의 언어만을 사용하여 설명해야 한다. 집중적인 영어 언어 프로그램 교수는 읽기 교수가 시작된 이후에도 유지되어야 한다. 학생들이 글을 읽기 시작하면, 교사는 학생들이 단어 읽기 연습활동에서 잘 모르는 단어 뜻을 읽기 전에 설명해 주어야 한다.

영어를 조금 할 수 있으나 유창하게 구사하지 못한 상태에서 초등학교에 입학한 학생들에게는 수용 및 표현 언어를 가르칠 수 있는 집중적인 프로그램이 전 학기에 걸쳐 실시되어야 한다. 또한 별도의 어휘 교수를 실시하여 학생들이 글을 읽을 때 마주치게 될 단어들을 이해할 수 있도록 미리 교육을 시켜야 한다.

모국어의 문해 수준이 높지 않은 고학년 아동들은 수년간에 걸쳐 상당한 양의 교육적 지원이 필요하다. 어휘 학습의 대부분은 모국어로 알지 못하는 개념과 단어를 배우는 것으로 구성될 것이다. 이런 아이들을 위한 어휘 교수는 새로운 개념들과 이에 따른 새로운 단어들로 구성되어야 한다. 문해 수준이 높은 아이들은 모국어의 단어를 많이 알고 있을 것이다. 이런 아이들은 영어에서 그 단어에 해당되는 것을 배우기만 하면 된다. 모든 아이가 영어 단어를 적절하게 사용하도록 상당한 시간의 교수가 이루어져야 한다.

웹 자료

효과적인 정보처리기관(WWC)에는 영어 학습자(ELL)를 위한 두 가지 교수 실제 안내서(practice guides)가 있다.

1. 초등 및 중등학교의 영어 학습자를 위한 학습 내용과 문해 교수: http://ies.ed.gov/ncee/wwc/PracticeGuide.aspx?sid=19
2. 초등 영어 학습자를 위한 효과적인 문해 영어 교수법: http://ies.ed.gov/ncee/wwc/PracticeGuide.aspx?sid=6

교육과학원(IES) 산하의 WWC가 처음으로 발행한 영어 학습자를 위한 실제 안내서 중 하나는『초등 영어 학습자를 위한 효과적인 문해 영어 교수법(Effective Literacy and English Language Instruction for English Learners in the Elementary Grades)』(Gersten, Baker, Collins, Linan-Thompson, Scarcella, & Shanahan, 2007)으로 영어 학습자를 위한 것이다.

이 영어 교육 실제 안내서는 다음 네 가지를 권고하고 있다. ① 영어 학습자에게 음운 처리, 글자 지식, 단어 및 글 읽기를 통한 영어 측정 도구를 사용한 형성평가 실시, ② 읽기 문제를 지닌 위기 아동으로 진단된 영어 학습자에게 집중적이고 종합적인 소그룹 교육 실시, ③ 매일 질 높은 어휘 교수 제공, ④ 초등학교 저학년 시기부터 영어 학습자들의 핵심 교수 목표가 공식적 혹은 학업적 영어 능력을 발달시키는 것이라는 점을 확실히 하기(http://ies.ed.gov/ncee/wwc/PracticeGuide.aspx?sid=6 참조). 이와 같은 권고사항들은 영어 학습자 지도를 위한 직접교수(DI) 접근법과 일치한다.

제3장

교실에서의 읽기 교수

학습 목표

1. 교사들이 교실에서 종합적 핵심 읽기 프로그램 보충 및 중재 자료를 사용하는 읽기 교수 자료의 본질에 대해 논의한다.
2. 읽기 위기 학생들의 교육적 요구에 부합하기 위한 종합적 핵심 읽기 프로그램의 조정이 필요한 구체적인 내용을 확인한다.
3. 학생들의 읽기 수행능력을 평가하기 위해 사용되고 있는 네 가지 읽기 평가도구에 대해 설명한다.
4. 교실에서 활용 가능한 읽기 교수를 구성하는 데 포함되어야 하는 요소들을 나열한다.

이 책에서는 교사들에게 교실에서 벌어지고 있는 읽기 관련 사안들과 직접적으로 관련되는 정보들을 제공하고자 한다. 이 책의 저자들의 목표는 교사들이 아동의 자아개념을 향상시킬 수 있도록 학생들의 읽기 수행을 최대화할 수(학생들의 읽기 수행능력을 최대화함으로써 한편으로는 자아개념 향상까지 도모할 수) 있는 읽기 교수법에 관한 정보를 제공하는 것이다. 이 장에서는 교수 자료, 평가, 교실 환경 조직과 같은 교실에서의 읽기 교수와 관련된 세 가지 중요 요소에 대한 개요를 제시한다.

교수 자료

교실에서 교사의 수업 행위는 대개 그가 사용하는 교수 자료를 중심으로 이루어진다. 교사들이 교수 자료에 대해 더 깊이 있게 생각하면서 자료를 구성하면 할수록, 학생들과의 상호작용에 더 많은 에너지를 쏟아부을 수 있다. 효과적인 교수 자료를 가지고 있는 교사는 학생들에게 훨씬 더 많이 집중할 수 있다. 그러나 효과적이지 않은 교수 자료를 가지고 있는 교사는 수업 전과 수업 중에 자료를 수정해야 하는 어려움을 겪을 수 있다.

교사가 읽기 문제가 있는 위기 학생들을 가르칠 때에는 연구에 기반을 둔 구조화된 읽기 프로그램을 사용해야 한다. 왜냐하면 교수의 세부 사항에 어떤 내용이 들어가 있는지에 따라 학생들이 읽기에서 성공할 수도 있고 반대로 실패할 수도 있기 때문이다.

교수의 세부 사항에는 각 수업에 소개되는 새로운 교수 자료의 양, 새로운 개념을 소개할 때 사용되는 말과 예시들, 복습 유형, 완전학습 여부를 평가하기 위한 방법, 그리고 다른 맥락에서 발생하기 전에 수차례에 걸쳐 다른 맥락에서 어떤 것이 발생하기 전 구조화된 맥락에서 그것을 제시하는 횟수 등이 포함된다. 어떻게 교수 자료를 구성해야 되는지와 관련된 이런 세부 사항과 교수 기법과 같은 더 많은 세부 사항은 읽기 위기 아동들이 읽기에서 성공하게 할 수도 있고 실패하게 할 수도 있을 정도로 매우 중요하다.

종합적 핵심 읽기 프로그램

종합적 핵심 읽기 프로그램, 일명 CCRP(Comprehensive Core Reading Programs)는 유치원 학생들부터 초등학교 5학년 혹은 6학년 학생들에게 읽기와 언어 과목(language arts)을 체계적으로 가르치기 위해 고안된, 일련의 교사 및 학생용 교수 자료들이다. 이 읽기 프로그램은 대형 출판사가 발행했고 '1단계(tier 1)'에서 핵심 읽기 프로그램으로 언급된 엄청난 양의 내용이 담겨 있는 프로그램이다. CCRP는 CCSS를 추진한 국가주지사협회(National Governors Association)과 주정부 산하 학교장 협회(Council of Chief State School Officers)와 같은 다른 독립기관들에 의해 구체화된 내용 기준을 모두 포함하도록 고안되었다(2010). 사실상 너무 많은 주제가 포함되면서 읽기 어려움이 있는 위기 학생들이 읽기에서 성공할 수 있도록 정도로 가장 중요한 내용들에 대해 깊이 있게 다루지 못한 부분이 있다. 일부 출판사는 캘리포니아, 플로리다 그리고 텍사스와 같은 주에서 주 전체가 채택할 수 있는 구체적인 읽기 프로그램을 개발하였다. 이들 프로그램은 약간의 수정을 거쳐 다른 주에도 배포되었다. 이 책이 저술되는 시점에는 3개의 대형 출판사(Pearson Education, Houghton Mifflin Harcourt, McGraw-Hill Education)가 이 프로그램들을 대량으로 판매할 계획이었다.

1990년대 후반 이전까지는 **기초 프로그램**(basal program)으로 알려진 종합적 핵심 읽기 프로그램이 널리 배포되었지만, 과학적인 연구결과에 따른 접근들은 이루어지지 못하고 있었다. 그러나 1990년대 후반 이후부터는 많은 주에서 자기 주(州)에서 채택하기 위해 이들 핵심 읽기 프로그램들이 과학적 읽기 연구결과에 부합하도록 조정을 요구해 왔다. 이와 같은 요구들은 국가읽기위원회(NRP) 보고서가 발행되고 「아동낙오방지법(No Child Left Behind)」이 통과되면서 종합적 핵심 읽기 프로그램의 개발 계획에 큰 영향을 주었다. 2010년 이후로, 종합적 핵심 읽기 프로그램을 발행하는 모든 주요 출판사는 과학적 기반의 연구결과와 CCSS 기준에 어느 정도 부합하는 새로운 프로그램들을 출판하였다. 비록 이 프로그램들이 과학적 연구결과와 일치하는 측면이 더 많긴 하지만, 효과성과는 거리가 먼 요소들이 아직도 남아 있다. 이들 대부분의 프로그램은 교사가 사용하는 언어와 어휘를 세심하게 통제하지 않고 있다. 새로운 어휘가 소개되는 비율도 제한된 문해 여건의 아이들에게는 너무 빠른 부분이 있다. 마찬가지로 연습과 복습도 이들 읽기 위기 학생에게는 충분하지 않다.

이 책의 후반부에서는 교사들이 학생들의 교육적 요구에 부합할 수 있는 최상의 프로그램들을 선택하고 읽기 프로그램들에 문제가 있을 때 수정하는 데 필요한 정보들을 제공할 것이다.

보충 자료

보충 자료는 1개 혹은 2개의 읽기 교수 영역에 대해서만 교수나 연습을 위해 사용하며, 종종 종합적 핵심 읽기 프로그램을 보충하기 위해 사용한다. 이 자료들은 (주로) '2단계(tier 2)' 프로그램으로 불린다. 가장 일반적인 보충 프로그램들은 다음과 같은 영역에 대해 가르치고 추가로 연습을 시킬 때 사용된다.

- 유치원생과 초등학교 1학년 학생의 음소 인식과 발음 모두 혹은 둘 중 하나
- 여러 난이도가 있는 글을 읽을 때, 읽기 유창성 개발과 일일 수행을 기록하고 동기를 부여할 수 있는 시스템
- 읽기 이해와 어휘 모두 혹은 둘 중 하나
- 기초적 언어 기술들

학년 수준보다 뒤처지는 아동들에게 종합적 핵심 읽기 프로그램과 연계되지 않은 자료를 너무 많이 사용하면 문제가 될 수 있다. 너무 다양한 프로그램을 사용하는 것은 교육적

으로 가장 낮은 수준에 있는 읽기 위기 아동들이 가장 체계적이지도 않고 결합되지도 않은 교수를 받는 결과로 이어질 것이며, 이것은 결국 이 아동들의 읽기 진전을 방해할 수 있다. 왜냐하면 서로 다른 프로그램들은 다른 순서로 읽기 기술들을 소개할 수 있으며 동일한 읽기 기술을 가르치기 위해 다른 읽기 전략을 사용할 수도 있기 때문이다. 특히 이런 상황들은 읽기 저성취 학생들에게도 문제가 될 수 있다.

중재 자료

중재 프로그램 및 자료들은 학년 수준보다 낮은 읽기 수행을 보이는 아동들을 위해 고안된 것이다. 이 자료들은 보통 '3단계(tier 3)' 프로그램으로 불리는데, 집중적인 읽기 중재 혹은 집중적 읽기 교수를 위해 고안된 것이다.

읽기 중재 자료들은 매우 명시적이고 체계적이어야 한다. 교사의 설명은 분명하고 간결해야 한다. 연습문제를 가르칠 때 사용하는 말은 학생들이 모두 이해하는 말로 한정해야 한다. 새로운 읽기 기술은 아동들이 이전에 배운 읽기 기술을 충분히 연습할 수 있도록 실제 학습속도에 맞게 소개해야 한다. 명시적이고 체계적인 교수 프로그램을 구성하는 요소들에 대해서는 제4장에 제시되어 있다.

중재 자료에는 두 가지 유형이 있다. ① 읽기 교수의 한두 가지 요소에만 집중하는 자료, ② 다섯 가지 '큰 개념(big ideas)'에서 도출한 핵심 읽기 기술을 포함하거나 읽기 영역(음소 인식, 발음, 유창성, 어휘, 읽기 이해)과 같은 보다 종합적인 것으로 종합적 핵심 읽기 프로그램을 대신해서 사용할 수 있는 자료가 있다.

1~2개 영역의 읽기 교수에서 제시된 읽기 기술만 포함된 중재 자료들은 학년 수준 자료에서도 학습이 가능하지만 이전 학년에서 배운 학습 내용을 잘 모르는 학생들에게 가장 효과가 있다.

다섯 가지 영역 모두에서 도출된 핵심적 읽기 기술들이 포함된 보다 종합적인 중재 자료들은 보통 **중재 핵심 프로그램들**로 불린다. 중재 핵심 프로그램은 학생들이 뛰어난 독자가 되기 위해 필요한 기술을 배우는 데 필요한 다섯 가지 영역의 핵심적 읽기 기술들을 집중적으로 지도한다. 중재 핵심 프로그램들은 학생이 읽기 능력을 숙달하기 위해 배울 필요가 있는 읽기 교수의 다섯 영역 모두에서 가장 핵심적인 기술들에 초점을 둔다. 이 프로그램들 중 일부는 특히 읽기 위기 학생들에게 효과가 있다. 이 프로그램들은 매우 명시적이고 체계적이다. 학교는 읽기에 뒤처진 아동들에게 종합적 핵심 프로그램을 사용하는 대신, 이들 프로그램을 종종 사용하기도 한다. 읽기에 어려움이 있는 읽기 위기 학생들이 많이 재학하고 있는 학교에서는 읽기 예방을 위해 모든 학생이 유치원 수업 첫날부터 중재 핵심 읽기 프로그램에 참여하도록 하고 있다.

중재 핵심 프로그램 중 일부는 특히 저학년에서 중요한 읽기 내용을 숙달하지 못한 고학년 읽기 위기 학생들을 위해 만들어졌다. 이 프로그램들은 다양한 수준의 교수가 포함되어 있으며, 학생들이 적절한 수준의 프로그램에 배치되도록 배치 평가를 실시한다. 읽기 능력이 2학년 수준인 5학년 학생을 위한 프로그램은 단순히 읽기 능력이 한 학년 낮은 학생을 위한 프로그램과는 크게 달라야 한다.

효과적인 것에 집중하기

학교 관계자는 읽기 프로그램을 선정하기 위해서는 충분한 정보를 활용하는 소비자로서의 역할을 해야 한다. 읽기 프로그램의 설명서에 나온 **연구 기반** 단어만 가지고는 이 읽기 프로그램이 실제로 연구에 기반하여 만들어졌는지를 알 수 없다. 과학적 기반 읽기 연구결과에 따라 만들어진 프로그램이라고 하더라도, 이 프로그램들이 얼마나 효과적으로 읽기 위기 아동들의 요구에 부합하는지에 있어서는 차이가 있을 수 있다.

어떤 읽기 프로그램이 효과적인 교수인지에 대한 가장 강력한 근거는 수준이 비슷한 학생과 교사 집단을 상대로 그 프로그램을 적용한 학교에서 수집한 데이터이다. 특히 수많은 읽기 위기 아동을 가르쳐야 하는 교사들은 비슷한 읽기 수준의 학생들이 재학하고 있는 유사한 학교에서 높은 수준의 읽기 성취를 이끌어 낸 프로그램을 선정해야 한다.

웹 자료

효과적인 정보처리기관(What Works Clearninghouse: WWC)은 교육자들에게 과학적 근거 기반 의사결정을 내리는 데 필요한 정보를 제공해 주고 있다. 보충 및 중재 읽기 프로그램의 효과에 관한 연구들을 찾아보려면 http://ies.ed.gov/ncee/wwc/Topic.aspx?sid=8을 참고하라.

읽기 프로그램을 선정할 때는 포함되는 범위보다는 효과성이 더 중요한 요소가 되어야 한다. 과거에는 학교에서 읽기 프로그램들을 평가하기 위해 다수의 요소가 포함된 점검표를 사용했다. 이들 점검표의 문제는 읽기 프로그램에 담긴 주제 개수가 읽기 프로그램 선정 시에 주된 요소가 되었다는 점이다. 따라서 광범위한 범위의 피상적인 교수 내용이 담긴 읽기 프로그램들이 중요한 읽기 내용을 깊이 있게 다룬 읽기 프로그램들보다 더 높은 점수를 받았다. 안타깝게도 읽기 위기 아동들에게 효과가 있는 것으로 증명된 읽기 프로그램들이 상대적으로 중요하지 않은 내용 기준에 부합하지 못한다는 이유로 학교들로부터 인가를 받지 못하는 상황이 발생해 왔다.

위기 학습자를 위한 핵심 읽기 프로그램 조정

대부분의 종합적 핵심 읽기 프로그램은 읽기 위기 학생들의 교육적 요구에 부합하기 위해 조정이 필요하다. 다음은 조정이 요구되는 여섯 가지 일반적 문제에 대한 설명이다.

- 종합적 핵심 읽기 프로그램은 매우 많은 교수 활동을 포함하고 있다. 모든 활동을 제시하려면 매일매일 많은 시간이 걸린다. 그러나 이들 프로그램에서는 어떤 과제가 가장 중요한지에 대해 명확한 안내가 없다. 따라서 교사는 가장 중요한 과제를 선정할 수 있어야 하고 매일 수업에서 중요한 주제를 포함하도록 교수 계획을 세워야 한다.
- 이들 읽기 프로그램에는 중요 읽기 기술에 대한 일일 교수 계획이 없다. 이들 프로그램에 매일 중요 기술을 지도하는 일반적인 안내가 제시되어 있지만, 교사설명서에는 중요 기술을 일주일에 며칠 동안 가르칠 수 있는 구체적인 연습문제만 제시되어 있다. 따라서 교사는 중요 주제가 무엇인지 알고 있어야 하며 필요시에 추가로 연습문제를 만들 수 있어야 한다.
- 이들 읽기 프로그램에는 교사들이 어떻게 모든 중요 읽기 기술들을 명시적으로 가르쳐야 하는지 그리고 어떻게 학생들과 활발한 상호작용이 일어나는 교수를 해야 하는지에 대한 명확한 지침이 제시되어 있지 않다. 교사는 상당한 양의 학생들의 반응에 대해 즉각적인 피드백을 제공하면서 동시에 보다 명확한 설명과 상호작용이 일어날 수 있도록 미리 조정된 연습문제를 준비해 놓을 필요가 있다(교사는 수업을 명료하고 상호작용이 매우 많게 진행하여 학생들의 반응이 활발하고 이에 대해 즉각적인 피드백을 제공하게끔 연습활동을 조정할 준비가 되어 있어야 한다).
- 이들 읽기 프로그램에는 교사가 학년 초에 학생에 맞는 교수 수준을 파악하고 학생들이 1년 동안 학습한 내용의 진전 정도를 점검할 수 있도록 하는 충분한 수의 타당도 높은 평가도구가 제공되어 있지 않다. 교사들은 학생들이 중요 내용을 배우고 있는지

를 결정하는 데 기존 평가도구가 적절한지를 결정할 수 있어야 한다. 만약 이들 프로그램에서 제시된 평가도구가 불충분하다면, 교사 스스로 적절한 평가도구를 사서 비치하거나 만들어 사용해야 한다.

- 이들 읽기 프로그램은 새로운 어휘 및 읽기 기술을 너무 빠르게 제시한다. 너무 많은 양의 새로운 읽기 기술 관련 내용들이 짧은 시간 내에 소개된다. 문해 수준이 높은 초등학교 입학생에게 읽기 기술 관련 내용들을 빠르게 소개하는 것은 문제가 되지 않겠지만, 읽기 위기 학생들은 당황하여 결국 중요 읽기 기술들을 완전학습하는 데 실패하는 결과를 초래하게 된다. 교사들은 새로운 읽기 기술 관련 자료들이 일부 학생에게 너무 빠르게 소개되지는 않는지 확인하고 학생들이 중요 읽기 기술을 완전학습할 수 있도록 체계적 교수와 추가로 연습문제를 제시할 수 있어야 한다.
- 이들 읽기 프로그램은 교사들이 아이들에게 교수를 제공할 때 사용하는 어휘와 구문을 세심하게 통제하지 못할 수 있다. 읽기 교수 시에 제시되는 단어들과 문장 구조가 아이들이 이해하기 쉽지 않은 것일 수 있다. 예를 들어, 일부 유치원 프로그램에서는 읽기 초기 수업에서 **같은** 및 **다른** 용어를 사용한다. 많은 읽기 위기 아동은 이들 용어를 이해하지 못한다. 따라서 교사와 학생 모두 좌절감을 느낄 수 있다. 교사들은 교수 시 제시되는 어휘들을 아이들이 이해할 수 있는 단어로 미리 조정할 필요가 있다.

이 목록이 이들 읽기 프로그램이 가진 모든 문제를 보여 주는 것은 아니다. 이 장에서는 읽기 프로그램 평가 방법, 학생의 학습 성과 촉진을 위해 읽기 수업 구조화 방법, 그리고 학생들이 적절한 읽기 진전이나 성취를 하지 못할 때 어떻게 효과적으로 반응해야 하는지에 대해 제시하고자 한다.

평가

평가는 읽기 프로그램들에서 매우 중요한 부분이다. 평가는 다음과 같은 다양한 목표를 달성하기 위해 이루어진다. ① 학생의 숙달 수준을 파악하기 위한 **선별**(screening), ② 교수 중 학생들이 적절히 진전을 보이고 있는지 결정하기 위한 **진전도 점검**(progress monitoring), ③ 학생들의 읽기 수행에서의 강점과 약점을 진단하기 위한 **진단 평가**(diagnostic testing), ④ 보통 학년 말에 학생들이 학년 수준의 기준이나 성취를 보이는지를 결정하기 위한 **성**

과 평가(outcome evaluation). 교수 평가의 목표를 달성하기 위해 계속적으로 평가를 실시하는 것은 학생들의 학업 진전을 극대화하고 아동들에게 성공적인 학습 경험을 제공하는 데 있어 매우 중요하다.

선별 평가

교사들은 학년 초에 아동들의 교수 수준을 결정하고, 학년 수준의 성취기준에서 적합하거나 미달하거나 혹은 뛰어넘는 아동들의 수를 확인하기 위해 선별 평가를 실시해야 한다. 일반적으로 사정 평가는 한 아동당 5분에서 10분 이상을 넘지 않는 시간에 완료될 수 있도록 개발된다. 이들 선별 평가는 학기 중이나 새로 온 학생이 전학을 왔을 때에도 사용할 수 있다. 선별 평가에는 교육과정 중심 평가(curriculum-based assessments)와 프로그램 구체화 배치 평가(program-specific placement assessments) 두 종류가 있다.

⊙ 교육과정 중심 평가

교육과정 중심 평가는 특정 프로그램이 아닌 교과과정을 구성하는 기술들을 평가하는 데 사용된다. 이 평가에서는 특정 학년에 매우 중요하다고 여겨지는 몇 개의 읽기 기술을 평가하기 위해 짧은 평가가 이루어진다. 예를 들어, 1학년용 선별 평가는 아동의 글자-소리 대응에 대한 지식과 단어를 읽기 위해 개별 소리를 합성할 수 있는 능력을 평가할 수 있다. 3학년용 선별 평가에서는 1개의 글을 구두로 읽는 것일 수도 있다. 어떤 교육과정 평가[예: AIMSWEB, 오리건 대학의 초기 문해 기술 역동 척도(DIBELS, https://dibels.uoregon.edu)]는 학생들의 상대적으로 취약한 위치를 예상하기 위해 사용될 수도 있다. 연구자들은 특정 기간 동안 다수의 학생에 대한 데이터를 조사한(수집한) 후, 그 결과를 초등학교 저학년 때의 학업성취 수준을 기준으로 미래에 학생의 성공 가능성을 예측하는 데 활용했다. 이들 연구 보고서에서는 일반적으로 학생들을 고위험군, 보통 위험군, 저위험군 등 서너 개의 범주로 나눈다. 저위험군에 속한 학생들은 보통 매일 이뤄지는 읽기 교수 상황에 비추어 봤을 때 미래에 성공적인 성과를 낼 만한 수준으로 성과를 보여 주는 아이들이다. 보통 위험군에 속한 학생들은 성공적인 성과를 내려면 어느 정도 추가적인 교수가 필요한 반면, 고위험군에 속한 학생들은 매우 집중적이고 체계적이면서 명시적인 교수 프로그램을 제공받지 않으면 미래에 성공할 가능성이 낮다.

◉ 프로그램별 선별 평가

프로그램별 선별 평가는 교사들이 특정 상업용 읽기 교재에서 학생들의 수준에 관한 정보를 제공하기 위해 개발되었다.

종합적 핵심 읽기 프로그램의 선별 평가와 중재 핵심 읽기 프로그램의 선별 평가는 기본적으로 차이가 있다. 중재 핵심 읽기 프로그램의 선별 평가는 아동들이 특별히 어떤 수준에서 어떤 수업을 순서대로 시작해야 하는지를 알려 준다. 그러나 종합적 핵심 읽기 프로그램의 선별 평가는 아동들이 자신의 학년 수준의 자료를 배울 때 어떤 교수가 추가로 필요한지에 대한 보다 일반적인 정보를 제공한다.

◉ 학년 초 평가에 관한 주의사항

학년 초 평가에 관한 주의사항은 일반적 평가에서 나타난 학생들의 성취를 가지고 학생들을 구체적 배치 평가인 중재 프로그램에 배치하는 데 사용해서는 안 된다는 것이다. 선별 평가에서 고위험군 점수에 속하는 아동들 간에는 읽기 관련 지식에 있어 서로 큰 차이가 있다. 예를 들어, 학년 초에 고위험군에 속하는 점수를 받은 2, 3학년 학생들이 있다고 가정해 보자. 1명은 아예 글을 읽지 못하지만, 다른 1명은 1학년 수준의 읽기를 완전하게 학습했을 수도 있다. 두 아동 모두 고위험군 학생으로 분류되겠지만, 이 둘은 각기 다른 종류의 읽기 교수 프로그램이 필요하다. 중재 핵심 읽기 프로그램에는 읽기 자료마다 각기 다른 읽기 수준에 해당하는 배치 평가가 포함되어 있다. 이 배치 평가는 학생들이 어떤 수준의 읽기 프로그램에서 교수를 받아야 하는지를 알려 준다.

학년 초 선별 및 배치 평가는 교사로 하여금 아동에게 적당해 보이는 수업 수준에서 시작할 수 있도록 돕는 수단에 불과하다는 점을 명심해야 한다. 배치 평가는 교사에게 교수 시작점을 알려 주는 기본 정보(snapshot)에 불과하다. 이 평가로는 학기 중 학생들이 어떻게 학업성취를 이루어 낼지를 예측할 수는 없다. 교사는 학기 초, 첫 주에 걸쳐 실시된 다양한 평가에서 아동들이 어떤 성취를 보이는지에 대한 많은 정보를 수집한 후, 앞으로 학생들에게 어떤 교수적 수정을 해야 하는지를 예상하고 이에 대한 준비를 할 수 있어야 한다. 교사들은 현재 학년 수준보다 성취도가 높은 아이들을 물론 낮은 아동들 양쪽 모두를 주의 깊게 살피면서 시의적절한 교수적 수정을 제공해야 한다.

진전도 점검 평가

진전도 점검 평가는 학년 중에 실시된다. 진전도 점검 평가에는 프로그램별 진전도 점검 평가와 교육과정 중심 진전도 점검 평가가 있다.

◉ 프로그램별 진전도 점검 평가

가끔 숙달시험(mastery test) 혹은 확인시험(checkouts)이라고 불리어 왔던 프로그램별 진전도 점검 평가는 아동들이 실제로 특정 프로그램을 통해 가르친 내용을 학습했는지를 확인할 수 있도록 고안된 구체적 읽기 프로그램 평가이다. 모든 종합적 핵심 읽기 프로그램에도 진전도 점검 평가들이 포함되어 있지만, 이들 평가는 유용성과 신뢰도에 큰 차이가 있을 수 있다. 몇몇 핵심 읽기 프로그램은 학생들이 기본적인 해독 기술을 학습했는지 여부를 명확히 평가할 수 있는 평가 정보를 제공하는 데 있어, 특히 유치원과 초등학교 1학년 프로그램들이 이 부분에 취약하다. 이 평가도구는 집단 검사로 실시되는데, 내용이 너무 복잡해서 아동들이 답의 어떤 부분을 몰라서 틀리기보다는 지시 내용을 잘 이해하지 못해서 틀릴 수 있다는 단점이 있다.

대부분의 중재 핵심 읽기 프로그램에도 진전도 점검 평가가 빈번히 실시된다. 일부 프로그램에서는 5번에서 10번의 수업 후에 바로 평가가 실시된다. 이들 프로그램을 통한 평가는 매우 명확하다. 학년 수준에 미달하는 성과를 내는 아동들을 가르칠 때에는, 특히 교사가 아동들이 프로그램의 내용을 숙달했는지 평가하기 위해 적절한 시간마다 진전도 점검 평가를 시행하는 것은 매우 중요하다. 이런 학생들에게는 특히 시간이 중요하다. 만약 학생들이 프로그램의 내용을 학습하지 못했다면 즉시 조정(adjustments)이 이뤄져야 한다.

◉ 교육과정 중심 진전도 점검 평가

교육과정 중심 진전도 점검 평가는 특정 읽기 프로그램에서 교수된 내용을 평가하기 위한 것이 아니라 학년 수준에 맞는 중요 읽기 기술을 학습했는지를 평가하기 위한 것이다. 일부 교육과정 중심 진전도 점검 평가(예: 오리건 주립대학교의 UO DIBELS, AIMSWEB)에 대해서는 아동의 미래 성공 여부를 예측하는 읽기 기술 평가의 신뢰도와 타당도를 확보하기 위해 신중한 연구가 이루어지고 있다.

◉ 진전도 점검 평가의 빈도

학생들의 진전도 점검을 위한 전체 일정에는 반드시 프로그램 중심의 평가와 교육과정 평가가 함께 실시될 수 있도록 해야 한다. 특히 이들 일정에는 일반 아동에 비해 고위험군에 속한 아동들의 진전도 점검이 자주 이루어질 수 있도록 해야 한다.

이전 학년의 모든 읽기 기술을 숙달하고 다음 학년으로 올라가는 학생들을 보통 **기준 학생**(benchmark students)이라고 부른다. 이런 학생들을 위한 진전도 점검은 보통 4주에서 6주마다 치러지는 종합 핵심 프로그램의 단원 평가와 1년에 서너 차례 치러지는 교육과정 진전도 점검 평가를 통해 이루어진다.

이전 학년에서 배워야 할 교과 지식을 제대로 학습하지 못해 읽기 위험군으로 선정되어 다음 상급 학년으로 올라온 아동들에게는 **기준 학생**들보다 더 자주 진전도 점검이 이루어져야 한다. 프로그램별 평가 외에도 교육과정 진전도 점검 평가가 적어도 매달 실시되어야 한다.

학년 수준에 비해 학업성과가 크게 미달되는 아동들에게도 최대한의 성취도 점검이 이루어져야 한다. 2~3주에 한 번씩 이들의 학업 진전도를 평가하는 것이 이상적이다. 만약 학년 수준에 크게 미달하는 아동들이 학년 수준의 핵심 프로그램에 배치되면, 우리는 이들 학생에게 1~2주에 한 번씩 교육과정 진전도 평가를 실시할 것과 교사가 이들 학생에게 프로그램에서 가르친 내용을 학습했는지를 알아보기 위한 비공식적 평가를 실시할 것을 권한다. 만약 학년 수준에 크게 미달하는 아동들이 중재 핵심 프로그램에 배치되면, 교육과정 평가를 2~3주에 한 번씩 치르는 식으로 실시 빈도를 줄일 수 있다. 대부분의 중재 핵심 프로그램에는 5개에서 10개의 수업 후에 프로그램별 진전도 점검 평가가 이루어지도록 되어 있다.

위험군의 경계선에 해당되는 성취를 보이는 아동들은 위험군 범주에 속하는 아동들로 간주하여 이에 따른 평가가 이루어져야 한다. 예를 들어, 수준이 기준 하단에 속한 아동들은 일부 위험군에 속한 아이들과 동일한 빈도로 평가를 받는다.

학교는 교수 시간을 빼앗기지 않으면서도 적절한 읽기 진전도 점검이 이루어질 수 있도록 인력 지원 계획을 짤 필요가 있다. 몇몇 학교에서는 준전문가들로 구성된 팀원들이 교사의 교수에 필요한 시간의 손실을 최소화하기 위해 교사의 진전도 점검 평가를 지원하도록 하고 있다.

진단 평가

진단 평가는 교사들에게 선별 평가 또는 진전도 점검 평가보다 더 넓은 범위의 읽기 관련 기술들에서 학생들이 어떤 수행을 보이는지에 대한 정보를 제공하기 위해 개발된 심도 있는 평가라 할 수 있다. 일반적으로 진단 평가는 선별 평가에서 낮은 점수를 받았거나 학년 중에 학업을 따라가는 데 어려움을 보이는 아동들에게 실시된다.

진단 평가를 사용하는 예 중 하나는 아동들의 구두 읽기 유창성이 기대하는 수준보다 다소 낮은 경우이다. 이전 학년에서 발음 지식을 제대로 배우지 않았다면 읽기 유창성 문제가 발생한다. 이런 아동들에게는 이전 학년에서 가르친 발음 기술의 지식을 알고 있는지 판단하기 위한 목적으로 진단 평가를 실시하는 것이 매우 유용하다. 교사는 진단 평가를 통해 얻은 정보를 이들 학생 대상의 재지도(reteaching)라는 목표 달성을 위한 전략을 개발하는 데 사용하게 된다. 만약 학생들이 모르는 읽기 기술이 단지 몇 개에 불과하다면, 교사는 이들 읽기 기술을 다시 가르칠 수 있는 연습문제를 만들거나 이들 읽기 기술을 배울 수 있는 교정적 읽기 프로그램을 활용할 수 있다. 이와 반대로 아동이 읽기 기술을 너무 모르면, 교사는 이들 학생을 이전 학년의 발음 기술을 집중해서 배울 수 있는 중재 프로그램에 배치하여 교육을 받을 수 있도록 해야 한다.

교수 조직

교수 조직(organization of instruction)은 모든 학생이 읽기에서 최대의 진보를 보이고 성공할 수 있도록 자원의 효율적 사용을 위한 교실 내, 학년 수준 그리고 학교 구조를 만들어 내는 것이라 할 수 있다. 교수 조직과 관련된 세 가지 중요한 요소는 교수 시간 배분, 인력 활용, 학생들 집단 구성 및 배치이다.

교수 시간 편성하기

매일 읽기 교수를 위한 시간 편성 시에 고려해야 할 가장 중요한 것은 학생들이 학년 수준의 수행 기준에 도달하기 위해서 얼마나 많은 것을 배워야 하는지이다. 만약 아동이 학년 초에 학년 기준보다 훨씬 낮은 성과를 보인다면, 학년 수준에 적절한 성과를 보이는 아동들보다 훨씬 더 많은 시간의 읽기 교수가 할당되도록 교수 시간표를 짜야 한다. 만약 학년 수준보다 뒤처지는 아동이 있다면, 이런 아동들에게 추가 학습 시간을 제공하는 것은 매우 중요하다. 학년 수준에 뒤처지는 아동들이 해당 학년의 학업 수준을 따라잡기 위해서는 1년 동안 이루는 진전의 양보다 더 많은 시간이 필요할 수 있다. 우리는 읽기가 모든 다른 학업 영역을 학습하는 데 필수적인 도구라고 믿기 때문에 학교는 학생들이 읽기를 최우선으로 배울 수 있도록 여분의 시간을 제공해야 한다고 주장한다. 읽기에 어려움을 겪는 아동들은 학교에 있는 날에는 힘겨운 시간을 보낼 가능성이 크다. 아동들이 읽기에서 학년 수준에 도달할 때까지 읽기의 핵심 기술에 집중함으로써 교사는 이후 학년에서 아동들이 읽기에 성공할 수 있도록 가르쳐야 한다. 학생들이 읽을 수 있도록 가르치는 것이 빠르면 빠를수록 아이들에게 그만큼 더 큰 도움이 된다.

학년 수준에 비해 뒤처진 아이들에게 필요한 교수 시간을 제공할 수 있도록 하기 위해 학교는 교직원들을 아주 효율적으로 활용해야 한다. 각각의 아이들에게 잘 정리된 프로그램을 개발할 수 있도록 모든 교수진을 활용해야 한다. 담임교사, 타이틀 1(Title 1, 저소득층) 관련 직원들, 읽기 전문가(reading specialists), ESL 교사 그리고 보조교사 모두 활용될 필요가 있다. 2004년에 통과된 IDEA 법에 개입 반응(Response to Intervention: RTI) 모델이 도입되면서, 이제 특수교사 및 특수교육 관련 인력들이 학업에 뒤처져 있지만 개별화교육프로그램(Individualized Education Programs: IEP)을 제공받지 못한 아이들을 도울 수 있게 되었다.

읽기 교수를 위한 전체 계획에는 아이들이 최대한 빨리, 가능한 한, 이상적인 목표로는 1학년 말까지 학년 수준의 성과에 도달할 수 있도록 하는 중요 목표들이 포함되어야 한다. 모든 학생이 초등학교 1학년 말까지 학년 수준에 도달할 수 있도록 하는 교수 목표를 달성하기 위해서는 견고한 유치원 프로그램이 수립될 필요가 있다. 유치원에서부터 시작되는 읽기 교수 집중 프로그램은 학생의 학업적 성공 정도에 강력한 영향을 미친다. 읽기 실패 위기에 있는 아이들은 어린이집이나 유치원 초기에 진단될 필요가 있으며, 이들의 읽기 진전을 지원하기 위한 집중적 읽기 프로그램이 제공될 필요가 있다.

이 책의 저자들은 빈곤층 지역의 학교를 대상으로 방대한 연구를 수행하면서, 읽기 위기 아동들을 학년 수준의 성취를 할 수 있도록 끌어올리는 것이 예외적인 일이 아니라 오히려 일상이 되어 버린 학교들을 방문할 수 있는 기회를 가지게 되었다. 이런 학교들에서는 학업에 뒤처진 아이들이 유치원 초기부터 오전과 오후에 걸쳐 소집단 읽기 교수를 받았다. 읽기 효과가 높은 읽기 프로그램과 잘 훈련된 교사들에 의해 실시된 교수를 통해 높은 수준의 성공 사례들이 끊임없이 제시되고 있다(Berkeley, 2002).

초등학교 고학년 학생들 중에 학년 수준에 뒤처진 아이들에게는 평상시대로의 수업을 해선 안 된다. 이런 아이들에게는 오전과 오후에 아이들 각자의 읽기 교육 수준에 맞는 읽기 교수를 받도록 하거나, 필요하다면 방과 후나 여름방학 중에도 읽기 수업을 진행하여 아이들이 한 학년 이상의 진전을 이루거나 학년에 맞는 수준을 따라갈 수 있도록 이끌어 줘야 한다.

교사는 시간을 효율적으로 사용하기 위한 계획을 면밀히 세워야 한다. 오전 수업 전에는 학생들을 정리시키는 데 15분 이상 걸려서는 안 되며, 활동 간 전환하는 일에 5분, 학생들이 이해해야 하는 숙제와 규칙을 재설명하는 일에 5분, 학생들이 앉아 기다리는 동안 다음에 해야 할 일을 파악하는 데 5분 이상이 걸려선 안 된다. 읽기 위기 학생들을 가르치는 교사들은 세심하게 활동 시간을 편성해 교수 시간에 최대한의 성과를 가져올 수 있도록 해야 하며, 학생들이 우선적으로 배워야 하는 것에 충분한 시간이 할애될 수 있도록 해야 한다. 일부 교실에서는 일시적으로 중요도가 덜한 활동을 때로 생략하고 이들 시간에 충분한 읽기 교수가 제공될 수 있도록 할 필요가 있다.

학생들 집단 구성 및 배치

효율성은 읽기 위기에 있는 아이들에게 매우 중요한 요소이다. 만약 읽기 위기 아이들이 빠른 속도로 읽기에 진전을 보이도록 하려면, 이들에게 주어지는 모든 교수가 매우 효율적으로 이뤄져야 한다. 이와 같은 효율적인 교수는 읽기 위험이 있는 아이들이 자신의 교육 수준에 맞는 수업을 받을 때 최상의 효율성을 낼 수 있다. 이들 아이가 자신의 수준에 맞는 수업을 받을 때는 이전의 수업 내용에 대한 충분한 지식을 가지고 있기 때문에 수업 중에 적절한 성취를 유지하면서도 새로운 내용을 숙달할 수 있게 된다. 학생이 자신의 수준별 수업을 받으면 수업 중에 제시되는 모든 연습문제의 85%를 이해할 수 있게 되며, 수업이 끝날 때는 모든 연습문제를 100%의 정확도로 쉽게 풀 수 있게 된다.

학생들 각자 자신의 교육 수준에 맞게 배치하는 것 외에 읽기 위험군에 속한 학생을 동일한 교육 수준을 지닌 학생들과 한 집단이 되도록 배치할 것을 강하게 권한다. 이런 집단 구성을 교수를 위한 **동질적 집단 구성**(homogeneous grouping)이라고 부른다. 동질적 집단 구성에 대한 쟁점은 교육적 논쟁거리 중의 하나였다. 만약 이것이 잘못 활용된다면, 동질적 집단 구성은 수행능력이 떨어지는 학생들이 계속 배치되는 곳이며 이들의 학습 잠재력을 최대한으로 끌어낼 수 없는 학습 환경을 유지하는 방식으로 남용될 수 있다. 그러나 만약 동질적 집단 구성이 잘 활용된다면, 이는 학생의 학습 진전과 성공을 가속화시킬 수 있다. 수업 중 교사는 상위 수행 수준의 학생들과 하위 수행 수준의 학생들의 요구를 절충할 필요가 없기 때문에 동질적 집단 구성은 성취 수준의 향상을 가속화시킬 수 있다.

동질적 집단 구성의 효과를 높이기 위한 매우 중요한 조건은 배치의 유연성이다. 이것은 학년 내내 아이들의 집단 배치를 확정하지 않은 채 아이들의 수행성과에 따라 집단 배치를 계속 바꾸는 것을 의미한다. 만약 아이가 더 높은 수준에서 수행을 할 수 있다면, 이 아이는 프로그램에서 더 진도가 앞선 집단으로 혹은 그 반대의 경우라면 진도가 늦은 집단으로 배치가 바뀔 수 있다. 이런 배치의 유연성을 촉진하기 위해서는 학교 수업 편성 시 아이들이 한 집단에서 다른 집단으로 이동할 수 있도록 조율이 될 필요가 있다. 학생들의 학업적 요구 충족에 부합할 수 있도록 학교 수업을 편성하는 것이 최우선 과제가 되어야 한다.

교수 집단(instructional group)에서의 학생 수는 학생들의 교수 이해도(instructional sophistication)에 따라야 한다. 지적 수준이 높고, 교사의 교수에 집중을 잘하며, 내용을 쉽게 혼동하지 않는 아이들은 학생 수가 더 많은 교수 집단에서도 학습이 가능하다. 반면에 교사의 교수에 주의를 잘 기울이지 않고, 쉽게 집중력이 떨어지며, 내용 학습을 숙달하는 데 더 많은 연습량이 필요한 아이들은 학생 수가 적은 교수 집단에 배치되어야 한다. 읽기 교수의 초급 단계에 속한 아이들에게는 교사가 학생에게 즉각적인 피드백을 줘야 하기 때문에 소규모 교수 집단에 배치되는 것이 적합하다. 아이들의 읽기 기술 수준이 향상됨에 따라 교수 집단의 아이들 수를 늘려 나갈 수 있다.

학교 전체 읽기 프로그램 구성

학교 전체 읽기 프로그램은 학교 내 모든 아이의 필요를 충족할 수 있도록 구성되어야 한다. 학교 전체 읽기 교수에서 아이들은 자신의 읽기 수준에 맞는 수업에 배치되어, 아이들에게 필요한 정도의 명시적이고 체계적인 교수를 제공해 줄 수 있는 자료를 활용한 수업이 이루어지도록 해야 한다. 모든 아이에게는 학년 중에 필요한 진전이 이루어질 수 있을 정도의 적절한 시간이 제공되어야 한다. 문해 수준과 언어 기술이 낮은 상태로 초등학교에 입학한 아이들에게는 교수 시간이 추가로 제공해야 한다. 훨씬 더 뒤처진 아이들에게는 더 많은 교수 시간이 제공되어야 한다. 이런 추가적 읽기 교수는 학기 초에 시작하는 것이 바람직하다.

종합적 읽기 프로그램(overall reading program)에는 읽기 교수의 기본적인 요소들(예: 음소 인식, 발음, 유창성, 어휘 그리고 이해)이 포함되어야 한다. 초기 읽기 단계 이후에는 더 이상의 음소 인식 수업이 제공될 필요가 없으며, 학생이 길고 복잡한 텍스트를 읽을 수 있는 능력을 갖추고 난 이후에야 비로소 읽기 유창성 향상을 위한 교수를 시작해야 한다는 점을 유념해야 한다. 이 모든 내용을 소개하고 배울 수 있도록 하기 위해서는 이들 내용이 위계적 순서에 따라 학년 수준 내 혹은 전체 학년 수준에 걸쳐 제시될 수 있도록 구성해야 한다. 읽기 위기에 있는 아동들에게는 체계적으로 정돈된 읽기 교수를 제공하는 것이 무엇보다 중요하다. 읽기에 가장 취약한 아이들은 자신들에게 적합하게 잘 조직화된 읽기 프로그램을 제공받기보다는 교사나 보조교사가 학업성취 수준이 낮은 학생용 보충 읽기 자료에서 여기서 조금 저기서 조금씩 짜깁기한 읽기 자료를 만들어 수업을 하기 때문에 교수의 일관성과 짜임새가 떨어지는 수업을 받는 경우가 적지 않다.

학교에서 대다수 아이의 읽기 요구를 충족시킬 수 있도록 하기 위해서는 이상적으로는 종합적 핵심 읽기 프로그램을 선정하는 것이다. 만약 교내 대다수의 아이가 읽기 위험군이라면, 핵심 읽기 프로그램은 매우 체계적이고 명시적이어야 하며, 이들 프로그램에는 적합한 연습문제, 새로운 읽기 기술이 소개되는 비율에 대한 적절한 통제 그리고 명확한 설명이 포함되어야 한다. 읽기 위험군 아이들의 수가 많은 학교에서는 중재 핵심 프로그램을 성공적으로 활용해 왔다.

학교의 아이들 대다수가 지적 수준이 높고 학교의 핵심 프로그램이 명시적이고 체계적이지 않다면, 그런 학교는 읽기 위험군 아이들을 위해 매우 명시적이고 체계적인 중재 핵심 프로그램 활용을 심각하게 고려해야 한다. 아이들이 학업적 성공 확률이 낮은 상황에 방치되기보다 학업 실패를 예방하는 것이 더 인간적이고 효율적이며 경제적이다. 모든 학교는 아이들을 학기 초에 신속하게 평가하여 읽기 위험군 아이들을 가능한 한 조기에 진단하고 반복적으로 하여 읽기 실패를 예방하기 위해 적절한 교수를 제공하는 것이 중요하다.

제4장
교수 전달

학습 목표

1. 직접교수 읽기 프로그램의 설계에 대한 여섯 가지 요소를 알아본다.
2. 학생 집단에게 읽기 교수를 전달하기 위한 직접교수 지도 기법(teaching techniques)에 대해 설명한다.
3. 읽기 문제 진단, 학생들의 읽기 동기화, 읽기 위험 학생들을 위한 읽기 교수 속도 높이기와 같은 주요 단계에 대해 논의한다.

적절한 교수 시간, 철저히 준비된 자료, 효과적인 수업 진행 기법은 성공적인 읽기 프로그램의 필수 구성 요소들이다. 읽기 지식이 풍부한 교사가 아무리 훌륭한 읽기 프로그램을 사용하더라도 교수 시간이 너무 제한적이라면 의미 있는 정도의 효과가 나타날 수 없다. 마찬가지로 만약 교사가 교수 내용을 효과적으로 제시할 수 없다면, 훌륭한 읽기 프로그램을 가지고 충분한 교수 시간을 통해 지도하더라도 읽기 위기 학생들이 잘 할 수 없을 것이다. 마지막으로, 만약 읽기 프로그램이 너무 어렵거나 잘 조직되지 못하였다면, 교사가 아무리 잘 가르치고 학생들이 배운 내용을 충분히 연습할 수 있도록 적절한 시간을 제공할지라도 학습 효과가 잘 나타나지 않을 수 있다.

읽기 교수 프로그램이 아무리 잘 설계되어 있어도 매일매일의 학생 수행에 대한 진전도 점검 평가를 통한 정보를 바탕으로 수업을 조정해야 한다.

이 장에서는 교사가 상업용 읽기 자료를 가지고 교수 전달을 하거나 연습문제를 수정할 때 활용할 수 있는 두 가지 영역, 즉 프로그램 설계와 수업 진행 기법에 대해 살펴본다.

> 🔊 문해 교육 전문가인 Tim Shanahan 박사
>
> Shanahan 박사는 효과적인 읽기 교수는 상호작용적이라고 말했다. 그가 말한 바는 무엇을 의미하며, 상호작용적인 교수의 예에는 어떤 것들이 있는가?

프로그램 설계

교사들은 학생들의 교육적 요구를 충족시킬 수 있는 읽기 프로그램을 선택하기 위해 읽기 프로그램을 평가할 수 있는 능력을 갖추고 있어야 한다. 또한 특정 읽기 기술을 가르치기 위해 수업을 계획하는 능력, 즉 상업용 읽기 프로그램의 특정 부분을 보충하거나 수정하는 능력을 갖추고 있어야 한다. 직접교수 프로그램 설계를 위한 다음 여섯 가지 요소는 읽기 프로그램 선택, 수업계획서 쓰기, 그리고 읽기 프로그램 조정에 유의미하게 활용될 수 있다.

1. 목표 구체화하기
2. 교수 전략 고안하기
3. 지도 절차 개발하기
4. 예시 선택하기
5. 읽기 기술 위계적 순서에 따라 배열하기
6. 연습과 복습 제공하기

목표 구체화하기

목표는 구체적이고 관찰 가능해야 한다. 1학년이 끝날 때 학생들이 1학년 수준의 글을 해독하게 될 것이라고 말하는 것은 구체적이지 않다. 학생들이 어떤 유형의 단어들을 읽을 수 있게 될지를 정확도 및 속도 기준에 따라 구체적으로 명시하여야 한다. 단어를 제시하는 방식(예: 목차인지, 글인지)도 설명되어야 한다. 목표는 관찰 가능하고 측정 가능한 행동으로 진술되어야 한다. '학생들은 어휘 발달의 중요성을 이해하게 될 것이다.'와 같은 목표는 쉽게 관찰할 수 없다.

프로그램의 목표는 그 유용성에 따라 면밀히 평가되어야 한다. 지도 시간이 제한적이기 때문에 학습시켜야 할 기술을 중요한 순서에 따라 목차로 나열한 후, 중요한 기술을 먼저 가르쳐야 한다. 보다 정교한 기술을 배우는 데 필요한 선행기술이거나 그 자체로 중요한 기술이라면, 그것은 필수적인 기술이다. 필수적이지 않은 읽기 기술의 예는 단어를 발음

할 때 어디에 강세를 두어야 하는지를 아는 것이다. 학생들은 강하게 발음해야 하는 곳에 표시를 할 수 있기 전에 먼저 단어를 해독할 수 있어야 하기 때문에 강세 위치를 표시하는 읽기 기술은 해독에서의 선행기술이 될 수 없다. 강세 표시에 대한 지식은 학생들이 단어의 발음을 알기 위해 사전에서 단어를 찾아볼 때 필요하다. 이런 기술은 가능하면 보통 고학년에 올라가서 배우게 해야 한다.

교수 전략 고안하기

가능하다면 프로그램은 학생들이 정보를 암기하기보다는 전략을 활용하도록 지도해야 한다. 전략을 활용하는 것은 교수의 효율성을 높인다. 예를 들어, 학생들에게 글자-소리 대응에 대한 특정한 예시와 음소 단위로 소리 내어 읽기(sounding-out) 전략을 가르치면 아이들은 이와 같은 글자-소리 관계를 지닌 어떤 단어들도 모두 읽을 수 있게 된다. 아이가 음소 단위로 소리 내어 읽기를 숙달하고, 매 시간 새로운 글자-소리의 대응을 가르치게 되면, 아이들은 수많은 새로운 단어를 읽어 낼 수 있는 능력을 갖추게 될 것이다. 학생이 이미 철자 *m, s, t, f, d, r, n, h, k, l, a, o, c*의 소리를 알고 있다고 해 보자. 이 학생이 글자 *i*를 새로 배우게 되면 *hid, lid, tin, Tim, hill, sin, miss, kiss, fill*과 같은 새로운 단어를 읽을 수 있게 된다.

수업은 아이들이 전략을 학습하고 난 후, 학생들에게 이 전략들을 다양한 예에 적용할 수 있도록 하는 연습 과제를 제공할 수 있도록 설계되어야 한다. 예를 들어, 교사가 학생들에게 자음-모음-자음-끝 글자 *e*(CVCe)로 구성된 단어들(예: *like, hope, came*)을 읽기 위한 전략을 가르친 후, 학생들이 읽게 될 글에 이들 전략을 적용할 수 있도록 연습 과제로 CVCe 단어가 포함되도록 해야 한다. 학습능력이 뛰어난 학생들은 이 부분을 명시적으로 가르치지 않아도 이런 전략들을 배울 수 있을 것이다. 그러나 그렇지 못한 읽기 부진 학생들에게는 명시적 교수가 제공될 필요가 있다.

Brown과 동료들(Brown, 1987; Palincsar & Brown, 1984) 그리고 다른 연구자들(Billingsley & Wildman, 1990; Borkowski, 1992; Collins, Dickson, Simmons, & Kame'enui, 1996; Cornoldi, 1990; Meltzer, 1993; Wong, 1992)은 전략 지도의 중요성에 대한 방대한 양의 연구들을 분석하는 연구를 진행해 왔다. Brown(1987)은 다음과 같은 글을 남겼다.

> 교육자와 심리학자들은 문제의 본질 자체를 적절하게 분석하지 않은 채 교육 관련 문제에 대한 연구결론을 이끌어 내는 경우가 비일비재하다. 우리는 어린아이들이 시행착오를 통해 정상적으로 배울 수 있고 여러 과제 수행도 잘하게 하는 일반적 교수 전략이 있다는 주장에 대해 의심해 봐야 한다. 따라서 우리는 이런 읽기 전략들이 읽기 교육에서 명확한 분야가 될 수 있도록 하기 위해 이들 읽기 전략에 대한 연구가 필요하다고 제안한다. 주요 문제는 내면의 정신적 사건들을 표면화시키는 일이다(pp. 1, 5).

현재 몇몇 연구자는 읽기 장애 학생들의 교육적 문제를, 대부분은 아닐지라도 이들 전략 결함으로 설명해야 한다고 주장한다(Armbruster, Echols, & Brown, 1983; Paris & Jacobs, 1984; Simmons, Kame'enui, & Darch, 1988). 연구들은 읽기 장애 학생들에게 다양한 전략을 적용하도록 훈련하는 것이 분명히 가능하다는 것을 보여 준다. 실제로 글을 읽을 때 적용하는 전략은 읽은 내용을 기억해 낼 수 있는 주요 결정 요인이 될 수 있다(National Reading Panel, 2000).

이 책에서는 여러 명시적 전략을 제시하고 있다. 우리는 교사들이 학생들의 효과적 읽기를 발달시킬 수 있는 다양한 수단을 제공해 줄 수 있기를 원한다. 교사들은 학생들이 이들 전략을 충분히 연습하도록 하면서 동시에 학생들이 이들 전략의 사용을 촉구하는 방법을 통해 그것을 활용할 수 있는 능력을 향상시킬 수 있도록 책임감을 가지고 가르쳐야 한다. 많은 학생은 새로운 학습 상황에서 학습한 전략을 자발적으로 사용하지 못한다. 교사가 학생들에게 전략을 연습하도록 하게 하고 전략 사용을 촉구하는 것은 학생들의 전략 일반화에 매우 중요하다.

지도 절차 개발

전략이 마련된 후에는 교사가 이들 전략을 어떻게 제시하게 될 것인지를 정확하게 구체화할 수 있는 수업 형식을 개발해야 한다. 이 책에는 교사가 어떻게 구체적인 전략들을 정확하게 제시하도록 할 수 있는지를 알 수 있게끔 여러 개의 구체적인 수업 형식들을 보여 주게 될 것이다. 이들 수업 형식은 교사와 학생들이 무엇을 이야기하고 행동으로 옮겨야 하는지에 대한 지시 내용들이 들어 있다. 우리는 가르칠 때는 매우 구체적인 활동들이 포함되기 때문에 이에 대한 상세한 수업 형식을 제시하는 것이 매우 도움이 된다는 것을 발견해 왔다. 교사는 추상적인 방식으로 학생들로 하여금 단어를 읽도록 가르쳐서는 안

된다. 교사들은 특정한 단어를 보여 주고, 정보를 전달하고, 질문을 하는 식 등으로 가르쳐야 한다. 이 책에서 제시하고 있는 세부적인 수업 형식들이 중요 내용을 지도하는 데 도움이 되길 바라며, 또한 교사들이 이 글에서 다루지 않은 내용들을 가르치기 위한 수업 형식들을 계획하는 데 여기에서 제시하는 수업 형식들이 모델로 활용되기를 희망한다. 교사가 지도를 하기 전에 세부적인 수업 형식을 미리 계획해 놓으면, 교사들은 학생들의 성과를 향상시키는 데 온전히 주의집중을 해서 가르칠 수 있는 장점이 있다.

수업 형식은 ① 학생들이 교사의 설명을 쉽게 이해할 수 있으며, ② 하나의 수업 형식에는 1개의 새로운 기술만을 포함하도록 세심하게 구성되어야 한다. 이해를 쉽게 하기 위해서는 교수 언어가 명료해야 한다. 학생들이 이해하지 못하는 단어들과 문장 구조는 사용하지 말아야 한다. 이와 같은 지적은 단순하지만 자주 간과되어 왔다. 상업용 읽기 프로그램에 대한 교사 안내서의 수업 형식들은 평균 수준 이상의 학생들이 이해할 수 있는 단어들이 사용되고 있는데, 읽기 위기 아동들은 이들 단어를 이해하는 데 어려움을 겪을 수 있다. 매일매일의 수업에서 많은 학생이 실패하는 것은 교사의 시범이 읽기 위기 학생들에게는 명료하지 않기 때문이다.

하나의 수업 형식에는 단 한 가지의 새로운 읽기 기술만을 담는 것이 가장 이상적이다. 하나의 수업 형식에서 2개 이상의 새로운 읽기 기술을 가르치려고 하면 문제가 발생할 수 있다. 학생들이 한 번에 2개의 새로운 읽기 기술을 학습해야 할 때는 1개의 새로운 기술이 제시되었을 때보다 두 배 이상의 학습 부담이 가중되기 때문에 학습에 더 많은 어려움을 겪을 수 있다. 또한 학생의 학습문제의 원인을 파악하는 데 있어서도 2개 중에 어느 것에 문제가 있는지를 명확히 알 수 없게 된다. 예를 들어, 학생들에게 *like* 혹은 *fate*와 같은 CVCe 단어를 해독하는 방법을 가르칠 때, 교사들은 "단어가 *e*로 끝나면, 첫 모음의 이름을 소리 내어 읽으세요."와 같은 규칙을 제시한다. 학생들이 이런 규칙을 접하기 전에 모음의 이름을 배우지 못하였다면, 즉시 모음 이름과 이 규칙, 이 두 가지 새로운 기술을 배울 수 있도록 해야 한다. *like*를 'lick'이라고 발음하는 학생은 모음 *i*의 이름을 모르거나 이 규칙을 어떻게 적용해야 하는지 모를 수 있다. 따라서 이 문제를 확인하기 위한 더 이상의 평가가 이루어지지 않는다면, 교사는 이 학생에게 모음 이름을 가르쳐야 할지 아니면 이 규칙을 적용하는 방법을 가르쳐야 할지에 대해 알지 못할 수 있다.

이 책에서는 다음의 두 가지 종류의 수업 형식들을 제시하고 있다. ① 도입 수업 형식(introductory format)은 교사가 새로운 정보를 소개하거나 하나의 전략을 적용하는 데 필요한 여러 단계에 대해 설명한 후 이들 전략을 적용할 수 있도록 구조화되고 안내된 연습문제를 제시하는 형태이며, ② 변별 수업 형식(discrimination format)은 교사가 새로운 전략을 적용하도록 하는 연습문제를 제시하거나 새로운 개념을 확인하거나 이전에 소개된 전략들, 개념들 그리고 유사한 정보들로부터 얻은 정보들을 제공해 주는 예시들 세트로 제시하기 위한 형태이다.

예시 선택

적절한 예시들을 선택하여 제시하는 것은 수업 형식을 개발하는 데 있어 아주 중요한 부분이다. 학생들이 정확한 답을 하기 위해 기존에 배운 정보와 새로운 정보를 사용할 수 있을 때만이 적절한 예시들이 될 수 있다. 예를 들어, 학생들에게 규칙 단어들을 해독하는 방법을 가르칠 때, 학생들이 글자-소리 대응을 배운 범위의 철자들에서만 예시를 들어야 한다. 만약 학생들이 문자 *m, s, a, d, f, r, t, i*에 대해서만 글자-소리 대응을 익혔다면, 철자 (*e*)를 모르기 때문에 단어 *met*을 예시로 선택해서는 안 된다.

변별 연습(discrimination exercises)을 위한 적절한 예시를 선택하기 위해서는 예시들을 복합적으로 활용하도록 구성할 수 있다. 새로운 전략을 적용하는 예시 외에도 다른 예시들이 포함될 수 있다. 이와 같은 예시들에는 이전에 가르친 전략들이나 기술들을 복습시키는 것이거나 어떤 경우에는 새로운 예시들과 유사한 것일 수도 있다. 변별 수업 형식은 학생들에게 새로운 전략을 언제 활용하는지 그리고 이전에 배운 전략은 언제 사용하는지를 구별할 수 있도록 하는 연습을 제공한다. 새로운 CVCe 단어의 형태로 *cane*과 *robe*를 예시로 든다면, 교사는 *can*과 *rob* 단어를 변별 수업 형식에 넣어 제시할 수 있다. 유사한 단어들을 포함시키는 것이 변별 연습에 중요하다.

읽기 기술들 배열하기

읽기 기술들을 배열하는 것은 새로운 정보와 전략을 소개하는 데 있어 최적의 순서를 정하는 일이다. 교사가 읽기 기술들을 배열하여 제시하면 난이도에 의미 있는 영향을 주거나 학생들이 새로운 읽기 기술을 쉽게 배울 수 있게 된다. 다음 다섯 가지 읽기 기술 배열하기 안내 사항은 학생들의 오류 비율을 줄여 줄 수 있다.

1. 전략을 제시하기 전에 전략의 선행기술 가르치기
2. 예외를 설명하기 전에 전략과 일치하는 사례 소개하기
3. 활용도가 낮은 읽기 기술을 제시하기 전에 활용도가 높은 읽기 기술 먼저 소개하기
4. 난이도가 높은 읽기 기술을 제시하기 전에 난이도가 낮은 기술 먼저 가르치기
5. 혼동하기 쉬운 전략들과 정보는 동시에 설명하지 않고 시간을 두고 따로 가르치기

읽기 기술 배열하기에서 가장 중요한 것은 전체 전략을 소개하기 전에 **전략의 구성 요소를 먼저 가르치는 것**이다. 전략 자체를 설명하기 전에 구성 요소를 먼저 가르쳐야 하기 때문에 이들 구성 요소를 종종 **선행기술**(preskills)이라고 부른다. CVCe 단어의 해독 전략을 예로 들면, 이 전략이 제시되기 전에 관련 모음들의 이름을 미리 알도록 소개하는 것이 바로 선행기술이다. 선행기술의 또 다른 예로는 사전 찾기 기술(dictionary skills)이 있다. 학생들이 사전에서 단어를 찾을 수 있도록 하려면, 교사들은 선행기술, 즉 알파벳 발음하기, 단어의 첫째 혹은 둘째나 셋째 철자를 살펴보며 목표 단어(target words)와 안내 단어들(guide words)과 비교하기, 그리고 사전의 특정 페이지를 펼친 후 사전의 앞쪽을 볼지 혹은 뒤쪽을 볼지 알기 등을 준비시켜야 한다. 또 다른 선행기술의 예로는 단어 해독하기를 들 수 있다. 단어의 해독이나 음소 단위로 소리 내어 읽기를 위한 전략의 선행기술에는 각 철자의 소리 알기, 단어를 좌측에서 우측으로 읽는다는 것을 알기, 소리 합성하기, 단어처럼 합성한 소리 말하기 등이 있다. 어떤 전략을 가르치기 전에 이의 전제조건이 되는 선행기술을 먼저 가르친 후, 아동들이 이런 기술들을 숙달할 수 있도록 가르치는 것이 학생들의 학습 성공률을 높일 수 있다.

예외 사항을 소개하기 전에 전략과 일치하는 예시를 소개하기는 글자 조합 *ch*를 실제 예로 들 수 있는데, 단어 *chart*와 *much*에서의 발음처럼 이는 보통 /ch/ 소리를 나타낸다. 이 소리를 가진 단어를 이용하여 *ch*가 포함된 단어를 해독하는 전략을 가르칠 수 있다. 학생들이 ch의 대표음을 충분히 익히기 전까지는 *chef*처럼 *ch*가 위와 다른 소리가 나는 *ch* 단어를 소개해서는 안 된다.

활용도가 낮은 기술을 제시하기 전에 먼저 **활용도가 높은 기술**을 제시하기와 같은 읽기 기술 배열 절차의 예로는 '불규칙적인' 단어를 들 수 있다. 학생들이 초기 읽기 단계에서 수차례 접하는 불규칙한 단어들 중에 매우 일반적인 단어(예: *was, said, have*)는 자주 나오지 않아서 활용도가 낮은 단어(예: *tomb, heir, neon*)보다 먼저 소개되어야 한다. 또 다른 예는 철자에도 적용된다. 철자 *a, m, s, i*는 *v, x, j*보다 더 먼저 가르쳐야 한다. 왜냐하면 초기

읽기 단계에서 이런 철자가 더 많이 등장하기 때문이다. 학생들은 사용 빈도수가 높은 철자들을 배워 나가며, 더 많은 단어를 해독할 수 있는 능력을 향상시킬 수 있게 된다.

난이도가 높은 기술을 가르치기 전에 먼저 난이도 낮은 기술을 가르치기 절차는 글자-소리 대응과 단어 형태를 예시로 들 수 있다. 말하기가 더 쉬운 소리(예: *a, m*)들을 발음하기 더 어려운 소리들(예: *l, e*)보다 먼저 가르쳐야 한다. 이와 마찬가지로, 소리 내기 더 쉬운 짧은 규칙 단어(예: *am, fit*)들이 더 긴 규칙 단어들(예: *blast, scram*)보다 먼저 소개되어야 한다.

혼동하기 쉬운 전략과 정보들을 분리하여 소개하기 절차로는 모양과 소리가 비슷한 글자 *b*와 *d*를 예로 들 수 있는데, 이는 *b*와 *d*의 모양과 소리가 비슷하기 때문이다. 만약 *b*와 *d*가 같은 시간 내에 함께 제시하게 된다면, *b*와 *d*를 좀 더 긴 시간에 걸쳐 따로 나눠서 제시하는 것보다 학생들은 이 글자들을 서로 혼동할 가능성이 높다. 만약 프로그램 3주차에 *d*를 설명했다면, 이와 유사성이 더 떨어지는 철자를 8개나 9개 정도 소개한 후, 8주차 정도에 *d*를 소개해 볼 수 있다. 또 다른 예로는 서로 유사한 불규칙 단어들인 *were*와 *where*가 있다. 이 두 단어는 소리와 모양이 비슷하기 때문에 몇 주 간격을 두고 소개해야 한다.

한 가지 주목해야 할 점은 읽기 기술 배열하기에 관한 지침이 가끔 상충될 때가 있다는 것이다. 예를 들어, 어떤 전략의 예외 사항들은 알아 두면 유용하기 때문에 먼저 소개할 필요가 있다. 가령, 철자 *ai*는 그 모든 단어에서 긴 *a* 소리(long-a sound)를 나타낸다. 학생들은 *ai*를 발음할 때 긴 *a* 소리를 내는 전략을 배우게 된다. 그러나 이런 전략에서 단어 *said*는 예외적이다. 이 단어는 매우 빈번하게 쓰이는 단어이기 때문에 읽기 프로그램에서 불규칙한 단어로 먼저 소개될 것이다. 이와 같은 문제점은 어려운 기술을 소개할 때도 발생한다. 왜냐하면 어려운 기술은 쉬운 기술보다 나중에 소개되어야 하지만, 그것이 매우 유용하다면 소개 시기를 앞당겨야 할 수도 있기 때문이다. 분명 이런 상충점들을 해결하기 위해서는 절충점을 찾는 것이 필요하다. 상충되는 것들에 대한 절충점은 보통 지침의 상대적인 중요도에 따라 결정된다.

연습과 복습 제공하기

읽기의 정확도와 유창성을 개발하기 위해 안내된 독립적인 연습을 수없이 요구한다. 각 수업 도중 혹은 여러 수업에 걸쳐 학생들은 충분한 양의 연습을 해야 한다. 새로운 전략 및 정보를 소개할 때는 수업 시간에 많은 양의 예시들을 집중적으로 연습할 수 있도록 해야 한다. 이와 같은 심도 있는 연습은 여러 차례의 수업을 거쳐 지속되어야 한다. 만약 학생들이 소개한 전략을 숙달하도록 하게 하려면 연습은 반드시 필요하다. 또한 읽기 프로그램에서 가르친 전략들과 정보를 학생들이 완전학습을 하였는지를 확인하기 위해서는 주기적으로 지속적인 복습이 이루어지도록 해야 한다. 처음 몇 차례의 수업에서 다량의 연습을 시킨 후 주기적으로 복습을 하도록 하는 형식은 학생들이 정확성, 유창성, 보유성을 향상시키는 데 있어 매우 중요하다. 만약 읽기 프로그램들이 충분한 연습을 제공하지 않는다면, 교사들은 이를 보충하거나 수정할 수 있도록 준비해야 한다.

수업 진행 기법

읽기 교수의 각 단계에 적합한 수업 진행 기법은 서로 다르다. 예를 들어, 학생들이 처음 읽기를 배울 때는 소그룹 상황에서 학생들이 주로 구두로 응답하고 교사는 즉각 이 대답에 대해 정답임을 확인하거나 교정해 주는 방법으로 진행하여 교사와 학생의 상호작용이 많이 일어나는 수업이 되도록 해야 한다. 학생들이 정확하고 유창하게 읽는 방법을 일단 배우고 나면, 읽기 교수는 더 다양해질 것이다. 모든 학생이 학년 수준의 학습 성과를 보이는 고학년 교실에서의 교수 활동은 다양해질 것이다. 교사가 학급 전체를 대상으로 수업을 할 때도 있지만, 때로는 학생들끼리 서로 피드백을 주고받으며 협력하며 학습할 수도 있다. 만약 어떤 학생들이 특별한 개념이나 기술을 어려워하면, 교사는 이들 읽기 어려움이 있는 학생들에게는 소그룹 교수를 제공할 수 있다. 다른 시기에 특정 기법을 어떻게 사용해야 하는지에 대한 예로는 교사의 학생 성과 점검을 들 수 있을 것이다. 초기 읽기 단계의 교수에서 교사는 학생의 구두 반응을 들으면서 학생들이 어떻게 단어들을 발음하는지를 보기 위해 학생들의 입 모양을 관찰한다. 고학년의 학생들을 점검할 때는 그들이 쓴 글을 검토하고 구어와 문어 모두를 사용해 피드백을 제공해야 한다. 일반적으로 초기 읽기 단계의 기술을 가르치는 교사는 학생들이 교사와 학생 간 매우 적극적인 구어 상호작용에 지속적으로 참여하도록 하는 수업 진행 기법에 매우 능숙해야 한다. 반면에 중급 학년의 교사들은 다양한 교수 환경에서 학생들을 관리하는 일에 대한 많은 기술을 가지고 있어야 한다.

이 절의 나머지 부분에서는 학생 그룹을 대상으로 수업 활동을 하도록 고안된 몇 가지 직접교수 기법을 설명한다. **한목소리로 대답하기**(unison oral responding), **신호하기**(signaling), **속도**(pacing), **점검하기**(monitoring), **오류 교정 및 숙달 지도**(correcting errors and teacing to mastery), **진단하기**(diagnosing), 그리고 **학생들의 참여 및 동기 개발하기**(developing student engagement and motivation)가 그것이다. 여기에 제시된 대부분의 예시는 소그룹 활동으로 저학년 학생들을 가르치는 상황과 관련이 되지만, 고학년 학생들의 교사들, 특히 저학년 교육과정 내용을 아직 제대로 배우지 못한 학생들의 교사들은 이와 같은 논의들이 상당히 적절하다는 점을 발견하게 될 것이다.

소그룹 교수

여기서 설명하는 교수 기법들은 동일한 교수 수준에 해당되는 아이들로 구성된 소그룹 학생들을 위한 것이다.

소그룹을 통한 초기 읽기 교수에서 학생들이 교사와 가깝게 앉는다면 집중을 더 잘하는 경향이 있다. 초기 읽기 교수를 위해서는 학생을 탁자나 책상에 앉히지 않고 교사를 직접 바라볼 수 있도록 의자를 반원형이나 두 줄로 세워 앉힐 것을 권장한다. 교사는 학급 전체 학생들의 수행을 점검할 수 있도록 교실 전체와 학생 전체를 바라보고 앉아야 한다. 그룹에 속한 학생들이 다른 학생들이 아닌 교사 쪽을 향하여 앉게 되면 주의력이 분산되지 않을 것이다. 쉽게 산만해지거나 수업을 잘 따라오지 못하는 학생들은 교사가 이들의 학습 성과 점검이나 등을 토닥이거나 손을 잡는 등 용기를 북돋는 일을 더 쉽게 할 수 있도록 교사와 가깝게 앉혀야 한다. 그러나 흥미로운 것은 실제 상황에서는 읽기 수업을 잘 따라오지 못하는 학생들이 교사와 멀리 떨어져 앉는 반대의 경우가 자주 일어난다는 것이다. 교사가 주의가 산만하고 학습을 잘 따라가지 못하는 학생들을 소그룹 학생들 가운데 앉도록 하는 것이 이들 학생의 수행을 점검하는 데 더 용이하다([그림 4-1] 참조). 학생들이 쓰기 활동을 할 때는 아이들에게 교사가 무릎에 올려놓고 사용하는 탁자 대용 판자(lap boards)를 쉽게 건네 줄 수도 있다. 만약 학생들을 테이블이나 각자의 책상에 앉히게 되면, 이들의 주의를 계속 집중시키기가 더 힘들어질 수 있다. 동기 유발이 잘 되지 않은 학생들은 자기 자리에서 구부정한 자세로 앉아 손을 꼼지락거리면서 가만히 앉아 있지 않을 것이다. 좌석 배치와 상관없이, 교사들은 학생들에게 교사의 요구를 명확하게 전달해야 하며(예: 바닥에 발을 붙일 것, 교사를 바라볼 것, 바른 자세로 앉을 것, 큰 목소리로 말할 것) 단체 활동 중에 바람직한 행동을 한 것에 대해서는 구체적으로 칭찬해 줄 필요가 있다(예: "큰 소리로 잘 말했다, James." "선생님은 너희가 바로 앉아 있는 자세를 참 좋아해." "선생님을 잘 쳐다보네!").

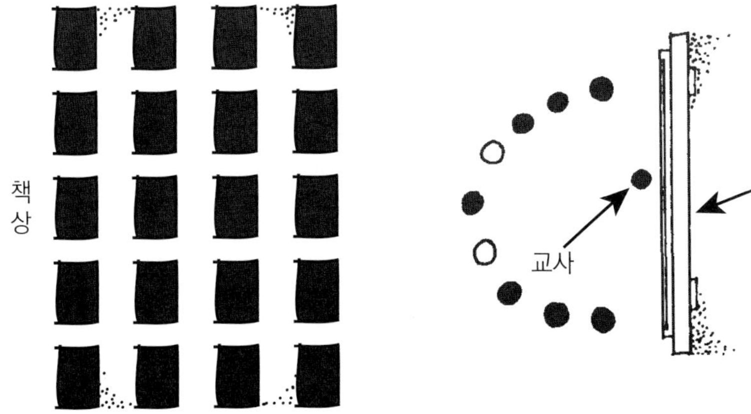

○로 표시된 자리는 읽기 어려움이 있는 학생이나 수업 중 집중력이 떨어지는 학생들의 자리를 가리킨다. 이 학생들을 서로 옆에 앉히지 않도록 주의한다.

[그림 4-1] 권장하는 좌석 배치

한목소리로 대답하기

특히 초기 읽기 교수에서 소그룹 교수 방법을 사용할 때는 교사가 과제를 구성할 때 한목소리로 대답하도록 하여 학생들의 활발한 반응을 극대화하여야 한다. 학생들 모두가 동시에 응답하는 한목소리로 대답하기(unison responding)는 학생들의 활발한 참여 정도를 최대화하는 데 도움이 된다. 읽기 학습 단계(learning-to-read stage)의 교수 대부분에서는 각 과제에서 단 하나의 정답을 말하도록(예: 문자 *m*을 보여 주고 "이것은 무슨 소리지?"라는 질문을 던질 때, 대답을 /m/이라고 할 때) 되어 있기 때문에, 한목소리로 대답하기가 적절하게 활용될 수 있다. 한목소리로 대답하기를 빈번하게 사용해서 얻는 이익은 모든 학생이 교수 중에 각각의 기술을 적극적으로 연습할 수 있도록 할 수 있다는 점이다. 또한 한목소리로 대답하기는 교사에게 각 학생들의 수행에 대한 정보를 자주 제공할 수 있다. 교사는 간결한 설명을 한 후에 학생의 반응을 즉각적으로 이끌어 냄으로써 교사와 학생 간의 상호작용이 매우 활발하게 일어날 수 있도록 과제를 구성해야 한다. 다시 말해, 교사는 방금 설명한 내용을 학생들이 이해했는지 확인하지 않은 채 설명을 너무 길게 하면 안 된다. 한목소리로 대답하기는 학생들, 수업에 잘 따라오지 못하는 학생들의 학습 진전 속도를 의미 있는 수준으로 빠르게 할 수 있다. 교사가 대그룹에서 한 학생에게 각각의 과제를 설명하는 경우에, 어떤 학생들은 그 기간에 응답을 단 한 번이나 두 번밖에 못할 수 있다. 이렇게 드물게 반응을 하는 것은 일부 학생의 입장에선 주의산만으로, 교사 입장에선 학생들의 성과에 대한 정보 제한으로 이어질 수 있다. 따라서 교사는 학생의 숙달 정도를 점검하기 위한 교수 방법으로 개별 연습(individual turns)을 활용할 필요가 있다. 개별 연습의 활용에 대해서는 이 장의 후반부에서 다루겠다.

교사의 신호 사용하기

한목소리로 대답하기는 그룹의 모든 학생이 동시에 답변을 할 때, 그리고 다른 학생들의 반응을 따라 하는 것에 의존하기보다는 자기 자신의 반응을 만들어 낼 때 가장 효과적이다. 어떤 학생들은 처음에는 다른 학생들보다 자신감이 부족해서 대답할 때 남에게 의존하는 성향이 있다. 교사의 신호 사용하기(teacher signaling)라고 불리는 이 기법은 한목소리로 대답하기를 촉진하는 데 활용된다.

신호(signal)는 교사가 학생들이 언제 한목소리로 대답하기를 해야 하는지를 알려 주는 단서이다. 신호가 효과적으로 활용되면 모든 학생의 참여를 가능하게 할 수 있는데, 높은 수행을 보이는 학생들뿐만 아니라 낮은 수행을 보이는 학생에게도 가장 효과가 큰 경향이 있다. 예를 들어, 복잡한 내용에 대한 이해 여부의 질문을 할 때, 수행 수준이 높은 학생들은 그렇지 않은 학생들이 생각하고 대답을 찾기도 전에 먼저 대답을 할 것이다. 그렇게 되면 수행 수준이 낮은 학생들은 이들 학생의 대답을 따라 하거나 아니면 대답 자체를 포기할 수도 있다. 이 두 경우 모두는 수행 수준이 낮은 학생들의 연습량을 줄이게 되는 결과를 낳는다. 신호하기 절차의 활용은 이런 문제를 피하도록 해 줄 수 있다.

한목소리로 대답하기에 관한 신호하기는 ① 지침 제공하기, ② 학생들에게 일명 '생각할 시간'이라고 불리는, 대답에 대해 생각할 시간을 제공하기, ③ 응답을 이끄는 단서(cue) 주기가 포함된다. 지침을 제공할 때 교사는 학생들에게 이야기할 대답의 형태에 대해 설명한다. 예를 들어, 칠판에 단어 목차의 읽기 연습을 제시할 때 "내가 손으로 단어를 짚을 때 단어를 말해 보세요."와 같이 가르칠 수 있다.

지침을 제공한 후, 생각할 시간을 준다. 이 시간은 수행 수준이 낮은 학생들이 대답을 생각해 낼 시간만큼 주어진다. 질문이 쉬울 경우(이전에 가르친 기술을 복습하는 간단한 과제의 경우) 생각할 시간은 단 몇 초일 수 있지만, 복잡한 질문일 경우는 생각할 시간은 몇 초 이상이 될 것이다. 한목소리로 대답하기를 촉진하고 학생들에게 성공적인 학습 경험을 제공하기 위해 생각할 시간을 주의 깊게 통제하는 일은 매우 중요하다. 이 시간이 너무 짧으면 어떤 학생들은 반응을 하지 못할 수 있다.

만일 그룹에 속한 학생 1명이 다른 학생들보다 대답하는 데 시간이 지나치게 오래 걸린다면, 교사는 그 이유를 찾아내기 위해 신속한 평가를 해야 한다. 교사는 해당 학생에게 시간을 내어 학생이 늦게 반응하는 과제에 대한 개별 평가를 할 수 있다. 만약 문제가 현재 혹은 이미 가르친 기술에 대한 이해 부족 때문이라면, 이 학생에게 추가적으로 교수나 연습을 제공한다. 추가로 연습을 시켜도 학생이 계속 과제를 어려워하거나 학생이 이미 배운 기술의 너무 많은 부분에서 취약하다면, 이 학생을 더 낮은 수준의 그룹에 배치시키는 것이 적절하고 필요할 수 있다.

신호하기 절차에서의 최종 단계는 응답을 이끄는 단서 주기이다. 교사는 간단한 질문("무슨 단어?")을 하거나, 말("준비!")을 하거나, 몇 초간의 시간을 준 다음, 학생들의 응답을 이끄는 단서를 준다. 이 단서는 손뼉 치기, 두 손가락으로 딸깍 소리 내기(finger snap), 한 손을 내리기, 칠판에 손을 갖다 대기와 같은 유사한 행동으로도 할 수 있다. 질문을 던진 후, 응답을 이끄는 단서를 주기 이전에 학생들에게 잠깐 시간을 주는 일을 지속적으로 한다면 학생들이 정확하게 대답할 수 있는 데 도움이 되는 명확한 신호 주기가 될 것이다. "준비."라고 말하는 단서는 학생들이 책을 보면서 교사가 손으로 신호를 보이는 모습을 제대로 볼 수 없기 때문에, 특히 교사 주도 텍스트 읽기 과제에 도움이 된다.

모든 훌륭한 신호의 중요 특성은 명료함과 정확함이다. 신호를 줄 때는 반드시 학생이 언제 대답해야 하는지를 명확히 알 수 있도록 지시해야 한다. 신호가 명확하지 않으면, 학생들은 다 같이 응답할 수 없을 것이다. 교사는 학생들의 행동을 통해 자신의 신호가 명확한지를 평가해야 한다. 학생들 전체가 함께 대답하지 못하는 실패 상황이 반복적으로 일어난다면, 교사가 하는 신호가 불분명하거나 학생들에게 생각할 시간을 적절히 제공하지 못해서일 수 있다.

속도

〈세서미 스트리트(Sesame Street)〉(미국 유아용 TV 프로그램) 같은 TV 쇼를 보고 있는 어린아이들을 본 사람들은, 학생들의 주의를 계속적으로 끄는 이 프로그램의 생동감 있는 속도(pacing)의 가치에 대한 중요성을 이야기하게 될 것이다. 교사가 학생들의 주의를 끌기 위해 엄청난 쇼를 보여야 할 필요는 없지만, 교수 자료를 생동감 있고 활기찬 방식으로 막힘 없이 제시할 수 있을 정도로 교수 자료를 잘 활용할 수 있어야 한다. 자신의 교수 자료에 정통한 교사는 더 생동감 있는 속도로 수업을 할 수 있을 뿐 아니라 학생들의 수행에 온전히 주의를 기울일 수 있다.

활발한(briskly) 속도로 제시하라고 해서 교사가 학생들에게 대답을 생각할 여유도 주지도 않고 답변하도록 성급히 진행하라는 뜻은 아니다. 효과적인 속도로 진행되는 수업의 핵심은 학생들이 응답한 후에 '한가한 시간(downtime)'을 주지 않는 것이다. 학생들이 응답할 때, 교사는 바로 다음 질문에 대한 지시를 내리거나 진행 중인 과제에 대한 평가를 한 후, 교정이 필요한 학생들에게 교정을 해야 한다.

어린 학생들에게 글자의 대표음을 파악하는 구두 과제를 가르치는 교사는 학생들이 1분에 약 10~15번 정도 대답할 수 있는 속도로 제시한다. 교사는 일련의 유사한 과제를 일정 시간 동안 다른 방해 요소 없이 진행한 후, 과제와 과제 사이에 빠른 변화(changeup)를 통해 새로운 과제로 넘어간다. 예를 들어, 초기 읽기 수업에서 교사는 3~5분 정도를 글자-소리 과제에 집중적으로 시간을 들이고, 15초 정도는 말로 칭찬하거나 악수, 손뼉, 등 토닥이기 등의 신체적인 접촉으로 학생들의 노력을 인정하는 데 사용하고 바로 음소 인식 과제로 넘어간다. 학생들이 성숙할수록 변화(change-up) 없이 과제 수행 시간을 늘릴 수 있다.

점검하기

소그룹의 학생들이 구두로 동시에 응답할 때, 교사가 학생들 중 1~2명의 실수를 잡아내기란 매우 어렵다. 특히 틀린 응답이 바른 응답과 소리가 유사하다면 더욱 그러할 것이다. 예를 들어, 8명의 그룹에 속한 한 학생이 *sick*이라는 단어 대신 *sit*이라고 말하거나, /n/ 대신 /m/이라고 말한다면, 이를 듣고 오류를 분별하기는 매우 어려울 것이다. 따라서 교사는 학생들의 응답을 듣는 것 이외에도 그들의 눈과 입 모양을 보며 학생들의 수행을 점검해야 한다. 학생들의 입 모양을 보면서, 교사는 학생들이 바른 응답을 하기 위해 필요한 입의 모양이나 혀의 위치를 제대로 구현하는가를 판단할 수 있다. 예를 들어, 교사가 문자 *m*의 소리를 내라고 할 때 응답하는 학생의 입 모양이 열려 있다고 해 보자. /m/을 소리 내기 위해서는 입술을 서로 붙여야 하기 때문에 이 학생의 발음이 틀렸을 가능성이 크다. 또한 교사는 학생들의 눈을 응시하며 학생들이 집중하고 있는지를 판단하기도 한다. 한 학생이 과제가 적힌 칠판이나 교재를 보고 있지 않다면, 학생은 아마 스스로 대답하기보다는 다른 학생의 대답을 따라 한 것일 수 있다.

교사는 학생이 단체로 응답할 때마다 모든 학생의 얼굴을 볼 수는 없다. 따라서 교사는 수업 중에 학생의 얼굴을 번갈아 가며 체계적으로 보면서도, 특히 수행 수준이 낮은 학생에 주로 집중해야 한다. 가령, 8명이 속한 그룹에서 5명은 수업을 좀처럼 어려워하지 않지만, 나머지 3명이 가끔 오류를 낸다고 해 보자. 교사는 이 3명의 학생 자리를 그룹 가운데 혹은 가운데 근처에 앉히는 방식으로 학생의 자리를 배치한다. 그리고 이들의 대답을 2~3개 정도 듣고 살피며, 그룹의 왼쪽 방향으로 주의를 옮겨 가며 학생들의 대답을 1~2개 정도 듣는다. 그리고 다시 중앙에 앉은 학생들의 대답을 여러 개 듣고 오른쪽에 배치된 학생들을 살핀다. 교사가 항상 중앙에 위치한 학생들로 주의를 다시 돌리면서 응답을 살피면, 교사는 이 학생들의 양옆에 앉은 수행도가 높은 학생들보다 그 대답을 2배 정도 더 많이 점검할 수 있다.

개별 연습(individual turns)은 매우 중요한 점검 수단이다. 한목소리로 대답하기 교수를 하는 중에 학생들은 스스로 대답하거나 바른 대답을 하는 것처럼 보일 수 있지만, 실제로 다른 학생들의 대답을 흉내 내는 것일 수도 있다. 교사는 개인별로 응답할 수 있도록 차례대로 물어보면, 학생들 전체가 한 수업 형식의 모든 단계를 숙달했는지를 알 수 있다. 개인별로 질문을 하기 **전에** 그룹으로 적절하게 연습을 제공하면, 교사는 학생을 당황시키는 불필요한 상황을 피할 수 있다. 개인별 평가는 시간적 소모가 크기 때문에 그룹이 특히 큰 경우라면 그룹으로 연습을 시킨 후 매번 모든 학생에게 개별 연습을 할 필요는 없다. 대신 설명된 과제의 예시에 대해 학생들 중 일부를 뽑아 평가해 볼 수 있다. 또한 수업을 잘 따라오지 못하는 학생들과 몇몇의 수행 수준이 높은 학생들을 골라 개별로 시켜 볼 수 있다. 교사는 한목소리로 대답하기 연습 중이나 과거에 했던 수업에서 학생들이 어려워했던 과제를 설명할 수 있다. 개별 연습 시에 학생들 다수가 오류를 범한다면, 한목소리로 대답하기 시간에 충분히 연습이 되지 않았다는 것을 뜻한다. 마찬가지로 개별 연습 시에 특정 학생만이 오류를 낸다면, 교사는 앞으로의 수업에서 한목소리로 대답하기 시 이 학생의 응답을 특별히 신경 써서 점검하면 된다.

주의 깊은 점검의 중요성은 재차 강조해도 지나치지 않다. 교사의 오류 감지가 빠르면 빠를수록 오류 교정이 훨씬 더 쉬워진다. 학생이 느끼는 혼란스러움이 감지되지 않은 채 하루하루 지나가면, 이 학생은 사실상 잘못된 방식으로 연습을 계속하고 있는 것이 된다. 학생이 혼란스러움을 계속 느낀다면, 교사는 며칠 동안은 이를 개선하기 위해 그 기술을 다시 가르칠 필요가 있다. 따라서 주의 깊은 점검은 효율적인 교수의 전제조건이 된다.

오류 교정 및 숙달 지도

저학년 학생들의 소그룹 교수 시 부적절한 반응을 위한 교정 절차는 다음 다섯 가지 단계로 이루어진다. 모델링(model), 이끌기(lead), 검사(test), 견고히 다지기(firm up), 지연검사(delayed test). 예를 들어, 글자-소리 대응 과제를 설명할 시 교사가 *o*를 가리키며 "무슨 소리이죠?"라고 물을 때 학생들이 "/ŭ/."라고 대답한다고 해 보자. 먼저, 교사는 "ŏŏŏŏŏ." 라고 바른 답을 **모델링**한다. 둘째로 교사는 (학생들과 함께 응답하면서 "나와 함께 *o*라고 말해 보자. 준비, ooo.")라고 말하며 **이끈다**. 학생들과 함께 응답(다시 말해, 교사가 응답을 하며 학생을 '이끌기')해 보는 교사는 학생들이 응답하는 과정 중에 모델링을 하며, 학생들이 응답하면서 연습할 때 바르게 응답하는지 확인한다. 이끌기는 학생이 반응(소리나 단어, 문장을 말할 때)에 어려움을 겪을 때만 필요하다. 셋째, 교사는 학생 스스로 대답하도록 질의를 하며 검사한다.

네 번째 단계는 **견고히 다지기**이다. 교사는 학생이 이해하지 못한 항목 바로 앞부분의 몇몇 항목과 이해하지 못한 항목을 반복해서 말한다. 예를 들어, 2학년 때에는 단어 읽기 연습이 각각 5개의 단어로 구성된 몇 개의 열(column)의 단어들로 이루어져 있을 것이다. 만약 학생이 열에 들어 있는 단어 1개를 잘 이해하지 못한다면, 교사는 이 열의 첫 단어로 돌아가 그 열 전체를 반복해서 말한다. 견고히 다지기 단계의 목적은 학생들이 이해하지 못한 항목에 대해 반복 연습을 시키기 위한 것이다.

마지막 단계는 교사가 수업의 마지막 부분에서 학생들이 이해하지 못한 항목이 있는지 알아보기 위해 단체로 평가를 해 보는 **지연검사**이다. 수업을 잘 따라오지 못하는 학생들에게 필요할 경우에 몇 가지 지연검사를 수업 중에 하게 되면, 수업 중에도 이들이 필요한 반복 연습을 할 수 있다. 학생들이 지연검사에서 오류를 보인다면, 교사는 다시 이 오류를 교정한다. 교사는 학생들이 놓쳐서 다시 가르쳐야 할 기술을 다음 날 수업에서 연습할 수 있도록 학생들의 오류를 계속해서 파악해야 한다.

이 모든 단계의 대상은 그룹 전체라는 것을 주의하자. 개별 학생이 오류를 내더라도 교사는 이 학생을 부각시키지 않고 그룹 전체에 대한 교정을 통해 학생 전체가 반응할 수 있도록 한다.

교정 절차의 목표는 모든 학생이 다음 과제와 수업을 해 가면서 이들 모든 내용에 대해 반응하고 숙달할 수 있도록 하는 또 다른 기회를 갖도록 돕는 것이다. 이 과정은 **숙달을 위한 지도**(teaching to mastery)로도 불린다.

숙달을 위한 지도는 교사에게 상당한 양의 기술과 자각이 요구된다. 수업을 잘 따라오지 못하는 학습자를 가르치는 교사는 숙달이 빠른 학생들과 수업을 할 때보다도 이들 학생에게 더 많은 연습과 교정 활동을 제공해야 한다. 교사는 이런 연습문제를 제공하면서 학생들의 동기를 북돋을 필요가 있다. 교사는 학생의 오류를 교정할 때는 긍정적으로 격려를 해 줘야 한다. 학생들이 오류를 보일 때 부정적으로 대해서는 안 된다. 한편, 교사들은 학생들이 연습문제에서 모든 문항을 오류 없이 다 맞힌다면 열정적으로 반응을 보이는 것이 좋다.

숙달을 위한 지도를 하지 않는다면 이후에 학생들의 학습에 문제가 생길 수 있다. 가령, 초기 읽기 교수 시간에 만약 학생들이 글자-소리 대응을 학습할 수 있는 적절한 연습량을 제공받지 못하였다면 이들 학생은 단어를 음소 단위로 소리 내어 읽기와 같은 이후 읽기 프로그램에서 어려움을 보일 수 있다. 숙달을 위한 지도는 궁극적으로는 매우 효율적인 절차이다. 만약 교사가 각 수업의 각 과제마다 아이들을 숙달시킨다면 아이들에게 매일매일 숙달에 필요한 반복량이 오히려 적어질 것이라는 것을 알게 될 것이다.

그러나 상위 과제를 위한 교정 절차에서는 어느 정도의 차이가 있다. 교사는 대답을 모델링하는 대신 학생들이 대답을 스스로 판단하도록 생각할 단계를 거치도록 촉구한다. 예를 들어, 학생이 '가열된 물체는 팽창한다.'라는 원리를 포함하는 설명글을 읽었다고 해 보자. 학생들은 이런 글을 읽게 된다. '금속공을 외부에 놓는다. 아침에는 화씨 40도이고, 오후에는 95도이다. 오후에 금속공의 크기는 어떻게 될까?' 이에 대해 학생이 "작아져요."라고 대답했다고 해 보자. 교사는 다음과 같은 질문을 연이어 물으며 오류를 교정한다. "원리가 무엇이죠? 아침에 공의 온도는? 오후에 공의 온도는? 온도는 더워졌나요? 추워졌나요? 그렇다면 공은 팽창했을까요? 팽창이란 무슨 뜻이죠?" 이런 절차는 학생들이 대답을 떠올릴 수 있는 전략을 적용하는 데 도움이 될 뿐만 아니라 교사가 문제가 정확히 무엇인지에 대한 정보를 알 수 있게 해 준다.

> 🔊 읽기 직접교수(Reading-Direct Instruction)
>
> 읽기 교수 중에 교사가 사용해야 하는 교수 기법은 무엇인가?

진단하기

학생들이 교수 프로그램을 통해 읽기 기술을 배우면서 현재 과제에서 오류를 보이는 것은 이전에 가르쳤고 현재에 배우는 기술의 전제조건이 되는 기술을 견고히 다지지 않았기 때문일 수 있다. 예를 들어, 한 단어를 음소 단위로 소리 내어 읽기를 할 때 전제조건은 그 단어의 각 철자에 대한 글자-소리 대응을 아는 것, 한 단어를 발음하기 위해 소리들을 합성하여 발음할 수 있는 능력, 그리고 이 합성된 소리들을 보통의 속도로 한 단어로 말할 수 있는 능력이다. 진단하기란 때로 매우 명확하다. 예를 들어, 한 학생이 *sat* 대신 'sit'이라고 하거나 *mat* 대신 'mit'이라고 한다면, 교사는 이 학생이 두 단어 모두에서 글자 *a*의 소리를 잘못 발음하고 있으므로 이 학생의 문제를 *a*와 *i*의 글자-소리 대응 혼동으로 진단할 것이다. 수업 중에 아동이 오류를 보이면, 교사는 즉각적으로 학생에게 교정된 소리를 말해 주는 교정을 제공해 주어야 한다. 또한 교사는 앞으로의 수업 계획을 세울 때도 학생들이 이전에 배웠지만 제대로 학습하지 못한 글자-소리 대응에 대한 지도와 복습을 더 많이 포함시킨다.

학생들의 활동이 복잡해질수록 진단하기도 더 어려워진다. 예를 들어, 어떤 학생이 특정한 단어(예: *expand*)를 모르거나, 특정 주제에 대한 배경 지식이 부족하거나, 해답의 추론에 필요한 여러 단계를 적용하지 못한다면, 복잡한 이해력 문제를 해결할 수 없을 것이다. 교사는 오류의 구체적 원인을 판별하기 위해 학습에 어려움을 겪는 학생들과 개별적으로 수업한 후, 이들 학생이 특별히 취약한 부분에 대한 교수를 제공하기 위한 수업을 더 구조화해야 한다.

동기화

어떤 학생들은 열정적으로 학습하고 교사를 기쁘게 하게 하기 위하여 학교에 온다. 이런 학생들은 본질적으로 동기가 유발되어 있고, 열심히 공부하며, 자신의 일에 자부심이 크다. 이런 학생들에게 동기는 문제가 되지 않으며, 칭찬과 인정을 받는 일도 충분히 많을 것이다. 반면, 학습에 관심이 적고 포기가 빠르며 교사를 기쁘게 하는 데도 열심히 하지 않는 학생들도 있다. 이와 같이 동기가 잘 유발되지 않는 학생들과 수업을 할 때 교사들은 학습에서 긍정적인 관심을 개발하고 학생의 성공을 촉진하기 위한 기법들을 사용할 때 특별히 주의를 해야 한다. 이런 학생들의 동기를 유발하는 데 활용되는 첫 번째 단계는 이들 학생 자신도 읽기를 성공적으로 할 수 있다는 것을 보여 주는 것이다. 이는 수업을 잘 계획하고 효과적으로 설명할 때 가능하다. 두 번째 단계는 교사가 학생들이 교수에 참여해서 집중할 수 있도록 강화물을 제공할 수 있어야 한다. 먼저 어린 학생들에게 교사는 신체적 접촉, 토닥이기, 악수, 그리고 칠판에 포인트 쌓기나 유리병에 구슬 얻기와 같은 유형의 보상물과 교환이 가능한 토큰과 같은 외부 강화물을 활용할 수 있다. 교사는 과제 이외의 행동에 대한 효과적인 관리 기술을 활용해야 한다. 예를 들어, 과제 이외의 행동을 하는 학생들을 꾸짖거나 직접 주의를 주기보다는 특히 바람직한 행동을 보이는 학생들을 칭찬할 수 있을 것이다. 학생들은 하루하루의 수업 중에 긍정적인 강화를 충분히 받고 성공을 경험하면서 수업에 참여하게 됨에 따라 읽기 학습에 대한 긍정적인 태도를 발달하게 될 것이다. 학생들은 스스로 성공을 인식해 나감에 따라 내적 동기 발달이 잘 이루어지게 될 것이다.

학생의 학습 가속화하기

이 장에서 제시된 절차들은 읽기 학습을 보다 쉽게 하는 목적으로 쓰였다. 예를 들어, 복잡한 과제를 읽기 기술 요소들로 나눈 후, 읽기 기술 요소들을 가르치고 이 읽기 기술들이 어떻게 적용되고 학습되는지 학생들에게 설명하는 방법을 제시하고 있다. 복잡한 과제를 단순화하는 것은 특히 수업을 잘 따라오지 못하는 학생들에게 중요하지만, 이를 적절히 활용하면 학습 수행 수준이 뛰어난 학생들의 학습을 가속화시킬 수도 있다.

모든 학생의 학습 발달의 진전도를 극대화하는 중요한 열쇠는 교수학습 중에 학생들의 수행과 평가로부터 얻은 정보를 활용하는 것이다. 예를 들어, 1학년 초에 교사는 모든 학생을 대상으로 글자-소리 관계, 합성 그리고 음소 단위로 소리 내어 읽기 기술에 대한 지식을 평가할 것이다. 분명, 글자-소리 대응을 많이 알고 단어를 음소 단위로 소리 내어 읽을 수 있는 학생들은 이런 지식을 가지고 있지 못한 채 학기를 시작한 학생들보다 학습에 있어 훨씬 더 빠른 진전을 보이게 될 것이다.

교수 방향을 정하기 위해 수업 중에 학생의 수행과 평가로부터 얻은 정보를 활용하는 것은 아무리 말해도 지나치지 않다. 교사는 읽기 과제 수행에 필요한 전제조건이 되는 기술과 학생들이 이미 알고 있는 기술이 무엇인지를 알고 있어야 한다. 마찬가지로 교사는 학생이 수업 중에 언제 기술을 숙달했는지를 알아야 하고 그다음 연습문제로 넘어갈 시기에 대해서도 알아야 한다. 학생들이 배운 내용의 숙달을 위해 충분한 연습을 받지 못한 것도 문제가 되지만, 마찬가지로 이미 배운 내용을 숙달한 학생에게 교수를 지나치게 제공하는 것도 문제가 될 수 있다. 교사들이 모든 학생의 요구를 충족시키기 위해 노력하기 때문에 가르치는 것은 끊임없는 도전이다.

몇몇 교육자는 명시적이고 체계적인 교수는 읽기 수행 수준이 높은 학생들보다는 읽기 위기 학생들에게 적합하다고 주장한다. 하지만 이런 주장을 지지하는 근거는 특히 읽기의 교수 분야에서는 거의 없다(Carnine & Kame'enui, 1992; Cronbach & Snow, 1977).

Engelmann과 Carnine(1976)은 수행 수준이 높은 학생들은 직접교수에서 매우 잘 했으며, 학업성취 평가에서 학년 수준보다 훨씬 점수가 높았고 학습에 대해서도 열정적인 태도를 보였다는 것을 발견하였다. 이와 유사하게, Guthrie(1977)는 Follow Through 연구를 통해 직접교수가 저소득층과 중소득층 가정 양쪽의 학생들에서 효과가 있는 유일한 접근법이라고 보고했다.

전 학급 교수

학생들이 읽기를 위한 학습(learning-to-read)의 단계에서 학습을 위한 읽기(reading-to-learn)의 단계로 나아가게 되면 대그룹이나 전 학급 대상의 지도가 더 빈번하게 이루어지게 된다. 전 학급 교수는 목록의 단어 읽기와 글자 조합에서 대표음을 말하기와 같은 하나의 정답에 반응을 요구하는 과제에서 소그룹 교수에 사용한 동일한 기술 일부를 활용한다. 전 학급과 소그룹 교수는 교사가 학습에 가장 어려움을 겪는 학생들의 수행 활동을 바로 점검할 수 있도록 학생들의 좌석 배치를 한다는 점에서 동일하다. 학생들이 줄을 지어 배치되었다면, 교사는 가장 취약한 학습자의 수행 활동을 즉시 점검할 수 있도록 이들을 중간에서 앞줄에 앉힌다. 신호하기와 속도는 소그룹과 동일하다. 교정도 소그룹의 교수처럼 개인별로 이루어지기보다 전체 그룹을 대상으로 한다.

전 학급 교수와 소그룹 교수에서의 한 가지 차이점은 숙달을 위한 지도에서 발견된다. 전 학급 교수 중에 만약 어떤 학생들이 대다수의 학생보다 크게 뒤처지는 수행능력을 보인다면, 교사는 이 학생들이 배운 내용을 확실하게 알 때까지 전 학급 교수 중에 많은 시간을 과제를 반복하는 데 사용하지 않는다. 그런 반복 연습은 다른 학생들에게는 오히려 집중력이 떨어지고 학습에 어려움을 겪는 해당 학생들을 난처하게 할 수 있다. 그 대신, 교사는 다른 시간을 내어 소그룹으로 이 학생들과 수업을 한다. 소그룹에서 이 학생들과의 활동함으로써 이들 학생이 전 학급 교수 참여에 어려움을 겪지 않도록 하는 것이 좋다.

만약 다른 소그룹 시간을 갖고 난 이후에도 대그룹 교수 시간에 수행능력이 좋지 않다면, 이 학생이 자신에게 적절한 교수 수준의 수업에 배치된 것인지 확인하기 위해 이 학생의 기술 수준에 대한 보다 면밀한 검토가 이루어져야 한다. 학습에 어려움을 갖는 기간이 오래 지속되는 상황에 학생들이 방치되도록 해서는 안 된다. 학업 성공의 부족은 학생들의 자아상을 크게 해칠 수 있기 때문이다.

제2부

초기 읽기 단계

-교수의 초기 몇 개월-

제5장

초기 읽기에 대한 개관

학습 목표

1. 초기 읽기 단계에 관련해 일반적으로 사용하는 핵심 용어와 읽기의 초기 단계 지도를 위한 직접 교수 접근법을 설명한다.
2. 초기 읽기 단계의 지도에 대한 '기호 중심(code-emphasis)' 접근법과 '의미 중심(meaning-emphasis)' 접근법 간의 주된 차이를 파악한다.
3. 초기 읽기 단계의 읽기 지도에 대한 명확하고 체계적인 접근법 특징을 기술한다.
4. 초기 읽기 단계를 위한 교수에 대한 주된 연구결과물을 논의한다.

초기 읽기 단계란 학생들이 수업 중 읽기 프로그램에서 처음으로 제시되는 몇 백 개의 단어를 읽을 수 있도록 학습하는 단계를 지칭한다. 어떤 학생들은 읽을 수 있는 단어가 많은 상태로 학교에 입학한다. 이 학생들은 초기 읽기 단계 완성에 있어서 교수가 거의 필요하지 않을 수 있다. 그러나 단어 읽기 능력을 거의 갖추지 못한 채 입학하는 학생들도 있다. 이 학생들은 초기 읽기 단계 완성을 위해서 6개월에서 1년 정도의 교수가 필요할 수 있다.

이 장에서는 초기 읽기 단계에서 논의되는 핵심 용어들을 먼저 설명한다. 다음으로, 초기 읽기 단계를 둘러싸고 지금까지 논의되었던 논쟁점들을 간략히 설명한 후, 제2부의 여러 장에서 제시된 내용과 전략을 전체적으로 개괄한다. 마지막으로 초기 읽기 단계의 연구 근거에 대해 간단히 논의한다.

핵심 용어

여러 장(章)을 통해 초기 읽기 단계의 읽기 교수를 논의하면서 몇 가지 핵심 용어가 사용된다. 이 절에서는 이 용어들을 정의하고 각각의 중요성을 설명할 것이다.

대표음

글자의 **대표음**(most common sounds)은 글자가 *man*이나 *sit*처럼 한 음절의 짧은 단어에서 사용될 때 일반적으로 발음되는 소리이다. 〈표 5-1〉은 26개의 각 글자의 대표음을 목록화한 것이다. 각 글자 옆에 위치한 단어는 이 특정 문자의 대표음에 대한 예이다.

표 5-1 단글자의 대표음

연속음	파열음
a (fat)	b (boy)
e (bet)	c (can)
f (fill)	d (did)
i (sit)	g (got)
l (let)	h (his)
m (mad)	j (jet)
n (nut)	k (kiss)
o (not)	p (pet)
r (rat)	q (quit)
s (sell)	t (top)
u (cut)	x (fox)
v (vet)	
w (wet)	
y (yes)	
z (zoo)	

파열음 vs. 연속음

연속음(continuous sounds)은 해당 음(sound)이 왜곡되지 않고 몇 초간 지속되는 소리이다. **파열음**(stop sound)은 한 순간만 나는 소리이다. 학생들은 파열음으로 시작하는 단어를 연속음으로 시작하는 단어보다 발음하기 더 어려워한다. 예를 들어, 읽기를 처음 배우는 학생들에게 *pad*라는 단어는 파열음으로 시작하기 때문에 *sad*보다 발음하기가 더 어렵다. 이 때문에 교사는 파열음으로 시작한 단어를 가르칠 경우, 연속음으로 시작한 단어를 지도할 때와는 다소 다른 방법을 사용해야 한다. 〈표 5-1〉은 파열음과 연속음에 해당하는 글자들을 나타낸 것이다.

규칙 단어

규칙 단어(regular words)는 각 문자가 자신의 대표음으로 소리 나는 단어를 뜻한다. 가령, 단어 *am, cat, mud, best, flag*는 각 문자가 대표음으로 소리 나기 때문에 규칙 단어이다.

불규칙 단어

초기 읽기 단계에서 배우는 단어 중에 대표음으로 발음되지 않는 문자를 1~2개 이상을 가지고 있는 단어를 **불규칙 단어**(irregular words)라고 한다. 단어 *was*는 문자 *a*와 *s*가 대표음으로 발음되지 않기 때문에 불규칙 단어이다.

합성 자음

합성 자음(consonant blends)이란 한 단어에 2~3개의 자음이 연속적으로 나타나고 각 자음이 각자의 대표음으로 발음되는 경우를 말한다. 합성 자음은 단어의 앞부분 또는 끝부분에 올 수 있다. 〈표 5-2〉는 처음이나 끝에 나오는 합성 자음의 흔한 예이다. 합성 자음으로 시작되는 단어는 단자음으로 시작되는 단어보다 해독하기가 더 어렵다. 파열음으로 시작하는 합성 자음은 연속음으로 시작하는 합성 자음보다 해독이 더 어렵다.

표 5-2 합성 자음

앞부분이 합성 자음인 경우				
두 문자 합성 자음, 연속음으로 시작		두 문자 합성 자음, 파열음으로 시작		세 문자 합성 자음
fl (flag)	sc (scat)	bl (black)	pl (plug)	scr (scrap)
fr (frog)	sk (skip)	br (brat)	pr (press)	spl (split)
sl (slip)	sp (spin)	cl (clip)	tr (truck)	spr (spring)
sm (smack)	sq (square)	cr (crust)	tw (twin)	str (strap)
sn (snip)	st (stop)	dr (drip)		
sw (swell)		gl (glass)		
		gr (grass)		
끝부분이 합성 자음인 경우				
두 문자 합성 자음, 연속음으로 시작		두 문자 합성 자음, 파열음으로 시작		세 문자 합성 자음
ft (left)	nd (bend)	ct (fact)		두 문자 합성 자음에 s가 붙은 단어(예: belts, facts)
ld (held)	nk (bank)	pt (kept)		
lk (milk)	nt (bent)	xt (text)		
lp (help)	sk (mask)	bs (cabs)		
lt (belt)	st (west)	ds (beds)		
mp (lamp)	ls (fills)	gs (rags)		
ms (hams)		ps (hips)		
ns (cans)		ts (bets)		

규칙 단어의 유형

규칙 단어의 유형은 단어 속 모음과 자음의 패턴으로 기술할 수 있다. 〈표 5-3〉은 난이도 순으로 단어의 유형을 목록화한 것이다. 첫 번째 열에서는 단어의 다양한 유형을 기술하기 위해 문자 V(**모음**)와 C(**자음**)를 사용했다. CVC 단어는 자음으로 시작해 모음이 나오고, 그다음은 자음으로 이루어진다. 단어 *sat*은 자음 *s*, 모음 *a*, 자음 *t*로 이루어진 CVC 단어에 해당한다. 두 번째 열은 단어 유형의 상대적인 난이도의 해당 이유를 설명한다. 세 번째 열은 각 단어 유형의 예를 보여 준다. 이 표는 일반적인 지침을 제공하는 것일 뿐, 모든 단어 유형의 지도에 예외 없이 모두 적용될 수 있는 것은 아니다. 어떤 학생들은 난이도가 높은 밑의 단어보다 위의 단어를 더 어려워할 수도 있다.

표 5-3 난이도순으로 목록화한 간단한 규칙 단어

단어 유형	상대적 난이도에 대한 이유	예	참고사항
연속음으로 시작되는 VC 와 CVC	단어가 연속음으로 시작한다.	it, fan	VC에 해당하는 단어는 매우 적어 VC와 CVC는 함께 묶는다.
연속음으로 시작하는 VCC와 CVCC	단어가 길고 합성 자음으로 끝난다.	lamp, ask	VCC에 해당하는 단어는 매우 적어 VCC와 CVCC는 함께 묶는다.
파열음으로 시작하는 CVC	단어가 파열음으로 시작한다.	cup, tin	
파열음으로 시작하는 CVCC	단어가 파열음으로 시작하여 합성 자음으로 끝난다.	dust, hand	
CCVC	단어가 합성 자음으로 시작한다.	crib, blend, snap, flat	2개의 연속 자음으로 시작하는 단어는 합성 자음으로 시작하는 단어보다 더 쉽다. 이런 단어는 상대적으로 수가 적기에 합성 자음으로 시작하는 단어와 함께 묶는다.
CCVCC, CCCVC, CCCVCC	단어가 길다.	clamp, spent, scrap, scrimp	

대 논쟁: 기호 중심 vs. 의미 중심 프로그램

초기 읽기 단계와 관련된 논쟁들이 있었다. 지난 50년간 때로 '읽기 전쟁(reading wars)'이라고까지 언급되었던 뜨거운 '논쟁들'은 초기 읽기 단계에 어떤 지도 접근법이 적절한가를 두고 불거져 왔다.

Chall(1967)은 초기 읽기 단계 접근법을 기호 중심과 의미 중심으로 나누어 분류했다. 기호 중심 프로그램은 예측 가능한 글자-소리 대응과 이 대응을 이용한 단어의 읽기에 중점을 둔다. 기호 중심의 프로그램은 보통 일반적인 용어로 발음 프로그램이라고 불린다. 기호 중심의 프로그램은 서로 다른 단어에서 동일한 소리로 발음되는 글자들과 글자 조합(letter combinations)으로 구성된 단어를 초기에 선별한다. 글자들과 각각의 소리값(sound value) 간의 일관성은 학생들로 하여금 새로운 단어로 소리를 합성하여 많은 단어를 읽을 수 있게 해 준다. 가령, 단어 *sat*은 'sssaaat'이라고 '소리 내기(sound out; 읽는 행위자는 각각의 연속된 문자를 대표하는 소리들을 말한다)'를 하고 'sat'이라고 발음한다. 단어 *land*는 'lllaaannnd'라고 소리 내고 'land'라고 발음한다. 문자 *a*는 단어 *sat*과 *land*에서뿐 아니라 기호 중심의 프로그램에서 초기에 등장하는 단어들에서 모두 동일한 소리가 난다. 기호 중심의 프로그램에서는 일반적으로 학생들이 해당 단어를 구성하는 글자-소리 대응을 숙지한 이후에 새로운 단어가 제시된다. 예를 들어, 단어 *mat*은 학생들이 문자 *m, a, t*의 소리를 학습한 후에 소개된다. 국가읽기위원회(National Reading Panel, 2000)의 연구결과물은 기호 중심 프로그램의 활용을 지지하면서도 효과적인 읽기 교수란 단순히 발음을 지도하는 것을 넘어서야 한다고 주장한다. 또한 읽기 교수는 체계적이고 명확해야 하며 음소 인식, 유창성, 어휘, 이해를 신중히 조정하고 조율해야 한다고 주장한다.

의미 중심의 프로그램은 글자-소리 대응에 기반하여 단어를 소개하지 않는다. 기호 중심의 프로그램과 달리, 의미 중심의 프로그램은 초기 단계에 다루는 단어를 동일한 소리를 내는 동일한 문자로 이루어지도록 구성하지 않는다. 예를 들어, 초기 단계에 소개되는 50개의 단어 중에는 *done, to, not, book*과 같은 단어를 흔하게 볼 수 있다. 이 각각의 단어에 문자 *o*가 서로 다른 소리를 낸다는 것에 주목하자. 의미 중심의 프로그램은 글자-소리 불규칙성은 제쳐 두고 인쇄물에서 사용되는 빈도를 고려하여 단어를 선별한다. 사용 빈도수가 높은 단어는 학생들이 친숙하기 때문에 결과적으로 학습하기 용이하다는 점을 전제로 한 것이다. 학생들이 단어를 해독하는 데 그림, 이야기의 맥락, 단어의 형상, 머리글자(initial letters) 등 다양한 자료를 사용할 수 있도록 장려한다.

의미 중심의 읽기 교수는 20세기 전반에 걸쳐 읽기 지도에서 주류를 차지해 왔다. 수 세대에 걸쳐 미국 아동들은 빈도수가 높은 단어를 강조하는 글 읽기를 배워 왔다. 사람들은 이런 프로그램을 '보고 말하기(look-say)' 프로그램이라 불렀다. 이 프로그램은 단어들을 특정 순서에 따라 제시하고 체계적으로 복습하도록 했다는 점에서 어느 정도 체계적이었다.

1980년대에는 의미 접근법에서 매우 극단적인 형태인 총체적 언어접근이 선풍적인 인기를 끌었다. 총체적 언어접근이란 보고 말하기 프로그램과는 또 다른 의미 중심 접근법이다. 이 접근법은 단어를 체계적으로 도입하지 않는다. 그 대신, 학생들은 선별된 문학 글 안의 단어를 모조리 읽는다. 글자-소리에 대한 소개와 단어의 읽기는 체계적으로 이루어지지 않는다. 총체적 언어접근 지도는 읽기란 아동에게 '자연스럽게 다가가는 것(comes naturally)'이며, 의미야말로 읽기 교수의 목표이자 읽기의 궁극적인 목표라고 가정한다. 아동들은 읽기를 통해 문해 기술을 습득한다고 생각하는 것이다. 이에 따르면 아동들은 읽기 기술을 먼저 배워 이를 단어 읽을 때 적용하는 것이 아니라, 먼저 의미를 깨닫고 그 의미를 낯선 단어의 해독에 단서로 사용한다. 총체적 언어접근에 따르면 읽기는 독자가 글에 나오는 모든 단어를 하나하나 읽는 식으로 진행되는 것이 아니라, 단순히 단어를 '골라서(sample; 선별하여 읽기)' 글의 의미를 구성하는 방식으로 이루어진다고 주장한다.

Moats(2000)은 총체적 언어접근의 대중적인 지지에 대해 다음과 같이 설명했다.

> 1960년대 후반 Ken Goodman와 Frank Smith는 주로 자신의 정신적 과정의 성찰에 기반한 이론에 근거하여, 글의 의미 이해와 목적이 읽기 교수의 초기 단계에서 가장 핵심적인 목표여야 한다는 주장을 발전시켰다. Smith는 성인들은 글로 쓰인 어휘를 문자나 소리별로 재부호화(recoding)하지 않아도 읽을 수 있는 것으로 보아, 아동들도 말하기를 배우는 것처럼 읽기도 자연스럽게 배워야 한다고 주장했다. 이에 따라 그는 단어를 소리로 분해(decomposition)하는 것은 가치가 없으며, 문자에 집중하는 것도 불필요하고 무의미하며, 글자-소리 대응은 지양해야 할 '비상식적이고 이해하기 매우 난해한 것'이라고 했다. 또한 읽기 기술 개발은 주로 지루하고, 반복적이며, **진정한 독자**로 발달하는 것과는 상관없다고 주장했다. Smith와 Goodman, 그리고 이들의 제자들은 고리타분한 읽기교과서, 기계적인 훈련에 질리고, 읽기교과서로는 교수적인 문제를 풀 수 없다는 인식을 지닌 진보적(progressive) 교육자들에게서 열렬한 호응을 얻었다. 대부분의 읽기 실패는 현실적인 목표를 위한 실제적인 책 읽기를 충분히 강조하지 않아서라는 논리는 교사들에게 매우 설득력이 있었다. 1980년대 중반에 이르러 학교는 교사들이 '진정한' 아동 문학을 가지고 개별적인 읽기 교수를 개발할 수 있도록 하기 위해 읽기교과서, 발음 워크북, 철자 프로그램, 그리고 그 밖에 '가공된(canned)' 자료를 언제든 내버릴 각오가 되어 있었다(p. 7).

Moats(2000)는 총체적 언어접근 지지자들이 발전시킨 주요 전제들을 상세히 기술하며, 이 전제들이 과학적 연구로 입증된 사실들과 어떻게 상반되는지를 보여 준다.

- **전제**: 읽기는 저절로 습득된다.
- **사실**: 읽기 학습은 '저절로' 이루어지지 않는다. 대부분의 아동들은 소리와 소리가 의미하는 상징을 자각할 수 있는 오랜 구조화된 작업을 통해 읽기를 배우고, 이런 기술

을 자동적으로 적용하여 의미를 다룰 수 있도록 학습되어야 한다.

- **전제**: 아동들은 의미 구성 활동의 맥락 안에서 활자를 충분히 접하게 되면 활자의 구조와 형태를 이해할 수 있다.

\- **사실**: 알파벳의 표기체제는 단지 활자에 노출된다고 습득될 수 있는 것이 아니다. 음운 인식과 알파벳 원리의 적용력은 단어를 음소 단위로 소리 내어 읽기 능력의 주된 원천이다. 이 발음의 적용력과 단어 음소 단위로 소리 내어 읽기 능력은 문맥이 제공되지 않은 상황에서의 단어 인지력에 가장 크게 영향을 주며, 이는 또다시 글을 읽고 이해하는 능력에 크게 영향을 미친다.

- **전제**: 읽기 및 철자 학습은 말하기 학습과 거의 동일하다.

\- **사실**: 구어와 문어는 매우 다르다. 이 각각을 숙달하기 위해서는 각각의 고유한 기술이 요구된다.

- **전제**: 훌륭한 독자는 단어의 시작과 끝 자음 등과 같은 소리-상징 내응을 기준으로 단어를 인식하는 경우가 별로 없으며, 모음처럼 단어 중간의 세부적인 것들은 실제로 알 필요가 없다. 따라서 글자-소리 대응과 음소 단위로 소리 내어 읽기의 모든 내용을 지도하는 것은 불필요하다.

\- **사실**: 초기 읽기 단계에서 대부분의 중요한 기술은 한 단어 한 단어를 완벽하고 정확하며 유창하게 읽는 능력이다. 문맥을 벗어나 독립된 단어를 읽을 수 있으려면 아동들은 발음 대응에 대한 지식을 활용해야 한다.

- **전제**: 아동이 읽고 있는 단어를 인지하지 못하는 경우에는 문맥 속에서 이 단어를 먼저 짐작해 보고 아동이 추측한 답이 문장 속에서 어울리지 않는다면, 이 단어를 소리 내어 말해 보라고 요구한다.

\- **사실**: 문맥은 단어 인지에 주요한 요소가 아니다. 오히려 문맥 안에서 짐작하는 것이 더 큰 오류로 이어질 수 있다.

총체적 언어접근법에 관련한 입증되지 않은 개념과 실제들(practices) 중 많은 부분이 '균형 잡힌' 읽기 교수라는 가장된 이름하에 계속 진행되고 있다(Moats, 2000; Dehaene, 2009; Shaywitz, 2008; Wolf, 2007). '균형적 읽기 교수'의 한 예는 **4개의 블록**(block)이라고 불리는 시스템이다. 각 블록은 읽기 교수에서 진행되는 시간을 의미한다. 이 4개의 블록은 단어 블록(word block), 안내된 읽기 블록(guided reading block), 자율선택 읽기 블록(self-selected), 쓰기 블록(writing block)으로 이루어진다. 발음에 대한 활동은 보통 명확하거나 체계적이지 않으며, 안내된 읽기 블록 시간에 학생들이 읽는 텍스트와 연계되어 있지 않다. 안내된 읽기 블록에서 활용되는 활동은 총체적 언어접근법의 활동과 매우 유사하다. 아동들은 문맥과 그림을 단서로 활용하도록 장려된다. 단어 블록 시간에 배운 내용과 읽고 있는 텍스트가 연계되지 않는다. 읽기용 텍스트는 학생들이 모든 단어를 확실히 읽을 수 있는지와 상관없이 선정된다. 읽기 기술이 부족한 학생이 많더라도 모든 학생이 동일한 텍스트를 읽는다. 자율선택 읽기 블록 시간에는 교사가 제공한 책 꾸러미에서 학생들이 각자 책 한 권을 고른다. 이 책에 나오는 단어들은 학생들이 앞서 배운 단어와 상이할 가능성이 높다. 균형적 문해 교수는 초기 읽기 단계에 대한 국가읽기위원회(NRP)의 연구결과와 크게 차이를 보인다.

기호 중심 프로그램

1950년대와 1960년대에 기호 중심의 발음 프로그램이 몇 가지 개발되었다. 이들 프로그램을 통해 얻은 연구결과는 상반되게 나타났다. 이 프로그램들 중 일부는 체계성과 명확성이 떨어지고, 음소 인식 교수도 포함되어 있지 않기 때문에 그 효과가 제한적이었다. 이보다 체계성과 명확성이 더 좋았던 프로그램을 강도 높게 진행한 경우에 그 성공도가 높았다. 연구에 의존하지 않는 쪽에서는 안타깝게도 이 기호 중심 프로그램들의 긍정적인 효과를 알아보지 못했다. 「교육전문가들이 효과적인 교수에 저항하는 이유(Why Education Experts Resist Effective Practices)」(Carnine, 2000)라는 논문은 교육 분야가 기호 중심 프로그램들의 성공사례를 보여 주는 연구에 집중하지 않도록 만드는 여러 요인을 설명한다(http://edexcellence.net/publications/edexpertsresist.html 참조). 다음은 이 글에서 발췌된 내용이다.

> 의학 등 다른 전문분야는 과학연구가 보통 명확성과 진전도를 높이기 때문에 과학연구를 무게 있게 다룬다. 원인과 결과에 대한 엄격한 통제연구의 도움으로 이제 우리는 방대한 양의 논쟁들을 해결하고 복잡한 질문에 답을 내릴 수 있게 되었다. 그러나 워낙 방대한 양의 교육연구 내용은 명쾌함을 주는 만큼이나 혼선을 불러일으키기도 한다. 교육 분야는 질적 연구에 의존하는 경향이 커서, 때로 현대의 통계연구 방법에 공개적으로 적대감을 표명하기도 한다. 1학년 학생을 위한 지도법처럼 연구가 단순명료한 주제에 대한 것일지라도, 교육자들은 이념적으로 선호하지 않는 지도법에 대해서는 연구결

과를 고의적으로 무시하는 경우도 많다.

1980년대와 1990년대 초, 미국 학교 중에는 기호 중심 읽기 프로그램을 사용하는 곳이 상대적으로 적었다. 1990년대 중반, 미국 국립아동건강 및 인간발달협회(National Institute of Child Health and Human Development: NICHD)의 연구가 축적되고 그 연구결과가 널리 알려지자 큰 변화가 일기 시작했다. 캘리포니아, 플로리다, 텍사스처럼 주 전체 단위로 교육 프로그램을 채택하는 몇몇의 대규모 주는 다음 회차의 종합적 핵심 프로그램(comprehensive core program)을 채택하는 새로운 기준안을 마련했다. 이 기준안은 반드시 연구결과에 입각한 프로그램을 도입해야 한다고 명시했다. 도입기준안이 마련된 점, 그리고 연방제정법 내에 **과학적 연구에 기반한 읽기**라는 항목이 포함된 점은 대형 출판사에 영향을 미쳤다. 2002년까지 종합적 핵심 읽기 프로그램을 다루는 모든 출판사들은 국가읽기위원회(NRP)의 결과를 다양한 수준으로 반영하는 새로운 프로그램을 만들었다. 기존 프로그램들과 이 프로그램들의 가장 큰 차이는 초기 읽기 지도 단계에서의 방법에 있었다. 새로운 프로그램은 음소 인식과 발음 기술을 명확하고 체계적으로 가르치고, 학생들이 이러한 지식을 텍스트 읽기에 적용해 볼 수 있도록 연습시키는 데 더 노력을 기울였다. 이런 방향은 매우 긍정적이긴 했으나, 교사가 신중히 사용하는 것이 여전히 중요했다. 연구를 실행으로 옮기는 과정은 아직은 초기 수준에 머물렀다. 국가읽기위원회(NRP)의 연구결과가 읽기 지도에 대해 일반적인 지침을 제공하긴 했으나, 모든 아동에게 큰 성과를 가져오도록 읽기 프로그램의 모든 구성 요소를 어떻게 결합시킬 것인가에 대해 세부적인 지침을 제시하지는 못했기 때문이다. 읽기 프로그램이 과학적 읽기 연구에 근거했다고 해서 그 설계자가 모든 아동에게 성공적인 읽기 학습이 될 수 있도록 요소를 구성했다는 의미는 아니다. Engelmann은 자신의 논문 「달마티안과 얼룩점: 왜 연구 기반 제안사항이 논리성을 갖추지 못하는가?(The Dalmatian and Its Spots: Why Research-Based Recommendations Fail Logic 101)」에서 이 상황을 설명한다. 다음은 논문 인용 부분이다.

> Wright 형제는 비행물체를 만들기 위해 수백 개의 세부 사항을 진두지휘해야 했다. 만일 이 중 단 1개의 조각이라도 제 위치에 없었거나 잘못 결합되었다면, 그 비행물체는 실패했을 것이다. 교육 프로그램도 마찬가지이다. 교사에게 단순한 문구들(slogans)을 제시하고 성공적인 프로그램이 창출되리라고 기대해선 안 된다. 문구(slogan)에 나타난 기준안(criteria)은 너무 보편적이어서 효과적인 프로그램으로 이어질 수 없기 때문이다. 매우

효과적인 교육 프로그램은 발명품과 같아서 그 구조 혹은 그 성공의 이유를 지적으로 설명하려면 수많은 기준안을 제시해야 한다는 것을 교육 분야가 인정해야 한다. 이는 전체 지도의 윤곽을 대강 그려 내는 작업이 아니다. 이 작업은 오히려 과제(task)의 구성방식, 예문의 구성방법, 수업 세부 사항의 조직 방법과 매 수업에는 10~15%만이 새로운 자료로 다뤄지도록 다음 수업을 연계하는 방식, 내용 세부 사항의 명확도를 높이기 위한 연습문제 구성방식, 학습 성과가 평균이거나 낮은 학생들이 내용을 점진적이고 체계적으로 이해할 수 있도록 내용을 분석하는 방식 등을 매우 자세히 그려야 한다. 이런 프로그램은 세부 사항들이 서로 조화롭게 결합되어 있다. 만약 읽기 프로그램이 이렇지 않다면 학생들은 아주 작은 사항들을 학습하지 못한 채 매 순간 성과가 들쑥날쑥하고 좋지 못할 것이다.

웹 자료

"Engelmann, http://www.zigsite.com/Dalmatian.htm". Engelmann, S. E. (2004. 1. 28.). 「달마티안과 얼룩점: 왜 연구 기반 제안사항들이 논리성을 갖추지 못하는가?」. 에듀케이션 위크(Education Week) 허가하에 사용.

초기 읽기 단계에 명확하고 체계적인 교수 제공하기

초기 읽기 단계에서 국가읽기위원회(NRP)가 파악한 음소 인식, 발음, 어휘력, 이해력 분야는 신중하게 조정된 방식으로 지도해야 한다. 내용 소개는 반드시 신중하게 조율되어야 한다.

제2부에서는 지도할 중요한 기술에 대한 세부 사항을 제공하고 이런 기술 지도를 위한 교수 계획 및 전달 방법을 제안한다. 이 제안들이 이 세부내용 지도에 유일하거나 최선의 방법이 아닐 수 있지만, 일반적 원칙이 특정한 교수로 어떻게 전환되는가를 보여 준다. 다음 내용은 제2부의 내용을 간단히 개괄한 것이다.

음소 인식

제6장은 국가읽기위원회(NRP)가 파악한 두 가지 중요한 음소 인식(phonemic awareness)

기술인 합성(blending)과 분절(segmenting)의 지도 방법을 심층적으로 설명한다. 합성과 분절은 단어를 음소 단위로 소리 내어 읽기와 직접적 관련이 있다. 합성의 경우, 학생들은 단어의 인쇄글자를 참조하지 않고, 일련의 소리를 보통 속도로 발음되는 한 단어로 변환시킨다(예: 'rrraaammm'을 *ram*으로). 합성은 단어가 일련의 말(speech)의 소단위, 즉 음소(phonemes)로 구성된다는 것을 명시적으로 보여 준다. 이 합성 과정에서 학생들은 말의 이런 소단위(즉, 음소)를 '귀로 들을' 기회를 더 얻고 난 후 들은 것을 익숙한 음성어로 읽는다.

분절의 경우, 학생들은 단어를 구성하는 소리들을 파악한다. 분절을 가장 쉽게 하는 방법은 단어의 소리들을 차례대로 끊지 않고('mmmmaaaannnn'처럼 아주 천천히 한 단어를 말할 때처럼) 소리 내어 볼 때 가능하다. 분절은 학생이 단어를 듣고 각각의 음소를 분리하여 차례로('m-a-n'처럼) 말할 때 더 어려워진다.

제6장에서는 음성어에서 음절(syllables)보다 작고 음소보다 큰 부분에 학생들을 집중시키는 데 중요하다고 국가읽기위원회(NRP)가 파악한 음운 인식 기술인 압운(rhyming)의 지도 방법을 논의한다. 압운 지도로 학생들은 서로 연계한 부분들을 함께 묶어 단어로 읽어 내는 능력과 단어 간의 관련성(예: *ran, fan, tan*)에 대한 인지력을 향상시킬 수 있다.

발음

초기 읽기 단계의 발음 지도에는 글자-소리 대응을 지도하고 학생들이 규칙 단어와 불규칙 단어를 독립적으로 혹은 텍스트상에서 발음대로 읽도록 지도하는 일이 포함된다.

◉ 발음: 글자-소리 대응

제7장에서는 각 글자의 대표음을 지도하는 방법을 다룬다. 대표음이란 짧은 단어에 나온 문자가 가장 흔하게 발음되는 소리임을 기억하자. 학생들은 기호 중심 프로그램에서 소개하는 글자-소리 대응을 배우면서 여러 새로운 단어를 읽을 수 있게 된다. 제7장에는 글자-소리 대응의 도입순서를 위한 기준과 글자-소리 대응의 소개와 연습을 위한 아주 구체적인 수업 형식에 대한 내용이 담겨 있다.

◉ 발음: 규칙 단어 읽기

제8장과 제9장은 규칙 단어를 발음대로 읽는 방법에 대한 지도를 다룬다. 학생들을 위

한 규칙 단어에 대한 지도 전략은 **합성 발음 접근**이라고 불린다. 이 접근법에서 아동들은 글자나 글자 조합을 소리로 전환하는 방법과 각각의 소리들을 합성하여 인식 가능한 언어로 구성하는 방식을 배운다. 국가읽기위원회(National Reading Panel, 2000)는 합성 발음 프로그램은 어리고 읽기 능력이 위기 수준에 있는 독자이거나 읽기 장애가 있는 독자에게 특히 효과가 있다고 결론지었다. 이 접근법에 대한 국가읽기위원회(NRP)의 결론은 다음과 같다.

> 학습장애가 있거나 학습 성과가 떨어지는 아동들에게 체계적 발음 교수는 **합성 발음 교수**를 진행할 때 가장 큰 성과를 도출했다. **합성 발음 교수**는 학생들이 문자를 음소로 명확하게 전환하는 방법과 음소를 합성해 단어 형태로 구성하는 방법을 지도하는 것이다.
>
> 또한 체계적인 합성 발음 교수는 사회경제적 수준이 낮은 가정의 아동들의 읽기 기술을 향상하는 데 더 효과적이다. 체계적인 합성 발음 교수는 전학년에 걸쳐 독자들의 철자(spelling) 능력도 향상시켰다(p. 5).

제8장은 학생들이 단어를 음소 단위로 소리 내어 읽을 수 있도록 지도하는 방법을 기술한다. 음소 단위로 소리 내어 읽기 교수는 학생들이 4~6개 정도의 글자-소리 대응을 알고, 구어로 간단한 단어를 합성하거나 분절하는 능력이 있을 때 시작된다. 초기 단계의 단어 읽기 연습은 연속음으로 시작되는 규칙 단어 VC와 CVC으로 이루어진다. 더 복잡한 규칙 단어 형태는 학생들이 더 쉬운 형태의 단어를 숙달한 후에 소개한다.

텍스트 읽기는 단어 목록 연습으로 배우는 단어로 이뤄진 짧은 이야기를 읽는 활동으로서, 학생들이 개별 단어와 구문을 짚어 가며 한목소리로 대답하는 활동으로 시작한다. 그 다음 단계로 짧은 이야기를 소개한다. 이야기 길이와 지문 읽기에 배분되는 시간은 점차 늘어나 초기 읽기 단계의 마지막에는 해독 교수(decoding instruction) 시간의 절반 이상이 지문 읽기에 집중된다.

제9장은 단어를 음소 단위로 소리 내어 읽기에서 소리 내지 않고 단어를 읽는 방식으로 전환시키는 방법을 기술한다. 이런 읽기를 **즉독**(sight reading)이라고 한다. 수업을 잘 따라오지 못하는 아이들에게 이런 전환은 주의 깊게 이루어져야 한다.

◉ 발음: 불규칙 단어

제10장은 불규칙 단어 지도 방법을 기술한다. 불규칙 단어는 읽기 프로그램에서 학생

들이 그동안 익혔던 글자-소리 대응 지식을 적용하여 읽을 수 없는 단어를 말한다. 제10장은 불규칙 단어를 소개하는 순서와 불규칙 단어를 설명하는 방법을 논의한다. 여기서는 특별한 전략을 제시한다. 학생들에게 불규칙 단어를 '재미난 단어'로 여기라고 가르친다. 먼저 학생들에게 이 단어들을 여느 단어처럼 똑같이 소리 나는 대로 읽어 보라고 한 후에 이 단어를 발음대로 읽어 준다. 예를 들어, 단어 *was*는 소리 나는 대로 읽으면 *wwwwaaassss*이지만 발음은 *wuz*이다. 이 전략은 학생들에게 모든 단어를 음소 단위로 소리 내어 읽기 전략을 일단 따르라는 논리에 근거한다. 그러나 어떤 경우에는 재미난 단어도 있음을 알려 준다. 이런 재미난 단어를 철자대로 소리 나는 것과 다르게 읽어 준다. 제10장에서는 글자 이름을 이용해 불규칙 단어를 소개하는 전략을 제시한다. 이 전략을 초기 읽기 단계에 이르기까지 활용한다.

어휘

제10장은 초기 읽기 단계에서의 어휘 지도를 다룬다. 초기 단계에서 어휘 교수는 학생들의 초기 기술에 따라 달라진다.

읽기 능력이 위기 수준에 있는 학생들은 일반적으로 기본 어휘와 표현 · 수용 언어기술(expressive and receptive language skills)의 지도가 많이 필요하다. 이들은 수업 중에 교사가 보통 사용하는 용어 중 많은 부분을 이해하지 못한다. 이런 학생들이 앞으로 마주할 과제에 대비하도록 하려면, 교사는 기본 언어(basic language) 및 어휘를 가르쳐야 한다. 수업 초기에는 색깔, 모양, 질감, 크기와 같은 물체의 다양한 속성을 가르치기, 교실에서 흔히 사용하는 물건이나 활동에 대해 표시하기(label), 비교급과 최상급, 대명사와 전치사 활용하기 등이 포함된다. 이 학생들은 구어에 대한 수업을 더 받지 않으면, 지시사항을 따르거나 교사의 설명으로부터 학습 시에 심각한 문제가 생길 수 있다. 학습 능력이 뛰어난 학생들을 위한 어휘 지도에는 더 세련된 어휘를 포함시킬 수 있다.

이해력

제11장은 초기 읽기 단계에서의 이해력 지도에 대해 논의한다. 읽기 교수의 첫해에 진행되는 텍스트 이해 활동은 아동들의 읽기 능력이 제한적이기 때문에 상대적으로 단순하고 사실적인 질문으로 구성한다. 광범위한 주제에 대한 이해력 교수는 구어로 제시된 이

야기를 통해 진행할 수 있으며, 사실 그렇게 진행되는 것이 응당하다. 글로 쓰인 연습문제로 교수하는 것보다 말로 진행하는 교수가 다양한 범위의 이해력 기술 향상에 있어 모든 학생에게 더 유리하기 때문이다.

초기 읽기 단계의 교수에 관한 연구

[그림 5-1]은 초기 단계의 발음 교수 활용에 대한 국가읽기위원회(National Reading Panel, 2000)의 연구결과를 요약한 것이다. 읽기 교수의 다른 영역에 대한 연구결과는 뒤에 나올 장에서 다룬다.

[그림 5-1]에서 나타난 결론에서 볼 수 있듯이 국가읽기위원회(NRP)는 아동들에게 가장 효과적인 발음 교수는 **명시적** 및 **체계적**이라고 밝힌다. 국가읽기위원회(NRP) 보고서는 체계적인 발음 교수가 비체계적인 교수와 다르다는 것을 보여 준다.

> **🔈 모범적인 발음 교수의 특징**
>
> Connie Juel 박사와 Tim Shanahan 박사는 효과적인 발음 교수의 구성 요소를 논의한다. 효과적인 교수에 어떤 예가 있으며, 이 중에서 여러분은 발음 교수에 어떤 것을 활용하는가? 또한 어떤 교수법을 추가할 것인가?

> 체계적인 발음 교수는 일반적으로 학생들에게 미리 일련의 글자-소리 관계를 명확히 가르치고 이를 이용해 단어의 해독을 할 수 있도록 하면서 텍스트를 읽게 한다. 발음 교수를 강조하지 않는 교수는 글자-소리 관계를 체계적으로 가르치지 않고 다른 원칙에 근거하여 텍스트를 선별하여 가르친다(pp. 2-92).

국가읽기위원회(NRP) 결과를 요약한 소책자인 『읽기를 우선시하라(Put Reading First)』(Armbruster, Lehr, & Osborn, 2001)에 따르면 효과적인 프로그램은 다음과 같은 발음 교수를 포함한다.

- 문자와 소리가 연관되는 방법, 음성어(spoken words)를 소리 단위로 쪼개는 방법, 소리를 합성하여 단어를 구성하는 방법에 대해 교사가 학생에게 명시적과 체계적으로 설명하는 데 도움이 되는 발음 교수
- 학생들이 단어, 문장, 텍스트를 읽어 가며 자신의 발음 지식을 적용해 볼 수 있는 발

음 교수

- 학생들이 소리와 문자에 대해 배운 내용을 직접 쓰기에 적용해 볼 수 있는 발음 교수
- 평가에 근거해 개별 학생의 필요에 맞춤이 가능한 발음 교수
- 알파벳 지식, 음소 인식, 어휘력 개발, 텍스트 읽기, 체계적인 발음 교수를 포함하는 교수

• 체계적이고 명시적인 발음 교수를 하는 것은 비체계적인 교수나 발음 교수를 하지 않는 것보다 더 효과적이다. • 체계적이고 명시적인 발음 교수는 유치원생과 1학년 학생의 단어 인지력, 철자, 읽기 이해력을 크게 향상시킨다. • 체계적이고 명시적인 발음 교수는 유치원이나 1학년 때 시작하는 것이 가장 효과적이다. 어린 학습자에게 효과적이려면, 글자와 음소 인식에 대한 기본적인 지식부터 가르쳐야 한다. • 체계적인 발음 교수는 아이들이 단어를 읽고 쓰는 데 자신의 발음 지식을 사용하도록 지도하는 것이 포함된다.	• 체계적이고 명시적인 발음 교수는 읽기 수업을 잘 따라오지 못하는 아이들과 읽기 향상에 문제가 많은 위기 아이들에게 특히 효과적이다. • 체계적인 발음 교수는 발음 교수를 하지 않는 것보다 사회경제적 배경에 상관없이 아이들의 읽기 능력을 크게 향상시킨다. • 체계적인 발음 교수는 일대일 지도 및 소그룹, 학생, 전학급 지도를 통해 효과적으로 진행할 수 있다. • 체계적이고 명시적인 발음 교수는 대부분의 학생에게 약 2년 정도면 충분하다.

[그림 5-1] 초기 발음 교수에 대한 과학적 근거에 따른 결론

출처: NRP Report of the Subgroups, Chapter 2, Part 2, "Phonics Instruction," pp. 93-96.

이 책의 초판에서 우리는 기호 중심의 접근법 사용을 지지하는 연구물을 심도 있게 검토했다. 이 책이 쓰일 초기에는 그 연구 자료들을 쉽게 이용할 수 없었지만 현재는 이용 접근이 용이해졌다.

웹 자료

이용 가능한 과학적 연구 기반 연구 자료의 출처는 다음과 같다.

1. 국가읽기위원회(NRP) 보고서는 www.nationalreadingpanel.org에서 찾아볼 수 있다.
2. 국가읽기위원회(NRP)의 연구결과는 교사와 교육전문가들을 위해 국립문해협회가 발행한 『읽기를 최우선으로 하라: 아동의 읽기 지도를 위한 연구결과』(Armbruster, Lehr, & Osborn, 2001)에 요약되어 있다. 이 자료는 이외의 최근에 나온 무수한 보고자료와 함께 읽기를 위한 국립문해협회의 파트너십 웹사이트(www.nifl.gov/partnershipforreading /publications/k-3.html)에서 볼 수 있다.
3. 읽기 연구 플로리다 센터(Florida Center for Reading Research)에는 초기 읽기 단계에 대한 연구결과물을 요약한 훌륭한 논문이 다수 있다. 웹사이트 www.fcrr.org/science/sciencePublications.htm에는 과학적 읽기 교수 분야에서 저명한 학자인 Joseph Torgesen 박사와 Barbara Foorman 박사가 저술한 다수의 논문이 있다.

응용 연습문제

01 (a) 단어가 합성 자음으로 시작되면 *B*라고 쓰시오.
(b) 단어가 합성 자음으로 끝나면 *E*라고 쓰시오.
(c) 각 단어의 합성 자음 부분에 동그라미를 치시오.

clip	step	desk	clamp
must	lamp	milk	splint

02 다음의 단어를 그 아래 나오는 항목에 맞도록 각각 분류해 기입하시오.

strip	step	ant	crust
camp	fled	bets	bled
mud	must	snap	top
best	cop	brat	set
strap	ask	grab	bust

(a) 연속음으로 시작되는 VC와 CVC 단어:
(b) 파열음으로 시작하는 CVC 단어:
(c) CVCC와 VCC 단어:
(d) CCVC 단어:
(e) CCVCC, CCCVC, CCCVCC 단어:

03 파열음이 나는 각 문자 앞에 *s*라고 쓰시오. 연속음이 나는 각 문자 앞에 *c*라고 쓰시오.

a b c d e f g h i j k l m n o p q r s t u v w x y z

04 학생들이 해독할 수 없는 단어를 파악하는 것은 중요한 지도 기술이다. 일단 학생들이 개별 글자에 대한 대표음을 안다고 가정하자. 그리고 학생들이 해독하지 못할 문자, 즉 단어 자체를 해독하기 어려울 만한 문자에 동그라미를 치시오. 예를 들어, 단어 *gin*에서 문자 *g*는 대표음이 아니므로 동그라미를 친다.

cent	tab	put
must	cut	fat
cab	gin	send
pin	rust	son
was	ten	con
gas	some	hat
wish	fast	mind
tent	bent	dent

제6장
음소 인식과 알파벳의 이해

학습 목표

1. **음운 인식**(phonological awareness), **음소 인식**(phonemic awareness), **발음**(phonics) 용어들 간의 중요한 차이점을 설명한다.
2. **알파벳 인식**, **알파벳 이해**, **알파벳 원리** 용어들 간의 중요한 차이점을 설명한다.
3. 단어를 '음소 단위로 소리 내어 읽기'를 위한 선행기술이 무엇인지 확인한다.
4. 상업용 읽기 프로그램들과 이들 프로그램을 조정한 프로그램들의 특징을 논의한다.

국가읽기위원회(National Reading Panel, 2000)의 보고서가 발행되기 20년 전에 출간된 『직접교수 읽기(Direct Instruction Reading)』(Carnine & Silbert, 1979)의 초판에서는 초기 읽기 단계에 있는 학생들에게 청각 기술(auditory skill)을 가르치는 일이 중요하다는 점을 설명했다. 이 책은 학생들에게 단어의 음의 구조를 먼저 지도한 후에 인쇄된 단어를 학습하도록 했다. 저자 Carnine과 Silbert(1979)는 합성, 분절, 압운이라는 세 가지 청각 기술을 지도하여 학생들이 단어들에 포함된 소리를 조작할 수 있는 능력을 갖출 수 있도록 해야 한다고 하였다.

1980년대와 1990년대에 이루어진 연구들을 통해 이러한 청각 기술이 읽기에서 중요한 역할을 한다는 것을 이해할 수 있게 되었다. 이러한 이해를 바탕으로 **음운 인식 기술**, **음소 인식 기술**이라는 용어는 단어들에 포함된 청각적 소리를 지도하는 것만이 아니라 읽기 어휘 교수의 한 영역으로 발전하게 되었다. 또한 이들 연구를 통해 음운 인식, 음소 인식, 알파벳 원리, 발음 간의 복잡한 관계와 차이에 대한 이해가 한층 더 높아지게 되었다.

음운 인식과 음소 인식

음운 인식과 음소 인식은 **구어**의 구성 요소들을 확인하고 이를 조작할 수 있는 능력이다. **음운 인식**은 더 넓은 범주로, 구어의 작은 부분뿐 아니라 큰 부분들을 인식하는 능력이다. 큰 부분에 속하는 요소 중에는 단어, 음절(syllables), 두운(onsets), 압운(rimes)이 있다. 따라서 음운 인식은 압운과 두운과 같은 소리의 측면과 관련되는 반면, 음소 인식은 구어의 가장 작은 단위, 즉 음소를 지각하는 것과 관련된다.

음소 인식은 음운 인식의 하위 범주로서 단어 내에서 구성하는 개별 소리를 더욱 면밀하게 파악하고 조작하는 것이다. 음소 인식은 두 가지 능력으로, 구어로 표현된 단어가 작고 추상적인 소리로 구성되어 있다는 것을 인식하는 능력과 그런 소리들을 다양한 방법으로 조작할 수 있는 능력을 의미한다. 작고 추상적인 소리들을 **음소**라고 부른다. 영어는 41개의 음소로 구성되어 있다(Dehaene, 2009; Pinker, 1994).

알파벳 인식, 알파벳 이해 그리고 알파벳 원리

앞서 기술한 바와 같이, 음소 인식은 인쇄된 문자 없이 소리만을 듣고 조작하는 능력이다. **알파벳 인식**은 독자가 알파벳은 구어의 음을 표기한 것임을 이해함과 동시에 알파벳 문자들을 아는 것을 뜻한다. **알파벳 이해**란 각각의 글자를 나타내는 소리와 개별 소리가 모여 하나의 소리 구조를 이루며, 여러 소리가 집합된 형태로 단어가 구성됨을 이해하는 것이다. **알파벳 원리**는 음소 인식과 알파벳 이해를 모두 필요로 한다. 알파벳 원리란 글을 읽으려면 문자소와 같은 시각적인 상징을 소리로 바꾸어야 함을 말한다. 증거 기반의 연구들은 학생들이 알파벳 원리를 이해하도록 하기 위해서는 **음소 인식**과 **글자-소리 대응**에 대한 훈련이 필요하다는 근거를 제시하고 있다(Adams, 1990; Ball & Blachman, 1991; Byrne & Fielding-Barnsley, 1990; Dehaene, 2009; Mann, 1993; Pinker, 1994; Rack et al., 1992; Snowling, 1991; Spector, 1995; Stanovich, 1986; Vellutino, 1991; Vellutino & Scanlon, 1987a).

음소 인식과 발음

음소 인식은 발음과 동일하다고 자주 오해를 받지만, 실제로는 같지 않다. 음소 인식은 **구어**의 각 소리가 어떻게 합쳐져 단어로 발성되는가를 이해하는 것인 반면, 발음은 자·모음 문자 체계에서 각 기호가 갖는 소리를 나타내는 체계이다. 이 두 가지는 초기 읽기 교수 단계에서 서로 밀접하게 관련되어 있어서, 때로 음소 인식 활동이 초기 발음 활동으로 혹은 때로 초기 발음 활동이 음소 인식 활동으로 불리기도 한다. [그림 6-1]에서 알 수 있듯이, 국가읽기위원회(National Reading Panel, 2000)는 가장 효과적인 음소 인식 교수는 학생들이 음소를 조작하는 법을 익히면서 동시에 알파벳 철자를 사용하는 것이라는 결론을 제시하였다. 음소 인식 수업에서 학생들이 알파벳 철자를 사용하는 것을 보면, 이 수업은 우리가 보통 초기 발음 수업이라 생각하는 것과 같게 보인다. 이 두 가지를 구분하기 위해 국가읽기위원회(NRP)는 음소 인식 수업은 학생들에게 구어의 음소를 조작하는 것을 가르칠 때는 발음 수업과 같다고 할 수 없지만, 문자를 가지고 분절 혹은 합성하는 방법을 가르친다면 발음 수업과 같다고 할 수 있다고 설명하였다. 다시 말해, 학생들에게 철자

• 음소 인식은 명시적 지도로 가르쳐야 된다. • 음소 인식 교수는 아동들이 읽고 철자를 쓰는 것을 학습하는 데 도움이 된다. • 음소 인식 교수는 학생들이 음소를 조작하는 것을 배우면서 동시에 알파벳 철자를 사용하도록 할 때 가장 효과적이다. • 음소 인식 교수는 여러 개의 유형에 대한 음소 조작을 하는 것보다 한 가지에 집중하여 가르칠 때 가장 효과적이다. • 음소 인식 교수는 단어의 음소를 합성하고 분절하는 활동이 포함된 경우에 읽기에서 큰 효과를 낼 수 있다. • 음소 인식 교수는 학생들에게 읽기와 쓰기 과제에서 어떻게 음소 인식 기술을 적용하는지를 명시적 가르칠 때 가장 효과적이다.	• 음소 인식 교수는 모든 유형의 아동들, 즉 평균적인 발달을 보이는 독자, 미래에 읽기 문제가 발생할 수 있는 위기 아동, 읽기 장애 아동, 유아원생 및 유치원생, 1학년 학생, 읽기 장애가 있는 2~6학년 학생, 다양한 사회경제적 배경을 가진 아동들 모두의 읽기 능력을 향상시키는 데 도움이 된다. • 음소 인식 교수는 연 20시간을 넘지 말아야 한다. • 음소 인식 교수는 개인이나 전체 학생들을 대상으로 수업하는 것보다 소그룹에서 학습할 때 더 효과적이다.

[그림 6-1] 음소 인식 교수에 대한 과학적 기반 연구를 통해 얻은 국가읽기위원회(NRP)의 결론

출처: National Reading Panel Report of the Subgroups, Chapter 2, Part 1, “Phonemic Awareness Instruction,” pp. 5-7.

> 🔊 성공적인 읽기 능력을 예측하기
>
> 유치원에 입학하는 학생들은 보통 어떤 기술이 부족하며, 이는 앞으로의 학업적 성공에 어떠한 의미를 지니는가? Tim Shanahan 박사가 이에 대해 언급하는 내용을 들어보자.

들의 음소들을 분절하거나 합성하는 것을 가르친다면 그런 수업은 음소 인식 교수라 할 수 있다는 것이다. 음소 인식 교수에서 철자를 사용한다면, 그 수업은 발음 교수라고 할 수 있다. 이와 같은 중복적인 방법을 통해 학생들이 음소 인식 기술과 알파벳 철자에 대한 지식을 연관 지을 수 있다는 것을 이해하는 것은 매우 중요하다. 우리가 이것을 무슨 수업으로 불러야 하는지는 그리 중요하지 않다.

1980년대 후반과 1990년대 초반의 연구들은 음운 및 음소 인식을 충분히 갖춘 상태에서 1학년에 입학하는 학생들이 그렇지 않은 학생보다 읽기 학습에 더 우수한 성과를 보여 준다는 명확한 연구결과를 제시하였다(Kame'enui, 1996; Smith, Simmons, & Kame'enui, 1995). 다행히 음소 인식 기술이 충분치 않은 아동들이 유치원이나 1학년 학생이 되었을 때, 이들에게 이 기술들을 명시석으로 학습시킬 수 있다. 국가읽기위원회(National Reading Panel, 2000)는 음소 인식 교수는 다음과 같을 때 가장 효과가 크다는 결론을 제시하였다.

- 학생들이 음소를 조작하는 것을 배우며 알파벳 철자를 사용하는 경우
- 여러 유형보다 한두 가지 음소 조작 유형에만 집중하는 경우
- 단어들의 각 음소를 분절하고 합성하는 것을 포함시키는 경우
- 어떻게 음소 인식 기술이 읽기와 쓰기 과제에서 적용되는지를 명시적으로 가르치는 경우

국가읽기위원회(National Reading Panel, 2000)의 보고서는 1979년『직접교수 읽기』(Carnine & Silbert, 1979) 초판에 서술된 3개의 '청각적' 기술이 읽기 전 단계(prereading)의 기술로서 아주 중요한 역할을 한다는 근거를 제시하고 있다. 국가읽기위원회(NRP)는 합성과 분절이 중요한 기술이라는 것을 확인하였다. 중요한 음운 기술 중 세 번째 '청각적' 기술로 확인된 압운은 구어에서 음소보다는 크지만 음절(syllables)보다는 작은 단위에 학생들이 집중할 수 있도록 한다. 압운은 음절 중 모음과 그 모음 뒤에 나오는 문자 부분을 말한다(음절의 한 부분으로, 모음과 그 모음 이후에 나오는 모든 글자를 말한다. 예를 들어, *man*의 압운은 '-an'이고 *shop*의 압운은 '-op'이다).

음소 단위로 소리 내어 읽기의 선행기술

여기에서는 합성, 분절, 압운이 단어 읽기에서 어떻게 선행기술이 되는지 설명하고, 이 세 가지 기술을 가르치기 위한 수업 형식을 제공한다. 한 가지 주목할 점은 이 세 가지 기술을 말로 설명해야 한다는 것이다. 교사는 학생들에게 인쇄된 단어를 눈으로 보고 읽으라고 하지 않는다. 학생들은 교사가 말한 것을 듣고 응답하도록 한다. 초기에 합성과 분절 기술을 가르치는 일은 아동들이 단어를 소리 내면서 읽는 활동의 기초가 된다.

단어를 음소 단위로 소리 내어 읽기(sounding out)와 직접적으로 관련된 두 기술은 합성과 분절로 이는 음소 인식을 향상시킨다. 합성은 소리들을 합성하여 한 단어로 구성하는 것이고, 분절은 한 단어를 여러 소리로 분해하는 작업이다. 교사는 합성된 소리들을 연이어 소리 내면서 소리를 조합하여 한 단어를 만든다. 그리고 학생들은 이 연이은 소리들을 보통의 속도로 소리 나는 단어로 발음한다('aaammm'은 *am*이 된다). 이런 절차를 통해 단어가 더 작은 말(speech)의 단위, 즉 음소들이 여러 개가 모여서 구성된다는 것을 명시적으로 보여 준다. 학생들은 합성 과제에서 말(speech)의 작은 요소(즉, 음소)를 '들을' 기회를 여러 번 갖고 나서 들은 것을 귀에 익숙한 구어(spoken words)로 바꾸는 활동을 한다.

분절 과제를 통해 학생들은 단어가 여러 음으로 구성되어 있음을 알게 된다. 학생들은 음을 멈추지 않고 연이어 소리로 내어 보며 이 과제를 쉽게 해 볼 수 있다(가령, 'man'이라는 단어를 아주 천천히 'mmmmaaaannnn'이라고 소리 내서 말해 본다). 이 과제는 학생들이 한 개의 단어를 듣고 각각의 음소를 잇달아 각각 따로따로 말하는 경우('m-a-n')에는 이해하기가 더 어려워진다. 초기 읽기 교수 단계라면 교사가 음과 음 사이에 멈추지 않고 연이어 소리 내면서 단어를 분절하는 것을 시범을 보이며 지도할 것을 추천한다. 충분히 연습하게 되면 학생들은 각각의 음 사이에 소리를 멈추지 않고 분절하는 것을 배울 수 있으며 그 이후에 음소 단위로 소리 내어 읽기의 후속 활동에서 이 중요한 기술을 활용하도록 한다.

단어를 합성하고 분절하는 과제 절차는 다음과 같다.

- 학생들에게 단어는 여러 가지 음이 개별적으로 구성된 것임을 보여 준다(음소 인식 기술 가르치기).
- 그런 소리들의 글자-소리 대응을 설명하기 전에 음을 말로 소리 내 보는 연습을 시킨

다. 이런 연습은 'th'처럼 소리 내기 어려운 음을 익히는 데 특히 중요하다.

- 학생들에게 이후에 합성하는 데 필요한 음소 단위로 소리 내어 읽기 활동을 준비시킨다(개별적인 음과 음 사이에 멈추지 않고 소리를 연이어서 내보기).

청각 기술은 글자-소리 대응에 대한 지식을 필요로 하지 않을 뿐만 아니라 학생들이 문자(문자소) 혹은 단어를 볼 필요가 없기 때문에 이 기술에 대한 교수는 글자-소리 대응을 가르치기 전인 수업 첫날부터 실행할 수 있다. 음을 서로 합성하여 한 단어를 구성하는 것은 가장 쉬운 기술로 교수 첫날에 가르쳐야 한다. 한 단어를 여러 음으로 분절하는 수업은 학생들이 오류 없이 여러 단어를 합성할 수 있는 능력을 갖춘 후에 실시한다. 보통 수일 내에 한다. 이런 청각적 과제는 교수 과정 중 초기 몇 달간 계속 진행되어야 한다. 각각의 활동 문제에는 4~6개의 단어 정도를 포함시킨다. 일반적으로 청각 기술에 대한 활동에는 학생들이 앞으로 곧 해독해야 할 단어나 음을 포함시킨다.

음의 합성

음의 합성(blending sounds) 과제에서 학생들은 일련의 합성된 소리를 보통의 속도로 말하는 단어로 바꾸어 읽는 연습을 한다. 문자로 적힌 단어를 음소 단위로 소리 내어 읽을 때, 학생들은 각각의 연속음을 1초나 2초 동안 길게 가져가며, 음을 연이어서 말해 본다('mmmaaaannnn'). 그런 후에 이 연속된 음을 보통의 속도로 말하며 단어로 말한다('man'). 합성을 가르치기 위한 수업 형식은 〈표 6-1〉과 같다. 교사는 한 단어를 천천히 말한 후 잠깐 생각할 시간을 주고, "이게 무슨 단어인가요?"라고 묻는다. 학생들은 이 단어를 보통

표 6-1 음의 합성을 위한 수업 형식

교사	학생
1. (교사가 지도를 한다.) "잘 들으세요, 우리는 단어 말하기 게임을 할 거예요. 내가 단어 하나를 천천히 말할 테니, 여러분은 그 단어를 빠르게 말해 보아요."	
2. (교사가 한 단어를 천천히 말하고, 학생들은 그 단어를 빠르게 말한다.) "들어보세요." (잠시 멈춤) "Iiiiffff. 무슨 단어죠?" (신호)	"If."
3. 교사가 다음의 단어 4개를 2단계에서처럼 반복한다. *sat, Sid, am, fit*	
4. 교사는 학생이 모든 단어를 오류 없이 바르게 응답할 수 있을 때까지 이 단어들을 반복하며 물어본다.	
5. 교사가 몇몇의 학생에게 개별적으로 시켜 본다.	

의 속도로 말하며 응답한다. 교사는 주어진 모든 단어에 대해 학생 전체에게 확인하고(여기서 **확인**이라 함은 교사가 학생들 전체가 주어진 모든 단어를 오류 없이 응답할 수 있을 때까지 학생들을 단체로 한목소리로 대답시키는 것), 몇몇의 학생에게 개별적으로 시켜 본다.

◉ 오류 교정

학생들은 소리를 합성하여 단어를 만들 때 다음과 같은 세 가지 종류의 오류를 보인다. (교사를 모방하면서) 단어를 지나치게 천천히 말하기, 한 음을 누락시키기(교사가 'sssaaat'라고 말하지만 아동이 마지막 자음을 빼놓고 'saa'라고 말하는 경우), 발음을 잘못하여 소리 내기(교사가 'ssseeelll'이라고 말하지만, 학생이 'sill'이라고 말하는 경우)가 있다. 교정 절차는 모든 종류의 실수에 고르게 적용되며 그 절차는 다음과 같다. ① 바른 응답을 시범으로 보이기, ② 바른 응답을 하도록 학생들을 유도하기, ③ 학생들에게 오류가 난 단어를 평가하기, ④ 첫 번째 단어로 되돌아가기.

다음은 교사가 단어 *if, sat, Sid, am, fit*을 제시할 때 전형적으로 사용하는 교정 순서이다.

- 교사가 "Ssssiiiiid."라고 말하지만 학생이 "Sid." 대신 "sad."라고 말한다.
- 교사가 "Sid."라고 정정해서 대답한다.
- 교사가 전체를 다시 시범 보인다. "선생님이 해 볼게요. (멈춤) Ssssiiiid." 무슨 단어죠? "Sid."
- 교사가 먼저 주도적으로 학생들과 함께 말한다. "나와 함께 말해 보아요. Ssssiiiid." 무슨 단어죠? (신호) "Sid." (교사가 학생들과 함께 "Sid."라고 말한다.)
- 학생들만 응답하도록 지시하면서 평가한다. 여러분 차례예요. (멈춤) "Ssssiiiid." 무슨 단어죠? (신호) "Sid."
- 교사는 첫 번째 단어로 되돌아간다. 오류 없이 모든 단어를 잘 말할 수 있는지 본다.

> 🔊 개별 음을 합성하기 (음소 인식)
>
> 교사가 음소 합성을 가르치기 위해 사용한 명시적 교수 방식은 무엇인가?

보통 그룹 내에서 1~2명이 오류를 범하고, 나머지 학생들은 바르게 응답한다. 교사는 가끔씩 바르게 응답했던 학생들을 칭찬하면서 교정 절차를 시작해야 한다(예: "대답 잘했어, Tommy."). 이런 칭찬은 교사가 학생들의 올바른 응답을 중시한다는 것을 학생들에게 보여 주는 것이 될 수 있다. 교사는 오류를 보인 학생들에게 부정적인 태도를 보여선 안 된다. 올바른 대답을 했던 학생을 칭찬하는 것은 다른 학생들이 수업에 긍정적으로 참여하고 동기부여를 하도록 해 준다. 교사는 오류를 범한 학생들을 따로 구분하지 않아야 하며, 학생 전체에게 바른 응답을 보여 주고, 그룹 전체 학생들을 대상으로 교정을 해야 한다. 수업의 마지막 부분에서 개별적으로 시켜 볼 때 교사는 학생들이 연습하는 동안 실수하는 단어를 평가해야 한다.

단어 분절

단어의 분절 수업 형식(〈표 6-2〉 참조)은 학생들이 한 단어의 연속음을 1.5초 정도 길게 소리 내며, 음과 음 사이에 멈추지 않고 소리를 연결하면서 천천히 말하도록 지도하는 것이다. 교사는 단어 4개를 하나의 세트로 제시한다. 각 단어마다 교사는 먼저 한 단어에서 음을 각기 따로따로 멈추지 않고 이어 기며 천천히 말한다. 그런 후, 학생들은 교사가 신호를 줄 때 그 단어의 음과 음 사이를 떼지 않고 바꾸면서 천천히 말한다. 교사는 각 단어를 반복적으로 연습시켜서 학생들이 단어를 멈추거나 혹은 두 번 연속 멈추지 않고 천천히 발음할 수 있을 때까지 반복 연습시킨다.

표 6-2 분절을 위한 수업 형식

교사	학생
1. "이제 우리는 단어 몇 개를 천천히 말해 볼 거예요."	
2. 첫 번째 단어는 sad예요. 이걸 천천히 말해 볼 테니 들어보세요. (멈춤) Ssssaaad. 여러분이 이제 천천히 말해 보세요. 준비." (교사는 학생들이 이 단어를 음에서 다음 음으로 넘어갈 때마다 신호를 준다.) "다시, 준비." (신호)	"Ssssaaad." "Ssssaaad."
3. 교사는 다른 세 가지의 단어로 두 번을 반복한다. "다음 단어는 me예요. 이 단어를 천천히 말해 볼 테니 들어보세요. (멈춤) Mmmmeee. 여러분이 이제 천천히 말해 보세요. 준비." (신호) "다시, 준비." (신호) "다음 단어는 mom이에요. 이걸 천천히 말해 볼 테니 들어보세요. (멈춤) Mmmmooommm. 여러분이 천천히 말해 보세요. 준비." (신호) "다시, 준비." (신호) "다음 단어는 fit이에요. 이걸 천천히 말해 볼 테니 들어보세요. (멈춤) Ffffiiit. 여러분이 이걸 천천히 말해 보세요. 준비." (신호) "다시, 준비." (신호)	"Mmmmeee." "Mmmmeee." "Mmmmooommm." "Mmmmooommm." "Ffffiiit." "Ffffiiit."
4. 교사는 학생들이 오류 없이 모든 단어를 천천히 말할 수 있을 때까지 한 세트의 단어를 반복하여 연습시킨다.	
5. 교사는 몇몇의 학생에게 개별적으로 시켜 본다.	

⊙ 오류 교정

학생들은 단어를 분절할 때 다음과 같은 세 가지 유형의 오류를 범한다. ① 음을 바르게 발음하지 못하는 경우, ② 음과 음 사이를 쉬었다 말하는 경우, ③ 교사가 학생들에게 다음 차례의 음을 말하라고 신호를 줄 때에 다음의 음으로 바꿔서 말하지 못하는 경우이다. 이러한 오류를 정정하는 절차는 다음 단계와 같다.

1. 잘못된 발음이 들릴 경우 바로 학생들을 멈추게 하여 바른 음으로 고쳐 말해 주기(혹은 해당 학생이 멈추거나 신호를 따르지 않을 때 문제점을 말해 주기)
2. 바른 응답으로 시범 보이기
3. 학생들이 응답을 할 수 있도록 이끌어 가기
4. 학생들을 평가하기
5. 연습활동의 처음 단계로 되돌아가서 처음부터 다시 학습하기

다음은 교사가 단어 *am, not, rug, sad*를 제시할 때 전형적으로 사용하는 교정 순서이다.

- 'Nnnooot'을 분절하여 말할 때, 학생 1명이 "Nnnuuu."이라고 오류를 보인다.
- 교사는 'uuu'라는 소리를 듣자마자 학생들이 말하는 것을 중지시킨다.
- 교사가 "Ooooo."라고 소리를 바르게 고쳐 말한다.
- 교사가 (학생들이 틀리게 말한 소리를 강조하며) 시범을 보인다. "내 차례예요. Nnnooot."
- 교사가 학생들을 이끌어 가면서 말한다. "들어보세요. Nnnnooot. 나와 함께 말해 봐요. 준비. (신호) Nnnooot." (교사가 학생들과 함께 "Nnnooot."이라고 말한다. "다시. 준비" (신호) Nnooot.
- 교사가 평가한다. "여러분 차례예요. 들어봐요. Nnnnooot. 이걸 천천히 말해 봐요. 준비." (신호) Nnnooot.
- 교사가 이 과제의 첫 단어로 다시 돌아간다(*am*).

음과 음을 연이어 말하지 못하고 음과 음 사이를 멈추는 학생들을 교정해 주는 절차는 교사가 누락된 음을 말해 줘야 한다는 점을 제외한다면 잘못 발음된 단어를 교정해 주는

절차와 기본적으로 동일하다. 교사는 학생들에게 음과 음 사이를 멈추지 말라고 이야기한다. 그리고 학생들에게 시범을 보이고, 이끌면서 평가한 후에 연습활동의 맨 처음의 단어로 되돌아간다. 교사는 학생들이 두 번 연속 단어를 제대로 발음할 때까지 연습시킨 후 평가 단계로 넘어간다.

교사가 신호를 보낼 때 한 음에서 다음 음으로 잘 넘어가지 못하는 학생들을 바로잡는 절차는 교사가 신호를 보낼 때 잘 따라가는 학생들을 칭찬하면서 시작한다. 그리고 교사는 앞에서처럼 학생들에게 시범을 보이고, 안내하고 난 후에 평가한다.

분절과 합성

분절과 합성이라는 이 두 가지의 청각 기술은 <표 6-3>에서처럼 하나의 수업 형식으로 통합될 수 있다. 이 수업은 학생들이 실수하지 않고 분절 수업에 나온 모든 단어를 한 번에 바르게 응답할 수 있을 경우에 시도한다. 이 새로운 수업에서는 교사가 한 단어를 천천히 말하고, 학생들은 이를 따라 그 단어를 천천히 말해 본 후에 다시 한번 이를 보통의 속도로 말한다.

표 6-3 분절과 합성이 결합된 수업 형식

교사	학생
1. "먼저 여러분은 단어 하나를 천천히 말하고, 다시 이 단어를 빠르게 말해 보세요."	
2. "들어봐요." (멈춤) "Rrrraaannn. 이걸 천천히 말해 봐요. 준비." (교사는 학생들이 한 음에서 다음의 음으로 넘어갈 때마다 신호를 보낸다.) "이 단어는 뭘까요?" (신호)	"Rrraannn." "Ran."
3. "들어봐요." (멈춤) "Ssssiiiik. 이걸 천천히 말해 봐요. 준비." (신호) "이 단어는 뭘까요?" (신호)	"Ssssiiik." "Sick."
4. "들어봐요." (멈춤) "Mmmmaaad. 이걸 천천히 말해 봐요. 준비." (신호) "이 단어는 뭘까요?" (신호)	"Mmmaaaad." "Mad."
5. "들어봐요." (멈춤) "Iiiffff. 이걸 천천히 말해 봐요. 준비." (신호) "이 단어는 뭘까요?" (신호)	"Iiifff." "If."
6. 교사는 학생들이 모든 단어를 바르게 응답할 수 있을 때까지 2~5단계를 반복한다.	
7. 교사는 몇몇의 학생에게 개별적으로 시켜 본다.	

◉ 중요 행동-단어를 천천히 말하기

청각 기술 수업에서 한 단어를 천천히 말할 때, 교사는 ① 각각의 연속음을 1.5초 정도 말하고, ② 음과 음의 사이를 멈추지 않으며, ③ 어떠한 음도 왜곡되지 않도록 주의를 기울인다. 단어의 마지막 자음을 말할 때, 교사는 'uh' 소리를 내지 않도록 조심한다. 예를 들어, *sad*를 말할 때 'sssaaduh'가 아니라 'sssaaad'라고 말한다. 마찬가지로 교사는 파열음(*b, c, d, g, h, j, k, p, q, t*)으로 시작하는 단어를 말할 때 'uh' 소리를 내지 않도록 한다. pin처럼 파열음으로 시작하는 단어를 시범으로 보일 때 교사는 /p/와 /ĭ/의 음을 결합하여 단어를 말하고 /ĭ/ 음을 길게 내면서 'puhiiiiinnnn'이 아닌 'piiiiiinnnnn'으로 발음한다.

앞의 세 가지 모두의 수업에서 주의해야 할 점은 교사가 단어를 천천히 말하기에 앞서 멈추는 동작(pause)을 해야 한다는 것이다. 멈추는 동작은 순간이면 된다. 그렇게 하는 목적은 학생들이 단어를 분명하게 하나의 단위로 들을 수 있도록 하기 위함이다.

◉ 신호하기(signaling)

소리의 합성 및 분절 과제는 학년 초에 학생들이 배우는 첫 번째 과제 중 하나이다. 학생들에게 처음으로 이 활동 과제를 제시할 때, 교사는 합성 및 분절 기술을 지도할 뿐만 아니라 학생 전체가 일제히 한목소리로 대답하는 방법을 가르친다. 교사는 학생들이 신호에 맞춰 정확히 언제 응답하고 언제 들어야 하는지를 미리 보여 준다.

합성 활동 시에 교사는 (누군가를 멈추도록 지시하듯이) 손을 들어 올리며 시작한다. 교사는 드럼을 치는 동작으로 손을 빠르게 올렸다가 내리는 식으로 학생들에게 단어를 보통의 속도로 말하도록 신호를 보낸다. 위로 올렸다가 내리는 동작을 머뭇거리지 않고 신속히 한다. 학생들은 교사가 마치 보이지 않는 드럼을 치는 것처럼 손을 내리는 동작에서 응답한다. 매번 동일한 방식으로 위-아래의 손동작을 한다. 이 동작을 머뭇거리거나 불일치하게 하면 학생들이 언제 응답해야 할지 헷갈리기 때문에 학생들이 한목소리로 대답하기 어려워진다.

단어의 분절을 위한 신호로 교사는 주먹 쥔 손을 들어 손바닥 면을 자신의 얼굴 쪽을 향한 채로 시작한다. 교사는 "준비."라고 말한 후, 잠시 멈추었다가 집게손가락을 1.5초 정도 들어 올려 보이면서 학생들이 응답할 신호를 준다. 그다음 단어의 두 번째 음을 위한 신호로 집게손가락을 올리고, 약 1.5초 후에 세 번째 음을 위한 신호로 세 번째 손가락을 들어 올린다. 학생들은 교사가 손가락을 올릴 때마다 다음 음으로 넘어간다. 교사는 손가락을 들어 올릴 때 동작을 빠르게 해야 학생들이 새로운 음을 언제 빠르게 말해야 할지를 알 수 있다. 이 신호 절차는 다음의 예와 같다. 이러한 절차는 직접교수학회(Association for Direct Instruction)의 홈페이지(www.Adihome.org)에 실려 있다. URL 주소(http://www.

adihome.org/index.php?option=com_content&task=view&id=19&Itemid=40)에 동영상이 있다.

ssssssssssaaaaaaaaaaaammmmmm

손가락 올리기	손가락 올리기	손가락 올리기

단어가 파열음(*b, c, d, g, h, j, k, p, q, t*)으로 시작한다면 이 신호 절차를 약간 조정할 필요가 있다. 이런 단어를 시범으로 보일 때, 교사는 단어의 첫 2개의 음을 한 단위로 묶어 말한다. 가령, *bat*이라는 단어를 분절할 때, 'haaa'라고 말하면서 시작한다. 교사는 첫 번째 자음을 잠깐 말하고 멈추거나 음을 왜곡하지 않고 다음에 나오는 음을 말한다.

파열음으로 시작하는 단어를 위한 신호는 교사가 2개의 손가락을 빠르게 연속하여 거의 동시에 들어 올리면서 단어에서 처음에 나오는 2개의 음을 말하며 시작된다. 교사는 평소보다 모음을 조금 길게(2초 정도) 말하고, 세 번째 손가락을 들어 올리며 학생들에게 세 번째 음을 말하도록 신호를 준다.

◉ 학생들의 반응 점검하기

학생들이 소리 내어 한목소리로 대답하면 틀린 응답을 귀로 찾아내기는 어렵다. 따라서 교사는 학생들이 응답할 때 입의 모양을 살펴보아야 한다. 학생들의 입술과 혀의 위치를 주의 깊게 보면 학생들의 소리를 구별해 내기가 쉽다. 예를 들어, /m/의 음을 낼 때 학생의 입의 모양이 열려 있다면 교사는 그 학생이 옳지 않게 발음하고 있음을 알 수 있다.

또한 교사는 학생들의 눈을 바라보아야 한다. 학생들은 선생님의 얼굴을 보고 있어야 한다. 어린 학생들은 무의식적으로 음과 단어를 소리 내는 방법을 학습할 때 어른들의 입의 움직임을 살핀다. 학생들은 교사가 시범을 보일 때 교사의 입을 보아야 한다. 학생들의 눈을 응시함으로써 교사는 학생들이 교사가 주는 신호에 집중하고 있는지를 알 수 있다.

앞의 세 가지 모두의 수업에서 주의해야 할 점은 교사가 단어를 천천히 말하기에 앞서 멈추는 동작(pause)을 해야 한다는 것이다. 그 목적은 학생들이 단어를 분명하게 하나의 단위로 들을 수 있도록 하기 위함이다. 멈추는 동작은 순간이면 된다.

◉ 속도

교사가 몇 개의 단어를 차례대로 선보이는 수업 형식에서 교사가 다음의 단어로 넘어가기 전에 학생들이 응답을 하면 몇 초 내로 한두 마디로 칭찬하는 말을 하도록 한다(예: "잘했어." "좋아."). 몇 개의 단어로 구성된 세트를 끝낸 후에 교사는 5~15초 정도의 시간을 두고 학생들을 칭찬한다.

단어와 단어 사이에 불필요한 말을 하지 않고 일련의 단어를 제시하는 것은 중요하다. 방해가 될 만한 요소를 만들지 않고 일련의 과제를 제시하는 것은 학생들의 주의를 유지시키는 데 효과적이다.

한 세트에 담는 단어의 개수와 교사가 칭찬하는 강도는 학생들이 수업을 얼마나 어려워하느냐에 따라 다르다. 학생들이 학습을 쉽게 느낄수록 한 세트에 나오는 단어를 늘리고 칭찬하는 강도를 줄인다.

◉ 개별 연습

일반적으로 합성이나 분절 수업을 할 때 교사는 학생 모두가 모든 단어를 바르게 응답할 수 있다고 확신이 설 때까지 한목소리로 대답하기를 연습시킨다. 그다음에 학생들에게 개별 연습이 주어진다.

개별 연습의 목적은 학생들이 바르게 응답할 수 있는지를 최종적으로 확인해 보기 위해서이다. 교수 첫 주 동안에는 대부분의 학생에게 개별적으로 시켜 본다. 그러고 난 후 이 학생들의 수를 줄여 나간다. 이런 개별 연습은 잘 하지 못하는 학생에게는 각각 물어보고 잘하는 학생은 1~2명 정도에게 물어본다. 개별 연습을 하는 것은 학생들의 수행능력을 점검하려는 목적도 있지만, 교사가 취약한 학생에게만 개별 연습을 하여 의도치 않게 이런 학생들을 낙인찍게 되는 일을 방지하기 위해서이다.

개별 연습에서 어떤 학생이 오류를 보였다면, 교사는 학생 전체에게 교정된 소리를 내도록 지시하고, 오류를 보인 학생에게 다시 개별적으로 시켜 보고, 개별 연습의 마지막 단계에서 이 단어를 다시 평가한다. 해당 학생이 이 단계에서 오류를 다시 범할 경우, 교사는 다음 수업으로 넘어가기 전에 그 학생에게 이 단어들의 수업 전체를 다시 가르쳐야 할 필요가 있다. 집단에 개별 연습 시 오류를 범하는 학생이 여럿 나온다면 교사는 이 집단 전체에게 이 수업에 나오는 단어 전체를 반복하여 가르칠 필요가 있다. 교사는 수업 시간 뒷부분에서 활동 내용 전체를 다시 학생들에게 가르쳐야 한다.

◉ 예시 선택

합성과 분절 연습은 4~5개의 단어로 묶인 수업으로 이루어진다. 초기 단계의 수업에서 단어는 2~3개의 음으로 구성하고 연속음으로 시작한다. 난이도가 높은 유형의 단어는 청각 과제 시간에 제시하고, 일주일 정도 후에 단어 읽기 연습활동을 한다.

교사는 한 수업에 나오는 단어를 너무 예상하기 쉬운 단어만 나오지 않도록 신경 쓴다. 예상하기 쉬운 단어로만 구성되면 학생들은 교사의 말을 경청하지 않는다. 가령, 모든 단어에 동일한 모음만 나온다면, 다음 차례에 나올 단어를 예측하기 쉬워진다. 그렇게 되면 학생들은 교사의 지시에 따라 응답하기보다 단어의 형태에 따라 응답할 것이다. 교사가 '*Sam, lap, rat, man*'과 같은 단어로 구성된 세트를 제시할 때, 학생들은 단어 모두가 /a/ 소리로 발음된다는 것을 미리 알 수 있다.

단어 목록을 예측하기 쉽지 않게 구성하려면 동일한 철자가 동일한 위치에 연속되어 나오는 단어를 3개 이상 연속하여 배치하지 않도록 한다.

압운

압운(rhyming)은 중요한 음운 인식 기술이다. 그 이유는 다음과 같다. 압운은 ① 학생들이 *fan, pan, tan, man*처럼 각기 다른 단어에서 동일한 음을 내는 문자군 간에 관계성을 인지하도록 도우며, ② 파열음으로 시작하는 단어를 음소 단위로 소리 내어 읽을 수 있도록 대비시킨다. 학생들이 분절과 합성의 결합된 수업으로 연속음으로 시작하여 2~3개의 음을 가진 단어를 익히고, 열 가지의 글자-소리 대응을 이해할 경우 압운을 가르칠 수 있다.

압운 수업(〈표 6-4〉 참조)에서 학생들은 첫 음(an onset)으로 시작하고, 모음(압운, rime)으로 시작되는 음절과 합성한다. 가령, 단어 *mat*에서 첫 음인 *m*은 압운 *at*과 합성된다. 이 수업을 할 때 교사는 칠판에 몇 가지의 철자를 판서한다(예: *m, r, s*). 이 수업 첫날에 교사는 압운이 있는 일련의 단어들(예: *mat, rat, sat*)을 말하면서 시범을 보인다. 그런 후에 교사는 학생들이 한목소리로 대답하며 소리를 내게 한다. 압운이 있는 단어들을 소개하는 처음 몇 주 동안은 칠판에 쓰인 단어 모두가 연속음으로 이뤄진다. 학생들이 연속음의 압운 과제를 바르게 응답할 수 있다면 파열음으로 시작하는 단어를 소개한다. 예를 들어, *fill, hill, pill, mill*과 같은 단어 세트를 소개한다.

표 6-4 압운 수업 형식

<table>
<tr><th>교사</th><th>학생</th></tr>
<tr><td>(칠판에 판서한다.)

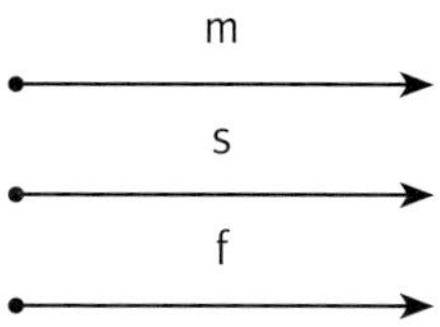

</td><td></td></tr>
<tr><td>1. "들어봐요. 내가 압운 (멈춤) at으로 말해 볼게요. 내가 어떤 압운으로 말한다고 했지요?" (신호)</td><td>"At."</td></tr>
<tr><td>2. (교사가 시범을 보인다.) (교사가 첫 번째 화살표에 동그란 부분에 손가락을 대며 말한다.) "내가 해 볼게요. 압운 at으로 말해 보아요." (1초 멈추고, 손가락을 빠르게 화살표 방향으로 가로지르며 말한다.) "Mat."</td><td></td></tr>
<tr><td>3. (다음의 화살표 단어로 2단계를 반복한다.)</td><td></td></tr>
<tr><td>4. (교사가 테스트한다.) (손가락을 첫 번째 화살표로 가져가며 말한다.) 여러분이 at으로 압운하며 말해요. 어떤 압운으로 한다고 했죠? (신호) at으로 압운하여 말해요. (1초 멈춘 후에 손가락을 빠르게 화살표로 가로지른다.)</td><td>"At."
"Mat."</td></tr>
<tr><td>5. (교사가 나머지 화살표로 4단계를 반복한다.)</td><td></td></tr>
<tr><td>6. (교사는 몇몇의 학생에게 개별적으로 시켜 본다.)</td><td></td></tr>
</table>

교정 절차는 다음과 같다. 교사는 *at*이라는 압운에 철자 *r, m, s*를 붙여 소리 내 보는 과제를 선보인다. 교사가 학생들에게 'm'으로 시작하여 'at'의 압운을 갖는 단어를 소리 내도록 신호를 보냈는데 한 학생이 'mit'이라고 말했다면, 교사는 다음과 같은 단계로 교정시킨다.

- 교사가 바르게 말한다. "Mat."
- 교사가 시범을 보인다. "내 차례예요. at으로 운이 같게 읽어 보아요. (신호) Mat."
- 교사가 이끈다. "다 같이 해 보아요. at으로 운이 같게 읽어 보아요. (신호) Mat." (교사가 학생들과 함께 말한다.)
- 교사가 평가한다. "여러분 차례예요. 압운 at으로 읽어 보아요. (신호) Mat."
- 교사가 목록에 나온 첫 단어로 돌아간다.

상업용 프로그램

음소 인식 기술을 가르치는 상업적 읽기 프로그램 중에는 문해력을 거의 갖추지 못 한 채로 유치원이나 1학년에 입학하여 읽기에 어려움을 겪는 위기 아동들에게 적합하지 않은 것들이 많다.

- 이들 상업용 읽기 프로그램은 합성과 분절 기술을 충분히 강조하지 않는다. 합성과 분절을 수업에서 연속하여 가르치지 않는다. 따라서 학생들이 숙달을 위해 연습을 충분히 할 수 없다.
- 짧은 수업 시간 내에서 광범위한 음소 인식 과제가 주어진다. 지나치게 다양한 종류의 과제를 단기간에 소화해 내려면 버거울 수 있다.
- 음소 인식 과제를 설명할 때 수업을 잘 따라오지 못하는 학생들에게 혼란스럽거나 지나치게 많은 어휘가 사용된다. 가령, 상업용 읽기 프로그램에서 나온 전형적인 과제를 보자. 교사는 학생들에게 *turkey*를 설명할 것이라고 말한다. 그다음에 학생들에게 turkey를 묘사하는 단어가 이 단어와 동일한 음으로 시작하면, 문자판 t를 들고 이 문자를 허공에 써 보라고 지시한다. 교사의 지침서에 나오는 문장은 단어 *tall*과 *turkey*를 강조하는 "Is it a tall turkey?"이다. 그런 후 교사는 동일한 형태의 문장을 사용하여 *tired, muddy, terrible, tough, little, tiny*와 같은 단어로 바꿔 가며 질문한다. 이런 활동은 교사가 칠판에 *t*로 시작하는 단어를 모두 적으면서 마무리된다. 교사는 각각의 단어를 읽고 학생들에게 첫 철자가 *t*로 시작하는 단어에 동그라미를 그리라고 말한다. 이런 활동은 복잡한 설명 때문에 수업을 잘 따라오지 못하는 아동들에게 혼란을 가져올 수 있다. 이런 과제는 단어 2개만을 사용해 동일한 음으로 시작하는 단어만을 물어보면서 단순화시킬 수 있다.
- 이들 과제는 상호작용의 강도가 높지 않고, 학생들의 응답을 요구하는 빈도가 적다. 교사가 개별 학생들에게 응답하도록 지도하는 과제도 있다. 교사가 모든 학생이 이 과제를 숙달했는지 확인하기에는 지침이 명쾌하지 않다.

해결방안

합성과 분절을 적절하게 강조하지 않고 불분명한 읽기 기술을 지도하여 발생한 문제는 이 장에서 소개하는 합성 및 분절 형식의 일일 수업으로 해결할 수 있다. 합성 및 분절은 학생들이 이 과제를 오류 없이 잘 해내고 학생들을 체계적으로 복습시킬 때까지 매일 가르쳐야 한다. 과제 초기에는 2개 혹은 3개의 음을 가진 짧은 단어로 시작한다. 그보다 많은 음을 가진 단어는 점차적으로 도입한다.

교사는 학생들이 모를 수 있는 복잡한 어휘는 사용하지 말고, 대신 요소 기술을 가르치면서 복잡한 과제를 조절할 수 있는 수업을 준비해야 한다. 가령, 활동지 과제에 frog, hat, rug의 그림이 나왔다면 교사는 "단어 *dog*와 마지막 음이 똑같은 단어를 동그라미 치세요."라고 지시할 수 있다. 여기에서 교사는 학생들이 용어 **마지막**(혹은 **처음**이나 **중간**)의 의미를 이해한다고 가정해서는 안 된다. 학생들이 단어 **똑같은**의 의미를 이미 알고 있거나 한 단어에서 1개의 음을 추출할 수 있다고 가정해서도 안 된다.

교사는 선행기술을 가르칠 수 있도록 연습문제를 준비해야 한다. 학생들이 주어진 단어에서 똑같은 음으로 끝나는 단어에 동그라미를 칠 수 있도록 하기 위해서는 많은 지도가 필요할 수 있다. 교사는 (분절 유형의 난이도가 높을수록) 먼저 정상 속도로 읽은 단어에서 학생들이 개별적으로 음을 파악하도록 하면서 마지막 음을 인지할 수 있도록 지도해야 하며, '똑같은'이라는 단어의 의미도 가르쳐야 한다.

교사는 학생들에게 몇몇의 단어에 대해 시범을 보이고 평가를 한 다음, 답을 먼저 알려

분절 지도를 위한 표현법(wording)

교사	학생
• "내 차례예요. Mud에 나오는 음을 말해 볼게요."	
• "mud의 첫 음은 /mm/이에요."	
• "중간 음은 /ûû/이에요."	
• "마지막 음은 /d/예요."	
• "여러분 차례예요. Mud라고 말해 보세요."	
• "준비." (신호)	"mud."
• "첫 음이 뭐죠?" (신호)	"Mm."
• "중간 음이 뭐죠?" (신호)	"uu."
• "마지막 음이 뭐죠?" (신호)	"d."

주지 않고 단어 몇 개를 제시한다. 학생들이 교사가 시범을 보여 주지 않는 4개의 단어를 올바르게 응답할 수 있을 때까지 이런 연습을 계속한다.

단어에서 마지막 음을 파악시키기 위한 표현법

교사	학생
• "내 차례예요. 몇 개의 단어에서 마지막 음을 말해 볼게요."	
• "들어보아요. Rat. Rat의 마지막 음은 /t/예요."	
• "들어보아요. Sam. Sam의 마지막 음은 /m/이에요."	
• "들어보아요. Fill. Fill의 마지막 음은 /l/이에요."	
• "여러분 차례예요. Rat. Rat에서 마지막 음은 뭐죠?" (신호)	"t."
• "여러분 차례예요. Sam. Sam에서 마지막 음은 뭐죠?" (신호)	"m."
• "여러분 차례예요. Fill. Fill에서 마지막 음은 뭐죠?" (신호)	"l."

교사는 학생들에게 음의 세트를 시범 보이고 평가를 한 다음, 대답을 하는 시범을 보이지 않고 학생들에게 음의 세트 몇 가지를 제시한다. 교사가 시범을 보이지 않은 상태에서 학생들이 4개의 단어를 바르게 응답할 수 있을 때까지 이런 연습을 계속 진행한다.

음이 서로 동일한지 판단시키기 위한 표현법

- "내가 음을 소리 내어 보고 이것이 같은지 다른지 말해 볼게요."
- "들어보아요. mmm mmmm. 이 소리들은 서로 같아요."
- "들어보아요. rrrrrr rrrrrrrr. 이 소리들은 서로 같아요."
- "들어보아요. mmm rrrr. 이 소리들은 서로 달라요."
- "들어보아요. ffff mmmm. 이 소리들은 서로 달라요."
- "내가 음을 말해 볼 테니 여러분은 이것이 서로 같은지 다른지 말해 봐요."
- "들어보아요. ffff mmmm. 이 소리들은 서로 어떤가요."
- "들어보아요. ffff ffff. 이 소리들은 서로 어떤가요."
- "들어보아요. rrrr rrrr. 이 소리들은 서로 어떤가요."
- "들어보아요. rrrr mmmm. 이 소리들은 서로 어떤가요."

이와 같은 선행기술 연습은 학생들이 동일한 음으로 끝나는 단어를 동그라미 치는 워크북 연습문제를 틀릴 때 교사가 교정해 주는 수단을 제공한다.

교사들이 복잡한 음소 인식 연습에 지나치게 많은 시간을 들이지 말 것을 다시 한번 강조한다. 학생들이 구어로 합성 및 분절을 일단 습득하게 되면 음소 인식 과제에 시간을 과하게 쏟기보다는 단어를 소리 내어 말하는 데 집중하도록 지도할 것을 추천한다. 단어 읽기에 집중하는 일은 단어를 소리 내어 말하지 못하는 1학년 입학 학생들에게 특히 중요하다.

응용 연습문제

01 교사가 단어를 합성하는 형태를 제시한다. 학생이 다음과 같은 오류를 낼 경우 교정 절차의 모든 단계를 구체적으로 말하시오. 교사가 어떻게 말하고 행동해야 하는지 서술하시오.

교사가 "mmmuud. 이건 무슨 단어죠?"라고 묻는다. 학생이 "mad."라고 답한다.

02 교사가 단어를 분절하는 형태를 제시한다. 학생이 다음과 같은 오류를 낼 경우 교정 절차의 모든 단계를 구체적으로 말하시오.

교사가 "fffiiit. 이건 무슨 단어죠?"라고 묻는다. 학생이 "fff (멈춤) iiiit."라고 답한다.

03 다음에 나오는 각 단어가 아래의 항목 중에 어디에 포함되는지 분류하시오.

mud	hid	fled	ramp
stamp	ran	Sid	frog
cop	slid	hot	fit
best	stink	ten	strap
runt	lid	splint	

(a) 연속음으로 시작하는 VC, CVC 단어:

(b) 파열음으로 시작하는 CVC 단어:

(c) CVCC, VCC 단어:

(d) CCVC 단어:

(e) CCVCC, CCCVC, CCCVCC 단어:

04 학생들이 해독할 수 없을 것 같은 단어를 파악하는 일도 중요한 지도 기술이다. 각 글자의 대표음을 학생들이 알고 있다고 가정하자. 학생들이 해독하기 어려울 글자, 즉 단어 자체를 보고 해독하기 어려울 것 같은 글자에 동그라미를 친다. 예를 들어, 단어 *gin*에서 글자 *g*는 대표음을 내지 않기 때문에 동그라미 칠 수 있을 것이다.

chest	lamp	rub
bent	ten	find
cent	bath	fit
son	rust	slim
rob	camp	limp
was	mend	pen

05 교사는 첫 주 동안에 분절 형태를 가르칠 때 사용할 단어를 선별한다. 각 목록에 나온 단어를 살펴보고 분절 수업에서 선별된 예시의 지침을 따랐는지 알아보기 위해 각 단어 옆에 A(acceptable) 혹은 U(unacceptable)라고 적으면서 표시하시오. 지침을 따르지 않았다면 그 이유를 자세히 쓰시오.

목록 A	목록 B	목록 C
brat	mud	mad
ham	sad	if
sit	lid	sit
fun	mad	Sam
last		

제7장
글자-소리 대응

학습 목표

1. 글자-소리 대응 수업 순서를 소개하는 지침을 설명한다.
2. 글자-소리 대응 활동 소개 비율을 구체화한다.
3. 중요한 수업 진행 기법이 포함된 글자-소리 대응의 지도 절차를 설명한다.
4. 글자-소리 대응 지도를 위한 상업용 읽기 프로그램 적용 중 수정이 필요한 사항을 논의한다.

이 장에서는 읽기 교수의 첫 몇 달 동안 지도해야 하는 글자-소리 대응 교수 절차를 제시한다. 글자-소리 대응 교수는 학생들이 단어를 음소 단위로 소리 내어 읽을 수 있도록 하기 위한 준비 과정이다. 학생들이 단어를 소리 내서 읽을 때는 단어 내의 각 글자가 대표하는 음을 소리 내면서 각 소리를 합성하여 해당 단어를 읽을 수 있어야 한다.

글자-소리 대응 소개 순서

다음의 네 가지 지침은 글자-소리 대응의 도입 순서를 결정할 때 고려할 수 있다.

1. 시각적으로나 청각적으로 유사한 글자를 분리한다.
2. 활용도가 높은 글자를 먼저 소개한다.

3. 소문자를 먼저 소개한다.
4. 새로운 글자인 경우 처음에는 하나의 소리만 소개한다.

시각적 혹은 청각적으로 유사한 글자를 구별하라

2개의 글자가 서로 유사할수록 학생들은 더욱 헷갈리기 쉽다. 유사한 글자들의 소개 순서를 서로 분리한다면 학생들의 혼동의 여지를 줄일 수 있다. 2개의 음과 글자 간의 유사성이 클수록 그 사이에 소개해야 할 글자의 수도 많아진다. 혼동을 불러오는 요소는 두 가지가 있다. 하나는 청각 및 음소 유사성(해당하는 두 글자의 대표음이 서로 유사한 정도)이고, 다른 하나는 시각 및 철자 유사성(해당 두 글자의 시각상 유사한 정도)이다. 청각적으로 유사한 음의 예는 /f/와/v/, /t/와 /d/, /b/와 /d/, /b/와 /p/, /k/와 /g/, /m/와 /n/, /ĭ/와 /ĕ/, /ŏ/와 /ŭ/이다. 시각적으로 유사한 글자는 *b*와 *d*, *b*와 *p*, *q*와 *p*, *n*와 *m*, *h*와 *n*, *v*와 *w*, *n*과 *r*이다.

유사한 음들은 적어도 3개 이상 소개하고 나서 구분이 되도록 유사하지 않은 음들을 따로 소개한다. 가령 /t/를 40과에서 소개했다면, 이와 청각적으로 비슷한 음이 나는 /d/는 /r/, /l/, /m/을 소개한 후에 제시한다. 학생들은 시각적으로 그리고 청각적으로 모두 유사하게 느껴지는 (*b, d*), (*m, n*), (*b, p*)와 같은 글자의 한 쌍을 서로 혼동할 수 있다. 이런 글자들(*e*와 *i*도 추가)은 적어도 또 다른 6개의 글자를 제시하면서 간격을 두고 가르친다.

활용도가 높은 글자를 먼저 소개하라

활용도가 높은 글자란 대부분의 단어에서 나타나는 글자이다. 이런 글자를 먼저 배우면 학생들은 활용도가 낮은 단어를 학습하는 것보다 더 많은 단어를 해독할 수 있다. 예를 들어, *s, a, t, i* 글자의 음을 알면 *j, q, z, x*의 음을 아는 것보다 해독할 수 있는 단어가 많아진다.

소문자를 먼저 소개하라

소문자를 대문자보다 먼저 소개한다. 읽기 자료에 나오는 단어는 대부분 소문자로 이루어져 있기 때문이다. 모든 소문자를 아는 학생은 다음의 문장에 나오는 단어를 모두 읽을 수 있다. "Sam had on his best hat." 학생이 대문자만 안다면 이 단어 중 어느 것도 읽을 수 없을 것이다. 이런 지침에 대한 예외 사항은 소문자와 대문자가 크기만 다르고 모양이 완전히 똑같은 문자이다(예: *sS*, *cC*). 이런 문자의 소문자와 대문자는 동시에 가르칠 수 있다. 대문자와 소문자는 〈표 7-1〉에서처럼 시각적으로 유사한 정도에 따라 분류된다. 이 지침은 문자에 대한 지식이 없이 학교에 입학한 학생들에게는 중요하다.

표 7-1 시각적 유사성에 따라 구별한 대문자와 소문자

유사하지 않음	동일함	유사함
aA eE qQ bB	cC kK oO pP sS	fF mM jJ nN
rR dD gG hH	uU vV wW xX zZ	tT yY lL iI

1개의 글자에 1개의 음만을 소개하라

글자 중에는 하나 이상의 음을 내는 글자가 있다. 이런 경우 처음 소개하는 글자라면 음을 한 가지만 소개해야 한다. 예를 들어, *c*는 *cat*에서처럼 보통 /k/ 소리를 내지만 *face*에서는 /s/ 소리를 낸다. 각 1개 글자의 대표음을 학생들에게 순서대로 소개한다.

〈표 5-1〉은 26개 글자의 대표음을 보여 준다. 글자를 연속음이나 파열음으로 구분해 볼 수 있다. 모음은 대표적으로 발음되는 단음(short sound)으로 목록화했다.

일부의 읽기 프로그램에서는 모음의 장음(*me*에서 /ē/)을 단음 대신 문자에서 대표적으로 발음되는 음으로 먼저 소개하기도 한다(*met*에서 /ĕ/). 이런 방법도 해당 프로그램이 글자의 단음을 나중에 소개하고 글자-소리 대응의 소개를 위계화한(sequencing) 지침을 전체적으로 잘 따른다면 전혀 문제되지 않는다.

글자 소개 순서의 예

〈표 7-2〉는 글자를 소개하는 여러 가지의 순서 중 하나이다. 이것이 유일하다거나 가장 뛰어나다는 뜻은 아니다. 단지 이 예시는 여기서 구체적으로 제시하는 지침 중에 하나일 뿐이다. 〈표 7-2〉에 대한 다음 설명을 주목하자.

표 7-2 글자 소개에 대한 위계화

a m t s i f d r o g l h u c b n k v e W j p y T L M F D I N A R E H G B x q z J Q

- 시각적 그리고/혹은 청각적으로 유사한 글자—(*e, i*), (*b, d*), (*m, n*), (*b, p*)—는 각각 13, 7, 13, 6의 글자씩 띄어 지도한다. 그 밖의 헷갈리기 쉬운 글자의 쌍 (*d, t*), (*f, v*), (*b, n*), (*k, g*), (*v, w*), (*n, r*)도 각각 따로 구별해 소개해야 한다.
- 소문자와 모양이 다른 대문자는 소문자를 거의 다 소개한 후에 소개한다. 대문자와 똑같이 생긴 소문자는 둘을 동시에 소개하면 된다. 그 대문자는 목록에 넣지 않았다.
- 활용도가 높은 글자를 낮은 글자보다 먼저 소개한다. 소문자 *j, y, x, q, z*는 순서에서 마지막 부분에 소개한다. 처음의 두 글자 *a*와 *m*은 활용도가 높을 뿐 아니라 발음하기가 쉽기 때문에 앞부분에 배치되었다. 발음하기 쉬운 글자부터 소개한다면 수업을 잘 따라오지 못하는 학생들이 음을 다루는 과제를 쉽게 받아들일 수 있다.

글자-소리 대응 소개 속도

새로운 글자를 소개하는 속도는 학생들의 수행 성과에 따라 달라진다. 글자-소리 대응을 거의 모르고 입학한 학생을 지도하고 있는 교사라면, 새로운 글자를 2~3일에 한 번씩 소개하는 것이 최적의 소개 속도라는 것을 알게 된다(새로운 글자를 오류를 최소화하면서 빠르게 소개하는 도입률이기도 하다). 이 속도는 교사가 각각의 음을 매일 연습시킨다는 가정하에서 상정된 것이다. 한편, 매일 적절한 연습이 선행되어야 최적의 소개 속도도 가능하다. 그렇지만 소개 속도는 항상 학생들의 수행 성과에 따라 달라져야 한다.

학생들이 처음에 나온 글자 5개를 배우고 난 후, 이를 바른 음으로 말할 수 없다면 새로운 글자를 소개해서는 안 된다. 교사는 새로운 글자를 바로 소개하기보다 며칠간은 이미 가르친 글자를 복습하면서 학생들이 모르는 글자에 집중해야 한다. 첫 5개의 글자를 소개한 후에 학생들이 글자-소리의 대응에서 어려워하는 단어가 하나라면, 새로운 문자를 도입해도 좋다. 가령, 새로운 모음 *e*는 학생들이 *b*와 *d*를 어려워해도 가르칠 수 있지만, 이미 배운 모음을 어려워한다면 가르쳐서는 안 된다. 모든 모음은 발음이 비슷하기 때문이다.

글자-소리 대응 지도 절차

글자-소리 대응을 지도하는 기본적인 절차에는 도입 수업 형식(introductory format)과 변별 수업 형식(discrimination format)이 있다. 도입 수업 형식에서는 교사가 해당 문자를 가리키면서 새로운 음을 발음하며 시범을 보이고, 그다음에는 학생들이 그 새로운 음을 발음할 수 있는지와 관련된 능력을 평가한다. 변별 수업 형식에서는 교사가 이미 소개한 글자-소리 대응과 함께 새로운 글자-소리 대응을 평가한다. 도입 수업 형식은 새로운 글자-소리 대응을 소개할 때 처음 두세 번의 수업에서 활용된다. 변별 수업 형식은 두 번째 글자-소리 대응 지도 후에는 매일 적용한다.

도입 수업 형식

도입 수업 형식에서 교사는 먼저 해당 음을 말하면서 시범을 보이고 학생 전체가 그 음을 말하도록 지시하며 평가한다. 교사는 학생들이 먼저 한목소리로 대답하도록 지시한다. 교사가 학생 전체가 바르게 반응한다고 판단되면 학생을 개별적으로 평가한다(〈표 7-3〉 참조).

표 7-3 글자-소리 대응 도입을 위한 수업 형식

교사	학생
1. (교사가 칠판에 판서한다. m.) "문자 아랫부분에 내가 손을 가져가 대면, 여러분은 그 문자의 음을 말해 보아요. 내가 손을 대고 있는 동안 계속해서 그 음을 소리 내어요."	
2. (교사가 음을 시범으로 보인다.) (교사가 문자 아래를 손가락으로 짚고 말한다.) "제 차례예요. 이건 무슨 음이지요?" (교사가 손가락을 내밀어, 해당 문자가 연속음이면 문자 아랫부분에 손가락을 2초간 대고 있고, 파열음이면 잠깐만 댄다. 교사가 문자 아랫부분에 손가락을 대면서 'mmmmmm' 소리를 낸 후 빠르게 문자에서 손가락을 떼며 음을 소리 내기를 멈춘다.)	
3. (학생 전체가 스스로 해당 음을 여러 번 말하도록 평가한다.)	
a. (교사가 문자 아래를 가리키면서 말한다.) "무슨 음이죠?" (신호) (교사는 문자 아래에 2초 정도 손가락을 가져가 댄다.)	"mmmmmmm"
b. (교사가 문자 아래를 1~3초 정도 손가락으로 대면서 이 단계를 여러 번 반복한다.)	
4. (학생을 개별적으로 평가한다.)	

글자-소리 대응 변별 수업 형식

글자-소리의 변별 형식에서는 새로운 글자-소리 대응과 이미 소개한 글자-소리 대응을 복습한다. 학생들은 이 여러 문자의 음을 빠르고 정확하게 낼 수 있도록 연습하며 단어를 음소 단위로 소리 내어 읽는 데 필요한 기술을 배운다. 새로운 글자-소리 대응은 도입 수업 형식에 따라 가르친다. 학생들이 해당 음을 말하는 데 어려움을 보이지 않는다면, 해당 문자를 변별 수업 형식에서 다룬다.

글자-소리 대응 변별 수업 형식을 준비하기 위해 교사는 칠판에 이미 소개한 문자를 여러 개의 새로운 문자와 함께 섞어서 쓴다. 새로운 문자를 여러 번 써서 학생이 이 문자가 어디에 쓰일지보다 문자의 모양에 더 관심이 가도록 한다. 이 연습활동에서 교사는 새로 배우는 문자를 가리키는 사이사이에 이미 배운 다른 문자를 가리키는 빈도를 점차 늘려 나가는 식으로 번갈아 물어보는 방법을 따른다. 〈표 7-4〉는 문자 *f*를 가르치기 위한 글자-소리 대응을 지도한 직후에 사용할 수 있는 변별 수업 형식의 활용의 예를 보여 준다.

표 7-4 글자-소리 대응 변별을 위한 수업 형식

교사	학생
(교사가 이미 가르친 여러 개의 문자를 새로운 문자와 함께 판서한다. 새로운 문자를 다른 위치에 여러 개 배치하는 것에 주의하라.) i a f m s n f r f o	
1. (교사가 지시를 내린다.) "내가 문자 하나를 손으로 대면, 여러분은 그에 해당하는 음을 말해 보아요. 내가 손으로 대고 있는 동안 그 음을 계속 말하세요."	
2. (교사가 새로운 음을 평가해 보고, 첫 번째 문자를 가리키고 2초간 멈춘 후에 물어본다. "무슨 음이죠?" (그다음 손가락을 펴서 해당 문자가 연속음이면 문자 아랫부분을 2초 정도 대고 있고, 파열음이면 잠깐 동안만 댄다.) (교사는 즉시 음을 교정해 주거나 다음 문자를 가리킨다.)	학생들이 해당 음을 말한다.
3. (교사가 모든 문자에 대해 평가해 본다. 한 문자를 가리키고 2초간 멈추고 물어본다. "무슨 음이죠?" (그다음 손가락을 펴서 해당 문자 아랫부분에 손가락을 가져가 댄다.)	학생들이 해당 음을 말한다.

(교사는 교차하는 방식을 사용하여 새로 가르치는 문자와 복습하는 문자를 번갈아 가면서 이 간격을 점차 벌려 나갈 수 있다. 가령, 새로운 문자가 *f*라고 하면 교사는 다음과 같은 순서로 문자들을 가리키며 가르칠 수 있다.)

f a f r m f s i o f n i r o f

4. (교사가 학생들을 개별적으로 평가한다. 지금까지 소개한 모든 모음에 대해 몇몇의 학생에게 매일 평가하고, 지난 주간 동안 어려워하던 음이 있었던 학생들을 개별적으로 평가한다.)

읽기 교수의 초기 몇 달 동안은 매 수업 시간에 글자-소리의 변별 훈련을 두 번씩 해야 한다. 수업 시간 처음에 한 번, 끝날 무렵에 한 번 한다. 그 이유는 단순히 연습 시간을 더 늘리기 위함이다. 프로그램 후반에서 학생들이 단어를 읽기 시작할 때, **단어 읽기 자체가** 글자-소리 대응의 연습이 되며, 수업에서는 글자-소리 대응 변별 과제를 단 한 번만 수행하면 된다.

소리를 처음으로 도입하는 수업 때처럼 학생 모두가 모든 음을 바르게 응답할 때까지 한목소리로 대답하게 시킨다. 그런 후 개별적으로 학생에게 시켜 본다.

변별 수업 형식에서는 교사가 학생들에게 반응 신호를 보내기에 앞서 한 문자를 가리키며 2초 정도 멈추도록 요구한다는 점에 주목한다. 이렇게 잠시 멈추는 것은 학생들이 반응하기 위해 잠시 생각할 시간을 주기 위해서이다. 학생들이 대략 12개의 글자-소리 대응을 익히게 되면 교사는 먼저 모든 문자를 2초 정도 멈추면서 물어보고, 다음에는 이 같은 문자들을 다시 1초 정도 멈추면서 물어보면서 이들을 두 번씩 제시한다.

교사의 중요한 수업 진행 행동

신호하기

글자-소리 대응에 대한 첫 번째 수업은 학생들에게 신호에 반응하는 것을 가르치는 데 중점을 둔다. 학생들은 교사가 문자 아래에 손을 대자마자 음을 말하기 시작하면서 신호를 따르고, 교사가 손을 대고 있는 동안 계속 반응한다. 학생들에게 몇 초간 하나의 음을 계속 내도록 가르치는 것은 단어를 음소 단위로 소리 내어 읽는 데 필요한 매우 중요한 선행기술이다. 학생들이 처음에 단어를 소리 낼 때에 각각의 음을 1~2초 정도 말한다. 해당 음을 말하는 동시에 다음 문자를 미리 인지한다. 예를 들어, 학생들이 단어 *mad*에서 /m/ 음을 말하는 동시에 문자 *a*의 음을 미리 인지한다. 음을 몇 초간 소리 낼 수 없는 학생은 한 단어를 음소 단위로 소리 내어 읽는 것을 힘들어할 수 있다.

신호하기 절차는 교사가 한 문자를 가리키면서 학생들에게 해당 음을 기억할 시간을 주면서 시작된다. 교사는 문자 아랫부분을 가리킨다(칠판에 손을 대지 않음). 이때 교사의 손이나 몸이 학생들이 주목해야 할 문자를 가려서 시야를 가로막지 않아야 한다. 생각할 시간을 2초 정도 준 다음, 교사는 문자에서 손가락을 멀리하거나 가까이 가면서 학생들이 반응하도록 신호를 준다. 손가락을 칠판에서 멀리 떼었다가(7~8cm 정도) 다시 바로 칠판으로 가져가는 '떼었다가 붙이는 동작(out-and-in motion)'을 신속히 진행한다([그림 7-1] 참조). 교사가 손가락을 문자 아래쪽의 칠판에 대면 학생들이 반응한다. 떼었다가 붙이는 동작은 매번 같은 방식으로 이루어진다. 동작을 주저하거나 일관성 없이 하면 학생들이 언제 대답해야 할지 분간하기 어려워지므로 모두가 한목소리로 대답하기 힘들다. 교사가 빠르고 분명하게 칠판에서 손가락을 떼면서 신호를 보내면 학생들은 응답을 멈춘다.

[그림 7-1] 신호하기 유형: 가리키기, 가리키지 않기/가까이 가져가기, 갖다 대기

파열음의 경우 이 신호 절차를 조정한다(/b/, /c/, /d/, /g/, /h/, /j/, /k/, /p/, /q/, /t/, /x/). 파열음은 순간적으로 발음을 낼 수 있기 때문에 교사는 문자 아래에 손가락을 순간적으로 대면서 신호를 사용한다.

시범 보이기

연속 자음을 왜곡하지 않게 발음해야 한다. 예를 들어, 문자 *m*을 'uummm'이나 'mmmmmuuu'이 아닌 'mmmm'으로 발음해야 한다. 파열음은 'uh' 음이 덧붙지 않게 발음한다. 예를 들어, 문자 *d*는 'duh'로 발음되어서는 안 된다. 모음의 음도 정확히 발음되어야 한다. 교사 중에는 모음의 음을 왜곡해서 발음하는 교사도 있다. 이들은 왜곡된 음을 내면서 바른 음으로 바꿔 말하거나(예: 문자 *i*를 'uuiii'로 발음), 바른 음으로 시작하여 왜곡된 소리를 내기도 한다(예: *i*를 'iiieee'로 발음). 음을 왜곡해서 소리 내지 않도록 주의해야 한다.

속도

수업을 빠른 속도로 진행하는 것은 학생들이 집중하도록 도우며 학업성과에도 영향을 주므로 매우 중요하다. 속도는 학생들의 주의를 끌 정도로 빠르게 진행되어야 하지만, 학생들이 답을 생각할 시간이 부족해 추측하려다가 오류를 낼 정도로 빨라서는 안 된다. 글자-소리 대응의 변별 형식을 제시할 때, 속도 규칙의 기본은 교사가 문자를 가리키고 난 다음, 학생들의 반응을 이끌려는 신호를 보내기 전에 학생들에게 '생각할 시간'을 주는 것이다. 학생들이 반응한 후 교사는 신속히 다음 문자로 넘어간다. 생각할 시간은 학생 모두가 반응할 정도로 충분해야 한다. 지난 수업 시간에 학생들이 어려워했던 음의 경우는 학생들에게 생각할 시간을 더 준다. 또한 변별 형식의 마지막 단계에서 학생들이 2초 만에 응답할 수 있도록 해당 문자에 대해 연습을 더 시킨다.

어려운 문자에 대해 생각할 시간을 추가로 제공하는 방법의 예는 다음과 같다. 교사가 글자-소리 대응 과제를 문자 *m, s, d*에 대해 진행하고, 학생들이 이전의 수업에서 문자 *d*를 어려워했다고 가정해 보자.

1. 교사가 *m*을 가리키고 2초간 멈춘 후 신호를 사용한다.
2. 학생들이 반응하자마자 교사는 *s*를 가리킨다.
3. 교사가 2초간 멈춘 후 신호를 준다.
4. 학생들이 반응하자마자 교사는 *d*를 가리키며 "이 문자의 거친 음을 기억하세요."라고 말하며 4초간 멈추었다가 신호를 사용한다.
5. 앞의 단계를 반복한다. 단, *d*를 다시 제시할 때는 2초만 멈춘다.

속도에서 또 다른 중요한 부분은 학생들이 바르게 응답하면 바로 다음 문자로 넘어가야 한다는 것이다. 기존의 절차에서 학생들이 문자 *m*에 대해 응답하자마자 바로 교사가 다음 문자인 *s*로 넘어가서 학생들에게 생각할 시간을 주었다는 점을 주목하자. 학생들이 응답하자마자 빠르게 다음 단계로 넘어가는 것은 학생들이 집중을 유지하는 데 큰 도움이 된다.

자동화 개발

글자-소리 대응 형식의 목표는 학생들이 문자와 관련된 소리를 발음할 수 있도록 할 뿐만 아니라 학생들이 상대적으로 이를 쉽게 할 수 있도록 하기 위함이다.

변별 형식에서는 교사가 신호를 주기 전에 2초간 생각할 시간을 주도록 권고했다. 수업을 잘 따라오지 못하는 학생을 지도하는 교사는 학생들이 이런 생각할 시간을 갖고 응답하기 위해서는 많은 양의 연습이 필요하다는 것을 알게 될 것이다. 학생들의 좌절감 수위를 낮추기 위해서 교사는 각각의 신호에 앞서 변별 형식을 3초간 생각할 시간을 주면서 시작한다. 학생들이 모든 문자에 바르게 응답하는 데 3초를 넘기지 않는다면 교사는 학생들에게 "아주 잘했어요. 이번엔 더 빨리 해 볼게요."라고 말하며 더 어려운 과제에 도전해 보도록 한다.

학기가 지날수록 생각할 시간은 점차 줄어 시작 단계가 끝나갈수록 학생들이 각각의 문자에 생각하는 시간이 1초 이내로 줄어든다.

학기 중에 연습량을 늘리기 위해 각각 2~3분 정도로 추가 연습활동을 제공할 수 있다.

점검하기

집단 응답 시간에 학생들의 수행을 점검하기 위해서 학생들의 응답을 듣고 입과 눈을 살펴보는 것이 중요하다. 교사가 모든 학생의 반응을 모두 살필 수 없기 때문에 교사는 한 번에 몇몇의 학생만을 살피게 된다. 교사는 한 번의 반응에 1~2명의 학생에게 집중하고 다음의 반응에는 다른 학생에게 주의를 돌리는 식으로 학생 전체를 계속 살핀다. 교사는 학생의 눈과 입을 본다. 학생의 눈이 문자에 향해 있지 않다면 아마 주의를 기울이지 않는다는 뜻일 것이다. 학생의 입을 바라보는 것은 학생들이 올바르게 응답했는지의 여부를 판단하는 데 도움이 된다. 음을 소리 내기 위해 학생들의 입술 모양과 혀는 특정 위치에 있어야 한다. 예를 들어, /l/ 음을 내기 위해 혀의 앞쪽 끝부분은 입천장에 닿으며 입은 열려 있어야 한다. 입이나 혀가 제 위치에 있지 않다면 바른 음을 낼 수 없다. 일부의 음 —(/c/, /g/), (/d/, /t/), (/f/, /v/), (/p/, /b/), (/s/, /z/)—과 모든 단모음의 소리는 두 음 이상을 소리 내기 위해 만들어지는 입술과 혀의 위치가 비슷하기 때문에 교사가 학생들의 입 모양에만 의존할 수는 없다. 따라서 교사는 이런 음의 경우에는 소리를 주의 깊게 들어야 한다.

기본적인 지도 규칙은 교사가 모든 학생이 바른 음을 낼 수 있다고 느낄 때까지 한목소리로 대답하도록 연습시키는 것이다. 교사가 학생들이 한목소리로 대답하는 것을 주의 깊게 듣고 보더라도, 모든 학생이 바르게 응답하는지 확인할 수는 없다. 수업의 마지막 단계에서는 학생을 개별적으로 시켜서 학생들이 바르게 응답할 수 있는지 확인할 수 있다.

도입 수업 형식에서 교사는 학생들이 새로운 음을 바르게 말할 수 있는지 확인하기 위해 모든 학생을 개별적으로 시킨다. 교사가 발음의 오류를 빠르게 발견할수록 오류를 교정하기가 쉬워진다. 변별 수업 형식에서 교사는 새로운 문자, 지금까지 소개한 모든 모음, 어려워했던 자음에 대해 매일 개별적으로 몇몇의 학생을 평가한다.

교사는 학생들이 모든 문자에 해당하는 음을 2초 넘기지 않고 발음할 수 있는지 확인하기 위해 지금까지 소개한 모든 문자에 대해 매주 혹은 2주에 한 번씩 학생 모두를 개별적으로 평가한다. 집단 교수에서는 제시되지 않은 이 평가에서, 교사는 학생들이 스스로의 속도로 반응하도록 허용한다. 학생들이 바른 음을 내지 못한 문자뿐 아니라 발음하기까지 2초가 넘는 시간이 걸린 문자에 대해서 기록한다. 그리고 이 글자-소리 대응에 대한 연습을 더 제공한다. 교사는 집단 교수 중에 오류를 내는 학생에게 개별적으로 더 자주 평가한다.

오류 교정

학생들이 오류를 내는 유형은 크게 세 가지이다. 혼동 오류(해당 음을 다른 문자를 보고 발음하기), 발음 오류(왜곡된 발음으로 음을 내기), 신호 오류(신호가 주어져도 응답 시기를 놓치기). 이 모든 오류를 교정하는 기본적인 방법은 다음의 네 가지 단계를 따른다.

1. 바른 대답에 대한 시범 보여 주기
2. 이끌기(필요시)
3. 오류가 나는 문자에 대해 단체로 평가하고 오류가 나는 문자와 형태에 있는 다른 문자 사이를 번갈아 가며 익히기
4. 수업 후반부에 오류를 내는 학생들을 개별로 다시 평가하기

◉ 혼동 오류

혼동 오류의 경우, 학생들은 문자 *n*을 보고 /m/으로 발음할 수 있다. 교사는 다음처럼 지시한다.

1. 바른 음을 시범으로 보인다. "들어보세요. Mmm."
2. 학생들이 오류를 낸 문자를 평가한 후, 이 문자와 학생이 바르게 인식한 기존의 다른 문자들을 섞어 번갈아 가며 물어본다. 학생이 음을 다른 문자를 향해 말했다면, 교사는 이 문자를 번갈아 물어보는 문자들 묶음에 넣지 않는다. 가령, 학생이 문자 *m*에 대해 *n*이라고 발음했다면, 문자 *n*을 물어보는 묶음에 끼워 넣지 않는다. 교사는 복습하는 단어의 수를 묶음 안에 점차 늘려서 포함시킨다. 그리고 학생들이 적어도 3개의 익숙한 문자 이후에도 오류가 났던 문자를 맞게 소리 낼 때까지 오류가 났던 문자와 익숙한 문자를 번갈아 가며 계속 묻는다. 예를 들면 다음과 같다. 먼저 문자 *m*을 평가하고, *a, m, s, i, m, r, f, g, m* 순으로 다른 문자와 번갈아 가며 묻는다.
3. 수업 후반부에서 *m*에 오류를 낸 학생들을 다시 평가한다. 교사는 *m*을 가리키며 "이건 무슨 음이죠?"라고 물으면서 평가한다. 학생이 잘못된 음을 낸다면, 교사는 위의 1, 2단계를 다시 반복한다.

혼동 오류를 빨리 발견할수록 학생들을 교정하기는 더 수월해진다는 점을 명심하라. 헷갈리기 쉬운 문자의 쌍을 수년 동안 헷갈려 했던 고학년 학생일수록 저학년 학생보다 오류를 바로잡는 데 시간이 더 걸린다.

학생이 만일 *b*와 *d*와 같은 문자의 한 쌍을 구별하는 데 지속적인 문제를 보인다면, 교사는 연습하는 단어의 묶음에서 문자의 한 쌍에서 하나의 문자만 연습시킨다. 학생이 교사가 제시하는 그 문자를 며칠 연속 올바르게 인식할 수 있을 때 그 한 쌍의 나머지 다른 문자를 연습시킨다.

⊙ 발음 오류

발음 오류는 특히 모음에서 혼동 오류만큼이나 심각할 수 있다. 음을 발음할 때 왜곡이 심할수록, 학생들은 수업에서 비슷한 음이 나올 때마다 그 음을 변별하기 어려워한다. 예를 들어, 학생이 /ĭ/의 음이 /ĕ/의 음과 비슷하여 /ĭ/를 잘못 인식하면, 이 학생은 /ĕ/ 음이 소개되어 단어를 읽을 때 *i*와 *e*가 헷갈려서 *lid*를 'led'라고 발음할 수 있다.

발음 오류를 교정하는 일은 혼동 오류를 교정하는 일과 비슷하다. 학생이 음을 잘못 발음하면, 교사는 다음의 단계를 따른다.

1. 바르게 발음하면서 시범을 보인다. "들어보세요. Mmmmm."
2. 실수를 하는 학생들이 입의 모양과 혀의 위치가 바른지를 확인하면서 학생들과 함께 바른 음을 내면서 학생들을 이끈다. 학생들의 입과 혀의 모양과 위치가 바르지 않다면 교사는 이렇게 말하여 다시 시범을 보인다. "내가 음을 낼 때 내 입 모양을 보세요." 해당 음을 발음하면서 학생들이 집중하고 있는지 그들의 눈을 잘 본다. 그다음, 학생들의 입 모양을 보면서 학생들이 교사와 함께 음을 내도록 이끈다. 교사가 함께 학생을 이끄는 경우는 주로 학생들이 음을 잘못 발음할 때이다. "들어보세요. Mmmm. 자, 발음해 보세요." "Mmmm." (교사가 함께 반응한다.) "다시 들어보세요. Mmmm. 자, 음을 내보세요." "Mmmm." (학생들이 바르게 연속해서 두 번 반응할 때까지 교사가 학생과 함께 반응한다.)
3. 오류가 나는 문자와 다른 문자를 섞어서 번갈아 가며 평가한다. 혼란 오류와 비슷한 패턴이다. 교사는 각각의 문자를 가리키며 묻는다. "무슨 음이 나죠?"
4. 수업 시간의 나중에 다시 점검한다.

발음 오류와 혼동 오류의 교정 절차의 가장 큰 차이는 학생들을 이끄는 단계(lead step)이다. 이끄는 단계에서는 교사가 음을 말한 후, 학생들이 교사와 함께 음을 말한다. 교사가 학생들에게 자신의 입 모양을 바라보라고 하면서 음을 내도록 한다. 학생들이 교사가 음을 낼 때 입술과 혀의 모양을 주시하는 것은 학생들이 소리를 낼 때 입술과 혀의 위치를 바르게 두는 데 도움이 된다. 교사는 학생들이 반응을 제대로 할 때까지 5~15번 반복하여 음을 제시할 필요가 있다. 기존의 교정안에서 언급했듯이, 각각의 학생이 반응하기 전에 교사는 음을 말하면서 시범을 보이고 학생들이 교사와 함께 해당 음을 말하도록 지시한다.

교사는 이끄는 단계에서의 목표를 합리적으로 세워야 한다. 학생이 말하는 데 문제가 없다면, 목표는 학생이 완벽한 음을 내도록 하는 일이어야 한다. 만약 학생이 *s*를 *th*로 발음하는 혀짧배기 소리를 내거나 말하기에 다른 문제가 있다면, 교사는 목표 음을 대략 비슷하게 낼 수 있도록 합리적으로 조정해야 한다. 교사는 학생이 연속해서 두 번 바르게 반응할 수 있을 때까지 이끄는 단계를 반복한다. 음을 말하는 데 처음부터 어려움이 있었던 학생은 어느 정도 적절한 반응을 자주 보이겠지만, 다시 시도하면 어색한 반응을 보일 것이다. 두 번 연속 적절한 반응을 보이는 학생에게 연습을 추가로 더 시킨다면 학생은 며칠 동안 꾸준하게 향상될 것이다. 첫날은 학생들에게 15번 반복 연습을 시켜서 두 번 연속 적절히 반응하도록 이끌고, 이틀째는 10번 반복시키고, 그다음 날은 반복 연습 횟수를 줄인다. 학생들이 바른 음을 내도록 연습시키는 것은 교사에게 어려운 일이다. 교사는 각 회기마다 학생에게 어떤 반응을 이끌어 낼지를 목표로 결정해야 한다. 이때 교사는 무리한 목표를 세우지 않도록 주의해야 한다. 교수의 성과에는 학생들이 목표한 방향으로 반응하는 일도 있지만, 학생들 스스로가 능력을 확인하는 일도 포함된다. 교수 중에 교사는 학생들의 학습욕구를 크게 장려해야 한다. 몇몇의 학생이 응답하고 나면 교사는 이들을 격려하며 칭찬한다. "잘했어. 이건 어려운 음이었어." 학생이 드디어 두 번 연속 적절하게 반응을 하면, 교사는 신나게 행동하며 학생을 아낌없이 칭찬한다. "아주 잘했어! 잘했구나! 잘할 줄 알았어. 포기하지 않고 잘 해냈구나. 잘했어. 아주 잘했어!"

발음 내기를 어려워하는 학생을 지도하는 교사는 학생에게 음을 모방하도록 하는 연습을 추가로 더 시킨다. 교사는 자신이 말하는 음을 학생이 단순하게 모방하는 연습을 매일 시킬 수 있다. 이 활동에서 교사는 몇 초 동안 한 음을 말한 다음 몇 초 동안 이 음을 학생들에게 발음하도록 시킨다. "내가 음을 내어 볼 테니 여러분은 나와 함께 따라 하세요. 들어보세요, aaaaaaaa. 준비." (신호) 교사는 학생들에게 한 음에 대해 음소 인식 합성 및 분절 연습, 글자-소리 대응 연습을 하기 이전에 일주일 정도 모방 연습을 먼저 시킨다.

◉ 신호 오류

신호 오류(signal errors)는 학생들이 교사가 신호를 보낼 때 반응을 시작하거나 마무리 짓는 반응을 하지 않는 경우를 말한다. 교정 절차에서는 교사가 신호를 따르는 학생을 칭찬하고, 시범을 보이며, 학생을 이끌고, 평가한다. "Emily, 내가 칠판에 손을 댈 때 음을 아주 잘 말했어요. 모두들 내가 신호에 따르는 것을 보세요. 나와 함께 신호에 따라 해 봐요. 무슨 음이죠? 각자 말해 보아요. 무슨 음이죠?"

음을 하나씩 교수하는 첫 며칠간은 일부 학생에게 여러 번 신호 교정을 해 줄 필요가 있다. 첫 며칠간 학생들이 신호 따르기를 더 쉽게 학습시키기 위해 교사는 신호를 제시할 때 각 부분의 몸짓을 과장되게 보여 줄 수 있다. 문자를 가리킨 후, 교사는 손을 칠판에서 3인치 정도가 아니라 6인치 정도 떼면서 신호의 '손 떼기' 부분을 과장한다. 학생에게 언제 반응을 할지 알려 주는 신호로 칠판을 '탁' 치면서 신호를 강조하여 보여 줄 수도 있다. 신호의 마지막을 과장하기 위해 교사가 칠판에서 6인치 정도 빠르게 손을 뗀다.

학생의 신호 따르기를 훈련시키는 데 활용할 수 있는 두 번째 단서는 음을 소리 내어 말하는 시간을 다양하게 하는 것이다. 교사는 학생들의 반응을 이끄는 신호를 줄 때마다 문자의 아래에 손을 대는 시간을 다양하게 한다. 예를 들어, 처음에는 문자 아래에 손을 3초간 대고 있고, 다음번에는 1초, 마지막으로는 2초 정도 댄다. 이렇게 하는 목적은 학생들이 교사가 문자를 가리키는 시간을 정해 놓지 않고, 가리키는 동안 내내 음을 소리 내야 한다는 것을 보여 주기 위해서이다.

음을 교수할 때 첫 며칠간은 교사가 신호 따르기를 학습하는 학생들에게 아끼지 말고 칭찬을 해 주어야 한다는 것이다. 거의 모든 학생이 동기부여가 되면 하루나 이틀 만에 소리 신호를 따르는 것을 학습할 수 있다. 교사는 연습을 게임처럼 진행한다. 교사는 이렇게 말하면서 학생들에게 자극을 줄 수 있다. "이제 여러분과 게임을 해 볼 거예요. 내가 문자에 손을 대는 그 순간에 내 손가락을 보고 음을 말하는 게 정말 어려울 거예요." 이런 게임 형식은 보통 학생들의 흥미를 유발한다.

교수의 첫 몇 주가 지나면 교사는 신호 오류에 주의 깊게 대응해야 한다. 한 학생이 신호 오류를 자주 낸다면, 교사는 이 학생을 개별적으로 평가하고 개별 시간을 갖고 연습시키면서 단체 연습에 너무 많은 시간을 할애하지 않는다.

예시 선택

음 도입 수업 형식(introductory sounds format)은 문자를 소개하는 일이다. 새로운 문자는 두세 번의 수업에 연속해서 나온다. 변별 형식에는 6~8개의 문자가 포함된다.

첫 주와 두 번째 주에서 예를 선택하는 일은 쉽다. 기존에 소개한 모든 음이 이 형식에 포함된다. 학생들이 배운 문자가 8개가 넘는다면, 교사는 어떤 문자를 예시를 포함시켜야 하는지 골라야 한다. 지금까지 소개한 문자를 모두 포함한다면 형식을 수업하는 데 시간이 너무 많이 소요된다. 변별 형식을 위해 문자를 선택하는 데 다음의 지침을 활용할 수 있다.

1. a. 일반적으로, 어떤 글자가 도입 수업 형식에서 두 번째 나오는 날에 새로운 글자를 변별 수업 형식에 포함시킨다.
   b. 소개할 새로운 문자가 기존에 도입한 문자와 시각적으로 그리고 청각적으로 유사하다면, 새로운 문자를 도입 형식에 포함시킨 수업 시간의 변별 형식에서 이와 유사하게 생긴 기존에 도입한 문자를 포함시키지 말아야 한다. 그 수업 시간 이후 다음의 2주 동안 매일매일 이 유사한 문자를 포함시킨다.
2. 일단 새로운 문자를 변별 형식에 도입시키게 되면, 약 2주 동안 매일 이 문자를 포함시킨다.
3. 모음을 특별히 강조하라. 현재까지 도입한 모든 모음을 거의 매 수업에 포함시키라.

〈표 7-5〉는 예시 선택 기준을 매일의 수업에 통합시키는 것을 보여 준다. 이 표는 문자 *b*를 도입하는 수업 시간에 도입 형식과 변별 형식에 어떤 예를 포함시킬 수 있는지 보여 준다. 첫째, 둘째, 셋째 날에 도입 형식에 *b*를 넣었으므로 변별 형식에 *d*를 포함시키지 않음을 주목하라. 넷째 날에 문자 *d*를 문자 *b*와 함께 다룬다. 교사는 학생들에게 기존에 도입한 문자를 복습시키면서 *b*와 *d*에 대해 변별 연습을 시키는 데 집중한다. 최근에 도입한 자음 *c, l, b*와 함께 모음도 추가로 복습하는 것도 유의하자.

표 7-5 글자-소리 대응 과제를 위한 4일 수업의 예시 선택 순서의 예

날짜	1일차	2일차	3일차	4일차
도입 형식	b	b	b	
변별 형식	cuh	hoi	bui	ucb
	log	bul	hat	odi
	ia	cr	cl	tf

상업용 자료의 활용

상업용 읽기 프로그램 중에는 유치원이나 초등학교에 들어가는 학생 중 문해력이 떨어져 읽기를 어려워하는 위기 학생에게 글자-소리 대응을 지도하는 프로그램이 많다.

- **지나친 양의 정보를 한 번에 소개하는 경우:** 대문자와 소문자를 동시에 소개하는 상업용 읽기 프로그램이 있다. 문자의 명칭과 문자의 음을 동시에 소개하는 프로그램도 있다. 글자-소리 대응을 소개하며 대문자와 소문자, 그리고 문자의 명칭을 동시에 소개하기도 한다. 어떤 프로그램은 한 문자에 여러 개의 음을 소개한다. 문자와 음에 대한 충분한 지식을 갖추고 입학하는 학생은 무엇이 제시되는지 이미 이해하기 때문에 이런 상황이 문제가 되지 않는다. 그러나 문자와 음에 대한 지식이 전혀 없는 아동들에게 한 번에 너무 많은 양의 정보를 소개하는 것은 아동에게 부담이 되기 때문에 혼동을 가져올 수 있다.
- **혼동을 가져올 수 있는 순서:** 시중의 상업용 읽기 프로그램 중에는 유사한 음이나 모양을 고려하지 않고 문자를 소개하는 프로그램이 있다. 예를 들어, 알파벳 순서에 따라 문자를 소개하는 것도 이에 해당한다. 이런 순서를 따르면, 혼동이 될 수 있는 문자의 쌍, 가령 문자 *b*와 d, m과 *n*, *e*와 *i*를 서로 가깝게 소개하게 된다.
- **너무 빠른 소개:** 어떤 읽기 프로그램들은 문해 관련 정보를 많이 습득하지 못한 학생들을 위해 현실적인 속도보다 훨씬 빠른 순서로 새로운 글자-소리 대응을 소개한다. 한 읽기 프로그램은 매일 새로운 글자-소리 대응을 소개한다.
- **혼동을 유발할 수 있는 교사의 수업 진행:** 읽기 프로그램 중에는 글자-소리 대응을 읽기에 어려움을 겪는 위기 학생들이 이해하기 어려운 언어로 설명한다거나, 학생들에게 해당 음을 어떻게 발음하는지 명확하게 시범 보여 주지 않고 가르치는 프로그램이 있다. 예를 들어, 어떤 프로그램은 학생에게 특정 문자에 대한 음을 나타내는 그림이 그려진 카드 한 장을 보여 주도록 지시한다. 카드에 rooster 그림이 그려져 문자 *r*을 뜻하는 카드가 있다고 하자. 학생은 이 음을 'rrr' 대신 'rrrooo'라고 말하며 소리를 왜곡할 수 있다.
- **너무 적은 연습:** 일부 읽기 프로그램은 글자-소리 대응에 대해 매일 복습을 하지 않는다. 글자-소리 대응을 여러 차례의 수업에서 다루고 며칠간 복습하지 않는 것이다.

문제의 해결방안

앞서 제시한 상황 중에서 가장 쉽게 해결할 수 있는 문제는 교사의 수업 진행이 혼란스러운 경우와 복습량이 적은 경우이다. 교사는 간단하게 이 장에서 제시한 형식을 활용하고 연습문제를 매일 제시하면서 문제를 해결할 수 있다. 연습문제를 준비하는 시간은 하루에 몇 분 정도면 될 것이다.

지나친 양의 정보를 한 번에 제공하는 경우로 비롯된 문제는 해결하기 더 어려울 수 있다. 문자의 명칭과 대문자를 문자의 소문자와 동시에 소개하는 읽기 프로그램의 경우, 교사는 간단하게 문자의 음과 소문자에 집중하여 문제를 해결할 수 있다. 그러나 연습문제에 대문자와 문자의 명칭 활용이 서로 섞여 있는 경우에는 교사가 학생들에게 아직 가르치지 않은 정보를 가르쳐야 할 필요가 생길 것이다.

글자-소리 대응을 혼란스러운 순서로 도입하는 읽기 프로그램은 가장 해결하기 어렵다. 글자-소리 대응이 혼란스러운 순서로 도입된다면, 교사는 일부의 글자-소리 대응 소개를 미루고 연습문제를 조정해 가면서 읽기 프로그램 전체에 바꿔야 할 부분이 많게 될 것이다.

응용 연습문제

01 다음은 읽기 프로그램에서 문자의 목차를 다양한 순서로 소개하는 방법을 가정해 본 것이다. 각각의 문자 옆에는 문자를 지도할 때 쓰이는 소리의 음을 표시했다. 수용 가능한 배열을 담은 하나의 프로그램 옆에 A(acceptable, 수용 가능)라고 표시하시오. 수행능력이 낮은 학생에게 활용하기에 지나치게 문제가 있어 보이는 하나의 프로그램 옆에 U(unacceptable, 수용 불가능)라고 표시하자. 그리고 그 배열을 수용하기 어려운 이유를 말하시오. 이 외의 프로그램에 대해서는 각각에서 문제가 되는 배열 지침(sequencing guideline)을 자세히 논하고 학생들의 성과를 향상시키기 위해 이를 어떤 방법으로 조정할 수 있는지 설명하시오.

프로그램 A
1. a/ă/ 2. i/ĭ/ 3. e/ĕ/ 4. u/ŭ/ 5. o/ŏ/ 6. b/b/ 7. f/f/ 8. d/d/

프로그램 B
1. m/m/ 2. a/ă/ 3. f/f/ 4. d/d/ 5. s/s/ 6. o/ŏ/ 7. g/g/ 8. h/h/

프로그램 C
1. m/m/ 2. M/m/ 3. a/ă/ 4. A/ă/ 5. s/s/ 6. S/s/ 7. d/d/ 8. D/d/

프로그램 D
1. m/m/ 2. a/ă/ 3. d/d/ 4. s/s/ 5. i/ĭ/ 6. b/b/ 7. r/r/ 8. n/n/

02 다음에 나온 배열은 교사가 소리-변별 과제(sound-discrimination task)에서 제시했던 문자(*s, a, m, r, f*)를 가리킨다. 학생의 반응이 옳은 경우는 각 문자 옆에 플러스 기호(+)로, 학생의 반응이 옳지 않을 경우는 마이너스 기호(-)로 표시했다. 각각의 반응에 대해 (수용 가능한가, 불가능한가를 선택하면서) 권고한 교정 절차를 교사가 따르고 있는지, 교사가 권고한 교정 절차를 따르지 않았다면 어떻게 따르지 않은 것인지 설명하시오.

배열 1: 수용 가능/수용 불가능, 이유는?
s+r+m+a- (교사가 교정함) a+m+a- (교사가 교정함) a-

배열 2: 수용 가능/수용 불가능, 이유는?
s+a+m- (교사가 교정함) m+s+m+a+s+m+f+r+a+m+

배열 3: 수용 가능/수용 불가능, 이유는?
s+a- (교사가 교정함) a+m+r+f+m+s+r+m+

03 교사가 소리-변별 형식을 제시한다. 과제에는 다음의 문자가 포함된다. *m, a, s, d, I, f, c, e*. 학생이 *m, a, s, d*를 바르게 파악했으나 문자 *i*에 대해 /ĕ/라고 발음한다. 교사가 이 오류를 교정하기 위해 (예를 포함하여) 취해야 할 단계를 구체적으로 설명하시오.

04 (a) 대문자와 거의 비슷하지 않은 소문자에 동그라미를 표시하시오.
(b) 파열음을 나타내는 각 문자 위에 *S*라고 쓰시오.

a b c d e f g h i j k l m n o p q r s t u v w x y z

05 학생들에게 다음에 나오는 문자들을 이미 소개했다고 가정하자.

a m t s i f d r o g l h u c b n v

(a) 한 학생이 문자 *b*를 모르는데 다음에는 문자 *e*를 소개할 차례이다. 교사가 어떻게 해야 하는가?
(b) 학생이 문자 *i*를 모르는데 다음에는 문자 *e*를 소개할 차례이다. 교사는 어떻게 해야 하는가?
(c) 학생이 *b*와 *t*를 모르는데 다음에는 문자 *e*를 소개할 차례이다. 교사는 어떻게 해야 하는가?

제8장
규칙 단어를 음소 단위로 소리 내어 읽기

학습 목표

1. '규칙 단어'의 의미와 이를 가르치기 위한 합리적 교수 절차를 구체적으로 설명한다.
2. 규칙 단어 교수를 위한 범위와 순서를 설명한다.
3. 교사의 중요한 수업 진행 행동을 포함하여 규칙 단어를 가르치기 위한 교수 절차와 단어 목록과 지문 읽기를 설명한다.
4. 규칙 단어 지도 시 상업용 읽기 프로그램 중 수정이 필요한 사항을 논의한다.

이 장과 다음의 두 장에서는 단어 읽기에서 초기 읽기 단계를 어떻게 가르쳐야 하는지에 대한 정보가 제시되고 있다. 이 세 장에서 제시한 교수 절차는 유치원과 초등학교 1학년에서 읽기 수행에 어려움을 겪는 위기 학생과 고학년이지만 읽기 능력이 떨어지는 학생을 가르치는 교사에게 매우 유용할 것이다. 다수의 상업용 읽기 프로그램은 교사들에게 어떻게 학생들이 단어를 읽을 수 있도록 가르쳐야 하는지에 대한 명시적인 방법에 대한 구체적인 제안을 제시하지 않고 있다. 이들 상업용 읽기 프로그램은 비교적 적은 교수를 통해서도 학생들이 음소 단위로 소리 내어 읽기 전략을 내재화할 수 있다고 가정하는 듯하다. 그러나 실제로 많은 학생에게는 초기 읽기 단계에서부터 구어로 단어를 음소 단위로 소리 내어 읽기를 지도하다가 점차 그러지 않고도 단어들을 인식하는 단계로 전환하도록 명시적이고 체계적인 교수가 필요하다. 이 장과 다음 두 장에서는 교사에게 읽기 위기 학생들이 초기 읽기 단계의 읽기에서 보다 성공적인 경험을 할 수 있도록 하는 유용한 정보를 제공하고 있다.

규칙 단어

규칙 단어란 각각의 문자가 대표음으로 소리 나는 단어를 말한다. 예를 들어, 단어 *sat*은 문자 *s*와 *t*가 대표음으로 소리 나기 때문에 규칙 단어이다.

규칙 단어 읽기 교수는 학생들이 4~6개의 글자-소리 대응과 해독하기 가장 쉬운 단어를 합성 및 분절할 수 있는 음소 인식 기술을 습득했을 때부터 시작한다(즉, 연속음으로 시작하는 VC 단어, CVC 단어).

단어 읽기 교수는 학생들이 규칙 단어들을 음소 단위로 소리 내어 읽기, 각 문자의 음 소리 내기, 그리고 한 단어를 왼쪽에서 오른쪽 방향으로 진행하면서 각 소리들을 합성하는 명시적 교수로 시작한다. 음소 단위로 소리 내어 읽기 교수는 학생들에게 연속음으로 시작하는 VC와 CVC 규칙 단어들을 소리 내어 읽는 방법을 가르치는 것으로 시작한다. 교사는 칠판에 단어나 차트를 쓰고 단어 안의 문자들을 하나씩 가리키며 학생들이 단어를 읽게 한다. 교사가 왼쪽부터 오른쪽 방향으로 단어를 가리키면 아동들은 단어의 음을 말하고 합성한다. 아동들은 음들을 합성한 후에 단어를 보통의 속도로 읽는다. 이런 연습을 **단어 목록 읽기**라고 부른다. 단어 목록 읽기는 교사가 음소 단위로 소리 내어 읽기를 지도하고 연습을 시키는 초기에 사용하는 절차이다. 학생들이 이야기 속에서 단어를 음소 단위로 소리 내어 읽는 지문 읽기 연습은 학생들이 단어 목록에서 CVC와 VC 단어를 상대적으로 쉽게 음소 단위로 소리 내어 읽을 수 있을 때 도입한다.

범위와 순서

[그림 8-1]은 음소 인식 교수, 글자-소리 대응 교수, 규칙 단어 지도와 같은 다양한 요소가 유치원 처음 입학 후부터 초기 몇 주에 걸쳐 읽기 교수를 위한 일일 학습에서 어떻게 통합해서 지도해야 하는지에 대한 개요를 보여 주고 있다. 매일 학습에는 글자-소리 대응 연습, 음소 인식 연습, 음소 단위로 소리 내어 읽기 연습뿐만 아니라 문자 보고 베껴 쓰기 및 쓰기가 포함된다.

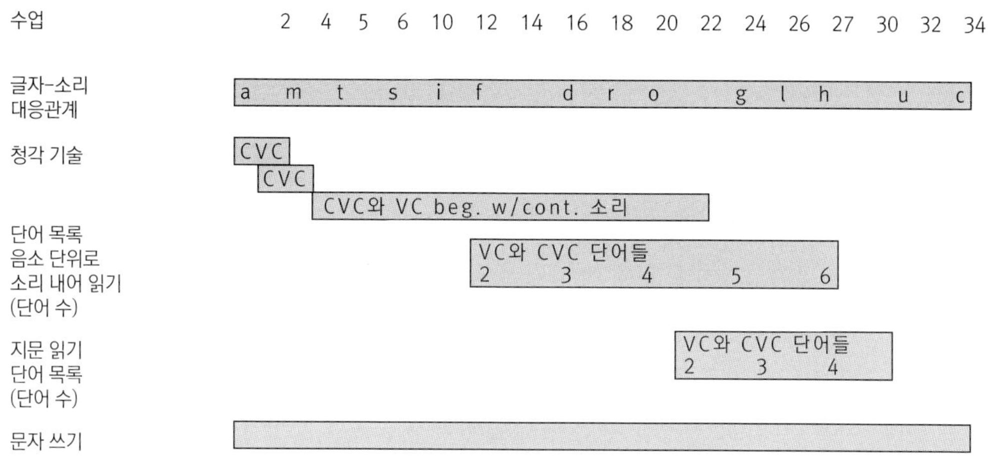

[그림 8-1] 범위와 순서: 초기 읽기 교수의 첫 주

[그림 8-1]에는 첫 읽기 수업에 지도하는 내용으로 글자-소리 대응, 음소 인식 기술, 문자 쓰기만 있다는 것을 주목하라. 음소 단위로 소리 내어 읽기는 학생들이 4~6개의 글자-소리 대응을 알 때까지는 도입되지 않는다. 초기 수업이 매우 중요하다. 첫 수업에서 학생들은 읽기 기술도 학습하지만, 교사가 제시하는 신호에 대해 집단으로 반응하는 방법도 배운다. 모든 초기 발음은 연속음으로 시작하는 VC와 CVC 규칙 단어들로 이루어지는데, 이는 음소 단위로 소리 내어 읽기 가장 쉬운 유형의 단어이다. 수업 초기에 음소 단위로 소리 내어 읽기 연습의 단어 목록은 단지 몇 개의 단어만 제시된다는 점에 주목해야 한다. 수업을 잘 따라오지 못하는 학생들은 음을 왜곡하거나 음과 음 사이에 멈추지 않고 새로운 단어를 소리 내어 읽을 수 있도록 하기 전에 아주 많은 연습이 필요하다는 것을 예상할 수 있다. 초기의 연습에서 교사는 학생들이 단어들을 음소 단위로 소리 내어 읽는 것에 관한 아주 높은 수준의 준거에 도달할 수 있도록 하기 위해 적은 수의 단어들만 포함되도록 해야 한다. 수행에 대한 높은 수준의 준거는 학생들이 음소 단위로 소리 내어 읽기 과제에서 오류 없이 각 단어를 정확하게 소리 내어 읽을 때 도달된다.

지문 읽기(passage reading)는 학생들이 단어 목록 연습에서 오류 없이 4개의 규칙 단어들로 구성된 목록을 음소 단위로 소리 내어 읽을 수 있을 때 소개되어야 한다. 지문 읽기 절차에서는 아이들이 지문의 앞부분을 읽을 때 한목소리로 대답하도록 지도한다. 아이들은 소리를 나타내는 부분에 손을 대고 교사의 신호에 따라 소리를 내어 읽는다. 학생들은 각 음을 소리 낸 후 음들을 합성하여 단어로 소리 낸다. 한목소리로 대답하는 것은 모든 학생들을 적극적으로 참여시키기 때문에 중요하다. 또한 이 절차는 집단 내에서 각 아동들이 단어들을 음소 단위로 소리 내어 읽는 연습을 할 수 있는 기회를 갖게 한다.

지문을 음소 단위로 소리 내어 읽는 초반 연습에서는 단어 몇 개만 제시한다는 점을 주목하라. 교사는 수업을 잘 따라오지 못하는 학생들이 교사의 신호에 반응하도록 하면서 소리들을 조직화하여 읽을 수 있도록 하기 전에 이들에게 아주 많은 연습이 필요하다는 것을 예상할 수 있다. [그림 8-1]에 제시된 바와 같이 우리는 학생들에게 음소 단위로 소리 내어 읽기를 소개한 후, 10일이 지난 뒤에 지문 읽기를 소개하기를 권장한다. 그러나 학생들의 수행 정도가 새로운 기술의 소개 시기를 알려 주는 지표가 된다는 점을 잊어서는 안 된다. 예를 들어, 학생이 한 수업 형식에서 특정 준거에 부합하는 수행을 보여 주면, 교사는 다음 단계의 새로운 기술을 소개할 수 있게 된다. [그림 8-1]은 교사가 학생들로 하여금 하나의 기술을 습득하도록 하는 것을 예측할 수 있는 '평균'의 연습량을 보여 준다. 이 표는 학생들이 이런 읽기 관련 기술에 대한 지식이 전혀 없는 상태에서 학습을 시작했다고 가정한다. 이들 읽기 기술을 어느 정도 알고 학교에 입학한 학생들은 더 빠른 속도로 진보를 보일 수 있을 것이다.

절차 지도하기

규칙 단어를 음소 단위로 소리 내어 읽도록 하는 교수는 먼저 학생들에게 연속음으로 시작하는 VC와 CVC 규칙 단어를 음소 단위로 소리 내어 읽도록 가르치기 위한 단어 목록 연습을 통해 시작한다. 교사는 학생들이 단어 안의 글자들을 손으로 가리키면서 단어를 읽도록 촉구한다. 교사가 글자를 가리키면, 아동들은 단어의 음들을 소리 내며 합성한다. 단어의 음들을 합성한 후에 아동들은 보통의 속도로 단어를 읽는다. 단어 목록은 교사가 학생들로 하여금 규칙 단어들을 음소 단위로 소리 내어 읽도록 가르치고 연습을 제공하기 위한 수단이다.

단어 목록 구성을 위한 지침

- 초기의 단어 목록 연습(첫째 주)에는 단어를 2~4개만을 포함시킨다. 연습 초기에는 학생들이 음소 단위로 소리 내어 읽는 방법을 학습하고 교사의 신호에 따라 올바르게

소리를 낼 수 있기 전까지는 많은 양의 반복이 필요하기 때문이다.

- 단어 목록에 제시하는 단어들을 점진적으로 늘려 나간다. 늘려 나갈 단어의 수는 학생들의 수행 정도에 따라 결정한다. 일반적인 원칙은 단어의 수는 학생들이 5~7분 내로 완전학습할 수 있는 정도로 포함시킨다. 학생들이 오류 없이 단어 목록 내의 모든 단어를 연속하여 반응할 수 있을 때 완전학습이 되었다고 본다.
- 단어는 학생들이 글자-소리 대응 과제에서 완전학습한 단어만을 포함시킨다. 학생이 두 번 연속된 수업에서 특정한 음에 오류를 내지 않는 경우 완전학습이 되었다고 본다.
- 새로운 문자를 단어 목록 연습에 처음으로 다룬다면, 그 해당 문자는 목록 단어 순서상 1/3에서 1/2 지점에 넣어야 한다.
- 단어 목록은 예측할 수 없는 방식으로 구성되어야 한다. 일반적으로 동일한 문자는 연속되는 2개 이상의 단어에서 같은 위치에 두지 않는다. 가령, *sit, mat, rut, fat*과 같은 단어 목록은 동일한 문자 *t*가 모든 단어에 같은 위치에서 나타나기 때문에 부적절하다. 이런 목록의 문제는 예측이 가능하기 때문에 의도치 않게 학생들이 문자 각각의 위치에 주목하지 않을 수 있다는 데 있다. 그 경우 학생들은 문자를 면밀히 관찰하는 대신, 예상하고 추측하여 읽게 된다.

[그림 8-2]는 이 단어 목록의 구성 지침을 매일의 수업으로 구현시킨 예이다. 이 그림은 교수 6주차 중에 네 번의 수업에서 다루는 글자-소리 수업 형식과 단어 목록 음소 단위로 소리 내어 읽기 수업 형식에서 제시된 예를 보여 준다. 학생들은 이미 약 15개의 글자-소리 대응을 습득하고 약 3주간 단어 음소 단위로 소리 내어 읽기를 연습해 왔다. 문자 *u*는 수업 31일에서 글자-소리 대응을 위한 도입 수업 형식에서 소개한다. 기존에 소개한 문자들을 글자-소리 변별 수업 형식에서 검토한다. 수업 31일의 단어 목록 연습에 포함된 단어들은 기존에 습득한 문자로만 구성된다. 세 단어에 문자 *l*이 나오는 것에 주목하자. 문자 *l*은 최근에 도입되어 연습을 더 해 왔다. 문자 u도 수업 34일까지 단어 목록 연습에 나오지 않는다는 점을 주목하자. 학생들이 이 문자들로 단어를 읽기 전에 문자 *u*에 대한 글자-소리 대응을 연습하기 위해 3일의 기간이 있다. 학생들의 수행 정도가 새로운 기술의 도입 시기를 결정한다는 것을 기억하라. 학생들이 글자-소리 대응 형식에서 *u*에 대해 어려움이 있다면, u를 포함하는 단어가 제시되어서는 안 된다. 마지막으로 살펴볼 단어는 *fill*이다. 사실상 *fill*이 CVCC 단어이지만, 이 단어 내에서 *ll*이 하나의 음으로 취급되어

수업	31	32	33	34
글자-소리 도입 형식	u	u		c
글자-소리 변별 형식	h l g a i r d f	u a i g h l t	u i r d h l a o	c r o u l h t d
음소 단위로 소리 내어 읽기 단어 목록	fill	ran	lot	rug
	if	fill	mad	in
	lot	it	lid	lad
	lad	lit	if	mud
	am	mom	Sam	mat

[그림 8-2] 매일의 수업에 예시 선정 지침 반영의 예

3개의 음을 내기 때문에, 이는 쉬운 유형의 단어로 포함될 수 있었다.

목록에 제시된 단어들을 음소 단위로 소리 내어 읽기 위한 지도 절차

◉ 도입 수업 형식

〈표 8-1〉은 음소 단위로 소리 내어 읽기 도입 수업 형식을 보여 준다. 교사는 단어를 음소 단위로 소리 내어 읽는 방법을 시범 보이며 음소 단위로 소리 내어 읽기 기술을 소개한다. 음과 음 사이에 쉬지 않고 각 문자를 약 1.5초 정도를 가리키며 각각의 문자에 해당하는 음을 말한다. 이 과제와 듣고 음소 분절하기 기술 과제 간의 유사성에 주목하자. 학생들은 듣고 음소 분절하기 기술 과제에서 각 음 간에 멈추지 않고 음을 연속하여 발음하고 한 음에서 다음 음으로 넘어갈 때 교사의 신호에 따른다. 음소 단위로 소리 내어 읽기 과제에서도 학생들은 교사가 문자를 가리킬 때 해당 음을 말한다. 교사는 먼저 단어를 음소 단위로 소리 내어 읽기 시범을 보인 후, 학생들이 자신과 함께 반응하도록 시킨다(이끌기). 학생들과 함께 반응하기를 하는 목적은 학생들이 올바른 응답을 들을 수 있게 하기 위해서이다. 어린 학생들과 수업을 해 본 경험이 없는 이들은 음소 단위로 소리 내어 읽기가 아동들에게 얼마나 어려운 과제인지 인지하지 못한다. 단어를 읽으려면 첫 음을 말해야 한다. 첫 음을 말하는 와중에 다음 문자를 살피며 그 음을 인지해야 한다. 그리고 다음 음을 음의 왜곡 없이 음소 단위로 소리 내어 읽어야 한다. 어린 학생들에게 이는 매우 어

려운 협응 과제이다. 교사는 학생들이 처음에는 오류를 낼 수 있다고 예측하기 때문에 학생들과 함께 반응한다. 학생들이 교사의 촉구(prompting) 없이 올바르게 반응할 수 있을 때까지 반복하여 학생들과 함께 반응한다. 그 이후에 학생들은 교사가 이끌지 않아도 스스로 반응한다(평가).

도입 수업 형식은 학생들이 각 단어를 두 번 이상 연습하지 않고도 수업 형식에서 단어를 올바르게 음소 단위로 소리 내어 읽을 때까지 매 수업에 제시한다.

표 8-1 목록 내 단어를 음소 단위로 소리 내어 읽기 위한 도입 수업 형식(CVC 단어 유형의 예)

교사	학생
(교사가 칠판에 판서한다. *am. Fit*)	
1. (교사가 명시적으로 설명한다.) "선생님이 단어를 한 음씩 소리 내어 볼게요. 내가 한 문자를 가리키고 그 음을 말할 거예요. 다음 문자를 가리킬 때까지 그 음을 계속 말할 거예요. 음과 음 사이에 쉬지 않고 소리 내어 읽어 볼 거예요."	
2. (교사가 첫 번째 단어를 소리 내어 읽기 시범을 보인다.) "이번에는 선생님 차례로 이 단어를 한 음씩 소리 내 볼 거예요. 준비." 교사가 연속음을 나타내는 각 문자는 1~1.5초 정도, 파열음을 나타내는 문자는 아주 잠깐 그 아래 부분을 손으로 가져가 댄다. "Aaaammm."	
3. (교사가 해당 단어를 소리 내어 읽도록 학생들을 이끈다. 교사가 단어의 왼쪽 부분을 가리킨다.) "이 단어를 나와 함께 한 음씩 소리 내 보아요." (신호. 교사가 각 문자 아랫부분을 손으로 댄다. 학생들이 올바르게 반응할 때까지 교사도 함께 단어를 소리 낸다.)	"Aaaammm."
4. (교사가 해당 단어에 대해 학생들을 평가한다. 교사가 단어의 왼쪽 부분을 가리킨다.) "여러분 차례예요. 이 단어를 한 음씩 소리 내 보아요. 준비." (신호. 교사가 문자 아랫부분을 손으로 댄다.)	"Aaaammm."
5. (교사가 해당 단어를 몇몇의 학생에게 개별적으로 소리 내어 읽도록 시킨다.) "Alberto, 이걸 소리 내어 읽어 봐요. 준비." (신호)	"Aaaammm."
6. (교사가 단어 *fit*을 가지고 2단계에서 5단계까지 반복한다.)	

◉ 교사의 중요한 수업 진행 행동

신호하기(signaling): 음소 단위로 소리 내어 읽기를 위한 신호하기 절차의 예시는 [그림 8-3]에 제시되어 있다.

점검하기(monitoring): 교사는 학생들의 눈과 입의 모양을 살피고 학생들의 반응을 들으면서 점검한다. 신호하기와 점검하기를 함께 병행하기란 쉽지 않다. 교사는 다음에 어느 문자를 가리킬 것인가를 빠르게 확인하고 다음 문자를 가리키기 전에 학생들을 살핀다. 이 모든 움직임은 한순간에 일어난다. 핵심은 학생들이 새로운 음을 말할 때 교사가 학생들의 입 모양을 보는 것이다. 이렇게 하는 이유는 학생들의 입 모양은 학생들의 반응의 정확도에 대한 피드백을 제공할 뿐 아니라 학생들이 반응하는지 아닌지를 교사에게 알려 주기 때문이다.

1. 교수: 교사가 단어의 첫 번째 문자의 왼쪽에서 약 2.5cm 떨어진 부분을 손으로 가리킨다. "준비."

2. 첫 번째 음에 신호하기: 교사는 학생들이 주의를 기울이는지 확인하기 위해 학생들을 보고 문자 *m* 아랫부분을 빠르게 손으로 댄다. 손가락을 아랫부분에 1~1.5초 정도 계속 둔다.

3. 두 번째 음에 신호하기: 교사는 첫째 문자에서 두 번째 문자 *a*로 반원을 그리며 **빠르게** 이동하고 문자 *a* 아랫부분에 1~1.5초 정도 손가락을 계속 가져가 둔다.

4. 세 번째 음에 신호하기: 교사는 문자 *a*에서 *d*로 **빠르게** 반원을 그리며 손가락을 이동시키고 손가락을 칠판에서 즉시 뗀다. 학생들이 파열음을 말하도록 신호를 할 때, 교사는 해당 문자 아래에 손가락을 잠깐 댔다가 빨리 뗀다.

[그림 8-3] 신호하기 절차

속도(pacing): 교사는 학생들이 각 문자의 음을 충분히 읽을 때까지 가리킨 후에 다음 문자로 향한다. 각 연속음의 경우는 1~1.5초 정도에 해당한다. 충분한 시간을 들여 음을 가리키지 않는 것이 교사가 음소 단위로 소리 내어 읽기 지도의 초기에 아마 가장 흔하게 범하는 실수일 것이다. 필요한 부분에 적정한 시간을 들이는 것은 매우 중요하다.

학생들은 오류 없이 단어 내의 음을 합성할 수 있기 전까지 단어를 여러 번 음소 단위로 소리 내어 읽기를 연습할 필요가 있다. 이들 반복에서 속도는 매우 중요하다. 반복을 할 때, 교사는 단어의 왼쪽 편을 손으로 가리키고 2초 정도 중지한 채(pause) "다시, 준비."라고 말하고 신호를 하기 시작한다. 신호를 하기 전에 중지하는 시간을 짧게 두면, 학생들이 단어의 시작 부분에 집중할 시간이 충분하지 제공받지 못할 수 있다.

음소 단위로 소리 내어 읽기를 지도하는 첫 수업에서 수업을 잘 따라오지 못하는 학생들에게는 이끄는 단계(lead step)에서 10번에서 15번 정도 반복이 필요할 수도 있다. 이 학생들에게 적절한 연습을 시키면서 읽기 수업을 즐겁게 진행하려면 교사에게 큰 기술적 역량이 필요하다. 수업을 즐겁게 이끄는 한 방법으로 5번 정도 연습을 하고 나서 짧게 5~10초 정도의 분위기 전환(change-up) 활동을 해 볼 수 있다. 이 시간에 교사는 학생들을 이렇게 독려할 수 있다. "여러분, 열심히 참 잘했어요. 이 단어들은 정말 어려웠는데 여러분은 거의 다 해냈어요." 분위기 전환 활동으로 스트레칭 운동을 짧게 시키거나 'Simon 가라사대(Simon says)'와 같은 게임을 해 볼 수도 있다. 그러나 이런 게임은 아주 간단하게 한다(예: "Simon 가라사대, 코를 짚어 보세요.") 학생이 모든 단어를 바르게 소리 내면 이제 교사는 학생들에게 아주 기쁘고 자랑스럽게 외친다. "잘했어요! 여러분은 정말 대단해요. 스스로를 칭찬해 주세요."

학생들이 초기에 모든 단어를 연속해서 바르게 응답할 수 있도록 연습의 기회를 제공하면 학생들의 수행은 꾸준히 향상된다. 하지만 적절한 연습 기회를 제공하지 않으면, 학생들은 매일매일 최소한의 발전만을 하게 될 것이다.

⊙ 변별 수업 형식

목록에 포함된 단어들을 음소 단위로 소리 내어 읽기 위한 변별 수업 형식(〈표 8-2〉 참조)에서, 교사는 아동들에게 단어들을 소리 내어 읽기 연습 과제로 제시한다. 교사는 아동들이 단어를 읽기 전까지는 단어들을 음소 단위로 소리 내어 읽는 방법에 대해 시범을 보이지 않는다. 도입 수업 형식에서 학생들의 수행을 고려했을 때, 더 이상 교사의 이끌기가 필요하지 않다고 판단되면 도입 수업 형식에서 변별 수업 형식으로 대체한다. 특별히 교

표 8-2 변별 수업 형식: 목록 내 단어를 음소 단위로 소리 내어 읽기

교사	학생
1. (교사가 명시적으로 설명한다.) "여러분은 이제 단어를 한 음씩 소리 내어 읽어 볼 거예요. 단어를 바르게 한 번 한 음씩 소리 내어 읽어 본 다음 그걸 빠르게 다시 읽도록 해요."	
2. (교사가 첫 번째 단어의 왼쪽 부분을 가리킨다.) "이걸 한 음씩 소리 내어 읽어 봐요. 준비." (교사가 각 문자의 아랫부분을 1~1.5초 정도 손으로 가져가 댄다. 학생이 해당 단어를 바르게 소리 내어 읽으면 교사는 바로 손가락을 단어의 앞부분으로 다시 가져가며 말한다. "이 단어가 뭐라고 했죠?" 그리고 신호를 한다.)	
3. (교사는 칠판에 판서된 나머지 단어들로 2단계를 반복한다.)	
4. (교사는 개별적으로 학생을 평가한다. 몇몇의 학생을 지명해 단어를 한 음씩 소리 내어 읽도록 시킨다.)	

사가 도입 수업 형식에서 단어를 음소 단위로 소리 내어 읽는 방법에 대해 시범을 보이면 학생들은 (보통 한두 번만의 연습을 시도하고) 그 단어를 정확하게 음소 단위로 소리 내어 읽을 수 있게 된다. 변별 수업 형식에서는 새로운 단계가 도입된다. 학생들은 단어를 음소 단위로 소리 내어 읽은 후에 해당 단어를 보통의 속도로 읽도록 한다.

◉ 중요 행동

속도(pacing): 학생들이 수용 가능한 수준으로 단어를 음소 단위로 소리 내어 읽기(예: 각각의 음을 바르게 발음하기, 음과 음 사이에 발음 멈추지 않기 등) 전까지는 학생들에게 보통의 속도에 따라 단어를 소리 내어 읽도록 해서는 안 된다. 교사는 학생들이 단어를 바르게 음소 단위로 소리 내어 읽고 난 후에 즉시 "무슨 단어인가요?"라고 묻는다. 음과 음 사이에 발음이 잠시라도 멈추게 되면, 소리 합성을 통해 한 단어를 보통의 속도를 유지하면서 음소 단위로 소리 내어 읽도록 하는 것이 어려울 수 있다. 마찬가지로, 교사는 학생들이 단어를 음소 단위로 소리 내어 읽은 후에 칭찬해서는 안 되며, 학생들이 보통의 속도로 단어를 음소 단위로 소리 내어 읽은 후에야 비로소 칭찬을 해야 한다.

개별 연습(individual turns): 개별 연습은 학생들이 한목소리로 대답하기에서 모든 단어에 대해 음소 단위로 소리 내어 읽을 수 있게 된 다음에 주어져야 한다는 점을 명심해야 한다. 한 학생에게 개별 연습을 통해 음소 단위로 소리 내어 읽기 점검을 하면서 동시에 모든 학생이 집단적으로 주의집중을 하도록 하는 것은 교사의 매우 중요한 행동이라 할 수 있다. 학생들이 집중하면서 단어 읽기 연습에 활발하게 참여하면 할수록, 학생들의 읽기 능력의 성장은 더욱더 빨라질 수 있다.

개별 연습을 통해 읽기 점검이 이루어지는 동안에 교사는 다른 학생들에게 학생 스스로 단어들을 음소 단위로 소리 내어 읽어 보라고 해야 한다. 교사는 처음에는 특정 칭찬을 통해 학생들이 스스로 단어를 음소 단위로 소리 내어 읽도록 격려할 수 있다. 칭찬의 예는 다음과 같다. "Ravi와 Ginger는 스스로 잘 읽고 있네요. 혼자서 단어를 읽는 연습을 하니까 앞으로도 읽기를 아주 잘하게 될 거예요."

오류 교정(correcting mistakes): 음소 단위로 소리 내어 읽기에서 가장 흔히 일어나는 두 가지 오류는 음과 음 사이에 멈추는 것(pausing)과 음을 틀리게 읽는 것이다. 소리 멈춤 오류는 학생들이 음과 음 사이에 소리 내어 읽기를 중지하는 것으로, 학생들이 단어를 빠르게 말할 때 음을 누락시키게 되는 결과를 가져올 수 있다. 예를 들어, CVC 단어 *sat*을 음소 단위로 소리 내어 읽을 때, 학생들은 첫 음과 두 번째 음을 발음하다 중지하여 'sss (멈춤) aaat'이라고 읽는다. 이와 같은 방법으로 음들을 합성하여 단어를 읽게 되면, 학생들은 'sss (멈춤) aaat'이라고 발음하면 'at'으로 변환되어 소리를 멈추기 직전의 음을 누락시킬 수 있게 된다.

다음은 교사가 소리 멈춤 오류(pausing errors)를 교정하는 절차이다.

1. **시범 보이기:** 교사는 학생의 오류를 듣자마자 다음과 같이 말한다. "음 사이에 멈추지 말아요. 내가 중지하지 않고 단어를 소리 내어 읽는 것을 들어보아요." (교사는 문자들을 가리키며 단어를 소리 내어 읽는다.)
2. **학생들의 행동에 반응하며 이끌기:** "나와 함께 소리 내어 보아요. 준비." (교사는 학생들과 함께 반응한다.) "다시, 준비." (교사는 학생들과 함께 반응한다.)
3. **학생들이 스스로 단어를 음소 단위로 소리 내어 읽도록 평가하기:** "모두 스스로 해 보아요. 이 단어를 음소 단위로 소리 내어 읽어 봐요. 준비."
4. **목록 내의 첫 번째 단어로 되돌아가서 학생들이 모든 단어를 오류 없이 연속으로 음소 단위로 소리 내어 읽을 수 있을 때까지 모든 단어를 반복하기**
5. **개별 연습하기:** 목록 내 모든 단어가 끝나고 나면, 단어 읽기에 오류를 낸 학생들에게 개별 연습을 시킨다.

교사는 때로 정확한 반응을 보인 학생들 중 1명을 칭찬하면서 교정 절차를 시작한다. "잘했어요, Ravi. 음과 음 사이에 멈춤 없이 잘했어요."

음 오류(sound errors) 중에 하나는 학생들이 문자의 대표음이 아닌 음을 음소 단위로 소리 내어 읽을 때 일어난다. 예를 들어, 단어 *fat*을 소리 낼 때, 교사가 문자 *a*를 짚을 경우 학생이 /ĭ/라고 소리 내는 경우이다.

음 오류를 교정하는 것은 다소 어렵다. 여기에서 교사는 단어 전체보다는 오류가 난 음 하나만을 먼저 시범 보이고 이에 대해 평가하는 부분 시범(limited model)을 사용한다. 예를 들어, 교사가 *sip*의 문자들을 가리킬 때, 학생은 'sssaaa'라고 반응하면 교사는 즉시 'iiii'라고 말한다. 다음에 교사는 *i*를 가리키고 묻는다. "어떤 단어라고 했죠?" 그다음에 교사는 학생들이 단어 전체를 음소 단위로 소리 내어 읽는 것을 평가한다. 다음은 단어 *sit*을 소리 낼 때 *i*를 /ă/라고 발음하는 학생에게 음을 교정시켜 주는 절차의 예이다.

1. **부분 시범:** 교사가 음의 오류를 듣자마자 바른 음으로 발음한다. "/iiiii/."
2. **평가하기:** 교사가 처음에 오류를 범한 개별 학생들을 주의 깊게 점검하면서 학생 전체에게 이 오류가 난 음을 평가한다. 교사는 *i*를 가리키며 묻는다. "이게 무슨 음이죠?" 교사는 *i*를 손으로 짚으며 신호를 한다.
3. **평가하기:** 교사는 단어 음소 단위로 소리 내어 읽기에 대해 학생 전체를 대상으로 집단 평가를 한다. "이걸 한 음씩 소리 내어 읽어 보아요. 준비. (신호) 무슨 단어죠?" (신호)
4. **다지기:** 교사는 목록의 첫 단어로 돌아가 학생들이 과제에서 각 단어를 바르게 음소 단위로 소리 내어 읽을 때까지 모든 단어를 반복 지도한다.*
5. **개별 연습:** 목록 내 모든 단어를 끝내고 난 다음, 오류를 보인 학생들에게 개별 연습을 시킨다.

교사가 손으로 각 문자를 충분히 길게 짚어 주지 않으면 중지 오류와 음 오류가 생길 수 있다. 교사가 한 문자에서 다음 문자로 너무 빠르게 움직이면, 일부 학생들은 다음 문자를 미리 볼 수 없어서 이를 추측하다가 음 오류를 내거나 잠시 멈추는 중지 오류를 범할 수 있다. 학생들이 이런 오류를 자주 낸다면, 교사는 자신이 이런 오류를 촉발하지는 않았는지 살펴보고 문자를 가리키는 동작을 충분히 제공하도록 해야 한다. 또한 교사의 신호하기가 명확하지 않아서 학생들이 오류를 낼 수 있다. 교사는 신호하기를 분명하게 함으로써 학생들이 오류를 내지 않도록 수업을 이끌어 가야 한다.

교사가 변별 수업 형식을 제시할 때, 일어나는 오류의 세 번째 유형은 학생이 단어를 음소 단위로 소리 내어 읽은 후에 단어를 틀리게 발음하는 경우로 보통 초기의 음이 누락된다. 예를 들어, 학생이 'sssaat'이라고 소리 낸 후에 교사가 "이건 무슨 단어죠?"라고 물으면 학생은 "at."이라고 대답하는 경우이다.

이런 오류는 보통 학생들이 해당 단어를 음소 단위로 소리 내어 읽으면서 초반의 2개의 음 사이를 중지할 때 일어난다. [예: sat은 'sss (멈춤) aaaat'이라고 소리 내어 읽는다.] 이런 오류의 교정 절차는 다음과 같은 단계를 따른다.

---

* 단어 목록에 단어가 4개 이상이면, 교사는 목록의 맨 처음 단어로 돌아가지 않고 4개 앞의 단어로 돌아가서 다시 시작한다.

1. 교사가 단어를 말한다. “이 단어는 *sat*이에요.”
2. 교사가 음소 단위로 소리 내어 읽기를 시범 보이고 단어를 말한다. “내 차례예요. Sssaaat. 무슨 단어죠?” “Sat.”
3. 교사가 필요하다면 평가하고 주도한다. “이걸 소리 내어 읽어 봐요. 준비. (신호) 무슨 단어죠?” (신호)
4. 교사가 단어 목록의 첫 단어로 돌아와서 학생들이 과제 내의 각 단어를 바르게 음소 단위로 소리 내어 읽을 때까지 모든 단어를 반복한다.*
5. 목록의 단어를 모두 끝낸 후, 오류를 낸 학생들에게 개별 연습을 시킨다.

교사는 학생들이 범한 오류를 기록한다. 〈표 8-3〉은 한 주간에 활용될 수 있는 간단한 기록 양식을 보여 준다. 왼쪽 열에는 반에 속한 학생들의 이름을 쓴다. 각 학생마다 해당 주간의 요일을 행의 칸마다 적는다. 교사는 칸에 학생들이 범한 오류를 기록한다. 학생이 글자-소리 대응 과제에서 오류를 범했다면, 교사는 해당 문자를 적고 그 문자와 함께 해당 학생이 말한 음을 적는다. 음소 단위로 소리 내어 읽기 과제에서 교사는 학생이 읽은 단어를 적고, 학생이 그에 대해 응답한 것을 적는다(괄호 안의 단어 참조). 이런 정보는 수업 계획에 활용된다. 오류가 난 음을 글자-소리 대응 연습에서 다시 검토하고 연습해 볼 수 있다.

표 8-3 주간 기록 양식

학생	월요일	화요일	수요일	목요일	금요일
Bill	(n) m				
Francine	(sad) sid	(t) (mit) d mid			
José					
Elwin	(i) e	(i) (lid) e led			
Marcy					

* 단어 목록에 단어가 4개 이상이면, 교사는 목록의 맨 처음 단어로 돌아가지 않고 4개 앞의 단어로 돌아가서 다시 시작한다.

사전 교정하기(precorrecting): 사전 교정하기는 교사가 특정 선행기술이 필요한 과제를 제시하기 직전에 학생이 어려워하는 선행기술을 학생에게 주의시키는 것이다. 사전 교정하기는 학생들이 수업 중에 일으킬 수 있는 오류를 최소화시키는 데 필요한 기술이다. 음소 단위로 소리 내어 읽기를 위한 사전 교정하기에서 교사는 해당 문자가 있는 단어를 학생들에게 음소 단위로 소리 내어 읽기를 시키기 전에 기존의 수업에서 학생들이 어려워했던 문자에 대해 먼저 지도한다. 예를 들어, 학생들이 *e*를 어려워했다면, 교사는 단어 *met*에 대해 음소 단위로 소리 내어 읽기를 시키기 전에 학생들에게 *e*를 가리키며 묻는다. "이건 무슨 음이죠?" 학생들이 해당 문자를 파악하고 난 후에 교사는 학생들에게 단어를 음소 단위로 소리 내어 읽도록 시킨다.

사전 교정하기는 새롭고 어려운 문자가 단어에 등장하거나 학생들이 어려워하는 문자가 단어에 나오는 경우에 특히 유용하다. 그러나 이것이 너무 자주 사용되어 일부 학생이 그에 의존하게 되면 위험할 수 있다. 이것이 남용되면 학생들은 교사가 미리 음을 파악해 줄 것이라고 기대하게 되기 때문에 어려운 음을 스스로 기억해 내려고 하지 않을 것이다. 교사는 음을 미리 정정하는 기술을 수업 중에 가능하면 최대한 적게 사용하여 학생의 의존도가 커지지 않도록 노력한다.

새로운 단어 유형 도입하기

규칙 단어는 해독의 상대적 난이도에 따라 여러 유형으로 분류할 수 있다. 다음 목록에 제시된 규칙 단어 유형은 상대적 난이도에 따라 쉬운 단어에서 어려운 단어의 순으로 분류된 것이다.

- 연속음으로 시작하는 VC와 CVC 단어(예: *at, man*)
- 연속음으로 시작하는 CVCC 단어(예: *runs, lamp, fist*)
- 파열음으로 시작하는 CVC 단어(예: *hot, cap*)
- 파열음으로 시작하는 CVCC 단어(예: *cast, hand*)
- 처음 두 자음이 연속음인 CCVC 단어(예: *slap, frog*)
- 첫 음 중 하나가 파열음인 CCVC 단어(예: *crib, stop*)
- CCVCC 단어(예: *brand, clump*)
- CCCVC와 CCCVCC 단어(예: *split, sprint*)

음소 단위로 소리 내어 읽기 교수는 연속음으로 시작하는 VC와 CVC 단어로 먼저 시작한다. 수업을 잘 따라오지 못하는 학생들은 이 단어들의 유형을 쉽게 음소 단위로 소리 내어 읽을 수 있기 전에 이런 유형의 단어를 연습하는 20~30개의 수업이 필요할 수 있다. 교사가 수업을 잘 따라오지 못하는 학생들에게 단어를 유창하게 음소 단위로 소리 내어 읽도록 하기 위해 필요한 연습량을 과소평가하는 경우가 종종 있다. 교수의 첫 몇 달 동안에 학생들은 새로운 글자-소리 대응을 많이 학습하게 될 것이다. 단어를 음소 단위로 소리 내어 읽을 때, 그 모든 새로운 상호관계를 조합하기 위해서는 학생마다 개인차가 있겠지만 보통 많은 양의 연습이 필요하다.

교사는 학생의 수행성과를 보고 학생이 새로운 단어 유형을 학습할 준비가 되어 있는지를 알 수 있다. 학생이 이틀 연속해서 연속음으로 시작하는 CVC 단어의 4개의 차시를 단 한 번의 시도로 오류 없이 음소 단위로 소리 내어 읽을 수 있다면, 그다음으로 연속음으로 시작하는 CVCC 단어를 소개할 수 있다. 이때는 특별한 지도 절차가 필요하지 않다. 교사는 칠판에 3개의 CVCC 단어를 쓰고 음소 단위로 소리 내어 읽기 도입 수업 형식을 시작한다. 이 수업 형식에서 학생들이 3개의 단어를 1개 이상의 오류 없이 음소 단위로 소리 내어 읽을 수 있을 때까지 매일 반복한다. 그다음으로 도입 수업 형식에서 벗어나 변별 수업 형식으로 CVCC 단어를 다루는 수업을 진행한다. 변별 수업 형식에서는 절반 정도의 단어를 CVC 단어로 구성하고 그 나머지는 CVCC 단어로 구성한다.

◉ 파열음으로 시작되는 단어

파열음으로 시작하는 CVC 단어는 연속음으로 시작하는 CVCC 단어를 학생들이 습득하고 난 이후에 소개해야 한다. 학생들이 수행 수준이 새로운 내용을 소개해도 되는지를 결정짓는다는 점을 숙지하자.

지도 절차에서 파열음으로 시작하는 단어에 몇몇 조정이 필요하다. 첫째, 음소 단위로 소리 내어 읽기 신호 절차(sounding-out signaling procedure)를 약간 조정해야 한다. 초기 파열음에 해당하는 단어를 잠깐 손으로 짚고 다음 문자로 빠르게 이동한다. 이는 보통보다 약간 길게 약 1.5~2초 정도로 한다. 단어를 음소 단위로 소리 내어 읽는 방법을 시범 보일 때, 교사는 초기 파열음과 모음 사이에 멈추지 않는다. 단어를 멈추지 않고 'caaaannnn'이라고 시범을 보여 준다.*

* 파열음 /h/로 시작하는 단어는 학생들이 특히 어려워한다. *h*로 시작하는 단어를 소개할 때는 *hit, hug, him*처럼 적어도 3개 이상의 단어를 수업 형식에 담아 학생들을 충분히 연습시킨다.

파열음으로 시작하는 단어가 처음에 등장하는 첫 주에 교사는 학생들이 이 단어를 음소 단위로 소리 내어 읽기 전에 파열음 앞에 위치한 문자의 음을 학생들이 말해 보도록 시키는 사전 교정을 적용할 수 있다. 가령, 학생들이 단어 *cut*을 음소 단위로 소리 내어 읽기 전에 교사는 *u*를 가리키고 묻는다. "이 음이 뭐죠?" 사전 교정하기를 실행했다면, 교사는 나중에 학생들이 사전 교정하기 절차 없이 다시 한번 단어 목록 전체를 음소 단위로 소리 내어 읽도록 시켜서 학생들이 사전 교정하기에 너무 의존하지 않도록 방지한다. 또한 사전 교정하기를 활용하는 것은 1주일을 넘기지 않아야 한다.

파열음으로 시작하는 CVCC 단어(예: *camp, hunt, test*)는 학생들이 연속음으로 시작하는 CVCC 단어와 파열음으로 시작하는 CVC 단어를 음소 단위로 소리 내어 읽을 수 있을 때 새로 소개한다.

◉ 합성 자음으로 시작되는 단어

합성 자음으로 시작되는 단어들은 다음에 소개된다. 이런 단어의 유형은 두 가지 연속음으로 시작하는 단어들(예: *snap, frog, sled*)과 초기 자음 중 하나가 파열음인 단어들(예: *stop, club, grab, spin*)로 나눌 수 있다. 2개의 연속 자음으로 시작되는 규칙 단어는 많지 않다. 게다가 이런 단어들은 학생들이 어렵게 느끼지도 않는다. 2개의 앞부분 자음 중 하나가 파열음인 단어, 가령 *step, skin*과 같은 단어는 더 주의 깊은 지도와 많은 연습량이 필요하다.

음소 단위로 소리 내어 읽기 연습을 제공하는 것 이외에도 교사는 몇 가지 보충 연습활동을 제시할 수 있다. 첫째로, 단어 속 각 소리를 멈추지 않고 천천히 내다가 보통의 말하는 속도로 단어를 소리 내는 청각적 합성 및 분절 과제이다(제6장 114쪽 참조). 이 청각 연습활동은 학생들이 연속 자음 단어를 읽기 시작하기 1주일 전 정도에 시작하고 약 2주간에 걸쳐 매일 꾸준하게 진행할 수 있다. 청각 수업 형식을 제시할 때, 교사는 학생들이 며칠 내로 해독할 수 있는지 알아보게 될 단어들을 포함시킨다.

사전 교정하기도 합성 자음이 포함된 단어를 처음 소개할 때 활용할 수 있다. 사전 교정하기는 교사가 파열음 다음에 위치한 문자를 가리키며 환기시키는 일이다(예: 단어 *skim*에서 교사는 *i*를 가리키고, 단어 *cram*에서는 *r*을 가리킨다). 단어에 파열음이 없다면 교사는 합성 자음의 두 번째 자음을 가리킨다(예: *flap*에서 *l*을, *frog*에서는 *r*을 가리킨다).

단어 선택

가르칠 단어를 선택하기 위한 준거는 매우 중요하다. 변별 수업 형식의 단어 목록들에는 최근까지 소개된 다양한 형태의 단어들이 서로 섞여 있도록 해야 한다. 이들 단어의 절반 정도는 가장 최근에 소개한 유형으로, 그리고 나머지 절반은 그 전에 지도한 유형에서 섞어서 뽑는다. 이렇게 합성하는 목적은 단어 내의 문자에 주의를 기울이지 않는 학생들을 돕기 위해서이다. 예를 들어, 학생들이 두 번째에 위치한 문자가 ℓ 인 단어들로만 구성된 단어 목록을 읽게 된다면, 어떤 학생들은 이 단어를 음소 단위로 소리 내어 읽을 때 주의를 기울이지 못하고 /l/로 읽는 경우가 있을 수 있다.

초기 읽기 단계에서의 지문 읽기

우리는 아동들이 글을 음소 단위로 소리 내어 읽기 및 교사의 신호에 따라 한목소리로 대답하기와 같은 초기 읽기 단계에서 초기 이야기 읽기 지도를 위한 절차에 대해 설명하고자 한다. 학생들은 교사가 신호를 하면 문자를 손으로 짚어 가며 한목소리로 음을 소리 내어 읽는다. 만약 4명 또는 그 이상의 학생들로 구성된 집단을 지도하는 교사들에게 학생들이 자동화 단계에 도달할 수 있도록 하기 위해 충분히 활동적인 연습을 받아야 한다면, 한목소리로 대답하기 읽기 절차는 중요하다. 어린 아동, 특히 읽기 위기 아동들은 자신들이 적극적으로 참여하지 않을 때 고도로 주의집중을 하지 못할 가능성이 크다. 손으로 짚어 가면서 한목소리로 대답하도록 하는 것은 학생들이 적극적으로 활동에 참여하도록 계획된 것이다. 한목소리로 대답하는 것은 아동들이 단어들에 대한 읽기 연습을 할 수 있도록 기회를 제공하는 것이다.

이야기 읽기를 위한 선행기술

아동들이 이야기들 속에 포함된 단어들을 음소 단위로 소리 내어 읽는 초기의 활동에 대해 준비하도록 하기 위해서는 아동들이 활동지 위에 적힌 단일 단어들을 읽도록 하는 선행기술 연습이 제시될 수 있다. 학생들이 8~10개 정도의 글자-소리 대응을 알고 단어 목록 내의 단어를 수월하게 소리 내어 읽을 수 있을 때 활동지의 단어를 음소 단위로 소리 내어 읽기를 시작한다. 이틀 연속으로 5개의 단어를 음소 단위로 소리 내어 읽기 단어 목록 과제에서 오류가 1개 이하로 나올 경우 학생들이 숙달되었다고 본다.

다음의 수업 형식은 학생들이 교사의 신호에 따라 음을 말하고 각각의 문자를 손으로 짚어 가며 한목소리로 단어를 소리 내어 읽는 활동이다(〈표 8-4〉 참조). 단어를 오류 없이 연속으로 두 번 음소 단위로 소리 내어 읽어 본 후 보통의 속도로 다시 읽어 본다.

표 8-4 활동지 내 단어를 음소 단위로 소리 내어 읽기 수업 형식

교사	학생
1. "여러분, 첫 번째 단어 아래에 있는 화살표의 큰 시작점을 짚어 보아요."	(학생들은 첫 번째 화살표의 점을 손으로 짚는다.)
2. "이제 단어를 한 음씩 소리 내어 읽어 볼 거예요. 내가 손뼉을 치면, 첫 번째 작은 점을 짚고 그 위의 음을 말해요. 내가 다시 손뼉을 칠 때까지 그 음을 계속 말하고 손가락을 움직여 다음에 나오는 음을 말해요. 음 사이에 멈추지 말고 소리를 내어 읽어 봐요."	
3. "준비." (교사가 1초 정도 쉰 다음 손뼉을 친다.) (1~1.5초 후에 다음의 음에 해당하는 손뼉을 친다. 1~1.5초 후에 마지막 음에 해당하는 손뼉을 친다.)	(학생들은 문자 밑의 점을 가리키며 소리를 낸다.)
"다시, 화살표의 큰 시작점으로 돌아가요." (학생들은 첫 번째 화살표의 점을 짚는다.)	(학생들은 첫 번째 화살표의 점을 짚는다.)
"준비." (교사는 1초 정도 멈추고 손뼉을 친다.) (1~1.5초 후에 교사가 다음 음을 위해 손뼉을 친다. 그리고 1~1.5초 후에 마지막 음을 위해 손뼉을 친다. 학생들이 단어를 오류 없이 두 번 바르게 한 음씩 소리 내어 읽을 때까지 이 세 단계를 반복한다.) "무슨 단어죠?"	(학생들은 문자 아래 점을 가리키며 음을 소리 낸다.) (학생들은 보통의 속도로 단어를 말한다.)
4. a. "다음 화살표의 점을 손으로 짚어 봐요." b. (교사는 다음 단어를 가지고 앞의 세 단계를 반복한다.)	(학생들은 다음 화살표의 점에 손가락을 가져간다.)
5. (교사는 개별 연습을 시킨다. 몇몇의 학생이 단어를 한 음씩 소리 내어 읽는다.)	

이 수업 형식에서 가장 도전이 되는 점은 학생들이 한목소리로 대답하며 집단으로 활동하도록 지도하는 것이다. 초기 활동에는 1~2개의 단어만을 포함시킨다. 단어는 학생들이 초기 수업의 단어 목록에서 음소 단위로 소리 내어 읽도록 연습했던 것이어야 한다. 이 활동에서 읽을 단어는 학생들이 각각의 문자 아래에 손가락으로 짚어 가며 읽을 수 있을 정도로 크게 제시해야 한다. 각각의 단어 밑에 다음과 같은 화살표를 표시한다면, 이 활동을 촉진하는 데 도움이 된다. 화살표 표시는 다음과 같다.

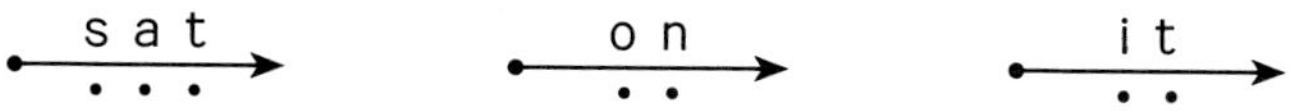

각 음 아래에 있는 점은 학생들이 교사의 신호에 따라 손가락을 어디에 짚어야 할지를 알려 주는 데 도움이 된다.

중요 행동

◉ 신호하기

학생들이 한목소리로 대답하도록 하기 위한 신호하기 절차는 정확하게 이루어져야 한다. 학생들은 교사가 아닌 활동지(worksheet)를 보고 있기 때문에 한목소리로 대답하는 반응을 위한 신호는 청각적으로 주어져야 한다. 학생이 교사의 신호를 바라보면서 동시에 활동지를 볼 수는 없기 때문이다. 추천하는 청각 신호로는 두 가지가 있다. '준비'라고 지시하는 것과 여러 차례 손뼉을 치는 것(혹은 가볍게 탁탁 소리를 내거나 두 손가락을 서로 스치며 딸깍 소리 내기)이 그것이다. '준비'라고 외치는 신호는 학생들에게 금방 반응하기 시작하라고 알려 준다. 첫 번째 손뼉 치기로 단어의 첫 음을 말하라는 신호를 준다. 중요 교사의 행동으로 신호의 효과를 높이려면 '준비'라고 외치고 1초 쉬고 첫 번째 손뼉 치기를 일관적으로 하는 것이다. 일관적으로 해야 학생들이 '준비'라는 소리를 듣고 1초 뒤에 손뼉 소리가 날 것이라는 것을 예상할 수 있기 때문에 '준비'라는 신호를 효과적인 단서로 받아들일 수 있다. 교사는 1~1.5초 쉬고 다음 음을 위해 손뼉을 친 다음에 1~1.5초 쉬고 다음 음을 위해 다시 손뼉을 친다.

학생들은 각 단어를 여러 번 음소 단위로 소리 내어 읽기를 하게 된다. 이런 반복을 빠르고 혼동 없이 진행시키기 위해 교사는 학생들에게 단어의 첫 문자로 되돌아오라는 지시를 내릴 때 명료한 신호를 주어야 한다. 교사는 이렇게 말할 수 있다. "다시, 화살표의 큰 점으로 돌아와요." 이런 지시를 여러 번 내리고 나서 나중에는 간단하게 "다시."라고 말한다. 교사는 다음번에 학생 단체로 단어 음소 단위로 소리 내어 읽기를 시키기 전에 모든 학생이 화살표의 점을 손으로 짚는지 확인한다.

◉ 점검하기

한목소리로 대답하면서 지문을 음소 단위로 소리 내어 읽는 활동에 적용될 수 있는 점검 기법은 교사가 단어 목록 연습활동에 활용하는 기법과 유사하다. 단어 목록 읽기에서 교사는 학생들의 입 모양을 보며 학생들의 입술 움직임이 각각의 음에 적절한지를 살핀다. 예를 들어, 단어 *bam*의 마지막 음의 경우 학생들의 입술이 서로 모아지지 않았다면 교사는 학생들이 오류를 내고 있음을 알 수 있다. 단어 *bam*의 소리를 내려면 마지막 'mmmmm' 음의 경우 위와 아래 입술이 서로 모아서 다물어져야 한다. 교사는 학생들의 손가락도 살피며 학생이 적절하게 문자에 손으로 대고 있는지를 확인한다.

◉ 오류 교정

초기에 수업을 잘 따라오지 못하는 학생들은 문자에서 다음 문자로 옮겨 가도록 하는 신호를 따르는 데 어려움을 겪는다. 교사는 학생들과 함께 반응하고 이끌면서 교정해 나간다. 필요하다면 물리적으로 학생들의 손가락을 잡고 한 문자에서 다음 문자로 옮겨 가게 한다. 수업을 따라오는 데 더 큰 어려움을 겪는 학생의 경우에는 새로운 기술을 도입할 때 첫 수업의 이끌기 단계(lead step)에서 10번에서 15번의 반복이 필요할 수도 있다. 아동들에게 적절한 연습을 시키면서 읽기 수업을 즐겁게 진행하기 위해서는 많은 양의 교사 기술이 필요하다. 수업을 즐겁게 만드는 한 가지 방법은 연습을 다섯 번 정도 하고 난 후, 5~10초 정도 짧게 분위기 전환을 하는 것이다. "여러분은 정말 열심히 잘 했어요. 이번 것은 정말 어려운 단어예요. 여러분은 거의 다 해냈어요." 교사는 바르게 응답한 학생들을 칭찬한다. 원하는 반응을 도출한 아동들에게 주의를 기울이는 것이 중요하다는 점을 기억하라. 학생 전체가 신호에 따라 단어를 바르게 음소 단위로 소리 내어 읽었다면, 교사는 아주 기뻐하며 학생들을 자랑스럽게 여긴다는 표현을 한다. "잘했어요! 여러분이 아주 자랑스러워요. 스스로를 칭찬해 주세요!"

예시 선택

읽기 연습의 초기 단계에서 다루는 단어들의 수를 점차적으로 늘려 나간다. 연습활동 내에서 다루는 단어의 수는 전체 학생들이 기존 수업에서 단어를 숙달하는 데 소요된 시간이 몇 분인지에 따라 결정된다. 일반적으로 활동지로 하는 초기 단계의 단어 읽기 활동은 약 5~7분 정도 소요된다. 첫 수업에서는 연습에 1개 혹은 2개의 단어만을 포함시킬 수 있다. 학생들이 신호에 따라 적은 오류로 문자를 짚어 가며 소리를 낼 수 있을 때, 다른 단어들을 연습에 포함시킨다. 단어는 문장이나 구문 구성을 하기 위한 것으로 선택해서는 안 된다는 것을 유념하라. 이번 단계에서는 학생들이 각각의 단어를 음소 단위로 소리 내어 읽는 방법만을 학습하면 된다. 활동지에 제시되는 단어는 매일매일 다르다. 다음은 어떤 순서로 진행되는지의 예를 보여 준다.

- 1일: *am*
- 2일: *Sam*
- 3일: *sad it*
- 4일: *sit am*
- 5일: *mad Sam it*
- 6일: *am fat sad*
- 7일: *at it rim Sam*
- 8일: *it fit Sam sad*

자신의 활동지에 나온 단어를 음소 단위로 소리 내어 읽는 방법을 학습하고 집단의 한 일원으로 한목소리로 대답하는 과제를 이틀이면 잘 할 수 있는 아동이 있는 반면, 이에 연습이 더 필요하여 몇 주간의 시간이 필요한 아동들도 있다.

지문을 음소 단위로 소리 내어 읽기

지문을 음소 단위로 소리 내어 읽기는 학생들이 단체로 한목소리로 대답하여 활동지의 개별 단어를 읽을 수 있을 때 소개될 수 있다. 〈표 8-5〉는 지문을 음소 단위로 소리 내어 읽기를 위한 수업 형식을 보여 준다. 이 절차는 활동지의 개별 단어 읽기를 소개하는 수업 형식과 거의 흡사하다. 신호하기와 점검하기 절차는 동일하다. 이 수업 형식에서 교사는 학생들이 이야기를 한목소리로 대답하여 두 번 읽게 한다. 이야기를 처음 읽을 때 학생들은 단어를 두 번씩 읽은 후 보통 속도로 단어를 다시 읽는다. 이야기를 두 번째 읽을 때, 학생들은 단어를 한 번만 음소 단위로 소리 내고 나서 단어를 빠르게 읽는다. 불규칙 단어가 나오면 교사가 학생들에게 이 단어는 '재미있는' 단어라고 상기시켜야 한다는 점을 기억할 필요가 있다.

표 8-5 지문을 음소 단위로 소리 내어 읽기 수업 형식

교사	학생
1. "우리는 이 이야기에 나온 단어를 한 음씩 소리 내어 말해 볼 거예요. 모두들 첫 번째 단어를 손으로 짚어 보아요."	(학생들은 단어의 첫 문자 아래를 손으로 짚는다.)
2. "첫 번째 단어. 준비." (1초 쉬고 손뼉을 친다. 1~1.5초 뒤에 다음 음을 위해 손뼉을 친다. 그리고 1~1.5초 후에 마지막 음을 위해 손뼉을 친다.)	(음을 말하며 문자의 아래 점들을 짚어 나간다.)
"다시."	
"준비." (1초 쉬고 손뼉을 친다.)	(단어의 첫 번째 문자 아래를 손으로 짚는다.)
(1~1.5초 후에 교사는 다음 음을 위해 손뼉을 친다. 그리고 1~1.5초 후에 마지막 음을 위해 손뼉을 친다.)	(학생들은 음을 소리 내며 문자의 아래 점을 짚어 나간다.)
"무슨 단어죠?"	(보통 속도로 단어를 말한다.)
3. a. "다음 단어를 손으로 짚어 보아요."	(다음 화살표의 점 위에 손가락을 가져간다.)
b. (교사는 다음 단어로 2단계를 반복한다.)	
4. (문장에서 남은 단어로 3단계를 반복한다.)	
5. (다음 문장으로 2~4단계를 반복한다.)	
6. (학생들이 보통 속도로 단어를 말하도록 시키기 전에 각각의 단어를 한 번 한 음씩 소리 내어 읽도록 지시하면서 이야기를 두 번째로 한 음씩 소리 내 읽도록 한다.)	
7. (교사는 몇몇의 학생에게 몇 개의 단어를 한 음씩 소리 내어 읽도록 지명하면서 개별 연습을 시킨다.)	

학생들이 읽어야 할 글 속에 제시되는 단어들은 아주 세심하게 선정해야 할 필요가 있다. 이 단어들은 발음 단어 연습활동에서 배워야 할 발음 요소의 소개가 되도록 잘 조직화되어야 한다. 이야기 지문을 구성하는 주요 원칙은 학생들이 이야기 지문에 제시되는 모든 단어를 읽도록 발음 단어 목록 연습활동으로 충분히 준비가 되어 있어야 한다는 점이다. 지문 읽기의 첫 주 동안 학생들이 읽는 이야기 지문은 단어 목록 연습에서 과거에 다룬 단어만으로 구성되어야 한다. 과거에 학습한 단어만으로 구성하면, 단어 목록 읽기에서 지문을 음소 단위로 소리 내어 읽기로 넘어가는 전환이 수월하게 이루어질 수 있다. 이후에는 학생들이 단어 목록 연습에서 단어 그 자체로 접하지 않았더라도 단어 목록 연습에서 자주 연습했던 발음 요소를 지닌 단어를 이야기 지문에서 볼 수 있게 된다.

우리는 읽기 교수가 처음 시작된 첫 달에는 아동들이 음소적으로 규칙적인 단어들의 비중이 높은 이야기 지문을 읽을 것을 권한다. 그러나 안타깝게도 많은 상업용 핵심 프로그램의 초급 교재(beginning books)에서 불규칙 단어들을 다루는 비중이 높다. 이런 상황에 대한 설명은 제9장과 제10장에서 다시 하기로 한다.

이야기 지문의 길이는 점진적으로 늘려 간다. 첫 번째 이야기는 한 문장으로도 구성될 수 있다. 학생들이 시작 단계를 통해 진전해 나가면서 이야기 지문 읽기에 소요되는 시간이 더 늘어나게 될 것이다. 이야기 길이도 점진적으로 늘려 나간다.

초기 읽기 단계에서의 지문 읽기 연습은 학생들이 단어 내의 문자에만 집중할 수 있도록 구성해야 한다. 따라서 그림 단서가 삽입되지 않도록 한다. 왜냐하면 일부 학생들은 이를 단서 삼아 단어를 해독하려고 하기 때문이다. 학생들은 단어의 첫 번째 문자를 본 후에 그림을 보고 해당 문자로 시작하는 이름을 가진 물체를 찾으려고 할 수 있다. 예를 들어, 'Tom had a rock.'이라는 문장을 읽을 때 학생은 그림을 보고 난 후에 'Tim had a ……'라고 문장을 읽기 시작하여 다음 단어 *rock*의 /o/ 음을 모르는 경우 이 단어를 이해하기 위해 그림을 참고할 수 있다. 그림에서 아이가 돌멩이를 들고 있는 모습을 보면 아이는 단어를 해독하기 위한 단서로 이 그림을 활용하려고 할 것이다. 그림을 삽입해서 생기는 이런 문제들을 피하기 위한 효과적인 방법은 그림이 지문 마지막 뒤에 나오게 배치하는 것이다. 그렇게 한다면 학생들은 지문을 읽고 난 후에 그림을 보게 된다.

중요 행동

◉ 학생 성과 점검하기

전체 학생들이 한목소리로 대답하는 시간에 교사는 학생들의 입과 눈 그리고 손가락을 1명씩 돌아가며 살펴보며 점검한다.

학생들이 두 번째 한목소리로 읽기를 마치면, 교사는 개별 연습을 시킨다. 이 개별 연습의 기회는 집단 내 모든 학생이 신호에 따라 한목소리로 올바르게 대답할 수 있을 때 주어지는 것이 일반적인 원칙이다.

개별 연습은 학생들이 실제로 단체 읽기에 참여하고 있는지 확인하고(학생들은 실제로 읽기보다 다른 학생들을 따라 하는 데 능숙한 경우가 많음), 교사가 연습량을 충분히 제공하고 있는지 확인하기 위해 실시된다. 개별 연습 시간에 읽지 않는 학생들은 읽고 있는 학생들이 음을 소리 내어 읽을 때 문자를 손으로 짚어 가며 따라 읽도록 한다. 교사는 읽고 있는 학생들의 응답을 귀로 들을 수 있기 때문에 나머지 학생들의 눈과 손가락이 이를 잘 따라가고 있는지 눈으로 확인할 수 있다. 학생들의 집중도를 높이기 위해 교사는 차례가 되어 읽는 학생들을 제외한 나머지 학생들이 문자를 짚어 가면서 조용한 소리로 음을 내어 읽도록 지시할 수 있다.

◉ 교정하기

이야기 지문을 음소 단위로 소리 내어 읽는 중에 몇 가지 유형의 오류가 생길 수 있다. 학생들은 문자의 음을 틀리게 발음할 수 있다(예: *mad*를 소리 내어 읽는 경우 'mmmmiiii' 라고 말할 수 있음). 교정하기는 단어 목록을 음소 단위로 소리 내어 읽기 연습(word-list sounding-out exercises)에 특화된 교정하기와 유사하다. 교사가 오류를 들었다면, 그 즉시 바로 올바른 음을 시범으로 보여 준 후, 학생들이 그 음을 말해 보도록 하면서 평가를 하고, 학생들이 단어의 처음으로 돌아와 그 단어를 다시 음소 단위로 소리 내어 읽도록 시킨다. 교정의 마지막 절차로, 교사는 학생들이 문장의 처음 부분으로 되돌아와 그 문장을 처음부터 다시 읽도록 지시한다. 학생들이 오류를 낸 단어에 다시 다다르면(문장의 시작으로 되돌아온 후), 해당 단어를 평가한 이후에 다시 교정받게 되는 것과 같다. 학생들이 문장의 막바지 부분에서 단어의 음을 잘못 읽었다면, 교사는 학생들이 문장 읽기를 끝까지 하게 한 후에 다음과 같이 지시한다. "다시 문장의 처음으로 돌아가서 실수하지 않고 다시 읽어 보아요."

두 번째 오류 유형은 학생이 단어를 음소 단위로 소리 내어 읽을 때 음과 음 사이에 쉬는 경우이다. 교정하기는 교사가 먼저 그 단어를 음소 단위로 소리 내어 읽어 보면서 시범을 보이면서 시작된다. 교사는 쉬지 않고 음소 단위로 소리 내어 읽는 방법을 시범으로 보이면서 학생들이 이야기 안에서 해당 음을 손으로 짚어 나가도록 지시한다. "내 차례예요. 내가 단어를 소리 내면, 여러분은 각각의 음을 손으로 짚어요. 준비. Mmmmmaaad." 다음으로 교사는 학생들이 그 단어를 음소 단위로 소리 내어 읽도록 시킨다. 교사는 학생들과 함께 반응한 후에 학생들이 스스로 그 단어를 음소 단위로 소리 내어 읽게 한다.

세 번째 오류 유형은 교사가 학생들에게 해당 단어를 빠르게 말하도록 시켰지만, 학생들이 단어를 올바르게 말하지 않는 경우이다(예: 단어 *mat*을 학생들이 'at'이라고 말함). 교정하기는 단어 목록 읽기를 위한 교정하기 절차와 유사하다. 교사가 단어를 말하고, 학생들이 그 단어를 말하도록 시킨다. 그리고 학생들을 이끌면서 다시 단어를 음소 단위로 소리 내어 읽도록 하면서 학생과 함께 응답한 후에 그 단어를 보통 속도로 읽도록 한다. 이런 유형의 오류는 보통 학생들이 단어를 소리 낼 때, 예를 들어 '*mmm aaaat*'처럼 음과 음 사이를 쉬고 소리 내어 읽는 경우에 발생한다.

학생들이 높은 성과 수준에 도달하도록 하면서 동시에 긍정적이면서 동기를 가지고 수업에 참여할 수 있도록 하는 교사의 적절한 기술들이 요구된다.

상업용 읽기 프로그램

상업용 핵심 읽기 프로그램 중에는 단어 읽기를 소개하는 방식이 수업을 잘 따라오지 못하는 아동들에게 문제가 될 수 있는 프로그램들이 많다. 문제는 다음과 같은 특성이 1개 이상 드러나는 데서 비롯된다.

- **음소 단위로 소리 내어 읽기의 명시적 지도가 없거나 적은 경우:** 어떤 읽기 프로그램은 음소 단위로 소리 내어 읽기를 지도하지 않는다. 이런 프로그램들은 단어를 통째로 읽기부터 시작한다. 어떤 프로그램은 음소 단위로 소리 내어 읽기를 가르치지만 지도하는 수업 일수가 한정되어 있다.
- **아동들이 쉬운 단어 유형을 숙달하기 전에 어려운 단어를 너무 빨리 소개하는 경우:** 많은 읽기 프로그램이 학생들이 연속음으로 시작하는 단어를 충분히 연습하기도 전에 어려운 파열음으로 시작하는 단어를 도입한다.
- **일일 연습량의 부재:** 읽기 프로그램 중에는 너무 많은 활동이 프로그램에 포함되어 있어서 단어 읽기를 위한 일일 활동(daily work)을 충분히 제공하지 않는 프로그램들이 있다. 단어 읽기 연습이 매일 제시되어야 하는 것이 명시적으로 밝혀지지 않는 읽기 프로그램들도 있다.

해결방안

음소 단위로 소리 내어 읽기 지도의 불명료함, 새로운 단어 유형의 시기상조적 소개, 일일의 연습량 부재 등과 같은 규칙 단어 읽기와 관련한 다수의 문제는 필요시에 교사가 단어 읽기 연습을 일일 수업에 보충하여 넣거나 수업을 새롭게 만들어 해결할 수 있다. 초기 읽기 단계 교수가 시작된 첫 몇 달 동안에 일일 수업에 음소 인식 연습, 글자-소리 대응 연습을 포함시키고 학생들이 6~8개의 글자-소리 대응을 학습했다면 단어 읽기 연습을 시작한다. 읽기 초기 단계의 음소 단위로 소리 내어 읽기 활동에서는 가장 쉬운 유형의 단어인 연속음으로 시작하는 VC와 CVC 규칙 단어로 시작한다.

응용 연습문제

01 (이 연습을 위한 부가적인 도움은 부록 A의 단어 목록을 참조한다.)

(a) 학생들은 연속음으로 시작하는 CVC 단어를 읽고 다음의 글자에 해당하는 대표음을 학습하도록 지도받았다. *f, t, l, m, d, s, r, a, I, o*. 단어 읽기 과제에 포함될 수 있는 네 가지 단어를 목록화하시오.

(b) 학생들은 연속음과 파열음으로 시작하는 CVC 단어를 읽고 다음의 글자에 해당하는 대표음을 학습하도록 지도받았다. *f, l, m, d, t, s, r, h, i, o, a*. 글자 *h*를 3일 전에 소개했다고 가정하자. 단어 읽기 과제를 위해 단어 10개를 목록화해 보시오. 단어 중 4개는 글자 *h*를 포함해야 한다. 단어 중 4개는 연속음으로 시작해야 한다.

02 교사가 단어 목록을 음소 단위로 소리 내어 읽기 수업 형식을 제시한다. 다음 상황에서 교사가 할 일과 학생들이 오류를 범할 때 교정하기 위해 활용할 말을 구체화하시오.

(a) 단어 *mud*를 소리 내어 읽는 경우, 학생들은 *m*을 소리 내어 읽은 후 쉰다.

(b) 단어 *mud*를 소리 내어 읽을 때 교사가 *u*를 가리켰는데 한 학생이 /i/라고 말한다.

03 학생 그룹에게 다음의 기술을 지도했다고 가정하시오.

이 개별 글자의 대표음: a i o u b c d f g h k l m n p r s t v w

이 단어 유형을 해독하는 방법: 연속음으로 시작하는 VC, CVC 단어, 파열음으로 시작하는 CVC 단어, 합성 자음으로 끝나는 CVCC 단어

학생들이 해독할 수 없을 다음의 단어 각각에 동그라미를 치자. 학생들이 단어를 해독할 수 없는 이유를 적은 설명의 약자를 동그라미 친 각각의 단어 옆에 적으시오. 학생들이 해독할 수 없는 이유를 설명한 것은 다음과 같다.

문자(letter: L): 단어는 규칙적이지만 학생들이 모르는 문자가 단어에 나타난 경우

단어 유형(word type: WT): 지도하지 않았던 단어의 유형인 경우

불규칙 단어(not regular: NR): 단어가 불규칙하고, 일부 문자가 대표음을 내지 않는 경우

jet ________	rag ________	said ________
slim ________	hot ________	stand ________
big ________	clap ________	tag ________
red ________	put ________	of ________
last ________	best ________	ramp ________

trap ________ list ________ stop ________

was ________ talk ________ sink ________

if ________ Sam ________ fit ________

04 단어 읽기 과제 내의 단어는 *Sam, rid, mad, it, at*이다. 다음은 교사가 다른 집단의 학생들에게 제시했던 예의 네 가지 순서이다. 플러스 표시(+)는 바른 응답이고, 마이너스 표시(-)는 오류를 뜻한다. ① 각 순서가 수용 가능한지의 여부를 말하시오. ② 무엇이 수용 불가능한 순서인지 설명하시오. 모든 오류는 단어 파악(word-identification) 오류라고 가정하시오.

(a) Sam (−) (교사가 정정함) rid (−) (교사가 정정함) mad (−) (교사가 정정함) if (+) at (+)

(b) Sam+rid+mad+if+at+

(c) Sam+rid+mad− (교사가 정정함) Sam+mad− (교사가 정정함) Sam+rid+mad+it+

(d) Sam+rid− (교사가 정정함) Sam+rid− (교사가 정정함) mad+if+at+Sam+if+at+

05 학생들이 다음의 문자의 대표음을 안다고 가정하자. *a, m, t, s, i, f, d, r, o, g, l, h, u, c, b, n*. 교사는 수용 불가능한 2개의 단어 목록을 만들었다. 다음 단어 목록을 점검해 보시오. 각각의 단어 목록에 대하여 수용 가능한지(A라고 적을 것), 아니면 수용 불가능한지(U라고 적을 것)를 나타내고 답변에 대해 설명하시오.

A목록	B목록	C목록
dug	dad	rug
run	rim	bat
hut	den	fin
fun	got	hot
hug	hug	dig

06 음소 단위로 소리 내어 읽기가 상대적으로 어려운 정도에 따라 다음의 단어를 목록화하시오. 그리고 그 순서에 대해 간단히 설명하시오.

lamp, stop, bet, clamp, slam, run, best

07 학생들은 문장 'Sam sat in mud.'를 소리 내어 읽는다. *mud*를 음소 단위로 소리 내어 읽을 때, 한 학생이 *u*를 'a'라고 읽는다. 교정 절차의 모든 단계를 말하시오. 교사가 무엇을 말하고 행동해야 할지를 말하시오.

제9장

즉독: 눈으로 보고 바로 읽기

학습 목표

1. '즉독'의 의미와 이를 가르치기 위한 교수 절차와 관련 근거는 무엇인지를 설명한다.
2. 단어 즉독의 도입 수업 형식과 연습 수업 형식을 기술한다.
3. 교사의 중요한 수업 진행 행동을 포함하여 단어 목록과 지문 즉독을 위한 지도 절차를 설명한다.
4. 즉독을 지도할 때, 상업용 읽기 프로그램의 조정(modification)은 어떻게 이루어져야 하는지에 대해 논의한다.

이 장에서는 학생들이 각 단어를 음소 단위로 소리 내어 읽는 대신 눈으로만 보고 보통 속도로 바로 읽도록 하는 교수법에 대해 다룬다. 단어를 음소 단위로 소리 내어 읽지 않고 바로 읽는 것을 **즉독**(sight reading)이라고 명명한다. 즉독 연습에서 학생들은 단어를 목소리로 구현하지는 않지만, 보통 속도로 말한다. 소리 내어 읽기에서 즉독으로 전환하는 과정은 큰 주의를 요한다. 학생들이 단어를 이해하는 데 충분한 시간을 들이지 않으면 소리 내어 읽기 전략을 버리고 단어 내의 몇몇 문자만을 보고 추측하여 읽는 데 의존하기 때문이다.

즉독은 학생들이 연속음으로 시작하는 4개의 CVC 단어로 구성된 단원을 오류 없이 일관적으로 소리 내어 읽을 수 있을 때 시행할 수 있다. 일견 단어 읽기 교수는 단어 목록 연습으로 시작한다. 학생들은 수업 초반에 이전에 소리 내어 읽어 본 몇몇의 단어를 즉독해 본다. 즉독 연습에서 다루는 단어들의 수를 점차 늘리며 학생들이 단어 목록 내의 모든 단어를 즉독하게 한다.

지문에 있는 단어 즉독은 목록에 있는 단어 즉독과 같은 방식으로 지도한다. 수업 초반에 학생들은 이야기 속에 포함된 단어들을 한 음씩 소리 내어 읽고 몇몇의 문장은 즉독한다. 학생들이 즉독하는 문장의 수를 점차 늘려 가며 이야기 전체를 즉독하게 한다.

목록에 제시된 단어들 즉독하기

목록에 제시된 단어들 즉독하는 방법 소개

도입 수업 형식과 연습 수업 형식의 두 가지 수업 형식이 즉독 지도 방법에 활용될 수 있다. 도입 수업 형식은 단어를 음소 단위로 소리 내어 읽기에서 단어 전체 읽기로 전환하는 수업 형식이라 할 수 있다(〈표 9-1〉 참조). 교사는 칠판에 4개의 단어로 구성된 목록을 제시한다. 각 단어에 대해 교사는 학생들에게 음소 단위로 소리 내어 읽는 대신에 단어를 혼자(목소리를 거의 내지 않고) 읽도록 시킨다. 교사가 신호를 하면 학생들은 단어를 보통

표 9-1 단어 즉독을 위한 도입 수업 형식

교사	학생
(교사가 칠판에 판서한다. *sat, mud, fit, sad.*) 1. (시범을 보인다.) a. "여러분은 이 단어들을 크게 소리 내지 않고 읽어 볼 거예요." b. "내 차례예요. 내 입 모양을 보세요. 내가 혼잣말을 한 다음, 그 단어를 읽어 볼 거예요." (교사가 첫 번째 단어를 가리키고 입술을 움직이며 각각의 문자를 가리키며 해당하는 음을 속삭이듯 말한다. 음을 목소리를 거의 내지 않으면서 말한 후에 묻는다.) "무슨 단어이죠?" (그다음 그 단어를 말한다.) "Sat." c. (단어 하나를 더 시범을 보인다.)	
2. (모든 단어에 대해 학생 전체를 평가한다.) a. "여러분 차례예요." (교사는 첫 번째 문자의 왼쪽을 가리킨다.) "내가 글자들을 가리키면 이 단어를 여러분 혼잣말로 소리 내어 읽어 봐요." (교사가 연속음 글자 아래를 약 1초 정도 손으로 짚어 가며 한 글자에서 다음 글자로 반원형을 그리며 이동한다.) "무슨 단어이죠?" (신호)	(속삭이듯이 음을 말하며 단어를 소리 낸다.) "Sssaaat." (보통 속도로 말한다.) "Sat."
b. [목록의 나머지 단어에 대해 2(a)단계를 반복한다. 학생들이 모든 단어를 바르게 파악할 때까지 단어 목록을 제시한다.]	

속도로 큰 소리로 말한다. 이 수업 형식은 교사가 단어를 소리가 거의 나지 않게 읽고 난 후 보통 속도로 크게 읽는 방법을 시범으로 먼저 보이면서 시작된다. 다음 단계로 교사는 학생들에게(교사가 각 음을 가리킬 때마다) 단어들을 혼자 읽은 후에 교사의 신호에 그 단어를 보통 속도로 읽도록 지도한다. 이 단계는 수업을 잘 따라오지 못하는 학생에게 특히 매우 중요하다. 이 단계는 그들에게 즉독 연습에서 무엇을 해야 하는지 분명하게 보여 준다. 이 단계가 없다면 일부 수동적인 학생들은 단어를 소리 내어 읽기보다 추측에 의존하여 읽으려 들 것이다. 이 수업 형식은 학생들이 이틀 연속 첫 시도에 모든 단어를 올바르게 응답할 수 있을 때까지 매일 실시한다. 그런 다음 이 도입 수업 형식은 학생들이 교사의 촉구 없이 즉독 연습을 하는 활동으로 넘어간다.

목록에 소개된 단어들에 대한 즉독 연습

〈표 9-2〉는 목록에 소개된 단어들에 대한 즉독 연습을 위한 수업 형식이다. 이 수업 형식에서 교사는 학생들에게 단어를 혼잣말로 소리 낸 후에 신호가 내려지면 단어를 큰 소리로 빠르게 말하라고 지시한다. 학생들은 단어 목록을 적어도 두 번 즉독한다. 첫 번째 읽기의 목표는 학생들이 각각의 단어를 3초 이내로 파악하게 하는 것이다. 두 번째 읽기의 목표는 각 단어를 단 2초 내로 파악할 수 있게 하는 것이다.

표 9-2 목록에 소개된 단어들에 대한 즉독 연습 수업 형식

교사	학생
(칠판에 판서한다. *sad, not, fit, am, sun, fin.*)	
1. "여러분은 이 단어들을 빠르게 읽어 볼 거예요. 내가 단어를 가리키면 그 단어를 혼잣말로 소리 내어 읽어 봐요. 내가 신호를 보내면 그 단어를 빠르게 읽어 보아요."	
2. (학생들은 3초 내로 단어를 읽는다.)	
a. (교사가 첫 번째 단어의 왼쪽을 가리키며 3초간의 여유를 준다.) "무슨 단어이죠?" (신호)	"Sad."
b. [교사는 나머지 단어에 대해 2(a)단계처럼 동일한 절차를 이어 나간다.]	
3. (학생들은 다시 단어 목록의 전체 단어를 각각 2초 내로 읽는다.)	
a. (학생들이 단어를 2초 만에 읽도록 한다.)	
4. (교사는 개별 연습을 시킨다.)	
a. (교사가 단어를 가리키며 2초 시간을 주고 학생을 지명한다.)	
b. [교사는 나머지 단어로 4(a)단계를 반복한다.]	

중요 행동

◉ 속도

교사의 중요 지도 행동은 학생들이 한 단어를 파악하기 위해 얼마만큼의 시간이 주어져야 하는지를 판단하는 일이다. 단어 목록의 첫 번째 읽기 목표는 학생들이 각각의 단어를 신호가 내려지기 전에 3초 이내로 반응할 수 있게 하는 일이다. 일부 학생은 단어를 소리 내어 읽는 데 3초 이상이 걸린다. 첫 몇 주 동안은 학생들에게 단어를 파악하는 데 최대 5초까지 허용한다. 5초가 지나면, 교사는 모든 학생이 단어를 이해하지 못한 것처럼 보여도 학생들에게 반응하라는 신호를 준다. 학생들에게 너무 많은 시간을 허용하면, 의도치 않게 학생들의 우유부단함을 키우는 결과를 낳을 수 있다. 어떤 학생들은 단어를 소리 내어 읽기 시작하면서 1~2개의 음을 혼잣말로 읽다가 멈추고 다시 시작하게 하다 보니 단어를 파악하는 데 오랜 시간이 걸릴 수 있다. 시간을 너무 많이 주면 이런 행동에 대해 의도치 않은 강화가 될 수 있다. 교사는 보통 학생들의 입 모양을 보면서 학생들이 하는 행동을 평가할 수 있다.

전체 집단 내의 한 학생이 목록의 단어를 이해하는 데 3초 이상이 걸렸다면, 교사는 학생들을 더 연습시켜야 한다. 이 추가 연습을 위해 교사는 단어 목록의 첫 단어로 돌아가서 단어 목록의 해당 단어에서 위로 4개의 단어로 돌아와 단어들을 다시 선보인다. 단어를 다시 제시할 때 학생들은 추가로 더 연습을 하게 된다. 추가 연습은 학생들이 단어 읽기의 유창성을 키우는 데 중요하다.

단어 목록으로 구성된 단원을 여러 차례 반복하는 경우에 발생할 수 있는 문제는 학생들이 해당 페이지의 단어를 그 위치에 따라 기억할 수 있다는 점이다. 교사가 손으로 모든 단어를 가려도 학생들은 단어를 스스로 읽어서가 아니라 그 위치를 기억하기 때문에 단어를 읽을 수 있다. 이렇게 학생들이 단어의 위치를 기억하고 그 기억에 따라 단어를 읽을 가능성을 최소화하기 위해서는 교사는 단어 목록을 반복 연습시킬 때마다 단어의 순서를 다르게 제시해야 한다.

교사는 학생들을 칭찬하고 용기를 북돋아 주면서 동기부여를 높이도록 해야 한다. 학생들이 바르게 반응할 때마다 칭찬을 해 주는 것은 어린 학생들에게 매우 강력한 동기부여가 된다는 것을 기억해야 한다. 목록에서 처음에 나오는 단어로 돌아가 복습을 할 때, 교사는 "여러분은 정말 열심히 잘 했어요. 이제 처음으로 돌아가서 지금까지 우리가 배운 것을 좀 더 빨리 읽을 수 있는지 알아보아요."와 같은 격려의 말을 할 수 있다. 어려워하던 학생이 결국 성공했을 때는 칭찬을 꼭 해야 한다.

◉ 신호하기

교사는 단어의 왼쪽을 가리키며 학생들이 단어를 이해하도록 여유 시간을 주고 묻는다. "무슨 단어죠?" 그리고 단어 위를 톡톡 치거나 단어 아래를 손가락으로 빠르게 그으면서 신호를 한다.

교사는 학생들이 반응하는 신호를 하면서 학생들을 쳐다보아야 한다. 학생들을 바라보는 것은 중요하다. 교사가 학생들이 집중하는지 확인하고(학생의 눈을 바라봄), 학생들이 바른 반응을 하는지(학생들의 입 모양을 바라봄) 판단하는 데 도움이 되기 때문이다.

◉ 개별 연습

학생들이 개별 연습 시간에 집중하도록 만드는 것은 교사에게 매우 중요하며 도전이 되는 일이다. 속도도 매우 중요하다. 교사는 학생들을 예측 가능한 순서로 호명하지 말아야 한다. 교사는 단어를 가리키고 모든 학생이 단어를 파악할 수 있도록 충분히 여유 시간을 준 다음 개별적으로 학생들이 반응하도록 지명한다. 호명된 학생이 반응한 후에 교사는 그 학생을 칭찬하고 다음 단어를 가리킨다. 이와 관련된 중요 행동은 ① 개별적으로 학생들이 호명되기 전에 모든 학생이 단어를 파악할 수 있도록 충분한 시간을 제공하는 것, ② 학생을 무작위 순서로 호명하여 학생들이 누가 대답할 차례인지 알 수 없도록 하는 것이다.

교사는 다음처럼 게임 활동을 만들어 볼 수도 있다. "자, 이제 여러분이 맞힐 수 있는지 볼게요. 한 단어를 가리키고 여러분에게 그걸 파악할 시간을 줄 거예요. 그리고 학생 1명의 이름을 부르겠어요. 내가 누굴 부를지는 아무도 몰라요. 자, 정신 똑바로 차리고 들어보아요." 교사는 이름이 호명되자마자 즉각적으로 대답을 바르게 한 학생들을 아주 크게 칭찬해야 한다. "아주 잘 했어요. 읽기를 정말 잘 했네요."

교사는 가끔 개별 연습 시 단어를 가리키기 전에 학생의 이름을 호명하여 학생들의 주의를 무의식적으로 흐트리게 하는 경우가 있다. 이는 학생들이 자신이 호명되지 않을 거라는 것을 안다면 주의집중이 되지 않는 문제가 생긴다.

◉ 오류 교정

즉독 연습에서 발생하는 오류는 두 종류이다. 하나는 학생이 교사가 신호를 해도 단어를 말하지 않는 신호 오류(signal error)이고, 다른 하나는 학생이 틀리게 반응하는 오인 오류(misidentification error)이다. 오인 오류의 교정 절차는 다음과 같다. ① 잘못된 음을 파악하면서 부분 시범을 보인다(예: 학생이 *fit*에 대해 'fat'이라고 말하면, 교사가 *i*를 지적하고 말한다. "이것은 /ĭiii/예요."). ② 학생들이 단어를 소리 내어 읽도록 시키고, 보통 속도로 단어를 말하도록 한다. ③ 단어 목록의 앞 단어로 돌아온다. 교사는 3개나 4개 단어 앞으로 돌아와 단어를 다시 제시한다. 수업의 끝부분에서 교사는 학생들이 오류를 낸 단어를 개별 학생별로 다시 평가한다.

다음은 학생들이 *fit*을 'fat'이라고 말했을 때, 부분 시범 교정 절차(limited model-correction procedure)에 따라 정정한 예를 보여 준다.

1. **교사가 부분 시범을 보인다.** (교사가 *i*를 지적한다.) "이것은 /ĭiii/라고 말해요. 무슨 단어죠?" (신호) "/ĭiii/."
2. **교사가 학생들이 단어를 소리 내어 읽도록 시킨다.** "단어를 소리 내 봐요. 준비." (교사가 첫 번째 문자의 왼쪽을 가리키고, 잠시 쉬었다가 각 단어의 아래 부분으로 반원을 그리며 넘어간다.) "무슨 단어죠?" (신호) "Fit."
3. **교사가 목록에 있는 몇 개의 단어로 돌아가 그 목록을 반복한다.** "이 단어를 통째로 읽어 보아요."*

예시 선택

즉독할 단어 목록을 구성하는 기준은 기본적으로 음소 단위로 소리 내어 읽기 연습을 위해 단어를 선택하는 경우와 동일하다.

- 단어는 학생들이 글자-소리 대응 과제를 완전히 숙달했다고 보여 주는 문자로만 구성되도록 한다.
- 단어는 예측하기 어려운 순서로 목록을 작성한다. 동일한 문자가 3개 이상 연속된 단어에서 같은 위치에 나오지 않도록 한다.
- 새로운 유형의 단어는 목록의 1/3 내지 1/2로만 구성한다.

---

* 단어 목록에 단어가 4개 이상이면, 교사는 단지 4개 앞의 단어로 돌아간다.

단어 목록의 단어를 소리 내어 읽기는 즉독을 소개하고 난 이후에도 계속 진행한다. 일견 단어 읽기가 처음 도입될 때, 즉독 도입 수업 형식(introductory sight-reading format)은 학생들이 이전 수업에서 소리 내어 읽어 보았던 3~4개의 단어로 제시한다. 즉독할 단어의 수는 몇 주간에 걸쳐 점차적으로 늘려 학생들이 이전 수업에서 소리 내어 읽었던 모든 단어를 즉독하도록 한다. 이후 수업에서는 교사가 소리 내어 읽는 단어의 수를 점진적으로 줄여 나가면서 수업 형식을 변화시킬 수 있다. 초기 읽기 마지막 단계에는 단어 목록 읽기 연습활동에 포함되는 단어는 15~20개 정도가 되도록 해야 된다. 학생들은 가장 최근에 소개된 유형의 5개 단어를 소리 내어 읽고 모든 단어를 즉독한다. 초기 읽기 단계에 소리 내어 읽기 연습을 계속 이어 가는 것은 학생들이 추측으로 소리 내어 읽는 전략을 갖지 않도록 하는 데 있어서 아주 중요하다.

지문 읽기

일견 단어 지문 읽기는 학생들이 이야기 지문을 읽고 이를 소리 내어 읽지 않고 정상적인 속도로 바로 보고 읽도록 하는 연습활동을 의미한다.

일견 단어 지문 읽기

글의 지문에 포함된 단어들을 소리 내어 읽는 것에서 즉독으로 읽는 것으로 전환하는 과정은 점진적으로 일어난다. 학생들이 단어를 소리 내어 읽기보다 보통의 읽기 속도로 즉독하기 시작하는 시점은 학생들이 단어를 3초 이내에 이해하고 오류를 보이지 않고 일견 단어 목록에 있는 단어들을 모두 읽을 수 있을 때이다.

즉독으로 이행하기 시작할 때, 우리는 학생들이 먼저 전체 이야기를 읽고 학생 모두가 단어를 한목소리로 음소 단위로 소리 내어 읽어 볼 것을 권한다. 이렇게 하는 목적은 학생들이 추측하기 전략을 사용하지 않도록 하기 위해서이다. 먼저 소리 내어 읽게 하는 이야기의 분량은 학생들이 즉독을 능숙하게 해 나가는지 평가하면서 점진적으로 줄여 나간다. 학생들이 글의 지문을 즉독하더라도, 처음 몇 주간은 이야기에 나온 일견 단어들을 음소 단위로 소리 내어 읽도록 하는 활동을 어느 정도 유지하는 것이 필요하다.

지문 즉독하기를 소개하는 수업 형식은 〈표 9-3〉에 제시되어 있다. 이 도입 형식에서는 학생들에게 이제 막 음소 단위로 소리 내어 읽기를 끝낸 글을 제시하면서 수업을 진행한다. 글의 지문을 음소 단위로 소리 내어 읽은 후에 학생들은 단체로 눈으로만 보고 바로 글의 지문을 읽는다. 학생들이 모두 이야기의 지문을 즉독할 수 있게 되면, 교사는 개별 학생을 호명해 문장 전체를 읽게 하면서 학생들이 이야기를 세 번째로 읽게 한다. 도입 수업 형식을 제시할 때, 교사는 학생들이 단어를 보통 속도로 말하기 전에 각 단어를 혼잣말로 소리 내어 읽도록 시킨다. 학생들은 문장에 나오는 각 단어를 3초 이내로 파악할 수 있도록 훈련받는다.

표 9-3 지문 즉독하기에 대한 도입 수업 형식

교사	학생
1. "여러분은 이 이야기에 나온 단어를 빠르게 읽을 거예요. 내가 신호를 보내면 단이를 빠르게 말해 보아요."	
2. (학생이 첫 문장을 읽게 한다.)	
a. "첫 번째 단어를 손으로 짚어요."	(첫 번째 단어의 첫 문자 아래를 손으로 짚는다.)
b. "단어를 파악해 봐요. 손가락으로 각각의 음 아래를 짚고 혼잣말로 그 음을 말해 보아요." (최대 3초까지의 시간을 준다.)	(문자들을 짚어 가며 목소리를 거의 내지 않으면서 단어를 소리 낸다.)
"무슨 단어죠?" (신호)	(첫 번째 단어를 말한다.)
c. "다음 단어. 혼잣말로 음을 말해요." (3초까지 시간을 준다.)	(단어를 목소리를 거의 내지 않으면서 소리 낸다.)
"무슨 단어죠?" (신호)	(다음 단어를 말한다.)
d. [문장 내의 나머지 단어로 2(c)단계를 반복한다.]	
e. (문장 내의 단어 하나를 이해하는 데 3초 넘게 걸린다면 학생들에게 문장을 다시 읽어 보라고 지시한다.)	
3. (나머지 문장으로 2단계를 반복한다.)	
4. (개별 학생에게 문장을 읽도록 시킨다.)	

학생들이 단어를 혼자서 정확하게 소리 내어 읽을 수 있으면, 교사는 교사의 촉구가 상대적으로 적게 이루어지는 수업 형식을 사용한다(〈표 9-4〉 참조). 이 수업 형식에서 교사는 즉독을 하는 중에 학생들이 각 단어를 혼잣말로 소리 내어 읽기를 할 것을 상기시키지 않아야 한다. 교사는 읽을 단어에 각각 신호를 하면서 학생들에게 한목소리로 글을 읽게 한다. 교사는 "다음 단어."라고 말하고 학생들이 단어를 파악할 수 있도록 잠시 멈추고, "이건 무슨 단어죠?"라고 묻고 나서 신호를 한다. 첫 며칠 동안 교사는 학생들에게 소리

내어 읽기를 할 것을 환기시키기 위해 "다음 단어. 이 단어를 혼잣말로 소리 내어 읽어 보아요."라고 말한다. 한목소리로 즉독한 후에 교사는 칠판에 학생들이 지문 읽기 시간에 오류를 보인 단어들을 적고 일견 단어 목록에 대한 즉독 활동을 수행한다. 그다음에 교사는 개별 학생을 호명하여 한 번에 한 문장씩 글을 읽도록 시킨다.

표 9-4 지문 즉독하기를 위한 연습 수업 형식

교사	학생
부분 1: 학생들은 한목소리로 이야기를 즉독한다.	
1. "우리는 이야기 안의 단어를 빠르게 읽을 거예요. 내가 신호를 줄 때마다 단어를 빠르게 읽어 보아요."	
2. "이야기의 시작 부분을 손으로 짚어 봐요." (멈춤)	(손으로 짚는다.)
3. "첫 번째 단어를 이해해 보아요." (멈춤) "이게 무슨 단어죠?" (신호)	(첫 단어를 말한다.)
4. a. "다음 단어." (학생들이 다음 단어를 이해할 시간을 준다.) "이건 무슨 단어죠?" (신호)	
b. [문장의 나머지 단어로 4(a)단계를 반복한다.]	
c. (학생들이 어떤 단어를 파악하는 데 여유 시간이 더 필요하거나 오류를 낸다면, 교사는 학생들에게 문장을 다시 읽게 한다.)	
5. "다음 문장의 첫 번째 단어를 짚으세요." (교사는 학생들이 3단계, 4단계에서 나온 동일한 절차를 사용해 문장을 읽게 한다.)	
부분 2: 오류를 낸 단어를 연습시킨다.	
1. (칠판에 학생들이 오류를 내었던 단어들을 쓴다. 학생들이 소리 내기를 하게 한 후 각 단어를 파악하게 한다.)	
2. (학생들이 목록에 있는 단어를 즉독하게 한다.)	
부분 3: 교사가 문장의 시작 찾기를 시범을 보인다.	
1. (개별 학생을 호명해 이해력 질문 문항을 질문하며 한 번에 한 문장을 읽도록 시킨다.)	

중요 행동

◉ 신호하기와 점검하기

지문을 읽을 때, 학생들은 교사를 쳐다보는 것이 아니라 이야기 지문을 봐야 한다. 학생들은 자신들이 읽어야 할 단어를 손으로 짚어 가며, 눈으로 책 위의 지문을 봐야 한다. 학생들이 일견 단어 지문을 읽게 하는 신호는 지문을 음소 단위도 소리 내어 읽기 활동과 같이 청각적인 신호로 해야 한다. 교사는 아동들에게 단어를 혼잣말로 소리 내어 읽을 시간을 주고 "무슨 단어죠?"라고 묻는다. 1초 후에 교사는 손뼉을 치거나 두 손가락으로 딸각

소리를 내거나 연필을 탁탁 두드리는 등의 소리를 내며 신호를 준다. 교사가 "무슨 단어죠?"라고 묻는 순간과 신호를 주는 순간 사이의 시간은 일정하게 1초 정도로 유지한다. 이것을 드럼을 치는 것에 비유해서 생각해 보자. 드러머가 "무슨 단어죠?"라고 묻고 드럼 막대기를 들어 올려 드럼을 치는 것과 같다.

교사는 학생들의 반응을 주의 깊게 듣고, 학생들이 각 단어를 정확하게 가리키고 있는지 점검하며, 입 모양과 눈을 살피는 방법으로 점검한다. 교사는 학생들이 글의 지문에 포함되어 있는 단어에 실제로 집중하고 있는지 확인하기 위해 학생들의 눈을 바라본다. 그리고 학생들이 단어를 스스로 소리 내어 읽는지 살피기 위해 학생들의 입 모양도 살핀다.

한목소리로 지문을 읽는 시간에 교사는 "다음 단어."라고 말하면 학생들이 다음 단어를 가리키도록 지시를 내린다. 학생들이 다음 단어를 손으로 짚고, 이를 혼잣말로 소리 내어 읽으며 단어를 즉각 파악하려고 노력하는지 점검해야 한다.

글의 지문을 즉독으로 읽는 방법을 도입하는 수업 형식에서 학생들에게 요구되는 수행 목표는 학생들이 각 단어를 3초 이내에 읽을 수 있도록 하는 것이다. 일부 학생은 이들 단어를 파악하는 데 처음에는 3초가 넘는 시간이 걸릴 수 있다. 교사는 2초 정도 시간을 학생들에게 더 허용하더라도, 5초를 넘기지 않고 신호를 한다(너무 많은 시간을 허용하게 되면, 의도치 않게 학생들은 단어 전체를 이해하려고 하기보다 단어의 첫 부분을 읽고 또 읽으려고 하는 결과를 초래할 수 있다). 학생들이 문장 내에서 한 단어를 이해하는 데 3초가 넘는다면 교사는 그 문장을 반복해서 지도해야 한다.

학생들이 읽기 프로그램에서 진전을 보이면, 학생들이 단어를 이해하는 데 허용되는 시간은 점차 줄어들게 된다. 읽기 속도 향상에 대한 정보는 이 장의 뒷부분에서 논의하기로 한다.

⊙ 속도

학생들 전체가 한목소리로 읽는 중에, 교사는 지문 읽기에서 학생들이 단어를 파악할 수 있도록 적절한 시간을 허용하는 동시에 아동들이 단어 간에 빨리 이동할 수 있도록 지문 읽기 속도를 잘 유지해야 한다. 학생들이 단어를 올바르게 말하는 즉시 교사는 "다음 단어."라고 말한다. 그러면 학생들은 즉시 다음 단어를 보고 스스로 소리 내어 읽기 시작한다. 교사는 학생들에게 단어를 파악할 시간을 주고, "무슨 단어죠?"라고 묻고 신호를 한다. 학생들이 바르게 응답하면, 교사는 즉시 "다음 단어."라고 말하고 학생들이 단어를 파악할 수 있는 시간을 몇 초 더 준다(교사는 지면에 새로운 줄에 나오는 첫 단어의 경우, 학생들에게 단어를 파악할 시간적 여유를 더 주어야 한다. 왜냐하면 학생들이 해당하는 다음 단어를 짚기 위해 손가락을 지면에서 다음 줄로 내려와 왼편으로 가져가는 데 시간이 걸리기 때문이다). 교사가 학생의 오류를 발견하였다면, 즉각 해당 학생의 읽기를 교정한 후 학생들이 문장의 첫 단어로 되돌아가서 학습을 다시 하도록 지시한다.

◉ 개별 읽기

즉독 수업 형식에서 마지막 부분은 개별 학생들이 한두 문장을 말로 소리 내어 읽고 나머지 학생들은 따라 하는 것이다. 개별 읽기 학생들이 한목소리로 대답하지 않기 때문에 신호하기가 필요 없다. 그러나 학생들의 주의를 집중시키기 위해 큰 소리로 읽지 않는 학생들은 읽을 때 각 단어를 손으로 짚어 가며 읽도록 해야 한다(이렇게 가리키는 절차는 초기 단계의 어린 학생들에게 필요하다. 학년이 올라갈수록 이렇게 가리키는 행동은 필요하지 않다). 교사는 학생들이 순서를 예측하기 힘들게 하는 방법으로 학생들을 호명한다. 학생들이 자신이 읽을 차례라는 것을 예상할 수 있다면, 일부 학생은 거의 자신의 차례가 올 때까지 집중하지 않을 것이다. 어떤 학생들은 '자신이 읽을' 문장을 미리 찾아내어 그것을 연습할 수도 있다. 어떤 학생이 집중하지 않고 있다면, 다른 학생이 읽고 난 직후에 다시 그 부분을 읽으라고 호명할 수 있을 것이다. 이런 지시는 학생들에게 자신이 문장을 읽었더라도 다시 호명당할 수 있으므로 계속 집중해야 한다는 것을 알려 준다. 읽는 학생은 한 번에 한두 문장만을 읽도록 한다. 읽는 학생이 길게 읽을수록 다른 학생들이 주의력을 잃게 될 가능성이 높아지기 때문이다. 집단 내 학생들이 집중을 덜 할수록 한 학생이 읽어야 할 문장의 수는 적게 해야 한다.

학생들이 보다 의미 있는 단위로 읽도록 하기 위해서 주기적으로 읽기를 멈추도록 해야 한다. 이렇게 멈추는 것은 교사가 새로운 학생을 호명하여 읽도록 하는 데 도움이 된다. 교사는 한 학생이 문장의 마지막 단어를 말한 후에 즉시 새로운 학생의 이름을 부른다. 이렇게 빠른 속도로 하는 것은 학생들의 집중력을 높이고 이야기의 흐름을 유지시켜 준다.

개별 연습 때 일부 학생은 다른 학생들이 따라가기가 어려울 정도로 매우 조용한목소리로 읽는다. 이런 학생들에게 더 큰 목소리로 읽으라고 잔소리한다거나 애원하듯 전달하는 것은 보통 학생들의 행동을 변화시키는 데 도움이 되지 못한다. 적절하게 큰 목소리로 말하는 학생을 크게 칭찬하며 강화하는 것이 지나치게 조용하게 말하는 학생들을 더 크게 말하도록 하는 데 효과적인 경우가 더 많다. 이런 강화는 교사가 학생이 읽고 난 후에 "아주 잘했어요, Erika. 큰 목소리로 잘 읽었어요."와 같은 구체적 칭찬을 하거나, '큰' 목소리로 읽는 단체 활동이 끝나면 학생에게 스티커처럼 눈에 보이는 강화물을 상으로 줄 수 있다.

교사는 개별 연습에서 정확하게 읽는 것을 독려하기 위해 동기화 단계를 사용한다. 학생들이 문장을 바르게 읽으면 칭찬하라. 학생 전체가 동기부여가 되어 있지 않다면 포인트 제도를 사용해 보자. 문장을 정확히 읽은 학생은 1포인트를 얻게 된다. 스티커처럼 포인트의 특정 점수를 얻으려고 하는 것은 동기를 강화한다.

◉ 오류 교정

학생들이 일견 단어를 한목소리로 읽을 때 교사는 단어를 틀리게 읽은 학생이 있으면 교정해야 한다. 이와 관련된 활동은 다음 세 단계로 이루어진다. ① 학생들에게 단어를 읽도록 한다. ② 학생 전체에게 단어를 소리 내어 읽도록 시키고 그것을 보통 속도로 읽도록 지시한다. ③ 학생들에게 문장의 처음으로 돌아가 문장을 다시 읽으라고 지시한다. 예를 들어, 한목소리로 읽기 시간에 학생들이 "A cat went in it."이라고 읽을 때, 한 학생이 *went*를 'want'라고 읽은 것을 들었다면, 교사는 즉각 "그 단어는 *went*예요. 그 단어를 소리 내어 읽어 봐요. 손가락을 첫 음에다 가져가고…… 소리 내어 봐요. 준비."라고 말한다(네 번 톡톡 소리를 내며 신호를 준다). "무슨 단어죠?" 학생들이 소리 내어 읽기를 하며 단어를 바르게 읽으면, 교사는 학생들이 문장의 처음으로 돌아가 문장을 다시 읽게 한다. 교사가 오류가 발생한 단어를 지적하고 학생 전체가 소리 내게 하는 이유는 전체 읽기 활동이 원활히 유지되게 하기 위함이다. 한 학생이 틀린 반응을 보일 때 교사가 해당 학생에게 틀린 단어를 음소 단위로 소리 내어 읽어 보라고 요구한다면, 개별 학생이 틀린 단어를 음소 단위로 소리 내어 읽는 중에 전체 읽기 수업은 지체될 수 있다. 단어를 바르게 말하면서 교정을 하는 것이 사실상 학생들이 바르게 읽은 단어를 듣게 되는 확실한 방법이다.

지문을 한목소리로 읽는 시간에 오류가 생긴 단어들은 한목소리로 읽기 이후의 다지기 활동에 포함시켜서 다시 지도해야 한다. 한목소리로 읽기나 개별 읽기 시간에 오류를 보인 단어들이 있다면, 이들 단어를 다음 수업 시간의 단어 목록 활동에 포함시킨다.

오류의 두 번째 유형은 학생이 신호에 반응하지 않는 경우이다. 한 학생이 학생들 전체가 반응한 후에 늦게 반응을 하거나 혹은 전혀 반응하지 않는 것이다. 이런 상황에서 교사는 해당 단어를 읽고 학생 전체가 그 단어를 소리 내어 읽게 한 후, 문장의 첫 머리로 다시 돌아온다. 교사는 학생이 이 단어를 아는지 모르는지 혹은 집중하지 않았는지를 모르기 때문에 추가로 연습을 더 제시해야 한다. 학생 집단 내의 몇몇 학생이 신호 오류를 범한다면, 그 이유는 교사가 학생에게 단어를 파악할 시간을 충분히 주지 못해서일 수도 있다. 그런 경우에는 교사는 신호를 하기 전에 학생들에게 처음 읽을 때 단어를 파악할 수 있는 시간을 조금 더 주도록 한다.

각각의 학생마다 충분한 읽기 유창성과 정확성을 발달시키도록 하기 위해서는 학생별로 필요한 연습량이 크게 차이가 날 수 있다. 교사가 이런 다양한 요구를 충족시키기 위해 주로 사용하는 방법은 연습이 필요한 아동들은 더 연습시키는 것이다. 일반적으로 두 문장이 넘는 문단에서 교정할 필요가 생기면, 교사는 학생들에게 그 문단을 다시 읽게 한다. 읽기 수행 수준이 높은 집단의 학생들은 오류를 적게 보이기 때문에 더 반복할 필요가 없을 수도 있다. 수업을 잘 따라오지 못하는 학생들이라면 여러 번 반복할 필요가 있을 것이다. 읽기 교수 초기부터 이런 추가적인 연습을 매일 제공한다면, 수업을 잘 따라오지 못하는 학생들의 진전 속도는 더욱 빨라질 수 있다.

교정 과정을 거친 후에도 학생들이 문장을 다시 읽어야 하거나 틀리게 읽은 단어들이 너무 많다면 문단을 다시 읽어야 한다. 이것이 교사가 정확하게 읽는 것을 중요하게 여기고 있다는 점을 학생들에게 보여 주는 동시에 학생들이 읽기 유창성을 개발하는 데도 도움이 된다. 교사는 지문 읽기에 대한 동기가 유발될 수 있도록 하면서 동시에 학생들이 읽기를 지루하게 반복되는 과제로 여기지 않도록 다양한 읽기 지도 기술을 복합적으로 사용할 수 있어야 한다. 앞서 언급했듯이, 지문 읽기를 성공적으로 이끌기 위한 핵심은 학생들이 해독 기술을 갖춘 단어로만 지문을 구성하도록 단어 목록 활동과 지문 간에 세심한 조정을 하는 것이다. 지문 읽기를 제시할 때 핵심 지도 기술은 교사가 학생에게 긍정적인 지원을 하고 있다는 태도를 보이는 것이다. 학생이 오류를 보일 때, 교사는 비난하거나 혼내는 어조가 아니라 사실상 학생을 지지하는 톤의 목소리를 유지하면서 자신의 목소리 톤을 살펴야 한다. 오류를 보이는 학생에게 잔소리를 하기보다는 응답을 잘 한 학생을 칭찬하고 수행 수준이 낮은 학생이 잘 했을 경우에 열렬하게 칭찬하는 모습을 보여야 한다. 오류를 교정하고 학생들에게 문장을 다시 읽으라고 할 때, 교사는 다음과 같이 학생을 지원한다. 교사는 "이건 어려운 단어예요. 이걸 소리 내어 보아요. …… 이제 이 문장을 다시 읽어 보아요. 여러분은 아주 열심히 했어요. 여러분은 이 단어에 다시는 속지 않을 거예요."라고 말한다. 학생이 오류 없이 문장을 읽었다면, 교사는 열광적으로 환호하며 "아주 잘했어요. 완벽하게 읽었네요!"라고 말한다. 학생이 오류 없이 몇 문장을 연속으로 읽었다면 교사는 더 크게 기뻐하며 반응한다. "와, 정말 잘했어요. 이렇게 잘했으니 스스로 칭찬해 주세요."

1년 동안 읽기 속도 증가시키기

초기 읽기 단계에서 교사는 학생들이 읽는 속도를 꾸준하게 증가시키도록 노력해야 한다. 교사는 학생들에게 일견 단어 지문 읽기에서 한목소리로 지문 읽기를 가르칠 때, 학생들이 단어를 이해하기 위한 시간을 점진적으로 줄여 나가야 한다. 지문을 즉독하도록 가르치는 첫 몇 주간에는 학생들이 모든 단어를 3초 이내로 읽을 수 있을 때까지 문장을 반복한다. 적절한 속도는 1분당 바르게 읽는 단어 20개 정도이다[사용 단위: cwpm(correct words per minute)]. 읽기 수행 수준이 높은 학생들에게는 이런 속도로 다시 읽기가 덜 요구되겠지만, 수행 수준이 낮은 학생들은 이와 같은 반복이 수없이 필요할 수도 있다. 학생들이 다시 읽을 필요 없이 20cwpm 속도로 읽을 수 있다면, 교사는 학생들이 단어를 파악하는 데 허용하는 멈춤 시간을 약 2초에서 2.5초로 줄인다(약 25~30cwpm 속도). 이 속도는 단어 간에 멈추는 시간을 1.5~2초로 줄이면서 나중에 더 빨라질 수 있다.

읽기 수행 수준이 낮은 학생들을 지도하는 교사는 학생들이 특정 속도로 읽을 수 있기 전까지 사실상 모든 문장을 반복할 필요가 있음을 알 수 있다. 이런 학생들을 위해서 수업 이후에 15~20분 정도의 읽기 시간을 다시 할당하여 시간표를 짤 것을 강하게 권한다. 이런 연습은 학생들이 적절한 유창성을 발달시키기 위해 필요하다. 추가로 연습하지 않는다면, 이들 학생은 동료 집단에 비해 뒤처질 것이다. 초기 읽기 단계에서 교사에게 필요한 사안은 아동들에게 서두르는 태도를 보이거나 아동들에게 빨리 읽으라고 재촉하지 않고, 추가로 연습시키면서 정확하게 읽는 데 중점을 두는 것이다.

1학년 학생에게 추가로 연습을 제공하는 것은 아무리 강조해도 지나치지 않다. 2학년이 시작되면 학교 활동은 반 전체로 읽기를 수행하는 비중이 높아진다(예: 사회, 과학). 너무 천천히 읽는 학생들은 이들 과목 활동을 따라가기 어려울 수 있다. 그리고 이들 학생들은 읽기에 대한 좌절감을 느낄 뿐 아니라 이런 읽기 활동으로 다른 학생들이 얻는 혜택을 상대적으로 누리지 못할 가능성이 크다.

문장의 시작점 찾기

이야기 읽기 교정 절차에서의 핵심적인 부분은 학생들이 오류를 낼 때 문장을 즉시 다시 읽게 하는 것이다. 교사는 학생들에게 틀린 단어를 소리 내어 읽게 한 후, 문장의 첫 단어로 되돌아가라고 지시한다.

학생들이 문장의 첫 단어를 빠르게 찾을 수 있다면 읽는 시간이 크게 단축될 수 있다. 이런 기술을 지도하는 수업 형식은 〈표 9-5〉에 잘 나타나 있다. 이 수업 형식은 학기 초에 제시되어야 한다. 이 수업 형식은 네 가지 부분으로 나뉜다. 부분 1에서 교사는 이야기 하나를 골라 문장의 끝을 찾는 방법을 시범을 보인다. 부분 2에서는 학생들이 각 문장의 끝을 찾으면서 이야기를 따라가게 한다. 이 부분에서 교사는 학생들이 마침표에 다다를 때까지 손가락으로 단어에서 단어로 넘어가는지 주의 깊게 점검해야 한다. 부분 2는 학생들이 오류를 내지 않고 이야기에서 문장의 마지막을 찾을 수 있을 때까지 매일 실시한다.

부분 3과 부분 4는 학생들이 문장의 앞으로 돌아가 첫 단어를 찾는 방법을 가르친다. 부분 3에서 교사는 첫 문장의 시작 부분을 찾는 법을 시범으로 보인다. 교사는 이야기 종이를 들고 문장의 시작 부분으로 어떻게 돌아가는지 시범을 보인다. 부분 4에서 학생들은 문장의 시작 부분을 찾는 것을 연습한다.

표 9-5 문장의 첫 단어 찾기 지도를 위한 수업 형식

교사	학생
부분 1: 문장의 끝을 찾는 것을 시범 보인다. 1. (적어도 4개의 문장으로 이루어진 이야기 종이를 들어 올린다.) 2. "여러분은 마침표라고 부르는 작은 점을 찾으면 문장이 어디서 끝나는지 알 수 있어요." 3. (교사가 이야기의 첫 단어를 가리킨다.) "이 단어가 첫 문장의 시작이에요. 내가 손가락으로 가리키며 이동하다가 마침표에서 멈출 거예요." 4. (교사는 단어에서 단어로 손가락을 이동하다가 마침표에서 멈춘다.) "이 마침표는 우리에게 이것이 첫 문장의 끝이라는 것을 알려 줘요." 5. "손가락으로 단어에서 단어로 움직일게요. 내가 다음 마침표에 다다르면 '마침표'라고 말하세요." (교사는 단어와 단어 사이의 공백을 잠깐 가리키면서 단어에서 단어로 손가락을 이동시킨다.) 6. (교사는 나머지 문장을 가지고 5단계를 반복한다.)	
부분 2: 문장의 끝을 찾는 것을 평가한다. 1. "손가락을 이야기의 첫 단어에 놓아요." 2. "손가락을 단어에서 단어로 옮겨요. 문장의 끝에서 마침표에 다다르면 멈추세요." 3. (나머지 문장으로 2단계를 반복한다.) 4. 학생들이 어려워한다면 1단계에서 3단계를 반복한다.)	

부분 3: 문장의 시작 부분 찾기를 시범으로 보인다.

1. "여러분에게 문장의 시작 부분 찾는 법을 보여 줄게요."
2. (교사는 이야기 종이를 들어 올리고 이야기의 마지막 문장의 끝에 있는 마침표를 가리킨다.) "여기가 이야기 마지막 문장의 끝이에요."
3. "내가 문장이 시작하는 부분을 찾는 것을 보세요." (교사는 마침표가 나올 때까지 단어에서 단어로 손가락을 움직인다.) "여기가 마침표예요." (마침표 뒤에 나오는 단어를 가리킨다.) "이것이 그 문장의 첫 번째 단어예요."
4. "이제 전 이 문장의 첫 단어를 찾을 거예요." (다음 문장을 가리키며 단어에서 단어로 손가락을 이동시키고 마침표 직전에서 멈춘다.)

부분 4: 학생들은 문장의 시작 부분 찾기를 연습한다.

1. "여러분의 이야기를 보세요."
2. "이야기의 끝에 있는 마침표를 손으로 짚으세요."
3. "손가락으로 그 문장의 첫 단어로 돌아가세요."
4. (교사는 앞 문장의 마지막 단어를 가리킨다.) "손가락으로 이 문장의 첫 단어로 돌아가세요."
5. (교사는 나머지 문장으로 4단계를 반복한다.)

상업용 프로그램

글 읽기

유치원생과 1학년 학생들을 위한 핵심 읽기 프로그램의 글 구성 요소는 읽기 위기 학생들이나 읽기 위기 학생들에게 문제가 될 수 있다. 가장 심각한 문제들 중 몇 개 추려 보면 다음과 같다.

- **글 읽기 연습이 매일 이루어지지 않는다.** 다수 상업용 읽기 프로그램의 교사용 안내서에는 매일 글을 읽는 것에 관한 지침을 제시하지 않고 있다. 교사용 안내서에서는 오히려 일주일에 몇 차례만 이야기 읽기를 요구할지도 모른다. 학생들이 발음 요소를 소개하는 것에 맞춰 제시된 어휘들을 읽도록 하기 위한 글들이 충분히 제공되지 않는다.
- **글에 불규칙 단어가 너무 많이 들어 있다.** 일부 상업용 핵심 읽기 프로그램의 시작 부분에는 학생들이 읽게 될 글에 불규칙 단어가 차지하는 비중이 너무 높다. 이런 불규칙 단

어들은 문자가 대표음을 내지 않거나, 학생들이 글자-소리 대응을 배우지 않은 문자로 이루어져 있다. 학생들은 이런 경우 소리 내어 읽기를 활용해야 할지 말아야 할지를 모르기 때문에 쉽게 당황할 수 있다.

- **발음 기술을 적용하는 일에 명시적 교수가 제공되지 않는다.** 학생들이 글을 읽을 때, 발음 교수에서 배운 내용을 적용하는 방법을 가르치는 프로그램이 많지 않다. 이런 프로그램들은 교사에게 학생들이 글을 읽을 때는 글자-소리 대응 지식을 사용할 수 있도록 촉구해야 한다는 지침을 주지 않는다. 특정한 교정 절차도 제시하지 않는다.
- **지도 절차에 학생들이 높은 비율로 참여하도록 장려하는 내용이 없다.** 대부분의 상업용 프로그램에서는 모든 아동들이 글 읽기 활동에 활발하게 참여하도록 이야기 읽기 활동을 수행하는 방법에 대한 지침을 교사에게 제공하지 않는다. 교사에게 학생들을 호명하여 읽으라는 일반적인 진술만 제공할 뿐이다.
- **그림 그리고/혹은 문맥적 단서에 의존하면서 생기는 문제이다.** 일부 상업용 프로그램은 학생들이 단어 해독이나 단어 읽기를 할 때 해당 문맥에 의존하거나 그림을 보는 전략을 활용하라고 학생들에게 장려한다. 이런 전략 두 가지는 읽기 활동을 어려워하거나 읽기 위기 학생들을 심각한 혼란 상태로 빠뜨릴 수 있다. 학생들이 초기 읽기 단계를 지나 대부분의 발음 요소에 대해 이미 배운 이후에는 단어를 이해하기 하기 위해 문맥 단서를 사용하는 것이 유용하지만, 읽기 초기부터 문맥 단서를 활용하도록 소개하여 가르치는 것은 이후에 큰 문제가 될 수 있다.

해결방안

교사가 글 초기 읽기 단계에서 불규칙 단어의 비중이 높은 상업용 읽기 프로그램을 사용한다면, 우리는 교사들이 읽기 초기 단계에서 아동들이 글을 읽기 위해 소리 내어 읽기 전략을 사용하면서 읽는 연습이 될 수 있도록 규칙 단어들로 이루어진 문장이나 규칙 단어로 구성된 짧은 글로 된 학습지를 만들어 사용할 것을 추천한다. 이들 상업용 읽기 프로그램에서 글을 소개하여 가르칠 때 학생들이 그 불규칙 단어를 모두를 읽을 수 있을 거라고 기대하지 말라. 활용도가 높은 단어를 우선 활용하라. 아직 지도하지 않은 단어가 글에 나왔다면, 교사가 그 단어를 대신 읽어 주는 것이 필요하다.

학생들이 글 읽기를 일단 시작하면, 글 읽기는 매일 수업에 포함되어야 한다. 이 책에서는 시작 단계의 읽기 시간에 소리 내어 읽기로 시작하여 즉독으로 넘어가면서 한목소리로 함께 읽기 절차를 사용할 것을 권한다. 상업용 읽기 프로그램에 글이 충분하지 않다면, 교사는 지금까지 학생들에게 소개한 단어들을 가지고 학생들이 읽을 문장 목록을 만들 수 있다. 문장을 만드는 것이 글을 쓰는 것보다 교사의 시간을 단축시켜 준다.

응용 연습문제

01 교사가 학생 집단을 대상으로 다음 문장을 한목소리로 즉독하도록 시킨다. 'Sam had a big cast.' 교사가 'cast'에 신호를 했는데 몇몇 학생이 'cat'이라고 말한다. 교사가 이 오류를 교정하기 위해 택해야 하는 모든 단계를 설명하시오. 교사가 무슨 말을 하고 어떻게 해야 하는지 설명하시오.

02 다음의 기술을 학생 집단에게 가르쳤다고 가정하시오.

글자-소리 관계: a, i, o, u, b, c, d, f, g, h, l, n, m, p, r, s, t, w

다음의 단어 유형을 해독하는 방법: 연속음이나 파열음으로 시작하는 VC, CVC, CVCC 단어

(a) 다음 단어 중에 학생들이 해독할 수 없는 단어에 동그라미 치시오. 그 단어 옆에 학생이 해독할 수 없는 이유를 말하는 다음의 설명에 해당하는 문자를 쓰시오. 이유에 대한 설명은 다음으로 나뉜다.

문자(L): 학생들이 모르는 문자가 단어에 나타난 경우

단어 유형(WT): 지도하지 않았던 단어의 유형인 경우

불규칙 단어(NR): 단어가 불규칙하고, 일부 문자가 대표음을 내지 않는 경우

cop ________	tin ________	spot ________	drug ________
said ________	test ________	mad ________	kept ________
last ________	bust ________	sip ________	sand ________
gram ________	was ________	can't ________	Stan ________
must ________	gin ________	don't ________	big ________
had ________			

(b) 다음은 교사가 연습활동으로 구성한 단어 목록이다. 두 가지는 수용 불가능하다. 그 이유를 밝히시오.

A목록	B목록	C목록
bunt	hunt	bent
mint	win	win
hunt	sand	rust
pant	past	sand
lint	wig	will
	till	top

03 교사가 다음의 단어로 즉독 수업을 위한 단어 목록 활동을 제시한다. *rag, must, sink, fun, fin.* 이런 활동의 목적은 학생들이 2초 이내로 생각하고 각 단어를 파악할 수 있게 하는 것이다. 단어 *sink*를 접할 때, 몇몇 학생이 단어를 이해하는 데 4초가 걸렸다면 교사가 어떻게 해야 할지 설명하시오.

04 일견 단어 목록 읽기 연습활동을 할 때 교사가 단어 *him*에 대해 신호를 주었는데 학생이 'ham'이라고 말한다. 교사가 오류를 교정하기 위해 해야 할 말과 행동을 설명하시오.

제10장 불규칙 단어

학습 목표

1. '불규칙 단어'의 의미와 이를 잘 지도하기 위한 방법의 근거는 무엇인지 설명한다.
2. 불규칙 단어 지도를 위한 범위와 위계화 방법을 설명한다.
3. 교사의 중요한 수업 진행 행동을 포함하여 불규칙 단어만을 따로 지도하는 방법, 단어 목록들 그리고 지문 읽기 지도를 위한 지도 방법을 구체화하여 설명한다.
4. 불규칙 단어들을 지도할 때, 상업용 읽기 프로그램을 조정해야 하는 것은 무엇인지 논의한다.

불규칙 단어는 학생들이 그동안 읽기 프로그램을 통해 배운 글자-소리 대응 지식(혹은 종종 '알파벳 원리'라 불리는 것)을 적용하여서는 읽을 수 없는 단어들을 말한다. 왜냐하면 단어 속에 포함된 하나 혹은 그 이상의 문자들이 학생들이 그동안 배운 문자의 소리에 해당되지 않는 다른 소리를 내거나 아예 소리를 내지 않기 때문이다. 예를 들어, 단어 *was*는 문자 *a*와 *s* 모두 각각 문자에 해당되는 대표음으로 발음되지 않기 때문에 불규칙 단어이다.

읽기 프로그램의 설계 혹은 계획 시, 교사는 읽기 프로그램에서 불규칙 단어라고 가르친 단어가 나중에 배우게 되는 읽기 프로그램에서는 불규칙 단어가 아닐 수도 있다는 점을 알고 있어야 한다. 예를 들어, 단어 *park*는 초기 읽기 프로그램에서 학생들이 문자 *a*는 단모음 *a*로 배웠기 때문에 불규칙 단어일 수 있다. 단어 *park*에서 문자 *a*는 단모음 *a*로 발음되지 않기 때문이다. 학생들이 초기 읽기 프로그램을 끝내고 그다음 단계의 읽기 프로그램을 가지고 공부를 할 때, 학생들은 글자가 조합된 *ar*에 대한 글자 대응에 대해 배우게 될 것이다. 글자 조합으로 이루어진 문자 *ar*은 *park, hard, start*와 같은 단어들에서 듣게 되는 소리가 *r* 통제 모음으로 일관적으로 발음되는 경향이 있다. 일단 학생들이 /ar/ 음을 배우게 되면, 그 이후로는 단어 *park*는 더 이상 불규칙 단어로 여겨져서는 안 된다.

일부 단어는 그 자체의 단어 혹은 몇몇 단어에서 독특한 글자-소리 대응이 나타나기 때문에 항상 불규칙 단어로 여겨진다. 이런 유형의 불규칙 단어들에 대한 예시로는 *was, they, said, break*가 있다. 이들 단어에 포함된 1개 혹은 그 이상의 문자들이 대표음으로 발음되지 않는다.

읽기 프로그램의 불규칙 단어 소개 방식은 학생들이 단어 공략 방법을 적용할 시 혼동을 겪을지 아닐지를 결정하는 중요한 요소이다. 이 장에서는 체계적이고 명시적인 발음 접근법을 사용하는 읽기 프로그램에서 불규칙 단어를 소개하는 방법에 대한 제안을 하고자 한다.

불규칙 단어를 소개해야 할 시기

불규칙 단어들을 읽는 방법을 학습하는 것은 초보 독자들에게는 중요한 단계이다. 왜냐하면 규칙 단어들을 읽는 전략과 다른 전략이 요구되기 때문이다. 초보 독자들은 왼쪽에서 오른쪽으로 단어를 소리 내어 읽고 그 음들을 합성하여 한 단어로 읽을 수 없다. 예를 들어, 이런 학생들은 단어 *was*를 'wuz'가 아니라 'wwwăăăsss'라고 발음할 것이다.

읽기 수업을 잘 따라오지 못하는 아동들을 지도하는 교사들에게 추천하는 것은 학생들이 단어 목록에 있는 규칙 CVC 단어를 단어당 약 3초 정도의 속도로 읽을 때까지는 불규칙 단어를 소개하지 말라는 것이다. 이런 읽기 속도는 상급 수준으로 읽는 학생과 비교하여 꽤 더딘 속도이기는 하지만, 소리 내어 읽기 기술을 습득한 초기 단계의 학생들에게는 적절하다. 불규칙 단어 소개를 지연하는 이유는 단순히 학생들이 초기에 규칙 단어를 소리 내어 읽는 방법에 집중하도록 유도함으로써 학생들에게 초기 단계의 읽기 지도를 더 수월하게 하기 위함이다.

불규칙 단어의 해독은 복잡하기 때문에 수업을 잘 따라오지 못하는 학생들은 각 개별 단어를 습득하기 위해 많은 연습량이 필요하다. 따라서 처음 불규칙 단어를 몇 개 소개할 때는 4개나 6개의 수업마다 한 단어씩 소개하는 식으로 서로 간격을 어느 정도 두고 소개를 해야 한다. 그다음 10개 정도의 불규칙 단어는 조금 더 빠른 간격으로 세 번 수업마다

1개 정도로 새로운 단어를 소개한다. 물론 학생들의 수행 수준에 따라 새로운 불규칙 단어를 얼마나 빨리 소개할지를 결정한다. 처음으로 불규칙 단어 10개를 소개할 때, 학생들이 단어 목록 읽기나 지문 읽기에서 전에 소개한 단어를 틀리게 읽는다면 불규칙 단어를 새로 제시해서는 안 된다.

몇 주가 지난 후에는 과거에 소개한 불규칙 단어를 읽는 데 어려움이 있는 학생이 있더라도 새로운 불규칙 단어를 소개할 수 있다. 그러나 새로 제시된 단어는 그 학생들이 어려워하는 단어와 비슷해서는 안 된다. 예를 들어, 교사는 학생들이 단어 *were*을 어려워한다면, *where*을 소개해서는 안 되지만, 학생들이 어려워하는 단어가 *said*라면 *where*를 소개할 수 있는 것이다. 그러나 학생들이 과거에 소개한 단어를 2개 이상 어려워한다면, 새로운 단어를 소개해서는 안 된다.

불규칙 단어 소개 순서

교사가 상업용 읽기 프로그램을 사용한다면, 곧 다루게 될 지문에 있는 단어를 통해 불규칙 단어를 어떤 순서로 도입할지 정할 수 있다. 교사는 읽기 프로그램에서 불규칙 단어가 나타나는 순서대로 이를 소개하게 된다.

프로그램 순서를 짤 때는 다음의 요소를 고려한다. 빈도, 유사성, 불규칙성의 유형, 관련 단어의 존재이다.

빈도

일반적 원칙으로, 아동 문학에 자주 등장하는 빈도수가 많은 단어를 빈도수가 적은 단어보다 먼저 소개한다. 단어의 위계화보다 일반적 원칙을 먼저 따르는 것이 중요하다. 부록 B에는 빈도수가 많은 단어 400개의 목록이 제시되어 있다.

유사성

어떤 불규칙 단어는 다른 불규칙 단어와 매우 유사하다(예: *saw-was, of-off, were-where*). 이런 단어들의 쌍은 미리 계획하여 두 단어 중 하나는 다른 단어보다 적어도 15번째 수업 전에 소개한다. 이렇게 두 단어를 서로 분리하여 소개함으로써 학생들은 한 단어를 먼저 충분히 습득한 후 다른 한 단어를 접하게 되면, 두 단어를 혼동할 가능성을 줄일 수 있다.

불규칙성의 유형

학생들이 읽기 프로그램을 통해 진전을 보이면서 글자 조합의 글자-소리 대응[예: *shark*의 *ar*, *seat*의 *ea*(일반적인 글자 조합의 목록은 〈표 13-1〉 참조)]과 *hate, like, note*처럼 장모음을 내는 모음-자음-묵음(VCe) 형식 등의 문자 형식을 배우기 시작한다.

일반적 원칙은 장모음인 VCe 형식인 단어들과 대표음으로 된 글자 조합으로 된 단어들은 *name*과 *told* 같은 매우 일반적인 단어들을 제외하고는 초기 읽기 단계에서 불규칙 단어들로 제시되어서는 안 된다. 그 이유는 프로그램 후반부에서 학생들이 이들 단어를 해독하는 전략을 일반화하는 학습을 하기 때문이다. 만약 학생이 많은 단어를 해독하게 해 줄 전략을 곧 배울 것이라면, 초기 읽기 단계에서 단어를 하나씩 지도하는 것은 효율적이지 않다.

관련 단어

일부 불규칙 단어는 단어의 일부가 똑같기 때문에 서로 관련된다. 관련되는 불규칙 단어의 예는 다음과 같다.

some	talk	mother	most	to	live	none
come	walk	bother	post	do	give	done
	chalk	other	ghost			

일반적 규칙으로, 서로 관련한 단어는 하나씩 지도하거나 함께 소개한다.

지도 절차

불규칙 단어를 소개할 때 사용하는 지도 절차는 ① 학생이 한 단어 내의 모든 문자를 살펴보도록 요구하고 ② 학생들에게 글자-소리 대응에서 1~2개 이상의 불규칙성을 짚어 주어야 한다.

교사가 불규칙 단어를 도입하기 전에 규칙 단어를 먼저 소개하고 연습량이 적은 읽기 프로그램을 사용하고 있는 경우, 처음으로 불규칙 단어를 15~25개 소개할 때 추천하는 전략은 교사가 아이들에게 그 단어는 '재미있는' 혹은 '까칠한' 단어라고 말하며 주의를 주는 것이다. 그다음 교사는 각 문자를 학생들이 배운 음으로 말한 다음, 연속된 음들을 바른 발음으로 바꿔 가며 학생들에게 그 단어를 쓰인 대로 소리 내어 읽으라고 한다. 단어 *was*는 소리 낼 때 'wăăăsss'라고 하지만 발음할 때는 'wuz'가 된다. 단어 *walk*는 소리 낼 때 'wwwăăălllk'가 되지만 'wauk'라고 말한다. 이런 절차가 다소 번거로울 수 있겠지만 몇 가지 장점이 있다. 첫째, 이런 방법은 학생들이 왼쪽에서 오른쪽 방향으로 단어의 모든 문자를 계속 주목하여 주의 깊게 보게 만든다. 이것은 학생들이 동일한 기본 소리 내어 읽기 전략(즉, 첫 번째 문자에서 시작하여 음을 말하고, 그다음 왼쪽에서 오른쪽 순서로 나머지 음을 합성함)은 비록 어떤 단어에서는 합성된 음이 발음할 때 서로 다르게 날지라도 모든 단어를 해독할 때 사용할 수 있다는 것을 보여 준다. 이렇게 교사가 보여 주기를 하지 않으면 어떤 학생들은 음소 단위로 소리 내어 읽기가 적용되지 않는 단어가 있기 때문에 기본 전략이 많은 단어에 적용할 수 없을 것이고, 따라서 추측이 가장 좋은 전략이라는 잘못된 원칙을 세울 수 있다. 둘째, 소리 내어 읽기 전략은 학생들이 단어 철자는 단어가 소리 나는 방식에만 전적으로 의지해서는 안 된다는 것을 보여 줌으로써 학생들이 나중에 배울 철자 활동에 대한 대비를 할 수 있도록 해 준다.

〈표 10-1〉은 음소 단위로 소리 내어 읽기 전략으로 불규칙 단어를 소개하는 수업 형식을 보여 주고 있다. 이 수업 형식은 다음과 같이 시범을 보이며 시작한다. 교사가 불규칙 단어를 말하고, 각 문자에 해당하는 대표음을 말하며 단어를 음소 단위로 소리 내어 읽기를 한 후에, 이것을 의미 있는 단어로 다시 말한다. 교사는 그다음 학생들에게 단어를 말하고, 음소 단위로 소리 내어 읽고, 그다음 단어로서 발음 나는 대로 다시 읽도록 시키면서 학생을 평가한다.

표 10-1 불규칙 단어 도입 수업 형식

교사	학생
1. (학생들에게 새로운 단어를 말하고 그것을 음소 단위로 소리 내어 읽기를 시킨다.) (단어 was를 가리킨다.) "여러분, 이건 재미있는 단어예요. 이 단어는 'was'예요. 무슨 단어라고요? (신호)	"Was."
"내가 이 단어를 소리 내어 읽는 걸 들어봐요." (교사가 문자 하나씩 짚어 보인다.) "Wwwwăăăsss. 이게 우리가 이 단어를 한 음씩 소리 내어 읽는 방법이에요. 하지만 우린 이 단어를 이렇게 말하죠. was. 어떻게 말한다고요?" (교사가 단어를 손가락으로 짚는다.) "네, was예요."	"Was."
2. (학생들이 이 단어를 소리 내어 읽게 하고, 그다음 말하도록 시킨다. was의 왼쪽 부분을 손가락으로 가리킨다.) "이제 여러분은 was를 한 음씩 소리 내어 읽을 거예요. 준비." (교사가 각 문자의 아래 부분을 약 1초 동안 손으로 짚는다.)	"Wwwwăăăsss."
"하지만 우리가 이 단어는 어떻게 말한다고요?" (신호)	"Was."
"기억해요. 우리가 이 단어를 어떻게 말한다고 했죠?" (신호)	"Was."
3. (교사가 2단계를 개별 연습시킨다.)	

중요 행동

⊙ 시범

교사는 불규칙 단어는 음소 단위로 소리 내어 읽기를 할 때와 다르게 읽는다는 것을 시범을 통해 분명하게 보여 주어야 한다. 단어를 음소 단위로 소리 내어 읽기를 할 때, 교사는 문자의 대표음으로 읽어야 한다. 사전 교정을 하는 수단으로 학생들이 단어를 음소 단위로 소리 내어 읽기를 할 때 오류를 보이지 않게 하기 위해 교사는 학생들이 단어를 음소 단위로 소리 내어 읽게 하기 전에 대표음과 다르게 발음되는 문자 하나하나를 손으로 가리키며 학생들에게 "이것은 어떻게 소리가 나죠?"라고 묻는다. 예를 들어, 단어 *was*를 음소 단위로 소리 내어 읽게 하기 전에 손으로 문자 *a*를 가리키며 "이건 무슨 음이라고 했죠?"라고 묻는다.

⊙ 도입 수업 형식에서의 오류 교정

학생들은 도입 수업 형식의 2단계에서 두 가지 유형의 오류를 범할 수 있다. ① 단어를 음소 단위로 소리 내어 읽을 때, 학생들은 각 문자에 해당되는 대표음을 말하기보다 단어가 발음되는 방법대로 음들로 읽을 수 있다(예: *was*를 소리 내어 읽을 때, *a*를 /ă/라고 하지 않고, /ŭ/라고 말하는 경우). ② 단어를 음소 단위로 소리 내어 읽은 후에 단어가 발음되는 방식이 아니라 음소 단위로 소리 내어 읽기를 한 방식대로 단어를 말할 수 있다(예: *was*에서 문자를 'wwwăăăsss'라고 음소 단위로 소리 내어 읽은 후에 'wuz'가 아닌 'wăs'라고 말하는 경우).

두 가지 오류를 모두 교정하는 절차는 ① 그 과제를 반복하고 바른 대답을 말하면서 시범을 보이기, ② 단계 2의 처음으로 되돌아와 평가하기, ③ 수업 후 다시 그 수업 형식을 반복하면서 다시 평가하기이다. 다음의 예를 보자.

- **오류:** 학생이 단어 *was*를 음소 단위로 소리 내어 읽을 때 /ŭ/라고 말한다.
  교사가 시범을 보인다. "내 차례로 was를 한 음씩 소리 내어 읽을 테니 잘 들어보세요! Wwwăăasss."
  교사가 평가를 한다. "*was*를 한 음씩 소리 내어 읽어 보세요. 준비." (신호) "Wwwăăass." "우리가 이 단어를 어떻게 읽죠?" (신호) "Was."
  수업에서 시간이 흐른 후, 교사는 그 수업 형식을 반복한다.
- **오류:** 단어 *of*를 음소 단위로 소리 내어 읽은 후에 교사가 "이건 무슨 단어죠?"라고 묻자 학생이 "off."라고 대답한다.
  교사가 시범을 보인다. "이건 *of*라고 읽어요. 어떻게 읽는다고요?" (신호) "Of."
  교사가 음소 단위로 소리 내어 읽기를 평가하고 단어를 말한다. "*Of*를 한 음씩 소리 내어 읽어 봐요. 준비." (신호) "ŏŏofff." "우린 이걸 어떻게 말한다고요?" (신호) "Of."
  수업 시간의 나중에 교사가 그 수업 형식을 다시 반복한다.

조정된 도입 수업 형식

처음에 불규칙 단어를 15~25개 제시한 후에 추가로 불규칙 단어들을 소개하여 가르치려면, 지금까지와는 다른 수업 형식을 사용해야 한다. 교사는 학생에게 해당 단어를 읽게 한 후, 학생이 그 단어를 다시 반복하여 철자를 말하고 단어를 다시 말하게 한다.

1. "이 단어는 *giant*예요. 무슨 단어라고요?" (신호) "Giant."
2. "*giant* 철자를 말해 보세요." (신호) "G-i-a-n-t."
3. "방금 말한 철자로 이루어진 단어가 뭐라고요?" (신호) "Giant."
4. "네, *giant*."

학생들이 단어의 철자를 말하도록 하는 목적은 단어의 각 문자에 주의집중을 하게끔 하기 위해서이다. 주의할 점은 이 수업 형식은 학생들이 모든 문자의 이름을 다 알기 전에는 소개하지 않는다.

기억 촉진하기

학생들이 불규칙 단어를 한 번에 보고 알 수 있으려면 그 단어를 학생들에게 상당한 양의 노출을 시켜야 한다. 새로운 불규칙 단어는 체계적으로 소개한 후 연습시켜야 한다.

새로운 불규칙 단어는 도입 수업 형식 중 하나를 이용하여 3~4일 동안 매일 제시해야 한다. 세 번째 날에 새로운 불규칙 단어는 규칙 단어와 이전에 배운 불규칙 단어와 함께 일견 단어 목록 활동 연습(〈표 9-2〉 참조)에 포함시켜야 한다. 새로운 불규칙 단어는 학생들이 이틀 연속 그 단어를 바르게 파악할 수 있을 때까지 단어 목록 연습에서 매일 다룬다. 그런 후, 그 단어를 글에 포함시켜 지문 읽기 활동에서 읽을 수 있게 한다. 이 새로운 단어를 적어도 단어 목록이나 지문 읽기 활동에서 몇 주간 적어도 이틀에 한 번 정도 다루어야 한다.

단어 읽기 연습에서의 오류 교정

교사가 학생들에게 단어 목록 읽기 활동에서 불규칙 단어를 파악하도록 했을 경우, 학생들은 두 가지 유형의 오인 오류를 보일 수 있다. ① 단어를 음소 단위로 소리 내어 읽을 때처럼 읽기('wuz' 대신 'wăs'라고 말함) 혹은 ② 다른 단어로 읽기('wuz' 대신 'saw'라고 말함). 이 두 가지 경우 모두 교정 절차가 동일하다.

1. 학생들에게 단어를 읽고 난 후 다시 반복시킨다. "이 단어는 *was*예요. 무슨 단어라고 했죠?"
2. 학생들에게 단어를 소개할 때, 어떤 절차를 사용했는지에 따라 단어를 음소 단위로 소리 내어 읽게 하거나 문자의 이름을 말하게 한다.
3. 단어가 어떻게 발음되는지 묻는다. "우린 그 단어를 어떻게 말하죠?" 혹은 "이 단어는 뭐죠?"

4. 목록에 4개의 단어를 보충해 학생들에게 목록의 그 부분을 다시 읽게 한다.
5. 수업 뒷부분에서 해당 단어를 파악하지 못한 학생을 호명하여 다시 평가한다.

기존에 소개한 불규칙 단어에 대해 두 번 이상 오류를 보인다면, 그 단어는 다음 수업에서 다시 소개하여 며칠간 단어 목록 활동에서 강조한다. 예를 들어, 학생들이 월요일 수업 시간에 단어 *put*에 문제를 보인다면, 교사는 화요일 수업 시간에 도입 수업 형식에서 그 단어를 다시 소개하여 학생들이 이틀 연속 그 단어를 한 번에 바르게 파악할 수 있을 때까지 일견 단어 목록 활동에 포함시켜 지도한다.

교사는 번갈아 가기 방식을 사용해 단어 목록 활동에 더 효과적인 교정 기술을 활용할 수도 있다. 오류를 보이는 불규칙 단어를 제시하고, 다른 단어를 제시하고, 그다음 오류를 보이는 단어로 다시 돌아가 지도하는 방법이다. 교사는 과제 중에 오류를 보이는 단어를 여러 번 다시 다룬다. 단, 이 단어를 반복해서 제시할 때마다 그 사이에 복습하는 다른 단어의 수를 점차 늘린다. 예를 들어, 불규칙 단어 *said*가 단어 목록에 *was, the, walk, lamp*와 함께 있고 학생이 *said*를 잘못 읽었다면, 교사는 이 단어들을 다음 순서대로 제시한다. *said, was, said, walk, the, said, walk, the, lamp, said.* 주의해야 할 점은 *said*를 읽을 때마다 그 사이에 더 많은 단어를 넣어 제시해야 한다는 점이다. 교사는 학생이 새로운 불규칙 단어를 세 번 바르게 파악할 때까지 이 오류를 보이는 단어와 복습할 단어를 계속 번갈아 물으면서 연습시킨다.

상업용 읽기 프로그램

많은 상업용 핵심 읽기 프로그램에서 불규칙 단어 읽기를 다루는 방식은 수업을 잘 따라오지 못하는 학생들에게 문제가 될 소지가 많다. 문제는 다음의 특징 중에 1~2개에서 비롯된다.

- **불규칙 단어를 명확하지 않거나 명확성이 떨어지게 지도하는 경우:** 일부 상업용 읽기 프로그램은 학생들이 불규칙 단어의 모든 문자를 하나씩 살피도록 명확하게 지도하지 않는다.
- **불규칙 단어를 너무 성급하게 아니면 너무 이른 시기에 도입하는 경우:** 대부분의 핵심 읽기

프로그램은 학생들이 규칙 단어 읽기를 습득하기 전, 유치원이나 1학년 학생 수준에서 불규칙 단어를 너무 일찍 도입한다. 초기 단계의 수업에서 처음 도입하는 단어에서 불규칙 단어의 비중이 높으면, 읽기를 힘들어하거나 읽기 위기 아동들은 점점 혼란스러워해서 단어에서 모든 글자-소리 관계를 습관적으로 추측하여 이후에는 이에 전혀 주의를 기울이지 않게 된다.

- **일일 연습이 부재한 경우:** 일부 프로그램은 단어 읽기에 대해 일일 활동을 제공하지 않는다. 프로그램에 다른 활동이 너무 많이 포함되어 있기 때문이다. 또 다른 프로그램에서는 단어 읽기 활동을 매일 하도록 명확히 제시하지 않는다.

해결방안

불규칙 단어를 너무 빠르게 혹은 너무 이른 시기에 도입하게 되면 그에 따른 문제해결이 어렵다. 아동들이 대부분의 글자-소리 대응이나 글자의 이름을 알기도 전에 불규칙 단어를 도입한다면, 아동들은 왼쪽에서 오른쪽 방향으로 읽으면서 단어의 모든 문자에 주의를 기울이는 전략을 쓰지 않을 것이다. 수업을 잘 따라오는 아동들은 불규칙 단어가 일찍 혹은 빠르게 도입되더라도 그에 따른 혼란을 잘 극복해 낼 수 있지만, 수업을 잘 따라오지 못하는 위험군 아동들은 혼란스러워해서 이를 바로잡기가 어려울 수 있다.

글자-소리 대응에 대한 지식이 없는 아동들에게 읽기 프로그램에서 소개된 불규칙 단어를 소개해야 한다면, 아동들에게 규칙 단어를 읽는 방법을 교수하면서 불규칙 단어는 매우 여유를 가지고 천천히 도입할 것을 권한다. 아동들이 규칙 단어 읽기를 학습하는 동안 교사는 아동들이 아직 모르는 불규칙 단어가 이야기에 나오면 그 단어를 말해 줄 수 있다. 불규칙 단어가 한번 도입되면 교사는 출현 빈도수가 높은 더 중요한 불규칙 단어를 추가로 더 복습시키고 연습시켜야 한다. 새로운 불규칙 단어가 초기 읽기 단계에 제시된다면, 그 단어를 단어 목록 활동 혹은/그리고 열 번의 연속된 수업에서 다룰 이야기에 포함시켜 적어도 두세 번의 수업마다 한 번씩은 주기적으로 다루도록 한다.

앞서 설명한 해결방안은 이상적인 해결방안이 아니다. 이상적인 해결방안은 학생들이 규칙 단어 읽기를 숙달할 때까지 불규칙 단어를 도입을 미루고, 불규칙 단어를 도입할 때는 주의 깊게 통제된 읽기 프로그램을 활용하는 것이다.

응용 연습문제

01 다음과 같은 지식을 갖춘 학생 그룹을 지도한다고 가정해 보자.

문자 *e, b, q, w, x, y, z*를 제외한 모든 문자의 대표음을 알고 있음

연속음이나 파열음으로 시작하는 VC, CVC, CVCC, CCVC 유형의 단어 해독법을 알고 있음

(a) 다음에 나온 단어 중에서 학생들이 해독할 수 없는 단어에 동그라미를 치시오. 그 단어 옆에 학생들이 해독할 수 없는 이유에 해당하는 항목의 약자를 적으시오.

문자(L): 단어는 규칙적이지만 학생들이 모르는 문자가 단어에 나타난 경우

단어 유형(WT): 지도하지 않았던 단어의 유형인 경우

불규칙 단어(NR): 단어가 불규칙한 경우

fled ________	list ________	you ________	nest ________	hot ________
clap ________	stamp ________	slam ________	rump ________	slug ________
push ________	bet ________	was ________	son ________	stink ________
led ________	stop ________	tint ________	spot ________	bent ________
cut ________	said ________	snag ________	free ________	home ________

(b) 이야기 글을 읽을 때 교사는 학생들이 보인 오류에 표시한다. 표시된 단어 위에 학생들이 읽은 단어를 쓴다. 이 학생에게 필요한 기술이 무엇인지 먼저 진단하고 교사가 교정 연습에 포함시켜야 할 것을 구체적으로 서술하시오. 학생이 특정 문자를 어려워한다면, 독립된 음에 대한 연습활동, 그리고 도입용과 변별용 단어 묶음을 포함시키시오. 단어 유형이 문제였다면, 도입용과 변별용 단어 묶음만을 포함하면 된다. 구체적으로 하고, 과제에 포함할 예들을 목록으로 작성하시오. 학생들이 배운 문자만으로 구성할 것을 명심하자.

학생 1

fat sap
Dan had a flat hat with a snap.

학생 2

cot dad
Tim's hand had a cut on it. His mom did act fast. His mom is not a dud.

학생 3

fat lip
Tam has a [fast] cat. It has a [limp].

학생 4

이 학생은 단어에 오류를 내지는 않았지만 개별 연습에서 너무 느리게 읽는다. 교사는 어떻게 해야 할까?

02 이 연습은 글자 조합(많은 단어에서 보통 동일한 소리를 내는 2개 이상으로 묶인 문자들)을 소개한다. 글자 조합이 이 책 후반부(제13장)에서 논의되지는 않았지만, 이런 글자 조합을 인식하고 발음하는 데 유창성을 개발하기 위해 독자가 적절한 연습을 할 수 있게 여기서 제시해 본다. 학생이 하나의 글자가 내는 대표음을 모두 알고, *th, sh, ch, ck, ar, ee, ea, or*의 글자 조합을 안다고 가정하자. 다음에 제시한 목록에서 학생들이 해독할 수 없는, 즉 단어 자체에 담긴 해독 불가능한 글자나 글자 조합에 동그라미를 치시오. 가령, warm에서 *ar*은 대표음을 띠지 않기 때문에 동그라미를 친다(〈표 13-1〉의 글자 조합 참조).

charm	east
par	sea
warm	head
shark	porch
need	worm
been	corn
peek	world
dead	short
weak	chef

03 교사는 불규칙 단어의 도입 수업 형식을 제시한다. 도입 수업 형식의 2단계에서 교사는 학생들에게 'wăs'를 음소 단위로 소리 내어 읽게 하고 그 단어가 어떻게 발음되는지 묻는다. 일부 학생이 그 단어를 음소적으로 발음하면서 'wăs'라고 말한다. 교사가 교정을 위해 무엇을 말하고 행동해야 하는지를 구체적으로 말하시오.

04 해독 교수법의 첫해 동안 자주 복습하지 않은 다음의 6개 불규칙 단어 옆에 체크 표시하시오.

knob	was	scent
your	scenic	see
said	good	route
any	of	talk
pry	scarce	they

05 교사가 단어 *flag, must, said, him, slip, was*를 포함한 변별 즉독 수업 형식을 제시하고 있다. 한 학생이 *said*를 'sad'라고 읽었다. 교사가 이 학생의 오류를 교정하기 위해 해야 할 행동과 어법을 구체적으로 말하고 교정을 한 후에 다음으로 무엇을 해야 할지 설명하시오.

제11장

초기 읽기 단계의 어휘 교수

학습 목표

1. 초기 읽기 단계에서 어휘 교수를 위해 무엇이 필요할지 설명한다.
2. 읽기 부진 학생들을 위한 어휘 지도의 절차를 설명한다.
3. 예시 시범, 동의어, 정의, 소리 내어 읽기 등을 통한 어휘 지도의 절차를 안다.
4. 초기 읽기 단계에서 어휘 지도 시 상업용 읽기 프로그램에서 수정이 이루어져야 할 부분들에 대해 논의한다.

어휘란 우리가 말하고 듣고 읽고 쓸 때 효과적으로 이해하고 소통하기 위해 반드시 알아야 할 단어들을 의미한다. 이 장에서는 크게 **구두 어휘**(oral vocabulary)와 **읽기 어휘**(reading vocabulary)에 초점을 둔다. 구두 어휘란 우리가 말할 때 사용하거나 들을 때 인식하는 단어들을 말하며, 읽기 어휘란 글 안에서 사용하거나 인지하게 되는 단어들을 말한다.

어휘는 어떻게 읽는지를 배울 때는 물론 읽고 있는 내용을 이해함에 있어 필수적인 역할을 한다. 아동들이 학교에서 성공적인 성취를 이루려면 교사가 규칙을 설명하거나 학습 내용의 시범을 보일 때 사용하는 어휘의 뜻을 알아야 한다. 뿐만 아니라 독해를 하기 위해서는 지문에 포함된 단어들의 의미를 알고 있어야 한다.

아동들은 주로 무언가를 읽는다거나 다양한 상황에서 부모나 교사, 다른 사람들이 사용하는 단어들의 의미를 간접적으로 들으면서 어휘를 배운다.

어휘를 직접적으로 가르치는 것은 중요한데, 특히 학습에 필요한 양보다 현저히 적은 어휘지식을 가지고 학교에 입학하는 아동들에게는 더더욱 그렇다. 학교 입학 후 정식 읽기 교육이 시작되는 시점에서 사용될 어휘를 취학 전이나 유치원 시기에 체계적이고 명시적으로 가르쳐 주는 것은 매우 효과적일 수 있다(Biemiller, 2012). 일단 아동이 읽는 것을 배우기 시작하면 어휘 교수는 매일 수업에서 필수적인 부분으로 포함되어야 한다.

미국의 국가읽기위원회(National Reading Panel, 2000)는 어휘 교수 분야의 연구를 종합적으로 분석한 후 다음의 결론을 내린 바 있다.

- 읽기 활동 전 특정 단어를 가르치는 것은 어휘 학습과 독해에 도움이 된다.
- 추가적으로 어휘 교수에 시간을 할애해야 효과가 극대화된다.
- 다양한 맥락에서 어휘를 반복적으로 노출시키는 것이 단어학습에 도움이 된다. 개별 단어와 단어학습을 위한 전략을 함께 명시적으로 가르칠 때 효과적이다.
- 어휘 학습을 위한 직접교수는 독해능력 향상에 도움을 준다.

읽기 교수 초기에 어휘 교수는 주로 구두로 전달된다. 이 시기에 학생들은 자신들의 수용 어휘와 표현 어휘 범위 내에서 아주 적은 수의 단어들을 읽을 수밖에 없다. 따라서 구두로 어휘 교수를 함으로써 학생들이 단어를 소리 내어 읽도록(해독) 가르치는 것보다 훨씬 넓은 범위의 개념들을 가르칠 수 있게 된다.

어휘 교수의 범위는 학생의 언어 능력에 따라 결정된다. 많은 읽기 위기 학생이 교사가 교실에서 자주 사용하는 단어들(예: **마지막 줄 아래**에 있는 글자를 찾으세요, **첫 번째 열**에 있는 **가나다란 줄**을 만지세요, **오른쪽 하단 구석**에 있는 글자를 찾으세요)을 제대로 이해하지 못하는 수준으로 학교에 입학한다. 이런 학생들의 경우에는 기초적인 언어 개념 형성을 위한 교수부터 시작되어야 한다. 기본적인 개념을 이미 습득한 채로 학교에 입학하는 아동들의 경우 어휘 교수는 좀 더 복잡한 단어 또는 개념부터 시작할 필요가 있다.

선별 검사는 유치원에 입학하는 모든 읽기 위기 아동에게 시행되어야 한다. 간편 선별검사는 부록 E에 제시되어 있다. 이러한 검사는 교사들이 기초적인 언어 능력을 갖추지 못한 아동을 찾아내는 데 도움을 준다. 저조한 언어 능력을 가진 아동들은 기본 어휘 실력 향상을 위해 매일 최소 30분 이상의 소그룹 기반 직접교수를 받는 것이 좋다.

지도 절차

읽기 부진 학생들을 지도할 때 어휘를 가르치는 절차는 매우 중요하다. 평균 또는 그 이상의 학생들은 언어에 대한 높은 이해와 일정 수준 이상의 어휘지식을 가지고 있기 때문에 이들에게 어휘를 가르치는 것은 비교적 수월하다. 더욱이 이러한 학생들은 새로운 어휘를 배우는 것에 익숙하다. 반면에 수업을 잘 따라오지 못하는 유치원 아동들은 자주 쓰이는 많은 단어의 개념을 모르며, 4~5개 이상의 단어로 이루어진 문장을 반복하는 데 어려움을 갖는다거나 확실하지 않은 진술문의 경우 쉽게 혼동한다.

구두를 통한 어휘 교수는 서로 다른 세 가지 절차, 즉 시범, 동의어 활용, 정의하기를 통해 이루어진다.

시범은 새로운 단어에 대한 구두 설명이 학생이 이해하지 못하는 단어를 포함할 때 사용할 수 있다. 예를 들어, *over*(~위에)라는 전치사를 가르친다고 할 때 교사는 *over*라는 용어나 동의어인 *above*(~위에)를 쓰지 않고서는 무언가가 왜 어디 위에 있는지 설명할 수 없다. 만약 학생이 *above*라는 단어의 의미를 모른다면 *over*의 뜻을 가르치기 위해 시범이 필요하게 된다. 시범은 일반적인 사물(목적어), 행위 그리고 속성으로 단어를 분류하여 가르칠 때 많이 사용된다.

동의어는 배우려는 새로운 단어의 뜻과 유사한 단어를 학생들이 알고 있을 때 사용한다. 예를 들어, 한 학생이 *over*라는 단어는 알지만 *above*는 모른다고 할 때, 교사는 *above*가 *over*와 같은 의미라는 것을 알려 주고, 이 둘이 동의어 관계임을 확실히 이해했는지 확인해 보면 된다. 유사한 예로, 학생이 *wet*(젖은)의 의미를 안다면 *damp*(살짝 물에 적신)라는 단어의 뜻을 설명하기 위해 *a little wet*(조금 젖은)이라는 표현을 사용할 수 있다.

정의는 학생들이 다소 긴 설명을 이해할 수 있을 정도의 언어 능력을 가지고 있으면서 설명하고자 하는 개념이 동의어로는 설명하기에 너무 복잡한 경우에 사용된다. 교사는 새로운 단어가 속하는 작은 부류를 특정 지은 다음, 해당 단어가 그 부류 안의 다른 단어들과 어떻게 다른지 말함으로써 정의를 제시한다. 예를 들면, **정비소**(service station)라는 단어의 간단한 정의는 '자동차 연료를 판매하거나 차를 수리하는 장소'가 된다. 여기서 정비소는 **장소**(places)라는 부류에 속한 단어이다. 그러나 정비소는 자동차 연료를 판매하고 수리를 하는 곳이라는 점에서 다른 장소들과는 구별된다. 정의를 제시한 뒤 예시를 제시함으로써 학생들이 정의를 정확히 이해했는지 평가하도록 한다.

참조: 일차적으로 제시하는 동의어가 목표 단어의 뜻과 아주 정확하게 동일할 필요는 없다. 그러나 학생이 나중에 글을 읽으며 해당 단어를 마주했을 때 그 의미를 대략적으로나마 알 수 있을 정도의 것일 필요는 있다.

예시 선정

어떤 지도 절차가 사용되든 명시적인 어휘 교수에 있어 가장 중요한 점은 단어의 의미를 전달할 수 있는 적합한 예시를 선정하는 것이다. 이러한 예시들은 교사가 전달하고자 의도한 의미를 명확히 대변할 때만 적절해진다. 이와 반대로, 의도한 원래 의미와 다른 것을 학생들이 익히게 된다면 이러한 예시들은 부적절한 것이 된다. 예를 들어, 굵은 펜과 굵은 연필이 '굵은'이라는 단어의 예시로 제시된다면 오해의 소지가 생길 수 있다. 펜과 연필은 둘 다 무언가를 쓰는 도구이기 때문에 어떤 학생들은 '굵은'이라는 의미를 사물의 두께와 관련된 것이라기보다는 쓰는 것과 관련된 것으로 받아들일 수 있다.

어휘 학습에 있어 목표 단어를 정확한 예시와 연결하는 것은 매우 중요한 작업이다. 아동이 처음으로 **강아지**라는 단어를 배울 때 그 아동은 **강아지**가 자기 집에 있는 **강아지**만을 가리키는 것이라고 생각한다. 이러한 경험들이 쌓이면 그 아동은 **강아지**의 개념을 다양한 외형을 지닌 모든 종류의 강아지로 확대해 나간다. 이러한 학습이 교실에서도 일어나기 위해서는 교사가 새로운 단어에 대한 좋은 예시들을 충분하게 제시함으로써 학생들이 다양한 사례를 접할 수 있는 경험을 제공해 주어야 한다.

올바른 예시들의 범주를 확실하게 선정하는 것이 첫 번째 단계이다. **용기**(container)라는 단어를 가르치기 위한 명확한 예시로는 휴지통, 박스, 서랍, 유리병 등이 있을 것이다. 이처럼 넓은 범주의 예시를 제시함으로써 학생들이 **용기**의 개념을 자칫 직사각형의 모양을 가졌거나 금속으로 만들어진 무언가를 가리키는 것으로만 한정 지어 이해하지 않도록 하는 것이 중요하다. 또한 예시는 어휘 교수에서 직접적으로 제시하지 않은 것들(예: 플라스틱 캔, 금속 박스)에 대한 일반화를 촉진하는 데도 도움을 준다. 전치사 **위에**(over)를 가르칠 때 ("연필이 탁자 위에 있다."에서처럼) 연필이 탁자의 정가운데 놓여 있는 예시는 좋지 않은데, 어린 학생들은 **위에**라는 의미가 '중간에'라든가 수십 센티미터쯤 높이에 놓여 있는 것(역자 주: 탁자의 높이)과 관련된 것이라고 생각할 수 있기 때문이다. 따라서 교사는 탁자에서 몇 센티미터를 뗀 채로 들고 있다가 더 높이 들어도 보고, 탁자의 왼쪽과 오른쪽으로 옮겨 가면서 다양한 위치에서 연필을 보여 주어야 한다.

적합한 예시들이 갖추어야 할 또 다른 요소는 **비예시**(negative examples)를 포함해야 한다는 것이다. 비예시들을 통해 부정확한 일반화를 방지할 수 있다. 예를 들어, **애완동물**이라는 개념을 가르칠 때, 올바른 예시들(개, 고양이, 금붕어, 카나리아 새)만을 제시한다면 어떤 학생들은 모든 동물이 애완동물에 속한다고 일반화할 수도 있다. **탈것**이라는 용어를 제시할 때, 올바른 예시에는 비행기, 트럭, 보트, 기차 등이 포함될 것이다. 반대로 비예시로는 연이나 부표 등이 포함될 것이다. 가능하다면 이와 같이 새로운 개념에 포함되는 올바른 예시와 포함되지 않는 비예시를 함께 제시하도록 한다. 이 두 가지 예시는 서로 짝을 이루는데, 각 예시의 짝은 **최소 대립 쌍**(minimally different pair)이라 부를 수 있다. 이러한 최소 대립 쌍은 학생들로 하여금 예시가 올바른 것인지 여부를 판단하는 데 집중하도록 한다. 최소 대립 쌍을 잘 활용하면 유용한데, 다음 예시에서 교사가 **주황색**이라는 개념을 가르치기 위해 최소 대립 쌍의 관계에 있는 사물들을 소개하는 것을 볼 수 있다.

- 하나는 주황색이고 다른 하나는 빨간색이라는 것만 빼면 똑같은 2개의 셔츠
- 하나는 주황색이고 다른 하나는 파란색이라는 것만 빼면 똑같은 2장의 종이
- 하나는 주황색이고 다른 하나는 갈색이라는 것만 빼면 똑같은 2개의 원반
- 하나는 주황색이고 다른 하나는 녹색이라는 것만 빼면 똑같은 2개의 크레용

이와 같이 색깔만 다른 두 사물을 짝 지음으로써 교사는 해당 개념의 결정적인 속성을 명확하게 드러낼 수 있다. **주황색**이라는 개념을 모양, 재질, 크기 등과 관련된 것으로 잘못 이해할 수 있는 가능성을 아예 배제하는 것이다. 마찬가지로 **주황색**과 **빨간색** 사이의 혼동은 **빨간색**을 비예시로 포함시킴으로써 방지할 수 있다.

시범을 통한 어휘 지도

시범은 학습자의 언어발달 수준의 제한으로 인해 단어의 뜻을 설명하는 과정에서 언어 사용이 매우 곤란할 경우 사용되는 방법이다. 특히 시범은 어린이집이나 유치원에서 기초 개념이나 속성을 가르치기 위해 많이 사용된다. 시범의 기본적인 절차는 다음의 세 단계로 이루어진다.

1. 새로운 개념의 올바른 예시와 비예시에 대한 시범

2. 학생이 새로운 단어의 예시들을 잘 이해했는지 확인
3. 새로운 단어에 대한 다른 예시를 기존에 배웠던 단어들의 예시들과 함께 제시

복습은 누적적으로 이루어져야 한다. 새롭게 소개한 단어들은 최소한 두세 번의 수업에서 매일 집중적으로 노출되어야 하며, 이후 이틀에 한 번꼴로 노출시키는 빈도로 1~2주 정도를 이어 간 뒤 차츰 제시 간격을 늘려 간다. 또한 새로운 단어의 해독 기술을 가르칠 때도 새로운 단어의 비율은 이전에 가르친 단어에 대한 학생의 습득 정도에 따라 조정해

표 11-1 어휘 수업 형식: 활용 예 시범 보이기

	사물(목적어)	형용사(색상)	부사	형용사(재질)
1단계: 올바른 예시 및 비예시에 대한 교사 시범	"이것은 벙어리장갑이에요." 또는 "이것은 벙어리장갑이 아니에요." **예시:** 갈색 양털 벙어리장갑, 갈색 양털 장갑, 빨간색 나일론 장갑, 빨간색 나일론 벙어리장갑, 파란색 양말, 파란색 벙어리장갑	"이것은 주황색이에요." 또는 "이것은 주황색이 아니에요." **예시:** 20인치 빨간색 원반, 20인치 주황색 원반, 4×4인치 주황색 종이, 4×4인치 갈색 종이	"이것은 조심스럽게 쓴 것이에요." 또는 "이것은 조심스럽게 쓴 것이 아니에요." **예시:** 칠판에 처음에는 깔끔하게, 나중에는 아무렇게나 쓴다. 코트를 처음에는 조심스럽게, 나중에는 아무렇게나 걸어 놓는다. 책을 처음에는 부주의하게, 나중에는 조심스럽게 정리한다.	"이것은 거칠어요." 또는 "이것은 거칠지 않아요." **예시:** 빨간색 면 치마, 빨간색 실크 치마, 사포 한 장, 종이 한 장, 부드러운 책 표지, 거친 책 표지
2단계: 교사의 확인 학생이 연속으로 6개의 올바른 답변을 할 때까지 올바른 예시/비예시 제시	"이것은 벙어리장갑입니까? 벙어리장갑이 아닙니까?"	"이것은 주황색입니까? 주황색이 아닙니까?"	"이것은 조심스럽게 ~한 것입니까? 아니면 부주의하게 ~한 것입니까?"	"이것은 거친 것인가요? 거칠지 않은 것인가요?"
3단계: 사물 이름을 물음으로써 교사의 종합 평가 모든 단어에 대해 올바른 답변을 할 때까지 예시 질문 제공	"이게 뭐죠?" 장갑 벙어리장갑 양말 벙어리장갑 벙어리장갑 장갑	"이 색깔은 무엇이죠?" 주황색 갈색 주황색 빨간색	"~을 조심스럽게 하는 것을 보여 주세요." "내가 어떻게 쓰는지 말해 주세요(재빨리, 천천히, 조심스럽게)."	"거친 ~를 찾아보세요." 또는 "이 셔츠에 대해 말해 보세요(거친, 빨간, 예쁜 등)."

야 한다.

〈표 11-1〉은 기본 어휘인 사물(목적어), 색상, 부사, 형용사의 네 가지 어휘 형태를 가르치기 위한 시범 절차를 보여 준다. 각각의 형태를 가르치기 위해 기본적으로 3단계[시범(model), 확인(test), 종합평가(integrated test)] 절차를 따른다. 각각의 예시들은 올바른 예의 범위를 보여 주면서 부정확한 일반화를 방지할 수 있는 것들로 선택되어 있다. 예를 들어, **벙어리장갑**(mitten)이라는 단어를 가르칠 때, 올바른 예시들은 색상과 재질이 다양할 수밖에 없으므로 색상이나 재질은 어떤 사물이 벙어리장갑인지 아닌지를 구분할 때 적합한 성질이 되지 못한다. 또한 최소한의 차이를 보이는 올바른 예시와 비예시가 쌍[예: 동일한 색상, 재질, 크기, 형태를 가진 벙어리장갑과 일반(손가락이 구분된) 장갑]으로 제시되어 있다. 이와 유사하게, 〈표 11-1〉에는 **주황색**의 예시에 해당하는 사물들의 범위와 최소한의 차이를 지니는 올바른 예시 및 비예시를 포함하고 있다. 이 표를 보면 언어를 최소한으로 구사하는 것을 볼 수 있는데, 이는 교사의 언어 사용을 최소화함으로써 어휘 지도의 속도와 학생의 집중력을 끌어올리기 위함이다.

교사는 학생에게 새로운 어휘의 개념에 맞는 올바른 속성인지 그렇지 않은지를 답변하게 함으로써(예: **무겁다/무겁지 않다**) 습득 여부를 확인한다. "이건 무거운 건가요?"라고 물었을 때 학생들에게 "무거워요." 또는 "무겁지 않아요."라고 말하게 함으로써 '그렇다/아니다' 식의 답변보다는 더 나은 어휘 학습의 경험을 갖게 된다.

중요 행동

◉ 시범

시범을 할 때 각각의 예시들은 학생의 주의를 붙잡아 두기 위해 빠른 속도로 제시될 필요가 있다. 교사는 생생하게 예시들을 제시하면서 목표 단어를 강조해서 말한다. "이것은 벙어리장갑이에요." "이것은 벙어리장갑이 아니에요."

◉ 새로운 단어 습득 확인하기

교사는 학생이 3개의 올바른 예시와 3개의 비예시(총 6개)를 연속으로 정확하게 대답할 때까지 일련의 예시를 제시한다. 학생이 모든 예시 및 비예시에 대해 정확한 반응을 한 후에야 새로운 개념을 이해했다고 판단할 수 있다. 이때 예시들은 예측 가능한 순서로 제시되어서는 안 된다. 절대로 '그렇다-아니다-그렇다-아니다-그렇다-아니다' 패턴으로 제시하지 말고, 예시 및 비예시를 예측 불가능한 패턴으로 배치하도록 한다.

동의어를 활용한 어휘 지도

동의어를 활용한 어휘 지도는 처음부터 시범을 보이는 것이 아니라 새로운 단어(예: **거대한**)를 이미 알고 있는 단어(예: **매우 큰**)와 연결한다는 점만 제외하고는 시범을 통한 어휘 지도 절차와 흡사하다. 교사는 먼저 동의어를 제시한다. "여기 새로운 단어가 있어요. '**거대한.**' 거대하다는 말은 아주 크다는 뜻이에요." 다음으로 교사는 올바른 예시와 비예시를 제시하며 이해 여부를 확인하는데, 다음과 같이 발문한다. "그것이 거대한지 아니면 거대하지 않은지 말해 보세요." 그런 다음 교사는 방금 가르친 몇 개의 동의어를 학생과 함께 연습한다. "이것은 거대한가요? 거대하다는 것을 어떻게 알죠?" 이렇게 확인하는 과정을 통해 학생이 습득한 개념을 더 오래 보존할 수 있다.

동의어를 선정하는 과정은 매우 신중하게 이루어져야 한다. 학생들은 동의어로 사용될 단어의 의미를 반드시 알고 있어야 하는데, 이는 이미 알고 있던 단어들이 새로운 단어의 의미를 설명하는 데 활용되기 때문이다. **천**(fabric)을 설명하기 위해 **직물**(textile)이라는 용어를 사용하는 것은 적절하지 않은데, 대부분의 학생이 **직물**이라는 뜻을 알지 못할 가능성이 높기 때문이다. 그러나 **거대한**이라는 단어를 설명하기 위해 **매우 큰**이라는 동의어를 사용하는 것은 거의 모든 학생이 **매우 크다**는 것이 무슨 뜻인지 알고 있기 때문에 적절하다고 볼 수 있다.

교사는 아동용 동의어/반의어 사전이나 어휘 목록 등을 참고하여 동의어 지도에 사용할 동의어들을 찾을 수 있다. 학생들에게 익숙하여 동의어 지도에 사용하기 적절한 단어들을 찾아낼 수 있을 것이다.

〈표 11-2〉는 동의어를 활용하여 **견고한**(sturdy)이라는 단어를 가르치는 예시를 보여 준다. 주요 절차는 먼저 교사가 동의어를 제시한 뒤 예시 및 비예시를 확인하고, 끝으로 새로운 단어와 이미 소개한 단어들을 복습하는 순서로 진행된다.

표 11-2 동의어를 활용한 어휘 수업 형식

교사	학생
1. (교사는 새로운 단어와 동의어이면서 학생들에게 익숙한 단어를 제시한 뒤 이해 여부를 확인한다.)	

a. "여기 새로운 단어가 있어요. **견고한, 견고하다**는 것은 튼튼하다는 뜻이에요."	
b. "견고하다는 것은 무슨 뜻인가요?" (신호)	"튼튼하다는 뜻이요."
2. (교사는 예시와 비예시를 학생이 6회 연속 정반응을 할 때까지 제시한다. 예시들은 예측 가능한 순서로 제시되어서는 안 된다.)	
a. "Tom은 기둥에 기대어 있었어요. 그런데 기둥이 갑자기 무너졌어요. 기둥은 견고한가요 견고하지 않나요?" (신호)	"견고하지 않아요."
b. "Tom은 또 다른 기둥에 기대어 있었어요. 그 기둥은 꿈쩍도 하지 않았어요. 기둥은 견고한가요 견고하지 않나요?" (신호)	"견고해요."
c. "그 집은 거센 바람에도 흔들리지 않았어요. 그 집은 견고한가요 견고하지 않은가요? (신호)	"견고해요."
d. "다른 집은 강한 바람이 불기 시작했을 때 무너졌어요. 그 집은 견고한가요 견고하지 않은가요? (신호)	"견고하지 않아요."
3. (새로운 단어와 기존에 소개한 단어를 복습한다.*)	
a. "오늘 날씨는 포근한가요? 어떻게 알 수 있죠?"	
b. "그 벤치는 견고한가요? 어떻게 알 수 있죠?"	
c. "내 책상은 정돈되어 있나요? 어떻게 알 수 있죠?"	

* 교사는 학생에게 예시문장을 만들어 보라고 요구함으로써(예: "견고한 것 아무거나 말해 보세요.") 연습을 할 수도 있다.

정의를 활용한 어휘 지도

시범과 동의어를 활용한 어휘 지도 외에 세 번째로 활용할 수 있는 방법은 정의를 통해 어휘를 가르치는 절차이다. 정의하기는 몇 가지 방식으로 이루어질 수 있지만 여기서는 대부분의 단어에 적용 가능하면서 거의 모든 학생에게 적절하게 사용될 수 있는 방식을 설명하고자 한다. 이 절차는 두 단계를 포함한다.

1. 목표 단어가 속하는 소부류 정의하기
2. 목표 단어가 해당 부류 내에서 다른 단어들과 어떻게 구별되는지 설명하기

정의를 만들 때, 교사는 정의가 기술적으로 정확한지 여부보다 학생들이 이해할 수 있는 정의인가에 초점을 두어야 한다. 예를 들어, **액체**(liquid)라는 단어는 일차적으로 어딘가에 따를 수 있는 무언가로 정의할 수 있을 것이다. 과학자들은 이 정의가 정확하지 않다고 말할 수도 있겠지만, **액체**의 뜻을 어린 아동들에게 처음 접하는 정의로써 가르치기에는 적절하다고 볼 수 있다. 그런 의미에서 정의를 통한 어휘 교수에서는 학생들이 이미 알

고 있는 단어들을 사용함으로써 그 뜻을 쉽게 이해할 수 있게 해야 한다.

다음 몇 가지 정의의 예시가 제시되어 있다. 최대한 쉽고 간단하게 만들었다는 점에 주목할 필요가 있다.

부류	부류 내 다른 단어들과의 차이
1. 용기(container)	무언가를 넣을 수 있는 것
2. 탈것(vehicle)	사람을 어떤 장소로 이동시켜 줄 수 있는 것
3. 이음매(seam)	두 물체의 부분이 하나로 붙어 있는 부분
4. 노려 보다(glare)	화난 채로 누군가를 쳐다보는 것

정의를 활용한 어휘 지도의 수업 형식은 〈표 11-3〉에 제시되어 있다. 첫째, 교사는 단어의 정의를 말하고 학생들이 그것을 따라 하도록 한다. 둘째, 교사는 해당 단어의 예시와 비예시를 구분하여 가르침으로써 학생들이 의미를 확실히 이해한 것이 아니라 단순히 외운 것은 아닌지 확인한다. 셋째, 교사는 지금까지 학생들이 배운 단어들을 다시 복습한다.

표 11-3 정의를 활용한 어휘 수업 형식

교사	학생
1. (교사가 새로운 단어와 정의를 말하면 학생들은 정의를 따라서 말한다.)	
a. "출구는 건물 밖으로 나가는 문이에요."	
b. "출구는 무엇이라고요?" (신호)	"건물 밖으로 나가는 문이요."
2. (교사는 예시 및 비예시를 제시한다.)	
a. (교사가 열린 옷장 문 그림을 보여 주며) "이것은 출구인가요? 출구가 아닌가요?" (신호) "어떻게 출구가 아닌 것을 알 수 있죠?"	"출구가 아니에요." "건물 밖으로 나가는 문이 아니기 때문이에요."
b. (교사가 극장 그림에서 열린 문을 가리키며) "이것은 출구인가요?" (신호) "어떻게 출구인 것을 알 수 있죠?"	"출구예요." "건물 밖으로 나가는 문이기 때문이에요."
c. (학생들이 6회 정반응을 보일 때까지 예시 제시)	
3. (지금까지 배운 새로운 단어들을 복습한다.)	
a. (교사가 소방서 사진을 보여 주며) "이게 뭐죠?" (신호) "어떻게 소방서인 것을 알 수 있죠?"	"소방서예요." "소방관들이 있는 곳이기 때문이에요."
b. (교사가 출구 그림을 보여 주며) "이게 뭐죠? 어떻게 출구인 것을 알 수 있죠?"	

연습 및 복습

체계적인 연습과 복습을 제공하는 것은 매우 중요하다. 새로운 단어가 소개되고 나서 약 일주일 동안은 매일 해당 단어를 제시하는 것이 좋다. 그 이후에도 주기적으로 복습해 주어야 한다. 또한 하루 일과 중 다양한 상황 속에서 새로 습득한 단어를 활용할 수 있는 기회를 제공해 주는 것이 좋다.

교사의 소리 내어 읽기

읽기 교수 초반에 교사가 이야기책을 소리 내어 읽어 주는 것은 어휘 발달에 중요한 역할을 한다. 이야기책 소리 내어 읽어 주기는 **2수준** 단어, 즉 일반적인 어휘이지만 아주 자주 사용되지는 않는 단어들로서 다수의 아동이 잘 모를 가능성이 있는 단어들을 가르칠 때 효과적인 수단이 된다. 1수준 단어들은 매우 자주 사용되는 기초 어휘이며, 3수준 단어들은 일반적으로 사용되지는 않고 특정 상황이나 주제에 사용되는 어휘를 뜻한다(Beck, McKeown, & Kucan, 2002; McKeown, Beck, & Sandora, 2012).

아동들에게 읽어 줄 이야기는 신중히 선정되어야 한다. 무엇보다 이야기의 수준이 아동들에게 너무 어려우면 안 되는데, 글에 모르는 단어가 너무 많거나 글의 이해에 필수적인 배경 지식이 과도하게 요구되는 경우가 이에 해당한다. 따라서 아동들이 모르는 어휘의 수를 최소한으로 담고 있는 글이 이상적인 선택지가 될 것이다. 이야기를 소개할 때 먼저 교사는 글을 이해하기 위해 반드시 알아야 할 배경정보를 설명해야 한다. 예를 들어, 이야기가 1900년대 초 아이다호를 배경으로 하고 있다면, 교사는 글을 읽기 전에 아이다호주를 지도에서 보여 주며 1900년대 미국 서부가 어떤 모습이었는지 말해 줄 필요가 있다.

글을 읽어 줄 때 교사는 모르는 단어들의 뜻을 신속히 알려 주어야 하는데, 이때 아동이 이미 알고 있는 친숙한 용어로 정의해 주어야 한다. 또한 글을 읽어 주는 흐름 자체를 방해하지 않도록 단어의 뜻을 간략하게 제시해 주는 것이 좋다. 예컨대, "소년은 무슨 일이 벌어졌는지 회상하지 못했어요. **회상**이란 무언가를 기억해 내는 것을 의미해요. 즉, 그 소년은 무슨 일이 벌어졌는지 기억해 내지 못했던 것이에요." 교사는 이야기를 몇 번 읽어 주게 되는데, 두 번째나 세 번째 읽을 때는 학생에게 새로 배운 단어를 문장 속에 넣어 이야기해 보게 한다(예: "그는 기억이 나지 않는다. 그는 무슨 일이 일어났는지 회상할 수 없다.").

일과 중에 교사는 "우리가 오늘 점심에 무엇을 먹었는지 회상해 볼까요? 어제 비가 왔었는지 회상해 볼까요?"와 같이 수시로 새롭게 배운 단어를 상기시켜 주도록 한다.

상업용 읽기 프로그램

거의 모든 종합적 핵심 읽기 프로그램이 유치원 수준에서 기초 어휘와 언어 기술들을 가르치기 위해 고안된 연습 절차를 포함하고 있지만, 이 가운데 읽기 위기 아동들이 집중적으로 습득해야 하는 기초 어휘와 언어 기술들에 대하여 매우 체계적이면서 명시적인 교수를 제공하는 프로그램은 극히 드물다. 적지 않은 프로그램들이 부적절한 교수 시범 및 충분하지 않은 연습기회를 제공하고 있다.

읽기 위기 아동들에게 기초 어휘와 구이 기술들을 적절히 가르치기 위한 종합적 핵심 읽기 프로그램이 되려면 많은 수정이 필요하게 된다. 하지만 프로그램의 어휘 및 구어와 관련된 요소를 수정하는 것은 단어 해독에 관한 부분을 수정하는 것보다 훨씬 어려운데, 그 이유는 새로운 단어의 의미를 가르치기 위한 수업을 고안하는 데 다양한 삽화나 사물이 필요하기 때문이다. 따라서 종합적 핵심 읽기 프로그램에서 어휘와 언어 관련 부분을 수정하려고 하기보다는 읽기 위기 학생들에게 어휘와 언어 기술을 가르칠 수 있게 특별하게 고안된 별도의 프로그램을 사용하기를 권장한다. 어휘 프로그램 선정 시 대부분의 프로그램이 기본적으로 유사한 내용을 담고 있기 때문에 교사 입장에서는 어휘 및 언어 기술 교수의 내용보다는 그것을 **어떻게** 가르치라고 설명하는가에 더 집중해야 한다. 개별 수업 내용을 보면서 가르치는 요소와 각각의 예시들을 확인하도록 한다. 어휘 교수 절차에 사용된 어법이나 발문은 간단하면서도 명시적이어야 한다. 예시들은 전술한 바와 같이 어휘 지도에서 매우 중요하며, 효과적인 어휘 지도에 있어 예시의 선정은 핵심적이다. 반드시 올바른 예시와 비예시가 함께 제공되어야 하며, 만일 적절한 예시들이 제공되지 않는다면 해당 어휘 교수 프로그램은 효과적이지 못할 가능성이 크다.

학습 과제들이 어떻게 구성되어 있는지 살펴본 다음, 5~10개 사이의 연속적인 수업들을 보면서 새로운 단어들이 몇 번에 걸쳐 복습이 이루어지는지 확인해 봐야 한다. 연습 및 복습이 적정한 수준 이상으로 이루어져야 하는데, 만일 그러지 않을 경우 학생들은 효과적인 어휘 습득이 불가능해진다. 뿐만 아니라 그러한 프로그램들은 수정하기도 쉽지 않다.

요약하자면, 우선 해당 프로그램이 무엇을 가르치는지보다 **어떻게** 어휘 및 언어 기술을 가르치는지 주의 깊게 살펴봐야 하고, 각 수업에서 사용된 언어, 예시 선정의 적절성, 다양한 복습기회의 제공 여부 등을 면밀하게 분석해야 한다.

기초 어휘와 언어 기술 교수를 위해 효과적으로 고안된 프로그램의 예로는 Siegfried Englemann과 Jean Osborn이 저술한 「학습을 위한 언어(Language for Learning)」라는 프로그램(Engelmann & Osborn, 2008)이 있다. 이 프로그램은 명시적이고 체계적인 교수접근을 사용하는데, 명확한 교사의 시범, 교수 요소들 간의 활발한 상호 연계, 즉각적인 오류 교정, 반복적인 누적 복습, 빈번한 진전도 모니터링 평가 등을 포함한다. 「학습을 위한 언어」 프로그램은 총 여섯 가지 영역(움직임을 표현하는 말, 사물의 묘사, 정보 및 배경 지식, 지시어 및 문제해결 개념, 분류, 그리고 문제해결 전략들)으로 구성되어 있다. 일반적으로 30분가량 진행되는 수업에서는 여섯 가지 영역에서 추출된 다양한 연습과정이 포함된다. 이 프로그램은 4세 미취학 아동, 언어 발달이 다소 느린 5~6세 아동, 영어를 외국어로 배우는 초등학교 저학년 아동, 타이틀 1(Title 1, 저소득층) 및 특수교육 대상 아동 그리고 말/언어 결함을 지닌 아동을 위한 구어 기술 교수를 목적으로 하고 있다.

「학습을 위한 언어」 프로그램은 언어 기술의 소개와 연습을 반복적으로 제공하고(즉, 새로운 기술이 소개될 때 이전에 배운 기술을 다시 언급하며 복습함) 새로운 내용들을 현실적인 비율로 배분하여 소개하는 것이 특징적이다. 예를 들어, 전치사를 소개할 때 5개 또는 10개 수업마다 새로운 전치사를 하나씩 소개하는데, **표면**(on)은 수업 28에 나오고 **위**(over)는 수업 31에, **앞**(in front of)은 수업 36에, **안**(in)은 수업 47에, **뒤**(in back of)는 수업 57에, **아래**(under)는 수업 67에, **옆**(next to)은 수업 76에, 그리고 **사이**(between)는 수업 86에 각각 소개된다. 새로운 전치사가 소개될 때는 이전에 배운 전치사들을 복습한다.

「학습을 위한 언어」 프로그램은 표현 언어(expressive language)를 특별히 강조한다. 이는 간단한 명제(예: '이것은 강아지이다.' '이것은 강아지가 아니다.')에서부터 보다 복잡한 진술문(예: '만일 선생님이 자신의 팔이나 코를 만지는 신호를 하면 모든 학생들이 일어날 것이다.')까지 포함한다. 또 다른 프로그램인 「사고를 위한 언어(Language for Thinking)」는 아동들이 학습을 위한 언어 프로그램을 마친 다음 사용할 수 있다. 「사고를 위한 언어」(Engelmann & Osborn, 2002) 프로그램은 학습을 위한 언어 프로그램에서 소개했던 어휘들을 복습함과 동시에 보다 복잡한 논리적인 과제(예: 묘사, 정의, 다양한 분류, 유추, 부조화 등)를 제공하고 있다.

응용 연습문제

01 다음 각 예시에서 학생이 잘못 이해할 수 있는 부분들을 최소 한 가지씩 찾아보시오.

(a) 거친

올바른 예시: 양털 셔츠와 포대 자루

비예시: 탁상과 거울

(b) 좁은

올바른 예시: 좁은 유럽 도시의 길과 학교 양옆의 좁은 골목길

비예시: 없음

(c) 탈것

올바른 예시: 문이 4개인 승용차, 문이 2개인 승용차

비예시: 없음

02 당신이 5~6세 정도의 아동과 수업을 한다고 가정하고, 다음의 단어들을 가르치기 위해 어떤 방법(예시만 활용, 동의어, 또는 정의하기)을 사용할 것인지 답해 보시오. (동의어는 단어 또는 구 가능)

(a) 거대한
(b) 축축한
(c) 줄무늬의
(d) ~ 안에
(e) ~ 사이에
(f) 배달 트럭
(g) 출납원

03 학생들이 개별 알파벳 글자의 대표음을 알고 있고 다음 글자 조합들(*ai, ar, ay, ch, ea, ee, ing, oa, or, ou, sh, th*)의 대표음을 알고 있다고 가정하자. 다음 단어 목록 중에서 학생들이 해독하기 어려울 것으로 생각되는 모든 글자에 밑줄 치시오.

spout	some	peach	round	chef
boat	broad	gain	pour	mind
walk	tough	chord	starch	hound
again	round	steak	put	been
much	stain	gray	park	road
bread	street	beach	groan	storm
four	strap	steel	torn	none

04 '크다(tall)'라는 개념을 가르치기 위한 예시 8개를 구성해 보시오. 4개는 올바른 예시이어야 하고 나머지 4개는 비예시이어야 한다. 예시를 제시하고 학생의 이해 여부를 확인하는 과정에서의 교사 발문을 구체적으로 써 보시오.

제12장

초기 읽기 단계의 독해 교수

학습 목표

1. 초기 읽기 단계의 독해 지도에서 요구되는 사항들을 구체적으로 파악한다.
2. 무엇이 독해를 복잡하게 하는지, 그리고 세 가지 주요 독해 전략(기초 언어 기술 가르치기, 이야기에 대한 이해 가르치기, 텍스트에 대한 이해 가르치기)에 대해 논의한다.
3. 제한된 언어지식을 가지고 학교에 입학하는 아동들에게 필요한 '기초적' 언어 교수를 위한 체계적인 프로그램에 포함되는 요소들을 설명한다.
4. 문장 이해, 진술 반복, 대명사, 이야기 문법, 그리고 사실적 이해 등을 가르치기 위한 지도 절차를 설명한다.

독해는 읽는 방법을 점차 배워 가면서 생기는 자연스러운 부산물 정도로 생각되고는 했다. 다시 말해, 학생이 지문 안의 단어들을 읽을 줄 알면 자연스럽게 그 지문을 이해할 수 있으리라 생각하는 것이다. 그렇기 때문에 교수의 초점은 학생들이 글자를 어떻게 읽는지(글자 해독)에 맞추어졌고, 독해에 대한 평가 역시 간단한 질문에 답하거나 조금 복잡한 질문들(다시 말하기나 텍스트 해석 등)에 답하는 방식이었다. 학생들은 많은 연습을 하지만 정작 독해 교수는 별로 받지 못하고 있다.

우리는 이제 독해가 교사들이 전 학년에 걸쳐 적극적으로 가르쳐야 하는 매우 복잡한 일련의 기술이고 전략임을 알고 있다. 최근 연구(National Reading Panel, 2000)에 의하면 독해는 사전지식, 경험 그리고 어휘력과 서로 높은 상관관계를 갖고 있는 것으로 나타났다.

초기 읽기 단계에서의 독해 지도는 다음 세 가지를 고려해야 한다.

1. 독해를 위한 선수기술이라고 할 수 있는 기초적인 언어 기술을 명시적이고 체계적으

로 가르치기

2. 교사가 학생들에게 구두로 읽어 주는 이야기를 이해하는 방법 가르치기. 교사가 아동들에게 이야기를 읽어 주는 것은 많은 장점이 있다. 교사가 이야기를 읽어 줌으로써 듣기이해 기술을 가르칠 수 있으며, 이를 통해 아동들은 어떻게 이해하고 추론할 수 있는지 배우게 된다. 뿐만 아니라 어휘 발달에 도움을 주며 배경 지식 개발에도 유용하다. 특히 읽기 위기 아동들에게 학교 수업은 배경 지식 혹은 사전지식 함양의 일차적인 밑거름이 되어야 한다.
3. 학생들이 읽는 텍스트에 대한 이해 가르치기. 읽기 교수가 시작되고 처음 한 달 동안 아동들은 자신의 듣기 이해 수준에 해당하는 난이도의 지문을 잘 읽을 수 없을 것이다. 아동들은 제한적인 단어 읽기 능력을 가지고 있기 때문에 이야기 글의 경우는 비교적 쉽다. 이 경우는 대부분 이야기에 대한 사실적 이해를 요구한다. 대다수의 아동에게 사실적 이해는 그렇게 어렵지 않으나, 읽기 위기 아동들에게는 체계적인 이해를 위한 추가적인 지도가 요구된다.

기초 언어 기술

언어 이해력은 독해의 수준을 결정한다. 만일 아동이 교사의 말로 제시된 무엇인가를 이해하지 못한다면 글로 제시된 동일한 정보를 이해할 수 있으리라 예상하기는 어렵다. 최초의 언어 지도는 가정에서 이루어진다. 어휘 학습 분야의 매우 중요한 서적 가운데 하나인 『매일 아동들의 일상에서 의미 있는 차이 만들기(Meaningful Differences in the Everyday Experience of Young American Children)』라는 책에서 저자 Hart와 Risely(1995)는 다양한 사회경제적 배경을 가진 가정에서 아동들과 부모의 언어적 상호작용을 수년간 연구한 결과를 보고한 바 있다. 연구자들은 사회경제적 지위에 따른 매우 큰 차이를 발견하였는데, 사회경제적 지위가 낮은 부모들에 비해 전문직 부모들의 경우 자신의 아동들과 약 3배 정도 많은 언어적 상호작용을 했다. 전문직 부모들은 더 광범위한 어휘를 사용하였고 개념에 대한 설명도 훨씬 자주 아동들에게 들려 주었다. 이러한 부모와의 상호작용을 경험한 아동들은 기초적인 언어 기술을 더 잘 습득하게 되어 이후 학교에서 제공하는 종합적 핵심 읽기 프로그램에 보다 잘 반응하게 된다. 반면 제한된 범위의 언어적 상호작용을 경험한 아동들의 경우 모든 읽기 발달의 기반이 되는 기초적인 언어지식 발달에 심각한 결손을 초래할 가능성이 크다.

제한적인 언어 수준을 가진 채로 학교에 입학한 아동의 경우에는 매우 집중적이고 체계적이며 명시적 언어 교수 프로그램이 필요하다. 어휘 수준이 언어발달에 있어 중요한 역할을 하지만 전반적인 언어발달을 위해서는 어휘 이상의 것들을 포함해야 한다. 아동들이 반드시 습득해야 하는 언어 기술들은 다음과 같다.

- 시공간적 관계를 나타내는 개념들(예: ~옆에, ~앞에, ~전에, ~다음에)
- 시제를 표현하는 동사의 형태들(예: 먹다, 먹었다, 먹을 것이다, 먹고 있었다)
- 대명사(예: 나, 그, 그녀, 그것, 우리, 그들, 나를, 그를, 그녀를, 우리를, 그들을, 그의, 그녀의, 그들의)
- 주어-동사 일치
- 비교에 사용되는 단어들(예: 같은, 다른)
- 범주화(예: 탈것, 용기, 장비, 음식, 동물)
- 시간적 관계 표현을 위한 문장 생성(예: ~전에, ~후에, ~하는 동안에, ~할 때)
- 조건적 관계 표현을 위한 문장 생성(예: 만약 ~하면)
- 수량적 개념(예: 없다, 약간, 전부)
- 질문을 위한 단어들(예: 누가, 무엇을, 언제, 어디서, 왜)

이 장에서 우리는 세 가지 기초적인 언어 기술(문장 이해, 진술 반복, 대명사 활용)을 가르치는 방안을 논의할 것이다. 기초적인 언어 기술을 어떤 순서로 어떻게 배열해서 가르칠 것인가의 문제는 매우 복잡하고 많은 노력을 요한다. 언어발달이 충분히 이루어지지 않은 아동을 가르치는 경우라면 아동에게 꼭 필요한 정도로 명시적이고 체계적인 교수를 제공해 줄 수 있는 「학습을 위한 언어」와 같은 프로그램을 함께 사용할 것을 권유한다.

문장 이해

질문 어휘 소개하기

구두로 제시된 문장에 대한 이해는 교사가 학생에게 간단한 이야기 속에서 일어난 행위 또는 사건과 관련된 질문(예: 누가 관여했는지, 무슨 일이 일어났는지, 언제 그리고 어디서 그 일이 일어났는지, 왜 일어났는지)에 답하게 하는 활동을 통해 시작된다. **누가, 무엇을, 언제, 어디서, 왜**는 질문 어휘이다.

새로운 질문 어휘를 소개하는 속도는 학생의 수준에 따라 결정해야 한다. 따라서 이전에 배운 질문 어휘에 대해 완전히 이해하지 못한 경우라면 새로운 질문 어휘를 제시하지 않는 것이 좋다.

◉ 순서

누구 그리고 **무엇**과 관련된 질문들(〈표 12-1〉 참조)은 가장 먼저 제시되어야 하는데, 질문 어휘 중에 가장 쉽기 때문이다. "John은 가게에 갔어요. 누가 가게에 갔다고요?" "John이요." "John은 무엇을 했죠?" "가게에 갔어요."

어디서(장소)와 관련된 질문들이 바로 다음에 소개될 수 있다. **어디서**, 즉 장소를 나타내는 구(phrase)를 각 문장에 삽입할 수 있으며 앞서 소개한 **누구** 및 **무엇**과 관련된 질문에 추가하여 물어볼 수 있다. 예를 들면 다음과 같다.

문장: 한 소녀가 공원에서 축구를 했다.
질문: 누가 축구를 했지요?
한 소녀가 무엇을 했지요?
그 소녀는 어디서 축구를 했지요?

학생들이 **누가, 무엇을, 어디서**와 관련된 질문들에 어려움 없이 대답할 수 있을 때 **언제** 질문을 소개할 수 있다. 〈표 12-2〉에는 **언제** 그리고 **어디서** 질문을 제시하는 형식과 **언제/어디서** 질문을 변별하는 방법, 그리고 **언제/어디서** 질문에 대답하는 예시가 제시되어 있다. 다음으로, 교사는 4개의 질문 어휘를 섞어서 제시한다(〈표 12-3〉 참조).

다음 단계는 **어떻게** 질문을 소개하는 단계이다. 이 절차에서는 우선 1개 또는 2개의 **어떻게** 질문에 대답하는 방법을 시범으로 보여 준 다음, 일련의 문장을 통해 학생의 습득 여부를 확인한다(〈표 12-4〉 참조).

마지막 단계는 **왜** 질문을 소개하는 단계이다(〈표 12-5〉 참조). 지도 절차는 앞서 설명한 질문 어휘 지도와 유사하다. 교사는 **이유**와 관련된 단어를 포함하는 예시를 제시한 다음 변별 예시를 통해 연습을 실시한다. **왜**라는 질문에 답하는 예시를 제시할 때 **왜냐하면**이라는 단어를 문장에 반드시 포함하지는 않아도 되는데, 그 이유는 학생들이 왜라는 질문에 답할 때 **왜냐하면**이라는 단어를 쓰지 않으면 안 된다는 잘못된 규칙을 배울 수 있기 때문이다. 이러한 잘못된 규칙을 습득하지 않게 하려면 ~**하려고**("그는 코트를 가져오려고 집에 갔다."), ~**이기 때문에**("그는 늦었기 때문에 집으로 뛰어갔다."), 또는 ~**해서**("그는 밑으로 떨어져서 울었다.")와 같은 구를 포함하는 예시들을 다양하게 제시할 필요가 있다.

왜와 관련된 질문을 며칠에 걸쳐 연습한 다음에는 이미 학습한 다른 질문 어휘들과 한데 섞어서 연습을 진행할 수 있다.

표 12-1 질문 어휘 도입 수업 형식: 누가와 무엇을

교사	학생
1. (교사 시범) "John은 공원에서 뛰었어요. 공원에서 누가 뛰었다고요? John이죠. John이 무엇을 했지요? 공원에서 뛰었지요."	
2. (연습 및 확인)	
a. "잘 들어보세요. Tom이 침대에서 떨어졌어요. 따라 해 보세요." (신호)	"Tom이 침대에서 떨어졌어요."
b. "누가 침대에서 떨어졌나요?" (신호)	"Tom이요."
c. "Tom은 무엇을 했지요?" (신호)	"침대에서 떨어졌어요."
3. (2단계의 a~c 반복)	
a. "Ann은 공을 찼어요. 따라 해 보세요." (신호)	"Ann은 공을 찼어요."
"누가 공을 찼나요?" (신호)	"Ann이요."
"Ann은 무엇을 했지요?" (신호)	"공을 찼어요."
b. "고양이는 음식을 먹었어요. 따라 해 보세요." (신호)	"고양이는 음식을 먹었어요."
"누가 음식을 먹었나요?" (신호)	"고양이요."
"고양이가 무엇을 했지요?" (신호)	"음식을 먹었어요."
c. "강아지가 위아래로 뛰었어요. 따라 해 보세요." (신호)	"강아지가 위아래로 뛰었어요."
"누가 위아래로 뛰었나요?" (신호)	"강아지요."
"강아지는 무엇을 했지요?" (신호)	"위아래로 뛰었어요."

표 12-2 질문 어휘 도입 수업 형식: 언제와 어디서

교사	학생
1. (교사 시범)	
a. "**언제**를 나타내는 단어들을 이야기해 봅시다. 어제 아침에, 어젯밤에, 어두워지기 전에, 저녁 식사 후에. 이들은 모두 언제를 나타내는 단어들이에요."	
b. "**어디서**를 나타내는 단어들을 이야기해 봅시다. 공원에서, 해변에서, 의자에서, 소파 밑에. 이들은 모두 어디서를 나타내는 단어들이에요."	

2. (교사 확인) "몇 개의 단어를 말해 주면 언제인지 아니면 어디서를 나타내는 단어인지 말해 보세요."	
a. "공원에서." (신호)	"어디서."
b. "저녁 식사 후에." (신호)	"언제."
c. "어제 아침에." (신호)	"언제."
d. "의자에서." (신호)	"어디서."
e. "해변에서." (신호)	"어디서."
f. "어젯밤에." (신호)	"언제."
3. (**언제** 그리고 **어디서**가 들어간 문장을 활용하여 습득 여부 확인하기)	
a. "어제 우리는 공원에 갔어요. 따라 해 보세요." (신호)	"어제 우리는 공원에 갔어요."
b. "우리는 언제 공원에 갔나요?" (신호)	"어제요."
c. "우리는 어디에 갔나요?" (신호)	"공원에요."
교사는 a~c단계를 반복한다. • "그들은 어젯밤 해변에서 놀았다." • "어젯밤 우리는 가게에 갔다."	

표 12-3 질문 어휘 도입 수업 형식: 누가, 무엇을, 어디서 그리고 언제

교사	학생
1. "John은 어제 아침에 공원에서 놀았어요. 따라 해 보세요." (신호)	"John은 어제 아침에 공원에서 놀았어요."
a. "누가 공원에서 놀았나요?" (신호)	"John이요."
b. "John은 공원에서 무얼 했나요?" (신호)	"놀았어요."
c. "John은 어디서 놀았지요?" (신호)	"공원에서요."
d. "John은 언제 놀았지요?" (신호)	"어제 아침에요."

표 12-4 질문 어휘 도입 수업 형식: 어떻게

교사	학생
1. (교사 시범) "그녀는 사슴처럼 뛰었어요. 그녀가 어떻게 뛰었다고요?" (신호)	"사슴처럼요."
2. (교사 확인)	
a. "그는 빠르게 일했어요. 그가 어떻게 일했다고요?" (신호)	"빠르게요."
b. "그는 조심스럽게 썼어요. 그가 어떻게 썼다고요?" (신호)	"조심스럽게요."
c. "아동들은 정신없이 뛰었어요. 어떻게 뛰었다고요?" (신호)	"정신없이요."

표 12-5 질문 어휘 도입 수업 형식: 왜

교사	학생
1. (교사 시범) "그는 배가 고파서 울었어요. 그는 왜 울었나요?" (신호)	"배가 고파서요."
2. (연습 및 교사 확인)	
a. "그녀는 학교에 늦었기 때문에 뛰었어요. 그녀는 왜 뛰었나요?" (신호)	"늦었기 때문에요."
b. "그는 코트를 가져오려고 집에 갔어요. 그는 왜 집에 갔나요?" (신호)	"코트를 가져오려고요."
c. "그녀는 최선을 다해서 경주에서 이겼어요. 그녀는 왜 이길 수 있었지요?" (신호)	"최선을 다해서요."
d. "그들은 실수를 했기 때문에 졌어요. 그들은 왜 졌나요?" (신호)	"실수를 했기 때문에요."

진술 반복

진술 반복(statement repetition)이란 교사가 한 말을 학생이 그대로 따라 하는 것을 의미한다. 읽기 위기 학생들의 경우 교사의 진술을 그대로 따라 하는 데 어려움을 겪는다. 유치원 수준에서 "커다란 나무는 잎을 가지고 있지 않아요."라는 문장을 반복할 수 없는 학생을 찾아보기는 어렵지 않다.

교사의 진술을 따라 말할 수 있는 능력의 부재는 적지 않은 문제를 야기한다. 교수 초기 단계에서 교사가 시범을 보인 후, 아동이 문장 반복을 어려워한다면 질문에 대답하도록 지도하기가 매우 어려울 수밖에 없다. 이후의 학년에서 보다 긴 진술문을 정확하게 처리해야 하는 과제에서 어려움을 겪을 가능성은 더 커진다. 예를 들어, 과학 시간에 '액체와 기체는 기압이 높은 곳에서 기압이 낮은 곳으로 이동한다.'는 규칙을 접하게 될 것인데, 이때 이 규칙을 정확하게 기억하지 못하면 해당 규칙이 적용되는 사례를 이해하는 데 어려움을 겪게 될 것이다.

유치원과 1학년에서 교사는 가급적 첫 주에 6~10개 정도의 단어로 구성된 문장(예: '한 꼬마 아이가 어제 가게에 걸어갔다.' '내 친구는 큰 강아지 한 마리와 작은 고양이 한 마리를 키운다.')을 몇 개 반복해 보도록 함으로써 아동들의 진술 반복 능력 여부를 확인해 보는 것이 좋다. 이때 한 문장을 반복할 기회를 두세 번 주도록 한다. 만약 학생이 정확하게 문장을 따라 하지 못하면 반복해서 말해 주고 다시 따라 하도록 하는 것이 좋다. 두 번의 시도에서도 모두 정확히 따라 하지 못할 경우, 별도의 진술 반복 교수가 필요하다. 이러한 교수는 학생이 문장 따라 하기를 반복하는 짧은 연습(3~5분가량)을 통해 이루어진다. 연습은 학생이 실수 없이 말할 수 있는 길이보다 1~2단어가 많은 문장으로 시작하는 것이 좋다.

◉ 지도 절차

〈표 12-6〉은 진술 반복을 가르치기 위한 수업 형식을 소개하고 있다. 교사는 먼저 진술문을 말하고 학생에게 따라 하도록 한다. 만약 학생이 정확하게 따라 말하지 못하면 해당 문장을 다시 말해 주고 학생이 생략했거나 잘못 발음한 단어들을 강조하면서 수정해 준다. 그런 다음에도 여전히 정확히 따라 하지 못한다면 교사의 안내에 따라 수차례 더 반복한다. 몇 번의 연습 후, 교사는 학생이 얼마나 정확하게 원래 문장에 근접하게 말하는지 확인한다. 어느 정도 정확도가 높아졌다면 교사가 이끌어 가면서 몇 번 더 반복한다. 그러나 추가적으로 몇 번 너 연습이 필요하다고 판단될 경우, 부분 확인 기법(part firming technique)을 통해 먼저 학생이 어려움을 보이는 특정 부분에 대한 교사의 시범, 교사의 지도하기 연습, 확인의 순서로 진행한 다음 전체 문장에 대한 연습을 실시한다. 마지막 절차는 평소 말하는 것처럼 교사가 진술문을 읽어 주는 시범을 보여 준 후 학생이 자연스러운 속도로 반복할 수 있는지 확인한다. 마지막 단계의 연습이 없으면 자칫 단조롭고 억양이 들어가지 않은 진술 반복 연습이 될 수도 있다.

표 12-6 진술 반복 수업 형식

교사	학생
1. a. (전체 진술문에 대한 교사의 시범과 확인을 한다.) "잘 들어보세요. 작은 고양이 한 마리가 의자와 탁자 사이에 있어요. 말해 보세요." (신호) b. (학생이 진술문을 따라 하지 못하면 교사는 학생이 빠뜨린 단어를 강조하면서 a단계를 반복한다.) "작은 고양이 한 마리가 의자와 탁자 사이에 있어요. 말해 보세요." c. (학생이 몇 번의 시도 후에도 진술문을 정확히 말하지 못하면 2단계로 진행한다.)	
2. a. (전체 진술문을 교사가 시범 보이고 교사의 지도하에 연습하고 확인을 한다.) "잘 들어보세요. 작은 고양이 한 마리가 의자**와** 탁자 사이에 있어요. 선생님이랑 같이 해 봐요." (신호) "작은 고양이 한 마리가 의자**와** 탁자 사이에 있어요." b. (수차례 교사의 지도하 연습에서도 진술문을 제대로 말하지 못하면 3단계로 진행한다.)	

3. a. (학생이 오류를 보이는 특정 부분을 교사가 시범 보이고 지도하에 연습하고 확인을 한다.) "잘 들어보세요. 의자와 탁자 사이에" (신호) "선생님이랑 같이 해 봐요." (신호) "의자와 탁자 사이에." "이제 혼자 해 보세요." (신호)	"의자와 탁자 사이에." "의자와 탁자 사이에."
4. (전체 진술문에 대한 교사의 시범과 지도하에 연습 및 확인을 한다.) "잘 들어보세요. 작은 고양이 한 마리가 의자와 탁자 사이에 있어요. 선생님이랑 같이 해 봐요." (신호) "작은 고양이 한 마리가 **의자와 탁자 사이에** 있어요."	"작은 고양이 한 마리가 의자와 탁자 사이에 있어요."
5. (평소 말하는 속도로 교사의 시범 및 확인을 한다.) "잘 들어보세요. 작은 고양이 한 마리가 **의자와 탁자 사이에** 있어요. 이제 혼자 해 보세요." (신호)	"작은 고양이 한 마리가 의자와 탁자 사이에 있어요."

◉ 중요 행동

시범 및 속도: 교사의 시범 시 문장 속의 개별 단어를 적절한 속도로 말해 주는 것이 중요하다. 진술 반복 교수 시 의도적으로 느리게 말하는 경우가 있는데, 이는 학생이 진술문을 반복하는 것을 더 어렵게 한다.

오류 교정: 전체 문장을 교사가 시범 보일 때, 어떤 학생들은 특정 단어를 빼먹을 수 있다. 예를 들어, 교사가 "이 공은 안 크다."라고 말하면 학생은 "이 공은 크다."라고 반복하는 경우이다. 교정 절차는 빠뜨린 단어를 강조하면서 진술문을 다시 한번 시범 보이는 것이다. "이 공은 안 크다." 두 번째 오류 유형은 발음 오류이다. 학생이 단어 속의 소리나 음절을 빠뜨릴 수 있는데, *bat* 대신 'ba'라고 하거나 *touched* 대신 'touch'라고 하는 경우이다. 교사는 학생이 빠뜨린 소리를 강조하면서 해당 단어를 다시 교정해 주어야 한다. 만약 학생이 *bat* 대신 'ba'라고 하면 교사는 마지막의 /t/ 소리를 강조하면서 'bat'라고 교정해 준다. 만약 학생이 *mud* 대신 'mid'라고 말하면 교사는 /u/ 소리를 강조하면서 'mud'라고 말해 준다. *tried* 대신 'try'라고 말하면 /d/ 소리를 강조하면서 'tried'라고 말해 준다.

대명사 활용

대명사는 특히 영어가 모국어가 아닌 아동들에게 어려울 수 있다. 주어(예: **그녀**, **그**, **그들**, **우리**)를 대체하는 대명사는 먼저 가르쳐야 한다. 기본 전략은 대명사가 특정 유형의 주어를 대신할 수 있다는 사실을 명시적으로 가르치는 것이다. 〈표 12-7〉에는 대명사 **그들**이 어떻게 사용될 수 있는지 수업 형식이 제시되어 있다. 이 절차는 학생이 **그**, **그녀**, **그것**을 알고 있다는 전제하에 가능하다. 이때 **그들**이 사람뿐 아니라 사물도 가리킬 수 있다는 것을 알려 줌으로써 올바른 예시를 모두 포함할 수 있어야 한다.

표 12-7 대명사 지도 수업 형식

교사	학생
1. (교사 시범)	
"잘 들어보세요. 그 소년과 소녀는 공원에 갔습니다. 문장을 말해 보세요." (신호) "이제 소년과 소녀를 다른 단어로 바꿔서 표현해 보겠습니다. 그들은 공원에 갔습니다. 문장을 말해 보세요." (신호)	"그 소년과 소녀는 공원에 갔습니다." "그들은 공원에 갔습니다."
2. "하나 이상일 때 **그들**(또는 **그것들**)이라고 표현할 수 있어요. 하나 이상을 가리키기 위해서 무슨 단어를 쓸 수 있다고요?" (신호)	"그들이요."
3. (그들의 사용 가능 여부를 살펴보기 위한 연습을 제공한다.)	
a. "잘 들어보세요. John과 Mary. John과 Mary를 **그들**이라고 바꿔서 말할 수 있나요?" (신호)	"네."
b. "John. John을 그들이라고 바꿔서 말할 수 있나요?" (신호)	"아니요."
c. "잘 들어보세요. 포크와 스푼. 포크와 스푼을 **그것들**이라고 바꿔서 말할 수 있나요?" (신호)	"네."
d. "잘 들어보세요. 두 여자아이. 두 여자아이를 **그들**이라고 비꿔서 말할 수 있나요?" (신호)	"네."
e. "잘 들어보세요. 포크. 포크를 **그것들**이라고 바꿔서 말할 수 있나요?" (신호)	"아니요."
4. (문장을 말하고 주어를 대명사로 바꿔 본다.)	
a. "잘 들어보세요. 두 소년은 집에 걸어갔다. 문장을 말해 보세요." "두 소년을 다른 단어로 바꿔서 문장을 말해 보세요."	"두 소년은 집에 걸어갔다." "그들은 집에 걸어갔다."
b. "잘 들어보세요. 한 소년이 집에 걸어갔다. 문장을 말해 보세요." "**한 소년**을 다른 단어로 바꿔서 말해 보세요."	"한 소년이 집에 걸어갔다." "그가 집에 걸어갔다."
c. "잘 들어보세요. Tom과 Jerry는 친구이다. 문장을 말해 보세요." "Tom과 Jerry를 다른 단어로 바꿔서 말해 보세요."	"Tom과 Jerry는 친구이다." "그들은 친구이다."
d. "잘 들어보세요. 고양이와 강아지가 소음을 냈다. 문장을 말해 보세요." "고양이와 강아지를 다른 단어로 바꿔서 말해 보세요."	"고양이와 강아지는 소음을 냈다." "그것들은 소음을 냈다."
e. "잘 들어보세요. 내 여동생은 똑똑하다. 문장을 말해 보세요." "**내 여동생**을 다른 단어로 바꿔서 말해 보세요."	"내 여동생은 똑똑하다." "그녀는 똑똑하다."

이야기 이해: 교사의 소리 내어 읽기

초기 읽기 단계에서 교사가 이야기책을 소리 내어 읽어 주는 활동은 이후 아동들의 텍스트 읽기를 준비함에 있어 매우 중요한 역할을 한다. 다양한 독해 기술(이야기 구조, 순서 이해, 추론하기, 예측하기 등)이 이야기 읽기 교수 활동에 포함될 수 있다.

이야기 문법

서사를 가진 글(이야기)은 대부분 **이야기 문법**(story grammar)이라고 불리는 비슷한 텍스트 구조를 가지고 있다. 이야기는 보통 등장인물과 배경을 묘사하는 것을 시작으로 한 인물이 직면하는 특정 문제를 보여 준다. 다음으로 그 문제가 어떻게 해결되는지 보여 준 후, 등장인물들이 해당 사건에 결과적으로 어떤 영향을 받게 되었는지 기술하며 끝을 맺게 된다. 이야기를 제시할 때 교사는 학생들이 이러한 이야기의 구조, 즉 이야기 문법을 이해할 수 있도록 신경을 써야 한다.

이야기 제시

소리 내어 이야기 읽어 주기의 기본적인 전략은 하나의 이야기를 여러 번 읽어 주는 것이다. 첫 번째 읽기에서는 관심을 집중시키고 이야기를 예측해 보는 시간이다. 그다음 두 번째 읽기(다음날이나 며칠 후)에서는 다른 기술들(예: 순서-사건의 선 · 후 관계, 이야기 문법-누구에 관한 이야기인지, 이야기의 배경은 어디인지, 문제가 무엇인지 등)을 집중적으로 다룬다.

교사는 이야기 읽기의 교수 효율성을 극대화하기 위해 다음과 같은 다양한 기술을 포함할 수 있다.

- 이야기 이해를 위해 필수적인 문장 구조, 어휘, 배경 지식 등이 아동들에게 너무 버겁지 않은 수준의 이야기를 선정한다. 하지만 이것이 아동들에게 읽어 주는 모든 이야기가 극단적으로 단순해야 한다는 것은 아니다. 아동들이 좋아할 만한 재미있는 이야기이면서 현실적인 어휘 수준을 가진 것으로 선정한다.
- 아동들이 잘 모를 가능성이 있으면서 이야기를 이해하는 데 필수적인 어휘, 비유 또는 배경 지식 등이 있는지 확인해 보기 위해 이야기를 일차적으로 훑어보는 시간을 갖는다.
- 본격적으로 이야기를 읽기 전에 이야기 이해에 중요한 배경 지식 및 어휘를 가르친다.
- 몇 번에 걸쳐 이야기를 읽는다. 첫 시도에서는 아주 재미있게 읽어 주고 교수적 개입을 최소화함으로써 아동들에게 흥미로운 경험이 되도록 한다. 이때는 예측 유형의 질

문만을 하는 것이 좋으며, 이후 읽기에서는 다양한 유형의 질문을 시도한다.

- 생각 말하기(think-aloud)를 통해 인과관계 및 예측하기를 가르친다. 예를 들어, 이야기를 읽는 과정에서 등장인물들의 특성을 언급하면서 무슨 일이 일어날 것 같은지 추측하는 시범을 할 수 있다("선생님 생각에 이 원숭이들은 아마 동물원 우리 밖으로 나갈 것 같아요. 동물원 관리인이 우리를 잠그는 것을 깜박했기 때문이에요.").
- 아동들이 특정 기술들을 충분히 습득할 수 있을 정도로 반복적으로 가르친다. 예를 들어, 이야기의 처음, 중간 그리고 마지막에 일어난 일을 묘사하는 것은 많은 연습이 필요한 어려운 기술이다. 추가적인 교수 시간을 통해 가르치고 반복적인 복습을 할 필요가 있다.
- 이야기 읽기를 상호 역동적으로 구성한다. 일부의 아동만 교사의 질문에 대답하도록 하지 말고 모든 아동을 참여시킨다. 구체적인 답변이 가능한 질문을 하고 아동들이 집단으로 문제해결을 할 수 있도록 하는 것이 좋다.

텍스트 이해

사실적 이해(literal comprehension)는 읽기 프로그램에서 소개되는 텍스트 이해 형태 가운데 가장 기초적인 단계이다. 사실적 이해를 위한 연습에서 질문에 대한 답은 지문에 직접적으로 진술되어 있어야 한다. 사실적 이해와 추론적 이해(inferential comprehension)의 차이점은 다음의 지문과 질문 예시에 나타나 있다.

지문: 고양이 한 마리가 햇볕이 내리쬐는 곳에서 잠을 자고 있었어요. 이때 개 한 마리가 그 옆을 지나갔어요. 그러자 고양이는 뛰어서 쓰레기통 속으로 숨었어요.

질문

사실적: 고양이는 어디서 잠을 자고 있었나요? (햇볕이 내리쬐는 곳)

추론적: 고양이는 왜 숨었나요? (개가 무서워서)

첫 번째 질문은 사실적 이해를 묻는 것으로 질문에 대한 답은 지문에 직접적으로 기술되어 있다. 이와는 달리 두 번째 질문은 사실적 질문이 아닌데, 질문에 대한 답(무서워서)이 지문에 명시적으로 드러나 있지 않기 때문이다. 따라서 두 번째 질문에서 학생들은 고양이가 개가 무서워서 숨었다는 점을 미루어 짐작하기, 즉 추론할 수 있어야 한다.

사실적 이해 지도 절차

초기 읽기 단계에서 지문의 사실적 이해를 위한 질문을 제시함에 있어(〈표 12-8〉 참조), 교사는 우선적으로 학생들이 정확도에 초점을 두고 지문을 읽도록 한다. 이후 지문을 다시 읽게 하고 질문을 제시한다. 만약 학생들이 대답을 하지 못할 경우, 교사는 질문에 대한 답이 있는 부분을 다시 읽게 한다. 그런 다음 다시 질문을 한다. 다음으로 글로 제시된 질문에 학생들이 답하도록 준비시킨다. 학생들이 독립적으로 질문에 답하기에 앞서 먼저 교사가 질문 및 지시사항을 다시 한번 훑어 주도록 한다.

표 12-8 사실적 이해 수업 형식

지문: 곤충 한 마리가 작은 집에 살았어요. 그 집은 진흙으로 만들어진 것이에요. 어제 비가 계속 내렸어요. 그러자 집이 비에 젖었고 결국 무너졌어요. 곤충은 너무나 슬펐어요. 무너진 집을 수리해서 고쳐야만 했어요.

1. 맞는 답에 밑줄을 치세요.	비에 젖어 무너진 것은 무엇이었나요? 곤충　　집　　비
2. 맞는 답에 동그라미 하세요.	누가 집을 고쳐야 하나요? 곤충　　집　　비
3. 빈칸을 채우세요.	언제 비가 내렸나요? ________

교사	학생
1. (교사는 학생의 읽기 정확도에 집중한다.) "첫 단어에 손을 가져다 대세요." (교사는 이를 확인하고 학생이 지문을 정확하게 읽을 때까지 한목소리로 대답하기와 개별 대답하기를 번갈아 한다.)	학생이 지문을 읽는다.
2. (한 문장 또는 두 문장을 읽은 후 사실적 질문을 제시한다.)	
3. (문항의 지시사항 이해 여부를 확인한다.) "자, 이제 무엇을 할 것인지 말해 보세요. 어디에 답을 쓸 건지 선생님에게 보여 주세요."	
4. (학생이 첫 번째 문제를 읽고 답을 표시한다. 필요시 답에 해당하는 부분을 이야기 내에서 찾는다.)	학생이 문제를 읽는다.
a. "첫 질문을 손으로 짚어 보세요." (학생 1명을 지정해서 지문을 읽게 한다.)	
b. "답을 알면 손을 드세요." (질문에 대한 정확한 답이 오직 하나만 존재할 경우 학생 전체에게 답하도록 하며, 여러 가지 가능한 답이 있을 경우 개별적으로 학생들을 지목하여 답하게 한다.) "답이 뭐죠?"	학생이 답을 한다.

c. (답을 하지 못하는 경우 격려한다.) "이야기 속에서 답을 찾아봅시다. **젖었다**는 단어와 **무너졌다**는 단어를 찾아보아요." (해당 문장을 찾았으면 문제를 다시 읽게 한다.) "비에 젖어 무너진 것이 무엇이지요?" "맞아요. **집**이에요. 답에 밑줄을 쳐 봅시다."	학생이 답에 밑줄을 친다.
d. (학생이 모든 문제를 맞힐 때까지 a~c단계를 반복한다.)	

◉ 사실적 이해 문항의 난이도

다양한 변인이 문항 난이도에 영향을 준다. ① 지문의 길이, ② 질문 제시 순서, ③ 응답 복잡성, ④ 대명사 사용 등이다.

지문의 길이: 질문에 대한 답을 하기 위해 필요한 정보를 읽은 시점과 질문을 읽은 시점 간의 시간 간격이 길수록 난이도는 높아진다. 많은 읽기 프로그램은 교사가 전체 지문을 다 읽은 다음 질문들을 제시하고 있다. 만약 학생들이 지문에 제시된 정보를 유지하는 데 어려움을 보일 경우 교사는 지문을 읽는 도중에 질문을 제시하는 식으로 구조화하고, 가능하면 질문에 대한 답이 포함된 문장 바로 다음에 질문을 하는 방안으로 진행한다. 지문을 다 읽고 난 후 교사는 앞서 제시한 질문을 다시 제시하여 해당 내용을 잘 기억하고 있는 것에 대해 칭찬해 준다. 교사는 질문 이전에 읽는 지문의 양을 점차 조금씩 늘려 가도록 한다.

질문 제시 순서: 지문에 제시된 사건 순으로 관련 문항을 제시하는 것이 그렇지 않은 경우보다 훨씬 수월하다. 문항들이 지문의 사건 순서와 일치할 때, 학생들은 지문의 시작부터 사건들이 일어난 순서에 따라 생각을 정리하며 답을 하면 된다.

만일 읽기 프로그램에서 이야기의 순서를 따르지 않는 질문들을 제시할 경우, 교사는 질문의 순서를 재배치함으로써 학생들이 지문의 내용을 회상하고 중요한 정보들을 정돈하는 것을 도울 수 있다.

응답 복잡성: 학생이 문항에 답하는 방법을 설명하는 지시사항은 한 단어로 답하거나 동그라미를 치는 간단한 수준에서부터 문항의 지시사항을 신중하게 따라야 하는 복잡한 것들(예: "소년이 한 행동을 나타내는 단어에 동그라미를 치고 소녀가 한 행동을 나타내는 단어에는 밑줄을 치세요.")까지 그 범위가 다양하다.

교사는 학생이 해야 할 것을 이해했는지, 그리고 질문에 있는 모든 단어를 읽을 수 있는지 반드시 확인해야 한다. 많은 초기 읽기 학습자에게 글로 제시된 질문에 어떻게 답해야 하는지 명확히 가르칠 필요가 있다. 또한 학생 혼자서 질문에 답하기에 앞서 교사가 질문의 지시사항을 학생이 이해했는지 함께 확인해 보는 절차가 필요하다. "1번 문제를 읽어 보세요. …… 소년이 무슨 일을 했는지 말해 주는 단어로 무엇을 고를 건가요? ……" 아동들이 문제에 대한 답을 생각하는 동안 교사는 어려움을 가질 가능성이 가장 큰 학생들에게 일차적으로 즉각적인 피드백을 제공해 주는 것이 좋다.

대명사 사용: 대명사는 문항의 난이도를 높이는데, 학생들이 문항에 답하려면 대명사가 가리키는 대상을 명확히 파악해야 하기 때문이다. 다음의 예시에서 수업을 잘 따라오지 못하는 학생이거나 제2외국어 학습자의 경우에는 대명사 **그것**이 가리키는 것이 무엇인지 확실히 인지하지 못한 경우 틀린 답을 할 가능성이 높아진다.

Tom이 차를 샀다. 그것은 더러웠다.
질문: 무엇이 더러웠나요?

만약 학생이 대명사를 이해하는 데 어려움을 겪을 경우 교사는 지문을 읽는 중간에 질문을 제시하여 보다 구조화된 도움을 제공하도록 한다. 예시 지문은 다음과 같다.

지문: Tom과 Lisa는 아팠어요. 그들은 주말 내내 집에 있어야 했어요. 그는 울었고 그녀는 화가 났어요.
문항: a. 누가 아팠나요?
b. Lisa는 주말 내내 집에 있었나요?
c. 누가 울었나요?
d. Tom은 화가 났나요?

교사 또는 학생이 지문을 읽는다. 교사가 각 문장이 끝날 때마다 질문을 제시한다.

"Tom과 Lisa는 아팠어요. 누가 아팠나요?"
"그들은 주말 내내 집에 있어야 했어요. Tom은 집에 있어야 했나요?" "Lisa는 집에 있어야 했나요?"

"그는 울었어요. Tom은 울었나요?" "Lisa는 울었나요?"

"그녀는 화가 났어요. Tom은 화가 났나요?" "Lisa는 화가 났나요?"

학생이 오류를 보이면, 교사는 해당 대명사를 가리키며 다시 확인한다(예: "그녀는 화가 났어요. 그녀는 소녀를 가리키는 말이에요. Tom이 소녀인가요?").

응용 연습문제

01 다음 오류를 교정하는 절차를 제시해 보시오.

교사가 학생에게 다음 문장을 그대로 읽어 보라고 주문한다. '나이 든 남자가 작은 개와 함께 걷고 있다.' 학생이 이렇게 답한다. "남자가 개와 걷는다."

02 다음의 각 질문이 사실적 질문인지 아니면 비사실적 질문인지 답해 보시오.

로켓이 무른 사막 위에 착륙했다. 몇 분 뒤에 Zorn이 로켓 밖으로 걸어 나왔다. 그는 그런 곳을 한 번도 본 적이 없었다. 하늘은 암흑의 색이었다. 그는 사막의 모래 말고는 아무것도 볼 수 없었다.

(a) Zorn은 대낮 시간에 착륙했나요?

(b) 무른 사막 위에 무엇이 착륙했나요?

(c) 하늘은 무슨 색이었나요?

(d) Zorn은 뉴욕에 착륙했나요?

03 교사들이 **그것**이라는 단어의 범위를 가르치기 위한 예시들을 제시한다고 가정해 보시오. 다음 3명의 교사 중 가장 최적의 예시를 구성한 교사와 그 이유가 무엇인지 말해 보시오.

교사 A: 펜, 포크, 연필, 칼

교사 B: 침대, 의자, 탁자, 옷장, 걸상

교사 C: 사자, 옷장, 달, 펜, 거미

04 언어 능력이 부족한 1학년 학생들에게 읽어 줄 이야기를 하나 선정해 보고 그 이야기를 이해하는 데 필요한 주요 어휘와 배경 지식이 무엇일지 생각해 보자. 주요 어휘 하나를 정해서 그 어휘를 가르치기 위한 수업 형식을 고안해 보시오.

05 학생들이 알파벳 각 글자의 대표음과 다음 글자 조합의 대표음을 알고 있다고 가정해 보자. *ai, ar, ay, ch, ea, ee, ing, oa, oo, or, ou, sh, ch, th*. 다음 단어 목록에서 학생들이 해독하지 못할 것 같은 모든 글자에 밑줄 치시오.

Said	moon	shark	should	steam
Round	feel	moon	break	farm
Stood	maid	bench	shout	loud
Out	team	chain	seen	ray
Chat	warm	would	wait	chef
Broom	may	toast	dead	been
Broad	rain	beast	board	rough

제3부

초등 저학년 및 중학년에서의 읽기 교수

제3부는 초기 읽기 단계의 첫 파트 이후의 읽기 교수를 다룬다. 음소 인식 기술은 초기 읽기 단계 이후에는 거의 가르치지 않는다. 발음 교수는 지속되지만 교수의 초점은 단어 속의 개별 글자에서 글자의 집합으로 이동한다.

제13장에서 제15장까지는 초기 단계 이후의 발음 교수를 다룬다.

제16장은 지문 읽기와 유창성 발달에 초점을 둔다.

제17장은 어휘 교수에 중점을 둔다.

제18장에서 제20장까지는 독해에 중점을 둔다. 학생들의 학년이 올라가면서 발음에 할애되는 교수의 비중이 줄어들고 어휘와 독해에 할애되는 교수의 비중은 점차 증가한다.

제13장
발음 원리 분석

학습 목표

1. 규칙 단음절 단어를 음가에 맞게 읽기 위한 구체적인 요건들을 설명한다.
2. 글자 조합(letter combination)의 단독 발음과 글자 조합이 들어간 단어를 읽는 방법을 포함하여 글자 조합 단어 읽기의 요건에 대해 논의한다.
3. VCe(모음+자음+e) 패턴을 지닌 단어의 도입 및 변별 형식의 읽기 지도의 절차를 설명한다.
4. 글자 조합 또는 VCe 패턴을 지닌 단어 읽기에서의 오류 교정 방법을 설명한다.

높은 음성학적 특성을 지닌 언어란 개별 글자가 단어의 어떤 위치에 있든지 간에 오직 하나의 소리로 거의 일관되게 발음되는 경우를 말한다. 애석하게도 영어는 그러한 언어가 아니다. 영어에서 사용되는 절반가량의 글자들이 거의 항상 동일한 소리로 발음된다는 점에서 규칙성을 가지고 있지만, 나머지 절반 정도는 꽤 비규칙적인 특성을 보인다. 이러한 글자들은 맥락에 따라 상당히 변화무쌍한 소리를 낸다. 특정 글자가 어떤 소리를 내는지 알기 위해서는 해당 단어 안에서 그다음에 오는 글자를 반드시 염두에 두어야 한다. 예를 들어, *o*라는 글자 뒤에 또 다른 *o*가 온다면 *o*라는 글자는 *moon*과 같이 /oo/ 소리를 내거나 *blood*와 같이 /ŭ/ 소리를 만든다. 비슷하게, *o* 음에 *u*가 오면 *sound*라는 단어와 같이 /ou/ 소리를 내거나 *would*에서와 같이 /ŏŏ/ 소리가 난다. 글자 *o*는 다른 글자와의 '조합'으로 *mom*에서와 같이 /ŏ/ 소리를, *hope*에서와 같이 /ō/ 소리를, 그리고 *done*에서와 같이 /ŭ/ 소리를 낼 수도 있다. 확실한 것은 글자 *o*의 소리는 다음에 오는 글자가 무엇이냐에 따라 결정된다는 사실이다.

자음 *t* 역시 규칙적이지 않다. 만약 *t* 뒤에 *h*가 나오면 두 글자가 조합되어 *that*에서처럼 유성음인 /TH/로 소리 나거나 *thought*에서처럼 무성음인 /th/로 소리가 난다. 하지만 *t* 뒤에 *ion*이 오면 *t*는 *action*에서처럼 /sh/ 소리를 내게 된다. 글자 *t*도 역시 뒤에 오는 글자에 따라 소리가 결정됨을 알 수 있다.

만약 영어가 음성학적으로 매우 규칙적인 언어였다면, 학생들에게 글자-소리 대응을 가르치는 해독 교수는 초기 읽기 교수 단계에서 실질적으로 완성되었을지도 모른다. 학생들은 글자-소리 대응과 단어 속 글자들이 왼쪽에서 오른쪽으로 진행하면서 어떻게 합성되는지만 배우면 되기 때문이다. 그렇기 때문에 이럴 경우 주요 교수 주제는 비교적 긴 단어들을 소개하고 연습하는 것이 될 것이다. 그러나 영어는 앞서 언급했듯이 규칙적이지 못한 언어이기 때문에 초기 읽기 교수 단계 이후에 많은 양의 교수를 필요로 한다.

이 장은 음성학적으로 규칙적인 단음절 단어를 읽는 방법에 초점을 두고 있다. 그리고 다음 장에서는 다음절 단어들을 읽는 방법을 포함하는 **구조 분석**(structural analysis)을 다룬다. 그다음 장에서는 불규칙 단어를 읽기 위한 전략 교수에 초점을 두고 있다.

초기 읽기 단계 첫 번째 부분 이후의 체계적이고 명시적인 발음 교수는 광범위한 글자-소리 대응 교수를 포함하고 있다. 국가읽기위원회(NRP)는 보다 정교한 수준의 발음 교수의 중요성을 다음과 같이 강조한 바 있다.

> 체계적인 발음 교수와 체계적이지 않은 발음 교수 사이의 주요한 차이는 전자에서 광범위한 범위의 글자-소리 대응 교수가 이루어진다는 점이다. 이러한 범위는 자음-소리 대응 관계뿐만 아니라 단/장모음-소리 대응 그리고 두 모음 또는 두 자음이 합쳐져 하나의 소리를 내는 이중자(digraph, 예: oi, ea, ou, sh, ch, th) 등을 포함한다. 아울러 단어 앞부분의 합성된 글자(예: st, sm, bl, pr) 및 단어 끝부분의 합성된 글자(예: -ack, -end, -ill, -op)에 대한 글자-소리 합성도 포함한다. 아동들에게 모음과 이중자 패턴의 학습은 매우 어려우므로 지도에 있어 특별한 주의가 요구된다(National Reading Panel, 2000, p. 12).

보다 정교한 발음 교수로는 ① 몇 개의 연속된 글자들(**글자 조합**이라고 불리는)이 만들어 내는 대표음과 ② 첫 모음은 장음이고 마지막 *e*는 묵음인 VCe(모음+자음+e) 패턴을 가진 단어들(예: *make, hope, use*)의 해독 전략을 들 수 있다.

초기 읽기 단계 이후의 발음 분석의 중요성에 대한 국가읽기위원회(NRP)의 결론은 [그림 13-1]에 제시되어 있다.

• 체계적이고 명시적인 발음 교수는 2학년에서 6학년 학생들의 단어 읽기 및 구두 텍스트 읽기 기술을 향상시킨다. • 체계적인 발음 교수는 읽기 위기 학생들의 읽기 어려움을 향상하는 데 있어 발음 교수를 하지 않는 것에 비해 유의하게 나은 효과를 보인다. • 체계적인 발음 교수는 고학년 읽기 부진 학생들의 단어 읽기를 향상시킨다. • 체계적이고 명시적인 발음 교수는 **합성** 발음 교수와 결합했을 때 학습장애, 저성취, 낮은 사회경제적 지위에 속한 아동에게 가장 효과적인 방법이다.	• 체계적인 **합성** 발음 교수는 모든 학년에 걸쳐 읽기에 특별한 어려움을 보이지 않는 학생들의 철자 능력도 향상시킨다. • 체계적인 발음 교수는 학생들의 사회경제적 지위와 상관없이 효과적이다. • 체계적인 발음 교수는 일대일, 소집단, 학급 전체 교수 모두에서 효과적이다. • 1학년 이후의 학년에서는 발음과 더불어 읽기 유창성, 독해 그리고 철자 교수를 동시에 강조하는 것이 중요하다.

[그림 13-1] 초기 읽기 단계 이후의 발음 교수에 대한 과학적 증거에 기반한 결론

출처: NRP Report of the Subgroups 12, Chapter 2, "Phonics Instruction," pp. 92-96.

글자 조합을 포함하는 단어

글자 조합(letter combination)은 대부분의 단어 내에서 특정 소리를 갖는 연속적인 글자의 모임을 말한다. 이처럼 조합된 글자가 어떤 대표음을 내는지 아는 것은 새로운 단어에 대한 해독 능력을 크게 향상시킨다. 예를 들어, 모든 유형의 규칙 단어를 해독할 수 있고 방금 *ee* 글자 조합 읽기를 배운 학생이라면 다음의 새로운 단어들을 해독할 수 있게 된다. *bee, bleed, beet, breed, peel, see, teen, wee, creek, deer, flee, fleet, green, greet, jeep, keep, weep, canteen, indeed, upkeep, fifteen.*

〈표 13-1〉은 교수 대상으로 추천되는 글자 조합 목록이다. 이 목록을 제시할 때, 글자 조합이 포함된 단어들의 절반 이상에서 하나의 소리로 대표될 경우와 해당 소리가 5개 혹은 그 이상의 대표적인 단어들에서 나타날 경우 글자 조합에 대한 글자-소리 관계를 제시하는 것을 제안한다. 글자 조합은 알파벳순으로 맨 왼쪽 열에 제시되어 있다. 두 번째 열은 각각의 글자 조합이 내는 대표음이 제시되어 있다. 세 번째와 네 번째 열에는 가장 일반적으로 사용되는 1만 7,300개의 영어 단어에 대한 컴퓨터 분석 결과가 제시되어 있다(Hanna et al., 1966). 세 번째 열은 해당 글자 조합이 단어 안에서 대표음으로 발음되는 비율을 나타내고 있다(여기서 제시된 비율은 각 연구에서 사용된 표집 단어에 따라 다르게 나타날

수 있음). 네 번째 열은 특정 글자 조합이 대표음으로 발음되는 단어의 개수이다. 다섯 번째 열에는 글자 조합들이 모음 이중자(vowel digraph), 자음 이중자(consonant digraph), *r* 통제 모음, 이중모음(diphthong) 등으로 분류되어 있다. 이중자는 2개의 연속된 글자가 하나의 소리로 발음되는 경우이고, *r* 통제 모음이란 어떤 모음 뒤에 *r*이 오는 경우를 말한다. 이중모음은 2개의 연속된 모음으로 구성되는 경우로 각각의 모음이 개별적인 소리를 갖는 경우를 의미한다.

표 13-1 글자 조합

글자 조합	예시 단어	비율	빈도	유형
ai[a]	maid	90	254	모음 이중자
al[b]	halt	N/A	N/A	*l* 통제
ar	car	75	518	*r* 통제
au	haul	94	146	모음 이중자
aw	lawn	100	75	모음 이중자
ay	stay	97	131	모음 이중자
ch	chip	63	313	자음 이중자
ea[a]	beat	60	294	모음 이중자
ee[a]	need	98	285	모음 이중자
er	fern	97	313	*r* 통제
igh	high	100	88	모음 이중자
ir	first	100	104	*r* 통제
kn	know	100	41	자음 이중자
oa	load	94	126	모음 이중자
ol[b]	hold	N/A	N/A	*l* 통제
oo	boot	59	173	모음 이중자
or	short	55	312	*r* 통제
ou	cloud	84	285	이중모음
ow	own	50	124	모음 이중자
oy	toy	98	48	이중모음
ph	phone	100	242	자음 이중자
qu	quick	100	191	-

sh	shop	100	398	자음 이중자
th[c]	thank	74	411	자음 이중자
ur	burn	100	203	*r* 통제
wh	whale	85	89	자음 이중자
wr	wrap	100	48	자음 이중자

a: Hanna 등(1966)의 연구에서 비율 계산 시 뒤에 *r*이 붙는 경우(예: *air, eer*)와 *r*이 붙지 않는 경우(예: *ee, ai*)를 포함하였다. *r*이 붙을 때와 그렇지 않을 때의 소리에 차이가 있음에도 불구하고 학생들은 글자 조합의 대표음을 발음하거나 *r* 소리를 말함으로써 해독이 가능했다.

b: *l* 통제 글자 조합의 경우 비율 및 빈도에 관한 정보를 얻을 수 없다.

c: /th/가 대부분의 단어(예: *think*)에서 무성음이지만, 많은 고빈도 단어(예: *this, that, them, than, then, the, those, these*)에서 *th*는 유성음이다. 학생들이 고빈도 단어들에서 사용할 수 있기 때문에 유성음으로 소리 나는 *th*를 먼저 가르칠 것을 추천한다.

참조: 글자 조합과 이중자, 이중모음, *r* 통제 모음의 차이는 읽기 교사보다는 말하기 교사에게 더 중요하다. 그럼에도 불구하고 읽기 교사는 이러한 구분이 교사용 지도서나 학술 문헌에 등장하기 때문에 용어들을 알아 두면 유용하다.

소개 시기

글자 조합을 처음으로 가르치기에 적합한 시기는 학생이 20개 정도의 단일 글자 대표음을 알고 있으며, 분당 20단어 정도의 속도로 규칙 단어로 구성된 지문을 해독할 수 있을 때이다. 이러한 읽기 속도는 학생이 글자 하나하나를 너무 힘들여서 읽지 않고, 단어를 개별 글자들이 조합된 하나의 단위로 인식함으로써 단어를 보다 쉽게 해독하기 시작하는 정도를 가리킨다.

순서

읽기 프로그램에서 글자 조합이 소개되는 순서를 결정하는 데는 두 가지 요인이 작용한다. 첫 번째는 글자 조합이 포함된 단어의 수이다. 글자 조합 읽기 지도의 순서를 고려함에 있어 해당 글자 조합을 포함하는 단어의 수뿐만 아니라 얼마나 많은 단어가 초등 저학년 교육과정에 빈번하게 등장하는가도 중요하다. 예를 들어, 이중자인 *ph*는 많은 단어에서 나타나지만, 이 단어들은 초등 저학년 교육과정이나 책에서 그리 빈번하게 등장하는 단어들은 아니다. 결과적으로 *ph*는 단어들에 포함된 높은 빈도만큼 그리 일찍 소개될 필요는 없을 것이다. 그러나 *ol*과 같은 글자 조합은 아주 많은 단어에 나타나는 유형은 아님에도 불구하고 사용 빈도가 상당히 높은 단어들(*hold, told, cold*)이다. 따라서 *ol*은 비교적 이른 시기에 교수가 제공될 필요가 있다.

지도 순서를 고려함에 있어 두 번째로 고려해야 할 사항은 글자 조합들 간의 유사성이다. 글자 조합들이 완전히 동일하지는 않지만 비슷한 소리로 발음될 경우 소리가 유사하지 않은 최소 3개의 글자 조합과 변별적으로 제시되어야 한다. 분리되어야 할 글자 조합은 다음을 포함한다.

1. *sh, ch*: 이들 자음 이중자는 발음 시 입술 모양이 매우 유사하다. 이들의 유사한 소리와 입술 모양(둘 다 *h* 포함)은 혼란을 야기할 수 있다.
2. *oa, oi, oo, ou*: 이들 글자 조합이 유사한 소리를 낸다는 점에 덧붙여, 이들은 *o*로 시작되는 글자 조합(*oa, oi, ol, oo, ou, ow, oy*)이라는 보다 큰 그룹에 속해 있다. 똑같은 글자로 시작해서 유사한 소리로 발음되는 많은 글자 조합은 학생들에게 혼란을 준다.
3. ***r* 통제 모음**: *r* 통제 모음으로 만들어진 세 가지 소리(*arm*의 /ar/, *fur, bird, her*의 /ur/, *sport*의 /or/)는 모두 유사하게 발음된다. 그러므로 이러한 소리를 내는 글자 조합들은 분리하여 제시해야 한다.

완전히 **동일한** 소리로 발음되는 글자 조합들(*ee*와 *ea, ai*와 *ay, ir*과 *ur, oi*와 *oy, au*와 *aw*)은 굳이 분리하여 제시할 필요가 없다. 비슷한 소리로 발음되는 글자 조합들만 구분하면 될 것이다.

〈표 13-2〉는 글자 조합 제시 순서의 예시를 보여 준다. 그러나 여기 제시한 순서가 글자 조합을 가르칠 때 반드시 따라야 할 유일한 순서는 아니며, 적용될 수 있는 지침에 대한 하나의 예시이다.

표 13-2 글자 조합 소개 순서 예시

1. th	10. ea	19. ir
2. er	11. oo	20. ur
3. ing	12. ee	21. kn
4. sh	13. ai	22. oi
5. wh	14. ch	23. oy
6. qu	15. or	24. ph

7. ol	16. ay	25. wr
8. oa	17. igh	26. au
9. ar	18. ou	27. aw

〈표 13-2〉의 글자들의 배치를 결정한 근거는 다음과 같다.

1. *th, wh, ol*은 교수 초기에 제시되어야 하는데, 이 글자 조합은 매우 일반적이고 고빈도의 단어들(예: *this, that, when, where, sold*)에 등장하기 때문이다.
2. *er*과 *ing* 역시 교수 초기에 제시되어야 하는데, 이 글자 조합들은 접미사(예: *cutter, cutting*)로 기능하기 때문이다.
3. *sh*와 *ch*는 다른 아홉 가지 글자 조합과 제시 시기가 분리되어야 하는데, 서로 너무 근접 제시할 경우 일부 학생에게 혼동을 가져올 수 있기 때문이다.

소개 비율

새로운 글자 조합을 포함하는 단어의 해독을 학습하는 것은 글자 조합 자체의 소리만을 독립적으로 학습하는 것에 비해 훨씬 어렵다. 글자 조합이 포함된 단어를 읽을 때 학생은 더 이상 글자 하나하나를 보면서 해독할 수 없으며, 하나 혹은 그 이상의 글자 조합으로 이루어진 것으로 봐야만 한다. 예를 들어, *sheet*라는 단어를 해독하려면 *sh*와 *eet*를 해독의 단위로 봐야 한다. 개별 글자 단위로 해독하는 것에서 이렇게 단위별 해독으로의 전환은 집중적인 연습을 필요로 한다. 학생이 이미 학습한 글자 조합 자체의 소리가 아닌 해당 글자 조합을 포함하는 단어를 해독하는 능력이 새로운 글자 조합을 언제 제시해야 할지를 결정하게 된다.

일반적인 규칙으로서 학생들은 새로운 글자 조합이 소개되기 전에 그날 배운 글자 조합을 포함하는 단어 목록을 첫 시도에서 오류 없이 각 단어당 2초를 넘기지 않고 읽을 수 있어야 한다. 이 규칙에 예외가 있는데, 예를 들어 두 가지 글자 조합 사이에서 혼동을 겪을 경우에 교사는 (혼동을 줄여 주기 위한 교수와 함께) 또 다른 글자 조합을 소개할 수 있다. 새로운 글자 조합은 해당 학생이 어려움을 보인 것들과 비슷한 것이 아니어야 한다. 예를 들어, *oo*와 *ou* 조합에 어려움을 겪는다면 교사는 *ir* 조합을 먼저 소개해도 무방한데, 이 조합은 학생이 앞서 혼동을 보인 어떤 글자 조합과도 유사하지 않은 것이다. 하지만 학생이 이미 배운 글자 조합에서 하나 이상에 어려움을 보일 경우 새로운 것을 소개하기에 앞서 반드시 학생의 지식을 확인해야 한다. 평균적인 수준의 학생들을 대상으로 한 발달적 읽기 프로그램의 경우 거의 모든 글자 조합이 읽기 교수의 2년차 마지막까지 소개된다. 이를 바꿔 말하면 5~10일마다 새로운 글자 조합이 소개된다는 뜻이다.

지도 절차

글자 조합을 포함하는 단어의 해독을 가르치기 위해 두 가지 기본적인 지도 절차가 사용된다. 하나는 글자 조합만 떼어 내어 그 소리를 가르치는 개별 발음 지도 형식(isolated-sounds format)이고, 다른 하나는 글자 조합을 포함하는 단어를 가르치는 단어 목록 지도 형식(word-list format)이다.

개별 발음 지도 형식

개별 발음 지도 형식(〈표 13-3〉 참조)은 개별 글자들의 대표음을 가르치는 형식과 유사하다고 볼 수 있다. 교사는 새로운 글자 조합을 이전에 가르친 글자 조합들과 함께 칠판에 쓴다. 새로운 글자 조합의 소리를 시범 보이고 학생이 정확히 따라 하는지 확인한다. 그런 다음 교사는 새로운 글자 조합과 이미 가르친 글자 조합들을 번갈아 가며 제시한다. 이때 제7장에서 소개한 것과 동일한 신호 절차를 사용한다.

표 13-3 글자 조합에 대한 개별 발음 지도(*ea* 글자 조합 소개 형식)

교사	학생
교사는 칠판에 *ea, or, ee, ea, th, sh, ea, ing*를 쓴다.	
1. (교사가 먼저 새로운 글자 조합의 소리를 시범하고 학생이 발음해 보게 한다. 교사가 *ea*를 손으로 가리킨다.) "이 글자들은 보통 /ē/(에)라는 소리가 납니다. 무슨 소리라고요?" (신호)	"ē(에)."
2. (교사가 새로운 글자 조합과 다른 조합들을 번갈아 가며 제시한다. 하나의 글자 조합을 가리키며 2초 정도 멈춘다.) "무슨 소리가 나지요?"	대표음을 이야기한다.
3. (교사는 남은 글자 조합들을 *ea, or, ea, ee, th, ea, sh, ing, or, ea*와 같이 번갈아 가며 제시한다.)	
4. (몇몇 학생을 지목하여 하나 또는 이상의 글자 조합의 소리를 아는지 확인한다.)	

개별 발음 지도를 위한 중요 행동

◉ 신호하기, 속도, 그리고 개별 연습

신호하기 절차는 제7장의 136쪽에 제시된 개별 글자-소리 대응 지도 방법과 동일하다. 교사가 글자 조합 부분을 가리킨 후 학생에게 어떤 소리로 발음되는지 물어본다.

글자와 글자 사이를 이동할 때는 빠른 속도로 진행해야 한다. 교사의 신호에 학생이 정확한 반응을 보이면 교사는 또 다른 글자로 재빨리 이동한다. 학생이 소리를 떠올릴 시간을 잠시 준 다음 신호를 준다.

◉ 오류 교정

만약 학생이 글자 조합을 잘못 인식하거나 대답이 늦을 경우, 교사는 학생에게 올바른 소리를 말해 주고 학생이 다시 말해 보게 한 다음, 오류를 보인 글자 조합과 학생이 알고 있는 다른 글자 조합을 번갈아 가며 제시해 준다. 학생이 지속 오류를 보일 경우, 다음 차시에서 추가적인 연습이 제공되어야 한다.

◉ 예시 선택

이를 위해서는 6~8개의 글자 조합이 필요하다. 예시 선택을 위한 지침은 다음과 같다.

1. 학생이 세 차시 연속으로 첫 번째 시도에서 글자 조합의 소리를 정확하게 산출할 때까지 가장 최근에 소개한 글자 조합을 매일 복습한다.
2. 새로운 글자 조합을 소개하는 첫 차시에서는 이전에 배웠던 유사한 조합은 제외한다. 새로운 글자 조합을 제시한 뒤 둘째 날이 되면 이전에 배웠던 조합 중에서 새로운 글자 조합과 유사한 어떤 조합도 포함할 수 있다. 예를 들어, *ch*를 소개하고 둘째 날이 되면 이와 비슷한 *sh*가 포함되면 좋다. 이와 유사하게, *or*을 처음으로 소개하고 둘째 날이 되면 *ar* 조합을 포함하여 가르친다. 그러나 아무리 비슷한 글자 조합이더라도 이미 배운 것이 아니거나 학생에게 너무 높은 수준이라면 포함하지 않는 것이 좋다.

단어 목록 지도 형식

글자 조합과 함께 단어들을 소개하고 연습하기 위한 단어 목록 지도 형식이 〈표 13-4〉에 제시되어 있다. 이 형식에 따르면 교사는 두 가지 단어 목록(하나의 목록에 6~8개의 단어 포함)을 준비한다. 첫 번째 목록의 단어들 내에서 글자 조합이 있는 곳에 밑줄이 그어져 있다(*speak, fold, that*). 두 번째 목록에는 글자 조합이 있는 곳에 밑줄이 그어져 있지 않다. 첫 번째 목록은 새로운 글자 조합에 대한 집중적인 연습기회를 제공하는데, 첫 3개의 단어는 새로운 글자 조합을 포함하는 것이 좋다. 이후 1~2개 정도의 단어는 새로운 글자 조합을 포함할 수 있으며, 나머지 단어들은 이전에 배웠던 글자 조합들을 포함하게 된다. 예를 들어, *ai*라는 글자 조합을 포함하는 단어들을 처음으로 소개하고, 바로 앞서 배운 *oo*와

표 13-4 글자 조합이 포함된 단어 지도

교사	학생
교사가 칠판에 단어 목록을 쓴다.	
bait　　aim maid　　weed tail　　cart beet　　bait wait　　boat moon　　tool 　　fair	
첫 번째 열	
1. (학생이 글자 조합을 먼저 발음한 뒤 단어를 읽는다.)	
a. (교사는 밑줄이 있는 곳을 가리킨다.) "무슨 소리죠?" (신호)	"ā(에이)."
b. (교사는 단어의 왼쪽을 가리킨다.) "무슨 소리죠?" (신호)	"Bait."
c. (교사는 남은 단어에도 a~b단계를 반복한다.)	
2. (학생은 글자 조합을 따로 발음하지 않고 단어 목록을 다시 읽어 본다.)	
a. (교사는 *bait*를 가리키고 2초간 멈춘다.) "무슨 소리죠?" (신호)	"Bait."
b. (교사는 나머지 단어에도 이 단계를 반복한다.)	
두 번째 열	
3. (학생은 글자 조합을 따로 발음하지 않고 단어 목록을 읽는다.)	
a. (교사는 *aim*을 가리키고 2초간 멈춘다.) "무슨 단어죠?" (신호)	"Aim."
b. (교사는 나머지 단어에도 이 단계를 반복한다.)	
4. (교사는 개별 학생을 호명하여 하나 또는 그 이상의 단어를 읽어 보게 한다.)	

*ee*를 포함하는 단어들을 함께 소개한다고 할 때, 첫 번째 단어 목록은 다음과 같이 제시할 수 있다.

bait
maid
tail
beet
wait
moon

학생들은 이 단어 목록을 두 번 읽는데, 처음 읽기 시도에서는 글자 조합을 먼저 발음하고 나서 그것이 포함된 단어를 읽고, 두 번째 시도에서는 단어만 읽는다.

두 번째 목록에서는 새로운 글자 조합과 이전에 배운 조합을 연습하게 된다. 두 번째 단어 목록은 새로운 글자 조합을 포함하는 2~3개의 단어와 이전에 배운 글자 조합을 포함하는 3~4개의 단어를 포함하는 것이 좋다. 그 예시는 다음과 같다.

aim
weed
cart
bait
boat
tool
fair

두 번째 목록에서 학생들은 글자 조합을 따로 발음하지 않고 곧장 단어를 읽게 된다.

부록 A에는 글자 조합을 포함하는 단어 연습을 위해 교사가 활용할 수 있는 단어들이 제시되어 있다.

VCe(모음+자음+e) 패턴을 가진 단어

모음+자음+e 패턴을 가진 단어에서는 하나의 모음 뒤에 자음이 오고, 그 뒤에 모음 e가 붙는다. VCe 패턴을 가진 단어들은 다음과 같다.

lake
stripe
smile

이 패턴을 따르는 1음절 단어의 약 2/3 정도에서 첫 모음은 장음(long sound)인 해당 모음의 글자 이름으로 발음된다(역자주: 예를 들어, stripe에서 i는 글자 이름인 /ai/로 발음). 나머지 1/3에서는 첫 모음의 대표음(예: *give*)으로 발음되기도 하고, 어떤 때에는 글자 이름이나 대표음 둘 다에 해당하지 않는 소리(예: *done*)로 발음되기도 한다.

많은 VCe 패턴의 1음절 단어들에서 첫 번째 모음은 장음으로 발음되므로, e로 끝나는 단어를 가르칠 때 첫 모음의 소리를 그 모음의 이름으로 발음하도록 지도하는 것을 추천한다. 1음절 VCe 패턴 단어에서 첫 모음이 장음으로 발음되지 않는 단어의 경우에는 불규칙 단어로 분류하는 것이 좋다.

VCe 패턴 단어를 해독하기 위한 전략은 아동이 6~8개가량의 글자 조합을 배운 상태에서 그 조합들을 포함하는 단어를 해독할 수 있을 때 소개하는 것이 좋다. 글자 조합을 포함하는 단어를 읽는 것은 학생으로 하여금 글자 단위로 살펴보는 연습기회를 제공한다. 이 기술은 단어의 마지막에 오는 글자(끝에 오는 *e*)에 의해 VCe 패턴 단어의 첫 모음 소리가 결정됨을 알 수 있게 해 줄 것이다.

선행기술

VCe 패턴 단어를 소개하기 위해서는 그에 앞서 학생들이 모음의 이름과 소리를 변별할 수 있어야 한다. 많은 학생이 모음의 이름을 이미 알고 있고 각 글자에 대해 소리와 이름을 말할 수 있다. 이러한 학생들에게는 VCe 패턴 단어의 교수를 바로 시작해도 된다. 하지만 모음의 이름을 모르는 학생들에게는 교사가 각 모음의 이름을 가르친 다음 글자의

소리와 **이름**을 변별하는 연습을 제공하는 간략한 교수를 먼저 제공해야 한다.

글자의 소리와 이름을 변별하기 위한 교수는 모음의 이름을 가르치는 것으로 시작할 수 있을 것이다. 첫째 날, 교사는 칠판에 2개의 모음을 쓰고 학생들에게 각 모음의 이름을 말해 보라고 한다. "여러분은 여기 있는 글자들이 만들어 내는 소리를 알고 있어요. 오늘은 이 글자들의 이름을 배울 거예요." (*a*를 가리키며) "이 글자의 이름은 *a*예요." (*o*를 가리키며) "이 글자의 이름은 *o*예요." 이제 교사는 학생들에게 이렇게 물으며 확인한다. 각 글자에 대해 "이 글자의 이름이 뭐지요?" 다음 날, 교사는 학생들의 이해도를 평가해 본다. (*a*를 가리키며) "이 글자의 이름이 뭐지요?" (*o*를 가리키며) "이 글자의 이름이 뭐지요?" 만약 학생들이 두 글자의 이름을 모두 알면 교사는 다른 글자를 추가로 소개하고 총 3개의 글자 이름을 아는지 확인한다. 이 과정은 학생들이 모든 모음의 이름을 다 말할 수 있을 때까지 매일 반복한다.

학생들이 모든 모음의 글자 이름을 알면, 글자의 이름과 소리의 변별 수업 형식이 소개되어야 한다. 교사는 *o*와 *a* 두 글자를 칠판에 쓰고 시범을 보이기 시작한다. 글자 *o*를 가리키며 "이 글자의 이름은 *o*예요. 이것의 소리는 /ŏ/예요."라고 말한다. 그런 다음 학생들에게 이렇게 물으며 확인한다. "이 글자의 이름이 무엇이죠?" "무슨 소리가 나죠?" 글자 *a*에 대해서도 동일한 절차로 진행한다.

다음 날 교사는 테스트를 시작한다. 글자 *a*와 *o*를 칠판에 쓰고 "이 글자의 이름이 무엇이죠? 무슨 소리가 나죠?"라고 묻는다. 학생들이 각 글자의 이름과 소리를 정확하게 말할 수 있으면 세 번째 글자인 *i*를 소개한다. *i* 글자의 이름과 소리의 발음을 시범 보인 후 학생들이 이해했는지 확인한다. 그런 다음 세 글자 모두(*a, o, i*)의 이름과 소리를 각각 학생들에게 물어본다. 이 세 모음에 대한 이름과 소리 말하기 연습은 매일 이루어지는 것이 좋다. 두 번 연속으로 학생들이 오류 없이 반응할 경우 VCe 패턴 단어들을 소개해 줄 수 있다. 하지만 아직 *e*와 *u*를 변별하는 수업 형식을 진행하지 않았는데, 이는 이 두 글자가 첫 모음으로 오는 VCe 패턴 단어들이 거의 없기 때문이다. 따라서 *e*나 *u*를 첫 모음으로 갖는 VCe 패턴 단어의 소개는 뒤로 미루는 것을 추천한다. 이렇게 하면 학생들의 혼동을 줄여 줄 수 있다. 첫 모음이 *e*와 *u*인 단어들은 학생들이 *a, i, o*를 첫 모음으로 갖는 VCe 패턴 단어들을 소리 내어 읽을 수 있을 때 소개해 주는 것이 좋다.

VCe 패턴 도입을 위한 수업 형식

도입 수업 형식(〈표 13-5〉 참조)에서는 학생들에게 VCe 규칙과 용례를 가르친다. 각 단어에 대하여 교사는 우선 단어의 첫 모음의 이름을 말하게 한다. 이때 **첫 번째 모음**이라는 말 대신에 그 모음을 가리키며 "이 단어 마지막에 있는 *e*는 이 글자(첫 번째 모음)의 이름을 말하라고 신호하고 있어요."라고 말한다. 이렇게 이야기하면 교수 전략을 간소화할 수 있는데, VCe 개념을 **모음**과 **첫 번째**라는 용어를 설명하지 않고도 가르칠 수 있다.

표 13-5 VCe 단어 도입을 위한 수업 형식

교사	학생
교사는 칠판에 *game, rope, mine, tape, note*를 쓴다.	
1. (교사는 규칙을 설명하고 *e*를 가리킨다.) "단어 마지막에 *e*가 오면 (*a*를 가리키며) 이 글자의 이름을 말하는 거예요."	
2. (교사는 학생들이 규칙을 적용하도록 돕는다.)	
a. (*game*을 가리키며) "이 단어 마지막에 *e*가 있나요?" (신호)	"네."
b. (*a*를 가리키며) "이제 우리는 이 글자의 이름을 말하는 거예요."	
c. "이 글자의 이름이 무엇이죠?" (신호)	"A요."
d. "이제 단어를 말할 준비를 하세요." 2초를 멈춘 후 말한다. "무슨 단어죠?" (신호)	"Game."
e. 4개의 단어에 대하여 a~d단계를 반복한다.	
3. (교사의 도움 없이 학생들이 모든 단어를 읽는다.)	
a. "이 단어들을 읽을 거예요."	
b. (*game*을 가리킨 상태에서 2초 후에 신호를 준다.)	"Game."
c. (나머지 단어들에 대해서도 b단계를 반복한다.)	
4. (교사는 개별 학생을 호명하여 하나 또는 그 이상의 단어를 읽어 보게 한다.)	

VCe 패턴 변별을 위한 수업 형식

변별 수업 형식(〈표 13-6〉 참조)은 학생들이 앞서 VCe 패턴 도입 수업 형식에서 두 번의 수업에 걸쳐 오류 없이 교사의 모든 질문에 답할 수 있을 때 실시한다. 이 수업 형식에는 3개의 CVCe 패턴 단어(첫 모음이 *i*인 단어, 첫 모음이 *a*인 단어, 첫 모음이 *o*인 단어)와 함께 총 6개의 단어 목록이 포함된다. 나머지 3개는 규칙 CVC 단어들(첫 모음이 *i*인 단어, 첫 모음이 *a*인 단어, 첫 모음이 *o*인 단어)로 구성하는 것이 좋다. 1~2개의 최소 대립쌍(예: *hoep-hop*, *dime-dim*)도 포함되는 것이 좋다. 이 단어 목록은 예측할 수 없는 순서(CVCe 단어 뒤에 항

상 CVC 단어가 오지는 않음)로 구성한다. 합성 자음으로 시작하는 단어들(예: *globe, crime*)은 VCe 패턴 단어들을 연습하는 첫 2주 동안은 도입 및 변별 수업 형식에 등장하지 않는 것이 좋은데, 그 이유는 학생들이 새로운 규칙의 적용에 집중하도록 하기 위해서이다.

학생들은 단어 목록을 두 번씩 읽게 된다. 첫 번째 읽기에서는 교사가 학생들을 안내하는데, 이때 단어의 끝에 *e*가 오는지 묻고 그럴 때 첫 모음이 해당 글자의 이름으로 소리 나는지 여부를 묻는다. 두 번째 읽기에서는 교사의 도움 없이 학생 스스로 단어를 읽는다. 변별을 위한 단어 목록은 학생들이 최소 3일 연속으로 모든 단어를 첫 시도에서 정확하게 읽을 때까지 매일 제공하는 것이 좋다(단, 동일한 단어를 연속으로 제공하지는 않음). 그런 다음 VCe 패턴 단어들은 글자 조합과 불규칙 단어들을 포함하는 일견 단어 목록 활동과 섞어서 제시하거나 지문 읽기 교수에 활용될 수 있다. 앞서 언급했던 *e*와 *u*를 포함하는 VCe 패턴 단어들은 이때 제시하면 된다.

표 13-6 VCe 패턴 변별을 위한 수업 형식

교사	학생
교사는 칠판에 *make, sit, hope, like, ram, hop*을 쓴다.	
1. (교사는 학생들에게 배웠던 규칙을 상기시킨다.) "단어 마지막에 *e*가 오면 (첫 번째 모음을 가리키며) 이 글자의 이름을 말하는 거예요."	
2. (교사의 주도하에 연습을 진행한다.)	
a. (*make*를 가리키며) "이 단어 마지막에 *e*가 있나요?" (신호)	"네."
b. (*make*의 *a*를 가리키며) "이 글자는 /ā/(에이)라고 읽나요? 아니면 /ă/(아)라고 읽나요?"	"ā(에이)요."
c. (*make*의 왼쪽을 가리키며 잠시 멈춘 후) "무슨 단어죠?" (신호)	"Make."
d. (나머지 단어에 대해서도 a~c단계를 반복한다.)	
3. (교사의 도움 없이 학생들이 모든 단어를 읽는다.)	
a. "선생님이 신호를 주면 단어를 말해 보세요."	
b. (*make*를 가리키고 2초간 멈춘다.) "무슨 단어죠?" (신호)	"Make."
c. (나머지 단어들에 대해서도 b단계를 반복한다.)	
4. (교사는 개별 학생을 호명하여 하나 또는 그 이상의 단어를 읽어 보게 한다.)	

◉ 오류 교정

가장 흔한 오류는 CVCe 패턴 단어를 CVC 단어처럼 발음하는 것이다(예: pane을 'pan'으로 발음). 이에 대한 교정 절차는 다음과 같다.

1. 교사는 "이 단어 끝에 *e*가 있나요?"라고 묻고 다음 규칙을 설명한다. "꼭 기억하세요. 단어 끝에 *e*가 오면 그것(해당 모음을 가리키며)은 그 이름으로 발음해야 해요."
2. 교사는 "(첫 번째 모음을 가리키며) 이 글자의 이름이 뭐지요?"라고 질문한다.
3. 학생에게 단어를 발음해 보도록 한다. "무슨 단어죠?"
4. 단어 목록의 처음으로 돌아가서 단어들을 다시 한번 제시한다.

학생이 만약 CVC 단어가 제시될 때 장음으로 발음할 경우 이와 동일하게 교정하되, 2단계에서 "이 글자의 소리가 무엇이죠?"라고 물으면 된다.

응용 연습문제

01 여러분이 학생들에게 다음 기술들을 가르쳤다고 가정해 보자.

- 각 개별 글자의 대표음
- 모든 규칙 단어를 해독하는 방법
- 장모음 소리를 포함하는 VCe 패턴 단어 해독 전략
- 다음 글자 조합들의 대표음: *ar, ea, ee, oa, th, sh, wh, ck*

다음 단어들 중에서 학생들이 해독하지 못하는 단어들에 동그라미를 치시오. 동그라미 친 단어들 옆에 학생들이 해당 단어를 해독하지 못한 이유를 뜻하는 축약된 설명을 쓰시오.

- *L*(글자): 학생이 알지 못하는 글자 조합을 포함하는 단어
- *I*(불규칙): 대표음으로 발음되지 않는 글자 또는 글자 조합

ground ________	those ________	warn ________
boat ________	which ________	farm ________
speak ________	spoil ________	break ________
wish ________	cheer ________	sack ________
stew ________	stick ________	done ________
went ________	groan ________	build ________
broad ________	spout ________	

02 다음 글자 조합 쌍들 가운데 학생들이 가장 혼란스러워할 것 같은 것에 동그라미 표시하시오.

ch-sh	ph-wr	ai-ea
ea-ou	ou-oo	ar-ir

03 다음은 교사가 글자 조합을 소개하는 순서이다. 각각에 대해 무엇이 문제인지 기술해 보시오.

조합 1: *au, ea, ph, oy, th, ar*

조합 2: *ar, er, th, sh, ch, ou, oi*

04 교사가 *like, made, hope*와 같은 단어들과 *have, none, live*와 같은 단어들을 제시할 때 차이점에 대하여 기술하시오.

05 다음은 3명의 교사가 VCe 패턴 단어 변별 수업 형식을 위해 포함한 단어 목록이다. 1명의 교사의 사례만 적절하다고 할 수 있는데, 어느 교사의 것인지 찾고 나머지 두 사례는 어떤 부분이 적절하지 않은지 설명해 보시오.

교사 A: *lake, hope, time, bake, rode, made*

교사 B: *tape, tap, side, Sid, hope, hop*

교사 C: *rope, time, sam Tim, made, lot*

06 읽기 프로그램에서 다음의 글자 조합들이 지도의 대상이 된다. *th, sh, wh, er, ai, oo, ar, ea*. 개인별 평가에서 한 학생이 *oo* 조합을 제외하고 모든 글자 조합을 변별한다고 하자. *ch* 글자 조합은 다음 수업에서 가르칠 예정이라고 가정한다.

교사가 *ch*를 가르치는 것을 미뤄야 하는가? 만약 그렇다면 그 이유는?

ou 글자 조합을 다음 수업에서 소개하면 어떨까?

교사가 *ou*를 가르치는 것을 미뤄야 하는가? 만약 그렇다면 그 이유는?

07 다음의 상황에서 오류 교정을 위해 교사가 무엇을 해야 하고 어떤 말을 해야 할지 구체적으로 기술해 보시오. 학생들이 실수한 것들을 정확하게 응답한 다음 교사가 무엇을 해야 할지 말해 보시오.

(a) 개별 발음 지도 형식에서 학생이 *ou*에 대해 'o'로 읽는다.

(b) 단어 목록 지도 형식 중 글자 조합을 포함하는 단음절 단어에서 학생이 *bait*를 'bat'로 읽는다.

(c) VCe 패턴을 가진 단어 지도 형식 중 학생이 *hope*를 'hop'으로 읽는다.

08 (복습)

*plastic*의 개념을 가르치기 위해 사용할 수 있는 여섯 가지 예시(3개 예시, 3개 비예시)를 설명해 보시오. 예시들과 함께 교사의 구체적인 발문을 고안해 보시오.

제14장

구조 분석

학습 목표

1. 단어의 기본형(어근)에 접두사, 접미사, 그리고 기타 의미 있는 단어 단위를 추가함으로써 만들어지는 단어를 읽는 데 필요한 구조 분석 활용에 대해 논의한다.
2. -*ed*를 붙여 형성된 단어(예: *begged, jumped, lifted*) 읽기를 위한 지도 절차를 기술한다.
3. 모음+자음+e 형태(VCe) 단어에 *s*(예: *hopes*) 또는 *s* 이외의 어미(예: *hopeful*)를 추가하여 형성된 VCe 파생어 읽기를 위한 지도 절차를 설명한다.
4. *Y* 파생어(예: *happy-happiest*) 및 접두사와 접미사를 추가하여 형성된 다음절(multisyllabic) 단어 읽기를 위한 지도 절차를 설명한다.

구조 분석이란 접두사, 접미사 또는 기타 의미 있는 단어 단위를 단어의 기본형(어근)에 추가함으로써 형성된 단어들을 분석하는 과정을 의미한다. 구조 분석은 때로 **형태소 분석**(morphemic analysis)이라고 불리는데, 형태소란 언어에서 최소 의미 단위를 가리킨다. 이 장에서는 단어의 기본형(어근)에 접사(접두사, 접미사, 변형된 어미)를 추가하여 만들어진 단어 읽기를 가르치기 위한 전략을 제공한다.

〈표 14-1〉에는 단어의 기본형(어근)에 접사를 추가하여 만들어진 주요 단어 유형을 제시하고 있다. 여기에 제시된 단어 유형들은 읽기 프로그램에서 제시하는 것과 유사한 순서로 배열되어 있다. 각각의 단어 유형은 첫 번째 열에, 예는 두 번째 열에, 그리고 각 단어 유형에 따른 특이사항은 세 번째 열에 제시하고 있다.

표 14-1 단어의 기본형(어근)에 접사를 추가하여 만들어진 단어의 유형

단어 유형	예시	특이사항
단어의 기본형(어근)에 일반적인 접사가 추가된 유형	bat+er=batter farm+ing=farming sun+y=sunny un+happy=unhappy	CVC(자음+모음+자음) 패턴으로 끝나는 단어 뒤에 모음으로 시작하는 접미사가 붙으면 원래 단어의 마지막 자음 하나가 더 붙는다.
자음으로 끝나는 단어 뒤에 붙는 *ed*	stop+ed=stopped hum+ed=hummed hand+ed=handed	단어의 기본형(어근)에 *ed*가 붙을 경우, 마지막 자음 /d/(*hummed*의 경우)나 /t/(*stopped*의 경우)로 소리 나는데, 때때로 음절을 추가하기도 한다(*handed*의 경우).
합성어	in+to=into some+times=sometimes	
*e*로 끝나는 단어에 붙는 어미	hope+ing=hoping like+able=likable care+less=careless	*e*로 끝나는 단어에 모음으로 시작하는 어미가 붙는 경우 원래 단어의 마지막 *e*는 탈락한다. 학생들은 *hopped*와 *hoped*와 같은 '단어짝'들을 변별할 수 있어야 한다.
*y*로 끝나는 단어에 붙는 어미	cry+ed=cried happy+ness=happiness stay+ed=stayed	단어의 기본형(어근)의 맨 마지막 *y* 앞에 자음이 오면 *y*는 *i*로 바뀐다. *i*는 원래 단어에서의 *y*의 소리가 어떻게 나는가에 따라 /e-/나 /i-/로 발음된다.
다음절 단어에 붙는 접두사 및 접미사	in+action=inaction	

일반적인 접사가 붙는 단어

초기 읽기 발달 단계 후반부의 단어 읽기 교수는 보다 많은 시간을 단어의 기본형(어근)에 접사가 추가되어 만들어진 단어 지도에 할애할 필요가 있다.

접두사와 접미사를 소개하기 위한 교수를 고안함에 있어 두 가지 요소를 고려해야 한다. ① 각 접두사나 접미사가 등장하는 기초 수준 단어의 수, ② 접두사나 접미사의 상대적 유사성이 그것이다. 항상 그렇듯이 유사한 단어 부분은 지도 시 시간상 너무 근접해서 소개하는 것은 좋지 않다. 예를 들어, 접미사 *le*는 접미사 *ly*를 소개한 직후 제시하면 좋지 않은데, 그 이유는 둘 다 *l*이라는 글자를 포함하지만 분명히 다른 소리로 발음되기 때문이다.

〈표 14-2〉는 접두사 및 접미사 소개 순서에 관한 하나의 예를 보여 주고 있다. 이것이 유일한 순서는 아니겠지만, 저자들의 권고가 잘 적용된 하나의 예라고 할 수 있다. 두 번째 열은 특정 접두사 또는 접미사가 단어 안에서 가장 일반적으로 발음되는 단어의 예시이다. 세 번째 열은 해당 단어에서의 부분이 접두사인지, 접미사인지, 변형된 어미인지를 구분하여 제시하고 있다.

표 14-2 사용 빈도가 높은 접사 소개 순서 예시

	대표 단어	접두사, 접미사, 변형된 어미
er	batter	변형된 어미
ing	jumping	변형된 어미
ed	jumped	변형된 어미
y	funny	접미사
un	unlock	접두사
est	biggest	변형된 어미
le	handle	접미사
a	alive	접두사
be	belong	접두사
re	refill	접두사
de	demand	접두사
ic	heroic	접미사
ful	careful	접미사
ly	sadly	접미사

1음절 단어에 일반적인 접사가 붙어 만들어진 2음절 단어의 경우에는 학생이 1음절 규칙 단어를 분당 20개가량 읽을 수 있는 정도가 되면 소개하는 것이 좋다.

사용 빈도가 높은 접미사가 붙은 단어들은 글자 조합을 포함한 단어들을 지도하는 절차와 유사하다. 자음으로 끝나는 어근에 일반적인 접미사가 붙는 단어를 가르치는 기본적인 절차는 ① 접미사만 단독으로 소개하기, ② 며칠간 해당 접미사만 별도로 연습하기, ③ 해당 접미사를 포함하는 단어 목록 소개하기, ④ 이야기 형태의 지문 읽기에 해당 단어들을 포함하기 순으로 진행된다.

구체적으로 이 절차는 교사가 새로운 접미사를 단독으로 소개하며 시작된다. 새로운 접미사를 칠판에 쓰면서 이미 배운 다른 접미사들도 함께 적는다.* 이후의 순서는 다음과 같다.

1. **접미사가 발음되는 소리 시범 보이기:** (접미사 -*er*을 가리키며) "단어의 끝에서 이 글자들은 대체로 -*er*로 소리가 나요."
2. **학생들의 이해를 확인하기:** (-*er*을 가리키며) "이 글자들은 어떻게 소리 나지요?" "-*er*."
3. **연습기회 제공하기:** (새롭게 소개한 접미사와 이전에 배운 접미사 및 글자 조합들을 번갈아 제시하며) "이 글자들이 어떻게 소리 나지요?"

이 절차는 개별 글자-소리 대응 교수 및 글자 조합 교수 절차와 유사함을 알 수 있다.

새로운 접미사만 따로 며칠간 연습한 뒤, 해당 접미사가 들어간 단어들로 구성된 단어 목록을 제시한다. 단어 목록 연습 시 교사는 2개의 목록을 준비한다. 첫 번째 목록은 6개의 단어를 포함하는데, 첫 3개는 이미 잘 알고 있는 기본 단어에 새로운 접미사를 붙인 것들이다. 나머지 3개 가운데 2개의 단어는 최근에 소개했던 접미사를 포함하는 단어들이며, 나머지 1개의 단어는 새로운 접미사를 포함하는 단어이다. 이 단어 목록에서 기본 단어에는 밑줄이 그어져 있으며,** 겹자음(동일 자음 2개가 연속되는 경우)까지 밑줄이 그어져 있다. 다음 단어 목록은 접미사 -*est*가 붙는 단어들의 예시이다. 어미 -*er*, -*ing*, -*y*는 이미 소개한 것들이다.

<u>bigg</u>est
<u>fast</u>est
<u>hott</u>est
<u>hott</u>er
<u>madd</u>est
<u>hopp</u>ing

교사는 이 단어 목록을 학생에게 두 번 읽어 보게 한다. 처음 읽을 때는 각 단어의 밑줄

* -*er*과 -*ing*와 같은 접미사는 1음절 단어에서는 글자 조합으로 기능(예: *sing*, *fern*)하기도 한다.

** 많은 단어에서 겹자음(*bigger*, *running*)이 존재한다. 이러한 겹자음은 모음으로 시작하는 접미사가 뒤에 붙을 경우, 기본 단어의 마지막 글자가 하나 더 붙는다는 철자 규칙(*bat+ing=batting*)에 따르는 것이다.

이 쳐진 부분을 먼저 읽어 보게 한 다음["밑줄 쳐진 부분을 읽어 보세요." (신호)], 단어 전체를 읽어 보게 한다["단어 전체를 읽어 보세요." (신호)]. 이렇게 모든 단어를 읽은 다음, 밑줄 친 부분을 따로 읽지 않고 전체 단어만 한 번 더 읽는다.

두 번째 단어 목록에는 새로운 어미가 들어간 단어를 절반 정도 포함시키는 것이 좋다. 나머지는 기존에 배운 어미들을 포함한 단어로 구성한다. 이 목록에서 교사는 학생에게 특정 부분을 따로 읽는 것이 아니라 단어 전체를 읽게 한다. 단어 목록의 예는 다음과 같다.

softest
funny
smartest
hopping
better
smallest

단어 선정에 있어 가장 중요한 기준은 기본 단어를 학생이 읽을 수 있어야 한다는 점(기존에 배운 불규칙 단어 또는 이미 배운 글자-소리 대응을 포함하는 규칙 단어)이다. 사용 빈도가 높은 접미사를 포함하는 단어 목록은 부록 A에 있다.

-*ed*를 붙여서 만들어지는 단어

접미사 -*ed*는 세 가지 발음으로 표현될 수 있기 때문에 학생들에게 종종 어려움을 야기한다. *d*나 *t*로 끝나는 단어들에 -*ed*가 붙으면 -*ed*는 2개의 음절(-이드)로 발음된다[예: *banded*(핸디드), *batted*(배티드)]. 다른 단어에 -*ed*가 붙으면 종종 /t/ 소리로 발음되기도 하고[예: *jumped*(점프트), *tricked*(트릭트)] /d/로 발음되기도 한다[예: *hummed*(험드), *begged*(베그드)]. 접미사 -*ed*는 단어 기본형에 접미사 -*ing*와 -*er*이 붙어 만들어지는 단어들을 학생들이 읽을 수 있을 때 소개하는 것이 좋다.

접미사 -*ed*를 포함하는 단어의 지도 절차는 그 복잡성으로 인해 학생들에게 추가적 도움을 제공할 필요가 있다. 학생들이 -*ed*로 끝나는 단어를 읽을 수 있도록 준비시키기 위해서는 글자가 아닌 구어 형식으로 제시하는 방법을 추천하는데(〈표 14-3〉 참조), 먼저 교사가 칠판에 접미사 -*ed*를 쓰고 기본 단어를 말한 다음 -*ed*를 붙인 단어를 말해 준다

[예: "선생님이 *hop*에 이 어미(-ed)를 붙여서 말해 볼게요. *Hopped.*"]. 이후 교사는 *-ed*가 서로 다른 소리로 발음되는 경우의 단어들을 가지고 몇 번 더 연습해 본다[예: *filled*(필-드), *handed*(핸디드)]. 그런 다음 6개의 단어 세트에 대해 학생들이 잘 이해했는지 평가해 본다("*hop*에 이 어미를 붙여서 말해 보세요."). 2개의 단어에서는 *-ed*가 /d/ 소리로 발음되고[*filled*(필-드), *hummed*(험드)], 다른 두 단어에서는 /t/로 발음되며[예: *jumped*(점프트), *hopped*(헙트)], 마지막 두 단어에서는 추가 음절로 발음된다[예: *handed*(핸디드), *landed*(랜디드)]. 학생들이 예측 가능한 순서로 단어들을 배열하지 않도록 한다. 예시 목록에는 *hand, jump, fill, land, hop, hum*을 포함한다.

표 14-3 *-ed*로 끝나는 단어들을 구어로 제시하는 수업 형식

교사	학생
1. (교사는 *-ed*를 칠판에 쓴다. 시범을 보이고 *-ed*를 붙인 서로 다른 단어들을 발음하며 학생들을 평가한다.)	
a. "*hop*이라고 말해 보세요." (신호) "이제 *hop*을 이 어미와 함께 발음해 볼 거예요." (교사는 *-ed*를 가리킨다.) "Hopped."	"Hop."
b. (교사는 *-ed*를 가리킨다.) "이 어미와 함께 *hop*을 발음해 보세요." (신호)	"Hopped."
c. (*hum*과 *lift*에 대해서 a~b 절차를 반복한다.)	
2. 교사는 학생들의 이해 여부를 평가한다.	
a. (교사는 *-ed*를 가리킨다). "이 어미와 함께 *hop*을 발음해 보세요." (신호)	"Hopped."
b. (교사는 *hum, jump, lift, hand, rub*을 활용하여 앞 단계를 반복한다.)	
3. (교사는 개별 학생을 지목하여 시켜 본다.)	

이와 같이 구어 활용의 장점은 *-ed*라는 어미가 명확하게 서로 다르게 발음될 수 있다는 점에 있다. 학생들은 단어의 기본형(어근)을 읽을 필요가 없기 때문에 어미를 정확하게 발음하는 데 집중할 수 있다. *-ed*는 *-ed* 부분만을 따로 소리 내도록 하는 과제로는 제시하지 않는데, 이는 *-ed*가 세 가지 중 하나로 발음되어 그렇게 제시하는 것이 적절하지 않기 때문이다.

만일 학생들이 *-ed*가 붙은 단어를 이틀 연속으로 오류 없이 읽을 수 있게 되면 구어가 아닌 문어를 사용하여 수업을 한다(〈표 14-4〉 참조). 교사는 ed가 붙은 6개의 규칙 단어들을 칠판에 쓴다[앞서 기술한 구어 활용 교수에서의 단어 선정 절차와 동일하다. *-ed*가 붙는 2개의 단어는 *-ed* 부분이 2개의 음절로 발음되고, 다른 두 단어는 /d/로 발음되며, 마지막 두 단어는 /t/로 발음된다. 단어 기본형(어근)은 학생들이 모두 해독할 수 있는 것들이다].

handed
filled
jumped
batted
hopped
hummed

표 14-4 -*ed*로 끝나는 단어들을 문어로 제시하는 수업 형식

교사	학생
교사는 칠판에 다음 단어들을 쓴다.	
hummed　　begged	
jumped　　tripped	
lifted　　handed	
부분 1. -*ed*로 끝나는 단어들 소개하기(2~3일 내로 소개)	
1. (학생들은 먼저 어근을 파악한 후 전체 단어를 읽는다.)	
a. (교사는 *hummed*를 가리킨다.) "밑줄 친 부분을 읽어 보세요." (신호)	"Hum."
b. "이제 전체 단어를 읽어 보세요." (신호)	"Hummed."
c. (교사는 나머지 단어에 대해서도 a~b단계를 반복한다.)	
2. (교사는 학생들의 단어 읽기를 점검한다.)	
a. (교사는 *hummed*를 가리킨다.) "무슨 단어죠?" (2초간 멈추었다가 신호를 준다.)	"Hummed."
b. (교사는 나머지 단어에 대해서도 똑같이 반복한다.)	
3. (교사는 개별 연습을 시킨다.)	
부분 2. 변별 연습하기(셋째 날 시작)	
교사는 다음 단어들을 칠판에 쓴다.	
lifted　　stopped　　handed	
handing　　skipper　　running	
hummed　　picked　　lifting	
biggest　　picking　　tagged	
1. a. (교사는 *lifted*를 가리키고 2초간 멈춘다.) "무슨 단어죠?" (신호)	"Lifted."
b. (교사는 나머지 단어에 대해서도 똑같이 반복한다.)	
2. (교사는 개별 연습을 시킨다.)	

이 수업 형식 중 부분 1에서 학생들은 단어 목록을 총 두 번 읽는다. 처음 읽을 때는 각 단어의 밑줄 친 부분인 기본형(어근)을 먼저 읽은 다음 전체 단어를 읽는다. 두 번째 읽을 때는 전체 단어만 읽게 된다. 부분 1과 2 지도를 2일에서 3일에 걸쳐 제공하도록 한다. 부

분 2는 2일째나 3일째 되는 날 제시하는데, 학생들이 부분 1에 있는 단어들을 오류 없이 읽을 수 있을 때 제시하도록 한다. 부분 2에서는 8~12개 정도의 단어를 제시한다. 이들 가운데 절반은 다양한 유형의 *-ed* 어미를 포함하고 있으며, 나머지 반은 이전에 학습한 어미로 끝나는 단어들로 구성되어 있다. 학생들이 해당 단어 목록을 며칠간 연속으로 오류 없이 한 번에 읽을 수 있을 때까지 매일 서로 다른 단어들을 제시하도록 한다.

VCe(모음+자음+e) 파생어

VCe 파생어는 VCe 패턴을 가진 단어에 접미사가 붙어 만들어진다(예: *care+less=careless, hope+ing=hoping*).

VCe+*s* 단어 유형

가장 쉬운 VCe 파생어는 VCe 단어 뒤에 어미가 붙어 형성되는 것들이다(*hope+s=hopes*). 이 단어 유형은 학생들이 VCe 단어와 CVC 단어(*hate-hat*)를 확실하게 변별할 수 있을 때 제시하는 것이 좋다.

VCe+s 단어들을 소개하기 위해 교사는 4개의 VCe 패턴 단어들을 만들어야 하는데, 이들은 모두 *s*가 끝에 추가된 형태이다(예: *hates, likes, names*). VCe 단어 기본형(어근)에는 밑줄이 그어져 있다(예: *hates*). 각 단어들에 대해서 교사는 학생들에게 밑줄 쳐진 부분을 먼저 읽고 그다음으로 전체 단어를 읽게 한다.

다른 패턴의 단어와 변별하는 수업은 학생들이 도입 연습문제를 오류 없이 2일 연속으로 읽을 수 있을 때 실시한다. 변별 단어 목록에는 CVC 패턴 단어와 끝에 *s*가 붙는 VCe 패턴 단어(예: *hates, cops, names, hopes, taps, tapes*)가 함께 포함되어야 한다. 교사는 학생들에게 단어 목록을 두 번 읽게 하는데, 어근에는 밑줄이 쳐져 있다. 처음 읽을 때는 밑줄 친 부분을 먼저 읽고 다음으로 전체를 읽게 한다. 두 번째 시도에서는 부분이 아닌 전체 단어만 읽는다. 이러한 지도 절차는 며칠 동안 지속하는데, 매일 다른 단어들로 연습하도록 한다. 만일 학생들이 이틀 연속으로 오류 없이 수행할 수 있다면 어근에 밑줄을 치지 않고 단어 목록을 써도 된다. 학생들은 교사의 촉구 없이 일견 단어 목록 활동을 읽는다. 이 단어 목록은 학생들이 예측할 수 있는 순서로 배열되면 안 되기 때문에, VCe 패턴 단어들이 항상 CVC 패턴 단어 뒤에 나오게 하는 것은 좋지 않다. 학생들이 이틀 연속으로 오류 없이 이 단어들을 변별할 수 있게 되면, s로 끝나는 VCe 패턴 단어들을 다양한 어미를 포함하는 규칙 및 비규칙 단어들(예: *handed, lifting, hopes, bigger, likes, hats, jumped, sitter, ropes, funny*)과 함께 혼합해서 연습 단어 목록에 포함해도 된다.

s 이외의 어미가 붙어 만들어지는 VCe 파생어

*s*가 아닌 다른 어미가 붙어서 형성되는 VCe 패턴을 지닌 파생어는 학생들이 *s*가 붙어 만들어진 CVCe 및 CVC 패턴 단어들을 오류 없이 읽을 수 있을 때 제시하는 것이 좋다. VCe 파생어에는 다음의 두 가지 유형이 있다.

1. 자음으로 시작하는 접미사가 VCe 패턴 단어에 붙어 만들어진 VCe 파생어(예: *hopeful, careless*)
2. 모음으로 시작하는 접미사가 CVCe 패턴 어근에 붙어 만들어진 VCe 파생어(예: *hoping, hoped*)

자음으로 시작하는 접미사가 VCe 패턴 어근에 붙어 만들어진 파생어의 경우, 모음으로 시작하는 접미사가 붙어 만들어진 파생어에 비해 더 쉽게 읽을 수 있다. 이러한 차이는 모음으로 시작하는 어미가 VCe 패턴 단어에 붙을 때 마지막의 *e*는 탈락한다는 철자 규칙(예: *hope+ing=hoping, note+able=notable, care+ing=caring*)에서 기인한다. 이 철자 규칙에 따라 나타나는 문제 가운데 하나는 학생들이 VCe 파생어(예: *hoping*)를 CVC 단어에 어미가 붙는 것(예: *hoping*을 *hope+ing*가 아닌 *hop+ing*로 이해)으로 생각할 수 있다는 점이다.

자음으로 시작하는 접미사가 CVCe 패턴 단어에 붙어 만들어지는 단어들은 우선적으로 소개할 수 있다. 지도 절차는 단어 목록 훈련을 시작하기에 앞서 접미사만 단독으로 며칠 동안 연습이 필요하다는 점을 제외하면 CVCe 파생어 지도 절차와 거의 유사하다. 예를 들어, 교사는 *-ful, -less, -ly* 등의 접미사를 별도로 소개할 수 있다.

단어 목록을 활용한 연습을 위해서 6개의 VCe 파생단어로 목록을 구성한다. 각 단어는 자음으로 시작하는 일반적인 접미사로 끝나는 것들이다. CVCe 어근 부분에는 밑줄이 그어져 있는데, 예시 목록은 다음과 같다.

careful	useful
hopeless	careless
likely	nicely

학생들은 이 단어 목록을 두 번 읽는다. 첫 번째는 밑줄 친 부분을 먼저 읽고 전체를 읽는다. 두 번째는 전체 단어만을 읽는다.

모음으로 시작하는 접미사가 VCe 단어에 붙어 형성된 단어들은 학생들이 CVCe+*s* 단어들을 CVC+*s* 단어들과 확실하게 변별할 수 있고(예: *hopes, hops*) 자음으로 시작하는 일반적인 접미사가 붙어 형성되는 VCe 파생어를 정확하게 읽을 수 있을 때 제시하는 것이 좋다.

모음으로 시작하는 접미사가 VCe 단어에 붙어 만들어지는 단어 읽기 교수를 위해서는 세 가지 수업 형식이 사용될 수 있다.

첫 번째 수업 형식(〈표 14-5〉 참조)은 CVCe 패턴 단어의 철자 규칙이 어떠한지를 보여 준다. 교사는 칠판에 어근, 어미, 그리고 이 둘이 합쳐진 단어를 몇 개 적는다(예: *hope+ing=hoping, time+er=timer*). 그런 다음 어근과 어미가 합쳐지면 어근의 마지막 *e*가 탈락한다는 것을 설명한다. 모음으로 시작하는 어미가 붙으면 앞 단어의 마지막 *e*를 탈락시켜야 함(예: *tape+ed=taped*)을 인지시킨다. 학생들은 어근과 어미, 그리고 두 가지가 합쳐진 단어를 각각 말한다. 이 수업 형식을 진행하기에 앞서 교사는 글자 *a, e, i, o, u*가 모음이라는 것을 가르쳐야 한다. 이 수업 형식은 2~3일 동안 가르친다.

표 14-5 VCe 어근에 모음이 붙어 형성된 CVCe 파생어 수업 형식

교사	학생
칠판에 다음의 단어를 쓴다. hope+ing=hoping care+ed=cared ride+ing=riding close+er=closer	
1. (교사는 학생들에게 철자 규칙에 대해 이야기한다.) "여기 *e*로 끝나는 단어에 관한 철자 규칙이 있어요. 모음으로 시작하는 어미가 붙게 되면 원래 단어의 마지막 *e*는 탈락해요."	
2. (*hope*를 가리키며) "무슨 단어죠?" (신호)	"Hope요."
(*hope*를 가리키며) "*hope*의 철자가 어떻게 되죠?" (신호)	"H-o-p-e."

(-*ing*를 가리키며) "무슨 어미이지요?" (신호)	"ing요."
(*ing*를 가리키며) "*ing*는 모음으로 시작하나요?" (신호)	"네."
(*hoping*을 가리키며) "이 단어는 *hoping*이라는 단어예요. 무슨 단어라고요?" (신호)	"Hoping이요."
(*hoping*을 가리키며) "*hoping*의 철자가 어떻게 되죠?" (신호)	"H-o-p-i-n-g."
3. (나머지 단어들을 가지고 2단계를 반복한다.)	
4. (학생들에게 2음절 단어를 읽게 한다.)	
a. (hoping을 가리키며) "무슨 단어죠?" (신호)	"Hoping이요."
b. (나머지 단어들에 대해서도 반복한다.)	

두 번째 수업 형식은 학생들에게 VCe 파생어(*hopes*)와 CVC 파생어(*hops*)를 변별하는 방법을 가르치는 것이다. 교사는 모음으로 시작하는 어미가 붙는 CVC 단어와 VCe 패턴 단어를 각각 4개씩 포함한 8개의 단어 목록을 적는다. 예시 단어 목록은 다음과 같다.

hopped	liked
hoped	baker
timer	hitter
madder	clipper

어근 부분에는 밑줄이 그어져 있다. 밑줄은 CVC 파생어의 경우 겹자음까지, 그리고 CVCe 파생어의 경우는 *e*까지 그어져 있다. 학생들은 이 단어 목록을 두 번 읽는다. 첫 번째는 밑줄 친 부분을 먼저 읽은 다음 전체를 읽고, 두 번째 시도에서는 단어 전체만 읽는다. 어미가 -*ing*로 끝나는 CVCe 파생어는 이 단어 목록에 포함되지 않았는데, 어근에 밑줄이 그어질 경우 학생들에게 단어를 틀리게 읽도록 잘못 유도할 수 있기 때문이다(예: *hoping*을 *hope+ing*가 아닌 *hop+ing*로 인식).

세 번째 수업 형식은 -*ing*로 끝나는 VCe 파생어와 CVC 파생어를 변별하는 것에 초점을 두고 있다. 이 수업 형식(〈표 14-6〉 참조)에서 교사는 단어 중간의 자음 개수에 따라 처음 나오는 모음의 발음을 어떻게 해야 하는지 알려 주는 단서가 됨을 명확하게 가르쳐야 한다. *tapping*과 *taping* 같은 단어들을 변별하기 위해서 학생들은 단어 중간에 있는 자음 개수를 확인할 필요가 있다. 단어의 첫 모음에는 밑줄이 그어져 있다. 이 지도 형식에서 배우는 주요 규칙은 **모음 뒤에 겹글자(double letters)가 오면 해당 모음의 소리로 발음하고, 단글자(single letter)가 오면 해당 모음의 이름으로 발음하라는 것**이다.

표 14-6 CVCe 파생어와 규칙 단어 파생어 변별 수업 형식

교사	학생
칠판에 다음 단어를 쓴다.	
hoping taping	
tapping batting	
filling robbing	
filing roping	
1. 교사는 겹자음을 시범 보인다. "어떤 단어들에서는 밑줄 친 글자 뒤에 같은 글자가 겹쳐서 등장해요."	
"또 어떤 단어들에서는 밑줄 친 글자 뒤에 같은 글자가 한 번만 나와요."	
(*hoping*을 가리키며) "이 글자에서는 밑줄 친 글자 뒤에 *p*가 한 번만 나오죠. 이것을 단글자라고 해요."	
(*tapping*을 가리키며) "밑줄 친 글자 뒤에 *p*가 2개 겹쳐서 등장해요. 이것을 겹글자라고 해요."	
2. (교사는 겹글자에 대한 학생들의 이해 수준을 점검한다.)	
a. (*hoping*을 가리키며) "밑줄 친 글자 뒤에 무슨 글자가 나오죠?" "단글자인가요, 겹글자인가요?" (신호)	"단글자요."
b. (나머지 단어들에 대해서도 동일하게 반복한다.)	
c. (교사는 개별 연습을 시킨다.)	
참조: 3~5단계는 학생들이 2단계를 확실히 이해하기 전까지는 소개하지 않는다.	
3. (교사는 첫 번째 모음 발음에 관한 규칙을 설명한다.)	
a. "밑줄 친 글자를 발음하는 규칙을 알아볼 거예요."	
b. "바로 뒤에 겹글자가 오면 밑줄 친 글자의 소리로 발음이 되고, 단글자가 오면 밑줄 친 글자의 이름으로 발음이 돼요."	
c. "뒤에 단글자가 오면 어떻게 발음한다고요?" (신호)	"이름으로요."
d. "뒤에 겹글자가 오면 어떻게 발음한다고요?" (신호)	"소리로요."
4. (교사는 위의 규칙을 적용하여 진행한다.)	
a. (*hoping*의 *o*를 가리키며) "이 글자 다음은 단글자인가요, 겹글자인가요?" (신호)	"단글자요."
b. (*o*를 가리키며) "그럼 이 글자의 이름으로 발음해야 하나요, 아니면 글자의 소리로 발음해야 하나요?" (신호)	"이름이요."
"무슨 단어지요?" (신호)	"Hoping."
c. (나머지 단어에 대해서도 a~b단계를 반복한다.)	
5. (학생들의 이해 여부를 점검한다.)	
a. "이번에는 선생님이 신호를 주면 단어 전체를 읽어 볼 거예요."	
b. (*hoping*을 가리키고 2초간 멈춘다.) "무슨 단어죠?" (신호)	"Hoping."
c. (나머지 단어에 대해서도 b단계를 반복한다.)	

1단계와 2단계에서는 학생들에게 단어 안의 밑줄 친 글자(모음) 뒤에 단글자가 오는지 또는 겹글자가 오는지를 구분하도록 하는 것이 초점이다. 3단계는 규칙의 핵심을 설명하며, 4단계는 해당 규칙을 학생들이 적용해 보도록 하는 데 초점을 둔다. 부록 A의 단어 목록을 이 수업 형식에서도 활용할 수 있다. 학생들이 자음과 모음을 구분하여 인식할 수 있으면 단자음인지 겹자음인지를 변별하는 연습으로 바꾸어 실시할 수 있다.

이 변별은 쉬운 것이 아니므로 최소 5~10일간의 지속적인 연습이 필요하다.

Y 파생어

Y 파생어는 *y*로 끝나는 단어에 접미사가 붙어 만들어진다(예: *marry+ed=married, dry+ed=dried, happy+est=happiest*). *Y* 파생어의 경우 만들어질 수 있는 발음이 다양하기 때문에 학생들에게는 어려운 대상이다. 모음으로 시작하는 어미가 *y*로 끝나는 단어에 붙으면 철자에 변화가 생기는데, *y*가 *i*로 바뀌는 것이다. 다음 예시에서는 *ie*가 다른 소리로 발음된다.

- 단어 *married*에서 *ie*는 장음 *e*(이-) 음가를 갖는다.
- *dried*에서 *ie*는 장음 *i*(아-이) 음가를 갖는다.
- *happiest*에서 *ie*는 2개의 음가를 갖는다. 장음 *e*(이-)에 이어서 단음 *e*로 소리 난다.

학생들에게 *y* 파생어 읽기를 가르치기 위한 절차는 이러한 발음상의 다양성을 신중하게 다룰 수 있어야 한다.

y 파생어 교수를 위한 두 가지 수업 형식이 있는데, 첫 번째 것은 *y* 철자 규칙이 *y* 파생 단어에 어떤 영향을 미치는가에 관한 것이다. 교사는 어근과 +기호, 그리고 접사로 구성된 일련의 단어를 적는다(예: *funny+er=funnier*). 6개의 예가 포함되도록 한다. 예시 단어의 구성에 주의할 필요가 있는데, *ie*가 발음될 수 있는 모든 경우를 포함해야 한다. 밑의 예시에는 *ie*가 서로 다르게 발음되는 경우를 같은 비율로 포함하고 있다. 또한 어근에 *s*가 붙는 경우 *y*가 *i*로 바뀔 뿐 아니라 *e*가 추가로 붙는다는 것(*bunny+s=bunnies*)을 알아 두어야 한다. 단어 읽기를 가르칠 때에는 학생들에게 이러한 사실을 언급해 주고, 이후에 철자를 배우고 나면 보다 심도 있는 지도를 제공하게 된다.

bunny+s=bunnies

funny+est=funniest

try+s=tries

happy+er=happier

cry+ed=cried

교사는 *e*로 시작하는 어미가 *y*로 끝나는 단어에 붙으면 *y*가 *i*로 바뀐다는 규칙을 설명한다. 학생들은 단어 목록을 두 번 읽는다. 첫 번째는 어근을 먼저 발음하고 *y* 파생어를 발음한다(예: *bunny, bunnies*). 두 번째 읽을 때는 교사가 어근과 어미를 지운 상태에서 학생들은 파생어만 읽는다. 이 연습은 학생들이 오류 없이 3일 연속으로 읽을 수 있을 때까지 실시한다. 이후 연습했던 단어들은 변별 연습 목록에 추가하면 된다.

접두사와 접미사가 붙어 형성된 다음절 단어

학생들이 초등 저학년에서 중학년으로 갈수록 더 많은 수의 다음절 단어를 경험하게 된다. 많은 경우 이 새로운 단어들은 둘 또는 그 이상의 부분으로 이루어진 긴 단어들이다. 게다가 이러한 다음절 단어들은 긴 지문, 특히 내용 교과 지문에서 대부분의 주요 의미를 담고 있는 단어인 경우가 많다.

접두사와 접미사의 체계적인 소개와 함께 다음절 단어에 이들이 어떻게 결합되는가에 대한 것은 초등 저학년과 중학년에 걸쳐 지속적으로 다루어져야 한다.

학생들이 읽는 단어들의 평균 음절 수는 학년이 증가하면서 꾸준하게 증가하게 된다. 초기 읽기 프로그램 첫해의 마지막 시점에서 학생들은 1개 또는 2개의 음절로 이루어진 단어를 읽게 될 것이다. 이후 학생들은 2~3음절, 때로는 4~5음절 단어를 접하게 된다.

3학년까지 많은 다음절 단어를 접하게 된다. 다음은 3학년 읽기 수준을 지닌 학생들에게 제공하기에 적합한 단어 목록이다.

belonging	unfairly	complaining
surrounded	respected	enjoyable
returning	carefully	prevented

학생들이 고학년이 되어 감에 따라 단어의 길이도 길어진다. 다음은 5학년 정도의 읽기 수준을 지닌 학생에게 제공하기에 적합한 단어 목록이다.

occasional	professional	investigation
incredible	poisonous	entertainment
advantage	discovered	assortment

접두사와 접미사는 초등 저학년과 중학년에 걸쳐 체계적으로 제시될 필요가 있다. 〈표 14-7〉은 접두사와 접미사 소개를 위해 가능한 목록을 제시하고 있다. 접미사의 경우 이 표에 모두 포함되어 있지는 않다. 예컨대, *tion*과 *sion*은 실질적으로 접미사는 아니다. 이들은 *t*나 *s*로 끝나는 단어에 접미사 -*ion*이 붙어 만들어진다(*inspect+ion=inspection, profess+ion=profession*). 이와 유사하게, *ation*은 *ate*와 *ion*의 결합에 의해 만들어진다(예: *invite+ate+ion=invitation*). 단어 해독의 관점에서는 *tion*의 경우 매우 많은 단어에서 나타나기 때문에 어미로 제시하는 것이 타당해 보인다. 마찬가지로 *ation*의 경우에도 꽤 빈도가 높은 단어들(예: *invitation, congratulations*)에서 나타나므로 지도 시 특별한 관심을 기울일 필요가 있다.

표 14-7 접두사와 접미사를 소개하는 예시 목록

	예시 단어	유형
con	confuse	접두사
ment	payment	접미사
teen	sixteen	접미사
ful	handful	접미사
dis	distant	접두사
able	enjoyable	접미사
less	useless	접미사
ness	darkness	접미사
pro	protect	접두사
tion	invention[a]	접미사
ist	artist	접미사

ad	address	접두사
ible	sensible	접미사
age	package	접미사
sion	mission[a]	접미사
ence	sentence	접미사
ish	selfish	접미사
ation	vacation	접미사
pre	preschool	접두사
ex	expect	접두사
over	overtime	접두사
ion	million	접미사
ship	friendship	접미사
com	compare	접두사
ure	adventure	접미사
ive	detective	접미사
ac	accuse	접두사
ous	joyous	접미사
inter	interfere	접두사
ward	forward	접미사
ize	realize	접미사

a: 접미사 *tion*은 *t*로 끝나는 단어에 *ion*이 붙어 만들어진다(interruption). 편의를 위해 *tion*을 고빈도 접미사로 포함하였다. 또한 *sion*은 *s*로 끝나는 단어에 *ion*이 붙어 만들어진다(*miss+ion=mission*).

접두사와 접미사를 소개할 때 교사는 이들의 실제 발음이 종종 음성학적 표시와 다르다는 점을 염두에 두어야 한다. 예를 들어, 접미사 *-able*은 단어 *able*과는 다르게 발음된다.

교사는 접사를 별도로 소개해야 하는데, 학생들에게 그것이 단독으로 어떻게 발음되는지 확실히 알려 주어야 한다. 이처럼 접사를 별도로 소개한 다음, 단어 목록을 활용한 지도를 하면 된다. 2개의 단어 목록이 포함되는데, 첫 번째 목록은 6개의 단어로 이루어져 있다. 처음 3개는 새로운 접사를 포함하고 있고 다음 3개 중 2개는 가장 최근에 소개했던 접사를, 다른 1개는 새로운 접사를 포함한다. 첫 번째 단어 목록에서 새로운 접사에는 밑줄이 그어져 있다(예: *invention, fraction, inspection*). 교사는 학생에게 첫 번째 단어 목록을 두 번 읽게 한다. 첫 시도에서는 밑줄 친 부분만 읽은 뒤 전체를 읽는다. 두 번째 시도에서는 단어 전체만 읽게 한다.

두 번째 단어 목록에서는 새롭게 소개되는 단어 어미가 절반 정도에서 나타나야 한다. 나머지는 이전에 배웠던 어미가 포함된 단어들로 구성한다. 학생들이 두 번째 단어 목록을 읽을 때 접사나 어근을 먼저 읽지 않고 단어 전체를 읽도록 한다.

다음 단어 목록은 *-tion*이 새롭게 배우는 접사이고 *-ment*와 *dis-*가 최근에 학습한 접사일 경우를 가상하여 만든 예시이다.

invention	payment
fraction	action
inspection	displease
shipment	station
mention	formation
dismiss	discuss

고학년에서 더 긴 다음절 단어들이 포함될 때 위 지도 절차를 조정할 수 있는데, 단어 내에서 한 부분 이상에 밑줄을 긋는 것이다. 학생들은 단어 목록을 두 번 읽는다. 첫 시도에서는 밑줄 친 부분들을 먼저 읽고("이 부분을 어떻게 발음하죠?"), 단어 전체를 읽는다("무슨 단어죠?"). 두 번째 읽기 시도에서는 단어 전체만 읽는다. 다음은 접미사 *-ure*가 붙은 단어들을 며칠간 연습한 후에 제시한 단어 목록 예시이다.

professional	tremendous	instinctively
temperature	triangle	unusable
occasionally	exposure	incredible

복습은 이전에 배운 접사를 체계적으로 반복하며 누적되어 진행되어야 한다.

다음절 단어를 가르칠 때 교사에게 도움이 될 수 있는 몇 가지 자료가 있다. 부록 A는 〈표 14-2〉와 〈표 14-7〉에 소개된 접두사와 접미사를 포함하는 단어 목록을 제시하고 있다. Anita Archer와 그녀의 동료들인 Mary Cleason과 Vicky Vachon은 다음절 단어 교수를 위한 매우 명시적이고 체계적인 프로그램을 개발하였다. Sopris West 출판사에서 발행한 REWARDS라는 프로그램으로 지문 읽기와 유창성 향상 교수에 명시적이고 체계적인 다음절 단어 교수를 통합한 예시들을 제시하고 있다.

응용 연습문제

01 다음 목록의 각 단어는 음성적 요소 혹은 구조적 요소를 포함하고 있다. 각 단어별로 음성적 요소(글자 조합 또는 VCe 단어) 또는 구조적 요소에 동그라미를 하시오(〈표 15-1〉 참조). 각 단어에서 나타난 음성적 또는 구조적 요소의 유형을 식별해 보시오.

batter	celebration	doting
helped	fried	humming
sail	saves	hardest

02 학생들이 *sh, th, ol, wh* 글자 조합과 모든 단글자, 접미사 -*ing*와 -*er*을 알고 있다고 가정해 보자. 다음의 변별 단어 목록은 다양한 교사가 접미사 -*est*를 가르친 후 작성한 것이다. 어느 교사가 만든 단어 목록이 가장 적합해 보이는가? 다른 두 교사의 단어 목록의 문제는 무엇인가?

교사1

biggest	hottest	hotter	fattest	coldest	colder	hitting

교사2

hottest	biggest	fattest	coldest	maddest	wettest

교사3

cheapest	cheaper	shortest	trainer	smallest	falling

03 학생들이 모든 글자의 대표음을 알고 있고, 모든 유형의 규칙 단어 해독이 가능하다고 가정해 보자. 다음 접두사 및 접미사 중 학생들이 해독하지 못할 것으로 보이는 것에 동그라미 표시하시오.

ment	ist	un	prore	ion

04 다음의 예시에서 교사가 해야 할 말과 오류를 교정하기 위해 해야 할 것이 무엇인지 구체화해 보시오.

(a) 학생이 *hopped*를 'hop-ped'로 읽음

(b) 학생이 *hoping*을 'hopping'으로 읽음

05 다음은 교사가 *-ed*로 끝나는 단어 교수 시 제시한 단어 목록들이다. 이 가운데 2개는 적절하지 않은데, 어떤 목록이 그러하며 왜 그런지 말해 보시오.

목록 A: handed, lifted, rented, sanded, melted

목록 B: fainted, hopped, pounced, jumped, steered, called

목록 C: hopped, hummed, handed, jumped, lifted, filled

06 학생들이 *taped*와 *hopes*와 같은 단어에서보다 *taping*과 *hoping*과 같은 단어에서 읽기 오류를 더 많이 보이는 이유는 무엇인가?

07 10개로 이루어진 변별 단어 목록을 만들어 보시오. 학생들이 모든 단글자와 글자 조합, 접미사 *ar, ee, ea,* 그리고 어미 *-er, -ing, -ed, -y, -est*를 알고 있다고 가정하자. 교사는 *-le*로 끝나는 단어들을 소개하고 있다.

08 *y* 파생어를 소개하기 위한 6개로 이루어진 기초적인 단어 목록을 만들어 보시오. 학생들이 모든 단글자와 *ar, ee, ou, er, ai*와 같은 글자 조합을 알고 있다고 가정하시오.

제15장

초등 저학년 및 중학년에서의 불규칙 단어

학습 목표

1. '불규칙 단어'의 의미와 초등 저학년 및 중학년 학생들을 위한 지도 절차를 설명한다.
2. 불규칙 단어의 체계적인 소개를 위한 필수 요소들을 설명한다.
3. 불규칙 단어의 소개와 복습을 위하여 일반적이지 않은 소리 가르치기 및 맥락 활용하기 등을 포함한 지도 절차를 논의한다.
4. CVCVC 단어(예: *petal*), 음가를 알기 어려운 단어(예: *camel*), 그리고 다음절 불규칙 단어(예: *isolation*) 등을 읽기 위한 지도 절차와 다른 접근들을 비교해 본다.

불규칙 단어란 학생이 아직 배우지 않은 글자-소리 관계가 하나 또는 그 이상 포함되어 있는 단어로, 학생들이 단어 해독을 위한 기본적인 발음 기술을 가지고 있지 않은 단어를 말한다. 교사가 불규칙 단어의 개념을 정확히 이해하는 것은 매우 중요하다. 학생들이 글자 조합이나 마지막 *e* 규칙과 같은 발음 기술을 습득해 감에 따라, 불규칙 단어로 취급해야 하는 단어의 수는 계속 늘어난다. 하지만 어떤 경우든지 항상 불규칙 단어로 인식하고 불규칙 단어로 소개해야 하는 두 가지 단어 유형이 있다.

- 매우 낮은 빈도의 단어 또는 특정 소리를 내는 데 있어서의 비일관성으로 인해 학생들에게 소개하지 않는 글자 조합을 포함한 단어들(예: *duel, build, ceiling*)인 경우(〈표 15-1〉의 목록 참조)
- 일반적인 글자나 글자 조합이 그것에 대응하는 대표음을 나타내지 않는 단어인 경우 (예: *break*라는 단어에서 *ea*는 그것이 가진 대표음이 아님)

표 15-1 불규칙 단어로 소개해야 하는 글자 조합 포함 단어

글자 조합	예시 단어	단어-소리의 일치율(%)
ae	algae	83
	aesthetic	17
ei	reign	40
	deceit	26
	foreign	13
	seismic	11
eo	pigeon	67
	leopard	20
	people	13
ie	chief	64
	tie	36
gh	rough	45
	ghost	48
oe	foe	59
	shoe	22
ue	clue	75
ui	build	47
	fruit	29
uy	buy	100

이 표에 제시된 글자 조합의 경우 각각 10개의 미만의 단어에서 나타나거나, 해당 글자 조합이 등장하는 단어들의 절반 이상에서 서로 다른 소리로 발음된다. 이 자료의 출처는 Burmeister(1969)의 연구 및 이 연구가 참조한 Hanna 등(1966)의 글자-소리 대응 컴퓨터 분석 연구이다.

출처: Burmeister (1968); Hanna et al. (1966).

이 장에서는 읽기 교수 초기 단계 이후에 불규칙 단어 지도에 활용할 수 있는 두 가지 절차를 소개한다. 먼저 학생들이 접하게 될 지문 읽기 연습에 대비하기 위한 불규칙 단어의 소개와 복습에 대해 논의한 다음, 학생들이 모르는 불규칙 단어를 이해하기 위한 방안으로 문장을 통한 맥락 파악 및 이미 알고 있는 글자-소리 관계의 활용에 대해 논의할 것이다.

불규칙 단어의 체계적인 소개

불규칙 단어를 소개하는 순서에 대한 지침은 초기 읽기 단계 동안에는 동일하게 유지된다. 보다 빈번하게 등장하는 단어들은 저빈도 단어들보다 먼저 소개되어야 하며, 서로 매우 유사한 단어들의 경우(예: *were, where*)에 제시 간격을 너무 가깝게 하는 것은 좋지 않다.

불규칙 단어 소개 비율

불규칙 단어로 소개되는 단어들의 경우 학생들이 핵심 읽기 프로그램에서 읽게 될 이야기책에 등장하게 된다. 교사는 지문에 나오는 불규칙 단어들을 미리 확인하여 분석해야 한다. 하나의 이야기 안에 학생들의 수준에 비해 너무 과도한 수의 새로운 불규칙 단어가 등장할 경우 교사는 이들 가운데 가장 유용한 몇 가지만 선정하는 것이 좋다. 이야기를 읽는 중에 교사는 어떤 불규칙 단어라도 학생이 이전에 배우지 않은 것이라면 말해 주어도 된다.

연습과 복습

새로운 불규칙 단어들은 이야기 지문을 읽기 전에 단어 연습 목록을 통해 며칠간 계속 노출시키는 것이 좋다. 불규칙 단어가 어려운 것일수록 더 많은 연습이 필요한데, 보통 두 가지 요소가 불규칙 단어의 난이도를 결정한다. 첫째는 원래 글자들이 가지고 있는 소리와 실제 발음의 차이이다. 소리와 실제 발음 간의 차이가 클수록 읽기 훨씬 어려운 단어가 된다. 예를 들어, *though*라는 단어는 *put*이라는 단어보다 해독이 어려운데, 그 이유는 *though* 안의 많은 글자(*ough*)가 그 글자들이 원래 가지고 있는 대표음으로 발음되지 않는 반면, *put*에서는 단 하나의 글자(*u*)만이 해당 글자의 대표음으로 발음되지 않기 때문이다. 불규칙 단어의 난이도를 결정하는 두 번째 요소는 단어의 친숙도이다. 학생들에게 보다 친숙한 단어일수록 해독하기에 더 쉽다. *tough*와 같은 단어는 *agile*이라는 단어보다 학생들이 기억하기에 더 쉬운데, *tough*는 학생들이 일상적인 대화에서 쓰는 구어 어휘집에 있을 가능성이 더 크기 때문이다. 따라서 *agile* 같은 단어들은 더 많은 연습과 복습이 요구된다.

지도 절차

불규칙 단어의 소개 및 복습을 위한 수업 형식은 〈표 15-2〉에 제시되어 있다. 이 수업 형식은 두 부분으로 나뉘는데, 첫 부분에서는 새로운 불규칙 단어들을 소개한다. 이 새로운 단어들은 첫 번째 열에 제시되어 있다. 각각의 새로운 단어를 소개할 때 교사는 다음과 같이 진행한다.

- 학생들에게 단어를 말해 준다. "이 단어는 *ghost*예요."
- 학생들에게 단어를 말해 보게 한다. "무슨 단어라고요?"
- 학생들에게 단어의 철자를 말해 보게 한다. "*ghost*의 철자가 무엇이죠?"
- 학생들에게 단어를 다시 한번 말해 보게 한다. "무슨 단어이죠?"

교사는 이 절차를 다른 단어들에 대해서도 반복한다. 새로운 단어가 제시된 열에 있는 단어들의 철자까지 모두 말하고 나면, 다시 해당 열의 맨 위에 있는 단어로 돌아와서 읽기나 철자에 대한 교사의 시범 없이 학생들이 스스로 단어를 읽어 보게 한다. 그런 다음 두 번째 열에 있는 이전에 소개한 단어들을 복습하는 시간을 갖는다. 이 복습 단어 목록에는 앞서 소개했던 단어 가운데 난이도가 있는 단어들도 포함되어 있다. 학생들이 오류를 보이는 즉시 해당 단어를 말해 줌으로써 교정해 주고 철자를 말해 보게 한 뒤 다시 한번 해당 단어를 읽고, 단어 목록의 처음으로 돌아와서 다시 제시한다.

불규칙 단어를 제시할 때에는 서로 관련이 있는 단어군(예: *tough, enough, rough/pie, tie/clue, blue, glue/could, would, should/any, many/mind, kind, find/fold, told, sold*)들을 활용하는 것이 좋다. 이 같은 유사 단어군에 있는 단어들은 함께 제시하도록 한다.

표 15-2 불규칙 단어의 소개와 복습을 위한 수업 형식

교사	학생
부분 1. (새로운 단어 소개)	
(교사는 다음 단어들을 칠판에 쓴다.)	
새로운 단어 / 복습 단어	
ghost / agile	
pour / fuel	
zero / anchor	
weigh / chew	
earth / zero	
wrong	
1. (교사는 시범 뒤 새로운 단어 목록의 철자를 말하게 한다.)	
a. (*ghost*를 가리키며) "이 단어는 *ghost*예요. 무슨 단어라고요?" (신호)	"Ghost요."
b. "*ghost*의 철자를 말해 보세요." (신호)	"G-h-o-s-t."
c. "무슨 단어라고요?" (신호)	"Ghost요."
d. (다른 새로운 단어들에 대해서도 a~c단계를 반복한다.)	
부분 2. (새로 배운 단어와 복습 단어 즉독하기)	
1. a. "신호를 하면 단어를 말해 보세요."	
b. (교사는 *ghost*를 가리키고 2초간 멈춘다.) "무슨 단어라고요?" (신호)	"Ghost요."
c. (나머지 단어들에 대해서도 b단계를 반복한다.)	
2. (학생들을 개별적으로 지목하여 몇 개의 단어를 읽게 한다.)	

추가 연습 제공하기

어떤 학생들은 불규칙 단어를 자동적으로 읽는 데 더 많은 연습을 필요로 한다. 동료와의 연습과 평가 절차가 추가적인 연습과 불규칙 단어의 숙달에 실질적인 도움을 줄 수 있다. 이 과정에서 교사는 최근에 소개한 30개가량의 불규칙 단어를 포함한 활동지를 준비한다. 단어들을 목록으로 만들고 각 단어는 활동지 안에 2~3번 반복 제시한다. 학생들은 짝을 이루어 이 단어 목록을 읽는다. 학생들의 활발한 참여를 위해 교사는 단어를 읽고 있지 않은 학생들('동료의 읽기를 확인하는 역할')에게 친구가 읽는 단어를 손으로 가리키게 한다. 만약 학생이 한 단어를 빼먹으면 확인하는 학생은 "잠깐."이라고 말하고 빼먹은 해당 단어를 말해 준다. 해당 단어를 말하면 4개 단어 뒤로 가서 거기서부터 다시 읽는다. 교사는 개별 집단에 협동학습과 주의집중을 독려하기 위해 보상체계를 가동할 수 있다. 이러

한 연습을 며칠간 수행한 뒤에 교사는 평가 기간을 갖는다. 잘 읽는 학생들이나 성인(자원봉사자나 도우미 등)이 평가자가 될 수 있다. 평가의 원칙은 간단한데, 어떤 학생이 단어를 잘못 읽으면 평가자가 올바른 단어를 알려 주고 틀린 단어 옆에 오류 표시를 하는 것이다. 만일 학생이 하나의 단어를 읽는 데 3초 이상이 걸리면 평가자는 학생에게 해당 단어를 말해 주고 그 단어 옆에 오류 표시를 한다. 목표는 1초에 최소한 한 단어씩 읽는 속도로 오류 없이 모든 단어 목록을 읽는 것으로 정한다.

30~40개의 새로운 단어를 학습하고 나면 새로운 단어들을 소개해도 된다. 교사는 이전의 단어 목록도 보관하여 주기적으로 복습시키는 것이 좋다. 예를 들어, 학생들이 3개의 활동지 단어를 공부했다면 첫 번째와 두 번째 활동지의 단어들을 복습하는 것이다. 한 가지 주의할 점은 학생들이 단어 목록의 순서를 외울 수 있다는 것인데, 이를 피하기 위해 때때로 단어 목록의 맨 아래부터 시작해서 위로 올라가며 읽도록 하는 방법이 있다.

◉ 흔하지 않은 소리(minor sounds)

자음 *c*와 *g* 그리고 글자 *y*를 비롯해 여러 글자 조합은 흔하지 않은 소리로 발음되는데, 이는 해당 글자들이 들어간 단어들의 절반 이하에서 나는 소리를 의미한다.

글자 *c* 뒤에 모음 *e*나 *i*가 오면 *c*는 /s/(스) 소리를 낸다. 글자 *g* 뒤에 *e*나 *i*가 오면 *g*는 /j/(즈) 소리를 낸다. 글자 *c* 뒤에 *y*가 오면 *y*는 모음 역할을 하게 되면서 *c*는 흔하지 않은 소리로 발음된다(예: *fancy*).

글자 *y*는 자음 소리를 내거나 하나 또는 두 가지 모음 소리[*fly*에서 장음 *i*(아이) 또는 *happy*에서 장음 *e*(이)]로 발음된다.

글자 조합 중에는 더러 흔치 않는 소리로 발음되는 것들이 있다. 예를 들어, *ea*는 종종 *head*에서처럼 단음 *e*(ㅔ) 소리가 나며 *oo*의 경우 단어 *book*에서 나는 소리로 발음된다.

*C*와 *G*의 흔하지 않은 소리

어떤 자음과 대부분의 글자 조합은 흔하지 않은 소리로 발음되는데, 글자 또는 글자 조합의 흔하지 않은 소리는 소수의 단어에서 발음된다. 일반적으로 흔하지 않은 소리로 발음되는 단어들은 불규칙 단어로 분류된다.

자음 *c*와 *g*는 뒤에 모음 *e*나 *i* 그리고 *y*(*y*가 모음으로 기능할 때)가 오면 흔하지 않은 소리로 발음된다는 점에서 특별하다. 이러한 예로는 *giant, gem, age, ledge, cell, cinder, ace, ice*가 있다. 이러한 흔하지 않은 발음을 가지는 단어들이 많기 때문에 일반화된 전략을 통해 지도가 가능하다. 이 전략은 다음의 간편 규칙을 적용하여 이루어진다. **i나 e가 c 뒤에 오면 c는 /s/(스) 소리가 나고, i나 e가 g 뒤에 오면 g는 /j/(즈) 소리로 발음된다.**

학생들이 모든 개별 글자의 대표적인 소리와 어느 정도의 글자 조합 그리고 글자의 이름을 알기 전까지는 c나 g의 흔하지 않은 소리를 소개하는 것은 좋지 않다.

이때 단어 도입 및 변별을 위한 수업 형식이 사용될 수 있는데 단어 도입을 위한 수업 형식에서 교사는 자음 가운데 하나를 흔하지 않은 소리로 발음하는 것에 관한 규칙을 제시한다. 예를 들어, c 뒤에 e나 i가 오면 c는 /s/(스) 소리로 발음한다. 이러한 규칙이 적용되는 5개의 단어를 목록으로 만들어(예: *mice, cent, rice, cell, lace*) 제시하고 각각의 단어에 대해 해당 규칙을 적용하게 한다.

- "c 뒤에는 어떤 글자가 오지요?"
- "그럼 c의 발음은 어떻게 하면 되지요?"
- "무슨 단어지요?"

학생들이 개별 단어를 읽는 데 교사가 도움을 준 다음, 학생들이 스스로 단어 목록의 각 단어를 다시 한번 읽게 한다.

변별 수업 형식에서는 학생들이 오류 없이 도입 수업 형식을 모두 읽을 수 있을 때 진행하는데, 이때 단어의 절반은 자음 c의 대표적인 소리가 나는 것을 포함하고 나머지 절반의 단어는 c가 흔하지 않은 소리로 발음되는 단어들(예: nice, tack, cent, can't, cell, call, mice, mick)로 준비한다.

글자 g 그리고 c 뒤에 y가 오는 단어들에 대해서도 유사한 절차를 적용할 수 있다.

변별 수업 형식에 앞서 교사는 c와 g의 흔하지 않은 소리로 발음되는 단어들을 포함하고 있는 단어군을 제시할 수 있다.

ace	ice	age	dge
face	mice	page	badge
grace	spice	cage	bridge
lace	dice	wage	ledge
place	nice	rage	wedge
mace	rice		fudge

pace race space	slice spice		budge

교사는 칠판에 일련의 단어군을 쓰는데, 예를 들어 ace로 끝나는 단어군(예: *lace, face, race, place, space*)을 나열한다. "글자 *a-c-e*는 *ace*라고 발음해요. 여기 있는 모든 단어에서 *ace*는 이 소리로 발음이 됩니다." 다음으로 교사는 학생들에게 단어 목록을 읽어 보게 한다. 이 연습은 며칠간 반복한다. 연습을 이틀간 진행한 다음, 이 단어 목록 중에서 무작위로 몇 개를 선택하여 즉독 단어 목록 연습에 포함한다.

*Y*의 흔하지 않은 소리

글자 *y*는 자음 소리(예: *yes*) 또는 모음 소리(예: *my, happy*)의 둘 중 하나로 발음된다. 1음절 단어의 끝에서 *y*는 장음 *i* 소리가 나고(예: *my, shy, fly, cry*), 다음절 단어의 끝에서는 *y*가 장음 *e* 소리로 발음된다(예: *baby, happy, lily*). *y*로 끝나는 몇몇 1음절 단어는 고빈도 단어이다(예: *my, by, cry, try, dry, fly*). 이 단어들은 불규칙 단어로 소개하며 *cry, dry, try*와 같은 단어들은 단어군으로 제시할 수 있다.

글자 조합

많은 글자 조합이 80% 이상의 단어에서 동일한 소리로 발음된다는 점에서 매우 일관적이라고 볼 수 있는데, 어떤 글자 조합들의 경우는 그렇지 않다. 상당수의 단어에서 이들 글자 조합은 흔하지 않은 소리로 발음된다. 여기에 해당하는 글자 조합에는 *ea, oo, ow*가 있다. *ea, oo, ow*는 흔하지 않은 소리로 발음되지만 규칙이 있었던 *c*나 *g*와는 다르게 글자 조합을 읽는 데 도움이 되는 어떤 규칙이 존재하지 않는다. *oo*라는 글자 조합이 *good*이나 *hood*에서 발음되는 소리와 *food*와 *mood*에서 발음되는 소리가 다른 것에 대한 어떠한 구조적 이유도 없다. 글자 조합에서 흔하지 않은 소리를 포함하는 단어들은 불규칙 단어로 소개하는 것이 적절하다. 또한 유사한 단어들을 단어군(예: *look, book, shook; steak, break*)으로 소개하는 것이 좋다.

단서 파악을 위한 맥락 활용

교사는 학생들이 글을 읽으면서 마주치게 될 모든 불규칙 단어를 체계적으로 가르칠 수는 없다. 학생들의 학년이 올라가면서 학교 밖에서 독자적인 읽기를 점차 많이 하게 되며, 그럴수록 이전에 배우지 않은 불규칙 단어들을 점차 많이 보게 될 것이다. 문장의 맥락은 단어의 발음 그리고 구조 분석 단서와 함께 학생들이 모르는 단어를 읽는 데 도움이 되는 중요한 단서를 제공해 줄 수 있다.

모르는 단어를 읽기 위한 하나의 전략으로 맥락을 활용하는 것(그리고 오용하는 것)에 대하여 많은 혼동이 있는 것으로 보인다. 학생들이 초기 읽기 교수 단계에 있을 때 맥락 활용을 가르치는 것은 혼동을 불러일으킬 가능성이 크므로 문제가 될 수 있다. 일단 학생들이 모든 개별 글자의 대표음과 대부분의 글자 조합, 대표적인 접두사와 접미사를 배운 상태에서 이러한 지식을 정확하게 적용함으로써 충분한 수준의 유창성을 가지고 글을 읽을 수 있을 때, 모르는 단어 파악을 위한 맥락 활용을 가르치는 것이 적절하다.

모르는 단어의 발음을 알기 위해 맥락을 활용할 때는 해당 단어가 학생의 구어 어휘집에 있는 것이어야 한다. 만약 학생이 이전에 한 번도 들어보지 못한 단어라면 새로운 불규칙 단어를 읽을 가능성은 그리 높지 않다. 예를 들어, *caveat*라는 단어를 마주쳤을 때, 이 단어를 이전에 들어보지 못했다면 그 발음을 알아내기란 쉽지 않을 것이다.

여기서는 학생들이 맥락을 활용하는 전략을 소개하고자 한다. 첫 번째 전략은 두 모음 사이에 하나의 자음이 들어가 있는 2음절 단어(예: *camel, topic, bacon, cupid, study, petal, meter, hotel*)를 다루는 것이다. 이 단어들은 CVCVC 패턴을 가지고 있다. 이 단어들 중 몇 가지는 첫 모음 소리가 해당 모음의 장음으로 발음되기도 하고 어떤 것은 해당 모음의 단음으로 발음되기도 하는데, VCe 패턴 단어에 해당하는 것은 아무것도 없다. 두 번째 전략은 더 긴 단어들을 발음하기 위해 단어의 부분과 문장 맥락 활용을 혼합하는 방법이다.

CVCVC 패턴 단어를 읽기 위한 맥락 활용 전략

CVCVC 단어를 위한 맥락 활용 전략에서는 단어의 첫 모음 발음을 위해 여러 발음을 시도해 보고, 어떤 발음을 했을 때 문장의 맥락 속에서 의미가 통하는지 판단해 보는 것을 포함한다. 이러한 전략은 VCe 파생단어가 아닌 CVCVC 단어들에 적용한다. CVCVC 단어가 나왔을 때 학생은 먼저 단어의 첫 모음을 장음으로 발음한다. 그런 다음 첫 모음을 장음으로 발음한 단어가 문장의 맥락 속에서 의미가 통하는지 확인하도록 한다. 만약 이렇게 발음한 단어가 맥락에 맞지 않는다면, 해당 모음의 단음으로 발음해 본 다음 마찬가지로 문장의 맥락 속에서 뜻이 통하는지 확인해 본다. 이 전략은 학생이 CVCe 파생단어와 CVC 파생단어(*hopped* 대 *hoped*)의 변별을 충분하게 하기 전까지는 가르치지 않는 것이 좋다. 너무 빨리 이 전략을 가르치게 되면 학생들에게 혼동을 가져올 수 있다.

이 전략의 교수를 위해 두 가지 수업 형식을 제시한다. 첫 번째 수업 형식(〈표 15-3〉 참조)은 교사가 배우지 않은 8개의 CVCVC 단어 목록을 가르치는 선행기술 수업 형식이다. 이 목록에서 절반의 단어는 장모음 소리를, 나머지 절반의 단어는 단모음 소리를 포함하는 것이어야 한다(단어 목록은 부록 A 참조). 첫 모음에는 밑줄이 그어져 있다. 각 단어에 대해 학생들에게 첫 모음의 이름 또는 소리를 말해 보게 한 뒤, 전체 단어를 읽어 보게 한다. 이 수업 형식의 목표는 단어의 첫 모음이 어떻게 발음되는지 연습하게 하는 데 있다. 이 선행기술 수업 형식은 학생들이 2일 연속으로 첫 번째 시도에서 오류 없이 읽을 수 있을 때까지 매일 진행하도록 한다. 또한 여기서 제시하는 모든 단어는 이전에 어휘 연습에서 제시되었거나 학생들의 어휘집에 있는 것들이어야 한다.

표 15-3 선행기술 수업 형식

교사	학생
교사는 다음 단어를 칠판에 쓴다. bugle petal rapid topic fever silent	
1. "여기 이 단어들은 재미있는 단어들이에요. 어떤 단어에서는 밑줄 친 글자가 그 글자의 이름으로 발음되고, 어떤 단어에서는 글자의 소리로 발음돼요."	
2. "각 단어에 대해서 여러분에게 밑줄 친 글자가 이름으로 발음되는지, 소리로 발음되는지 물어볼 거예요. 어떻게 발음되는지 대답한 다음에 단어 전체를 읽어 보세요."	
3. a. (*bugle*의 *u*를 가리키며) "이 글자는 글자의 이름으로 발음돼요."	
b. "이 글자의 이름이 무엇이죠?" (신호)	"ū(유)요."

c. "단어를 읽어 보세요." (신호)	"Bugle."
4. a. (*rapid*의 *a*를 가리키며) "이 글자는 글자의 소리로 발음돼요."	
b. "이 글자의 소리가 무엇이죠?" (신호)	"ă(애)요."
c. "단어를 읽어 보세요." (신호)	"Rapid."
5. (나머지 단어들에 대해서도 3단계 또는 4단계를 반복한다.)	
6. [하나 혹은 그 이상의 단어에 대해 몇몇 학생에게 3단계(a~c) 또는 4단계(a~c)를 개별 연습시킨다.]	

두 번째 수업 형식(〈표 15-4〉 참조)은 학생들이 모르는 CVCVC 단어와 마주쳤을 때 무엇을 해야 하는지에 관한 전략을 소개하고 있다. 교사는 먼저 학생이 새로운 단어를 읽기 위해 밑줄 친 글자(첫 번째 모음)를 서로 다른 소리로 발음해 봐야 한다는 점을 설명한다. 학생들에게 먼저 단어를 읽어 보라고 한 뒤, 밑줄 친 글자의 이름을 말해 보게 한다. 그런 다음 4~6개의 단어를 제시하는데, 절반은 장모음 소리가 들어가고 나머지 절반은 단모음 소리가 들어간 것으로 구성한다. 각 단어에 대하여 먼저 첫 모음을 장모음으로 발음하여 단어를 읽어 보게 한다. 그런 다음 교사가 전체 문장을 읽어 주고 학생이 말한 단어가 문맥 안에서 적절했는지 여부를 물어본다. 만약 적절하지 않다면, 첫 모음을 단모음으로 발음하여 단어를 읽어 보게 한다. 이제 문장의 맥락에서 의미가 통해야 한다. 교사가 제시하는 모든 단어는 학생의 구어 어휘집에 있는 것이거나 이전 어휘 연습에서 제시된 적이 있는 것이어야 한다.

몇 개의 단어가 제시된 후, [그림 15-1]과 유사한 활동지를 활용한 연습이 제공될 수 있다. 이 활동지에는 이전에 배우지 않은 4~8개 정도의 불규칙 단어를 제시한다. 그리고 단어 하나가 빠져 있는 문장들을 불규칙 단어 하단에 배치한다. 학생들은 목록에 있는 불규칙 단어들 중 하나를 골라 문장의 빈칸을 채우게 된다.

이처럼 서로 다른 모음의 발음을 시도해 보게 하는 전략은 다른 유형의 단어에도 사용할 수 있다. 예를 들면, 글자 조합 *oo*는 *moon*에서의 모음 소리로 발음될 수도 있고 *good*에서의 모음 소리로 발음될 수도 있다. 글자 조합 *oo*가 포함된 아직 배우지 않은 단어들의 목록을 제시한다. 학생들은 대표음을 먼저 시도해 보고 그다음 흔하지 않은 소리를 발음해 본다.

표 15-4 읽기 어려운 모음 소리를 포함하는 단어를 위한 전략

교사	학생
교사는 다음 단어를 칠판에 쓴다. camel legal topic bagel	
1. "여기 있는 단어들은 새로운 것들이에요. 새로운 단어를 읽으려고 할 때는 밑줄 친 글자들을 여러 가지 소리로 발음해 본 다음 단어를 읽어야 해요."	
2. "첫 시도에서는 글자의 이름으로 발음해 보세요."	
3. a. (camel을 가리키며) "밑줄 친 글자의 이름이 무엇이죠?" (신호)	"a요."
b. (a를 가리키며) "이 글자 소리를 /ā/(에이)로 발음해서 단어를 스스로 읽어 보세요." (잠시 멈춤)	
c. "단어를 읽어 보세요." (신호)	"Cāmel(케이멀)."
d. "지금 읽은 단어와 함께 문장을 읽어 볼게요. A cāmel is animal that has humps on its back. 이 문장에서 cāmel이 자연스러운가요?" (신호)	"아니요."
참조: 3(d)에 대한 답이 '네'이면 3단계(e~g)는 진행하지 않는다.	
e. (a를 가리키며) "이제 이 글자의 소리를 말해 봐요. 무슨 소리가 나죠?" (신호)	"ă(애)요."
f. "이 글자의 소리로 발음해서 스스로 단어를 읽어 보세요." (잠시 멈춘 후 신호)	"Camel(캐멀)."
g. "지금 읽은 단어와 함께 문장을 읽어 볼게요. A camel is animal that has humps on its back. 이 문장에서 camel이 자연스러운가요?" (신호)	"네."
4. (나머지 단어에 대해서도 3단계를 반복한다.)	

안내: 다음 단어들 중에 하나를 골라 문장의 빈칸을 채우시오.

salad camel bacon hotel copy

1. They stayed in a nice________ . (그들은 멋진 ________에서 머물렀다.)
2. I love ___________ and eggs. (나는 ___________와 계란을 좋아한다.)
3. The teacher said, "Do not _____." (선생님이 말씀하였다. "________하지 마세요.")
4. They rode on top of a _______. (그들은 __________ 위에 탔다.)
5. We put tomatoes in the ________. (우리는 ________에 토마토를 넣었다.)

[그림 15-1] 맥락 활용을 위한 활동지 예시

다음절 단어

다음절 불규칙 단어를 해독하기 위해서는 맥락을 단서를 활용하는 방법을 배워야 한다. 〈표 15-5〉는 다음절 불규칙 단어를 읽기 위해 구조 분석 및 발음 분석에 더해 맥락을 활용하는 방법을 가르치기 위한 수업 형식이다. 교사는 학생들에게 알고 있는 단어의 부분을 먼저 파악하게 하고 단어 전체를 읽는 것을 돕기 위해 해당 단어가 포함된 문장을 읽어 준다. 〈표 15-5〉에 제시한 예시들은 초등학교 고학년 학생들에게 적합하다.

표 15-5 다음절 불규칙 단어를 가르치기 위한 수업 형식

교사	학생
A. 교사는 다음 단어를 칠판에 쓴다. isolation recognize demonstrate relationship graduation	
B. (단어를 소개한다.)	
1. (학생들에게 단어의 익숙한 부분을 말해 보게 한다.)	
a. (*isolation*을 가리키며) "이 단어의 부분을 읽어 봅시다."	
b. (*ol*을 가리키며) "이 글자들은 보통 어떤 소리가 나죠?" (신호)	"ol(올)."
c. (*ation*을 가리키며) "이 글자들은 보통 어떤 소리가 나죠?" (신호)	"ation(에이션)."
2. (맥락 단서를 제공한다.) "잘 들어보세요. 문장 하나를 말해 줄 거예요. 의사들은 그 남자의 질병을 아무에게도 알리고 싶지 않았기 때문에 그 남자를 (*isolation*을 가리키며) 병동으로 보냈어요. 이 단어를 알면 손을 드세요." (교사는 개별 학생을 지명한다. 학생들이 단어를 말한 다음 전체 집단이 함께 말해 보게 한다.) "무슨 단어죠?" (신호)	"isolation."
3. (나머지 단어에 대해서도 1~2단계를 반복한다.)	
4. (학생들에게 맥락 단서만을 주고 다시 단어를 읽게 한다.)	
a. "단어 하나가 빠져 있는 문장을 말해 줄 테니 빠져 있는 단어를 말해 보세요."	
b. (*isolation*을 가리키며) "의사들이 그 남자를 (빈칸) 병동으로 보냈어요. 무슨 단어죠?" (신호)	"isolation."
c. (*recognize*를 가리키며) "나는 그 사람을 (빈칸) 할 수 없었다. 무슨 단어죠?" (신호)	"recognize."
d. (*demonstrate*를 가리키며) "우리는 판매원에게 그 기계가 어떻게 작동하는지 (빈칸) 해 달라고 했다. 무슨 단어죠?" (신호)	"demonstrate."
e. (*graduation*을 가리키며) "그가 학교를 마치면 그는 (빈칸) 파티를 할 것이다. 무슨 단어죠?" (신호)	"graduation."

여기서 소개하는 새로운 불규칙 단어는 학생들의 수용 어휘집에 있는 것이어야 한다. 즉, 학생들이 이전에 전혀 들어보지 못한 단어이거나 그 의미를 모른다면, 맥락을 활용하는 전략은 그리 유용한 단서가 되지 않을 가능성이 크다.

응용 연습문제

01 교사가 다음의 기술들을 이미 가르쳤다고 가정하자.

- 모든 유형의 1음절 및 2음절 규칙 단어 및 글자 조합을 포함하는 단어의 해독
- 모든 개별 글자의 대표음
- 다음 글자 조합 및 접사들의 대표음: *ai, ar, ea, ee, ck, ou, th, sh, wh, ch, er, ing, ed, y, igh, al, oa*
- 첫 번째 모음이 장음으로 발음되는 VCe 패턴 단어들

다음 단어들 중에서 학생들이 해독하지 못할 것으로 생각되는 것에 동그라미를 표시하시오. 동그라미를 표시한 각 단어들 옆에 해독하지 못하는 이유를 다음처럼 축약어로 설명하시오.

- L[letter(글자) 때문에]: 글자 조합 포함 단어를 학생이 모름
- I[irregular(불규칙) 때문에]: 일부 글자 또는 글자 조합이 대표음으로 발음되지 않음

spoil	float	cough
ground	blame	smell
blew	steak	warn
trait	cheer	done
groan	bleach	roam
soup	sigh	shame
broad	rough	build

02 어려운 모음 발음을 포함하는 단어 읽기 전략을 가르칠 때 교사가 다음과 같이 문장을 말하고 질문을 하였고 학생들은 “아니요.”라고 답하였다. 그 이유가 무엇이었을지 말해 보시오.

교사: “새로운 단어가 들어간 문장을 말해 줄 거예요. 잘 들어보세요. He ate a bagel. bagel이 문장에서 의미가 통하나요?”

03 다음은 교사가 매일 제시하는 불규칙 단어 목록이다. 이 목록이 적절하지 않은 이유를 말해 보시오. 또한 교사가 무엇을 해야 할지 말해 보시오.

월요일: fuel, reign, chauffeur

화요일: bias, puny, tour

수요일: sewn, plaque, chef

04 서로 관련 있는 단어 세트로 만들 수 있는 불규칙 단어 옆에 체크 표시를 해 보시오.

said	grace	suit
throw	stood	me
fly	cage	soup

05 학생들이 새로운 단어를 읽을 때 어느 정도의 어려움이 있을지 예측 가능하다. 다음 단어들 가운데 학생들이 가장 해독하기 어려울 것 같은 6개의 단어 옆에 체크 표시를 하시오. 학생들이 초기 단계에서 이미 발음 및 구조 분석 기술을 모두 습득했다고 가정한다.

predictable	inactive	peril
hilarious	ratio	invention
detective	souvenir	basketball
hopelessly	returning	buttercup
sodium	inspection	malaria

06 중간에 하나의 자음이 들어가 있는 2음절 단어 해독을 위해 맥락을 활용하는 연습을 위한 활동지를 만들어 보시오(부록 A의 단어 목록 참조).

제16장
유창성 교수 및 지문 읽기

학습 목표

1. 지문 및 이야기 글 읽기 지도 절차를 포함하여 **자동성**(automaticity)과 **유창성**(fluency) 구인 간의 차이점을 설명한다.
2. 고학년 학생들을 대상으로 속도, 점검하기, 오류 교정, 교정과 같은 핵심적인 기술을 포함하는 이야기 글 읽기 지도 절차를 설명한다.
3. 감정을 넣어 읽기, 읽기 속도 증가시키기, 속도 및 정확성 점검, 추가적인 연습 제공을 포함하는 읽기 유창성 향상을 위한 지도 절차를 논의한다.
4. 학생들의 자아개념 및 학교 이외에서의 읽기 활동 향상을 위한 짝과 함께 읽기(duet reading)의 지도 조건을 설명한다.

유창성이란 표현력을 가지고 빠르고 정확하게 지문을 읽을 수 있는 능력을 말한다. 유창하게 소리 내어 읽는 것을 들으면 마치 그 사람이 말하는 것과 비슷하다. 반대로 구두 읽기 유창성(Oral Reading Fluency: ORF)을 충분히 발달시키지 못한 사람의 경우 속도가 느리고 단어 단위로 읽으며 읽기 속도가 일정하지 않을 뿐만 아니라 톤도 단조롭다.

자동성과 **유창성**이라는 용어는 자주 혼용되지만 완전히 동일한 개념은 아니다. **자동성**이란 특별한 노력이 들지 않고 빠르게 단어 혹은 단어 목록을 인지하는 능력을 의미한다. 이에 반해 **유창성**이란 문장과 문단 안에서 특별한 노력이 들지 않고 빠르게 단어를 읽는 능력을 가리킨다. 따라서 자동적인 단어 인지는 유창성의 필요조건이지만 충분조건은 아니다. 일부 학생들의 경우 단어나 단어 목록을 개별 단어 수준에서는 자동적으로 인지할 수 있으나, 여전히 문장 안에서 해당 단어들을 읽을 때는 여전히 유창성이 부족해 보인다. 이런 학생들은 읽기 유창성 향상을 위한 교수가 필요하다.

유창성은 단어 인지와 독해 사이를 연결해 주는 다리이기 때문에 매우 중요하다. 유창하게 읽는 사람들은 자신들의 주의력을 텍스트의 의미에 집중시킬 수 있는데, 이는 단어 해독에 인지적 자원을 집중할 필요가 없기 때문이다. 반대로 유창하게 읽지 못하는 사람들은 자신들의 주의력을 단어를 파악하고 해독하는 데 써야 하기 때문에 텍스트 이해에는 상대적으로 많은 주의를 할애할 수가 없다. 유창성은 독해에 필수적이며, 자동적인 단어 인지는 유창성에 필수적이다. 따라서 유창성은 단어 인지에서 독해로 넘어가기 위해 반드시 건너야 하는 다리와 같다. 자동화된 단어 인지, 유창성 그리고 독해는 서로 뗄 수 없는 밀접히 연관된 읽기 기술이다. 유창성에 대한 국가읽기위원회(Natinal Reading Panel, 2000)의 주요 결론이 [그림 16-1]에 제시되어 있다. [그림 16-1]에 제시된 것처럼 유창성 향상을 위한 교수들은 단어 인지 및 독해 향상에도 긍정적인 영향을 미친다.

- 교사의 피드백과 지원을 통한 반복하여 소리 내어 읽기 등의 교수 활동은 잘 읽는 학생뿐 아니라 읽기에 어려움이 있는 학생들의 읽기 향상에 도움을 준다.
- 읽기 유창성 향상을 위해 '안내된 반복하여 소리 내어 읽기(guided, repeated oral reading)' 교수는 단어 인지와 독해 향상에도 긍정적인 효과가 있다.
- 반복하여 소리 내어 읽기는 평균 수준의 학생들에게는 최소 4학년까지, 다양한 유형의 읽기 어려움을 가지는 학생들에게는 고등학교 때까지 읽기 능력 향상에 확실한 효과가 있다.
- 유창성은 학생들이 특정 수준의 읽기 속도와 정확성에 이를 때까지 텍스트를 몇 회에 걸쳐 반복적으로 읽음으로써 향상될 수 있다.
- 혼자서 묵독하기 교수에 투입된 시간이 읽기 유창성 및 전반적 읽기 성취에 향상을 가져오는지에 대한 확실한 근거를 보여 주는 연구는 현재까지 없다.
- 혼자서 묵독하기 교수 방법에 대한 검증된 효과성의 부재는 읽기 유창성 향상을 위해 암묵적인 교수보다는 명시적인 교수 접근이 더 중요함을 시사한다.

[그림 16-1] 유창성 교수에 대해 과학적으로 검증된 연구결과 분석을 토대로 제시한 국가읽기위원회(NRP)의 결론

출처: National Reading Panel (2000), Chapter 3, "Fluency," p. 29.

연구자들은 유창성 향상을 위한 두 가지 주요 교수적 접근을 연구하였다.

1. 학생들이 지문을 여러 번 소리 내어 읽고, 읽는 동안 교사가 피드백과 지원을 제공하는 반복 읽기 접근
2. 학생들이 스스로 읽도록 격려를 받는 독립적 묵독 읽기 접근

국가읽기위원회(NRP)는 독립적 묵독 읽기가 유창성 및 전반적인 읽기 성취 향상을 위한 방법으로 아직 확실한 효과에 대한 근거가 없음을 지적하였다. 반면, 안내된 반복적 소

리 내어 읽기 교수가 유창성과 독해 향상에 긍정적인 효과가 있음을 다수의 연구에서 밝히고 있다.

이야기 읽기는 읽기 교수의 핵심적인 부분 중 하나로 각 차시의 한 부분을 차지한다. 첫 이야기 읽기 연습은 학생들이 단어 목록을 소리 내어 읽은 직후부터 시작할 수 있다. 처음 제시하는 이야기는 보통 매우 짧고, 이야기 읽기 연습은 읽기 수업의 작은 부분을 차지한다. 읽기 교수 초기 단계의 앞부분에서 학생들은 이야기 속의 단어들을 소리 내어 읽는다. 초기 읽기 단계를 거치며 소리 내어 읽기에서 즉독으로 점차 전환이 이루어진다. 읽기 교수 초기 단계에서도 상당한 양의 읽기가 필요한데, 이를 통해 학생들이 유창성 발달에 필요한 활발한 연습이 가능해지게 된다.

초기 읽기 단계에서 이야기 읽기는 상당히 큰 부분을 차지하는데, 이는 정확성, 유창성 그리고 독해까지 관여하는 활동이기 때문이다. 학생들은 이야기를 매일 소리 내어 읽게 된다.

초기 읽기 단계에서 정확한 읽기와 유창하게 읽기는 모두 중요하다. 학생들에게 텍스트를 정확하게 읽도록 가르치는 것은 매우 중요하다. 정확성에 대한 초기의 강조는 학생들로 하여금 많은 노력 없이 정확하게 읽는 데 집중할 수 있도록 한다. 정확한 읽기에 대한 필요성은 갈수록 커지는데, 특히 학생들이 하나의 단어를 잘못 읽었을 때 문장의 의미가 달라지는 복잡한 과학 텍스트 읽기에서 더욱 그러하다.

이 장에서는 초기 읽기 단계 첫 부분 이후의 이야기 읽기 및 유창성 지도 절차에 대해 논의한다.

이야기 글 읽기 지도 절차

초기 읽기 단계에서 이야기 읽기 수업을 진행함에 있어 교사들의 과제는 ① 모든 학생의 유창성 향상을 위해 적절한 연습기회 제공, ② 정확한 읽기에 대한 지속적인 강조, ③ 감정을 넣어 읽기와 같은 특정 읽기 기술에 대한 교수 제공, ④ 어휘 및 독해 활동의 통합, ⑤ 학생들의 높은 수준의 참여를 독려하고 동기화하기 위해 텍스트 관련 활동 제공하기 등이다.

다음에 제시하는 지도 절차 및 동기화 전략들은 학생들이 이야기 안에 등장하는 단어들을 모두 해독할 수 있는 충분한 지도를 받아 왔고, 해당 야이기는 학생들의 교수 수준

(instructional level, 다소 도전적인 난이도이지만 교사의 도움을 받아 이해하기에 적절한 수준)에 적합함을 가정하고 있다. 학생들의 교수 수준에 적합한 텍스트는 100개의 단어 가운데 학생들이 적절한 단어 목록 연습 없이 모르는 단어가 2~3개 정도만 있는 경우를 말한다. 만일 어떤 단어가 이전 단어 목록 연습을 통해 이미 습득한 발음 요소를 포함하고 있다면 단어 목록 연습에서 미리 제시할 필요는 없다. 예를 들어, 학생들이 단어 목록 연습에서 글자 조합 *ar*이 포함된 10~15개가량의 단어를 읽은 후에 단어 목록 연습에 없었던 *ar*을 포함하는 새로운 단어가 이야기에 등장할 수도 있다. 하지만 이전에 배우지 않아 학생이 모르는 발음 요소를 포함하는 단어의 경우라면 이야기를 제시하기 전 며칠 동안 단어 목록 연습을 통해 불규칙 단어로 연습할 필요가 있다.

이야기 읽기를 지도하기 위한 기본적인 절차는 하나의 이야기를 학생이 세 번 읽도록 하는 것이다. 첫 번째 읽기에서의 초점은 정확하게 읽는 것에 있다. 첫 시도에서 만족할 만한 정확도 수준을 보이면 교사는 두 번째 읽기의 초점을 정확성뿐만 아니라 이해에 두도록 한다. 세 번째 읽기에서는 학생들이 다 같이 한목소리로 읽거나 또래와 짝을 지어 읽게 하면서 유창성에 초점을 둔다.

첫 번째와 두 번째 읽기에서는 교사가 개별 학생을 지목하여 1~4개 정도의 문장을 읽게 하고, 이때 다른 학생들은 따라 읽게 한다. 하나의 지문이 끝날 때까지 여러 학생을 지목하여 몇 개의 문장을 읽게 한다. 교사는 학생들이 보이는 모든 오류를 기록한다. 첫 번째 읽기에서는 정확한 읽기에 집중하기 위하여 독해 관련 질문은 거의 하지 않는 것이 좋다. 만약 학생들이 일정 수준 이하의 오류를 보이며(97% 준거: 100개 단어라면 3개 이하의 오류) 지문을 읽는다면 이야기를 한 번 더 읽게 한 다음 독해 관련 질문을 한다. 첫 번째 시도에서 너무 많은 오류를 보인다면(100개 단어 중 3개를 초과한 경우) 학생들이 다시 한번 이야기를 읽을 때 교사는 독해 관련 질문을 하지 않고 정확성에만 초점을 두도록 한다.

초기 단계 읽기 수업 형식은 〈표 16-1〉에 제시되어 있다. 이 수업 형식은 교사가 학생들에게 1명씩 지목을 받으면 각자 이야기를 읽는다고 설명하며 시작한다. 다른 학생이 읽을 때 그 학생이 읽고 있는 단어들을 손가락으로 가리켜 가며 따라 읽도록 한다. 이는 학생들이 지목받지 않았을 때도 읽기 활동 내내 활발하게 참여도를 높일 수 있는 방안으로 추천하는 바이다. 학생들이 읽기 활동에 몇 주간 집중하여 참여하는 모습을 보이면, 이후 손가락으로 짚어 가며 따라 읽는 것을 면제해 주어도 괜찮다.

첫 번째 읽기 이전에 교사는 오류 한계를 제시한다. 이는 정확한 읽기를 장려하기 위한 일종의 동기화 전략이다. [오류 한계는 이야기에 등장하는 단어 수에 0.03을 곱하여 정한다

표 16-1 지문 읽기 해독을 소개하는 수업 형식

1. (교사는 이야기 읽기 절차를 소개한다.)
   a. "이제 이 이야기를 소리 내어 읽을 거예요. 몇몇 학생을 지목하겠습니다. 여러분이 읽을 때 모든 사람이 들을 수 있게 큰 목소리로 읽어 주세요. 마침표가 나오면 읽기를 일단 중단해 주세요. 만약 선생님이 다른 학생을 지목하지 않으면 다음 문장을 계속 읽으면 됩니다. 여러분의 읽기 순서가 아닐 때는 친구가 읽고 있는 곳을 손가락으로 가리켜 가며 같이 읽으면 됩니다."
   b. "어떻게 읽으면 되는지 보여 줄게요. 선생님이 읽을 때 선생님이 읽고 있는 단어를 여러분은 손가락으로 가리키면 됩니다." (교사가 문장 몇 개를 읽는다. 학생들은 교사가 읽는 단어를 손으로 짚는다.)
   c. (교사는 모든 학생이 손가락으로 짚어 가며 잘 따라올 때까지 b단계를 반복한다.)
2. (학생들이 이야기를 읽는다: 해독)
   a. "이제 여러분이 읽을 차례예요. 선생님이 지목하면 큰 목소리로 읽으세요. 마침표가 나오면 중단하세요. 선생님이 다른 학생을 지목하지 않으면 다음 문장을 읽으세요. 여러분의 읽기 순서가 아닐 때는 친구가 읽고 있는 단어를 손가락으로 가리켜 가며 같이 읽으면 됩니다."
   b. "오늘 우리의 오류 한계는 8개예요. 8개의 오류 혹은 그 이하로 이야기를 읽으면, 다음으로 이야기를 한 번 더 읽고 선생님이 이해를 점검하기 위한 질문을 할 거예요."
   c. (교사는 새로운 학생을 지목하여 1~4개의 문장을 읽게 한다.)
3. (학생들은 이야기를 읽는다: 이해*)
   a. (교사는 학생을 지목하여 개별적으로 읽게 한다. 그리고 독해 관련 질문을 한다.) "이제 이야기를 다시 한번 읽을 거예요. 이번에는 이야기에 관한 질문을 할 거예요."

* 첫 번째 읽기에서 학생들이 계속 정확하게 이야기를 읽으면 교사는 이해 관련 질문을 시작할 수 있다.

(250×0.03=8, 단어 읽기 오류 한계).] 학생들이 이야기를 먼저 읽고 교사는 독해 관련 질문을 하나도 하지 않거나 한두 개 정도만 한다. 만약 학생들이 미리 정해 놓은 오류 한계점 이하로 오류를 범하면 해당 집단을 칭찬해 주고 이야기를 한 번 더 읽게 한다. 두 번째 읽기에서는 교사가 독해 관련 질문을 한다. 학생들이 만일 기준보다 오류를 많이 범할 경우, 이야기를 다시 읽고 이때 교사는 다시 정확도에 초점을 맞춘다. 학생들이 정확하게 이야기를 읽고 독해 질문에 답을 하면 교사는 이제 유창성에 집중한다. 이 장의 후반부에 유창성 향상을 위한 지도 절차에 대해 논의할 것이다.

중요 행동

◉ 속도와 점검하기

- 학생들 자신의 순서를 예측할 수 없도록 학생들을 지목하여 읽게 한다. 학생들은 자신의 순서가 언제인지 모를 때 더 주의를 집중하여 수업에 참여하게 된다. 어떤 때는

한 문장만 읽게 하고, 또 어떤 때는 여러 개의 문장을 읽게 한다. 학생들이 학년 수준 텍스트를 읽을 수 있도록 상위 학년에서는 학생들이 읽는 문장의 수를 늘릴 수 있다.

- 다른 학생이 읽을 때 잘 따라 읽고 있는지 확인하기 위해 학생들을 관찰한다.
- 학생과 학생 간 전환을 촉진하는 타이밍을 찾는다. 새로운 학생을 지목할 때, 교사는 지금 읽고 있는 학생이 문장의 마지막 단어를 읽으면 바로 다음 학생의 이름을 부른다. 교사가 하는 말은 최소로 줄이는 것이 좋다.

◉ 오류 교정

교사가 사용하는 오류 교정 절차는 집단 내 학생 수에 따라 달라질 수 있다.

한 집단의 학생이 3명이 넘을 경우, 교사는 자신의 교수 행위가 학생들의 집중력에 어떤 영향을 미칠지 늘 고려해야 한다. 만일 교사가 개별 학생의 오류 교정에 너무 많은 시간을 할애하게 되면 이는 다른 학생들의 부주의를 야기할 수 있다. 다음의 오류 교정 절차는 3명이 넘는 학생들이 있고, 학생이 단어를 잘 인지하지 못할 때를 상정하여 고안되었다.

1. 학생이 오류를 범하면, 교사는 틀린 단어를 말해 준다. "그 단어는 *astounded*예요." 교사는 갑작스럽거나 너무 큰 목소리를 사용하지 않도록 한다.
2. 학생에게 바른 단어를 말해 보게 한다. "무슨 단어이죠?"
3. 학생에게 처음부터 문장들을 다시 읽어 보게 한다. "문장의 처음으로 돌아가서 다시 읽어 보세요."
4. 오류를 보인 단어를 기록하고 학생이 다시 이야기를 읽기 전에 해당 단어에 대한 복습을 제공한다.

다른 유형의 오류들은 앞의 절차를 약간 변용한다. 만일 학생이 단어 인식은 제대로 하는데 단어를 삽입하거나 생략하면 오류를 말해 주고 해당 문장을 다시 한번 읽게 한다. "단어 하나를 빼먹었어요(또는 "없는 단어 하나를 넣었어요."). 문장을 다시 한번 읽어 보세요."

읽기 도중에 적절한 시간 내(3~5초 이내)에 단어를 읽지 못하면, 해당 단어를 말해 준다. 너무 긴 시간 동안 모르는 단어를 붙잡고 있게 하는 것은 해당 단어를 파악하지 못하는 학생에게는 고통이 될 수 있고, 자칫 수업 흐름에 방해가 될 수도 있다. 하지만 단어 읽기를 시도할 적절한 시간을 제공하지 않는 것 또한 학생에게는 스스로에게 실패감을 안겨 주는 일이 될 수 있으므로 교사는 신중한 판단을 내려야 한다. 만약 학생이 단어를 읽을 듯 말 듯 해 보이면 몇 초간 시간을 더 주어도 된다.

만일 지목받은 학생이 읽기를 시작해야 할 이야기 글의 지점을 놓쳤다면 교사는 즉시 다른 학생을 지목하여 이어서 읽게 하고 지점을 놓친 학생에게 올바른 지점을 알려 준다. 몇 학생이 돌아가며 읽은 다음 읽을 지점을 놓친 학생을 다시 지목하여 읽게 한다. 이렇게 하는 이유는 모든 학생의 활발한 읽기 활동 참여를 유지하기 위함이다. 자신의 읽기 순서를 놓치는 것은 많은 경우 주의 유지와 관련된 동기 부족에 기인한다. 어떤 학생들은 자신이 지목받았을 때 자신의 읽기가 너무 느리기 때문에 읽기를 주저할 수 있다. 그 학생이 지금까지 잘 따라오고 있었다는 확신이 있다면 교사는 읽기를 시작할 수 있도록 시간을 조금 더 주는 것이 좋다. 그러나 교사는 학생들에게 다른 친구들이 읽을 때 열심히 따라 읽어야 한다는 기대가 있음을 분명하게 말해 주어야 한다. 지속적으로 읽기 지점을 놓치는 학생들에게는 보다 빈번한 교사의 관심이 요구되며 이에 관해서는 이 장의 후반부에서 논의할 것이다.

일반적인 규칙으로서 지문 읽기가 진행되는 동안 교사가 오류 교정을 적게 할수록 수업이 보다 원만하게 진행된다고 할 수 있다. 하지만 일대일 또는 소그룹 교수에서는 학생이 오류를 범할 시 교사의 더 정교한 오류 교정 전략을 사용할 수 있다. 틀린 단어를 가리키고 학생이 올바른 해독 전략을 바로 적용하도록 돕는다. 특정 글자 조합이 포함된 단어의 해독에 실패한다면 교사는 해당 글자 또는 글자 조합을 가리키고 오류를 보인 글자들을 소리 내어 말해 보도록 요구한다. 해당 글자를 정확히 발음하면 이어서 "이 단어는 어떻게 발음하죠?"라고 묻는다. 예를 들어, 학생이 *beach*라는 단어를 'beat'이라고 읽었다면, 교사는 *ch*를 가리키며 묻는다. "이 글자들은 무슨 소리로 발음되죠? 그럼 이 단어는 어떻게 발음하죠?" 만일 학생이 글자 조합을 제대로 발음하지 못하면 교사는 해당 발음을 알려 주고 학생이 스스로 발음하게 해 본 후 다시 질문한다. "자, 이 단어는 어떻게 발음하죠?" 만약 학생이 불규칙 단어를 발음하지 못하면 음성적 혹은 구조적 단서가 불규칙 단어의 해독에 도움이 되지 않으므로 그냥 해당 단어를 학생에게 말해 준다. 모든 오류에 대하여 문장의 처음으로 돌아가 문장을 다시 읽게 한다.

때때로 한 그룹 내에서 1~2명의 학생은 이야기 속 단어들의 해독에 더 심각한 어려움을 보이거나 다른 학생들에 비해 유의하게 읽기 속도가 느릴 수 있다. 이때 교사는 지문 읽기 연습에서 이 학생들의 성공적인 경험을 늘리기 위해 추가적인 교수를 제공해야 한다. 가장 실제적인 방안 중 하나는 집단으로 읽기 전에 또래와 지문을 미리 읽어 보는 것이다.

고학년 학생들을 위한 교정

지문 읽기 교수의 구체적인 절차는 학생들의 학년이 올라가며 달라진다. 읽기 교수의 첫 2년을 성공적으로 마쳤다면 교사는 구조화된 묵독(structured silent reading) 방법을 소개할 수 있다. 학생들은 지문의 대부분을 소리 내어 읽은 다음 일부를 묵독한다. 교사는 학생이 방금 묵독한 부분의 내용에 대한 이해 관련 질문을 한다. 전체 이야기 중에서 묵독하는 분량은 5학년까지 점차 증가하여 1/3은 소리 내어 읽고 2/3는 묵독한다. 물론 이러한 묵독은 학생들이 충분한 읽기 정확도를 갖추었을 때 진행해야 한다.

오류 기록하기

구두로 지문 읽기 교수를 진행하는 동안 교사는 기록 시스템을 갖추는 것이 좋다. 이 오류 기록 시스템은 수업 활동을 가능한 한 방해하지 않으면서 학생들의 읽기 수행에 대한 최대한의 정보를 얻을 수 있어야 한다. 최소한 학생들이 만들어 낸 오류의 개수와 틀린 단어를 기록함으로써 이후 추가적인 교수에 반영하도록 한다.

심각한 어려움을 보이는 학생에 대해서는 보다 더 면밀한 기록 시스템이 필요하다. 학생이 읽는 지문을 복사하여 학생이 범한 오류 단어 옆에 해당 학생 이름의 약자를 적어 두는 것이다. 또한 읽기 오류 유형마다 표기법을 만들어 해당 오류 유형을 표시할 수도 있다. 중요한 것은 학생들의 오류를 기록하는 일관된 체계를 만드는 것이다. 다음은 다양한 해독 오류 유형을 기록하기 위한 한 가지 예시이다.

해독 오류 유형	표시
발음 오류 또는 단어 대치: (단어를 틀리게 해독함) 단어에 / 표시를 하고 학생이 발음한 단어를 씀	march mom ma/rk moth/er
주저: [적절한 시간 내 단어를 발음하지 못함(3~5초 내)] 단어에 / 표시를 하고 단어 위에 H(hesitation, 주저) 표시함	H le/ft
반전: ('he said'를 'said he'로 읽음) 고리 모양으로 바뀐 부분에 표시함	he said
생략: (단어를 빼먹고 읽음) 생략한 단어에 동그라미	She had smiled
자기교정: ('dot'라고 발음한 뒤 스스로 'dog'라고 수정함) 단어 위에 SC라고 표시함	SC dog

삽입: (없는 단어를 삽입함) 위 첨자 표시(^)를 하고 첨가한 단어를 씀	had He ^ said
읽기 지점 놓침: (교사가 지목하였으나 읽기 지점을 놓침) 해당 지점에 LP라고 표시함	LP ……went home. He was……

동기화 체계

학생들의 주의력과 정확한 읽기를 최대화하기 위한 동기화 체계는 이야기 읽기 지도 절차에 포함되어야 한다.

◉ 정확한 읽기

보다 신중한 읽기를 장려하기 위한 동기화 체계는 학생들이 집단 내에서 이야기 읽기 중 범하는 오류의 수에 기반하여 교사가 보상체계를 만드는 것에서 시작한다. 오류의 수가 적을수록 보상은 커진다.

정확한 읽기에 대한 기준은 다소 상향 조정하여 도전적으로 정하는 것이 좋다. 우리의 제안은 97% 정확도(100개 단어 가운데 3개 이하의 오류)이다. 이처럼 높은 정확도 기준은 교사가 학생들이 읽는 이야기에 포함된 단어들을 단어 목록 읽기 연습을 통해 사전에 적절하게 가르쳤다는 가정하에 정해진 것이다. 만일 학생들이 단어 목록 연습을 통해 적절한 준비를 하지 못했다면 이렇게 높은 정확도 기준은 합리적이지 않을 것이며, 학생들에게 좌절감을 안겨 줄 것이다. 개별 단어 읽기에 대한 준비가 잘 되어 있다면 97% 정확도 기준은 꽤 현실적인 목표이다.

교사는 각 수업 차시마다 집단의 오류 개수를 기록하는 차트를 준비한다. 〈표 16-2〉에 차트 예시가 제시되어 있다. 1~2열에는 날짜와 오류 한계를 기입한다. 다음 열에는 학생들이 해당 이야기에서 몇 개의 오류를 보였는지 기록한다. 마지막 3개의 열에는 각각 '매우 우수' '양호' '주의 요망'이라고 쓰고 해당하는 곳에 체크한다. '매우 우수'는 오류 2개 이하, '양호'는 오류 3개~오류 한계까지, '주의 요망'은 오류 한계의 수를 초과한 경우에 해당한다.

학생들이 특정 기준에 도달하면 집단 보상을 제공한다(예: 5일 연속 오류 한계를 넘지 않는 수행). 다양한 보상이 사용될 수 있는데, 이는 학생들의 참여 유형에 따라 달라진다. 내재적 동기가 높은 학생들에게는 언어적 칭찬과 같은 보상이 좋으며, 내재적 동기화로는

표 16-2 집단 이야기 읽기 수행 기록표 예시

날짜	오류 한계	오류 개수	매우 우수	양호	주의 요망
2020. 5. 12.	8	2	✓		
2020. 5. 13.	7	5		✓	

충분하지 않은 학생들에게는 토큰이나 구체물과 같은 보상물을 활용하는 것이 좋다(보상은 행동을 증가시키는 것이므로 보상물은 학생들을 동기화하는 것이어야 함을 기억할 것). 모든 상황에 있어 교사는 학생들이 높은 수준의 정확도로 읽을 때 진심을 담아 열정적으로 반응해 주어야 한다.

집단 내 한 학생이 다른 학생들에 비해 현저하게 많은 오류를 보일 경우, 교사는 그 학생의 자아개념을 보호하기 위한 행동을 취해야 한다. 이 장의 후반부에 나오는 '학생들의 자아개념 보호하기' 절을 참조하기 바란다.

◉ 주의집중

필요하다면 학생이 자신의 읽기 순서가 아닐 때도 지속적으로 이야기 읽기 활동에 주의를 집중시키기 위한 동기화 체계가 필요하다. 주의집중의 좋은 지표는 교사가 지목했을 때 자신이 읽어야 하는 위치를 정확히 아는지 여부이다.

만약 학생들이 자신들의 읽기 위치를 대부분 놓친다면 주의력을 향상하기 위한 보상이 필요하다. 1~2명의 학생만 실수를 한다면 개별화된 보상체계를 만들도록 한다. 첫째로 학생이 자신의 읽기 위치를 놓치는 것이 다른 학생들에 비해 읽기 속도가 유난히 느려서 그런 것인지 아닌지 확인하기 위해 읽기 속도를 점검해 보아야 한다. 만약 읽기 속도가 현저하게 느리다면 해당 학생을 다른 집단으로 배정하는 것을 고려하거나 추가적인 연습을 제공하는 것이 좋다. 만약 학생의 읽기 속도가 괜찮을 경우에는 학생의 점진적인 향상이 집단 전체에 보상을 가져다주는 체계를 만드는 것을 추천한다. 예를 들어, 한 학생이 매 수업 시간에 평균 세 번씩 자신의 읽기 위치를 놓친다면, 읽기 위치를 두 번 이하로 놓칠 경우 학생이 속한 집단 전체에 작은 보상을 주는 것이다. 일단 두 번 이하로 읽기 위치를 놓치는 정도로 집중력이 향상되면 교사는 기준을 높여 한 번 이하로 놓칠 경우에만 보상을 제공하고, 그 이후에는 한 차시 수업이 아닌 주당 2~3회 이하로 기준을 더 높이도록 한다. 학생이 향상을 보인 이후에도 보상체계를 유지하는 것이 중요하다. 학생들이 잘하고 있을 때 관심을 기울여 주고, 향상에 대해서는 지속적으로 인정을 해 주는 것은 매우 중요한 부분이다.

◉ 그 밖의 행동들

지문 읽기 연습을 순조롭게 이어 가기 위해 학생의 두 가지 행동이 매우 중요하다. ① 마침표가 나오면 멈추는 것과 ② 개별 연습에 호명되었을 때 다른 학생이 들을 수 있게 최대한 큰 소리로 읽는 것이다.

교사는 학생들이 잘 읽지 못할 때 우선 잘 읽은 부분에 대해 구체적인 칭찬을 해야 한다. 이야기 읽기 연습에서는 구체적인 칭찬을 빈번하게 제공해야 한다(예: "마침표에서 아주 잘 멈추었어요." "큰 목소리로 잘 읽었어요." "아주 잘 읽었어요."). 대부분의 학생에게 이러한 칭찬은 효과적으로 작용한다. 일부 학생이 여전히 어려움을 보일 경우 개별적인 칭찬을 제공할 수 있다(예: "Eli, 네가 큰 목소리로 읽을 때마다 포인트를 얻을 거야. 포인트 10점을 얻으면 Eli네 집단에 보너스 점수를 줄 거예요.").

동기화 체계는 고정적이어서는 안 된다. 개별 학생이 성공과 성취감을 느끼고 있는지 확인하기 위해 지속적으로 동기화 체계를 점검해야 한다. 그러나 이것이 학생들에게 더 열심히 하도록 간청하거나 어려움을 보이는 학생들을 초조하게 만드는 것은 아니어야 한다. 그 대신 특정 읽기 기술의 결핍이 문제인지 아니면 동기를 높이기 위한 절차가 강화되어야 할지 판단하기 위해 개별적으로 평가하는 것이 좋다.

진단과 중재-정확성

학생의 지문 읽기 정확도가 97% 미만이면 추가적인 지도가 필요하다. 제공할 지도의 유형은 오류의 근본적인 원인에 따라 달라진다. 오류 유형은 개별 학생 또는 집단이 이미 배운 읽기 기술에 대한 추가적인 연습이 필요한지 여부를 알려 줄 수 있다.

정확성 오류는 맥락 오류와 발음 오류로 구분될 수 있다. 맥락 오류들은 일관적이지 않은 학생의 수행에 의해 나타난다. 한 문장에서는 어떤 단어를 정확하게 읽었는데 다른 문장에서는 부정확하게 해당 단어를 읽는 경우이다. 반면, 발음 오류는 일관된 오류 패턴으로 나타난다(예: 학생이 글자 조합 *ou*가 들어가는 모든 단어에서 오류를 보이는 경우).

진단의 첫 번째 단계는 해당 학생이 저조한 수행을 보인 유형과 유사한 연습활동을 제시하고 향상된 수행에 대해 강력한 강화물을 사용하는 것이다. 교사는 그동안 정확하게 읽지 못했던 학생에게 지문 하나를 주며 "2개 이하로 오류를 보이며 이 지문을 읽으면 자신과 2명의 친구에게 스티커를 줄 거예요."라고 말한다. 이러한 강화의 목적은 유인가를 알려 주는 것만으로도 학생의 수행이 향상되는가를 확인하는 데 있다.

만일 이러한 유인가로 학생의 읽기 정확도가 높아진다면 집단 읽기 중에는 더 강력한 유인가를 제공하도록 한다. 일반적인 지침으로서 개별 학생의 향상이 집단에 대한 추가적인 보상 획득으로 이어지도록 계획하는 것이 좋다.

이와 같은 동기화 절차가 유의한 향상을 가져오지 않는다면 교사는 학생의 수행을 좀 더 주의 깊게 분석해 볼 필요가 있다.

◉ 발음 오류

때로 학생의 오류를 통해 이전에 배운 특정 기술을 다시 배울 필요가 있는지 명확하게 확인할 수 있다(예: 단어 안에 글자 조합 *ou*가 나오면 계속 잘못된 발음을 하는 경우). 교사는 학생의 오류를 분석하고 구체적인 음성적 및 구조적 취약점을 면밀하게 평가할 필요가 있다. 음성적이고 구조적인 분석에 초점을 둔 평가는 부록 G에 제시되어 있다.

기존에 배운 음성적·구조적 또는 불규칙 단어 읽기 기술에 결함이 있는 학생의 경우 특정 기술 결함에 대한 교수를 매일 받아야 한다. 이 교수는 학생이 아직 숙달하지 못한 기술에 대한 체계적인 재교수와 연습을 포함한다. 예를 들어, 학생이 하나 혹은 그 이상의 글자 조합을 모르고 있다면, 교사는 제14장에서 제시한 것처럼 한 번에 하나씩 글자 조합을 재교수한다. 학생이 지문을 읽을 때 오류를 보인 요소가 포함된 단어가 나오면 학생에게 명시적으로 다시 가르친다[예: "이 단어는 *o-u* 글자를 포함하고 있어요. 기억하세요, 이 단어들은 /ou/(오우)라고 발음해요."].

이러한 추가 교수를 일대일 또는 소집단으로 매일 5~10분씩 제공하는 것을 권장한다. 그러나 교실의 여러 상황으로 인해 지속적인 개별화 지도가 가능하지 않을 수 있는데, 이 경우 몇 가지 선택지가 있다. 교사는 해당 지도를 집단을 대상으로 한 단어 목록 수업과 통합하거나 또래 교수를 활용할 수 있다. 또래 교수 시 교사는 단어 목록 연습을 준비하고 또래 교사나 학부모 자원봉사자를 훈련시키도록 한다.

◉ 맥락 오류

맥락 오류는 이야기 속의 맥락에 과도하게 의존하는 경우와 너무 의존하지 않는 두 가지 경우를 모두 포함한다. 맥락에 과도하게 의존하는 경우는 단어를 개별적으로 읽을 때는 올바르게 읽는 반면, 글 속에서 읽을 때 더 많은 오류를 보인다(100개 단어 중 3개 오류 이상). 맥락에 과도하게 의존해서 생기는 오류는 학생이 문맥에 맞는 단어를 말하기는 하지만, 실제 문장 속 단어의 발음이 틀리고 실제 철자와도 최소한으로만 유사함을 보인다(예: 'The boy was not happy.'를 'The boy was not healthy.'로 읽음).

과도한 맥락 의존으로 생기는 오류 교정을 위한 지도 절차는 학생이 지문을 좀 더 주의 깊고 정확하게 읽도록 독려하기 위한 추가적인 동기를 제공하는 것을 포함한다. 정확도 기준은 학생의 현재 수행 수준에 따라 결정하고, 교사는 점진적으로 수행을 끌어올리기 위한 체계를 만들도록 한다. 만일 학생이 현재 90%의 정확도 수준으로 읽는다면 92% 혹은 그 이상에 도달했을 때 강화를 제공하도록 계획한다. 이 기준은 조금씩 끌어올려서 100% 정확도에 도달할 때까지 지속한다. 추가적인 강화물은 집단을 위한 보너스 포인트로 사용한다.

부정확한 읽기를 보이는 학생들은 자기교정(self-correction)을 많이 보인다(단어를 잘못 읽었다가 곧바로 제대로 읽는 경우). 아주 간간이 보이는 자기교정은 큰 문제가 되지 않지만, 너무 빈번한 자기교정은 읽기의 흐름을 방해한다. 자기교정을 과하게 보일 경우 교사는 자기교정을 오류로 고려할 수 있다.

맥락에 과도한 의존을 보이는 학생들은 읽기 속도에 문제를 보이기도 한다. 교사는 자기교정과 느린 읽기 속도 결함의 두 가지 모두를 처음부터 교정할 필요는 없다. 그 대신에 학생의 읽기 정확도를 높이기 위한 지도가 필요하다. 학생이 꾸준하게 읽기 정확도를 보이기 시작할 때 비로소 읽기 속도 향상을 위한 지도에 들어가도록 한다. 정확성 향상 지도 시 교사는 지문 안에 학생이 이전에 배우지 않았던 음성적 및 구조적 요소 또는 불규칙 단어들이 포함되어 있지는 않은지 확인해야 한다.

반면, 맥락에 너무 의존하지 않는 경우 학생은 글의 전체적인 흐름에 맞지 않는 단어를 말하게 되는데, 예를 들어 'The man went to the shop.'이라는 문장을 'The man went to the she.'라고 읽는 경우이다. 학생들이 글의 맥락과 문장의 의미에 주의를 기울이지 않아

많은 오류를 보일 경우, 보다 주의 깊은 읽기를 독려하기 위한 동기화가 필요하다. 또한 학생이 맥락 오류의 유형을 인식하도록 구두 연습을 제공할 수 있는데, 교사는 문맥이 통하지 않는 문장을 말해 준 다음 각 문장 속에서 단어의 의미가 통하는지 여부를 질문한다. 예를 들면 다음과 같다.

"선생님이 몇 개의 문장을 들려줄 거예요. 각 문장의 의미가 잘 통하는지 말해 보세요."

1. "The boy played on the pouch(소년이 주머니 위에서 놀았어요). 말이 되나요?"
2. "The boy played on the couch(소년이 소파 위에서 놀았어요). 말이 되나요?"
3. "The girls ran to the sore(여자아이들이 상처로 뛰어갔어요). 말이 되나요?"

들려주는 문장에서 오류를 잘 찾아내면 자신들이 읽을 때 맥락 오류를 스스로 인식할 가능성이 높아진다. 영어가 모국어가 아닌 학생들의 경우 영어에 대한 익숙함이 부족하여 맥락에 맞지 않는 단어를 말하는 오류를 더 많이 보일 수 있다.

유창성

유창성이란 글을 정확하고 빠르게 읽을 수 있는 능력이다. 글을 읽을 때 단어를 자동적으로 인지하고 단어들을 묶음으로 재빠르게 처리하는데, 이는 문장의 의미를 파악하는 데 도움을 준다. 즉, 별도의 인지적 노력을 투입하지 않으면서 읽을 때 감정과 표현력을 가지고 읽을 수도 있게 된다. 이 장의 남은 부분에서는 학생들이 유창하게 읽도록 돕는 지도 방안에 대해 논의한다.

유창성-표현력을 가지고 읽기

표현력을 가지고 읽기를 연습하는 것은 우리가 말할 때와 마찬가지로 글 또한 동일하게 의미를 전달함을 보여 주기 위해 필요하다. 표현력이 있는 읽기를 특징짓는 행위에는 마침표나 기타 구두점이 있는 곳에서 잠시 멈추기, 의미 단위로 끊어서 읽기, 중요한 단어들은 강조해서 읽기, 인용된 부분을 읽을 때 등장인물의 감정을 반영해서 억양을 넣어 읽기 등이 있다.

표현력을 가지고 읽기는 유치원에서 교사가 아동들에게 이야기책을 읽어 줄 때부터 시작할 수 있다. 아동들에게 이야기를 읽어 줄 때 교사는 아동들이 소리 내어 한목소리로 따라 읽을 문장을 몇 개 선정한다. 교사가 감정을 넣어 표현력 있게 문장을 읽은 후 아동들이 해당 문장을 한목소리로 읽게 한다. 이러한 문장은 등장인물이 어떤 말을 하는 장면이면 더 좋다. 교사는 문장을 읽어 준 다음 아동들에게 마치 등장인물이 말하는 것처럼 읽어 보라고 주문한다.

명시적인 표현력 훈련은 학생들이 1분당 50~60개 단어 정도를 읽는 속도일 때 시작하는 것이 좋다. 5~10분가량의 훈련 회기는 지문 읽기 수업에 이어 실시할 수 있다.

이 수업을 실시하면서 교사의 시범 절차를 반드시 포함하기를 권장한다. 교사가 우선 "이제 우리는 이 이야기를 마치 이야기를 들려주는 것처럼 읽는 연습을 해 볼 거예요. 먼저 선생님이 읽을 거예요. 그다음 여러분이 내가 읽은 것과 똑같이 따라 읽으세요."라고 말한다. 그러고 나서 1개나 2개의 문장을 약간 과장된 느낌으로 읽어 준다. 이때 교사가 읽는 첫 번째 단어에 손가락을 가져다 대고 교사가 읽는 것을 눈으로 따라가며 읽도록 미리 가르쳐 두는 것이 좋다(손가락으로 첫 단어를 짚는 것은 자신들이 읽을 차례가 되었을 때 문장의 시작 부분을 빨리 찾게 해 준다). 교사가 읽고 난 뒤 학생들이 해당 문장을 한목소리로 수차례 따라 읽게 한다. 그다음 학생 몇 명에게 감정을 넣어 표현력 있게 문장을 읽어 보라고 한다. 한 학생이 표현력을 잘 넣어서 읽지 못하면 다시 한번 시범을 보인 뒤 전체 학생이 다시 따라 읽는다. 해당 학생이 첫 문장을 표현력을 가지고 잘 읽으면, 다음 문장을 추가로 제시한다. 교사는 첫 문장과 다음 문장을 함께 읽어 주고 학생 전체와 개별 학생이 처음부터 표현력을 넣어 읽게 한다. 문장을 더하고 첫 문장부터 읽도록 하는 절차는 새로운 문장이 더해질 때마다 반복하도록 한다. 이를 통해 학생들이 표현력을 가지고 일련의 연속된 문장들을 읽도록 숙달시킬 수 있다.

이 수업은 교사의 시범 없이도 학생들 스스로 새로운 읽기 자료에 표현력을 넣어 읽을 수 있을 때까지 매일 진행하는 것이 좋다. 이를 연습하는 데 수개월이 걸릴 수 있다. 뿐만 아니라 2명씩 짝을 이루거나 다 함께 합창하듯이 표현력을 넣어 읽기를 연습하는 것도 유익한 방법이다.

유창성-읽기 속도

읽기 속도는 학생이 지문을 얼마나 빠르게 읽느냐에 관한 것이다. 이는 보통 1분당 읽은 단어의 수로 표현된다. 다양한 읽기 수준에 있는 학생들이 얼마나 빠르게 읽는가에 대해서 하나의 정해진 답은 없다. 권장 읽기 속도를 제안하기 위하여 우리는 읽기 속도와 독해 검사도구에서의 학생 성취 간 상관관계를 보여 주는 연구들을 조사해 보았다(Hasbrouck & Tindal, 1992).

〈표 16-3〉에는 다양한 교수 수준에 따른 권장 읽기 속도가 제시되어 있다. 이 속도들은 표준화 검사에서 50~70%ile(퍼센타일) 사이의 수행을 보인 학생들의 읽기 속도 분석 결과에 기초하고 있다. 우리는 다소 도전적인 읽기 속도를 권장하였는데, 그 이유는 재학생들의 빈곤 수준이 높은 학교를 대상으로 한 연구에서 초기 학년에서 높은 유창성 기준을 설정할수록 학생들이 더 많이 읽게 되고, 결과적으로 학생들이 학교에서 내주는 과제들을 전반적으로 더 쉽게 끝낼 수 있게 되었기 때문이다.

표 16-3 다양한 교수 수준에 따른 권장 읽기 속도

교수 수준	첫 읽기 시도에서의 분당 읽은 단어 수
1학년 2/3 수준	45
1학년 3/3 수준	60
2학년 1/3 수준	75
2학년 2/3 수준	90
2학년 3/3 수준	110
3학년 1/2 수준	120
3학년 2/2 수준	135
4학년 및 이후 학년 수준	150

읽기 속도 향상을 위한 연습은 학생들이 분당 최소 135개의 단어를 읽을 수 있을 때까지 매일 정규 차시의 일부분이 되도록 해야 한다. 교사는 먼저 학생에게 정확하게 지문을 읽을 것을 요구하고, 그 이후에는 정확한 독해를 위해 다시 읽은 다음, 마지막으로 학생 전체 또는 짝을 지어 최대한 유창하게 글을 읽어 보게 한다.

읽기 속도와 정확성 확인을 위한 구두 읽기 유창성

초기 단계에서 시간제한이 있는 구두 읽기 유창성(ORF) 평가를 자주 실시할 것을 제안

한다. 검사 주기는 학생들의 성취 수준에 따라 달라질 필요가 있다. 학년 수준에 비해 유의하게 낮은 수준의 읽기 능력을 보이는 학생들은 주 1회 평가하고 이보다 조금 수행이 나은 학생들의 경우 최소 2주에 1회 평가가 적절하다. 학년 수준의 평균 정도이거나 그보다 높은 경우 그리고 유창성과 정확성 기준에 충족한 학생들의 경우에는 월 1회 평가면 충분하다.

ORF 평가는 학생이 읽기 속도 및 정확성 향상을 위한 적합한 교수를 받고 있는지 여부를 판단할 수 있는 의미 있는 정보를 제공한다. ORF 평가를 위한 읽기 지문은 현재 읽기 프로그램에서 읽고 있는 이야기와 비슷한 난이도를 가진 것이 좋다. 가장 일반적인 유창성 평가 방법은 학생이 1분간 지문을 읽게 하는 것이다. 교사는 학생이 1분간 읽는 동안 만들어 낸 모든 종류의 오류를 기록한다. 두 가지 숫자가 기록되어야 하는데, 하나는 1분간 바르게 읽은 단어의 수(Words Read Correctly: WRC)이고 다른 하나는 정확히 단어를 읽은 비율이다. 반복과 자기교정은 바르게 읽은 단어의 수를 계산하는 데 포함하지 않는다.

잘못된 발음, 단어 대치, 생략, 그리고 3초가 경과한 경우(3초가 지나면 교사가 단어를 말해 준다)에는 오류로 처리한다. 바르게 읽은 단어 수를 학생이 읽은 총 단어 수로 나누어 주면 정확도 비율(%)을 산출할 수 있다. 만일 53개의 단어를 읽었는데 바르게 읽은 단어가 51개였다면 정확도 비율은 96%가 된다.

교사는 학생들의 읽기 유창성 성취도를 ORF 평가로 기록해 나가야 한다. 많은 교사가 그래프를 그릴 수 있는 종이에 기록을 한다(또는 학생이 스스로 읽기 속도와 정확성을 그래프로 그림). 〈표 16-4〉는 개별 학생의 읽기 수행을 기록할 수 있는 양식이다. 개별 읽기 수행마다 날짜와 읽은 지문, 바르게 읽은 단어 수(WRC), 오류의 수, 정확도 비율 등을 기록한다. 양식의 하단부는 바르게 읽은 단어 수를 그래프로 나타낼 수 있게 되어 있다. 〈표 16-5〉는 시간의 흐름에 따라 집단의 읽기 수행을 기록할 수 있게 만든 양식이다. 집단 내 개별 학생의 1분간 바르게 읽은 단어 수와 오류의 수를 기록한다.

표 16-4 개별 읽기 속도 기록 양식

학생 이름 ________________ 반 ________________

읽기 수행 기록

날짜														
지문														
WRC														
오류														
%														

WRC=바르게 읽은 단어의 수, %=바르게 읽은 단어의 비율

읽기 수행 그래프로 나타내기

135														
130														
125														
120														
115														
110														
105														
100														
95														
90														
85														
80														
75														
70														
65														
60														
55														
50														
45														
40														

35														
30														
25														
20														
15														
10														
5														
0														

표 16-5 집단 읽기 속도 기록 양식

교사 이름:							집단:					
	날짜	날짜	날짜	날짜	날짜	날짜	날짜	날짜	날짜	날짜	날짜	날짜
학생 이름												
바르게 읽은 단어 수: 오류의 수:												

유창성-추가 연습기회 제공하기

읽기 교수 집단 학생들이 만족할 만한 읽기 정확도 수준에 이르면 반복 읽기를 통한 연습을 매일 진행하게 된다. 하지만 정확도나 읽기 속도의 기준에 못 미치는 학생들에게는 추가적인 교수 및 연습이 필요하다. 만일 학생의 교수 수준에서 권장되는 읽기 속도보다 10% 이상 느리게 읽는다면 읽기 속도 향상을 위한 추가 연습이 요구된다. 교사는 학생들의 교수 수준에 따른 유창성 기대 수준을 파악하고 있어야 한다. 학생의 교수 수준이 학년 수준과 다를 수 있음을 기억할 필요가 있다. 만일 어떤 학생이 현재 2학년 2학기 수준에 해당하는 읽기 교수를 받고 있다면 그 학생이 현재 1학년이든 2학년이든 3학년이든 상관없이 교수 수준은 2학년 2학기가 된다.

매일 반복 읽기를 기반으로 한 교수 활동을 추가함으로써 읽기 속도의 향상을 꾀할 수 있다.

만약 읽기 집단 내 학생들의 읽기 속도가 많이 느리지 않을 경우, 짝을 지어 이전에 배웠던 지문을 읽도록 해 보는 간단한 연습을 시행해 볼 수 있다. 하지만 어떤 학생들은 보다 정교하게 고안된 읽기 속도 향상을 위한 연습이 필요할 수도 있다.

우리는 교사, 보조교사, 자원봉사자 또는 또래가 집단 혹은 개별로 실시할 수 있는 읽기 속도 향상 연습 절차를 개발하였다. 이 연습에서 학생들은 이전에 읽었던 100~200개 사이의 단어로 구성된 지문을 목표로 정한 속도에 이를 때까지 반복하여 읽는다.

읽기 속도 향상 교수를 준비하기 위해 개별 학생마다 다시 읽기 목표 속도를 정한다. 이 목표 속도는 학생의 현재 읽기 속도보다 40%가량 향상된 수준이어야 한다. 다만 40% 향상이라는 목표가 과도하여 학생에게 좌절감을 주는 정도라면 20% 또는 30% 이하로 설정할 수 있다.

만일 현재 학생이 분당 50개 단어의 속도로 읽는다면 교사는 다시 읽기에 대한 목표로 70개 단어를 설정할 수 있다[50+20(50의 40%는 20이므로)=70]. 현재 분당 90단어 속도로 읽는다면 목표는 126단어가 된다[90+36(90의 40%는 36이므로)=126].

교사는 단어의 수가 적힌 읽기 지문을 준비한다. 교과서나 이야기책을 복사하여 사용할 수 있다. 목표로 설정한 읽기 속도도 표시해 둔다. 어떤 교사들은 다음 예시처럼 누적 단어 수를 지문의 오른쪽에 표시해 두기도 한다.

한 젊은 남자가 자신의 집 근처에 있는	7
공원에 갔다. 그 공원에 막 도착했을 때	14
무언가 굉장히 이상한	17

추가 연습 회기에서 학생은 1분 내 읽을 수 있다는 자신감이 생길 때까지 자기 스스로 또는 짝과 읽기 및 다시 읽기 연습을 지속한다. 학생은 이제 교사에게 자신의 수행을 점검해 달라고 한다. 교사는 시간을 재고 학생이 소리 내어 읽게 한다. 만일 3개 또는 그 이하

의 오류를 보이며 분당 목표로 한 속도에 다다르면 학생의 읽기 수행 수준이 적합하다고 판단할 수 있다.

학생들이 적합한 속도로 읽게 되면 다른 지문으로 연습을 시작한다. 만약 교사가 집단 전체를 대상으로 지도하는 중이라면 한 학생은 개별 평가를 진행하고 나머지 학생들은 스스로 읽기 연습을 진행할 수 있도록 교수 활동을 구조화해야 한다. 10개의 지문에서 만족할 만한 수행을 보일 경우 1분당 읽는 단어의 수를 5개 상향 조정한다.

동기화 체계도 읽기 속도 향상 교수에 포함될 수 있다. 예를 들어, 학생이 목표 수준에 도달할 때마다 10칸으로 이루어진 사다리의 1칸을 채울 수 있게 한다. 이렇게 해서 사다리 꼭대기에 올라가면 보상을 받는다.

이러한 연습은 3~4명 정도의 소집단 교수로 진행될 수 있으며, 교사, 보조교사, 학부모 자원봉사자, 또래 교사가 진행할 수도 있다.

학령기 동안 교사는 학생들의 구두 읽기 유창성을 지속적으로 평가해야 한다. 또한 적합한 수준의 진전도를 보이는지 확인하기 위해 학생들의 읽기 속도를 주기적으로 모니터링해야 한다. 이를 위해 교사는 학생이 학년 말에 도달해야 할 목표와 일주일마다 평균적으로 몇 글자씩 향상을 보여야 할지 결정해야 한다. 만약 학생이 현재 2학년 초 읽기 수준이며 학년 말에 2학년 말의 읽기 수준이 될 것이라는 목표를 세웠다고 하자. 권장되는 유창성 수준은 분당 110단어를 읽는 것이다. 현재 학생은 분당 70개 단어를 읽고 있다. 1년이 24주라고 했을 때 이 기간 동안 분당 40단어의 향상이 요구된다. 따라서 향상이 필요한 40단어를 24주로 나누어 주면 매주 약 1.67단어의 향상이 필요함을 알 수 있다.

짝과 함께 읽기

짝과 함께 읽기(duet reading)는 교사가 반복 읽기 전략을 적용했음에도 불구하고 유창성에 진전을 보이지 않을 때 사용할 수 있는 지도 절차이다. 교사와 학생은 옆으로 나란히 앉아 같은 이야기에 있는 단어들을 교사와 학생이 번갈아 가며 읽는다. 지도 절차는 Siegfried Engelmann의 2006년 논문 「저성취 학생들의 읽기 속도 향상(Improving Reading Rate of Low Performers)」에 제시되어 있으며, 그의 웹사이트인 www.zigsite.com에서는 다음과 같이 설명하고 있다.

> 짝과 함께 읽기는 모든 읽기 부진 학생에게 효과적인데, 단어를 읽기 전에 1초 이상을

머뭇거린다거나 읽기 전에 몇 번이고 글자에 손을 가져다 대는 경우, 틀리게 발음을 했다가 곧장 고쳐 읽는 경우, 또는 단어 하나를 읽을 때마다 자신이 맞게 읽었는지 교사에게 확인받기 위해 교사의 눈치를 보는 경우 등의 읽기 행동을 지닌 학생들에게 특히 효과적이다(Engelmann, 2008, p. 23).

Engelmann은 짝과 함께 읽기가 효과적인 다섯 가지 이유를 다음과 같이 설명한다.

1. 활동이 문장 읽기보다는 빠른 단어 읽기에 가깝게 느껴지기 때문에 글의 내용을 반드시 이해해야 하는 압박에서 벗어나게 한다(많은 경우 읽기 부진 학생들은 같은 단어라도 문장 안에서 읽는 것보다 나열된 단어들을 읽을 때 더 나은 수행을 보인다).
2. 이야기 속의 단어들이므로 모종의 맥락적 단서가 있기 때문에 개별 단어를 읽는 활동보다는 쉽다.
3. '사이먼 가라사대 효과(Simon says effect, 자극과 반응 간의 긴밀한 연합을 통한 정확도 및 반응속도 향상)'가 나타난다. 학생들은 교사가 정확하고 빠른 속도로 읽는 단어를 듣는다. 이는 학생으로 하여금 교사처럼 빠르고 정확하게 단어를 읽도록 촉진한다.
4. 현재 단어 이후에 등장하는 단어를 예상해 보도록 돕는다.
5. 이야기 안에 수차례 등장하는 단어들을 사전 교정하는 역할을 한다. 교사가 특정 단어를 먼저 읽게 되면 학생들이 해당 단어들을 자신의 차례에서 마주쳤을 때 보다 쉽게 읽을 수 있다. 예컨대, *boat*라는 단어가 교사가 먼저 읽은 문장에 나왔다면 학생이 읽는 문장에 해당 단어가 나왔을 때 잘 읽을 가능성은 당연히 높아지게 된다.

Engelmann의 논문에는 저성취 학생들을 위한 짝과 함께 읽기 적용에 대한 구체적인 제안을 제시하고 있다.

학생들의 자아개념 보호하기

교사는 읽기 교수 활동을 진행하면서 학생들의 자아개념에 긍정적인 영향을 주는지 여부를 확인할 의무가 있다. 교수학습 활동에서 성공 경험이 많을수록 학생들에게 긍정적인 자아개념을 심어 주는 계기로 작용하게 된다. 학생들을 그들의 교수적 수준에서 가르치는 것은 이러한 성공 경험을 갖게 해 주는 데 있어 매우 중요한 요소이다. 하지만 여전히 어떤 학생들은 수업 시간에 어려움을 갖는다. 이러한 학생들에게는 추가적인 교수 활동을 제공함과 더불어 학생들의 자아개념이 상처받지 않도록 노력을 기울일 필요가 있다. 만일 집단 지문 읽기 활동 중 한 학생이 과도하게 많은 오류를 보인다면 다른 학생들이 부정적인 반응을 보일 가능성이 있다. 이럴 경우에는 해당 학생이 보인 오류를 전체 학생들이 만들어 낸 오류에서 제외할 수 있다. 교사는 전체 집단에게 "Kim은 지금 다른 읽기 기술을 아주 열심히 배우고 있는 과정이에요. 그래서 그 읽기 기술을 다 배우기 전까지는 Kim의 오류는 '8모둠'의 오류 개수에 넣지 않을 거예요."

다른 방안으로는 집단을 대상으로 이야기 읽기 활동을 진행하기에 앞서 해당 학생과의 개별적인 읽기 활동을 진행하는 것이다. 이처럼 **미리** 읽어 보기를 통해 나중에 집단에서 읽을 때 자신감을 가져 보다 나은 모습을 보일 수 있다. 만약 지속적으로 또래 학생들에 비해 낮은 성취를 보이고 추가 교수로도 해당 집단 내에서 진전이 없다는 것이 확실하다면 현재 읽기 교수의 단계보다 이전(쉬운 단계)의 프로그램을 적용하고 있는 집단에 배정하는 것도 고려할 수 있다. 하지만 이러한 조치는 매우 신중하게 결정되어야 한다.

학교 밖에서의 읽기 활동

우리는 학생이 학교 밖에서도 책이나 기타 읽기 자료들을 다양하게 접하고 읽을 기회를 제공하는 프로그램을 도입하기를 권장한다. 이를 위해 교사는 학생의 독립적 읽기 수준에 적합한 책들을 구비해야 한다. 독립적 읽기 수준에 적합한 책이란 학생이 책 안에 있는 거의 모든 단어를 파악하여 비교적 쉽게 읽을 수 있는 것을 의미한다. 또한 책 안의 어휘와 문장 구조는 학생이 이미 이해 가능한 것들이어야 한다. 가능하다면 부모와 같은 성인과 함께 일부는 소리 내어 읽고 나머지는 묵독하도록 한다.

가정에서의 읽기를 권장하기 위한 일련의 절차를 소개한다.

1. 교사는 부모에게 연락하여 가정에서의 추가 읽기 활동의 중요성을 설명한다. 매일 최소 5분 이상의 읽기 활동을 부탁하고, 100단어가량의 지문을 세 번에 걸쳐 읽도록 지도해 달라고 당부한다.
2. 구두 반복 읽기 활동에 이어, 교사는 학생이 혼자서 묵독할 수 있는 책을 집으로 보낸다. 이러한 책은 반드시 학생의 독립적인 읽기 수준에 적합한 것이어야 한다.

3. 학생은 주 단위 달력을 집에 가져간다. 부모는 학생이 매일 읽기 활동을 한 시간을 기록한다. 일주일에 한 번, 지정된 날에 학생은 달력을 학교로 가져온다.
4. 동기를 유발하기 위해 교사는 그래프에 학생이 매일 읽기 활동에 할애한 시간을 표시한다.
5. 교사는 특별 이벤트에 대한 계획을 세운다. 예를 들어, 학생들에게 "우리 반이 집에서 1만 분 동안 책을 읽으면 교장 선생님이 오셔서 특별한 상을 주실 거예요."라고 말할 수 있다.
6. 필요한 경우 몇몇 학생을 위한 개별 강화 체계도 마련한다.

응용 연습문제

01 각 문항에 해당하는 오류들은 특정 지문 읽기 기술의 결함을 반영한다. 각각의 읽기 기술이 무엇인지, 그러한 결함에 대한 중재 절차를 기술하시오.

(a) 'The girl tripped when running down the stairs.'라는 문장을 3학년 학생이 읽을 때 'stars'라고 읽음

(b) 'Ann built a large house.'라는 문장을 읽을 때 *built*를 몇 번씩 'bought'라고 읽음

(c) 2개의 문장을 이어서 읽을 때 마침표를 무시함. 몇 번에 걸쳐 같은 오류를 보임

(d) 2학년 후반부 수준의 읽기 자료를 읽는 학생이 2초에 한 단어를 읽는 속도로 읽음

(e) *beat*를 'bet'로 읽고 *seat*를 'set'로 읽음

02 다음 학생들에 대해서 목표로 삼아야 할 권장 읽기 속도를 제시해 보시오(〈표 16-3〉 참조).

(a) 2학년 중간 수준의 읽기 능력을 보이는 3학년 학생

(b) 1학년 말 수준의 읽기 능력을 보이는 2학년 학생

(c) 1학년 말 수준의 읽기 능력을 보이는 5학년 학생

(d) 3학년 초반 수준의 읽기 능력을 보이는 2학년 학생

03 다음 제시된 각 아동에 대하여 읽기 속도 향상을 위해 어떤 연습이 필요할지 기술하시오. 해당 연습을 하게 된다면 다시 읽기 활동을 위한 적절한 기준은 어느 정도가 되어야 할지 생각해 보시오.

(a) William: 교수 수준이 2학년 초기 수준인 3학년 아동으로 분당 75개의 단어를 읽음

(b) Jackie: 교수 수준이 3학년 중반 수준인 3학년 아동으로 분당 75개의 단어를 읽음

(c) Andra: 교수 수준이 2학년 초기 수준인 2학년 아동으로 분당 40개의 단어를 읽음

04 다음 제시된 오류들은 다음의 지문을 읽으면서 두 학생이 보인 것이다. 학생들이 잘못 발음한 단어는 원래 지문의 단어 옆에 괄호로 제시하였다.

The farmer had a gleam in his eye. He was hoping that all his wheat would be cut by that night. Later he would load it on his truck and take it to the coast.

각 학생의 오류가 어떠한 특정 읽기 기술 결함을 나타내는 것인지 말해 보시오(특정 읽기 기술 결함 여부는 학생이 보인 오류들의 패턴을 통해 추정할 수 있음을 기억할 것).

(a) Bill: *gleam*('glow'로 읽음), *load*('lay'로 읽음)

(b) Wilma: *load*('land'로 읽음), *coast*('cost'로 읽음)

05 교사가 집단 지문 읽기 교수와 일대일 개별 읽기 교수에서 사용할 수 있는 오류 교정 절차의 차이점에 대해 설명하시오.

06 지문 읽기 활동 중 한 학생이 계속 자신이 읽을 곳을 놓치고 있다. 이 문제를 해결하기 위해서 학생들에게 자신의 순서를 예측할 수 있도록 미리 순서를 정해 놓기로 했다고 하자. 이러한 방법이 어떤 문제를 발생시킬 수 있을까? 해당 학생이 자신의 읽기 지점을 놓치지 않도록 하기 위해 어떤 대안적인 방법을 사용할 수 있을지 기술하시오.

07 다음은 학생들이 읽을 지문이다. 4학년 학생들이 해독에 어려움을 겪을 것 같은 단어 3개를 고르시오. 이때 교사가 무엇을 해야 할지 각각의 단어를 제시할 방법과 함께 설명하시오(학생들이 음성적 · 구조적 기술은 습득하였다고 가정할 것).

Alice had an older friend. It was Ann Lewis, a sophomore, who was the school's star soccer player. Ann give Alice a great deal of encouragement. Someday Alice would be the team's leader. One day the two young women were talking. Alice said, "I want to be a star. I want to tour the country."

제17장

초기 읽기 단계 이후의 어휘 교수*

학습 목표

1. 초기 읽기 단계 이후의 어휘 교수의 중요성에 대해 설명한다.
2. 가르칠 단어의 선정과 이미 알고 있는 개념, 관련 있는 단어, 모르는 단어를 활용한 새로운 단어 지도 절차를 포함하여 특정 단어의 의미를 직접적으로 가르치는 전략을 설명한다.
3. 단어의 부분, 맥락 단서, 사전 활용을 포함한 단어학습 전략 교수 절차를 논의한다.
4. 어휘 교수를 통한 독해 향상 전략 교수 방법(심화 처리, 다중 노출 등)을 비교한다.

이 책의 초반부에서 읽기 위기 학생들에게 최대한 빠른 시기에 조기 중재를 제공함으로써 초기 읽기 단계에서부터 독립적인 읽기를 통해 배경 지식과 어휘 향상을 이끌어야 함을 강조한 바 있다. 많은 연구에서 읽기 위기 아동들의 가정에서는 직접적인 어휘 지도가 최소한으로만 이루어진다고 지적하고 있다(Hart & Risley, 1995; Kame'enui & Baumann, 2012).

읽기 위기 아동들의 학업적 성공을 보장하기 위한 첫걸음은 취학 전 유치원 및 초등학교 1학년 시기에 고도로 체계화되고 명시적이며 집중적인 기초 언어 기술 및 어휘 교수로부터 시작된다. 집중적인 어휘 교수는 초등 전 학년에 걸쳐 지속되어야 한다.

집중적인 어휘 교수의 필요성은 초등학교 3~4학년 이후의 사회나 과학 교과서 지문을 살펴보면 누구나 이해할 수 있다. 읽기 위기 아동들은 2학년 중반 즈음부터 꾸준히 증가

---

* 이 장은 오리건 대학교의 Carrie Thomas Beck이 집필한 『직접교수 읽기(Direct Instruction Reading)』 2004년판 내용에 기초하고 있다.

하는 단어들의 의미를 파악하는 데 어려움을 겪게 된다. 게다가 3~4학년 수준의 교과서, 특히 사회, 과학, 수학 교과서에 있는 많은 지문은 대부분 성인의 읽기 수준으로 기술되어 있다. 만일 어떤 지문에 있는 단어의 95% 이하만을 이해하게 되면 해당 지문이 전달하는 의미를 온전히 이해하지 못할 가능성이 있다(아울러 익숙하지 않은 단어들의 의미를 추론하는 것이 힘들어진다; Biemiller, 2001, 2012). 교사는 제한된 수준의 언어 능력을 가진 아동들을 위한 상당한 시간의 어휘 교수 제공을 준비해야 한다. 일반적인 어휘는 물론 읽기 수업 시간이나 다른 내용 교과 수업에서 다루어지는 특정 단어들에 대한 지식 향상을 위한 어휘 지도가 반드시 필요하다.

이 장에서는 초기 읽기 단계 이후의 어휘 교수 전략들이 논의될 것이다. 구체적으로 특정 단어의 의미를 가르치기 위한 전략과 함께 학생들이 혼자서 읽기를 할 때 마주할 새롭고 익숙하지 않은 단어들의 의미 파악을 돕기 위한 전략들을 제시하고 있다.

어휘 교수 전략을 제시하기에 앞서, 아동들은 일상의 구어 및 문어적 경험을 통하여 많은 단어의 뜻을 간접적으로 습득하고 있다는 사실을 다시 한번 강조하고자 한다(Armbruster, Lehr, & Osborne, 2001). 아동들은 대화를 하면서, 또는 어른들이 대화하고 책을 읽거나 자신들에게 책을 읽어 주는 것을 들으면서 간접적으로 단어의 의미를 배우게 된다. 실제로 3학년까지 학생들의 어휘 성장을 이끄는 가장 큰 동력은 자유로운 읽기 활동에 할애된 시간이다(Nagy, Anderson, & Herman, 1987). 교사는 학교 이외의 장소에서 성인이 아동과 상호작용하는 것을 통제할 수 없다. 학교에 있는 시간 동안에는 교사가 다양한 환경에서 직접적으로 가르친 단어들을 체계적으로 활용함으로써 풍부한 어휘 환경 제공이 가능하다. 또한 학생들의 독립적인 읽기 활동을 독려할 수도 있다. 물론 이러한 독립적 읽기가 가능해지려면 지문에 있는 단어들을 학생이 어려움 없이 해독할 수 있어야 한다. 다시 말해, 이전 학년에서 발음과 유창성 기술은 이미 숙달되어 있어야 한다.

어휘 발달 향상을 위한 프로그램은 초등학교 전 기간에 걸쳐 읽기 위기 아동들에게 필수적이다. 이러한 프로그램은 매일 어휘 과제나 읽기 활동을 제공하는 것뿐만 아니라 다른 사람이 읽거나 말하는 것을 듣게 함으로써 더 많은 어휘를 배우게 해야 한다. 알고 있는 어휘의 양이 많을수록 자신을 둘러싼 환경으로부터 더 많은 것을 배울 수 있게 되고, 학년이 높아지면서 환경을 더 잘 통제하게 된다.

직접 어휘 교수

연구자들은 직접 어휘 교수가 맥락으로부터 자연스럽게 단어의 뜻을 배우는 유용한 보조장치라는 사실에 동의한다. 직접 어휘 교수를 통해 매년 300~500개가량의 단어를 추가로 습득할 수 있다(Stahl & Fairbanks, 1986). 직접교수는 어휘 지도에도 매우 효과적인 교수법이다(National Reading Panel, 2000). 직접 어휘 교수는 특정 단어 의미에 대한 직접적인 지도와 효과적인 단어학습을 위한 전략 교수를 포함한다(Kame'enui & Baumann, 2012).

Beck과 동료들은 단어지식의 단계를 **미습득**(unknown), **부분적 습득**(acquainted), **완전 습득**(established)의 3단계로 구분한 바 있다(Beck, McKeown, & Omanson, 1987). 미습득 수준이란 단어의 뜻이 완전히 생소한 경우를 말한다. 부분적 습득 수준은 단어의 뜻을 부분적으로 알고 있어 어느 정도는 익숙한 경우이며, 완전 습득 수준은 단어의 뜻을 쉽고 빠르게, 그리고 자동적으로 인식하는 수준을 말한다. 비록 일부 단어에 대해서는 피상적 수준의 단어지식으로 충분한 경우도 있으나, 지문을 이해하는 데 필요한 모든 주요 단어는 완전 습득 수준으로 학습할 필요가 있다(Nagy, Herman, & Anderson, 1985).

단어지식의 또 다른 측면은 단어의 표현적 사용 대 수용적 사용과 관련되어 있다. **표현 어휘**(expressive vocabulary)란 타인과의 의사소통이나 글을 쓸 때의 단어 사용 능력을 가리킨다. 반면, **수용 어휘**(receptive vocabulary)란 들어서 이해하거나 문자로 쓰인 단어를 인식하는 능력을 의미한다. 교사들은 표현 어휘(단어의 적절한 사용)가 수용 어휘(단어의 이해)보다 훨씬 더 어렵다는 것을 알아야 한다. 표현 어휘는 훨씬 더 많은 단어에의 노출과 연습을 필요로 한다.

지도할 단어 선정하기

종합적 핵심 읽기 프로그램에 실린 이야기들은 '평균적인' 어휘 수준을 가진 아동들을 염두에 두고 만들어진 것이다. 따라서 이러한 이야기들은 읽기 위기 아동은 물론 평균적인 수준의 아동들도 잘 알지 못하는 단어를 많이 포함하고 있다. 하지만 읽기 위기 아동들이 모르는 모든 단어를 하나하나 세세하게 가르칠 여건은 되지 않는다. 따라서 집중적으로 교수할 단어들을 선정하는 일은 매우 중요하며, 연구자들은 학생들이 보통 한 주에 8~10개 정도의 단어를 심도 있는 수준으로 습득할 수 있음을 밝히고 있다(Armbruster,

Lehr, & Osborne, 2001; Biemiller, 2012).

교수 대상 어휘 선정은 신중하게 계획되어야 한다. 교사는 향후 등장하는 지문이나 이야기를 분석하여 중요도가 있는 유용한 단어들을 사전에 선정할 필요가 있다.

중요한 단어(important words)는 이야기 이해에 필수적인 단어를 의미하고, **유용한 단어**(useful words)는 다양한 맥락에서 활용할 수 있는 단어를 의미한다. 선정 시 우선순위는 학생들이 지속하여 반복적으로 사용하고 마주하게 될 가능성을 기준으로 정한다. 예를 들어, **증가**(increase)나 **감소**(decrease)라는 단어들은 **공허**(void)라는 단어보다는 더 유용한 단어일 것이다. 추후 더 많이 마주할 가능성이 높은 단어일수록 지도의 필요성은 높아진다. 유용성의 또 다른 측면은 다른 단어들과의 관련성이다. 예컨대, '**거주하다**(reside)'라는 단어를 가르칠 때 '**거주의**(residential)'나 '**거주**(residence)'와 같은 단어를 함께 배울 준비를 해야 한다.

여기서 중요한 질문은 이야기가 학생들이 모르는 단어를 너무 많이 포함하고 있을 때 어떻게 해야 하냐는 것이다. 답은 의외로 간단하다. 가장 중요하고 가장 유용한 단어들을 가르치는 것이다. 교사가 이야기를 읽어 주면서 학생들이 배우지 않은 단어들의 뜻을 설명해 주되, 이야기의 흐름을 방해하지 않는 선에서 너무 빠르지 않은 속도로 진행하는 것이다. 예를 들어, 'Teresa는 철자 시험에서 비범하게 잘했다(Teresa did exceptionally well on the spelling test).'라는 문장을 읽어 주며, "**빼어나게**(exceptionally)의 뜻은 매우 잘 했다는 것이에요. Teresa가 철자 시험을 매우 잘 봤다는 것이죠."라고 말해 준다. 다음에 '**빼어나게**'라는 단어가 다시 등장하면 교사는 다시 한번 뜻을 정의해 준다. "'**빼어나게**'라는 말은 '매우 잘'이라는 뜻이죠." 이렇게 단어의 뜻을 다시 한번 말해 줌으로써 학생들이 이야기의 흐름을 잘 따라오도록 한다. 또한 배운 단어를 말해 보게 할 수도 있다. "'매우 잘'이라는 뜻을 가진 단어가 무엇이라고 했죠?" 교사는 이처럼 처음 나오는 단어들을 잘 정리해 두었다가 복습 과제로 활용할 수 있다.

새로 등장하는 어휘 지도 철자

새로 나오는 어휘가 이야기의 내용을 이해하는 데 중요하거나 맥락을 통해 뜻을 명확하게 파악할 수 없는 경우에는 사전에 새로운 어휘들을 소개해야 한다.

연구자들은 단어학습의 네 가지 유형을 제시하였다. ① 이미 알고 있는 개념을 나타내는 새로운 단어의 뜻 알기, ② 이미 알고 있는 단어의 뜻을 보다 명확하고 풍부하게 하기,

③ 이미 알고 있는 단어가 가진 추가적인 뜻 알기, ④ 개념을 모르는 새로운 단어의 뜻 알기가 그것이다(Graves, Juel, & Graves, 1998). 이 유형들은 학습의 난이도가 서로 다를 뿐 아니라, 각각의 단어학습 유형은 그에 맞는 교수 절차를 필요로 한다.

이어지는 내용에서 단어학습의 유형을 설명하고, 단어지식 수준에 적합한 명시적 교수 절차를 살펴보고자 한다.

이미 알고 있는 개념을 나타내는 새로운 단어의 뜻 학습하기

학생이 알고 있는 개념을 담고 있는 새 단어에 대한 어휘 교수는 해당 개념에는 친숙하지만 새로운 단어가 그 개념을 나타내는지 모를 때 실시한다. 예를 들어, 어떤 학생이 '**집 안**(inside of a house)'이라는 개념을 이해하지만, '**실내**(interior)'라는 단어가 '**집 안**'을 의미한다는 사실을 모른다고 해 보자. 교사는 동의어나 정의하기를 통해 이러한 유형의 단어를 가르칠 수 있다. 제11장에서 우리는 학생들이 새로운 단어와 유사한 뜻을 가진 단어를 알고 있을 때 동의어를 통해 가르치는 방법을 논의한 바 있다. 동의어를 활용한 어휘 교수는 모든 학년 수준에 걸쳐 진행될 수 있다. 고학년에서 동의어를 활용한 예시는 다음과 같다.

- merge-join(합치다)
- exterior-outside(외부)
- assault-attack(공격)
- secure-safe(안전)
- brief-short(간략)
- vary-change(변화)
- mentor-teacher(스승)

정의하기는 동의어 활용이 여의치 않을 경우 사용할 수 있는데, 학년이 올라가고 단어의 뜻이 점점 더 복잡해짐에 따라 동의어보다는 활용 비율이 높아진다. 단어를 정의하는 유용한 방법은 새로운 단어를 어떤 부류에 포함시킨 뒤, 해당 부류에 속한 다른 단어들과 새로운 단어를 구별 짓는 독특한 특징이 무엇인지를 구체화해 보는 것이다

- decathlon(10종 경기): 10개의 트랙과 필드경기를 포함하는 시합 종목

- pediatrician(소아과 의사): 아이들을 전문으로 보는 의사
- slander(비방): 누군가에 대해 나쁜 것들을 기록한 거짓된 보고
- cutlery(주방도구): 음식을 먹을 때 사용하는 도구들
- nonentity(하찮음): 중요성이 없는 것

알고 있는 개념을 나타내는 새로운 단어의 뜻을 가르치기 위해서는 두 가지 단계가 필요하다. 첫째, 동의어 또는 정의하기를 통해 해당 단어의 의미를 알려 준다. 둘째, 일련의 예시를 제시하는데, 맞는 예시와 틀린 예시를 몇 개씩 제시하고 각각의 예시가 맞는지 틀리는지 물어본다. 두 번째 단계는 학생들이 단순히 정의를 기계적으로 외운 것이 아니라, 해당 단어의 뜻을 정말로 이해했는지 확인하게 해 준다. 구체적인 수업 형식은 〈표 17-1〉에 제시되어 있다. 이 수업 형식에서 교사는 **'짧은 휴식**(respite)'이라는 단어를 제시하면서 동의어[**짧은 쉼**(a short rest)]를 말해 준 뒤, 맞는 예시와 틀린 예시를 통하여 정확히 이해하였는지 평가한다. 학생들은 '짧은 휴식'인지 또는 '짧은 휴식이 아닌지'로 대답한다. 이러한 절차를 통해 새로운 단어를 더 많이 말해 보는 기회를 가질수록 그 뜻을 기억할 가능성은 높아진다. 또한 새로운 단어의 이해 여부를 평가함에 있어 질문 이후에 "왜 그렇죠?"라고 묻도록 한다(예: "그 곰은 겨우내 잠을 잤어요. 이것은 짧은 휴식인가요? 왜 그렇죠?"). 이렇게 질문함으로써 새로운 단어를 동의어나 정의에 연결해 보는 추가 연습을 제공하게 된다. 처음에는 수일간 매일 지도를 진행하고, 이후에는 지도 간격을 조금 늘리도록 한다.

표 17-1 새로 등장하는 어휘(짧은 휴식, respite) 수업 형식

교사	학생
1. (교사가 *respite*의 정의와 발음을 시범 보인다.)	
a. "잘 들어보세요. 짧은 휴식(respite)." "단어를 말해 보세요." (신호)	"짧은 휴식(respite)."
b. "짧은 휴식(respite)은 짧게 쉬는 것이에요." "짧은 휴식(respite)이 뭐라고요?" (신호)	"짧게 쉬는 것이요."
2. (정의를 이해했는지 평가한다.)	
a. "선생님이 이야기해 주는 것을 잘 들으세요. 휴식이 들어가 있으면 짧은 휴식이라고 말하고, 들어가 있지 않으면 짧은 휴식이 아니라고 말하면 돼요."	
b. "John은 하루 종일 열심히 일했어요. 집에 가서도 밤새 일했어요. 짧은 휴식인가요, 아닌가요?" (신호) "왜 그렇죠?"	"아니에요." "짧게 쉰 것이 아니기 때문이에요."

c. "Ann은 아침 내내 열심히 일했어요. 낮 12시가 되었을 때 일을 멈추었고 잠시 쉬었어요. 그런 다음 다시 일을 시작했어요. 짧은 휴식인가요, 아닌가요?" (신호) "왜 그렇죠?"	"짧은 휴식이에요." "잠시 멈추고 잠깐 쉬었기 때문이에요."
d. "Sue는 팔굽혀 펴기 50개를 했어요. 찬물로 세수를 하고 5분간 누워 있었어요. 그 후 25개를 더 했어요. 짧은 휴식인가요, 아닌가요?" (신호) "왜 그렇죠?"	"짧은 휴식이에요." "5분 동안 쉬었기 때문이에요."
e. "Bill은 아침에 팔굽혀 펴기 50개를 하고 나서 그날 밤 계속 침대에 누워 있었어요. 짧은 휴식인가요, 아닌가요?" (신호) "왜 그렇죠?"	"아니에요." "잠깐 쉰 것이 아니기 때문이에요."
3. (방금 소개한 단어들을 복습한다.)	

이미 알고 있는 연관 단어를 활용한 새로운 단어의 뜻 배우기

모든 단어의 80%가량은 다중 의미를 가지고 있다. 이를 **다의어**(polysemous words)라고 부르는데, *bank, run, bay, shot, coach* 등이 여기에 포함된다. 다음 문장의 의미를 생각해 보자. 'Coaches not admitted unless booked in advance'(Irvin, 2001). 이 문장에는 *coaches, admit, book, advance*의 4개 다의어가 포함되어 있다. 성인 독자의 경우 먼저 운동선수들을 훈련시키는 사람(코치)은 예약을 미리 하지 않으면 입장이 불가하다는 의미로 해석할 것이다. 그러나 이 문장에서 *coach*는 선수를 가르치는 코치가 아닌 버스라는 의미이다.

한 단어의 다양한 의미가 서로 관련되어 있는 경우도 있는데, 예를 들어 어떤 학생이 나뭇가지(tree branch)를 알고 있는 상태에서 정부의 부처(branches)라는 뜻을 배우는 경우이다. 또 다른 예는 *division*으로 수학, 과학, 사회과에서 서로 관련은 있지만 다른 의미로 사용된다. *division*은 수학에서는 **나눗셈**으로, 과학에서는 세포의 **분열**로, 사회에서는 정부의 각 **부서**라는 뜻으로 배우게 된다. 그런데 이들 모두 공통적으로 '전체의 어느 한 부분'이라는 의미를 가진다.

단어의 새로운 뜻을 소개할 때 새로운 뜻과 학생들이 이미 알고 있는 뜻 사이의 유사성을 강조하는 것이 좋다. 예를 들어, 어느 조직의 일부라는 의미로 *division*의 뜻을 소개할 때 다음과 같이 제시할 수 있다.

> 여러분은 division이 수학에서 전체를 부분으로 나누는 것처럼 무언가를 나누는 거라고 알고 있을 거예요. 오늘은 여러분의 이야기 속에서 *division*의 다른 뜻을 배워 볼 거예요. 무슨 단어라고요?

큰 회사에서는 다양한 종류의 일을 여러 사람이 나눠서 하고 있어요. 예를 들어, 공장의 어떤 곳에서는 도색(색을 칠하는) 작업을 한다고 해 보죠. 우리는 이런 작업을 하는 곳을 도색 부서(division)라고 불러요. 도색 작업을 하는 곳을 뭐라고 부른다고요?

그 공장의 다른 곳에서는 사람들이 수리 작업을 해요. 우리는 그곳을 수리 부서라고 부릅니다. 공장에서 수리 작업을 하는 곳을 뭐라고 부른다고요?

그럼 공장에서 공작(만드는 일) 작업을 하는 곳을 뭐라고 부르면 될까요?

이러한 소개 절차에서 학생들은 해당 단어를 몇 번에 걸쳐 말하게 된다.

연관 단어의 또 다른 예는 동사와 관련되어 있는 명사나 형용사이다. **거주하다**(reside)라는 동사를 알고 있는 학생들은 **거주지**(residence)나 **주거단지의**(residential)라는 단어를 학습할 준비가 되어 있다. 마찬가지로 **예측하다**(predict)라는 동사를 알고 있는 학생들은 **예측**(prediction)과 **예측 가능한**(predictable)이라는 단어들을 학습할 수 있다. 교사는 이러한 관련성의 장점을 잘 활용하여 동사를 소개한 뒤 명사나 형용사 등을 순차적으로 소개하면 된다. "'거주하다(reside)'라는 말은 어떤 집에 산다는 뜻이에요. 여기 새로운 단어가 있어요. **거주지**(residence). 어떤 사람이 사는 집이 거주지예요. **집**(home)이라는 뜻을 가진 또 다른 단어가 바로 **거주지**예요. Tom의 집을 다른 말로 하면 뭐라고요?" "맞아요. Tom의 거주지예요." **거주하다**(reside)와 **거주지**(residence)를 며칠 동안 연습한 뒤 교사는 **주거단지의**(residential)라는 단어를 소개한다. "'**거주하다**(reside)'라는 뜻은 어딘가에 집이 있다는 뜻이에요. 여기 새로운 단어가 있어요. **주거단지의**(residential). **주거단지의**(residential)라고 말해 보세요." "주거단지란 많은 집이 모여 있는 동네를 말해요. 주거단지 마을에는 집이 엄청 많아요. 많은 집이 있는 동네를 뭐라고 부른다고요?" "네, 주거단지 마을이에요." 교사는 지금까지 배운 연관 단어들 가운데 하나로 문장을 채워 보게 하면서 연습을 진행한다. "잘 들어보세요. 단어 하나가 빠져 있는 문장을 말해 줄 거예요. 빠진 단어가 **거주하다**(reside), **거주지**(residence), **주거단지의**(residential) 중에서 어떤 것인지 말해 보세요." "Tom은 강가 옆에 새 (　　)을(를) 샀다. 빠진 단어가 무엇이죠?" "Tom은 강가 옆에 (　　)하려고 한다." 이와 유사한 연습을 더 제공한다.

이미 알고 있는 단어의 뜻을 명확하고 풍부하게 하기

세 번째 유형의 어휘 학습은 이미 알고 있는 단어의 뜻을 보다 더 정교하게 배울 때 일어난다. 많은 경우 학생들은 단어의 아주 기본적인 뜻은 어렴풋이나마 알고 있지만, 용례나 미묘한 뜻의 차이 등에 대한 정교한 학습을 필요로 한다. 예를 들어, 학생이 **조깅**(jogging), **속보**(trotting), **돌진**(dashing) 그리고 **전력 질주**(sprinting)의 네 가지 단어가 **뛰는 것**(running)과 관련이 있다는 것은 알지만 각 단어의 정확한 뜻은 모른다고 해 보자.

단어들의 뜻을 명확하게 하려면 비슷한 범주 안에 있는 단어들의 차이를 설명하는 것이 필요하다. 이를 위한 지도는 각 단어에 대한 보다 정확한 정의와 설명을 포함한다. 예를 들어, 교사가 다음과 같이 설명한다. "**전력 질주**(sprinting)는 그 사람이 뛸 수 있는 가장 빠른 속도로 뛴다는 의미로 쓰는 단어예요. **조깅**(jogging)은 그 사람이 뛸 수 있는 가장 빠른 속도로 뛰지 않을 때 쓰는 단어예요."

단순히 정의만을 말해 주는 것으로는 적절하지 않다. 해당 정의를 적용해 볼 수 있는 연습을 제공해야 한다. 이를 구조화하는 하나의 방법은 문장을 제시해 주고 아동들에게 적합한 단어를 채우도록 하는 것이다. 예를 들어, 'Jason (　　) down the street when he saw the school bus door closing[Jason은 학교 버스 문이 닫히는 것을 보고는 (　　)].'라는 문장을 제시해 주고 "빈칸에 들어갈 적당한 단어가 무엇일까요? *sprinted*(전력 질주했다)와 *jogged*(조깅했다) 중에 무엇일까요?"

단어에 대한 학생들의 이해를 심화하기 위해서는 다양한 맥락에 사용되는 단어의 용례를 제시해 주어야 하는데, 특히 맨 처음 소개한 이야기에서의 용례보다 훨씬 심화된 것들이어야 한다. 만일 단어에 대한 학생의 이해가 단 하나의 정의나 특정 맥락에만 국한되어 있다면[예: stern(엄격한)이라는 단어를 10대 학생들의 아버지와만 항상 연결하는 경우], 단어의 다양한 사용법을 이해하지 못하거나 구어나 문어에서의 사용법이 매우 제한될 가능성이 크다(Beck, McKeown, & Kucan, 2002). 교사는 다양한 맥락에서 단어를 제시함으로써 해당 단어가 지닌 뜻의 범위를 보여 줄 수 있다. 예를 들어, *stern*이라는 단어의 뜻을 심각한(serious) 또는 요구가 많은(demanding) 사람이라는 뜻으로 제시하고자 한다면 다음과 같이 몇 가지 유형의 사람을 제시할 수 있다.

> 우리 선생님은 늘 **심각하다**(stern). 그는 매우 엄한 분으로 절대 웃지 않는다. 우리가 하는 과제가 완벽해야 한다고 요구하신다. 조그만 실수라도 하면 그 과제를 처음부터 전부 다시 하라고 하신다.
>
> 우리 농구 코치님은 굉장히 **요구가 많으신**(stern) 분이다. 우리가 완벽한 플레이를 할 때까지 연습에 연습을 지속하도록 한다. 절대 만족하는 모습을 보일 때가 없다.

개념을 모르는 새로운 단어의 뜻 알기

고학년이 될수록 학생들이 모르는 개념을 담고 있는 새로운 단어학습을 포함하는 어휘 지도가 증가한다. 학생들은 개념과 단어 모두에 익숙하지 않은 상태이기 때문에 두 가지를 모두 배워야 한다. 이러한 유형의 어휘 학습은 내용 교과에서 빈번하게 일어난다. 예를 들어, **증발**(evaporation)이라는 개념과 **광합성**(photosynthesis)이라는 개념을 배우게 되면 학생들은 새로운 개념과 새로운 단어를 모두 학습하게 되는 것이다. 이와 유사하게, 초등학교 3~4학년에 등장하는 문학 작품들은 **이타주의**(altruism), **실증주의**(pragmatism), **경의**(homage)와 같은 어려운 개념들을 종종 포함한다.

생소한 개념을 담고 있는 새로운 단어를 배우는 것은 단어학습 유형 가운데 가장 어렵기 때문에 매우 정교한 지도를 필요로 한다.

새로운 단어의 뜻을 제시할 때, 학생들에게 최대한 친숙한 정의를 사용하는 것이 좋다. 친숙한 정의란 학생이 이해할 수 있는 단어들을 포함한 것을 의미한다[예: "여기 새로운 단어가 있어요. *ambidextrous*(양손잡이의). *ambidextrous*라고 말해 보세요. 양손잡이인 사람은 왼손과 오른손으로 똑같이 일을 잘 할 수 있어요. 화가가 왼손과 오른손으로 모두 그림을 그릴 수 있다면 우리는 그 화가를 양손잡이라고 부를 수 있어요. 야구선수가 오른팔과 왼팔로 똑같이 잘 던질 수 있으면 그 야구선수는 양손잡이 선수라고 할 수 있어요."].

좀 더 복잡한 개념에 대해서는 단순히 정의만 제시하는 것으로는 충분하지 않을 수 있다. 학생들은 새로운 개념에 대해서는 훨씬 심오하게 이해할 필요가 있다. 의미 지도(semantic mapping)와 개념 정의 지도(concept definition maps)의 두 가지는 새로운 개념을 보다 더 철저하게 가르치기 위한 전략이다. 이 두 가지 전략 모두 그래픽 조직자를 사용한다.

⊙ 의미 지도

의미 지도는 단어들의 특징을 시각적으로 나타냄으로써 개념 발달을 촉진하는 방법이다. 교사는 새로운 단어에 대한 그래픽을 준비하는데, 이 그래픽의 가운데에 단어를 배치하고 그 주변으로 몇 가지 특징적인 범주를 적어 넣는다. 범주들은 해당 단어에 관한 정보를 제시한다. 예를 들어, *osprey*(물수리)라는 단어를 제시한다면 생김새가 어떤지, 사냥을 어떻게 하는지, 어디에 가면 볼 수 있는지, 어떤 종류의 안식처를 만드는지와 같은 범주들을 만들 수 있다. [그림 17-1]은 *osprey*라는 단어를 제시할 때 사용할 수 있는 그래픽을 보여 주고 있다.

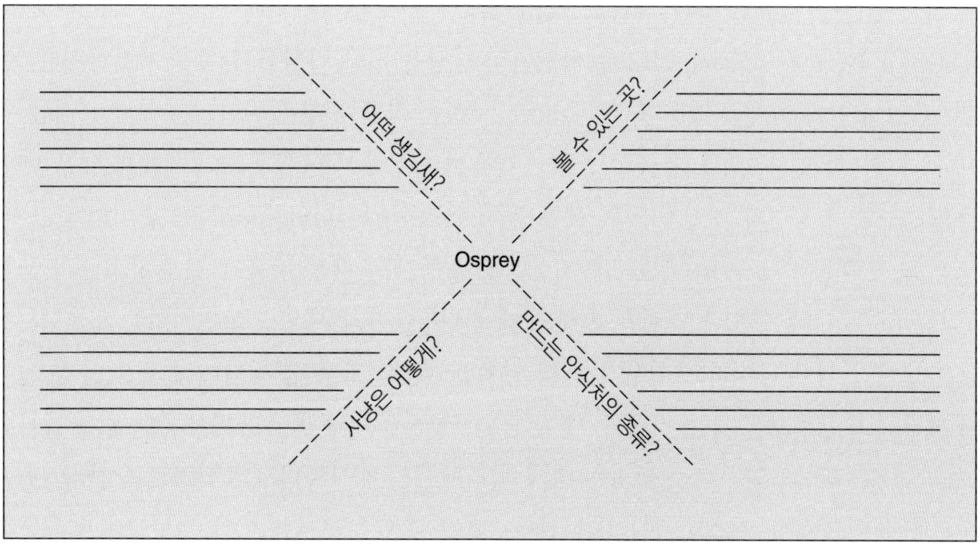

[그림 17-1] Osprey 단어 제시를 위한 의미 지도

그래픽 조직자를 완성하는 방법은 교사가 학생에게 새로운 단어의 개념을 담고 있는 지문을 읽게 하고, 해당 개념에 대한 강의 또는 (학생들에게 이미 익숙한 개념이라고 판단될 경우) 집단 토의를 진행함으로써 새로운 개념에 대한 정보를 제공한다. 교사와 학생들은 지문이나 토의 과정을 통해 제공된 정보를 활용하여 그래픽의 빈 곳을 채운다.

의미 지도는 관련 단어들이 유사점과 차이점을 보여 줄 때도 사용할 수 있다. 예를 들어, 고래라는 단어를 제시할 때 교사는 모든 종류의 고래를 묘사하는 범주들을 만들고, 각 범주를 특정 고래의 특징을 나타내는 공간으로 만들 수 있다. 이처럼 의미 지도를 통해 학생들로부터 다양한 생각과 토의를 이끌어 낼 수 있다. 제21장은 개념 정의 지도에 대한 상세한 설명을 제시하고 있다.

설정한 목표 수준 도달을 위한 연습기회 제공하기

어휘 교수의 주요 목표는 학생들이 아는 단어의 수를 목표로 하는 수준(단어의 의미를 쉽고 빠르게 이해할 수 있는 수준)까지 끌어올림과 동시에 상대적으로 친숙한 단어의 수를 늘리는 데 있다.

단어학습을 심화하기 위해서는 서로 다른 맥락에서 다양한 단어 적용 기회를 많이 제공해 주어야 한다. 이러한 적용은 학생들이 단어를 지속적으로 사용하고 정의를 적용해 보게 하는 활동을 필요로 한다. Beck, McKeown과 동료들(Beck, McKeown, & Kucan, 2002; McKeown, Beck, & Sandora, 2012)은 어휘지식 향상을 위한 다양한 활동을 개발하였다. 연구자들의 제안은 학생들에게 어떤 단어가 묘사하는 상황에 대해 이야기해 보게 하라는 것이다. '~한 적 있나요?(Have you ever……?)'라는 활동에서는 학생들이 새롭게 배운 단어들을 자신들의 경험과 연결시킨다. 예를 들어, *covertly*와 *impressed*라는 단어의 뜻을 배운 다음 학생들이 *covertly*(은밀하게, 비밀리에) 활동했던 때를 떠올려 보게 하거나 누군가를 *impressed*(감동시킨)한 경험을 말해 보게 한다. 단어의 사용을 증진시키는 또 다른 활동은 교사가 해당 단어가 포함된 문장의 일부만 제시하고 학생이 단어의 뜻을 특정 상황적 맥락에 통합하게끔 하는 것이다. 예를 들면, "Nancy의 선생님은 매우 감동을 받았어요(impressed). 왜냐하면 ……." 교사는 학생에게 예시를 제시하면서 응답하도록 한다. 또한 다음과 같은 질문을 스스로에게 하게 한다. "하루 종일 TV만 보는 친구가 있다면 운동을 하도록 어떻게 설득(coax)할 수 있을까요?"

단어 사용법에 대한 추가 연습기회를 제공하기 위해 교사는 특정 단어가 예시에 적절한지 아닌지를 판단해 보게 할 수 있다(Beck, 2002). 예를 들면 다음과 같다.

> 이들 중에 어떤 것이 특별한가요? 왜 특별하고 다른 것은 왜 그렇지 않죠?
> 편안한 셔츠인가요, 아니면 스스로 세탁되는 셔츠인가요?

또한 학생들에게 목표 단어에 대한 두 가지 묘사를 제시하고, 둘 중 어떤 것이 맞는 예시이고 어떤 것이 틀린 예시인지 판단해 보도록 요구한다(Beck et al., 2002).

◉ Leisurely(느긋한)

"선생님이 무언가를 말할 건데, 그게 느긋하게 들린다면 '느긋한(leisurely).'이라고 말하고, 다급한 것처럼 들린다면 '다급한(hurry).'이라고 말하세요."

- 공원을 산책하는 사람들
- 화재 장소로 가고 있는 소방관들
- 계주에서 질주하고 있는 선수들
- 친구와 앉아 이야기를 나누고 있는 사람들
- 햇살 아래 누워 있는 강아지

◉ Banter(놀림)

"선생님이 남편과 부인이 나눈 대화를 묘사해 줄 거예요. 그것이 놀림의 상황이면 '놀림(bantering).'이라고 말하고 아니면 '놀림이 아니에요(not bantering).'라고 말해 주세요."

- 남편과 부인이 저녁으로 먹은 음식을 두고 큰 소리로 말싸움을 하고 있다.
- 남편과 부인이 누가 저녁을 더 많이 먹었는지 서로 놀리고 있다.

교사는 새로운 어휘에 대한 연습기회를 제공함에 있어 매우 체계적으로 접근해야 한다. 만약 어떤 단어가 하루나 이틀 전에 연습한 것이라면 읽기 부진 학생들의 경우 그 단어의 뜻이나 용례를 기억하고 있지 못할 가능성이 크다. 더 중요한 단어들은 추가 연습 시간 및 학교 일과 전반을 통해 다양한 상황에 적용해 보는 연습이 필요하다. 예를 들어, 점심시간에 줄을 서 있을 때에도 최근 배운 단어들을 사용하는 것이다. "오늘 우리는 **특별한**(extraordinary)이라는 단어를 공부했어요. 선생님이 내준 과제에서 1개를 초과해 틀린 학생이 우리 학급에 아무도 없었어요. 선생님이 오늘 여러분이 **특별한**(extraordinary) 모습을 보여 주었다고 말하는 이유가 무엇이죠?" 상대적으로 중요성이 낮은 단어들은 동일한 강도의 심화 학습은 아니더라도 계속 연습해 주는 것이 좋다. 교사는 단어 카드를 만들고 한쪽 면에는 단어를 적고, 다른 면에는 정의와 예시문장을 적는다. 학생들이 2명씩 짝을 이뤄 단어 카드를 공부하게 하고 동기를 유발하기 위해 단어 맞히기 게임과 같은 다양한 활동을 실시한다. 일과시간 동안 학생들이 새로 배운 단어를 사용하면 칭찬을 제공한다.

단어학습 전략 가르치기

숙련된 읽기는 알고 있는 단어의 수뿐만 아니라 글을 읽으면서 마주하게 되는 익숙하지 않은 단어의 학습전략에 좌우된다. 따라서 학생들의 독립적인 단어학습을 촉진할 수 있도록 다양한 전략을 제공해 줄 필요가 있다. 그러한 전략에는 ① 단어 한 부분의 뜻 활용하기, ② 문맥으로부터 단어의 뜻 파악하기, ③ 생소한 단어의 뜻 파악에 도움을 주기 위해 사전 활용하기가 있다(Kame'enui & Baumann, 2012). 각각의 전략에 대하여 다음에 설명을 제시하고 있다.

단어의 부분

모든 단어는 **형태소**(morphemes), 즉 의미를 담는 가장 작은 언어적 단위들로 구성되어 있다. 형태소는 때로는 단어 전체가 될 수도 있고 특정 부분(접두사, 접미사, 비단어 어근)에서만 찾아볼 수도 있다. 어휘 학습을 위한 형태소 분석은 단어를 구성 형태소로 나누고 개별 형태소들의 의미를 활용하여 전체 단어의 뜻을 파악함으로써 이루어진다. 형태소 분석은 *unworkable*이라는 단어를 예로 들어 설명할 수 있는데, 이 단어는 *un*(~이 아닌), *work*(일) 그리고 *able*(무엇인가를 할 수 있는)의 3개 형태소로 구성된다. 형태소 분석을 통하여 *unworkable*은 '일을 할 수 없는'이라는 뜻으로 해석할 수 있다. 형태소의 의미를 가르침으로써 생소한 어휘를 분석할 수 있는 전략을 제공해 준다. 이 전략은 특히 내용 교과 지문 읽기에 중요한데, 이는 다른 단어에서 동일한 뜻을 갖는 형태소들을 한 부분으로 포함하는 단어들이 많기 때문이다.

하지만 교사들은 형태소 분석의 한계도 알고 있어야 한다. 세 가지 요소가 형태소 분석의 유용성에 제한을 가져온다. 첫 번째 요소는 개별 형태소를 학생들에게 유용하거나 의미 있는 정의로 바꾸는 것의 어려움이다. 예를 들어, *accurate*라는 단어는 3개의 형태소로 구성되는데, *ac*는 '~를 향하는(toward)', *cure*는 '주의, 세심(care)', *ate*는 '~이 되게 하는(that which is)'이라는 뜻이다. *accurate*의 문자적인 형태소 정의는 '세심함을 향하게 하는'이다. 상위 수준 학생들에게는 이 정의가 도움이 될 수 있지만, 그렇지 않은 학생들에게는 활용하기에 매우 어려운 정의이다.

형태소가 단어의 뜻을 파악하는 데 제한적일 수 있는 두 번째 이유는 많은 형태소가 이중 의미를 갖기 때문이다. 예를 들어, *dia*라는 형태소는 때로는 *diameter*(직경)에서처럼 *through*(~을 통해)라는 뜻을 갖지만, 다른 경우에는 *diary*(일기)에서처럼 *day*(하루)라는 뜻을 나타내기도 한다.

형태소 분석의 세 번째 제한 요소는 학생들이 종종 단어 구성을 위해 조합된 형태소를 분석하지 못한다는 점이다. 예를 들어, *recognition*(인식, 인정)이라는 단어는 *re+cogno+ite+ion*의 조합으로 이루어져 있다.

교사는 어떤 형태소가 가르칠 가치가 높은지 판단해야 한다. 〈표 17-2〉는 상대적으로 쉬운 해석이 가능한 형태소를 제시하고 있다. 각각의 형태소 옆에는 해당 형태소를 사용한 예시와 함께 일반적인 뜻을 제시하고 있다. 우리가 여기서 사용한 형태소의 뜻은 기술적으로 옳은 것이기보다는 읽기 부진 학생들에게 일차적으로 유용하도록 고안한 것임을

표 17-2 형태소의 뜻*

형태소	예시 단어	대략적 의미
able	portable(휴대할 수 있는)	'~을 할 수 있는'
bi	bicycle(자전거, 바퀴가 2개인)	'2개의'
dis	dishonest(정직하지 않은)	'~이 아닌'
	disappear(사라지다)	'~의 반대인'
est	biggest(가장 큰)	'가장 ~한'
ful	hopeful(희망적인)	'~으로 가득한'
il	illegal(불법적인)	'~이 아닌'
inter	interstate[주(州) 사이에]	'~ 사이에'
intra	intrastate(주 안에)	'~ 안에'
less	fearless(겁 없는)	'~ 없이'
pre	preschool(취학 전, 유치원)	'~ 이전에'
re	repay(갚다, 보답하다)	'다시'
sub	submarine(잠수함, 해저의)	'~ 아래에'
tri	tricycle(삼륜차, 세발자전거)	'3개의'
un	unable(~할 수 없는)	'~이 아닌'
	untie(풀다)	'~의 반대인'

* 여기 제시되지 않은 형태소 의미들은 『영어 단어 어근 사전(Dictionary of English Word-Roots)』(Smith, 1966)을 참조하길 바란다.

기억해야 한다.

형태소를 순차적으로 소개하기 위한 두 가지 규칙은 다음과 같다. ① 기능적으로 가장 유용한 형태소를 먼저 소개하고, ② 혼동을 줄 가능성이 많은 형태소들을 분리하기. 기능적인 형태소란 형태소에 대한 지식 없이는 이해할 수 없는 단어들을 이해할 수 있도록 해 주는 것을 말한다. 형태소 *re*는 **다시**(again)라는 뜻으로, 꽤 기능적인 형태소 가운데 하나이다. 형태소 *inter*(~ 사이에)와 *intra*(~ 내에)는 혼동을 줄 수 있는 형태소들의 예이다. 따라서 이러한 형태소들은 간격을 두고 제시하며 최소한 5개의 다른 형태소를 소개한 이후에 소개하는 것이 좋다.

〈표 17-3〉은 학생들에게 새로운 형태소의 뜻을 가르치고 방금 배운 형태소를 복습하는 수업 형식을 제시하고 있다. 〈표 17-4〉는 복습 과정에서 활용할 수 있는 활동지 예시

이다. 새로운 형태소를 소개하는 속도는 학생들의 성취 수준에 따라 달라질 수 있다. 새로운 형태소는 학생들이 이전에 배운 형태소들의 복습을 포함하는 구어 및 문어 연습을 오류 없이 완수할 수 있을 때 소개하도록 한다.

〈표 17-3〉에 제시한 수업 형식은 몇 가지 단계로 구성되어 있다. 첫 번째 단계에서 학생들에게 새로운 형태소의 뜻을 말해 준 다음 해당 형태소를 포함하는 단어의 의미를 학생들이 잘 알고 있는지 몇 가지 단어를 통해 평가한다(예: 형태소 *less*가 *win*이라는 단어와 결합하면 *winless*라는 단어가 되며, 뜻은 '승리가 없는'이다). 두 번째 단계에서 새롭게 배운 형태소와 이전에 배운 형태소들의 뜻을 연습해 본다. 세 번째 단계에서 학생들은 형태소 지식을 사용하여 단어의 뜻을 파악한다.

표 17-3 형태소 소개를 위한 수업 형식

교사	학생
1. (새로운 형태소를 소개한다.)	
a. "잘 들으세요. *less*는 보통 *without*(~이 없는)을 뜻해요."	
b. "*less*가 보통 무슨 뜻이라고요?" (신호)	"~이 없는."
"그러면 *careless*(부주의한)는 care(주의)가 없다는 뜻이에요."	
"*careless*가 무슨 뜻이라고요?" (신호)	"주의가 없는."
c. "*less*가 보통 무슨 뜻이라고요?" (신호)	"~이 없는."
"그러면 *winless*는 무슨 뜻일까요?" (신호)	"승리가 없는."
d. "*less*가 보통 무슨 뜻이라고요?" (신호)	"~이 없는."
"그러면 *homeless*는 무슨 뜻일까요?" (신호)	"집이 없는."
2. (형태소를 복습한다.)	
a. "*pre*가 무슨 뜻인가요?" (신호)	"before(~ 이전에)."
b. "*un*이 무슨 뜻인가요?" (신호)	"not(~이 아닌)."
c. "*tri*가 무슨 뜻인가요?" (신호)	"three(3개의)."
d. "*less*가 무슨 뜻인가요?" (신호)	"without(~이 없는)."
e. "*able*이 무슨 뜻인가요?" (신호)	"able to be(~을 할 수 있는)."
3. (의미 파악을 위해 형태소를 적용해 본다.)	
a. "잘 들어보세요. *careful*(주의 깊은). *careful*의 첫 번째 형태소를 말해 보세요." (신호)	"Care."
"*careful*의 다음 형태소는 무엇인가요?" (신호)	"ful."
b. "*ful*은 무슨 뜻인가요?" (신호)	"full of(~로 가득한)."
c. "*careful*은 무슨 뜻인가요?" (신호)	"full of care(주의 깊은)."
d. [교사는 다음 단어들에 대해서도 a~c단계를 반복한다. *preschooler*(유치원생), *triangle*(삼각), *winless*(승리가 없는)]	

표 17-4 형태소 분석을 위한 활동지

부분 1: 각 형태소 옆에 정확한 뜻을 쓰시오.

un	less	re	mis
ful	able	est	er

부분 2: 다음 단어들을 활용하여 문장들의 빈칸을 채우시오.

hopeful(희망적) hopeless(가망이 없는) misspell(잘못 쓴) winless(승리가 없는) preschool(유치원)

a. Tom은 시험에서 단어 하나라도 ________하고 싶지 않았다.
b. 내 동생은 학교 가기에는 너무 어리다. 동생은 ________에 간다.
c. 우리는 ________하다. 우리 팀은 꼭 이길 것이다.
d. 강아지를 두 달 동안 앉는 훈련을 시킨 후, Tom은 계속하기에는 ________하다고 생각했다.
e. 그 팀은 ________였기 때문에 슬펐다.

형태소 분석을 위한 활동지 연습은 〈표 17-4〉에 제시되어 있는데, 크게 두 부분으로 나뉜다. 부분 1에서는 학생들이 각각의 형태소에 대한 정확한 뜻을 쓴다. 부분 2에서는 학생들이 문장 완성을 위해 적절한 단어를 선택한다. 5~10개 정도의 문장으로 연습을 진행하는데, 문장 위쪽에 단어 목록이 제시되어 있다. 이 단어 목록에서 학생들은 각 문장에 적합한 단어를 골라 빈칸을 채우면 된다.

단어 연습장은 형태소 연습을 확장하는 하나의 방법으로 활용할 수 있다. 학생들은 각 형태소당 하나의 페이지를 만들고 해당 형태소를 포함하는 단어를 볼 때마다 해당 페이지에 단어와 함께 그 단어를 어디서 보았는지 적는다. 이와 유사하게, 교사는 각 형태소 학습을 강화하기 위한 특별한 단어 벽(word wall)을 만들 수 있다. 학생들에게 학습 과정에서 각 형태소를 포함하는 단어를 만날 때마다 단어 벽에 해당 단어를 추가하도록 한다.

맥락 단서

맥락을 활용한 분석에서 독자는 모르는 단어의 뜻을 알아내기 위해 문장 내에서 모르는 단어 주변에 있는 단어들을 활용하게 된다. 맥락 분석은 3학년 학생과 그 이상의 학년에서는 필수적인 기술인데, 이는 맥락 분석이 학생들이 잘 모르는 단어의 뜻을 파악하도록 도와주기 때문이다. 책의 저자들은 종종 독자들이 잘 모를 수도 있는 단어의 정의를 제시한다. 많은 경우, 동의어를 포함하는 동격 구조를 활용하거나 지문 속에서 모르는 단어 바로 뒤에 정의를 제시하는 방법을 활용한다.

1. *drouge*(우주선 낙하산)는 물체의 속도를 낮춰 주는 작은 낙하산과 같은 것으로, 1만 피트 상공에서 우수선 캡슐의 끝부분에서 발사됨
2. *surplus*(잉여, 과잉, 흑자)는 곡식 저장 창고가 꽉 차서 넘친 것이 땅에 쏟아질 정도로 많은 양이 남아 있는 상태를 말함

정의 또는 동의어는 반의어로 제시될 수도 있는데, 이는 학생들이 이해하기에는 조금 더 어렵다.

1. 형은 꽤 **사교적**(affable)이고 논쟁을 좋아하지 않는다(not argumentative).
2. Jamie는 **다재다능한**(versatile) 운동 선수인 반면, Ann은 그러지 못해 단 하나의 스포츠만 할 수 있다.

Carnine, Kame'enui와 Coyle(1984)은 반의적인 예가 쓰이거나, 지문 내에서 동의어 또는 정의가 학생들이 모르는 단어와 분리되어 있으면 맥락 분석은 더 힘들어진다고 하였다. 다음 예시 1에서 정의는 새로운 단어 바로 옆에 나와 있는 반면, 예시 2에서는 정의가 새 단어와 떨어져 있는데, 이는 예시 2를 더 어렵게 만드는 요인이 된다.

1. 음식은 특수 냉장차를 이용함으로써 잘 **보존되고**(preserved) 부패되는 것을 방지할 수 있다.
2. 음식은 특수 냉장차를 이용함으로써 잘 **보존된다**(preserved). 이러한 특수 냉장차는 음식을 부패로부터 막아 준다.

동의어를 직접 사용하는 대신 단어의 묘사를 통해 암시될 때 맥락 분석은 사용하기 더 어려워진다. 종종 문단 또는 일련의 문장들은 예시(들)를 제공하고 새로운 단어 뜻의 유추를 돕는 긍정적 및 부정적 예시를 제공한다.

1. Byron은 문을 당기면서 근육이 긴장하였다. 그는 상체를 뒤로 젖히고 할 수 있는 만큼 최대한 밀었다. 그는 할 수 있는 모든 힘을 **발휘하였다**(exerted).
2. 바다에서 뼈과 조개껍질 등은 먹이가 되거나 풍화로 망가지지 않는다. 보호막으로 덮여 있는 것들은 오랜 시간이 흘러도 손상되지 않을 것이다. 바다 속 생명들은 미래

에도 **보존될**(preserved) 것이다.

모르는 단어의 의미 파악을 위해 맥락 분석 사용을 가르치는 한 가지 방법은 맥락을 통해 정의되는 모르는 단어들을 포함하는 일련의 짧은 지문들을 활용하는 것이다(Carnine, Kame'enui, & Woolfson, 1982). 각 지문에 대하여 교사는 ① 모르는 단어를 지목하고, ② 모르는 단어가 의미하는 것이 무엇인지를 말해 주는 단어들을 학생들이 찾도록 하며, ③ 모르는 단어를 동의어나 정의로 바꾸어 해당 문장을 다시 읽어 보게 한다. 정의나 동의어는 맥락 분석을 통해 도출될 수 있다. 〈표 17-5〉는 초등학교 3~4학년 수준 학생들에게 지문으로부터 단어 의미 유추하기를 지도하기 위한 수업 형식을 제시한다.

표 17-5 맥락을 통한 어휘 지도 형식

교사	학생
추가적인 연습은 다음과 같은 지문 4~6개를 포함할 수 있다. Pioneers saw a dark, living cloud of birds. The cloud was so huge that it almost <u>eclipsed</u> the sun. It seemed like nighttime had suddenly started. People could hardly see(개척자들은 검고 활기찬 새 떼를 보았다. 무리가 너무 커서 거의 태양을 가려 일식이 일어났다. 마치 밤이 찾아온 것 같았다. 사람들은 앞을 잘 볼 수조차 없었다).	
1. (한 학생을 지목하여 지문을 읽은 다음 모르는 단어를 말해 보라고 한다.)	
a. "지문을 읽어 보세요."	
b. "새로운 단어는 밑줄을 치세요. 무슨 단어죠?" (신호)	"Eclipsed."
2. (다른 학생을 지목하여 동의어 또는 정의를 말하게 한다.)	
a. "새 떼가 태양을 가렸을 때 무슨 일이 일어났나요?"	"어두워져서 앞을 볼 수가 없었어요(It got dark and the people could hardly see)."
b. "갑자기 밤이 찾아온 것 같았어요. *eclipse*(일식)가 태양에 어떤 영향을 주었죠?"	"모두 덮는 것이에요(Covers it up)."
c. "맞아요, 태양을 가려 버렸어요."	

3. (모르는 단어의 뜻을 다른 말로 대체하여 문장을 말하게 한다.)	
a. "*eclipse*를 넣어서 문장을 읽어 보세요." (신호)	"The cloud was so huge that it almost eclipsed the sun."
b. (학생을 지목하여) "*eclipse*를 대체하는 다른 단어를 넣어서 문장을 읽어 보세요." (신호)	"The cloud was so huge that it almost covered up the sun."
4. (다른 지문들을 가지고 1~3단계를 반복한다.)	

맥락에서 단어의 뜻을 유추하도록 가르치는 보다 일반적인 방법은 말로 표현하기(talk-through) 기법(Stahl & Shiel, 1999)이다. 이 기법에서 교사는 먼저 맥락에서 단어의 뜻을 파악해 내는 절차를 말로 설명하는 것을 보여 준다. 다음으로 교사는 "(　　) 주변의 단어들이 (　　)의 뜻에 대해 무엇을 말해 주고 있나요?" "(　　)가 무슨 뜻이라고 생각하나요?" "(　　)을 그 뜻으로 바꿔서 써도 문장의 뜻이 통하나요?"와 같은 질문을 하면서 몇 가지 단어의 뜻을 맥락을 활용하여 연습해 보게 한다.

맥락 분석에서 효과적인 교수 방법은 교수 목적에 대한 직접적인 설명, 시범, 교사 도움 하의 연습에서 독립적 연습으로의 주의 깊은 전환, 맥락으로부터 의미를 찾아내기 위한 집중적인 연습 및 피드백 등을 포함한 직접교수 절차를 포함하고 있다는 점을 기억해야 한다(Stahl & Shiel, 1999). 맥락 분석 활용 교수의 또 다른 핵심적 요소는 쉬운 예시에서 어려운 예시 순으로 제시하는 것과 적절한 독립적 연습기회를 제공하는 것에 있다. 학생들은 충분한 연습기회를 가지는 동시에 다양한 유형의 맥락 구조에 대한 복습이 주어질 때 동의어나 정의, 반의어, 추론 등의 기술을 비로소 습득할 수 있다. 적합하고 충분한 예시를 제공하는 것은 지도 절차 그 자체만큼 중요하다.

사전 사용

단어의 뜻을 파악하기 위해 사전을 사용하는 것은 성인보다 어린 학생들에게 훨씬 어려운 과제이다. 첫째, 사전적 정의는 학생들이 이해하지 못하는 단어를 포함하고 있을 가능성이 있다. 예를 들어, 사전에서는 *habituate*(습관을 들이다)라는 단어를 *accustom*(익숙하게 하다)으로 정의할 것이다. 하지만 안타깝게도 많은 학생은 *accustom*이라는 단어가 무엇을 의미하는지 알지 못한다. 교사들은 학생들의 수준에 적합하게 쓰인 사전을 선정할 필요가 있다. 즉, 학생들에게 익숙한 단어들로 구성된 명확한 정의를 수록한 사전이 적합하다.

둘째, 사전 속 많은 단어에는 하나 이상의 정의가 수록되어 있다(예: *bark*라는 단어는 나무를 감싸는 것, 개가 만들어 내는 소음, 항해하는 작은 배 등을 의미). 교사는 학생들이 다양한 의미 가운데 가장 적합한 것을 찾아낼 수 있을 거라고 당연하게 생각해서는 안 된다. 따라서 초기 연습에서는 단어의 의미 간에 명백한 차이가 있는 것들끼리 제시하는 것이 좋다. 예를 들어, *cold*라는 단어의 두 가지 가능한 의미는 **낮은 온도**(low temperature)와 **친근하지 않은**(unfriendly) 정도가 된다. '나는 우리가 어제 만났을 때 내 친구가 나에게 얼마나 차갑게(how cold) 행동했는지 놀랐다.'라는 문장에서 *cold*의 의미는 명확하다.

교사는 학생들이 혼자 읽을 때 마주할 새로운 단어들을 찾아보도록 격려해야 한다. 하지만 너무 많은 단어를 찾아보게 하는 것은 자칫 읽기 활동을 지루하게 만들 수 있다. 모르는 단어 전부를 사전에서 찾게 되면 너무 힘든 과정이 되는 반면, 전혀 찾아보지 않게 되면 지문을 이해하지 못한 채로 읽게 된다. 어떤 단어가 중요한지 결정하는 것은 지문 읽기의 목표에 따라 달라진다. 새로운 정보를 알기 위해서 읽을 때는 모르는 대부분의 단어를 찾아보는 것이 좋다. 그러나 단순히 즐기는 용도로 책을 읽는다면 잘 모르는 형용사나 부사를 모두 찾아볼 필요는 없다. 새로운 단어의 뜻을 언제 사전에서 찾아야 할지를 아는 것도 자주 가르치지는 않지만 중요하고 필요한 기술이다.

학생들이 모르는 단어와 마주쳤을 때 기본적인 전략은 글의 맥락이 해당 단어의 뜻을 알게 해 줄 수도 있으므로 지문을 일단 계속 읽어 나가는 것이다. 만약 글의 맥락을 통해서도 그 단어의 뜻을 알 수 없다면, 해당 단어의 의미를 아는 것이 지문의 이해에 필수적인지 아닌지를 결정해야 한다. 만약 중요한 단어라면 사전에서 뜻을 찾아본다. 언제 단어의 뜻을 사전에서 찾아야 하는지 결정하는 것이 중요하므로, 학생들에게 지문 몇 개를 읽게 하고 해당 지문이 모르는 단어의 뜻을 제공해 주는지 여부를 판단해 보게 한다. 만약 맥락을 통해 모르는 단어의 뜻을 찾아내지 못한다면 그 단어의 뜻을 아는 것이 지문을 이해하는 데 필수적인지 묻는다. 그런 다음 교사는 모르는 단어의 뜻을 사전에서 찾아보고 적합한 정의를 선택하는 방법을 시범한다.

어휘 교수와 독해 향상의 관련성

앞 장에서 우리는 알고 있는 단어에 대한 새로운 뜻 알기, 알고 있는 개념을 나타내는 새로운 단어의 뜻 알기, 새로운 개념 알기, 알고 있는 단어의 뜻을 풍부하게 하기 등과 같은 어휘 교수 전략들을 제시하였다. 단어의 부분을 활용한 전략이나 맥락 분석, 그리고 사전 활용 전략과 같은 단어학습 전략들도 논의하였다. 지금까지 효과적인 어휘 교수를 위한 단 하나의 최상의 방법은 밝혀진 바가 없다. Graves(1986)는 "특정 단어학습 과제에 따라 서로 다른 어휘 교수 방법들이 조금 더 혹은 조금 덜 효과적일 수 있음"을 지적한 바 있다(p. 65).

효과적인 지문 이해를 위한 어휘 교수의 중요한 세 가지 특성은 다음과 같다. ① 정의적이고 맥락적인 정보를 모두 포함, ② 심도 있는 단어학습 유도, ③ 단어에 대한 지속 노출 기회 제공(Beck, McKeown, & Omanson, 1987; McKeown, Beck, & Sandora, 2012). 다음에서 우리는 이들 주요 특성을 구체적으로 기술한다.

정의적 및 맥락적 정보

단어의 뜻을 알기 위해 학생들은 정의적 정보와 맥락적 정보를 모두 알아야 한다(Stahl & Fairbanks, 1986). **정의적 지식**(definitional knowledge)이란 단어의 의미에 관한 지식 및 이미 알고 있는 다른 단어들과의 관련성에 대한 지식이다. **맥락적 지식**(contextual knowledge)이란 해당 단어가 글에서 나타내는 핵심적인 개념에 대한 지식이며, 그 핵심적인 개념이 맥락에 따라 어떻게 바뀌는지를 아는 것이다. 예를 들어, *run*이라는 단어의 뜻은 시합에서 **달린다**(run)고 할 때와 사무실로 **뛰어간다**(run)고 할 때 그리고 **곤란해지다**(run into trouble)라고 할 때의 의미가 조금씩 다르다.

맥락 속에서의 예시들은 단어의 정의 자체보다도 훨씬 더 강력한 의미를 전달해 주며, 단어가 어떻게 사용되는지를 가르칠 때 보다 더 효과적이다(Nagy, 1988). 예를 들어, *cater*라는 단어의 정의는 '특별한 생각을 가지고 하는 행위'인데, 이는 해당 단어에 내포된 뜻을 적절하게 전달해 주지 못한다. 맥락을 추가하면 다음과 같은 문장을 만들 수 있다. "시장은 정부 관료가 시를 방문했을 때 **연회를 베풀었다**(catered)."(Nagy, 1988, p. 9) 단어의 정의만을 가르치는 것은 학생이 다양한 맥락에서 단어를 사용할 능력을 키우는 데 역부족이다. 지문에 대한 이해 향상이 목표라면 단어에 대한 정의 및 맥락적 정보를 함께 가르치는 것이 중요함을 많은 연구에서 말해 주고 있다(Stahl & Fairbanks, 1986; National Reading Panel, 2000; Kame'enui & Baumann, 2012).

심화 처리

단어의 심화 처리(deep processing)는 ① 알고 있는 정보와 새로운 정보 간에 더 많은 연합을 만들어 내고, ② 보다 많은 정신적 노력을 단어학습에 사용하는 것으로 정의된다(Stahl & Fairbanks, 1986; McKeown, Beck, & Sandora, 2012). 이 처리는 학생의 배경 지식이나 단어에 대해 현재 가지고 있는 스키마(schema)를 끌어옴으로써 활성화될 수 있다(Mezynski, 1983). 명백한 의미적 상호연관성을 구축하는 것은 새 단어와 이미 알고 있는 단어를 연결하게 하며, 각 단어의 의미를 보다 심도 있게 이해할 수 있도록 돕는다. 목표 단어와의 연결이라는 개념은 Beck과 동료들(2012)이 언급한 교수에서 중요한 역할을 한다. 단어들을 의미적 부류로 조직화함으로써 Beck과 동료들은 단어들이 상호 공유하는 명확한 관련성을 구축한 바 있다. 뿐만 아니라 각 부류에 붙이는 이름(예: *covert*와 *impatient*는 '사람'을 의미하는 단어 부류에 분류)은 학생들이 가지고 있는 사전지식에 관계없이 해당 부류를 이해할 수 있는 실마리를 제공해 주었다.

단어 간 연결을 형성하는 것 외에 학생들이 각 단어들이 담고 있는 의미 정보를 능동적으로 처리하도록 하는 방법은 글에 대한 이해를 증진시킨다. 단순히 학생들에게 단어와 정의 또는 단어와 단일 맥락을 연관시키게 하는 것보다는 학생들로 하여금 단어들을 분류하거나 문장의 빈칸을 채우게 함으로써 단어에 대한 심화된 이해를 도모해야 한다. 보다 심화된 단어학습을 위해 단어를 개인의 경험과 연결하거나 관련된 맥락을 생성해 내는 것과 같은 새로운 결과물을 만들도록 요구할 수 있다. 학생들에게 특정 단어가 주어진 상황에 왜 적합한지를 정당화하도록 요구하는 것 또한 단어의 심화 처리를 증진시킨다. 연구에 따르면 단어의 심화 처리 수준이 높아질수록 독해 향상에 미치는 효과도 높아진다(Stahl & Fairbanks, 1986).

다중 노출

연구자들은 주어진 지문 내의 모든 단어를 쉽게 이해할 수 있을 때 지문에 대한 이해가 가장 효과적으로 이루어질 수 있다고 가정한다(Beck, Perfetti, & McKeown, 1982). 학생이 단어의 뜻을 별도의 노력 없이 빠르게 이해할 수 있게 되면, 주의력을 문장 또는 지문의 전반적인 의미 파악에 사용할 수 있게 된다는 것이다. 단어에 대한 다중 노출(multiple exposure)을 통해 단어지식의 정확성과 유창성을 향상시키는 방법이 단어에 대한 제한된 노출을 제공하는 방식보다 독해에 더 긍정적인 영향을 미치는 것으로 보인다. 그러나 어휘 교수는 기계적인 연습 그 이상의 요소들로 구성될 필요가 있다. 각 단어에 대한 지식의 폭을 확장하기 위해서는 다양한 맥락에서 제시되어야 한다는 것이다. 다양한 맥락에서 어떻게 단어가 사용되는지를 명확히 보여 주는 것은 상당히 큰 효과를 이끌어 낸다(National Reading Panel, 2000).

연구

국가읽기위원회(NRP)는 어휘 교수 분야의 연구들을 종합적으로 검토하였다. 구체적으로 1979년부터 2000년까지 수행된 50개의 연구가 검토 대상이었는데, 이들 연구에서 21개의 서로 다른 어휘 교수법이 사용되었다. 2000년 4월, 국가읽기위원회(NRP)는 효과적인 어휘 교수에 대한 과학적인 증거를 요약한 보고서를 발행하였다. [그림 17-2]는 보고서의 요약 내용을 제시하고 있다.

- 어휘는 직접적 및 간접적인 방식 모두를 통해 교수해야 한다.
- 어휘를 자주 그리고 다양한 방식으로 접하는 것은 어휘 학습에 유의한 효과를 지닌다.
- 학생들이 다양한 맥락에서 유용하게 사용할 어휘들이 선정되어야 한다.
- 학생들이 어휘 학습 요소 및 과제를 충분히 이해했는지를 확인하기 위한 과제 재구조화는 특별히 저성취 및 위기 학생들의 어휘 학습 향상을 이끈다.
- 어휘 학습에 능동적으로 참여하는 학생들은 더 향상된 어휘 성취를 보인다.
- 어휘 향상을 위한 컴퓨터 테크놀로지 활용 지원이 증가하고 있다.
- 어휘 학습은 우연적이고 간접적인 경로로 일어날 수 있다. 반복, 풍부한 맥락, 학생의 동기 또한 우연적 어휘 학습의 효과성에 긍정적 영향을 미친다.

[그림 17-2] 어휘 교수에 대한 과학적 연구결과로부터 도출한 국가읽기위원회(NRP) 결론

이 장에서 제시한 내용들은 국가읽기위원회(NRP)의 결론을 반영하고 있으며, 어휘 교수를 위한 체계화된 원칙으로 볼 수 있다. 앞서 언급했듯이, 유일한 최상의 어휘 교수 방법은 제시된 바 없다. 국가읽기위원회 구성원들은 "많은 연구가 다양한 유형의 어휘 교수를 통해 향상될 수 있음을 보여 준다."라고 강조하였다(National Reading Panel, 2000, p. 24). 교사는 효과적인 어휘 교수가 어휘 학습의 목표, 지도 대상 단어, 학생들이 교실로 가져오는 선행 단어지식 등에 대한 신중한 고려를 필요로 한다는 점을 기억해야 한다.

응용 연습문제

01 다음 단어 중에서 형태소 사용이 초등 3~4학년 학생들의 단어 의미 파악에 도움을 줄 것 같은 단어 5개를 동그라미 표시하시오. 학생들이 어근의 뜻은 알고 있다고 가정한다.

unusable	emphasis
decisive	discord
misspell	dejected
careless	rewashable
absent	useful

02 학생들이 맥락 분석을 통해 3개의 문장에서 민줄 친 단어의 뜻을 파악함에 있어 난이도 순으로 순서를 매겨 보시오. 가장 쉬운 것에 1을, 중간 난이도에 2를, 가장 어려운 것에 3을 쓰고 난이도 2를 매긴 문장이 1보다 왜 어렵고 3이 2보다 왜 어려운지 설명하시오.

- Our center fielder, Bill, is ambidextrous. He basts third in the lineup. He can use his right hand and his left hand.
- I wish I were ambidextrous. Then I would be able to use my left hand as well as my right.
- Our center fielder, Bill, is not ambidextrous. He bats third in the lineup. He can use his right but not his left hand.

03 다음 단어들의 사전적 정의 중 5학년 학생들이 이해하기에 가장 힘든 것 3개를 선정하고 그 이유를 말해 보시오.

malpractice(과오, 배임): dereliction of professional duty(전문적 의무의 과오)

mammoth(거대한): a very great size(매우 거대한 크기의)

burnish(광내다): to polish using something hard(딱딱한 무언가를 활용하여 빛나게 하는 것)

fossil(화석): trace or impression of the remains of a plant or animal preserved in the earth's crust from past ages(과거 시대의 동식물이 자국이나 흔적을 남긴 것이 지구 지층 내에 보존된 것)

infirm(쇠약한): deficient in vitality(기력의 결핍)

fortunate(운 좋은): coming by good luck(행운이 따라오는)

학생들이 보다 쉽게 이해할 수 있도록 어려운 정의는 다시 쓰시오.

04 다음 단어들의 뜻을 가르치기 위해 어떤 방식(동의어 또는 정의)을 쓸 것인지 말해 보시오. 당신이 가르칠 때 사용할 용어들까지 구체화해 보시오.

(a) residence

(b) retrospect

(c) diabolic

(d) invalid

(e) sanctuary

05 *residence*라는 단어를 가르칠 때 사용할 예시(2개의 긍정적 예시, 2개의 부정적 예시)를 구체화하시오.

06 4학년을 담당하고 있는 교사가 수업을 잘 따라오지 못하는 학생들에게 다음 수업에서 복습해야 할 단어 5개를 골라 보시오.

congress	Region
impend	Myriad
defend	professional
ensconced	Suspend
wrest	Trough

07 다음 단어들은 오늘부터 며칠 후에 학생들이 읽을 지문에 등장하는 것들이다. 어휘 연습에 포함되어야 할 단어 앞에 *V*자 표시를 하고, 해독 연습에 포함할 단어 앞에는 *D*자 표시를 하시오(어떤 단어들은 두 유형의 연습 어느 것에도 포함될 필요가 없음).

________	pauper	________	exported	________	extinction	________	cleft
________	surround	________	finch	________	gymnasium	________	footstep
________	essay	________	architect	________	void	________	dynamite
________	noun	________	swear	________	neutral	________	brittle

제4부

독해 교수 개관

독해란 좁게는 지문을 읽고 정보를 찾아 배우는 능력으로, 넓게는 중요한 지식을 습득하고 정의적 · 지적 목표를 추구하는 수단을 제공하는 것으로 규정할 수 있다[RAND Reading Study Group, 2002(RRSG)]. 어느 관점을 취하든 독해 지도는 학생으로 하여금 다양한 독해 기술과 전략을 습득할 수 있게 설계된 다양한 독해 전략을 반드시 포함해야 한다.

RRSG는 미국 중고등 학생들의 독해 실태에 대해 다음과 같이 언급했다.

> 오늘날 미국 중 · 고등학교 교사들이 당면한 가장 곤란한 문제 중 하나는 많은 학생이 자신들이 읽어야 할 자료를 읽는 데 필요한 지식, 기술, 성향을 갖고 있지 않다는 점이다. 이 학생들은 이러저러한 이유로 독해를 잘하지 못한다. 독해를 잘 못하는 학생들은 해당 학년 지문들을 읽지도, 만족스러울 만큼 이해하지도 못한다. 많은 교사가 독해 부진 학생들이 점점 늘어나고 있는 상황에 대해 좌절하고 있다(RRSG, 2002, p. 34).

미국 교육부의 교육연구 및 학력 향상국(The Office of Educational Research and Improvement of the U.S. Department of Education)으로부터 당면한 문해력 문제해결 방안 연구에 부응하여 RRSG에서는 독해에 주력하기로 했다. 그러한 결정은 다음과 같은 몇 가지 요인 때문이기도 했다.

- 고등학교 졸업생들이 높은 수준의 문해력이 필요한 상황에 당면해 있지만 이들의 독해 능력은 향상되지 않고 있다.
- 특정 교과 내용과 교과를 배울 때 다른 나라 학생들에 비해 미국 학생들의 독해 성적이 낮다.
- 학생들 간 차이를 줄이려는 광범위한 노력에도 불구하고 학생들의 인구통계학적 배경별로 독해력에 매우 큰 차이가 있다.
- 교사들이 학생들의 독해력을 향상시키고, 읽기를 통해 어떤 내용을 학습하며, 학생들의 독해 기술 격차를 다루는 것을 돕는 데 충분한 주의를 기울이지 않았다.

미국 교육성장평가원(NAEP)은 2013년 전국에서 표집한 8학년 17만 2천 명과 12학년 4만 6천 명의 읽기 능력에 대한 보고서에서 RRSG가 20여 년 이전에 독해에 관심을 갖고 이를 강조했던 점이 지금도 필요하다고 제안했다. 예를 들어, 2013년 NAEP 보고서에 따르면 12학년 평균 읽기 점수는 2009년의 12학년 평균 점수와 큰 차이가 없었지만, 1992년보다는 낮았다.

독해에 영향을 미치는 요인

Torgesen(2007)은 독해력이 다음 요인들에 영향을 받는다고 지적했다.

- 정확하고 유창한 지문 읽기 기술. 유창성은 독해의 선수 조건이지만 그것 자체로는 높은 수준의 독해력을 보장해 주지는 않는다. 학년이 올라감에 따라 읽기 유창성이 독해력을 예측하는 정도는 점점 낮아진다.
- 어휘와 구문 이해를 포함한 구어 기술
- 일반적인 사실 및 개념 관련 지식

- 인지 전략을 활용하는 능력
- 사고와 추론 능력
- 이해하려는 동기와 과제와 자료에 대한 흥미

우수한 독자는 사전지식과 지문 속의 정보를 활용하고, 새로운 지식을 구성하고 이해하기 위해 사고/추리 과정을 활용한다. 그들은 지문 속의 아이디어를 자신들이 이미 알고 있는 지식과 연결시키고, 자신들이 읽은 것을 얼마나 잘 이해하는지 추적한다. 그리고 이해가 잘 안 되면 문제의 원인을 찾고 그것을 해결할 방법을 모색한다.

독해력 향상시키기

지난 40여 년 동안의 연구결과에 따르면, 독해 교수 방법에 충분한 시간과 주의를 기울이지 않은 것이 학생들의 낮은 독해력의 주요 원인이다. 1979년대 후반 Dolore Durkin(1978~1979)은 읽기 교수 시간의 약 2%만이 독해 교수에 실제로 사용되었다는 것을 발견했다. 최근 교실 수업을 관찰한 결과에 따르면 독해 교수 시간의 양은 늘어났지만 학생들의 독해 능력은 아주 조금 향상되었을 뿐이다.

효과적인 지도 방법이야말로 독해력을 향상시키고 독해 문제를 해결하는 가장 강력한 수단이다(RRSG, 2002). 독해 교수 방법과 관련하여 우리가 이미 알고 있는 바는 RRSG가 잘 요약했다. 이 요약 내용은 독해 교수 방법에 대한 국가읽기위원회(National Reading Panel, 2000)의 연구 기반 결론과 함께 독해 교수와 관련하여 확실한 정보를 제공해 주고 있다. 그런데 두 연구 보고서의 정보는 서로 약간 다른 점도 있다. [그림 1]은 국가읽기위원회(NRP)의 보고서 내용이고, [그림 2]는 RRSG의 결론 내용이다.

- 독자로 하여금 어떤 독해 전략을 사용하도록 지도하면 독해는 향상될 수 있다.
- 독해를 향상시키는 것으로 확실한 과학적 근거를 가진 여섯 가지 전략은 이해 점검 전략, 그래픽과 의미 조직자 사용하기, 질문에 답하기, 질문 생성하기, 이야기 구조 인식하기, 요약하기이다.
- 여섯 가지 이외에 연구를 통해 어느 정도 그 효과가 확인된 두 가지 독해 전략은 사전지식 활용하기와 정신적 심상 이용하기이다.
- 내용 교과 지도 시 사용할 수 있는 각 독해 전략은 학급 내 독해 교수에도 그 효과와 활용 측면에서 강력한 과학적 근거를 갖고 있다. 하지만 교사와 학생은 모든 독해 전략이 모든 유형의 지문에 효과적인 것은 아니라는 점을 명심해야 한다.
- 효과적인 독해 교수 수업은 명시적이다. 명시적 지도는 대체로 ① 왜 특정 전략이 독해에 도움이 되는지, 언제 그 전략을 사용하는지를 직접 설명하고, ② 해당 전략을 어떻게 적용하는지 대개 생각 말하기를 통해 글을 읽으면서 시범 보이며, ③ 학생이 어떻게, 그리고 언제 해당 전략을 사용해야 하는지 배울 때 안내하고 지원하는 안내된 연습을 실시하고, ④ 학생이 스스로 전략을 적용할 수 있을 때까지 교사가 학생을 돕는다.
- 효과적인 독해 전략 교수를 통해 복수의 독해 전략을 조합해서 유연하게 활용할 수 있게 된다.
- 효과적인 전략 교수는 명료하게 설명된 과제를 짝 혹은 소집단과 같이 하는 협동학습을 통해서도 가능하다.
- 독해 교수는 3학년에서 6학년까지가 가장 효과적이다. 하지만 그 이전 학년 담당 교사도 독해를 위한 기반 구축을 시작할 수 있다.

[그림 1] 독해 교수 방법에 대한 과학적인 근거에 기반한 결론

출처: National Reading Panel (2000). Chapter 4, Part 2, "Test Comprehension." Washington, DC: U.S. Government Printing Office.

- 유창성 지도를 받으면 독해력이 향상된다.
- 동일한 지문 반복 읽기는 보통 학생의 경우 적어도 4학년 때까지, 읽기 문제 학생의 경우 고등학교 때까지 읽기 유창성을 향상시키는 데 효과적인 방법이다.
- 지문의 중심 생각을 확인하고 생각 간의 관계를 그래픽으로 나타내도록 하면 학생들의 지문 독해와 회상은 향상된다.
- 정교한 질문하기 활동을 통해 수업에서 사용하는 지문 독해는 물론 새로운 지문을 혼자 독해하는 능력도 향상된다.
- 지문을 읽는 동안 스스로 질문을 제기하도록 가르치면 수업 때 사용했던 지문은 물론 새로운 지문에 대한 이해도도 향상된다.
- 지문 내용을 자신의 말로 요약하고 중심 생각을 확인하며 큰 개념들을 확인하고 서로 연결 지으면 새로운 지문이라도 그 내용을 더 잘 이해하고 회상할 수 있게 된다.
- 명시적으로 독해 전략을 가르치면 학습자들, 특히 저성취 학생들의 성취도가 달라진다.
- 전략 교수와 내용 교과 교수를 통합시키려면 독해 교수와 내용 자체의 지도 간 균형을 잘 유지해야 한다.
- 지문 구조를 알게 되면 독해가 촉진된다.

[그림 2] 독해 교수 방법에 대한 과학적인 근거에 기반한 결론

출처: RRSG (2002). pp. 30-43. Reading Refugee Support Group (RRSG), 35-39 London Street READING, RG1 4PS

앞의 그림들에서 제시한 바와 같이, 2개의 보고서에서는 효과적인 독해 교수를 위해서는 **구체적인** 독해 전략을 지도해야 함을 강조하고 있다. 효과적인 전략 교수의 네 가지 중요한 요소는 다음과 같다.

1. 명시적 교수로서 교사는 독해 전략을 명료하게 설명하고, 시범 보이고, 학생들이 이 전략을 학습하고 적용할 때 안내한다. 또한 학생들이 스스로 적용할 수 있게 될 때까지 전략 활용 연습을 시킨다.
2. 복수의 독해 전략을 어떻게 조합해서 활용하는지 명료하게 가르치고 연습을 안내한다.
3. 서로 다른 유형의 지문별로 전략을 어떻게 다르게 적용해야 하는지 명료하게 가르치고 연습을 안내한다.
4. 내용 교과 영역 교수 시에 독해 전략을 결합한다.

독해 전략

국가읽기위원회(National Reading Panel, 2000)는 보고서를 통해 지문 독해 향상에 효과적인 여섯 가지 전략을 제시했다. 이 전략들은 〈표 1〉에 제시되어 있다. 표의 첫 번째 칸은 전략의 이름을 나타낸다. 두 번째 칸에서는 각 전략을 설명하고 있다. 세 번째 칸은 각 전략 지도 방법을 다루고 있는 이 책의 각 장을 소개하고 있다. 이 중 어느 전략이 가장 중요한가에 대해서는 경험적 근거가 없다.

표 1 국가읽기위원회(NRP)가 독해력 향상에 과학적 근거가 있다고 제시한 독해 전략

전략 명칭	전략 내용	이 책에서 다루고 있는 곳
질문에 답하기	학생을 안내하고 학생 학습을 점검하기 위해 질문을 한다. 질문 유형은 다음과 같다. • 본문 명시적(문장 안에 명료하게 내용이 나와 있음) • 본문 암시적(여러 개의 문장에 제시된 정보에 암시되어 있음) • 배경 지식과 경험 의존적(지문에 전혀 나와 있지 않지만, 독자의 선행 지식이나 경험의 일부)	제18, 19, 20, 21장

질문 생성하기	읽는 도중 질문을 생성해서 자신들이 읽은 것을 이해했는지 인식하게 지도한다.	제21장
그래픽과 의미 조직자 활용하기	그래픽 조직자는 개념과 개념 간 관계를 나타낸다. 그래픽 조직자는 설명문과 서술문 모두에서 활용할 수 있다.	제19, 21장
이야기 구조 인식하기	이야기 속의 내용과 사건을 조직하는 방법을 학생에게 가르치면 이해를 촉진할 수 있다. 그래픽 조직자의 한 유형인 이야기 지도는 학생의 이해와 이야기 기억을 향상시킬 수 있다.	제19장
요약하기	읽은 것 중에서 무엇이 중요한지 결정하고, 정보를 요약하고, 자기 말로 내용을 바꿔 보는 것을 가르친다.	제18장
이해 점검하기	자신이 읽은 것을 이해했는지 알고, 이해에 문제가 있으면 문제를 해결할 전략을 찾아 적용한다.	제21장

국가읽기위원회(NRP)는 다음과 같이 주장했다.

> 어떤 전략이 특정 연령이나 능력을 가진 학생들에게 더 적절한지, 독자의 어떤 중요한 특징이 읽기 독해 교수의 성공 여부에 영향을 미치는지, 그리고 어떤 독해 전략 조합이 어린 독자, 평균 수준 이하 독자, 학습장애나 난독증 독자에게 최선인지에 대해서는 더 많은 과학적 연구 기반의 증거가 필요하다(National Reading Panel, 2000, pp. 4-52).

비록 국가읽기위원회(NRP)가 중요한 정보를 제공하긴 했지만, 어떻게 하면 독해 능력을 가장 효율적으로 강화할 수 있을 것인가는 여전히 분명하지 않다. 그럼에도 불구하고 독해 교수와 관련하여 대체로 합의를 보고 있는 중요한 세 가지 사항이 있다.

1. 특히 내용과 어휘 사전지식이 제한된 채 입학한 아동들에게는 내용과 어휘지식 확장에 많은 시간을 투자하라. 핵심 지식 모델(Core Knowledge Model)의 개발자인 E. D. Hirsch는 일반 지식 축적의 중요성에 대해 다음과 같이 기록했다.

> 내용 지식과 내용 학습을 통해 습득되는 어휘는 성공적인 읽기 독해의 근간이다. 광범위한 지식 없이는 독해 능력이 향상되지 않을 것이고 읽기 독해 점수도 향상되지 않을 것이다(National Reading Panel, 2000, p. 2; Hirsch, 2006, p. 8).

2. 독해를 아주 명료하게 그리고 체계적으로 가르치되, 학생들의 높은 수준의 참여와 시의적절한 교정적 피드백이 있게 하라.
3. 지문 읽기에 다수의 전략을 활용하라. 국가읽기위원회(NRP)는 다음과 같이 주장했다.

> 우리가 검토한 경험적 증거에 따르면 다양한 독해 전략을 가르치는 것이 해당 전략 학습 증진은 물론 학습한 것의 전이, 새로운 단락에 대한 이해와 기억 증가, 그리고 어떤 경우에는 전반적인 독해 향상으로 이어졌다(National Reading Panel, 2000, pp. 4-51).

초기 읽기 단계 이후의 독해 관련 장

제18장에서는 입문기 후반의 읽기, 초등 저학년, 그리고 초등 중간 학년 초기의 독해 지도를 다룬다. 이 장에는 추론적 독해, 요약하기, 바꿔 말하기, 문장 구조 이해하기, 지문 읽기 도중 독해 지도 방법이 포함되어 있다.

제19장에서는 이야기의 지문 구조(예: 이야기 문법) 이해를 촉진할 목적으로 구안된 서술문 독해 전략을 제시한다. 지문 구조를 알면 독해가 촉진된다. 국가읽기위원회(National Reading Panel, 2000)는 이야기 구조를 가르치면 질문에 답하고 읽은 내용을 회상하는 능력이 향상된다고 보고했다. 특히 이러한 향상은 읽기 능력이 낮은 학생에게 더 두드러졌다고 보고하였다.

제20장은 비평적 읽기에 초점을 맞춘다. 비평적 읽기는 주장, 논의, 제안들을 평가한다.

제21장에서 Archer와 Gleason은 내용 교과 영역 교수를 다룬다. 이 연구자들은 내용을 손상하지 않고 전략 교수와 내용 교과 영역 교수를 결합하는 방법을 기술한다. 그리고 이를 위해 다음 사항의 수행과 관련된 구체적인 예시를 제시하였다.

1. 큰 개념들, 관계, 중요한 구분이 명료하게 의사소통될 수 있도록 그래픽과 개념 지도를 사용하여 내용을 조직한다.
2. 구체적인 전략들을 하나씩 지도하고 나서 그 전략들을 조합하여 적용하도록 한다(제21장의 상호호혜적 교수 부분 참조)

3. 예측하기, 중요한 정보 확인하기, 요약하기에 도움을 줄 자기 질문하기 유형을 교사가 시범 보이는 안내된 읽기 활동을 수행한다.

제18장 독해 기술과 절차

학습 목표

1. 초등 저학년과 중학년 초기 학생을 대상으로 독해를 향상시킬 수업 전략의 중요한 요소들을 기술한다.
2. 평가 질문 제기하기, 간단한 연역 추론 가르치기, 연역 추론 적용하기를 포함한 추론적 독해 교수 절차를 논한다.
3. 다시 말하기를 포함한 요약하기 교수 절차를 설명한다.
4. 복잡한 문장 구조 이해하기, 수동형 문장 만들기, 지문 읽기 지도 절차의 중요한 특징을 논한다.

초기 단계의 독해 교수는 일반적인 언어 기술, 사실적 이해, 그리고 기본적인 이야기 문법 요소에 대한 인식을 포함한다. 초등 저학년 및 중학년에 이르러 교수의 초점은 추론적 이해, 요약하기, 독해 점검, 주요 아이디어 찾기, 지문 이해를 위한 다양한 전략의 사용 등으로 이동하게 된다.

추론적 이해

추론적 이해는 지문에 직접적으로 나와 있지 않은 내용에 관한 질문에 답을 하도록 요구한다. 질문에 답하려면 학생은 이야기에 주어진 정보로부터 단서를 찾거나 사전지식을 끌어와야 한다. 예를 들어, 이야기 속에서 Julie의 엄마가 건축가로 묘사되었는데, 일터에서 Julie의 엄마가 어떤 종류의 도구를 사용했을지 질문하는 것이다. 이 질문에 답하려면 학생은 도구가 무엇인지, 그리고 건축가가 작업 시 쓰는 도구가 무엇인지에 대해 알아야 한다.

읽기 위기 아동들은 전형적으로 추론 문제에 많은 어려움을 보이는데, 이는 추론 문제의 해결에 필요한 배경 지식이나 어휘가 부족하거나 집중적으로 추론 연습을 해 본 경험이 적기 때문이다. 어려서부터 부모가 책을 많이 읽어 준 아동들의 경우 추론 문제에 어려움을 덜 겪게 되는데, 이는 ① 훨씬 많은 배경 지식과 어휘를 가지고 있을 뿐 아니라 ② 부모가 아동들에게 책을 읽어 줄 때 어떻게 추론하는지 시범을 보이기 때문이다. 하지만 읽기 위기 아동들은 추론에 필요한 배경 지식과 어휘 제공을 교사에게 의존하게 되고, 추론할 때 어떻게 사고해야 하는지 또한 교사에게 전적으로 의존하는 경우가 많다.

배경 지식

읽기 위기 아동들의 교사는 학생들이 추론을 요구하는 독해 문제에 답하기 위해 필요한 논리적 능력과 배경 지식이 어느 정도인지 가늠해야 한다. 성인에게는 쉬운 문제라도 논리나 배경 지식 영역에서의 지식의 부재로 아동들에게는 어려운 과제일 수 있다.

다음에는 지문과 몇 가지 간단한 추론 문항이 제시되어 있다.

Tam과 Sid는 개미이다. 이 둘은 둘도 없는 친구이다. 그들은 멀리 떨어져 살고 있었다. 어느 날, Tam이 Sid의 집까지 걸어왔다가 돌아갔다. 다른 날에는 Sid가 Tam의 집까지 걸어 왔다가 돌아갔다. 개미에게는 굉장히 먼 거리였다.

어느 날, Sid에게 좋은 계획이 떠올랐다. Sid는 말했다. “우리가 서로의 집을 향해 걸어가다 보면 중간에서 만날 수 있어.”

그래서 개미들은 그렇게 해 보기로 했다. 그런데 잘 되지 않았다. Sid는 Tam을 보지 못했다. Tam도 Sid를 보지 못했다. Sid는 Tam의 집에 도착했고, Tam도 결국 Sid의 집에 도착했다.

1. Tam과 Sid에 대해서 무엇을 알고 있나요?
- 그들은 서로 가까운 곳에 살았어요.
- 그들은 서로를 좋아했어요.
- 그들은 같은 학교에 다녔어요.

- 그들은 농장에 살았어요.

2. 만약 Tam과 Sid의 계획이 성공했다면,
- 그들은 **더 많이** 걸었을 거예요.
- 그들은 **더 빨리** 걸었을 거예요.
- 그들은 **덜** 걸었을 거예요.
- 그들은 **더 멀리까지** 걸었을 거예요.

3. 개미들에게는 어째서 그렇게 먼 거리였을까요?
- 사람들이 집에 살고 있어서
- 개미들은 다리가 짧아서
- 개미들은 다리가 길어서
- 개미들은 곤충이어서

문항을 살펴보고 학생들이 각 질문에 답하기 위해 사용할 필요가 있는 배경 지식이나 사고 절차를 생각해 보자.

- 1번 문항은 "Tam과 Sid에 대해서 무엇을 알고 있나요?"를 묻고 있다. 정답은 "그들은 서로를 좋아했어요."이다. 어떻게 알 수 있는가? 지문에서는 그들이 친구라고 말하고 있다. 친구들은 서로를 좋아한다는 것이 일반적인 지식이다. 다른 응답들(예: "그들은 서로 가까운 곳에 살았어요." "그들은 같은 학교에 다녔어요." "그들은 농장에 살았어요.")도 지문에서만 직접적으로 정보를 얻으려 할 경우 정답으로 고를 수 있는데, 지문에서 유사한 관련 정보를 명시적으로 드러내거나(예: "그들은 멀리 떨어져 살고 있었다.") 지문이 질문의 답에 대한 정보를 확실하게 제공하고 있지 않기 때문이다.
- 2번 문항은 Tam과 Sid의 계획이 성공한다면 무슨 일이 생길지를 판단해 보도록 한다. 정답은 "그들은 덜 걸었을 거예요."이다. 정답을 확인하기 위하여 학생들은 Tam과 Sid의 계획이 무엇인지, 중간에서 만난다는 것의 의미가 무엇인지 알아야 하고, 거리의 절반만 걷기 때문에 이전보다 적게 걷는다는 사실을 이해해야만 한다.
- 3번 문항은 개미들이 걷는 데 왜 그렇게 오래 걸렸는지를 묻고 있다. 정답은 '개미들은 다리가 짧아서'이다. 정답을 찾아내기 위해 학생들은 다리 길이가 특정 거리를 가

는 데 필요한 걸음 수를 결정한다는 사실을 알아야 한다.

다음은 초등 3~4학년 수준의 지문에서 발췌한 내용으로 미국의 주, 도시 그리고 강에 대한 지식을 요구하는 문항과 함께 제시되어 있다.

Jane은 그녀의 어린 시절 대부분을 몬태나와 유타에서 보냈다. 고등학교를 마친 후, 살던 곳에서 수천 마일 떨어진 대학에 입학하였다.

문항 1: Jane은 어린 시절의 대부분을 어디서 보냈나요?

1. 외국
2. 남서부
3. 미시시피강 서쪽

문항 2: Jane은 대학을 어디로 갔나요?

1. 유타 대학교
2. 몬태나 대학교
3. 보스턴 대학교

- 1번 문항은 "Jane은 어린 시절의 대부분을 어디서 보냈나요?"로, 정답은 '미시시피강 서쪽'이다. 어떻게 알 수 있는가? 지문에서 Jane은 몬태나와 유타에서 자랐다고 말하고 있다. 독자는 유타와 몬태나가 남서부도, 외국도 아님을 알아야 하며, 두 도시와 미시시피강의 위치적 관계도 알고 있어야 한다.
- 2번 문항은 "Jane은 대학을 어디로 갔나요?"로, 정답은 '보스턴 대학교'이다. 정답을 찾기 위해 학생들은 보스턴이 유타와 몬태나로부터 수천 마일 떨어진 곳에 있다는 사실을 알고 있어야 한다.

앞의 예시들은 배경 지식과 언어 기술의 중요성을 잘 보여 준다. 교사는 필요한 배경 지식을 제시하고, 학생들이 올바른 추론을 할 수 있도록 안내해야 한다.

다음은 상업용 읽기 프로그램이 앞으로 제시될 특정 이야기를 위한 배경 지식을 어떻게 제시하는지 그 사례를 보여 준다. 예시들은 『4~5학년 수준의 읽기 완성 전략(Reading

Mastery Signature Grades 4 and 5)』(Engelmann, Osborn, & Hanner, 2008)에서 취한 것으로 직접적인 독해 향상을 위해 어떤 종류의 배경 지식을 미리 가르쳐야 하는지 제시하고 있다. 사전 교수 활동을 통해 미리 배우는 지식들은 지문에 대한 이해를 돕는 '사전지식(prior knowledge)'이 된다.

『4학년 수준의 읽기 완성 전략(Reading Mastery Signature Grades 4)』에서는 Jackie Robinson에 관한 총 여섯 부분의 이야기 중 첫 번째 부분을 읽기 이전에 야구의 규칙을 설명하는 지문을 읽는다. 또한 파란색 모자를 쓴 9명의 선수가 야구장에서 각자 자신의 수비 위치에 서 있고(수비 위치 이름은 표기되어 있음), 포수 뒤에는 심판이 있는 그림을 보여 준다. 그 뒤 학생들은 교사가 안내하는 다음 지문의 읽기 및 토의 활동에 참여한다.

> 이 그림은 두 야구팀 간의 게임 장면이다. 각 팀에는 9명의 선수가 있다. 파란색 팀이 수비 위치에 서 있다. 다른 팀의 한 선수는 타석에 있다. 파란색 팀의 투수는 홈플레이트 뒤쪽에 있는 같은 팀 포수를 향해 공을 던진다. 1루와 2루 그리고 3루 베이스에 선수들이 있다. 2루와 3루 사이에는 유격수라고 불리는 또 다른 선수가 자리해 있다. 외야에는 3명의 선수가 더 있다. 좌익수, 중견수 그리고 우익수이다. 다른 팀의 선수들은 홈플레이트에 야구 배트를 들고 서 있다. 상대 팀 투수가 공을 던지면 타자는 배트로 쳐서 푸른색 팀 선수들이 아무도 잡을 수 없는 곳으로 공을 보내야 한다. 그런 다음 타자가 1루 베이스를 시작으로 최대한 많은 베이스를 돌아야 한다. 만약 타자가 베이스를 모두 돌아서 홈플레이트까지 들어오면 타자는 1점을 득점하게 된다. 이 그림에서는 포수 뒤에 있는 심판도 보여 준다. 심판은 좋은 공에 대해서는 '스트라이크'라고 외치며 나쁜 공에는 '볼'이라고 외친다(Englemann et al., 2008, p. 252).

이후 몇 차례 수업에서 야구에 대한 설명을 제시하는 몇 개의 지문이 더 제시된다. 학생들은 Jackie Robinson에 관한 일련의 지문을 읽으면서 야구에 대한 지식을 쌓게 된다.

야구에 익숙한 학생들은 아마도 이러한 연습에 제시된 기본적인 정보를 이미 알고 있을 것이다. 그런 학생들에게는 짧은 지문을 잠시 읽는 것만으로도 야구에 대해 이미 알고 있는 지식을 '점화(prime)'하기에 충분하다. 다른 학생들에게는 이러한 방식의 사전 교수나 '점화'가 충분하지 않을 수 있다. 야구에 익숙하지 않은 학생들에게는 야구에 관한 기본 정보를 사전 교수하는 것이 Jackie Robinson 이야기의 나머지 다섯 부분을 이해하는 데 필수적이다.

『5학년 수준의 읽기 완성 전략(Reading Mastery Signature Grades 5)』에서는 30개의 장으로 구성된 Tom Saywer 이야기를 읽기에 앞서 1840년대 미국에 관한 핵심적인 배경정보를 다루는 수업을 4회에 걸쳐 진행한다. 이 수업에서 다루어지는 내용은 다음과 같다.

- 미시시피강 유역에 위치한 미주리주의 한니발이라는 도시의 위치
- 한니발이라는 도시에 있어 미시시피강의 중요성
- 증기선(작동 원리, 운반하는 물건의 유형, 이 배를 이용한 승객의 유형)
- 1840년대 학교와 신문의 모습
- 1840년대 가정에서 물을 공급받은 방법과 전기를 사용하지 못한 이유
- 1840년대 아침 식사 모습
- 1840년대 유행했던 질병 및 사람들이 질병에 대처한 방법

이러한 배경정보는 학생들로 하여금 Tom Saywer에 대한 보다 깊은 이해를 가능하게 한다.

추론적 이해를 위한 지도 절차

추론 질문에 답을 하기 위한 어휘 및 배경 지식 교수에 더하여 교사는 추론을 어떻게 해야 하는지 논리적으로 가르쳐야 한다. 다시 강조하지만, 지문에 제시된 특정 단어들을 보는 것만으로 어떤 질문에는 대답할 수 없다는 사실은 매우 중요하다. 추론 질문을 제시할 때 교사는 그 질문들을 '탐정(detective)' 문제라고 소개하도록 한다. 학생들은 문제를 해결하기 위한 정보(또는 실마리)를 찾아내야만 한다.

이야기를 읽기에 앞서 추론 질문에 답하는 데 필요한 배경 지식이나 어휘를 가르친다. 예를 들어, 다음 지문은 3학년 교과서에 등장하는 Jokey라고 하는 뚱뚱한 비글(역자주: 사냥개의 일종)에 대한 발췌문이다.

다음날, Jokey는 건강식품 판매점(health spa)에 갔다. 이곳은 슈퍼마켓 근처에 있었지만, 이날 Jokey는 슈퍼마켓에 들러 쓰레기통을 뒤지지 않았다. Jokey는 건강식품 판매점으로 직접 향했다. 푸들들도 머리를 위로 치켜세운 채로 건강식품 판매점을 향해 돌진하고 있었다. 푸들들은 발끝으로 달리는 듯 보였다. 푸들 중 한 마리가 Jokey에게 뛰어와서는 말

했다. "우리가 널 도울 수 있을지는 모르겠지만 최선을 다해 볼게." 푸들이 말했다. "날 따라와." 그러고 나서 현관으로 뛰어갔다.

학생들이 **건강식품 판매점**(spa)이라는 용어에 익숙하지 않으면 Jokey가 뚱뚱하다는 것과 그곳에서 무엇을 할 것인가의 관련성을 추론하기 어려울 것이다. 교사는 *spa*라는 단어의 뜻을 미리 가르치고 적절한 용례를 교수적 비계(scaffolding)를 통해 제공해야 한다.

추론 기술을 가르칠 때 다양한 이야기를 활용할 수 있다. 이야기를 처음 읽을 때, 교사는 추론 질문과 함께 질문에 답하거나 문제를 '해결하기' 위한 단서 활용법을 안내해 주어야 한다. 교사는 추론을 위한 사고 과정을 보여 주기 위해 생각의 과정을 말로 표현하는 '생각하며 크게 말하기(think-aloud)' 기법을 사용할 수 있다. 두 번째 읽을 때에는 질문을 던지고 학생들이 스스로 질문에 답하는 동시에 왜 그러한 답을 도출했는지 설명하게 한다.

교사가 읽기를 주도할 때, 단서를 주는 문장이 나오면 그 문장 바로 뒤에서 추론 질문을 제시하고, 질문에 대한 답을 어떻게 찾을 수 있는지 시범을 통해 보여 준다. 예를 들어, 앞 지문의 두 번째 문장("이곳은 슈퍼마켓 근처에 있었지만, 이날 Jokey는 슈퍼마켓에 들러 쓰레기통을 뒤지지 않았다.")을 읽은 뒤 다음과 같이 시범을 보인다. "이 문장은 Jokey가 이날은 슈퍼마켓에 들러 쓰레기통을 뒤지지 않았다고 말해 주고 있어요. 그러니까 글쓴이는 Jokey가 평소에는 슈퍼마켓 뒤에 들러 쓰레기통을 뒤졌다고 말하고 있는 것이죠."

"Jokey가 왜 쓰레기통을 뒤졌을까요?"라고 질문한 뒤, 교사는 이렇게 시범을 보인다. "왜 그런지 알 것 같아요. 슈퍼마켓은 판매하지 않는 음식들을 쓰레기통에 넣을 거예요. Jokey는 음식 냄새를 맡았을 테니 쓰레기통 안을 항상 들여다보았겠죠."

두 번째 읽을 때에는 교사가 시범을 보이지 않고 질문을 한 뒤 학생들의 답변을 유도한다.

⊙ 평가 질문(Evaluative Questions)

또 다른 유형의 추론 질문은 학생들에게 어떤 판단을 내리게 하거나 이야기 속의 정보를 학생들의 관점 또는 견해와 연결하게 한다(예: "만약 Jokey가 여러분의 강아지라면 Jokey를 어떻게 도울 건가요?"). 학생들은 Jokey의 상황에 대해 지문의 정보를 활용해야 하고 문제해결을 위한 다양한 가능성을 확인해 봐야 한다.

모든 유형의 추론 질문을 해결하기 위한 단 하나의 수업 형식은 없지만, 일반적으로 교사의 생각 말하기 절차를 포함한다.

1. 교사는 질문을 제시한다.
2. 질문에 답하기 위해 추론 과정을 순서대로 보여 주는 생각 말하기 기법을 시범 보인다.
3. 학생을 지목하여 답을 도출하는 데 사용한 추론 과정을 설명해 보게 한다.

다음 단계는 학생들이 답을 찾는 데 필요한 관련 정보를 찾고 사용하도록 유도하기 위해 교사는 필요한 교수적 비계를 제공한다.

1. 교사는 질문을 제시한다.
2. 학생들에게 관련 정보를 찾고 질문에 답하기 위해 추론을 해 보게 유도한다.
3. 몇몇 학생을 지목하여 추론 절차를 설명해 보게 한다.

학생들이 이러한 도움을 통해 추론에 향상을 보이면, 교사는 촉진 개입을 줄이고 학생들 스스로 질문에 답하기 위해 필요한 정보를 찾아보게 한다. 필요한 정보가 지문에 제시되었는지 확인해 보게 한 뒤 그렇지 않다면 해당 질문에 답하기 위해 어떤 정보가 필요하고 어떤 추론이 필요한지 확인하게 한다.

1. 교사는 질문을 제시한다.
2. 학생들에게 질문에 답하기 위해 필요한 정보가 무엇인지 말해 보게 하고, 그 정보를 지문에서 찾을 수 있는지 아니면 다른 출처를 통해 찾아야 하는지 묻는다.
3. 학생들이 필요한 정보를 확보하도록 도와주고, 학생을 지목하여 답을 하게 하면서 추론 과정을 설명해 보게 한다.

이야기 읽기 추론을 위한 선행기술

추론 형성에 익숙하지 않은 학생들의 경우 지문 안에 있는 단어들을 찾아보는 것만으로 해결할 수 없는 문제들이 있다는 사실을 인정해야 한다. 이럴 경우에 교사가 추론 형성을 돕기 위해 사용할 수 있는 연역적 추론(deductions) 활동이 있다.

◉ 간단한 연역 추론 가르치기

간단한 연역 추론은 사물들이 특정 범주와 어떻게 연관되어 있는지를 구체화하는 규칙에서 시작된다. 연역 추론은 이 규칙에 기반하여 결론을 도출한다. 다음에는 간단한 연역 추론의 예가 제시되어 있다. 첫 번째와 두 번째 예에서는 특정 집단의 특성을 설명하고 어떤 것이 해당 집단에 속하는 부분인지 말한 후, 끝으로 결론을 도출하고 있다.

1. a. 모든 개는 동물이다.
   b. 푸들은 개이다.
   c. 따라서 푸들은 동물이다.

2. a. 우리 반 모든 여학생은 철자 시험에서 A를 받았다.
   b. Rhonda는 우리 반이다.
   c. 따라서 Rhonda는 철자 시험에서 A를 받았다.

〈표 18-1〉은 간단한 연역 추론을 소개하기 위한 수업 형식을 설명하고 있다. 이러한 수업을 진행하기 위해서는 기초적인 언어 기술인 분류에 관한 지식이 필요하다. 학생들은 하위 부류(lower-order classes)와 상위 부류(higher-order classes)를 이해할 수 있어야 한다(예: **푸들은 개이다**). 개라는 부류 안에는 다양한 종류의 개가 있다. 개는 동물이다. 그리고 동물이라는 부류 안에는 분명히 많은 종류의 동물이 있다.

교사는 〈표 18-1〉의 수업 형식을 며칠간 지속 제시하고 "어떻게 알았죠?"라는 질문을 덧붙이도록 한다. 학생들이 단계 b에서 질문에 답한 후, 교사는 처음 몇 번의 시도에서 대답하는 방식에 대하여 시범을 보인다. "선생님이 Rhonda가 A를 받았다는 것을 어떻게 알았을까요? 우리 반 모든 여학생이 철자 시험에서 A를 받았는데, Rhonda는 우리 반 학생이고 여학생이기 때문이죠."

마지막으로 교사는 첫 두 문장을 제시하고 마지막 진술문을 학생들이 답해 보도록 함으로써 어떻게 그러한 결론을 도출했는지 말해 보게 한다.

농구팀의 모든 남학생은 키가 크다.

James는 농구팀에 속해 있다.

여러분은 James에 관한 무엇을 알고 있나요? (James는 키가 커요.)

James의 키가 크다는 사실을 어떻게 알았죠? (James는 농구팀에 속해 있기 때문이에요.)

학생들이 집단 내의 모든 구성원에 대한 간단한 연역 추론을 할 수 있으면, 특정 구성원에 대한 규칙에 기반한 연역 추론을 소개할 수 있다. 이러한 연역 추론에서는 어떠한 것이 특정 집단에 속하고, 누군가가 그 집단의 구성원임을 진술한다. 그리고 **아마도**라는 단어와 함께 시작하는 결론을 도출한다. 예를 들면 다음과 같다.

어떤 농구 선수들은 키가 매우 크다.
James는 농구 선수이다.
그러므로 **아마도** James는 키가 클 것이다.

집단 내 특정 구성원에 대한 규칙에 기반한 연역 추론도 〈표 18-1〉에서 소개한 수업 형식과 유사하게 진행한다.

표 18-1 연역 추론 소개를 위한 수업 형식

교사	학생
1. "여기 규칙이 있어요. 모든 개는 동물이에요. 이 규칙을 말해 보세요." (신호)	"모든 개는 동물이다."
2. "잘 들어보세요. 모든 개는 동물이에요. 푸들은 개예요. 따라서 푸들은 동물이에요."	
"한 번에 문장 하나를 말해 줄 거예요. 선생님이 문장을 하나 말하면, 바로 따라서 말해 보세요."	
"잘 들어보세요. 모든 개는 동물이다. 이 규칙을 말해 보세요."	"모든 개는 동물이다."
"푸들은 개이다. 이 문장을 말해 보세요."	"푸들은 개이다."
"따라서 푸들은 동물이다. 이 문장을 말해 보세요."	"따라서 푸들은 동물이다."
3. "잘 들어보세요. 모든 개는 동물이다. 푸들은 개다. 푸들에 대해서 아는 것을 말해 보세요." (신호)	"푸들은 동물이에요."
(교사는 몇 가지 간단한 연역 추론에 대해 1~3단계를 반복한다.) 우리 반 모든 여학생은 철자 시험에서 A를 받았다. Rhonda는 우리 반이다. 따라서 Rhonda는 철자 시험에서 A를 받았다. 모든 곤충은 다리가 6개이다. 개미는 곤충이다. 따라서 개미는 다리가 6개이다.	

◉ 연역 추론 적용하기

학생들이 간단한 연역 추론을 하게 되면 짧은 지문을 문항과 함께 연습용으로 제시할 수 있는데, 문항의 절반은 사실적 질문으로 나머지 절반은 연역 추론이 필요한 문항으로 구성한다. 학생들은 질문에 답을 함과 동시에, 각 질문에 대한 답이 지문 내 단어를 사용한 것인지 혹은 연역 추론에 의한 것인지 밝히도록 한다. 연습 절차는 다음과 같다.

지시문

지문을 읽고 문항에 답하세요. 지문 내 단어들을 가지고 답을 했다면 W에 동그라미를 표시하고 연역 추론을 통해 답을 했다면 D에 동그라미를 표시하세요.

지문

애덤스 학교에 다니는 모든 학생이 서커스를 보러 갔다.
제퍼슨 학교에 다니는 모든 학생은 서커스를 보러 가지 않았다.
James는 애덤스 학교에 다닌다.
Adam은 제퍼슨 학교에 다닌다.

문항

애덤스 학교에 다는 사람은 누구인가요? ______ W D
James는 서커스를 보러 갔나요? ______ W D
Adam은 제퍼슨 학교에 다니고 있나요? ______ W D
Adam은 서커스를 보러 갔나요? ______ W D

요약하기

요약하기는 학생들이 지문의 주요 아이디어를 파악하고, 전체 내용을 학생들이 기억할 수 있는 주요 내용으로 압축하는 데 도움을 준다. 학생들이 읽거나 들은 모든 내용을 기억할 수 없기 때문에 요약 기술의 습득은 모든 세세한 내용이 아닌 주요 사건만 기억하게 해준다는 점에서 효과적인 전략이 된다. 요약을 통해 하나의 지문을 몇 개의 문장으로 압축할 수 있다. 한 문장으로 요약하기를 통해 글의 중심 주제를 뽑아내는 연습을 할 수 있다.

지도 절차

주제 찾기 수업의 초기에는 주인공이 특정 유형에 속하는 한 사람이거나 사물이고, 이야기 속의 행위도 쉽게 분류될 수 있는 비교적 짧은 지문에서 주제 문장을 찾아내는 연습으로 시작한다.

첫 번째 문항 유형은 한 사람이 쉽게 분류될 수 있는 일련의 행위들을 하는 것을 포함한다. 〈표 18-2〉는 이러한 유형의 예시 문항을 보여 주고 있다. 각 문항에 대해 주제 문장은 한 사람과 그 사람이 한 중심 행위로 작성될 수 있다.

표 18-2 한 사람이 한 행위에서 주제 찾기 문항

Tom은 달걀 2개를 삶았다. 그는 오렌지 주스를 유리잔에 담았다. 그는 시리얼을 그릇에 담았다. 그는 우유를 그릇에 담았다.	Ann은 공원에 갔다. 그녀는 그네를 탔다. 그녀는 미끄럼틀에서 내려왔다. 그녀는 철봉 위에 올라갔다.
Sally는 펑크 난 타이어를 자전거에서 분리했다. 그녀는 펑크 난 타이어의 구멍을 메웠다. 그녀는 자전거에 다시 타이어를 끼웠다. 그녀는 타이어에 공기를 채웠다.	Robert는 말에게 당근을 주었다. 그는 우유를 그릇에 담아 고양이에게 주었다. 그는 소들에게 줄 풀을 우리에 넣어 주었다.

다소 복잡한 유형의 문항은 학생들이 앞에서 제시한 주제 문장 쓰기 활동을 성공적으로 수행할 수 있을 때 소개한다. 이 유형의 문항에서는 여러 사람 또는 사물이 각각 한 행위들을 말해 주는 문장을 포함한다. 학생들은 등장인물 또는 사물에게 집단 이름을 부여하고 특정 행위를 유형화하는 동사를 찾아야 한다. 다음은 이러한 문항의 전형적 예이다.

> Smith 씨는 장미 묘목을 심기 위한 구멍을 팠다. Jones 씨는 그 구멍에 장미 묘목을 심었다. Adams 씨는 장미 묘목 주변에 흙을 부었다.

이 문항에 대한 적합한 주제 문장은 '남자들이 함께 장미 묘목을 심었다.' 정도가 될 것이다. 이러한 유형의 문항에 대한 지도 절차는 교사가 학생들에게 사람들을 하나의 집단으로 명명하고(남자들) 그들이 한 중심적인 행위(장미 묘목을 심기 위해 힘을 합쳐 일한 것)를 말하도록 직접적으로 지도하는 것을 제외하고는 기본적으로 앞서 제시한 절차와 동일하다.

이러한 연습의 가치는 학생들이 이를 통해 주제 문장이 전체 지문을 요약해 준다는 것

을 확실히 알게 된다는 점이다.

다음으로 여러 가지 보기 중에서 주제 문장을 선택하는 선다형 문항이 제시될 수 있다. 다음은 예시 문항이다.

> 강아지는 뒷다리로 걸었다. 곰은 자전거를 탔다. 물개는 공을 코 위에 올려놓고 중심을 잡았다.

다음 중 어떤 문장이 주제 문장으로 적합할까요?

1. 동물은 뒷다리로 걸었다.
2. 동물들은 먹을 것을 원했다.
3. 동물들은 묘기를 보였다.
4. 강아지는 묘기를 보였다.

앞의 예시 문항에서는 주제 문장으로 가능할 수 있는 다양한 보기가 등장하는데, 정답은 '동물들은 묘기를 보였다.'이다. 2개의 문장(1, 4번)은 한 동물만을 묘사하고 있기 때문에 주제 문장으로 적합하지 않다. 나머지 한 문장(2번)은 집단(동물들)을 지시하고는 있으나 잘못된 추론(동물들이 **먹을 것을 원했다**)을 하고 있다.

지도 절차는 다음 단계를 포함한다. ① 학생들이 지문을 읽는다. ② 학생들에게 문장들 가운데 하나가 글의 주제를 나타내는 좋은 문장이라고 말해 준다. ③ 학생들에게 각 문장을 읽으라고 한 뒤, 해당 문장이 글의 주제를 나타내는 좋은 문장인지 여부를 묻고 답변에 대한 이유를 듣는다.

다음 단계는 글 안의 하나 또는 그 이상의 문장이 주제와 관련이 없는 지문을 제시하는 것이다. 이러한 문장을 **매력적인 오답**(distractors)이라고 부른다. 매력적인 오답들이 있을 때, 주제를 찾는 규칙은 등장인물이나 집단이 모든 문장에서 한 것을 말하는 것이 아니라 **대부분의** 문장에서 한 **중심적인 것**을 말하는 것으로 바뀌게 된다. 다음 지문을 보자.

지문: Tom은 집에 와서 교과서들을 꺼냈다. 수학 교과서 3장을 복습했다. Tom은 수학 선생님을 좋아한다. 그러고 난 뒤에 철자 쓰기 20개를 했다. Tom은 새에 관한 리포트를 썼다. Tom의 어머니는 5시에 집에 오셨다.

이 지문에서 2개의 문장이 Tom이 한 일에 대해 말하고 있지 않다. 주제는 여전히 'Tom은 숙제를 했다.'이다. 오답들은 Tom이 수학 선생님을 좋아한다는 것, 그리고 Tom의 어머니가 5시에 집에 오셨다는 것이다.

교사는 "이 지문 속 대부분의 문장은 주인공이 한 중요한 일에 대한 것들이에요. 주제 문장은 지문에서 **주로** 말하고 있는 것이 무엇인지 말해 주는 문장이에요."라고 소개해 준다.

다른 유형의 주제 찾기 연습은 학생들에게 **지문이 주로 말하고 있는 것**이 무엇인지 보기에서 선택하는 것이다. 이러한 유형의 문항에서는 학생들의 사전 기술이 필요하다. 즉, 학생들은 누가, 무엇을, 어디서, 왜, 언제 그리고 왜 했는지에 대해 말하고 있는 문장들을 파악하고 이해할 수 있어야 한다(제12장 참조). 이 유형의 문항의 예가 다음에 제시되어 있다. 첫 번째 문항은 소년이 슬픈 이유에 대해 말하고 있다.

Bill은 시험에서 F를 받았다. 빌은 가장 좋아하는 장난감을 잃어버렸다. Bill이 속한 팀은 큰 경기에서 지고 말았다. Bill과 가장 친한 친구가 다른 학교로 전학을 갔다.

다음 보기 중에서 주제를 찾아 동그라미 표시하시오.

1. Bill이 시험에서 낙제한 이유
2. Bill이 슬펐던 이유
3. Bill의 친구에게 일어난 일
4. Bill이 하려고 하는 일

다음 문단은 당신이 무언가를 할 수 있는 **장소**에 대해 이야기하고 있다.

축구는 매우 재미있다. 당신은 길에서 축구를 할 수 있다. 또한 너무 많은 나무가 없다면 공원에서도 축구를 할 수 있다. 물론 축구장에서도 할 수 있다.

다음 보기 중에서 주제를 찾아 동그라미 표시하시오.

1. 길에서 할 수 있는 것
2. 축구가 재미있는 이유
3. 축구를 할 수 있는 장소

4. 축구를 할 수 있는 시간

어디(장소)인지와 **왜**(이유)인지를 묻는 문항들은 서로 구분이 상대적으로 쉽기 때문에 동시에 제시해도 된다.

지도 절차는 학생들이 가능한 주제를 찾아내는 전략을 제시하는 동시에, 얼마나 많은 문장이 특정 주제에 관해 언급하고 있는지 확인하는 과정을 포함한다. 교사는 다양한 예시를 통해 초반 이 과정을 주도하고, 이후에는 점차 학생들이 독립적으로 수행하도록 유도한다.

어떤 일이 **언제** 일어났는지, 그런 일이 **어떻게** 일어났는지, 또는 어떤 것이 **어떻게** 보이는지에 관한 지문들이 이후에 소개하는 것이 좋다.

다시 말하기

다시 말하기(retelling)는 이야기의 사건들을 요약하고 시간순으로 배열하는 활동과 관련된다. 다시 말하기는 교사의 시범(생각 말하기)과 안내된 연습을 상당히 많이 필요로 하는 복잡한 기술이다.

초반에 다시 말하기 연습은 학생들에게 읽어 주는 이야기를 사용하는 것이 좋다. 교사는 이야기 전체를 읽어 주고 난 뒤 한 번에 한 부분씩 다시 읽어 준다. 각각의 부분을 읽어 준 다음 질문을 하고, 요약하기에 대한 시범을 보인다. 두 번째 읽기에서는 교사가 이야기의 초반을 읽어 준 뒤 몇 가지 질문을 할 것이라고 말해 준다. "선생님이 이야기 첫 부분을 읽어 준 다음에 첫 부분에 관한 질문을 몇 가지 할 거예요." 전형적인 이야기 문법을 지닌 글의 경우, 교사는 등장인물과 배경 그리고 문제 상황에 관한 질문을 할 수 있다. 초기 읽기 단계에서는 교사가 다음과 같은 단어들을 잘 사용하지 않는다.

- 이 이야기는 누구에 관한 이야기인가요? (등장인물)
- 이 이야기는 어디서 일어난 이야기인가요? (배경)
- _______에게 무슨 일이 일어났나요? 또는 _______가 무엇을 하려고 했나요? (문제)

질문을 하고 난 뒤, 교사는 이야기의 초반부에 일어난 일들을 요약(등장인물과 배경, 문제를 파악)하는 시범을 보인다. 예를 들어, "선생님이 이 이야기의 중요한 것들을 이야기해 줄 거예요. 이것은 고양이 Sweetie에 관한 이야기예요. Sweetie는 뒷마당에 있어요." 교사는 학생 몇 명을 지목하여 이야기 초반에 일어난 주요 사건을 말해 보게 하고, 등장인물, 배경, 문제에 관한 정보를 포함하는지 확인한다. 만일 학생들이 중요한 정보를 빠뜨린다면, 교사는 누락된 해당 요소에 대해 다시 질문한다. 이 연습은 문자 하나까지 틀림없이 표현하는 연습이 아니므로 주제 문장을 표현하는 타당한 방식이 다양할 수 있음을 보여 주어야 한다. 또한 교사는 문장을 몇 개(2~3개)만 읽어 준 후 다시 말하기를 진행함으로써 다시 말하기 연습 과정을 좀 더 쉽게 만들 수도 있다. 연습 초기에는 학생들이 성공적인 수행을 보이도록 비교적 짧은 부분을 읽고 다시 말하기를 하도록 하고, 이후 다시 말하기 전에 읽는 부분의 길이를 조금씩 늘리도록 한다.

학생들이 어려움 없이 이야기의 첫 부분을 다시 말할 수 있게 되면 교사는 이야기의 중반부에 대한 다시 말하기를 추가하도록 한다. 중반부에 대한 다시 말하기는 이야기 속의 중요한 사건이나 문제를 해결하려는 시도 등에 초점을 두어야 한다. 교사는 질문을 제시하고, 주요 정보를 요약하는 방법을 시범 보이며, 몇몇 학생을 지목하여 이야기의 주요 사건을 다시 말해 보게 하는 기본적인 지도 절차를 따른다. 마지막으로, 교사는 동일한 지도 절차를 적용하여 이야기의 후반부를 제시한다. 이야기의 후반부에 대한 다시 말하기는 주로 결말이나 문제의 해결을 다루고 있다.

학생들이 이야기의 주요 사건을 능숙하게 다시 말할 수 있으면, 교사는 다음 질문을 하면서 연습을 마친다. "이야기 초반에 무슨 일이 일어났지요? 이야기 중반에 무슨 일이 일어났지요? 이야기 후반에 무슨 일이 일어났지요?" 첫 번째 질문에 대한 대답은 주요 등장인물, 배경 그리고 문제를 이끌어 내야 한다. 다음 질문은 이야기의 주요 사건을 다루며, 마지막 질문은 이야기의 결말이나 문제에 대한 해결에 초점을 둔다. 학생들이 질문들에 정확한 답변을 하지 못한다면 교사는 좀 더 구체적으로 질문한다. 예를 들어, 만일 학생들이 이야기 초반에 일어난 일에 대해 대답하지 못한다면, 교사는 몇몇 문장을 다시 읽어 준 다음 "누구에 관한 이야기지요?" 그리고 "(등장인물이) 무엇을 하려고 하는 걸까요?" 라고 질문한다. 이러한 질문들에 대한 답을 확인한 다음("맞아요. 이 이야기는 곰인형을 잃어버린 소녀에 관한 이야기예요."), 교사는 다시 질문한다. "이야기의 초반에 무슨 일이 일어났지요?"

이런 질문들은 개방형이기 때문에 학생들은 주요 사건만이 아니라 세부적인 사항들을 파악할 수 있어야 한다. 교사는 정보가 이야기 안에 있다는 것을 재확인시키면서도 학생들에게 가장 중요한 사건을 이야기해야 한다는 점을 상기시킨다.

문장 구조

초등 3~4학년이 되면 구문이 점차 복잡해진다. 다음을 포함한 다양한 문장 구조가 소개되기 시작한다.

1. 분사(밑줄 친 단어들)

- 돈을 가져간 남자가 자신 옆을 바라보았다.
- 평지 위로 우뚝 솟은 산은 1만 2천 피트 높이였다.
- 다가오는 시험을 생각해서 Jack은 어젯밤 외출하지 않기로 했다.
- 시합에서 신을 새 운동화를 신고 Ann은 다음 챔피언은 자신이 될 거라고 자신했다.

2. 절

- 플로스라는 행성에서 온 Trig(Trig, who comes from the planet Floss)는 키가 80피트가 넘었다.
- 오리건 중서부의 유진(Eugene, which is in west-central Oregon)은 인구가 16만 명이다.

3. 연결어를 포함하는 문장들

- *consequently*(결과적으로), *although*(비록~하지 않더라도), *therefore*(그러므로), *provided that*(만약 ~하면), *unless*(만일 ~하지 않으면), *so that*(~하기 위해서), *as*(~이기 때문에), *yet*(그러나), *whether or not*(~인지 아닌지), *while*(~하는 동안), *during*(~하는 동안), *some*(일부는), *all*(모든), *none*(어느 하나도), *either*(둘 중 하나), *or*(그렇지 않으면), *neither*(둘 중 무엇도 아닌), *nor*(~ 또한 아닌)
- 다음 문장 짝 간의 의미 차이에 주목할 것

  a. Jim도 John도 둘 다(neither Jim nor John) 이기지 못할 것이다.
  Jim이나 John 둘 중 1명(either Jim or John)이 이길 것이다.

  b. 그들은 비가 오는 중에(while) 놀았다.
  그들은 비가 오기 전까지(until) 놀았다.

  c. 그는 학생들 일부(some of the students)에게 연필을 주었다.
  그는 학생 전부(all of the students)에게 연필을 주었다.

4. 수동태
- John은 Liz에 의해(by) 산에서 내려오게 되었다.
- 그 남자는 검정색 말에 의해(by) 경기장 안으로 끌려왔다.

5. 수와 종류(부류)를 포함하는 표기
- 사자와 검투사는 경기장 안으로 들어섰다. 전자(the former)는 길들여지지 않고 으르렁대고 있었고, 후자(the latter)는 긴장한 채로 정신을 바짝 차리고 있었다. (**전자**와 **후자**는 수를 나타내는 표기)
- 그의 개는 밤새 많이 짖었다. 그 동물은 안절부절못하는 것 같았다. (개는 동물의 한 종류에 해당함)

6. 행위 또는 일련의 행위들을 가리키는 대명사
- 그 야구경기는 연장전으로 돌입했다. 이(this)로 인해 Tom은 집에 늦게 도착하지는 않을지 걱정하게 되었다.
- 그 로켓은 발사되었다. 386피트 상공에 올라갈 때까지 속도는 더 빨라졌다. 그것(it)은 우주 시대를 알리는 서막이었다.

각 유형에 대한 지도 절차는 조금씩 다르다. 여기서 각각의 구문 구조 유형에 대한 지도 절차를 모두 논의할 수는 없기 때문에 한 가지 예로 수동태 구조가 어떻게 기능하는지를 보여 주기 위한 직접교수 절차를 묘사할 것이다.

참조: 모든 유형의 구문 구조에 대한 직접적인 교수는 필요하지 않은데, 그 이유는 모든 구문 구조가 학생들에게 독해의 어려움을 야기하지는 않을 것이기 때문이다. 학생들에게 독해의 어려움을 야기하는 구문 구조들은 수동태를 예로 설명한 것과 유사한 절차에 따라 가르치면 된다.

수동태

학생들에게 수동태를 이해시키려면 교사는 그 차이가 아주 미세한 수동태와 능동태 문장('Al은 Juan을 불렀다.' 'Al은 Juan에 의해 불렸다.')을 쌍으로 제시하면서 질문해야 한다. 교사는 먼저 능동태 문장을 제시하고 다음을 물어본다. ① 누가 행위를 받는 사람이고, ② 누가 행위를 한 사람인가? 각각의 능동태 문장을 제시한 후에 교사는 수동태 문장을 제시하고 똑같은 질문을 한다. 이러한 질문들에 답하면서 학생들은 능동태와 수동태 구조 모두를 이해하게 된다. 예를 들면 다음과 같다.

1. "선생님이 문장들을 말한 다음에 질문을 할 거예요."
- "John이 Mary를 때렸어요." (능동)
- "누가 맞았죠?" ("Mary요.")
- "누가 때렸죠?" ("John이요.")

2. "다른 문장을 들어보세요."
- "John은 Mary에게 맞았어요." (수동)
- "누가 맞았죠?" ("John이요.")
- "누가 때렸죠?" ("Mary요.")

능동태 구조(John이 Mary를 때렸다)에서는 Mary가 맞았다. 반면, 수동태 구조(John이 Mary에게 맞았다)에서는 John이 맞았다. "누가 맞았죠?"라는 질문이 능동태와 수동태 구조 모두에서 동일하게 제시되었으므로 학생들은 *was*와 *by*라는 단어에 주의를 기울여야 한다. 이 단어들은 수동태 구조를 특징짓는데, 주어가 행위의 수용자가 된다("John은 Mary에게 맞았다. 누가 맞았죠? John이에요."). 수동태 구조를 특징짓는 단어들(이 예시에서는 *was*와 *by*)에 집중하면서 학생들은 능동태와 수동태를 구분할 수 있게 되고, 결과적으로 "누가 맞았죠?"와 같은 질문에 답을 할 수 있게 된다.

"누가 때렸죠?"라는 질문에 대해서도 거의 상황은 비슷하다. 이 질문도 능동태와 수동태 모두에서 물을 수 있다. 다시 강조하지만, 수동태 구조를 의미하는 단어들(이 예에서는 *was*와 *by*)에 집중함으로써 학생들은 수동태와 능동태를 구분할 수 있으며, 그 결과로 앞의 질문에 답할 수 있게 된다. 보다 구체적으로 'John이 Mary를 때렸다.'는 능동태 구조이므로 주어(John)가 때리는 행위를 한 것이다. 'John은 Mary에게 맞았다.'는 수동태이기 때문에, 주어(John)가 때리는 행위를 한 것이 아니라 Mary가 한 것이 된다. 이 연습은 3~5개의 문장 짝을 포함해야 하며, 오류 교정을 위해 시범 보이기와 점검하기가 포함되어야 한다.

며칠 후에 하나는 능동태이고 하나는 수동태인 유사한 문장들을 짝을 이루어서 활동지로 제시하면서 뒤에 사실적 이해 질문을 포함한다(〈표 18-3〉 참조). 각 문항의 두 가지 문장 모두에서 이름이 같은 순서로 제시되고 있다(예: 문항 1에서는 토끼-닭은 순서). 이처럼 일관된 순서를 유지함으로써 문장에서 늘 행위를 한 사람이 먼저 온다는 잘못된 생각에서 벗어나게 해 준다.

표 18-3 수동태 구조 연습을 위한 활동지

문항 1	a. 토끼가 닭을 도왔다. 누가 도움을 받았죠? ________ 누가 도움을 제공했죠? ________
	b. 토끼가 닭에게 도움을 받았다. 누가 도움을 받았죠? ________ 누가 도움을 제공했죠? ________
문항 2	a. John은 Mary에 의해 발견되었다. 누가 발견되었죠? ________ 누가 발견했죠? ________
	b. John은 Mary를 찾았다. 누가 발견되었죠? ________ 누가 발견했죠? ________
문항 3	a. 강아지가 고양이를 배신했다. 누가 배신당했죠? ________ 누가 배신했죠? ________
	b. 강아지가 고양이에 의해 배신당했다. 누가 배신당했죠? ________ 누가 배신했죠? ________

이 연습에 포함된 문항들은 학생들의 상식으로 추측하여 맞힐 가능성이 높지 않아야 한다. 좋지 않은 문항의 예시는 '아이가 개에게 물렸다.'이다. 이런 문항의 경우 상식(개는 아이를 문다)에 의해 쉽게 예측 가능하므로 정답을 맞힐 가능성이 매우 높아진다. 즉, 수동태 문장 구조를 나타내는 단어들에 주의를 기울이지 않고도 이미 알고 있는 상식으로 답변이 가능한 것이다.

이와 대조적으로 활동지 예시에 제시된 문항들은 상식으로 맞힐 가능성이 낮은 것들이다. 토끼나 닭 중에서 누가 더 잘 도와주는지, 강아지가 고양이를 배신하는지, Mary가 John을 찾기보다 John이 Mary를 찾는 게 더 쉬울지 등은 상식으로 도무지 알 수 없는 것들이다. 문항 1, 2, 3에 대한 정답이 상식에 기초하지 않기 때문에 학생들은 문장의 구조를 통해 누가 행위의 주체이고 누가 그 행위를 당하는지를 파악해야만 한다.

지문 읽기 지도 절차

매일 진행되는 이야기 읽기 수업은 활동적이면서 명료하게 진행되어야 한다. 교사는 학생들이 현재 읽고 있는 지문을 모두 이해하고 독해 전략을 암묵적으로 활용하고 있을 것이라고 가정해서는 안 된다. 지문의 저자가 독자에게 말해 주고 있는 글의 주제와 인물 간의 관계에 대하여 학생들이 풍부하게 이해할 수 있도록 독해 전략과 읽기의 과정을 명확하게 안내할 필요가 있다. 학생들이 다양한 독해 전략과 기술을 배워 감에 따라 매일매일의 지문 읽기 연습에 적극적으로 참여시키도록 한다.

이야기 글 읽기를 위한 준비

이야기 글 읽기 수업을 위한 교사의 준비는 다음을 포함한다.

- 아동들이 모를 가능성이 있으나 이야기를 이해하는 데 반드시 필요한 어휘 및 배경 지식을 확인하기 위하여 이야기를 미리 보기(previewing)
- 주요 어휘 및 배경 지식 미리 가르치기(preteaching). 이 과정은 실제 이야기 읽기를 시작하기 전 며칠에 걸쳐 자주 이루어질 필요가 있다.
- 이야기를 읽는 과정에서 물어볼 질문을 결정하고, 학생들이 추론 또는 요약 질문에 답할 수 있게 도와주는 교수적 비계나 격려 그리고 생각 말하기 시범 제공 준비하기

◉ 질문 결정하기

다양한 질문 유형이 지문 읽기 연습에 포함되어야 하는데, 질문의 수준은 너무 어렵지는 않으면서도 읽기 활동을 다소 도전적이게 만들어 주는 것이 적절하다. 〈표 18-4〉는 지문 읽기에 포함되는 몇 가지 유형의 질문을 보여 준다. 질문 유형에 대한 복습은 학생들이 질문에 대한 응답이 어느 정도 익숙해질 때까지 충분히 자주 제공되는 것이 좋다. 다시 말하기와 요약하기 활동이 시작되면, 이 두 가지 기술 또한 이야기 읽기 활동에 포함되어 학생들에게 적절한 양의 연습을 제공해 주어야 한다.

독해 교수의 전체적인 목표는 고차원적 사고(higher-order thinking, 역자주: 예를 들어, 추론이 있음)를 촉진하는 데 있지만, 읽은 내용을 기억해야 해결 가능한 사실적 질문도 간과해서는 안 된다. 읽은 내용의 세부 내용을 기억하려면 그만큼 읽고 있는 내용에 집중해야 한다. 읽기 부진 아동의 경우 자신들이 읽은 내용을 기억하는 것이 중요함을 알아야 한다. 읽기 유창성의 발달은 정보의 회상을 용이하게 해 주지만, 유창성 그 자체만으로 성공적인 회상을 위한 충분조건이 되지는 않는다. 읽기와 그에 뒤따르는 정보 회상하기 활동 연습이 무엇보다 중요한 이유이다.

표 18-4 지문 읽기에 삽입되는 질문들의 유형 개관

질문 유형	주요 단어 예시	예
기억	• 누가, 무엇을, 언제, 어디서 • 순서	• 그 반 학생들은 무엇을 했나요? • 그들은 어디에 가장 먼저 갔죠?
수렴적 사고	• 왜, 어떻게, 어떤 점에서	• Alicia가 도착한 후 상황이 어떻게 변했죠? • Jason이 한 일과 Alan이 한 일은 어떤 점에서 비슷하지요?
확산적 사고	• 상상, 추측 • 만약 ……라면 어떨까?	• Jen의 가족들이 호수에 도착하면 무슨 일이 일어날지 상상해 보라.
평가적 사고	• ……에 대해 어떻게 생각하나? • ……에 대한 느낌이 어떠한가? • 왜 이렇게 생각하는가?	• 숙제를 하지 않고 야구경기를 보러 가기로 한 Ben의 결정에 대해 어떻게 생각하나?

⊙ 질문의 시기

저학년에서는 대체로 문장 바로 뒤에서 질문을 하므로, 질문의 답을 위한 정보를 곧바로 제공하게 된다. 지문에 제시된 정보와 질문 시기 사이의 간격은 갈수록 증가한다. 학생들의 읽기 능력이 발달해 감에 따라 질문은 한 문단이 끝난 후에, 이후에는 몇 개의 문단이 끝난 후에, 그리고 마지막에는 이야기가 모두 끝난 뒤에 제공된다. 이야기 읽기 도중에 교사는 내용의 흐름을 과도하게 끊지 않는 선에서 자연스럽게 질문을 하면 된다. 수업을 잘 따라오지 못하는 아동들에게는 동기 향상을 위한 방안이 매우 중요하다. 어떤 아동들에게는 들은 것이나 읽은 것을 기억하는 것이 이전까지는 우선순위가 아니었을 수도 있다. 이야기 속 정보를 기억한 것을 칭찬하거나 강화체계를 적용하여 답을 맞히면 점수를 부여하고 누적된 점수로 특정 보상을 받게 한다면 이는 매우 유용한 동기로 작용할 수 있다.

◉ 쓰기 질문

대부분의 종합적 핵심 읽기 프로그램의 한 가지 문제는 지문 읽기 활동과 연계한 쓰기 과제가 부족하다는 사실이다. 지문 읽기에 기반을 둔 쓰기 과제는 학생들이 읽은 것을 연습하고 적용해 보게 해 주는 매우 훌륭한 기회일 뿐만 아니라 교사의 입장에서는 학생들이 배운 것을 실제로 잘 학습하였는지 수행 수준을 점검할 수 있는 좋은 자료가 된다.

학생들의 활발한 참여 유도하기

지문 독해 교수를 위해 교사가 중요하게 고려해야 할 것으로는 ① 모든 학생이 활발히 참여하고 집중력을 유지하게 함으로써 교사가 하는 질문에 대해 생각하고, 다른 학생들이 하는 답변을 듣고 평가하게 하기와 ② 학생들의 답변에 대해 피드백을 제공하기가 있다. 학년이 올라감에 따라 학급 전체를 대상으로 한 읽기 교수가 더 많이 제공된다. 질문에 대한 오직 하나의 정답이 있는 질문이라면(Tomas가 태어난 해는 언제인가? 어떤 병원에서 태어났는가?) 학생 전체가 대답하도록 할 수 있다. 문제는 질문에 대한 답이 하나로 고정된 것이 아닌 경우이다. 이러한 유형의 질문은 학년이 올라갈수록 많아진다. 핵심적인 질문은 ① 교사가 학생들을 개별적으로 지목할 때 어떻게 하면 모든 학생이 질문을 잘 듣고 잘 생각할 수 있게 할 것인가, 그리고 ② 교사가 효과적이고 시의적절한 피드백을 어떻게 제공할 수 있을 것인가가 될 것이다. 다음에 제시한 몇 가지 기법은 학생들의 높은 수준의 활발한 참여를 돕는 방안들이다.

- 질문을 하기 전에는 학생을 지목하지 않는다. 질문을 먼저 하고, 잠깐 멈추어 학생들이 답변에 대해 생각할 시간을 어느 정도 준 다음 학생을 지목한다.
- 손을 드는 학생을 무조건 지목하지 않는다. 어떤 학생이라도 지목될 수 있음을 명확하게 알게 하고, 지목 순서를 학생들이 예측하지 못하도록 한다. 때로는 한 학생을 두 번 연속으로 지목하거나 한 번 지목된 후 얼마 안 지나서 다시 지목하는 방법도 있다.
- 올바른 답변을 강화하기 위한 동기화 체계를 만든다. 질문에 대한 답이 맞으면 또래 도우미가 표시를 해 주는 매우 간단한 체계일 수도 있다. 이러한 형식은 매주 활용할 수 있다. 하나의 열에 학생들의 이름을 쓰고 한 학생이 지목될 때마다 이름 옆에 체크 표시를 한다. 올바른 답을 하면 체크 표시에 동그라미를 한다. 학생들의 정답률에 따라 학급 전체에게 보상을 제공할 수 있다. 이러한 보상체계는 학생들의 성취 모니터

링에 좋은 도구가 될 뿐만 아니라, 구체적으로 어떤 학생이 어려움을 겪는지 확인하는 데 도움을 준다.

- 학생을 호명하는 즉시 답하는 규칙을 만든다. 이러한 규칙은 교사가 질문을 제시하는 즉시 활발하게 사고하도록 고무하는 데 그 목적이 있다.
- 보통은 한 학생이 틀린 답을 했을 때 바로 다른 학생을 지목하지 않는 것이 좋다. 해당 학생이 틀린 답을 제시한 즉시 교사가 교정해 주거나 올바른 답을 유도하는 질문을 (비계를 통해) 다시 제시하도록 한다.
- 수업의 속도를 빠르고 활기차게 유지한다. 학생의 답변 즉시 필요할 경우 교정을 실시하고, 올바른 답일 경우 칭찬을 제공하고 다음 과제로 넘어간다.

어떤 유형의 질문에서는 '생각하고 짝 짓고 공유하기(think-pair-share)' 활동을 적용할 수 있다. 이러한 유형의 답변에서는 학생들이 서로 짝을 이룬다. 교사가 질문을 하면 학생들은 주어진 시간 동안 조용하게 각자 생각하는 시간을 가진다. 그런 다음 학생들은 자신들의 짝과 의논한다. 끝으로 몇몇 학생을 지목하여 전체 그룹에게 그들의 답변을 공유하게 한다. 다만 교사는 이 활동을 함에 있어 주의를 요하는데, 만일 학급 내 많은 학생이 낮은 언어 기술을 지니고 있다면 생각을 공유하는 활동이 그리 적합하지 않을 수도 있다. 학생들이 적절한 피드백을 받는 것이 매우 중요하다. 학생들이 틀린 답을 했는데도 적절한 교정적 피드백을 받지 못하는 상황이 일어나서는 안 된다. '생각하고 짝 짓고 공유하기'는 다양한 답변이 가능한 추측하기 질문에 효과적으로 사용될 수 있다.

⊙ 쓰기 답변

어떤 유형의 질문에서는 교사의 질문 직후 답변을 쓰도록 요구할 수도 있다. 저학년 수준에서 이러한 유형의 답변은 다이어그램에 사물의 그림을 붙이거나 분류하는 간단한 방식일 수 있다.

고학년이 되면서 좀 더 확장된 수준의 쓰기 답변이 요구된다. 예를 들면, 학생들은 왜 특정 사건이 일어났는지 또는 왜 어떤 사람의 추론이 잘못되었는지 등을 설명하도록 요구받는다. 이러한 답변들은 작성하는 데 몇 분이 걸릴 수 있다. 다음은 확장된 수준의 쓰기 답변을 학생들에게 요구할 때 교사가 사용할 수 있는 모니터링 및 피드백 기법을 보여 주고 있다.

- 학생들이 쓰기를 시작하는 즉시 교실을 순회하기 시작한다(만일 학급 전체 활동이라면 저성취 학생들은 교실의 맨 앞 가운데 자리에 배치하는 것이 좋다).
- 학생들의 쓰기 관찰 시 저성취 학생들부터 시작하도록 한다. 학생이 오류를 범하면 해당 오류를 즉시 지적한 뒤 다른 학생에게 이동한다. 한 학생에게 계속 머무르지 않도록 한다.
- 만일 몇 명의 학생이 같은 유형의 오류를 보이는 것을 발견했다면 해당 집단에 이를 말하고 오류를 어떻게 교정해야 하는지 말해 준다. 예를 들어, 이렇게 말하는 것이다. "잘 들으세요. 지시문을 보면 기계가 고장 난 원인이 된 사건 두 가지를 말하라고 하고 있어요. 기계가 고장 난 이후 무슨 일이 일어났는지가 아니라 무엇이 기계를 고장 나게 했는지를 말하는 거예요."
- 학생의 쓰기에서 오류를 발견하면, 해당 오류를 지적해 준 다음 오류가 발생한 줄 옆의 공란에 점으로 표시를 한다. 학생의 답변을 읽으면서 교사가 이미 읽은 부분을 표시하기 위해 빈 부분에 줄로 표시할 수도 있다. 나중에 다시 해당 쓰기 답변을 체크할 때 교사가 어디까지 읽었으며, 오류가 교정되었다면 어디서부터 봐야 할지 쉽게 확인할 수 있다.
- 답을 쓰는 데 충분한 시간을 부여해 준다. 또한 쓰기 제한 시간 30초 전에 마감이 다가옴을 알려 준다. "**이제 그만 쓰세요.**"라고 말하면 학생들은 연필을 내려놓는 것으로 규칙을 정한다. 학생들은 연필을 내려놓았을 때 더 집중하는 경향을 보인다.
- 몇몇 학생을 지목하여 자신의 답을 읽어 보게 한다. 좋은 생각이지만 그것을 글로 잘 옮기지 못한 경우, 우선 좋은 생각을 한 것을 칭찬한 다음, 맞는 답을 시범 보이고 집단 전체가 다시 대답해 보게 한다. "잘 했어요. 아주 좋은 생각이었어요. 선생님이 어떻게 답변하는지 잘 들어보세요. …… 자, 그럼 모두가 함께 맞는 문장을 말해 볼까요?"
- 학생들의 답변을 존중하는 모습을 보여 주고 긍정적인 학습 분위기를 유지한다.

학생들에게 독립적으로 많은 수의 문항을 쓰는 과제를 제시할 때, 쓰기 과제물에 대한 적절한 피드백 체계 또한 수업의 일부에 포함되어야 한다. 이러한 피드백 체계는 다음의 요소를 가지는 것이 바람직하다.

- 학생들의 수행을 점수로 매일 기록해야 한다. 고학년 학생의 경우 교사가 정답을 구

두로 불러 주면 학생들이 자신의 답을 채점하거나 친구들 간에 바꿔서 채점하도록 한다. 학생들은 색깔이 있는 펜이나 연필을 사용하여 채점을 하는 것이 좋다. 교사는 정답을 불러 줄 때 교실을 순회하면서 학생들이 정확하고 정직하게 자신들의 답을 채점하는지 살펴본다. 여러 학생이 틀린 문항의 경우 교사는 즉시 교정을 위한 지도를 제공하도록 한다. 만일 추론 문항인 경우에는 정답을 도출하는 논리적인 과정을 교사가 안내해 준다.

- 교사가 모든 쓰기 과제 검토를 마친 후에 학생들은 틀린 문항들을 다시 시도해 보도록 한다.

  참조: 만일 답을 못하면 해당 문항에 동그라미를 하거나 물음표를 하게 한다.
- 학생들이 오류를 모두 교정하고 나면 학생들의 수행 결과물을 수거하여 정답 여부를 다시 점검한다. 특히 읽기 저성취 학생과 하위 1/3에 해당하는 학생의 수행 결과물은 좀 더 세세하게 살펴본다. 수행 결과물 평가를 위해 학생 도우미를 활용할 수 있다.
- 정확한 답을 도출해 내지 못하는 학생들은 교사가 해당 내용을 다시 가르쳐 주며 도와준다. 이 마지막 단계가 없을 경우 동일한 내용을 계속 틀리는 학생들이 생긴다. 교사는 많은 학생이 오류를 보이는 문항을 주의 깊게 살펴보고 전체 집단을 대상으로 해당 내용을 다시 가르치도록 한다.

자료 기록하기와 동기화

학생들의 일일 읽기 수행을 기록하는 것이 좋다. 과제의 유형에 따라 바른 답을 한 비율(%)을 기록하거나 별도의 평점을 부여할 수 있다. 학생의 수행을 기록하는 이유는 크게 두 가지이다. 첫째, 학생들이 얼마만큼의 진전을 보이는지에 대한 정보를 제공해 줌과 동시에 추가 지원을 필요로 하는 학생을 판별해 낼 수 있다. 둘째, 매일매일의 수행 데이터는 그 자체로 동기부여 체계의 중요한 부분이 될 수 있다.

특히 읽기 위기 학생을 지도하는 교사는 학생들의 수행에 대한 보상이나 칭찬을 제공하는 강화 체계가 이들의 성취 향상에 유의한 효과를 보인다는 사실을 인식해야 한다. 내재적 동기가 강한 상위 학생들에게는 수행에 대한 칭찬을 최소한으로 제공해도 된다. 특정 기간(예: 10번의 수업) 동안 특정 기준(예: 90% 이상의 정답률)에 도달했음을 칭찬하는 '참 잘했어요' 통신문을 가정으로 보내 주는 정도만으로도 충분한 강화가 된다. 동기화가 부족한 학생들에게는 좀 더 강력한 강화 체계가 필요할 것이다. 가정통신문을 통하여 칭찬하는 것에 추가로 포인트나 스티커를 받으면 자유 시간을 부여하는 등의 토큰 강화가 강력한 동기부여로 작용할 수 있다.

진단하기

학생들이 독해력을 평가하는 쓰기 과제에서 85~90%가량의 정확도 수준에 이루지 못할 경우, 교사는 어려움의 원인을 면밀하게 평가해 봐야 한다. 학생들이 어려움을 보이는 다섯 가지 원인은 다음과 같다.

1. 동기 부족
2. 단어 인지 또는 유창성 문제
3. 내용 회상 문제
4. 배경 지식이나 주요 어휘지식 부족
5. 적절한 전략의 부재

하지만 학생들이 보이는 낮은 수행의 원인이 동기 부족이라고 가정할 때는 주의해야 한다. 때로는 무엇을 어떻게 할 줄 몰라서 혹은 필요한 선수기술이 부족할 때, 마치 문제를 해결하려는 시도도 하지 않는 것처럼 보이기도 한다. 낮은 성취의 원인이 동기 문제에 있는지 확실히 알기 위해 교사는 며칠 동안 꽤 잘 수행한 과제에 대해 매우 특별한 보상을 제공해 준다. 만일 이러한 보상이 주어진 후에 과제를 잘 수행하지 못했던 학생의 수행이 향상된다면 낮은 성취의 원인이 동기 부족이라고 결론지을 수 있을 것이다. 반대로 증가된 보상에도 반응이 미약하다면 또 다른 원인을 고려해 보아야 한다.

구두 읽기 유창성(읽기 속도와 정확성 수준)은 특히 독해 수준이 낮은 학생들의 경우 면밀하게 점검할 필요가 있다. 만일 학생의 읽기 정확도가 97% 미만이라면 교사는 초등 발음평가(부록 G 참조)를 실시하고, 필요할 경우 발음 요소 지도를 실시함과 동시에 정확한 읽기를 고무하기 위한 동기화 전략을 실시하도록 한다. 만약 너무 느리게 읽거나 표현력 없이 읽는다면 추가적인 유창성 지도를 제공한다(제16장 참조).

학생들이 오류 없이 거의 정확하게 읽으면서 독해를 방해하지 않을 정도의 속도로 읽는다면, 정보의 회상에 문제가 없는지 확인하도록 한다. 어떤 학생의 경우에는 읽고 있는 글의 의미에 주의를 기울이지 않거나 스스로의 읽기 활동을 모니터링하지 않는다. 이런 학생들은 보통 이야기의 간단한 세부 정보들을 잘 기억하지 못하는 모습을 보인다. 회상이 문제인지 확인하기 위해서 교사는 학생의 수행을 일정 기간 관찰하면서 간단한 사실적 질문에 잘 답하는지 살펴본다. 회상에 문제를 지닌 학생의 경우 교사는 지문 읽기 연습 과정에서 좀 더 빈번하게 질문을 제시해야 하고, 교사의 질문이 나오기까지 읽는 문장의 수를 점차 늘려 가도록 한다.

추론 질문에 정확하게 대답하지 못하는 경우에는 학생들의 문제가 주요 어휘지식이나 배경 지식 또는 논리적 사고의 부재에서 기인하는지 살펴봐야 한다. 학생들이 틀린 문항들을 대상으로 이 가정이 맞는지 확인하도록 한다.

만일 다수의 학생이 추론 유형의 문항에 오류를 보일 경우 교사는 어휘, 배경 지식, 추론 전략 사용에 관한 보다 명시적이고 체계적인 교수를 집단 전체에 제공해야 한다. 소수의 학생만 추론에 어려움을 보일 경우, 해당 학생들에게 추가적인 소집단 교수를 매일 제공하는 것이 좋다. 추후 등장할 지문 내용에 대비하여 어휘와 사전 정보를 미리 가르칠 필요가 있다. 교사는 추론 질문에 대한 답을 도출하는 과정을 시범 보이고 비계 절차를 통해 점차 학생들이 독립적으로 과제를 수행할 수 있을 때까지 지원하도록 한다. 수업 내용을 체계적으로 계열화하여 제시함으로써 학생들이 주어진 과제를 성공적으로 수행할 수 있게 하는 것은 학생들의 자아개념 형성에 긍정적으로 작용한다.

응용 연습문제

01 다음에 제시된 각 추론 문항에 대하여 정확한 답변을 하기 위해 학생들이 반드시 알아야 할 정보를 말해 보시오.

(a) Tim은 샌프란시스코에 살았다. Bill은 뉴욕에 살았다. 매일 아침 일어났을 때 둘 중 1명은 창밖을 통해 바다에 비친 태양 빛을 바라보았다. 둘 중 누구인지 말해 보시오. 그리고 왜 그 사람이라고 말했는지 이유를 말해 보시오.

(b) Janice는 스타 운동선수였다. 그녀는 올림픽팀에 합류하고 싶었다. 하지만 그녀는 의대를 마치고 싶어 했다. 지금은 1996년이고 Janice의 의대 졸업까지는 3년이 남았다. 당신은 Janice가 다음 올림픽에 나갈 수 있을 것이라고 생각하는가? 그 이유는?

(c) Bill과 Susan은 집을 건축하는 목수였다. 그들은 바닥을 까는 일을 제외하고는 모든 작업을 완료했다. 그들의 절친한 친구인 Jack은 히말라야 삼목이 많이 남아서 그들에게 싼 가격에 팔 수 있다고 말했다. 당신은 이들이 히말라야 삼목을 살 것이라고 생각하는가? 그 이유는?

02 활동지 과제에서 학생이 보인 오류를 교정하기 위해 교사가 해야 할 말을 구체화해 보시오(학생이 모든 단어를 해독할 수 있다고 가정한다).

(a) **지문:** 해변이 사람들로 북적거렸다. 그날은 일요일이었고 더웠다. 아기들은 모래에서 놀고 있었고 아이들은 파도를 타며 놀았다. 부모들은 앉아서 이야기를 나누고 있었다.

문항: 가장 좋은 제목에 동그라미 표시하시오.

1. 아기들이 모래성을 만든다.
2. 사람들이 해변에서 좋은 시간을 보냈다.
3. 아이들이 파도를 타며 놀고 있다.

03 다음 4개의 문장 가운데 수동태 연습을 위한 좋은 문항으로 보기 어려운 두 가지는 무엇인가?

(a) 강아지가 Tom에 의해서 집 안으로 들여보내졌다. 누가 집에 들여보내졌는가?

(b) Bill이 Bob에 의해 집 안으로 들여보내졌다. 누가 집에 들여보내졌는가?

(c) Ann이 Jill에 의해 꾸지람을 받고 있다. 누가 꾸짖고 있는가?

(d) Ann이 그녀의 엄마에게 꾸지람을 받고 있다. 누가 꾸짖고 있는가?

04 2학년, 3학년, 4학년 또는 5학년 수준의 읽기 프로그램에서 추출한 3개의 연속적인 수업 내용을 분석해 보시오. 이야기 읽기 전, 도중 그리고 이후에 어떤 독해 관련 활동을 제시하고 있는지 확인해 보시오. 언어 능력이 낮은 학생들이 많은 학급의 학생들과 수업을 한다고 가정했을 때, 학생들의 지문 이해를 돕는 데 그와 같은 활동들이 얼마나 적합한지 평가해 보시오. 필요하면 각 활동을 수정해 보시오.

05 (복습)

다음 단어들은 지금으로부터 며칠 뒤에 학생들이 읽을 지문에 나오는 것들이다. 어휘 연습에 포함되어야 할 단어 앞에 *V* 표시를 하고, 해독 연습에 포함되어야 할 단어 앞에는 *D* 표시를 하시오.

________ anvil	________ bragging	________ reins
________ enjoyment	________ uranium	________ alley
________ breech	________ efficien	________ coil
________ harmlessly	________ plague	________ deerskin
________ suffix	________ pollster	________ choir

06 (복습)

교사가 학생들을 평가한 뒤, 학생들이 며칠 뒤에 독해 과제에 제시될 다음 단어들의 뜻을 모르고 있다는 사실을 알게 되었다. *daring, contented, rudder, parallelograms.* 각 단어에 대하여 다음 문항에 답하시오.

(a) 단어를 가르칠 때 사용할 교수 내용을 기술하고(예시, 동의어, 정의), 각 단어의 동의어 또는 정의를 쓰시오.

(b) *daring*을 가르칠 때 사용할 수 있는 4개의 예시를 써 보시오(맞는 예시 2개와 틀린 예시 2개).

제19장
서술문 독해 전략

학습 목표

1. 서술문 독해 전략 지도에 필요한 주요 사항을 안다.
2. 본문 명시적 텍스트, 본문 암시적 텍스트, 배경 지식과 경험 의존적 텍스트 간의 주요 차이점을 기술한다.
3. 이야기 선정하기, 독해 전략 기록지 사용하기, 교정하기 등을 포함하여 상위 수준의 이야기 독해 전략 지도 절차를 기술한다.

초등 저학년용 주요 종합적 핵심 읽기 프로그램에는 서술문이 많이 나온다. 설명문 혹은 교과서 읽기는 초등 고학년에서나 다룬다. 하지만 고학년 읽기 프로그램 내용 중 상당수는 여전히 서술문을 포함하고 있다. 이 장에서는 서술문 독해 방법 지도에 초점을 맞춘다. 모든 이야기에는 **이야기 문법**이라 부르는 텍스트 구조가 있다. 이 텍스트 구조는 종종 주인공이 이야기 속에서 당면하는 갈등이나 문제 그리고 그 문제들을 해결하려는 주인공의 시도들을 뼈대로 하고 있다. 이야기 문법의 요소에는 ① 갈등, ② 목표, ③ 갈등 해결, ④ 구성, ⑤ 주인공의 생각과 감정이 있다. 이러한 이야기 문법 요소들은 여러 이야기에 공통적으로 들어 있다. 이야기 속의 이러한 구성 요소들에 주목하다보면 독자는 이야기를 좀 더 잘 이해하게 된다. 이야기 구조는 간단할 수도 있고(구성 요소가 몇 개 안 되고 예측 가능한 순서대로 제시됨), 복잡할 수도 있다(구성 요소가 매우 많고 이야기 속에서의 전개가 예측 불가능함).

사실적 독해(literal comprehension)를 잘 하는 학생이라도 이야기의 구조에 대한 질문에는 잘 대답하지 못할 수 있다. 예를 들어, 어떤 학생이 이야기 속의 주인공은 알지만 그 주인공의 목표와 동기 그리고 그 목표를 성취하기 위한 행위들에 대해서는 잘 모를 수 있다. 이런 학생에게는 이야기 내용 전체를 이해하기 위해 이야기 속의 중요한 요소들을 찾고, 이해하며, 서로 관련시키는 전략을 시범 보일 필요가 있다.

이 장은 이야기 읽기 활동 중 이야기 문법 요소를 제시하는 절차를 다룬다. 이 절차는 문단을 정확하게 읽고, 읽기 유창성에 큰 문제가 없으며, 사실적 질문에 정확하게 대답하는 학생에게 해당된다.

이야기 선정

이야기 문법 지도를 위한 이야기 소개 순서 관련 첫 번째 지침은 단순한 이야기부터 복잡한 이야기 순으로 택하라는 것이다. 이야기 선정 시 고려해야 할 요소는 ① 인물, 구성, 목표, 하위 목표의 수, ② 목표 달성을 위한 주인공의 시도 횟수, ③ 이야기 문법 요소의 명료성 정도(주인공, 목표, 갈등), ④ 이야기의 길이, ⑤ 이야기의 가독성(문장의 구조, 단어의 길이 등), ⑥ 학생에게 요구되는 배경 지식의 양 등이다.

이야기를 이해하기 위해 학생들이 갖고 있어야 할 배경 지식의 양은 이야기마다 다르다. 어떤 이야기들은 해당 주제에 대한 독자들의 배경 지식에 전적으로 의존하는가 하면, 어떤 이야기는 해당 이야기를 이해하는 데 필요한 정보를 직접 제공해 주는 경우도 있다. 예를 들어, 어떤 이야기 속에는 독자가 이해해야 할 인물의 목표, 갈등, 동기, 행위 등이 모두 나와 있는 경우가 있다. 이러한 이야기를 '**본문 명시적**(textually explicit)' 유형의 이야기라 부른다. 왜냐하면 이러한 유형의 이야기 속에는 독자가 이야기 내용을 충분히 이해하는 데 필요한 모든 정보가 나와 있기 때문이다. 반면, 어느 정도는 독자의 배경 지식에 의존해야 하는 이야기는 '**본문 암시적**(textually implicit)' 유형이라 한다. 독자의 배경 지식에 전적으로 의존해야 하는 이야기는 '**독자의 지식과 경험 의존적**(scripturally implicit)' 유형이라 한다.

[그림 19-1]은 본문 명시적 유형의 이야기 예인 「생쥐와 매」 우화이다. 이 우화에는 매를 없애고 싶어 하는 마을 사람들을 돕고자 하는 생쥐의 행동이 명료하게 나와 있다. 마을에서 매를 없애고자 하는 생쥐의 동기와 목표가 본문에 그대로 나와 있다.

「생쥐와 매」

아주 오래 전 서쪽의 작은 마을에 매가 한 마리 살고 있었는데, 그 매는 마을의 모든 닭을 공격했다. 매는 한 마리씩 한 마리씩 닭을 잡아먹었고, 마침내 닭은 두 마리만 남게 되었다.

마을의 어느 누구도 매를 잡을 수 없었다. 마을 사람들이 큰 천막 안에서 이에 관해 이야기를 하고 있었을 때 생쥐 한 마리가 이 소식을 들었다. 생쥐는 매우 용감했고 사람들을 돕는 것을 좋아했다. 생쥐는 마을 사람들을 돕고 싶어 한 가지 계획을 생각해 냈다.

첫째, 생쥐는 천막 꼭대기에 조그만 구멍을 하나 뚫었다. 그러고 나서 막대기 한쪽 끝을 매우 날카롭게 만들었다. 생쥐는 그 막대기를 자기가 뚫었던 구멍에 꽂았다. 그런 다음, 천막 밖으로 나가 천막 꼭대기에 꽂은 끝이 뾰족한 막대기 바로 옆에 앉았다.

생쥐는 매가 자기를 발견하면 그를 잡기 위해 하늘에서 내려올 것이라는 것을 알았다. 비록 생쥐는 매가 자신을 죽일 수도 있을 것이라는 생각에 두려움이 앞섰지만, 그곳에서 계속 앉아서 매를 기다렸다.

마침내 매가 용감한 생쥐를 발견하고는 공격하기 위해 날아 왔다. 생쥐는 매가 거의 자신을 잡을 때까지 움직이지 않고 기다렸다. 그러고는 마지막 순간에 옆으로 펄쩍 뛰어 달아났다. 매는 날카로운 막대기 찔려 그 자리에서 죽고 말았다.

생쥐는 영웅이 되었고 마을의 모든 사람이 큰 천막으로 와서 그 생쥐를 칭찬하고 고마움을 표시했다.

[그림 19-1] 본문 명시적 이야기 예

[그림 19-2]에는 본문 암시적 이야기 예로「클로버와 왕」우화가 제시되어 있다. 이 우화에서 클로버는 상추를 얻고 싶어 하고, 왕이 자신을 싫어하며, 상추를 좋아함을 알고, 그 상추에 독을 발랐다. 상추에 독을 바른 생쥐의 동기를 이해하기 위해 학생들은 클로버의 목표(상추에 독을 바르는 것)와 독이 묻은 상추에 대한 왕의 반응에 대해 알아야 하고, 그 사건들 사이의 관계를 추론해야 한다. 그러한 사건들, 행동들, 목표, 등장인물의 의도 등을 서로 관련시켜야 비로소 토끼 클로버가 얼마나 영리하며 왕이 왜 두 가지 문제를 한 번에 해결했다고 생각하는지를 이해할 수 있다. 이 우화는 등장인물의 행동과 목표에 대해 추론하기 위해서 독자가 이야기 속의 정보를 이용해야 하기 때문에 본문 암시적이다.

「클로버와 왕」

클로버는 매우 영리한 토끼로, 다른 토끼들과 마찬가지로 상추를 좋아했다. 토끼들은 왕궁 밖에 살고 있었는데, 얼마 가지 않아 왕의 정원을 빼고는 인근 지역 정원의 상추들을 모두 먹어 버렸다.

왕은 그의 정원을 사랑했고, 그 나라에서 가장 좋은 상추를 그 정원에서 길렀다. 왕은 토끼들이 자기 상추를 먹는 것을 원치 않았기 때문에 정원을 잘 지키도록 했다. 토끼들은 왕을 좋아하지는 않았지만, 상추는 먹고 싶었다.

어느 날 클로버는 한 가지 꾀를 생각해 냈다. 토끼는 왕의 정원에 들어갈 수는 없었지만, 왕의 부엌에는 들어갈 수 있었다. 클로버는 며칠간 매일 아침 왕의 부엌으로 몰래 들어갔다. 왕의 신하는 매일 상추를 저녁 식사용으로 준비했는데, 클로버는 매일 그 상추에 독을 묻혔다. 곧 왕궁에 있는 모든 사람이 아프게 되었다.

상추 때문에 모든 사람이 아프게 되었다는 것을 알고 왕은 매우 슬퍼했다. 왕은 그의 군사들에게 자기 정원의 상추를 갈아엎도록 했다. 그리고 나서 성 밖 토끼들이 머무는 곳 가까이에 그 상추를 갖다 버리라고 명령했다.

왕은 무척 흐뭇했다. 왕은 어쩌면 두 가지 문제를 한 번에 해결할 수 있을 것이다.

[그림 19-2] 본문 암시적 이야기 예

독자의 지식과 경험 의존적인 이야기의 예로는 [그림 19-3]의 「여우와 신포도」 우화를 들 수 있다. 이 우화 속에는 포도를 얻고자 하는 여우의 목표와 포도 맛이 실 것이라는 짐작 간의 관련성에 대해서는 명시적인 언급이 없다. 여우가 포도가 시다고 한 이유를 이해하기 위해서는 여우가 중요한 목표를 성취하기 위해 노력했지만 성공하지 못해 좌절했다는 점을 독자가 알아야 한다. 포도를 얻지 못하자 위안을 얻기 위해 여우가 그 포도를 시다고 했다는 결론은 이야기 본문이 아니라 전적으로 독자의 경험에서 도출된다.

「여우와 신포도」

어느 날 꾀 많은 여우 한 마리가 건조하고 먼지 나는 길을 달려가고 있었다. 여우는 매우 더웠고 목이 말랐다. 한참 후에 여우는 보라색 큰 포도송이가 길 옆 정원의 포도 덩굴에 달려 있는 것을 보았다. 포도는 매우 크고 잘 익었으며 아주 맛있게 보였다. 특히 그 여우에게는 아주 먹음직해 보였다. "이 아름다운 포도를 조금이라도 먹을 수 있으면 얼마나 좋을까?" 여우는 입맛을 다시며 이렇게 혼잣말을 했다. 여우는 포도를 따기 위해 높이 뛰어올랐지만 첫 번째 시도에서는 포도를 딸 수 없었다. 여우는 계속해서 뛰어 올랐지만, 여전히 그 포도를 딸 수 없었다. 여우는 여전히 목이 말랐지만 계속 포도를 따려고 시도했다. 한참 후에 피곤해진 여우는 마침내 포기하고 말았다. 여우는 돌아서 가면서 "저 포도는 신 포도임에 틀림없어. 난 신 포도는 좋아하지 않아."라고 말했다.

[그림 19-3] 독자의 지식과 경험 의존적 이야기 예

수업 순서로는 먼저 본문이 명료하고(즉, 배경 지식을 필요로 하지 않거나 아주 조금만 필요로 하는), 길이가 짧으며, 구조가 단순한 이야기를 가지고 이야기 문법 지도부터 할 것을 권장한다. 등장인물 수는 적어야 하고 갈등, 행동, 목표, 결말은 명확해야 한다. 학생들이 진전을 보이면 점진적으로 보다 길고 복잡한 이야기들을 소개한다. 하지만 새로운 것을 너무 많이, 그리고 너무 빨리 소개하지는 말아야 한다. 예를 들어, 학생들이 등장인물도 많지 않고 이야기 구조도 단순한 본문을 읽은 직후에 다수의 등장인물과 많은 목표 및 하

위 목표, 행동들을 포함한 저자의 의도가 암시적인 글을 소개하는 것은 적절하지 않다.

지도 절차

다음에 제시하는 지도 절차는 학생들이 이야기 속의 단어를 해독하고, 기본적인 사실적 이해 질문에 답할 수 있음을 전제로 한 것이다. 이야기 문법 수업을 하기 위해서는 다음 네 가지의 기본적인 이야기 문법 관련 질문으로 구성된 질문 촉진 전략을 활용한다. ① 이야기는 누구에 관한 것인가? ② 주인공은 무엇을 하려고 하는가? ③ 주인공이 그렇게 하려고 할 때 무슨 일이 발생하는가? ④ 결말은 어떠한가? 이 네 가지 핵심 질문은 학생들이 각 이야기의 중요한 부분에 집중할 수 있게 하는 데 사용한다. 이 질문은 이야기 구조의 중요한 요소들과 관련이 있다. 그 요소들이란 이야기의 등장인물들 찾기, 등장인물들의 목표, 그 목표 달성과 관련된 행동과 장애물들 알기, 갈등의 해결과 주인공의 목표 관련 행동을 둘러싸고 있는 최종 상황 그리고 이야기 결말이다. 이 핵심 질문들은 나중에 학생들이 말이나 문자로 이야기를 요약하도록 가르칠 때에도 하나의 틀로 사용 가능하다.

〈표 19-1〉은 이야기 문법을 소개하는 수업 형식을 나타낸 것이다. 이 형식에서 학생들은 이야기를 읽고, 교사는 적절한 지점에서 학생들의 읽기를 멈추고 각각의 이야기 문법 질문을 한다. 학생들은 그 질문에 답한다. 이 수업 형식에서 사용된 구체적인 교사의 발문은 「생쥐와 매」와 같이 명료한 본문을 가르칠 때 사용한다. 교사는 이야기를 읽을 때 학생들이 대답하게 될 4개의 핵심 질문을 알려 주는 것으로 수업을 시작한다. 학생들은 이야기를 소리 내어 읽을 때 한 번에 여러 개의 문장을 읽는다. 이야기를 읽는 도중 교사는 각각의 이야기 문법 질문을 이야기의 적절한 지점에서 제시한다. 아울러 이야기를 읽는 도중 종종 앞에서 대답했던 질문들도 다시 복습시켜 준다. 이 수업 형식의 마지막 부분에서 교사는 4개의 질문을 다시 하면서 내용을 요약한다. 네 가지 질문에 대해 학생들이 답을 하면 제시된 독해 질문에 답해 보게 한다.

일반적으로 독해 질문에 대한 답은 이야기 자체에서 대개 찾을 수 있다는 것을 알려 주는 것이 이 전략의 핵심이다. 충분한 연습과 안내를 거치면 결국 학생들은 질문에 답하기 위해 언제 이야기에 의존해야 하는지 혹은 언제 자신들의 배경 지식과 경험에 의존해야 하는지를 배울 것이다.

표 19-1 이야기 독해 도입 수업 형식

교사	학생
(칠판에 다음과 같이 쓴다. 이야기 주인공은 누구인가? 주인공은 무엇을 하려고 하는가? 주인공이 그것을 하려고 할 때 무슨 일이 생기는가? 결말에서는 어떤 일이 생기는가?)	
1. (이야기 문법 질문을 소개한다.) "우리가 이야기를 읽을 때 네 가지 질문을 할 거예요." (칠판의 각 질문을 가리키면서 읽는다.)	
a. "첫째 질문이 무엇이죠?" (학생을 지명한다.)	"이야기 주인공은 누구인가?"
b. "다음에 물을 질문은 무엇이죠?"	"주인공은 무엇을 하려고 하는가?"
c. "그다음 질문은 무엇이죠?"	"주인공이 그것을 하려고 할 때 무슨 일이 생기는가?"
d. "마지막 질문은 무엇이죠?"	"결말에서는 어떤 일이 생기는가?"
2. (개별 학생을 지명하여 이야기 제목을 읽게 한다.)	
a. "이야기를 읽는 도중 내가 멈추고 질문들 중 하나를 물을게요. 그 질문에 대한 답은 이야기 속에서 찾을 수 있어요. 이야기 제목부터 읽어 봅시다." (한 학생을 지명하여 이야기 제목을 읽게 한다.)	"생쥐와 매."
b. "예. 제목을 보니 생쥐와 매에 관한 이야기네요. 그러면 이야기의 주인공은 누구일까요?" (학생을 지명한다.)	"생쥐와 매."
3. (개별 학생을 지명하여 이야기를 읽게 한다. 이야기의 서로 다른 부분에서 학생들이 읽기를 잠시 멈추게 하고 질문을 한다.)	
a. (두 번째 단락까지 읽은 다음 교사는 읽기를 멈추게 하고 개별 학생을 지명하여 다음 질문을 한다.)	
"매는 무엇을 하려고 하나요?"	"모든 닭을 잡아먹어요."
"생쥐는 무엇을 하려고 하나요?"	"마을 사람들을 도우려고 해요."
b. (다음 두 문단을 읽으면 읽기를 멈추게 한다.)	
"생쥐는 무엇을 하려고 하나요?"	"매가 끝이 뾰족한 막대기에 날아 앉게 해서 매를 잡으려고 해요."
c. (마지막 문단을 읽으면, 교사는 마지막 질문을 한다.)	
"매가 쥐를 잡으려 할 때 무슨 일이 생겼나요?"	"끝이 뾰족한 막대기에 앉았다가 죽었어요."
"결국에는 무슨 일이 생겼나요?"	"생쥐는 영웅이고 마을 사람들은 그 생쥐에 고마워해요."
4. (네 가지 질문을 이용하여 교사가 이야기를 요약한다.)	
"먼저 이 이야기는 누구에 관한 이야기인가요?"	"생쥐와 매."
"매와 생쥐는 무엇을 하려고 하나요?"	"매는 모든 닭을 잡아먹으려 해서 생쥐가 마

	을 사람들이 그 매를 잡는 것을 도우려 해요.”
“그들이 그것을 하려고 할 때 무슨 일이 생기나요?”	“생쥐는 매를 잡고 닭들을 살렸어요.”
“끝에는 어떤 일이 생기나요?”	“생쥐가 영웅이에요.”

교정

교사는 네 가지 질문과 이야기 속에서 그 답을 찾는 것 간의 관계를 시범 보여야 한다. 때로 학생들의 답은 불완전하거나 일부만 맞을 수 있다. 예를 들어, 이야기 주인공을 찾을 때 학생은 주인공보다 조연을 찾을 수 있다. 이 경우 교사는 다음과 같이 반응해야 한다. “그래요. 그도 이야기의 주인공 중 하나예요. 그렇지만 그 이야기가 주로 다루고 있는 인물이 누구인지 이야기해 보세요.”

일반적으로, 교정 절차는 학생들의 대답에 따라 달라야 한다. 만약 대답이 부분적으로만 맞다면 정확하게 대답한 부분을 확인시켜 줘야 한다. 적절하다면, 이야기 속에서 정답을 찾아보도록 해야 한다. 추론이 필요하다면 관련 정보를 요약해 준다. 예를 들어, 「클로버와 왕」 이야기에서 어떤 학생은 클로버가 상추에 독을 묻힌 것은 알지만 왕이 그 상추들을 토끼가 살고 있는 곳 옆에 내다 버린 동기는 이해하지 못할 수 있다. 이 경우에는 이야기 속의 행동들을 요약해 주고, 주인공의 동기에 대해 학생들과 토론을 할 필요가 있다.

상위 수준의 이야기 독해 전략

개관

중 · 저학년 때보다 상급 학년에서의 이야기 읽기에서는 추론적 사고를 더욱 많이 필요로 한다. 1학년 때 나오는 이야기들이 다소 단순한 것과 달리, 중 · 고학년 단계에서 나오는 이야기들은 대개 복잡하다. 따라서 이야기 문법 요소를 찾아내고 이해하기 위한 독해 전략은 이야기 초기 읽기 단계에서 언급한 전략보다 훨씬 철저해야 한다.

초등 3~4학년 단계에서는 이야기들이 점점 저자 의도의 암시적인 것들로 바뀌고, 이에 따라 학생들이 그 이야기를 이해하기 위해서는 더 많은 배경 지식이 필요하다. 이와 유사하게, 이야기 속에는 문장의 의미를 이해하는 데 필수적이지만 학생들이 잘 알지 못하는 단어들이 더 많이 나온다. 학생들에게 이야기를 제시하기 전에 알아야 할 중요 정보나 단어는 미리 가르쳐야 한다.

이 절에서는 Gurney와 Dimino(1990) 연구에 근거하여 단편 이야기 독해를 가르치는 절차를 제시한다. 이 절차를 통해 어떻게 하면 초등 3~4학년과 중학교 학생들이 단편 이야기 속의 주인공, 행동, 사건, 상황 등을 확인하고 해석하게 할 수 있는지를 기본적으로 이해할 수 있을 것이다.

이야기 선정

초등 3~4학년과 중 · 고등학교 학생들이 읽어야 할 단편들은 대개 문학 교과서, 소설, 단편집, 학생 잡지 등에서 찾아볼 수 있다. 이러한 이야기들의 범위는 Jack London의 「불 피우기(To Build a Fire)」처럼 잘 알려진 고전부터 요즘 청소년들이 당면한 문제들을 다룬 현대 소설집 등 다양하다. 이 이야기들의 상당수는 편집자에 의해 수정되거나 편집되었다. 어려운 단어나 새로운 단어는 학생들에게 단편 이야기를 읽히기 전에 미리 가르쳐야 한다.

비록 단편 이야기들이 그 구조, 이야기 문법, 이야기 전개 측면에서 매우 다양하지만, 여기에서 제안하는 독해 전략은 단순 이야기 독해 때 가르쳤던 네 가지 이야기 문법 핵심 질문을 기본으로 하고 있다. 이 책에서는 좀 더 복잡한 이야기를 가르칠 때에는 이 네 가지 질문을 네 가지 유형으로 확대하고자 한다. Dimino의 분석에 근거한 이 네 가지 유형은 다음과 같다.

⦿ 유형 1: 등장인물 정보

교사는 첫 번째 질문인 '누구에 관한 이야기인가?'를 등장인물을 묻는 것으로 확장한다. 학생들이 주어진 정보에 근거해서 등장인물을 예상하게끔 시도한다. 이 유형의 질문들은 다음과 같은 특징들에 대해 물을 수 있다.

- **행동**: 등장인물들이 하는 것
- **대화**: 등장인물들이 스스로 혹은 서로에게 말하는 것
- **생각**: 등장인물이 생각하는 것
- **신체적 특징**: 등장인물의 생김새

◉ 유형 2: 갈등 혹은 문제

두 번째 질문인 '등장인물이 무엇을 하려고 하는가?'는 이야기에 나오는 갈등이나 문제를 묻는 질문으로 확장한다. 교사는 다음과 같은 사항에 대해 갈등이나 문제 유형 관련 질문을 할 수 있다.

- **불일치**: 문제가 두 등장인물 사이에서 발생한다. 예를 들어, 차 사용과 관련하여 부모와 자녀의 의견이 다르다.
- **어려운 결정**: 등장인물이 두 가지 어려운 선택을 해야 한다. 예를 들어, 등장인물이 친구의 범죄에 대해 이야기를 해야 할지 아니면 조용히 있어야 할지 결정해야 한다.
- **생존을 위한 노력**: 등장인물이 자연의 힘을 극복하려 한다. 예를 들어, 등장인물이 극심한 추위 속에서 야생에서 생존하려 노력한다.

◉ 유형 3: 시도/해결/반전

세 번째 질문인 '등장인물이 사태를 해결하려 할 때 무슨 일이 일어나는가?'는 등장인물이 어떻게 갈등이나 문제를 해결하려 하는지를 묻는 질문으로 확장한다. 교사는 다음에 대해 질문할 수 있다.

- **시도**: 등장인물이 갈등이나 문제를 해결하고자 시도하는 것
- **해결**: 최종 산물이나 문제를 해결했거나 해결하지 못한 시도
- **반전**: 이야기 끝에 발생하는 예상치 않았던 복잡한 상황으로, 대개 문제해결과 거리가 멀다.

◉ 유형 4: 반응과 주제

마지막 질문이었던 '마지막에 어떻게 되는가?'는 다른 방식으로 확장한다. 이야기 끝에 실제로 어떤 일이 일어나는가에 초점을 맞추기보다 저자의 메시지가 주는 의미에 학생들을 집중시킨다. 이를테면 다음과 같은 것들에 대해 묻는다.

- **반응**: 이야기 속의 사건에 대해 등장인물의 반응은 무엇인가?
- **주제**: 이야기의 숨겨진 의미는 무엇인가? 이야기의 저자는 독자들에게 무엇을 말하고자 하는가? 이야기의 교훈은 무엇인가?

지도 절차

수업을 위해서는 다음 두 가지를 활용한다. ① 단편 이야기를 학생들이 읽을 때 이야기 문법 요소를 요약하고 명료화하는 것을 도와줄 목적으로 구안된 이야기 기록지(이야기 개요 작성지는 〈표 19-2〉 참조), 그리고 ② 이야기 문법 관련 질문으로 나올 것을 교사가 요약하고 짚어 주는 생각 크게 말하기 절차.

표 19-2 단편 이야기 독해 전략용 기록지

학생용 기록지
이름: ____________________ 날짜: ____________________
이야기 ____________________
1. 문제나 갈등 ____________________ ____________________ ____________________
2. 주인공들과 그에 대한 내용 ____________________ ____________________ ____________________
3. 등장인물이 어떻게 문제를 해결하려 하는가? ____________________ ____________________ ____________________
4. 문제가 어떻게 해결되거나 해결되지 못했는가? ____________________ ____________________ ____________________
5. 이야기 끝에 반전이나 복잡성이 있는가? ____________________ ____________________ ____________________
6. 이야기의 주제는? 저자가 말하고자 하는 것은? ____________________ ____________________ ____________________

학생들로 하여금 이야기가 누구에 관한 것인가를 먼저 묻게 하는 단순 이야기 독해 전략과 달리, 복잡한 이야기 독해 전략은 먼저 문제나 갈등을 찾을 것을 요구한다.

단편 이야기 독해 전략 수업 형식이 〈표 19-3〉에 나와 있다. 단편 이야기는 그 내용과 복잡성 측면에서 매우 다양하기 때문에 이 수업 형식은 이 책의 다른 수업 형식과 다르다. 각 단계별로 교사의 발언 내용을 자세하게 제시하는 대신 여기서는 이야기 문법 네 가지 유형을 어떻게 제시해야 하는지 그 방법을 기술했다. 이 수업 형식은 Jack London의 「불 피우기」를 중심으로 개발하였다. 이 단편 이야기의 줄거리는 다음과 같다.

> 이야기는 '혹독하게 춥고 회색 구름이 잔뜩 낀' 날에서 시작된다. 주인공은 유콘 지역에 새로 온 사람이다. 그에게는 지금이 이 지역에서의 첫 번째 겨울이다. London의 기록에 따르면 그 사람은 '상상을 하지 않고' '중요도나 의미가 아닌 물질 자체에만 빠르게 신경을 쓰는' 그런 사람이었다. 기온은 영하 50도이다. 그 남자는 '소년들'을 만나기로 한 오래된 오두막으로 향하고 있다. 그는 유콘의 중심 산책로를 떠나기로 결심했다. 그 남자 뒤에는 지금은 여행을 떠날 때가 아님을 알고 있는 '큰 토종 에스키모' 개가 뒤따르고 있다. 그는 시간당 4마일 속도로 헨더슨 분지로 향하고 있었다. 갑자기 발밑의 얼음이 깨지는 바람에 그는 '무릎 아래'까지 젖었다. 그는 불을 피웠다. 그는 안심하고 불이 성공적이었다고 생각했다. 하지만 하필 큰 가문비나무 아래에서 불을 피웠다. 불이 주변을 따뜻하게 하면서 나뭇잎의 눈들이 녹아 불 위로 쏟아졌다. 그는 또 다른 불을 피우기 위해 여러 번 시도했지만 그 때마다 실패했다. 얼마 있다가 해가 지자 유콘에 새로 온 그 남자는 눈밭에서 잠이 들었고 결국 죽고 말았다.

교사는 학생들에게 기록지를 줌으로써 수업을 시작한다. 이야기를 읽는 도중, 학생들은 지정된 시점에서 읽기를 멈추고 적절한 이야기 문법 질문을 받는다. 교사는 모든 학생이 볼 수 있게 기록지에 정보를 기록한다. 그러면 학생들은 각자 자신의 기록지에 정보를 기록한다. 학생들은 교사의 기록지를 그대로 따라 적을 수도 있지만, 가급적 혼자 자신의 말로 적어 보도록 권장한다. 학생들에게는 몇 개의 이야기 활동이 끝나면 토론이나 모범답안 없이 스스로 이야기 문법 요소를 결정하고 기록해야 한다고 일러 준다.

표 19-3 단편 이야기 독해 소개를 위한 수업 형식

1. "여러분은 단편 이야기를 이해할 수 있게 해 주는 전략을 배우게 될 것입니다. 단편 이야기를 읽을 때 여러분은 등장인물들, 그들의 문제, 그리고 그들이 어떻게 문제를 해결하는지에 대해 읽게 될 것입니다. 우리는 단편 이야기를 읽고 그 전략을 이야기에 적용해 볼 것입니다."
2. "이야기 각 부분을 읽을 사람을 부를 것입니다. 모두가 들을 수 있도록 또박또박 크게 읽으세요. 내가 다른 학생을 부를 때까지 계속 읽으세요. 읽지 않고 있는 사람들은 지명할 때 바로 이어서 읽을 수 있도록 준비하고 있기 바랍니다."
3. (학생을 지명하여 이야기 제목을 읽도록 하는 것으로 수업을 시작한다. 학생이 제목을 읽으면 이야기 내용이 무엇일지 예측해 보게 한다.) "그럼 이야기 내용이 무엇일 것 같나요?"
4. **주요 문제/갈등 확인하기.** (학생들은 이야기를 읽기 시작하다가 교사가 미리 정한 지점에서 멈춘다. 이 지점에서 교사는 그냥 학생 읽기를 중단시킨다. 생각 크게 말하기 전략을 이용하여 다음과 같이 말한다.) "난 문제가 뭔지 알 것 같아요." 혹은 "우리가 문제를 찾을 수 있을 것 같아요." (문제/갈등을 말해 주고 이를 기록지의 파트 1에 장치를 사용하여 모든 학생이 볼 수 있도록 적는다. 이야기에 큰 문제와 작은 문제가 나와 있으면 그 문제들을 확인시켜 준다. 예를 들어, 「불 피우기」 이야기를 읽는 도중 다음과 같이 이야기해 준다.) "난 큰 문제를 알겠어요. 남자는 이 지역에 새로 온 사람이고 지금은 그가 유콘에서 맞이하는 첫 번째 겨울이에요. 이것은 어쩌면 큰 문제는 아닐 수 있어요. 하지만 이것을 기록지의 파트 1에 적을게요. 계속 이야기를 읽다 보면 이것이 큰 문제인지 아닌지를 알 수 있게 될 거예요." (교사가 기록지에 기록을 하는 동안 학생들에게는 잘 보라고 지시한다. 교사는 등장인물의 행위 대부분을 포함하고 있거나 해결하기가 가장 어려운 문제를 찾아 이를 가장 큰 문제로 선정해야 한다. 일단 가장 큰 문제가 확인되면 기록지의 해당 내용에 동그라미를 치고 그것을 가장 큰 문제로 선정한 이유를 학생들에게 설명한다.)
5. **주인공 확인하기.** (일단 큰 문제가 확인되고 나면 학생들에게 그 문제가 주인공을 중심으로 전개된다는 것을 일러 준다. 생각 크게 말하기 전략을 이용하여 큰 문제를 다시 일러 주고 그 문제가 누구의 문제인가를 구체적으로 설명해 준다.) "큰 문제를 찾았기 때문에 이제 우리는 그 문제가 누구를 중심으로 전개되고 있는지를 물음으로써 주인공을 선택할 수 있어요. 불 피우기 이야기에서 큰 문제는 생존하려는 노력인데, 그 노력은 유콘 지역에 겨울에 처음 온 사람을 중심으로 전개되고 있어요. 그 남자는 개와 함께 숲속을 여행하고 있고 그의 목표는 몇 마일 떨어져 있는 곳의 캠프에서 다른 남자와 만나는 것입니다." (교사는 기록지의 파트 2에 주인공을 적는다.)
6. **시도, 해결, 반전 확인하기.** "큰 문제와 주인공을 찾았기 때문에 이제 우리는 주인공의 시도를 찾을 수 있어요. 시도는 주인공이 문제를 해결하기 위해 행하는 것을 말해요." (학생들은 미리 정한 지점에 이르기까지 집단으로 교사를 따라 하도록 한다. 지정된 지점에 이르면 교사는 주인공의 시도를 찾는 것을 시범 보인다. 예를 들어, 「불 피우기」 이야기에서 다음과 같이 이야기한다.) "주인공이 여기에서 문제를 해결하려 하는 것 같아요. 그의 문제는 혼자서 몇 마일 떨어진 캠프까지 가려는 것이에요. 때는 한겨울이고 기온은 영하 50도 이하예요. 그는 불을 피워 자신의 문제를 해결하려 해요." (학생들은 프로젝트에 올려진 기록지의 파트 3에 교사가 주인공의 시도를 적는 것을 지켜본다.) "불은 잠시 동안 그 남자에게 온기를 주었지만, 곧 그 온기 때문에 나무 위의 눈이 녹았어요. 나무 위의 눈은 불 위로 떨어졌고, 불은 꺼져 버렸습니다. 그 남자는 다시 불을 피울 수 없었고 결국 추위로 죽고 말았어요." (교사는 기록지의 파트 4와 5에 일어났던 사건을 기록한다.)
7. **요약과 이야기 재생.** [학생들에게 기록지의 파트 1(문제), 파트 2(주인공), 파트 3(시도), 파트 4(해결), 파

트 5(반전)에 적힌 정보를 이용하여 이야기를 다시 말해 보게 한다. 교사는 기록지의 각 기록 사항을 짚어 가며 이야기를 재생하는 시범을 보인다. Jack London의 「불 피우기」 이야기책 재생 예시는 다음과 같다.]
"이 이야기는 어떤 남자와 그의 개(주인공)에 관한 것입니다. 그 남자는 혼자서 한겨울에 영하 50도가 넘는 추위 속에서 여행을 했습니다(문제). 그 남자는 유콘 강가의 석탄을 피하려 노력했지만(시도), 얼음물에 빠지고 말았습니다(문제). 그래서 불을 피우지 않을 수 없었습니다(해결). 그는 큰 자작나무 아래에서 불을 피웠습니다. 자작나무 위의 눈이 녹아 불 위로 떨어졌습니다(반전). 그 남자는 온기를 유지하려 했지만, 결국 추위로 죽고 말았습니다."

8. **주제 확인하기.** "이제 우리는 이 이야기의 주제에 대해 말할 수 있어요. 주제란 이야기의 저자가 우리에게 말하고 싶어 하는 것을 말해요. 주제는 저자가 독자들에게 주는 교훈이에요."
   a. (학생을 지명하여 질문한다.) "저자가 우리에게 말하고자 하는 것이 무엇인가요?"(정답에 가까운 답은 받아들이고 주제를 상기시켜 준다.) "저자는 아마도 우리에게 우리는 환경에 대해 민감하게 반응해야 한다는 것을 말하고 싶었을 거예요. 그 남자는 유콘의 겨울 기간 동안에 처음 온 사람이었어요. 그럼에도 그는 기온이 영하 50도 이하라는 상황의 심각성을 무시하였어요."
   b. (몇 명의 학생을 더 지명하여 이야기를 재생해 보게 한다.)

출처: "To Build a Fire" by Jack London, published as a short story in Lost Face in 1910, tells of a man and a dog in the Klondike. The two are traveling on ⋯⋯ http://www.enotes.com/topics/build-fire http://www.shmoop.com/to-build-a-fire/to-build-a-fire-summary.html?

이야기 읽기 첫날 교사는 질문에 대답하는 방법에 대해 시범 보인다. 몇 차시 후에는 학생들을 지목하여 질문에 답하게 한다. 예를 들어, 이야기 속의 문제를 읽어 준 다음에 "문제가 나와 있나요?"라고 묻는다.

안내된 연습 몇 주 후에 개별 연습활동을 시킨다. 개별 연습 단계에서는 이야기 문법 요소를 확인하고 토론하는 것은 학생들이 기록지에 정보를 기록하기 전까지는 하지 않는다. 기록지의 학생 답안을 점검한 후, 각 이야기 문법 요소를 토론하고 나면 학생들에게 자신의 오류를 교정할 시간을 할애해 준다. 기록지에 답안을 더 이상 기록하지 않고 학급 전체 학생들과 공유하지도 않기 때문에 교사는 학생들의 기록지를 유심히 살펴봐야 한다. 학생들은 자신들의 답을 점검하기 위해 또래와 협력할 수 있다.

교정 절차

단편 이야기의 복잡성과 앞서 소개한 전략의 길이 때문에 다양한 유형의 오류가 발생할 수 있지만, 그중 대표적인 것은 다음 세 가지이다. 각 오류 유형을 설명하면 다음과 같다.

◉ 본문에 나와 있는 정보 찾기 오류

본문에 나와 있는 정보 찾기 오류는 이야기 속에 명료하게 나와 있는 정보를 회상할 것을 요구하는 질문에 잘못 답할 때 발생한다(예: "주인공이 문제를 해결하기 위해 맨 처음 한 일은 무엇인가?"). 이러한 오류를 교정하기 위해서는 정답을 포함하고 있는 이야기 부분에 집중하게 하고 정답을 찾기 위해 해당 문단을 읽게 해야 한다.

◉ 본문 암시적인 정보 찾기 오류

본문 암시적인 정보 찾기 오류는 본문 명시적인 정보 찾기 오류보다 더 많이 발생할 가능성이 크다. 이 오류는 등장인물, 사건, 상황에 대해 추론하고 판단할 것을 요구하는 질문에 잘못 답할 때 발생한다(예: 주인공은 어떤 사람인가? 이야기에서 저자의 메시지는 무엇인가?). 이러한 질문들에 정확하게 대답하려면 학생들은 이야기 속에 주어진 정보를 흡수하여 판단을 내리거나 의견을 제시해야 한다. 이러한 오류를 교정하기 위해서는 기록지나 이야기 속에 적절한 정보를 기록하도록 지도한다. 일단 정답에 해당하는 정보를 찾으면, 학생들이 정확하게 추론을 할 수 있도록 돕기 위해 질문을 해야 한다. 예를 들어, 학생이 "주인공이 이 상황에서 잘 할 것 같은가요?"라는 질문에 잘못 대답하면 교사는 다음과 같은 대답을 시범 보이며 오류를 교정해 주어야 한다. "그 남자가 생각이 없고 생명의 소중함을 인식하지 못했다고 저자가 말할 때에는 독자들에게 그 남자가 새로운 환경에 잘 적응하는 방식으로 생각하지 않았음을 알려 주기 위해 이 이야기를 이용하고 있는 것입니다." 이 오류 교정 절차를 통해 이야기 속의 정보와 그 정보에 대해 판단하거나 추론하는 과정 간의 관계를 학생들에게 드러내 주어야 한다.

◉ 주제 확인 오류

주제 찾기는 수업 전략 중 가장 어려운 부분일 수 있다. 이야기 속의 정보를 통해 이야기 밑바탕에 흐르고 있는 메시지를 하나의 진술문으로 나타내는 데 학생들은 어려움을 겪을 수 있다. 교사는 이야기 속의 사건이 주제를 찾는 데 어떻게 사용될 수 있는지를 보여 주기 위해 이전에 다루었던 이야기의 주제를 말해 줌으로써 주제 찾기 방법을 시범 보인다. 그런 다음, 저자가 전달하고자 하는 메시지를 찾도록 질문을 제시하며 학생들을 안내한다.

응용 연습문제

「클로버와 왕」

클로버는 매우 영리한 토끼로, 다른 토끼들과 마찬가지로 상추를 좋아했다. 토끼들은 왕궁 밖에 살고 있었는데, 얼마 가지 않아 왕의 정원을 빼고는 인근 지역 정원의 상추들을 모두 먹어 버렸다.

왕은 그의 정원을 사랑했고, 그 나라에서 가장 좋은 상추를 그 정원에서 길렀다. 왕은 토끼들이 자기 상추를 먹는 것을 원치 않았기 때문에 정원을 잘 지키도록 했다. 토끼들은 왕을 좋아하지는 않았지만, 상추는 먹고 싶었다.

어느 날 클로버는 한 가지 꾀를 생각해 냈다. 토끼는 왕의 정원에 들어갈 수는 없었지만, 왕의 부엌에는 들어갈 수 있었다. 클로버는 며칠간 매일 아침 동안 왕의 부엌으로 몰래 들어갔다. 왕의 신하는 매일 상추를 저녁 식사용으로 준비했는데, 클로버는 매일 그 상추에 독을 묻혔다. 곧 왕궁에 있는 모든 사람이 아프게 되었다.

상추 때문에 모든 사람이 아프게 되었다는 것을 알고 왕은 매우 슬퍼했다. 왕은 그의 군사들에게 자기 정원의 상추를 갈아엎도록 했다. 그러고 나서 성 밖 토끼들이 머무는 곳 가까이에 그 상추를 갖다 버리라고 명령했다.

왕은 무척 흐뭇했다. 왕은 어쩌면 두 가지 문제를 한 번에 해결할 수 있을 것이다.

01 초등학생이라 가정하자. 이 이야기에 대해 기록지(〈표 19-2〉 참조)를 채우시오.

02 교사라 가정하자. 단편 이야기 독해를 소개하는 수업 형식(〈표 19-3〉 참조)을 다시 작성하여 이 이야기 독해를 지도할 때 사용할 수 있도록 하시오. 이야기를 읽는 도중 어느 지점에서 질문을 제시할지, 어떤 질문을 제시할지, 그리고 학생들의 어떤 대답이 수용할 만한 것인지 제시해 보시오.

03 학생들이 범할 수 있는 두 가지 심각한 오류를 열거해 보시오. 각 오류를 어떻게 교정할지 그 방법을 제시해 보시오.

제20장
비평적 읽기

학습 목표

1. 비평적 읽기 지도의 주요 단계를 안다.
2. 저자의 결론을 확인하고, 의견과 증거를 변별하며, 저자의 신뢰성을 확인하고, 잘못된 결론을 찾아낼 지도 절차를 기술한다.
3. 비평적 읽기 전략 전반의 주요 지도 절차 요소들을 설명한다.

말이나 글로 표현된 주장, 논의, 제안들을 비평적으로 평가하는 능력은 삶의 다양한 역할을 담당하도록 학생들을 준비시키는 데 아마도 가장 중요한 독해 기술일 것이다. 우리가 내리는 많은 개인적·전문적·사회적 결정들은 다른 사람들로부터 들은 바에 근거하는 경우가 많다. 하지만 이 내용들 중에는 잘못된 주장과 선전들이 흔하기 때문에 비평적 사고는 우리가 내리는 거의 모든 결정에 중요한 역할을 한다. 비평적 읽기 수업을 단순화하기 위해, 이 장에서는 학생들이 점차 정교해지는 논의에 적용할 수 있는 표준적인 절차를 간략하게 개관한다. 다른 모든 독해 교수에서처럼 비평적 읽기 전략 수업도 단순한 것에서 복잡한 것으로 수업을 진행하고, 다음 단계로 나가기 전에 반드시 이전 단계를 완전히 습득하도록 충분한 연습기회를 제공해야 한다.

비평적 읽기 단계

비평적 읽기 지도는 학생들로 하여금 다음 사항들을 수행할 수 있게 진행한다.

1. 저자의 결론 확인하기. 다시 말하면, 저자는 독자들이 무엇을 믿기를 원하는가?
2. 제시된 증거 확인하기. 다시 말하면, 독자들을 확신시키기 위해 저자는 어떤 정보를 제공하는가? 저자는 증거에 근거하는가, 아니면 의견에 근거하는가?
3. 저자의 신뢰성 확인하기. 다시 말하면, 독자는 저자의 말을 믿을 수 있는가?
   a. 믿을 만한 사람으로부터 나온 증거인가?
   b. 그 사람이 편견을 갖고 있는가?
4. 결론이 증거에서 도출되는지 확인하기. 잘못된 논의 찾아내기
   a. 주장은 전통이 새롭든 낡았든 이에 의존하는가?(때때로 후광효과라 불림)
   b. 주장이 부적절한 일반화에 의존하는가?
   c. 주장이 상관관계와 인과관계(혹은 우연)를 혼동하는가?

향후 학생들이 읽게 될 보다 정교한 수준의 선전 내용 예시와 학생들이 이 네 단계를 어떻게 이용할지가 이하 문단과 논의에 제시되어 있다. 다음 인용문은 Thomas Edison이 직류와 교류에 관한 논쟁이 벌어졌을 때 말한 것을 기술하고 있다.

> 전구를 발명한 Thomas Edison은 전류 형식으로 교류를 점점 더 많이 사용하는 것에 대해 심각하게 우려하였다. Edison은 교류는 직류보다 훨씬 더 많은 전류를 포함하고 있기 때문에 교류가 국가에 위협이 된다고 믿었다. 많은 화재가 교류 때문에 발생했다. 사실 교류는 Sing Sing 감옥(역자주: 미국 뉴욕주 오시닝에 있는 미국에서 가장 오래된 감옥 중의 하나로, 최고 수준의 보안을 갖춘 곳)에서 범죄자를 전기로 사형시킬 목적으로 사용되었다. 직류는 여러 해 동안 전구용으로 사용되었다. Edison은 직류가 여전히 전기에 있어 최선의 전류 형식이라 확신했다.

첫 번째 단계는 학생들이 저자의 결론을 찾아내는 단계이다. 학생들은 주제(혹은 저자의 결론)를 작성하기 위해 본문의 구체적인 내용들('심각하게 우려했다.' '국가에 위협이다.' '직류

가 여전히 최선이다.')을 사용해야 한다. 저자의 결론을 찾는 것은 이전에 언급했던 요약 기술(중심 생각, 최적의 제목)에 해당한다.

두 번째 단계는 학생들이 저자의 결론이 의견과 증거 중 무엇에 근거하는지를 확인하는 단계이다. 만약 결론이 의견에 근거한다면 저자의 결론은 단지 사람들이 어떤 식으로 생각해야 한다는 저자 자신의 제안에 지나지 않는다. 의견에 근거한 결론은 학생들이 믿거나 그것에 근거해서 행동해야 할 필요가 없다. 본문에서는 저자의 결론을 지지하기 위해 의견과 근거 모두가 사용되었다. 교류가 국가에 위협이 된다는 말은 의견이다. 다른 구체적인 내용(예: 화재 발생, 범죄자 전기 사형, 에너지원으로 처음에는 직류를 사용했던 것)은 저자의 해석을 합리화하기 위해 사용된 증거들이다.

세 번째 단계는 학생들이 논의를 하는 사람의 신뢰성 혹은 진실성과 관련된 몇 개의 질문을 제기하는 단계이다. 첫째 질문은 증거가 믿을 만한 사람에게서 나왔는가이다. Edison은 1800년대 후반 전기 분야의 확실한 전문가이기 때문에 믿을 만하다. 다음 질문은 전문가가 혹시 편견을 가졌는가이다. 이 경우에는 두 가지 편견이 있다. 하나는 직류를 공급하는 회사에 그가 재정적으로나 개인적으로 깊이 관여하고 있다는 점이다. 만약 직류를 교류로 대체한다면 그는 돈을 잃게 될 것이다. 아울러 그의 명성도 위험해질 것이다. Edison이 유명해진 이유 중 하나는 전구 발명과 직류에 기반한 전기 배송 시스템 때문이다. 만약 교류가 직류를 대체한다면 그의 명성에 금이 갈 것이다. Edison의 편견이 이야기의 결론에 영향을 주고 있기 때문에 그가 인용한 증거는 믿을 만한 것이 못 된다.

저자의 신뢰성에 의심의 여지가 있기 때문에 학생들은 다른 전문가나 출처에서 관련 정보를 찾아봐야 한다. 예를 들어, 많은 전문가는 직류가 최선의 전기 형식이라는 데 대해 찬성하지 않는다. 교류는 먼 거리까지도 전송될 수 있지만, 직류는 그렇지 않다. 만약 먼 지역의 사람들이 합리적인 가격에 전기를 공급받으려면 교류가 필수적이다. 전문가로서의 Edison은 편견을 갖고 있고 증거에 대한 또 다른 해석이 유력하기 때문에 Edison이 제시한 증거는 신뢰할 만하지 않다.

비평적 읽기의 마지막 단계는 결론이 증거에서 합법적으로 도출되는가 여부를 확인하는 단계이다. 많은 논의에서 타당한 증거가 제시되더라도 결론은 그러한 증거로부터 도출되지 않을 수 있다. 이 사례에서 여러 해 동안 전구에는 직류를 사용해 왔기 때문에 앞으로도 직류가 전기의 최선의 형식이어야 한다고 주장할 수도 있다. 이러한 잘못된 주장은 지금까지 최선이었던 것은 앞으로도 그래야 한다는 전통 사용의 예를 보여 준다. 전통에 근거한 결론이 반드시 참인 것은 아니다. 지금까지 잘 작동해 왔던 것은 앞으로도 최선일 수 있지만, 더 좋은 것이 나올 수도 있다. 학생들은 전통에 기반한 결론은 버려야 한다. [새롭게 확산되고 있는 전통(예: "모든 사람이 교류를 사용하기 시작하고 있기 때문에 당신도 그래야 한다.")에도 같은 태도가 적용됨에 주목하기 바란다. 제품이나 절차가 현재 유행하고 있기 때문에 더 낫다는 결론 역시 잘못이다.]

타당하지 않은 또 다른 두 가지 논의는 부적절한 일반화, 상관관계 그리고 인과관계의 혼동이다. 다음 글은 부적절한 일반화를 보여 준다.

> 교류의 또 다른 위험이 방금 발생했다. 교류 전선으로 연결된 집에 불이 나서 모두 타 버렸다. 불은 전선이 너무 뜨거워져 벽에서부터 시작되었다. 교류는 그것이 사용되는 모든 곳에서 결국에는 화재를 일으킬 것이다. 따라서 빛을 내기 위해서는 교류보다 직류를 사용해야 한다.

교류로 인한 화재 하나가 곧 교류를 사용하는 모든 곳에서 화재를 일으킬 것이라는 점을 의미하지는 않는다. 부적절한 일반화는 종종 발생한다. "나는 아주 무례한 부자를 보았다. 부자들은 왜 그렇게 무례하지?" "영화관에서 우리는 긴 머리의 남자 옆에 앉았다. 난 그가 몇 주 동안 목욕을 안 했을 것이라 장담한다."

인과관계와 상관관계를 혼동하는 것은 다음 문단에 나와 있다. 성공과 관련이 있는 사건이나 우연에 의한 다른 긍정적 결과를 긍정적 성과의 원인으로 잘못 결론 내리고 있다.

> 『더 데일리 포스트(The Daily Post)』는 1년 동안 기자실 전구용으로 직류를 사용했다. 기자들은 이전보다 지금 더 행복해한다. 기자들은 더 흥미 있는 기사를 쓴다. 신문 판매량은 급격히 증가했다. 『더 데일리 포스트』는 이제 가장 유명한 신문이다.

직류 전구로 좀 더 행복해진 기자들, 더 흥미로운 기사들, 더 많은 판매량과 연합되어 있다. 하지만 직류가 기자들이 좀 더 행복해지게 하는 데 필수적인 원인은 아니었다. 긍정적인 결과를 낸 전구는 직류나 교류 어느 방식으로든 가능했다. 상관관계에 기반한 것을 원인으로 주장하는 결론은 무시해도 좋다. 상관관계와 인과관계 혼동은 종종 발생한다. "Joe Blow는 Squirt-Squirt 회사의 방향제를 쓰는데, 그는 매우 유명하다." "Sally는 You-Bet-Your-Life 비타민을 매일 먹는다. 그는 106세까지나 살았다!"

순서

비평적 읽기 전략을 처음부터 끝까지 모두 소개하기 전에 먼저 하위 기술을 지도하고, 그 후에 전략을 완성된 전체로서 종합하게 해야 한다. 비평적 읽기의 각 단계는 다음 네 가지 중요한 하위 기술과 같다. ① 저자의 결론 확인하기, ② 의견과 증거 변별하기, ③ 증거의 신뢰성 찾아내기(증거 출처의 신뢰성, 편견, 증거에 대한 또 다른 해석), ④ 잘못된 논의 확인하기(전통, 부적절한 일반화, 상관관계와 인과관계 혼동)

저자의 결론과 그 결론을 지지하는 세부 내용에 대해서는 비교적 일찍 학생들에게 가르친다. 그다음에 의견과 증거를 변별하는 절차를 소개한다. 그다음에는 증거의 신뢰성과 논의의 타당도를 확인하는 방법을 가르친다. 마지막으로, 요소 기술들을 종합하여 하나의 완전한 전략으로 완성한다.

지도 절차

이 절에서는 비평적 읽기의 네 가지 중요 기술별로 지도 절차를 다룬다.

저자의 결론 확인하기

저자의 결론을 확인하는 일은 주제를 찾는 것과 밀접히 연관되어 있다. 둘 간의 주요 차이는 학생들이 선다형 문항에서 최선의 답을 고르는 것이 아니라 결론을 만들어 내야 한다는 점이다. 모든 문단이 독특하기 때문에 학생들로 하여금 저자의 결론을 생성하도록 가르치기 위한 구체적인 수업 형식을 짜는 것은 어렵다. 하지만 이 기술은 시범과 많은 연습을 통해 가르칠 수 있다. 교사는 문단을 제시하고, 저자의 결론을 찾아내며, 그 결론에 이르게 하는 구체적인 사항들을 문단 속에서 찾아 열거하는 시범을 보인다. 그런 후에 일련의 문단들을 학생들에게 제시하고 저자의 결론을 찾고 이를 지지하는 구체적인 사항들을 제시하면서 그 결론을 정당화하도록 한다. 교사와 학생은 수용하기 곤란한 대답들에 대해서는 왜 그것을 수용하기 어려운지 서로 토론해야 한다. 처음에는 문항이 아주 단순해야 한다. 다음은 처음에 제시할 문항의 예들이다.

1. "나는 Tom이 우리 팀에 돌아오길 바란다. 그가 떠난 이후 우리는 모든 게임에서 졌다." (결론: Tom이 우리 팀에 있지 않기 때문에 우리는 지고 있다.)
2. "ABC 타이어는 아주 좋다. 내 새 차에 ABC 타이어를 달고 있는데 연비가 아주 좋다." (결론: ABC 타이어를 사용하고 있기 때문에 연비가 더 좋다.)
3. "Mary는 우리 팀이 그 게임에서 진 이후 더욱 슬퍼 보인다. 그녀는 밤에 밖에 나가지 않는다. 나는 방과 후 가게에서 그녀를 본 적이 없다." (결론: Mary는 우리 팀이 그 게임에서 져서 슬프기 때문에 더 이상 밖에 나가지 않는다.)

며칠 동안 구두 연습을 실시한 다음, 쓰는 활동으로 대체한다. 문단의 길이는 점진적으로 길게 한다.

의견과 증거 변별하기

사실과 의견의 변별은 두 단계에 걸쳐 지도한다. 첫째 단계에서는 의견 진술문에서 의견임을 나타내는 구절들(예: **나는 생각한다, 나는 믿는다, 내 의견으로는, 내 판단으로는**)을 포함하고 있음을 알려 준다. 10개 정도의 예를 사용하되 그중 절반은 의견으로, 나머지 절반은 사실로 구성한다. 다음은 그러한 문장들의 일부이다.

1. "나는 Tom이 그 경주에서 이겼다고 믿는다."
2. "Tom은 어제 그 경주에서 이겼다."
3. "나는 그가 그의 형보다 더 빠르다고 믿는다."
4. "그는 경주에서 그 형을 이겼다."
5. "비가 올 것이라 생각한다."
6. "비가 내리고 있다."
7. "나는 초콜릿이 가장 맛이 좋다고 생각한다."
8. "다른 어떤 맛보다 초콜릿 아이스크림을 먹는 사람들이 더 많다."
9. "내 의견으로는 그녀가 그 팀에서 가장 우수한 선수이다."
10. "그녀는 우리 팀에서 가장 나이가 많다."

이 항목들은 사실과 의견 간 차이점을 다음과 같이 설명하면서 소개한다. "누군가가 실제로 있었던 어떤 일을 이야기할 때 그는 **사실**을 말하고 있어요. 만약 누군가가 자신이 어떤 것에 대해 느낀 점을 이야기할 때 그는 여러분에게 **의견**을 말하고 있는 거예요. 종종 어떤 사람이 여러분에게 이야기하는 방식만 봐도 여러분은 그것이 의견인지 아닌지를 알 수 있어요. 만약 어떤 사람이 '나는 생각한다' '나는 믿는다' 혹은 '나는 느낀다'라고 말하면 그는 의견을 말하고 있는 것이에요." 그런 다음 교사는 관련 문장들을 제시하고 그것이 사실인지 또는 의견인지를 말해 보도록 학생에게 묻는다.

지도 절차의 두 번째 단계에서는 '나는 생각한다' 혹은 '나는 믿는다'와 같은 어구를 포함하지 않은 보다 정교한 문장을 소개한다. 이러한 유형의 문장으로 의견과 사실을 변별할 때에는 합의(consensus)를 활용하도록 지도한다. 만약 어떤 사람이 그것을 알 만한 사람들 거의 모두가 동의하는 것에 대해 말한다면 그 진술문은 사실일 가능성이 크다. 그렇지만 그것을 알 만한 사람들이 동의하지 않는 진술문은 의견일 가능성이 크다. 다음 문장들을 보자.

1. '기차로 여행하는 것은 자동차로 여행하는 것만큼 신나지 않다.' 이 문장은 의견이다. 어떤 특별한 지식이 필요치 않다. 일반 사람들 중에는 이 진술문에 동의하지 않을 사람이 많다.
2. '비행기로 나라를 여행하는 것은 차로 여행하는 것보다 빠르다.' 이 문장은 사실이다. 여행을 알 만한 대부분의 사람은 이에 동의한다.
3. '오리건에는 비가 너무 많이 온다.' 이 진술문은 의견이다. 이 문장은 일부 사람이 느끼는 바를 표현하고 있긴 하지만, 모든 사람이 그렇게 느끼는 것은 아니다.
4. '오리건에서는 뉴저지보다 비가 많이 온다.' 이 문장은 사실이다.

사실과 의견을 구분하는 것은 쉽지 않다. 다양한 문장으로 많은 연습을 해야 한다. 예를 들어, 저자가 독자의 마음을 흔들려고 할 때 증거보다는 의견을 이용할 경우, 그가 감정이 담긴 단어를 사용하는지 여부를 확인해 보는 것이 요령 중 하나이다(결론을 평가할 때 어떻게 감정이 담긴 단어를 찾아내는지 가르치는 방법에 대해서는 〈표 20-1〉을 참조한다. 이 수업 형식은 다른 수업 형식과 별개이기 때문에 교사의 재량으로 소개한다).

표 20-1 감정적인 단어 찾기 수업 형식

교사	학생
1. (교사가 먼저 감정이 담긴 단어에 대해 설명한다.)	
a. "대부분의 사람은 어떤 단어는 좋아하지만 다른 단어는 좋아하지 않아요. 대부분의 사람이 좋아하는 단어의 예는 다음과 같아요. **사랑, 자유, 아름다움, 민주주의, 친절, 자신감, 창의성.** 대부분의 사람이 좋아하지 않는 단어의 예는 다음과 같아요. **살인, 증오, 추함, 외로움, 잔인함, 이기주의.** 사람들이 좋아하는 단어들은 결론을 받아들이도록 사람들을 설득하는 데 종종 사용됩니다."	
2. (교사가 시범을 보인다.)	
a. "이 결론을 잘 들어보세요. F.U.N 읽기 프로그램은 천연색이고, 재미있으며, 많은 것을 알게 해 줘요. 모든 교사는 F.U.N 읽기 프로그램을 사용해야 해요."	
b. "여러분이 어떤 주장을 들을 때에는 사람들이 좋아하거나 싫어하는 단어들은 무시하세요. 우리가 그러한 단어들을 무시하면 F.U.N 읽기 프로그램을 사용할 근거가 없음을 알게 돼요. 그것은 단지 어떤 사람의 의견일 뿐이에요."	
3. (학생들을 검사한다.)	
a. "내가 한 가지 주장을 할게요. 여러분은 그 주장 중 사람들이 좋아하거나 싫어하는 단어를 말해 보세요. 그런 다음 그 결론을 지지하는 근거가 남아 있는지 말해 주세요."	
b. "모든 사람은 Smiley 치약을 사용해야 한다. 그 치약은 하루 종일 입안을 상쾌하게 하고 사람들이 정말 하고 싶어 하는 것은 무엇이든지 자유롭게 하게 해 준다."	
c. "사람들이 좋아하는 혹은 싫어하는 단어에는 어떤 것들이 있나요?" (학생을 개별적으로 지명하여 물어본다.)	"상쾌하게, 자유롭게."
d. "결론을 지지하는 근거가 남아 있나요?"	"아니요."
4. (몇 개의 예를 더 제시한다. 학생들이 제시된 예에 정확히 구두로 대답하면, 문장으로 적힌 예를 주어야 한다. 학생들은 정서적인 단어를 지우고 그 결론을 지지하기 위해 어떤 근거가 남았는지 말한다.)	

저자의 신뢰성 확인하기

저자의 신뢰성 여부를 결정할 때 중요한 한 가지 측면은 주장하는 사람이 믿을 만한가 하는 점이다. 많은 광고는 사실 비전문가들의 선전에 근거하고 있다. 가끔 유명인이 실제로는 어떤 제품에 대해 지식이 없으면서도 그 제품을 선전하곤 한다.

저자의 신뢰성 결정하기 첫 단계에서는 무엇에 대해 말하는 사람의 전문성을 확인한다. 두 번째 단계에서는 독자들을 설득시켜서 무엇인가를 얻으려 하는 것은 아닌지 저자의 동기를 살펴본다. 예를 들어, 만약 어떤 사람이 물건을 발명하였는데 그 물건을 팔면 큰돈을 벌 수 있음을 알게 되면 그 사람의 주장을 의심해 볼 이유가 충분하다. 저자의 동기에 대한 개념을 학생들에게 형성시켜 주기 위해 다음과 같은 문단을 제시한다.

> Sunglass Water Camera 발명가이자 미국 Water Camera 회사 소유자인 Edwin Water는 사진기자들과의 모임에서 다음과 같이 말했다. "저는 몇 년 동안 전문 사진기자였습니다. 그 기간 동안 저는 PHXTVW-23 Sunglass Water Camera가 근접 촬영 때나 망원 렌즈를 사용할 때에도 아주 해상도가 높다고 느꼈습니다. 무게가 가볍고 크기도 작아 사용하기에 아주 편리합니다. 카메라에 관한 한 화질과 휴대성의 중요성에 대해서는 굳이 말씀을 안 드려도 될 것입니다."

저자의 신뢰성을 평가하도록 지도받은 후 학생들은 지금까지 언급한 비평적 읽기의 단계들을 적용하는 연습을 해야 한다. 간단한 연습의 예는 다음과 같다(학생들이 저자의 결론을 찾고 증거와 의견을 변별하는 것은 사전에 배웠다고 가정한다).

> Edison은 전구 이외에도 사람들이 가정과 기업에서 전구를 켤 수 있도록 직류를 이용하여 전류를 공급하는 시스템을 발명하였다. 그는 전구와 직류를 파는 회사의 일부분을 소유하였다. 직류가 몇 년 동안 사용된 이후 교류가 발명되었다. 교류가 더 저렴하고 먼 거리까지 공급될 수 있었기 때문에 많은 사람은 교류를 구매하였다. 하지만 Edison은 교류 사용에 반대하였다. 그는 교류가 국가에 해가 된다고 느꼈다. Edison은 사람들이 직류를 계속 사용해야 한다고 주장했다.

1. 저자의 결론은 무엇인가?
2. 그 결론을 지지하기 위해 사용된 것은 의견인가, 근거인가?
3. Edison은 전기에 대해 자격 있는 전문가인가? 여러분의 대답을 설명해 보라.
4. Edison은 편향되었는가? Edison이 교류를 반대할 어떤 개인적인 이유가 있었는가? 여러분의 대답을 설명해 보라.
5. Edison의 결론에 의심을 품을 것인가? 왜 그런가?

질문 1과 2는 학생들이 저자의 결론을 확인하고 근거와 의견을 변별하는 것을 이미 배웠다고 전제한다. 질문 3과 4에 답하기 위해서 학생들은 Edison에 관한 문단에 나와 있는 정보를 이용한다. 만약 학생들이 Edison 주장의 신뢰성에 의심을 갖는다면 그 주제에 관해 추가 정보를 찾아봐야 한다. 질문 5에 답하기 위해서는 질문 1과 4로부터 정보를 종합해야 한다.

잘못된 논의 찾아내기

앞에서 잘못된 논의의 세 가지 유형을 언급하였다. 전통에 근거한 것("과거에도 이렇게 해 왔기 때문에 앞으로도 그렇게 해야 한다."), 부적절한 일반화("X는 좋지 않다. X는 Y에 속한다. 따라서 Y도 좋지 않다."), 우연이나 인과관계와 상관관계의 혼동("S와 Y는 동시에 발생했다. 따라서 S는 Y의 원인이어야 한다."). 이 세 가지가 자주 발생하기 때문에 여기서는 이를 지도 대상으로 선정하였다.

세 가지 타당하지 못한 논의(전통에 근거, 부적절한 일반화, 인과관계와 상관관계의 혼동)의 수업 형식은 서로 유사하다. 교사는 타당하지 않은 논의의 형식에 대한 규칙을 말해 준 다음 일련의 예문들을 제시하며, 그 속의 논의들이 타당한지 아닌지를 학생들에게 묻는다. 학생들이 처음 2개의 타당하지 못한 결론 형식을 학습하고 나면, 타당하지 않은 결론에 이르게 하는 논의의 유형이 어떤 것인지를 확인하는 변별 연습을 시킨다. 변별 연습 때 일련의 예들을 제시하면서 "논의에 오류가 있습니까?"라고 묻는다. 만약 학생들이 "예."라고 대답하면 "왜요?"라고 그 이유를 묻는다. 학생들은 어떤 유형의 타당하지 않은 오류가 결론에 사용되었는지를 지적해 낼 수 있어야 한다. 이 변별 연습은 세 번째 타당하지 않은 논의에 관한 수업 형식이 제시된 이후 타당하지 않은 결론에 세 가지 중 어느 논의가 사용되었는지를 찾는 활동을 할 때 다시 제시한다. 〈표 20-2〉는 **전통**에 근거한 타당하지 않은 결론을 찾는 수업 형식을 나타낸다. 〈표 20-3〉은 **부적절한 일반화**에 근거한 타당하지 않은 결론을 찾는 수업 형식을 나타낸다. 부적절한 일반화에 관한 수업 형식이 전통에 근거한 논의 관련 수업 형식과 동일한 것에 주목하기 바란다. 왜 논의가 타당하지 않은지를 설명하는 규칙만이 다를 뿐이다.

부적절한 일반화에 근거한 논의를 소개한 후, 전통과 부적절한 일반화를 변별하는 변별 연습(〈표 20-4〉 참조)을 시킨다. 전통과 부적절한 일반화에 관한 개념 정의를 복습시킨 후 일련의 질문들을 제시한다.

잘못된 논의의 마지막 유형은 인과관계와 상관관계를 혼동하는 것이다. 두 사건이 동시에 발생한다고 해서 하나가 반드시 다른 것의 원인이 되는 것은 아니다.

〈표 20-5〉는 잘못된 논의를 소개하는 수업 형식이다. 세 가지 유형의 주장들을 변별하

는 변별 연습은 나중에 소개한다.

표 20-2 전통에 근거한 타당하지 않은 결론 찾기 수업 형식

교사	학생
1. "때때로 저자는 잘못된 논의에 근거해서 결론을 내립니다."	
2. "잘못된 논의 유형 중 하나를 전통이라 부릅니다. 전통에 근거한 결론은 어떤 것이 항상 그래 왔기 때문에 그렇게 되어야 한다고 말하는 것입니다. 전통에 근거한 결론이 무엇이라고요?" (신호)	"어떤 것이 항상 그래 왔기 때문에 그렇게 되어야 한다고 말하는 것입니다."
3. "예를 하나 들어 볼게요. Rotter 씨는 자기 가족이 항상 X 상표의 신발들을 샀기 때문에 계속 X 상표의 신발을 사야 한다고 말했습니다. 우리가 과거에도 그랬기 때문에 지금도 계속 그래야 한다는 결론은 전통에 근거한 잘못된 주장입니다."	
4. "이 논의를 잘 들어보세요. Jones 씨는 양키스 팀이 작년에도 이겼기 때문에 올해도 틀림없이 이길 것이라고 말했습니다. 여러분은 Jones 씨의 결론에 동의합니까?" (신호) "왜 동의하지 않습니까?" (교사는 개별 학생을 호명하여 물어보고 적절한 답은 수용한다.) "맞아요. 그의 결론은 전통에 근거하고 있어요. 어떤 것이 과거에 그랬다고 해서 앞으로도 그래야 한다는 것을 의미하는 것은 아닙니다."	"아니요."
5. "이 논의를 잘 들어보세요. Spencer 부인은 그녀의 딸에게 '내가 어렸을 적에는 엄마가 나보고 데이트 후 저녁 9시까지는 집에 오게 했다. 그러니 너도 외출을 할 때에는 저녁 9시까지 집에 와야 한다.'라고 했어요. 여러분은 Spencer 부인의 결론에 동의합니까?" (신호) "왜 동의하지 않지요?" (교사는 개별 학생을 호명하여 물어보고 적절한 답은 수용한다.) "맞아요. 그의 결론은 전통에 근거하고 있어요."	"아니요."

표 20-3 부적절한 일반화에 근거한 옳지 않은 결론 찾기 수업 형식

교사	학생
1. "때때로 저자는 부적절한 일반화에 근거하여 결론을 내립니다. 부적절한 일반화는 어떤 부분이 어떤 특징을 갖고 있기 때문에 전체도 그러한 특징을 가져야 한다고 말하는 것입니다. 부적절한 일반화가 뭐라고요?" (신호)	"어떤 부분이 어떤 특징을 갖고 있기 때문에 전체도 그러한 특징을 가져야 한다는 것입니다."
2. "여기 몇 가지 예가 있어요. 어떤 가게가 1갤론의 상한 우유를 판다고 해서 그 가게의 모든 우유가 상했다는 것을 의미하는 것은 아닙니다. 그 가게가 상한 우유를 한 번 팔았기 때문에 항상 상한 우유를 판다는 결론은 부적절한 일반화에 의한 잘못된 주장입니다. 어떤 학생이 운동을 잘한다고 해서 그 학생의 형제자매 모두가 운동선수라는 것을 의미하는 것은 아닙니다. 그 가족의 어떤 사람이 운동선수이기 때문에 그 가족 모든 사람이 운동선수라는 주장은 부적절한 일반화에 근거한 것입니다."	

3. "이 주장을 잘 들어보세요. Cobra 차는 타이어가 아주 좋다. 그러니 당신도 Cobra 차를 사야 한다. 여러분은 이 결론에 동의합니까?" (신호) "왜 아니죠?" (교사는 개별 학생을 호명하여 물어보고 적절한 답은 수용한다.) "맞아요. 그 주장은 부적절한 일반화에 근거하기 때문에 잘못이에요. 부분이 좋다고 해서 전체가 좋다는 것을 의미하는 것은 아니에요."	"아니요."

표 20-4 변별 수업 형식

교사	학생
1 "어떤 논의는 전통에 근거하거나 혹은 부적절한 일반화에 근거하기 때문에 오류일 수 있습니다."	
2. "전통에 근거한 논의는 어떻게 말하죠?" (신호)	"어떤 것은 과거에 그랬기 때문에 항상 그래야 한다."
3. "부적절한 일반화에 근거한 논의는 어떻게 말하죠?" (신호)	"부분이 어떤 특징을 갖고 있기 때문에 전체도 반드시 그 특징을 갖고 있어야 한다."
4. "잘못된 논의를 말해 볼게요. 여러분은 왜 각 주장이 잘못된 것인지—전통에 근거했기 때문인지, 아니면 부적절한 일반화에 근거했기 때문인지—를 말해 보세요.	
a. "Thomas는 글씨를 잘 쓴다. 나는 그가 반에서 제일 영리하다고 본다. 이 논의는 왜 잘못되었나요?"	"부적절한 일반화에 근거하고 있기 때문입니다."
b. "뉴욕은 과거에 가장 좋은 지하철 시스템을 갖고 있었다. 지금도 그 시스템은 최고임에 틀림없다. 이 논의는 왜 잘못되었나요?"	"전통에 근거하고 있기 때문입니다."
c. "Ricardo 씨는 1970년부터 이 거리에서 살았다. 따라서 그는 절대로 이사를 가지 않을 것이다. 이 논의는 왜 잘못되었나요?"	"전통에 근거하고 있기 때문입니다."
d. "그 식당은 파이가 아주 맛있다. 따라서 그 식당은 이 도시에서 최고이다. 이 논의는 무엇이 잘못되었나요?"	"부적절한 일반화에 근거하고 있기 때문입니다."

표 20-5 우연에 근거한 잘못된 논의 찾기 수업 형식

교사	학생
1. "어떤 논의가 우연에 근거한 것이면 잘못된 것입니다. 어떤 사건이 다른 사건과 단지 같은 시간대에 일어났다고 해서 다른 사건의 원인이라고 말하는 것은 우연에 근거한 논의입니다. 우연에 근거한 논의는 언제 발생한다고요?" (신호)	"어떤 사건이 다른 사건과 단지 같은 시간대에 일어났다고 해서 다른 사건의 원인이라고 말할 때입니다."
2. "여기 몇 개의 예가 있어요. Joe는 Muscle-man 핫도그를 먹어요. Joe는 잘생기고 힘이 셉니다. Muscle-man 핫도그를 먹는 것과 잘생기고 힘이 세어 보이는 것은 동시에 발생합니다. Muscle-man 핫도그 때문에 Joe가 잘생기고 힘이 세다는 결론은 잘못일 가능성이 큽니다. 단지 두 가지 사건이	

같은 시간대에 발생했다고 해서 하나가 다른 하나의 원인이라고 결론을 내릴 수는 없습니다. 그러한 논의는 우연에 근거한 잘못된 논의입니다."	
3. "이 논의를 잘 들어보세요. Sam은 싸움을 자주 합니다. 그리고 그는 친구가 많습니다. Sam은 자주 싸우기 때문에 친구가 많습니다. 이 결론에 동의합니까?" (신호) "왜 동의하지 않습니까?" (교사는 개별 학생을 호명하여 물어보고 적절한 답은 수용한다.) "맞아요. 싸움을 많이 하는 것이 친구를 갖게 하는 원인이라는 결론은 합리적이지 않을 거예요. 그것은 우연에 근거한 것이에요. 두 가지 사건이 동시에 발생했다고 해서 하나가 다른 것의 원인이라는 것을 의미하지는 않아요."	"아니요."

비평적 읽기 전략 개관

저자의 결론이 타당한지 분석하기 위해 비평적 읽기 하위 단계들을 적용하는 연습은 학생들이 하위 요소 기술들(결론 찾기, 의견과 증거 변별하기, 증거의 신뢰성 확인하기, 잘못된 논의 찾아내기)을 학습하고 나면 시킨다. 이 연습 때에는 증거가 뒷받침된 결론과 그렇지 않은 결론을 섞어서 제시하여 학생들이 자동적으로 저자의 결론에 동의하는 일이 없도록 해야 한다. 증거가 뒷받침되지 않는 문단의 유형은 다양한 것이 좋다. 어떤 문단은 타당하지 않은 결론의 원인이 근거 부족이어야 한다. 다른 문단은 그 원인이 잘못된 논의여야 한다. 또 다른 문단은 신뢰할 만한 근거 부족이어야 한다. 다음은 학습지 활동의 한 예이다:

Asper 부인은 이웃인 Trump 씨와 이야기를 하고 있다. Asper 부인은 그에게 Parkinson 가족에게 그의 집을 파는 것은 아주 안 좋은 생각이라고 말했다. Asper 부인은 Parkinson 가족은 아주 좋지 않은 국가인 리스파니아에 온 사람들이라고 말했다. 그녀의 남편은 리스파니아와의 전쟁에 참전했다. 그녀는 또한 과거에 항상 늦게 오고 옷도 깨끗하게 입지 않는 리스파니아 사람과 같이 일한 적이 있다. 그녀는 만약 Parkinson 가족이 이웃으로 오게 되면 상황이 완전히 바뀔 것이라고 했다.

1. Asper 부인의 결론은 무엇인가?
2. Asper 부인은 근거를 사용했는가, 아니면 의견을 사용했는가? 사용된 근거나 의견을 열거해 보시오.
3. Asper 부인의 근거에 대해 의심을 하겠는가? 만약 그렇다면 왜 그런지 설명해 보시오.

4. 잘못된 논의가 있는가? 만약 그렇다면 어떤 유형의 잘못된 논의인지 말해 보시오.
5. Asper 부인의 결론에 동의하는가? 여러분의 대답을 설명해 보시오.

이러한 유형의 연습을 처음 제시할 때에는 한 번에 하나의 질문씩 답하도록 안내한다. 학생들이 몇 개의 연습에서 연속해서 대답을 잘하면, 개인별로 연습을 하도록 한다. 개인별 연습을 잘 수행하면 처음 4개의 질문을 빼고 마지막 질문인 "Asper 부인의 결론에 동의하는가? 여러분의 대답을 설명해 보시오."만 제시한다. 자신들의 대답을 설명할 때 학생들은 저자 의견의 신뢰성, 증거, 여타 잘못된 논의에 대해 토론해야 한다. 이와 같은 마지막 질문 활동은 어렵고 오랫동안의 안내된 연습과 피드백을 필요로 한다.

응용 연습문제

01 다음 각 문단에 대해 다음을 확인하시오.

a. 저자의 결론을 확인하시오.

b. 근거를 열거하시오.

c. 저자의 신뢰성을 그가 그렇게 주장할 만한지 혹은 편향되었는지를 지적하며 확인하시오.

d. 잘못된 논의가 있을 경우 그것을 찾으시오.

- Ragster 씨는 젊었을 때 최고의 자동차 경주 운전사이자 자동차 수리공이었다. 이제 그는 Snazy 트럭 회사의 영업 사원이다. Ragster 씨는 Kevin NcNeer 씨가 새로운 트럭을 사려고 한다고 들었다. 수요일 아침, Raster 씨는 Kevin 씨에게 전화를 걸었다. "Kevin 씨, Snazy 트럭을 사셔야 합니다. 당신의 아버지도 항상 Snazy 트럭을 몰았습니다. 아마도 저는 당신 아버지에게 Snazy 트럭만 10대도 넘게 팔았을 거예요. 트럭에 관한 기사를 담고 있는 『자동차 뉴스(Automotive News)』에 따르면, Snazy 트럭은 비슷한 가격대의 다른 어떤 트럭보다 연료 효율이 높습니다. 만약 Snazy 트럭을 사지 않는다면 실수하시는 것입니다."
- Tom Jackson은 유명한 야구선수였다. 겨울에 그는 Ace 치약 회사에서 일했다. 그는 "내가 보기에 Ace 치약이 최고입니다. 나의 이빨은 하얗고 빛이 납니다. 그리고 저는 Ace 치약을 사용합니다. 만약 여러분이 하얗고 빛나는 이빨을 원한다면 Ace 치약을 사셔야 합니다."

제5부

내용 교과 읽기

제21장 내용 교과(사회, 과학 등) 읽기 직접교수법*

학습 목표

1. 내용 교과 지문 읽기와 이해에 요구되는 것들을 확인하고 설명한다.
2. 설명문 자료의 특성을 어휘, 문체, 조직, 삽화, 내용 등을 포함하여 설명한다.
3. 내용 교과 읽기 지도 절차로 중요한 내용 찾기, 단원의 지문 설계와 수정, 단원의 내용을 가르치기에 좋게 나누기 등을 포함하여 기술한다.
4. 사전 읽기 활동 지도 절차를 읽을 자료 미리보기, 읽을 자료 읽기, 읽은 후 활동 등과 비교한다.

중간 학년부터 읽기 교수의 강조점은 읽는 법을 학습하는 것에서 학습하기 위해 읽는 법을 학습하는 것으로 옮겨 가야 한다. 왜냐하면 중간 학년 학생들은 내용 교과 영역 교과서와 사실적 정보를 전달하거나 이해하기 어려운 것을 설명하는 참고서적 등 설명문 자료를 광범위하게 읽기 시작하기 때문이다. 이러한 설명문 읽기 자료는 공통 핵심 읽기 프로그램에서 흔히 볼 수 있는 서사문(narrative)이나 이야기 글과는 매우 다르다. 새로운 조직이나 문단 구조가 사용되며, 어휘도 해독하기 힘들고 이해하기도 어렵다. 또한 독특한 문체나 그래픽도 나오고, 알아야 할 개념도 많이 나온다. 읽기 부진 독자에게는 이러한 설명문 자료의 특징이 더 어려울 뿐만 아니라 독자에게 주어지는 부담 또한 증가한다(Hiebert & Cervetti, 2012). 독자는 읽기 자료에 제시된 중심 내용과 세부적인 사항들을 추출하고, 통합하며, 유지해야 할 뿐 아니라 서사문을 읽을 때와는 달리 많은 전문 어휘나 용어 등을

---

* 이 장은 Anita Arhcher와 Mary Gleason이 썼다.

학습할 것으로 기대된다. 설명문의 독특한 특징과 독자에게 주어지는 요구 때문에 설명문 자료를 읽고 이해하는 것을 명시적으로 지도하는 일은 교실 내에서 내용 교과서를 읽는 것부터 시작해야 한다.

이 장은 내용 교과 영역 읽기 수업에 초점을 맞춘다. 이를 위해 먼저 이야기 자료와 설명문 자료 간 차이를 분석하는 것부터 시작한다. 그런 다음, 내용 교과 영역 읽기를 가르치기 위한 다음과 같은 수업 절차를 개관한다. ① 교사의 수업 준비, ② 사전 읽기 활동, ③ 읽기 활동, ④ 사후 읽기 활동.

설명문 자료의 특징

내용 교과 읽기 교수 절차를 논하기 전에 설명문 자료의 독특한 특징과 이러한 특징이 읽기에 어려움을 겪는 학생들에게 제기되는 몇 가지 문제를 검토해 보는 것이 유용하다. 먼저, 설명문의 특징을 설명하기 위해 [그림 21-1]의 6학년 과학 교과서 일부를 살펴보도록 하자.

제4장
암석은 어떻게 형성되는가

그림 분석

암석은 서로 다른 층으로 구성되어 있다. 두께가 두꺼운 층들을 잘 살펴보라. 이 층들은 두께가 같은 것처럼 보이는가? 두께가 얇은 암석층의 색깔은 두꺼운 층의 색깔과 어떻게 다른가? 두 가지 유형의 암석층에 주목하기 바란다. 이 층들은 같은가 혹은 다른가?

암석은 오랫동안 날씨에 노출되어 왔다. 폭우와 강한 바람은 암석에 어떤 영향을 주었을 것으로 생각하는가? 미래에는 그러한 날씨가 암석에 어떠한 영향을 줄 것으로 생각하는가?

미리보기와 공유하기

이 장의 그림을 잘 보라. 더 알고 싶은 그림을 하나 선택하라. 그것에 대해 두 가지 질문을 쓰라. 이 장을 다 읽은 후 여러분의 질문을 급우들과 공유하라. 질문에 함께 대답해 보라.

과학 용어

지진계(seismograph)	물리적 성질(physical property)	용암(lava)
핵(core)	풍화(weathering)	화산(volcano)

맨틀(mantle)
지각(crust)
암석(rock)
지질학자(geologist)
광물(mineral)
퇴적물(sediment)
퇴적암(sedimentary rock)
압력(pressure)
간헐천(geyser)
마그마(magma)
화성암(igneous rock)
변성암(metamorphic rock)
암석 주기(rock cycle)

1절 지구의 지층

이곳은 미국 유타 남서쪽 브라이스 협곡이다. 이 협곡의 이름은 1875년에 유타에 정착했던 개척자 Ebeneza Bryce를 기념하기 위해 붙여졌다. 바람과 비가 이 바위들을 기괴한 모양으로 깎아 왔다. 이 협곡의 바위들은 붉은 색, 핑크색, 베이지 색 등 60가지 이상의 색깔을 보인다. 과학자들은 암석층의 위치 때문에 각 바위가 현재와 같은 모양을 띠게 된 역사를 알아낼 수 있다. 암석층에는 10억 년 이상의 시간이 기록되어 있다. 이 절을 학습하고 나면 여러분은 다음을 할 수 있을 것이다.

© prochasson frederic/Shutterstock

- A. 지구의 지층을 확인한다.
- B. 바위와 광물들이 어떻게 서로 연결되어 있는지 설명한다.
- C. 바위들을 어떻게 분류할지 설명한다.

브라이스 협곡은 깊이가 300m(1,000피트)에 달한다. 하지만 그 정도의 깊이는 사실 지표면을 살짝 긁은 정도밖에 안 된다. 그럼에도 우리는 지구의 내부가 어떠한지 알고 있다. 어떻게 아는가? 지진이 우리에게 알려 준다. 강한 지진이 나면 지표면을 따라 땅이 흔들리고 출렁거린다. 그러한 파동은 지진계에 기록된다. **지진계**는 지진으로 인한 파동의 세기를 측정한다. 또한 지진계는 파동의 주기를 기록한다.

지진계: 지진 파동을 감지하고 측정하는 기구

지진으로 인한 파동에는 두 가지 유형이 있다. 하나는 액체와 고체를 통과한다. 다른 하나는 고체만 통과한다. 지구의 중심을 핵이라 부른다. 과학자들은 지구 **핵**에 있는 액체와 고체를 통과하는 지진 파동을 확인할 수 있었다. 그래서 과학자들은 지구 핵이 일부는 액체로 되어 있다고 믿는다. 그들은 또한 지구 핵의 내부는 고체인 철과 니켈 금속으로 구성되어 있다고 믿는다.

핵: 뜨겁고 일부가 액체인 지구 중심부

핵 주변에는 맨틀이라 불리는 두껍고 뜨거운 지층이 자리하고 있다. 지구의 **맨틀**은 플라스틱 같다. 맨틀은 액체는 아니지만 흐른다. 고체만을 통과하는 지진 파동은 맨틀을 통과한다. 따라서 맨틀은 고체로 생각된다.

맨틀: 지구 핵을 둘러싸고 있는 뜨거운 바위층

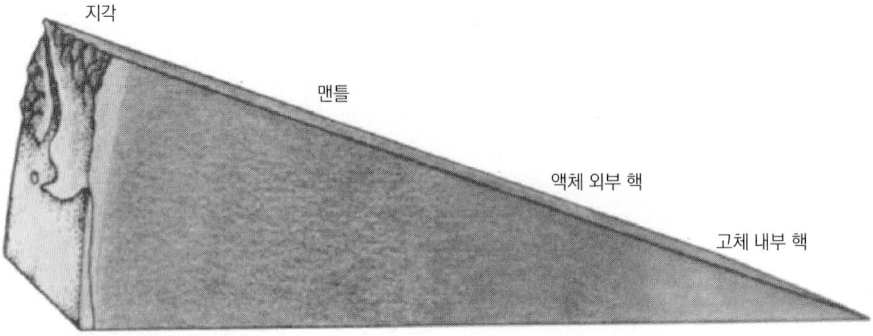

지각: 얇고 바위투성이인 지구의 바깥층

암석: 지구의 지각을 구성하고 있는 물질

지구의 지각은 우리가 가장 많이 알고 있는 부분이다. **지각**의 맨 위는 우리가 살고 있는 지표면이다. 지각의 두께는 5~70km(3~43마일)밖에 되지 않는다. 지각을 구성하는 기본적인 물질은 암석이다. **암석**은 산을 형성하고 있는 것들이다. 바위와 자갈들은 암석의 부서진 조각들이다. 모래와 흙은 부서진 암석의 아주 작은 조각들이다.

지질학자: 암석과 지층의 기타 특징을 연구하는 과학자

광물: 지구의 지각에서 자연적으로 발생하는 고체

암석과 지구의 다른 부분들을 연구하는 과학자들을 지질학자라고 한다. **지질학자**는 모든 암석이 공통적인 것들을 포함하고 있다는 것을 발견했다. 모든 암석은 광물들로 구성되어 있다. **광물**은 지구의 지각에서 발견되는 고체 물질을 말한다.

물리적 성질: 광물의 색과 같은 특징들

광물의 물리적 성질은 그것이 어디에서 발견되든 동일하다. 어떤 물질의 **물리적 성질**은 다른 물질의 물리적 성질과 다르다. 색, 단단한 정도, 광채 등이 물질의 성질의 예이다. 암석에서는 보통 10~15까지 광물이 발견된다. 다음 그림의 왼쪽은 화강암이다. 화강암 오른쪽은 화강암을 구성하고 있는 세 가지 광물인 석영(quartz), 장석(feldspar), 운모(mica)를 나타낸다. 화강암 안에는 소량의 다른 광물이 있을 수 있다.

암석은 색과 같은 그 물리적 성질에 따라 몇 가지 유형으로 분류할 수 있다. 혹은 그를 구성하고 있는 광물에 따라 분류할 수도 있다. 지질학자들이 암석을 분류하는 한 가지 방법은 암석이 형성된 방식이다.

암석은 세 가지 다른 방식으로 형성된다. 어떤 암석은 다른 암석 조각, 식물과 동물의 잔재로 형성된다. 두 번째 유형의 암석은 지구 지각의 깊은 곳에서 뜨겁고 녹은 암석으로부터 형성된다. 세 번째 유형의 암석은 앞의 두 종류의 암석에 가해지는 열과 압력으로 형성된다.

[그림 21-1] 내용 교과서 예

어휘

서사문 자료와 설명문 자료 간 중요한 차이 중 하나는 사용되는 어휘이다. 내용 교과 영역 자료의 용어는 서사문 자료에 사용된 것보다 해독과 발음이 더 어렵다. 예를 들어, [그림 21-1]의 지문에서 학생들은 **지진계**(seismograph), **구분하다**(identify), **지질학자**(geologist), **특징**(properties), **분류하다**(classify) 등과 같은 단어를 읽을 수 있어야 한다. 다음절 단어와 낯선 형태소를 포함하고 있는 단어들이 많이 등장하기 때문에 설명문 자료를 해독하기가 더욱 어렵다.

설명문의 새로운 용어 발음은 학생들이 이러한 단어에 친숙하지 않고 학생들이 흔히 말하고 듣는 말 속에 그런 용어들이 나오지 않기 때문에 더욱 어렵다. 비록 학생들이 적절한 해독 전략을 사용해도 그들이 이미 알고 있는 단어와 다르게 발음해야 한다는 것을 알지 못하거나 교정하지 못하기 때문에 살짝 잘못 읽을 가능성이 높다.

설명문 내 어휘들이 제기하는 어려움은 해독에 그치지 않는다. 설명문 자료에는 이해하기 어렵고 학생들에게 친숙하지 않은 단어들이 나올 가능성이 더 높다. 6학년 학생들이 **지질학자**, **지진계**, **광물** 등과 같은 단어를 사용했거나 이러한 단어들의 뜻을 이전에 많이 접했을 가능성은 별로 없을 것이다. 설명문 자료에는 새로운 용어가 많이 나올 뿐만 아니라 개념을 전달하는 용어(예: 화씨 1290°F, 700°C), 자료 등을 대체하기 위한 기술적인 용어들(예: **미터**), 특별한 방식으로 사용되는 용어들(예: **지구의 맨틀**), 상징 그리고 약어 등도 나온다.

이러한 용어들은 독자들이 읽기에도 어렵고 낯설 뿐만 아니라 연속해서 빠르게 제시되는 경우가 많다. 예를 들어, 하나의 문단 안에서 **지질학자**와 **광물**이라는 단어가 정의나 맥락 단서와 함께 제시되지만 그 내용은 아주 간략하다. 특히 내용 교과 영역을 처음 접하는 학습자나 설명문 읽기를 어려워하는 학습자일 경우, 아주 잘 준비해야만 성공적으로 어휘와 개념들을 소화할 수 있다.

내용

용어 이외에도 설명문 자료의 내용은 대체로 학생들이 경험한 범위를 벗어나는 경우가 많다. 서사문 자료는 대체로 학생들이 경험했거나 혹은 접했을 가능성이 높은 상황, 사건, 개념에 초점을 맞추지만 설명문 자료에는 학생들에게 새롭거나 낯선 내용들이 포함되어 있다. [그림 21-1]의 문단 안에는 지진계 사용 방법, 지층, 각 지층의 특징, 지질학자의 역할, **광물**이라는 용어, 암석 분류를 위한 물리적 속성 사용 등의 내용이 소개되고 있다. 이 내용에는 많은 새로운 용어가 나올 뿐만 아니라 서사문 자료에서보다 저자가 전달하고자 하는 내용의 밀도가 훨씬 높다.

문체와 글 조직

설명문 자료는 통상 간단명료하고 직설적인 문체로 쓰여 있고, 설명은 최소화되어 있다. 이러한 형식은 서사문 자료에서는 거의 찾아보기 어렵다. 서사문 자료와 설명문 자료의 아이디어 조직 방식 또한 아주 다르다. 서사문 자료의 글에서는 일련의 사건들과 아이디어들이 점진적으로 누적되어 글의 끝부분쯤에 가서 절정에 이르거나 결론에 도달한다. 저자는 독자들을 사건에서 사건으로, 상황에서 상황으로, 생각에서 생각으로 직접 안내한다. 정보를 끊지 않고 방해물 없이 전달하는 서사문 자료와는 달리 설명형 자료에서는 제목과 소제목을 붙여 내용을 여러 개로 나눈다. 거대한 퍼즐처럼 각 문단은 명시적인 혹은 지지하는 근거를 통해 주제를 제시한다. 각 문단은 다른 문단과 합쳐져 하나의 주제를 도출한다. 이러한 하위 주제별 내용들이 다른 내용과 합쳐지면 하나의 지식 체계가 형성된다. 예를 들어, [그림 21-1]의 문단은 그 단원의 주제를 나타내는 제목으로 시작하고 있다. 이후에 제시되는 소제목들은 암석 형성에 관한 서로 다른 내용들, 즉 지층, 퇴적암, 화성암, 변성암을 소개하고 있다. 각 주제를 발전시키기 위해 일련의 문단들이 주제와 이를 지지하는 세부적인 사항들과 함께 각 소제목 밑에 제시되고 있다.

설명문 자료의 또 다른 조직적 특성 역시 설명문 자료를 복잡하게 만드는 요인이다. 예를 들어, 원인과 결과, 비교 관계는 설명문 자료, 특히 과학과 사회 교과서에 자주 등장한다. 하지만 서사문 자료에서는 이러한 관계가 흔치 않다. 시간이 뒤바뀐 순서 역시 설명문 자료에는 자주 등장하지만, 서사문 자료에는 거의 나오지 않는다. 서사문 자료의 논의는 부드럽고 결론에 이를 때까지 별다른 반전이 없다. 그러나 설명문 자료 읽기는 소제목과 세부 제목, 용어 설명과 발음의 참조, 그래픽 보조물 참조 등으로 중간중간 중단될 수밖에 없다. 이러한 설명문 자료의 조직상 복잡한 패턴에 의한 읽기 어려움 때문에 이를 체계적으로 학습하지 않은, 읽기에 어려움을 겪는 학습자에게는 문제가 된다.

특수한 그림

서사문의 이야기에는 제목이나 이따금 나오는 삽화 이외에 특수한 그림이 거의 나오지 않는다. 하지만 내용 교과 자료를 읽을 때에는 많은 특수한 그림이 나오기 때문에 이에 주의를 기울여야 한다. 서사문 자료에 나오는 그래픽이나 삽화는 읽는 즐거움과 이야기에 대한 흥미를 높이고 이야기를 풍부하게 하기 위해 사용된다. 반면, 설명문 자료에 나오는 그래픽이나 삽화는 논의에 나오는 개념들을 보완하거나 확장하는 방식으로 정보에 직접적으로 기여한다. 서사문 자료를 읽을 때 학생들은 삽화를 자세히 살펴볼 필요가 없다. 하지만 설명문 자료를 읽을 때에는 특히 제목, 설명 메모, 명칭 등에 신경을 쓰면서 그래픽과 삽화를 자세히 살펴봐야 한다. 각각의 새로운 그래픽 보조물들은 학생들이 정보를 찾고, 비교를 하며, 추론하고 제시된 정보에 근거하여 결론을 도출하도록 신중하게 소개해야 한다. 암석에 관한 내용에서 지구에서 발견되는 다양한 유형의 암석층을 나타내기 위해 다이어그램이 제시되고 있다. 비록 문장으로 암석의 다양한 층(예: 지각, 맨틀, 핵)에 대해 논의를 이끌어 가고 있긴 하지만, 각 지층이 표시된 그래픽을 보기 전까지는 그것들 간의 관계를 명확히 알기 어렵다.

내용 교과 읽기 수업

내용 교과 읽기 수업은 지문에 나온 중요한 **정보를 학생들이 완전히 습득**하고 다른 설명문 자료 읽기에 적용할 **비평적 읽기 기술을 습득**함과 동시에 **학습자들의 독립성을 촉진**하도록 설계해야 한다. 이 세 가지가 서로 조화를 이루도록 지도하는 것은 쉽지 않지만, 반드시 형성시켜야 하는 중요한 능력들이다. 종종 교사는 자료를 읽고 그 내용에 대한 질문에 답하는 것을 전적으로 학생들에게 맡기곤 한다. 이럴 경우 비록 독립성은 극대화되겠지만, 읽기 준비와 안내 부족으로 학생들의 내용 이해 정도는 낮아지고, 읽기 기술도 잘 익히지 못한다. 반대로, 1년 내내 여러 읽기 자료에 대해 광범위한 사전 읽기 활동과 구체적인 지침을 학생들에게 제공해 주는 방법도 있다. 하지만 이러한 중요한 읽기 기술을 가르쳐도 학생들이 자신들의 학습에 책임감을 갖거나 이전에 배운 읽기 기술을 스스로 잘 사용하지 못한다. 따라서 대부분의 초등학생과 내용 교과서의 지문들을 대상으로 해서는 양극단의 절충안을 적용해야 한다. 사전 읽기 활동과 안내는 문단 내 중요한 부분에 한정하고, 학생들이 읽기를 잘 해 나가면 점진적으로 그 활동과 안내를 줄여 나가야 한다.

내용 교과 읽기 수업에서는 다음과 같은 활동과 단계들을 포함해야 한다. ① 수업 준비, ② 읽기 전 활동, ③ 읽기 활동, ④ 읽기 후 활동. 수업 전, 교사는 학생들이 익혀야 할 중요한 내용을 선정하고, 내용 검토 계획을 세우고, 해당 내용을 가르치기에 적당한 단위로 나누어야 한다. 읽기 전 활동 때에는 자료의 이해를 촉진할 자료 내 중요한 요소들(예: 학생들이 잘 모르는 어휘, 읽기 어려운 단어, 독특한 그림, 문단의 구조 등)을 가르쳐야 한다. 또한 문단의 내용을 미리 훑어보게 해야 한다. 이러한 활동이 끝나면 교사의 안내하에 문단 읽기를 하고(안내된 읽기 혹은 상호 읽기), 또래와 협력하여 읽기를 하고(또래와 읽기), 이어서 특정 학습전략을 이용하여 혼자 읽는 활동을 하게 한다. 학생들은 지문을 다 읽은 후, 중요한 정보를 요약하고 종합할 목적으로 설계된 읽기 후 활동(예: 해당 단원의 질문에 답하기, 지문 요약하기)을 한다.

수업 준비

◉ 중요한 내용 선정하기

읽기 전, 읽기 중 및 읽기 후 활동으로 적절한 것을 선정하기 전에 교사는 먼저 내용 교과의 교과서를 공부하고 나서 학생들이 정확히 무엇을 성취하기를 원하는지를 정확하게 결정해야 한다. 학생들이 무엇을 위해 어떤 내용, 어휘, 개념, 일반화, 사건 그리고 관련 세부 사항들을 얻기를 원하는가? 앞으로 내용 교과를 공부하는 데 필수적인 개념은 무엇인가? 이러한 결정을 내리기 위해서는 반드시 해당 단원의 내용을 신중히 읽어야 한다. 해당 단원에 필요한 것들을 메모하고, 학생용 혹은 교사용 교재에 나온 학습 목표들을 참고하면 도움이 된다. 〈표 21-1〉은 암석 형성에 관한 설명문 자료의 내용을 분석한 것이다. 이 표를 보면, 교사는 해당 단원의 각 부분마다 강조해야 할 어휘의 개념과 이해사항을 열거해 놨다. 읽기 전, 읽기 중, 읽기 후 활동은 물론, 시험 문항을 준비할 때에도 이러한 내용 분석표를 이용한다. 내용 분석표의 형식이 꼭 이와 같지 않을지라도 수업을 잘 안내할 수업 지도를 잘 개발하는 것이 중요하다.

표 21-1 중요한 내용 결정하기

제4장 암석은 어떻게 형성되는가
4.1절 지층
어휘: 지진계, 핵, 맨틀, 지각, 암석, 지질학자, 광물, 물리적 속성 일반적 이해: 학생들은 다음과 같은 것을 할 수 있어야 한다. 1. 지층의 종류를 확인한다. 2. 각 층을 기술한다. 3. 광물과 암석이 어떻게 관련되어 있는지를 설명한다. 4. 암석을 어떻게 분류할 수 있는지를 말할 수 있다.
4.2절 퇴적암
어휘: 풍화, 퇴적, 퇴적암, 압력 일반적 이해: 학생들은 다음과 같은 것을 할 수 있어야 한다. 1. 무엇이 퇴적에 이르게 하는지를 기술한다. 2. 퇴적암이 어떻게 형성되는지를 설명한다. 3. 서로 다른 퇴적암(혈암, 사암, 석회암, 석고 등)이 어떻게 생성되는지를 기술한다.
4.3절 화성암
어휘: 간헐천, 라바, 화산, 마그마, 화성암 일반적 이해: 학생들은 다음과 같은 것을 할 수 있어야 한다. 1. 마그마와 라바의 차이점을 기술한다. 2. 화성암이 생기는 두 가지 경로를 기술하고 각 방식으로 형성된 암석의 예를 제시한다. 3. 식는 속도가 화성암에 어떠한 영향을 미치는지 설명한다.

4.4절 변성암

어휘: 변성암, 암석 주기

일반적 이해: 학생들은 다음과 같은 것을 할 수 있어야 한다.

1. 변성암이 어떻게 형성되는지를 기술한다.
2. 석영, 석판, 대리석이 무엇으로 구성되는지 설명한다.
3. 암석 주기에서 각 단계를 추적할 수 있다.

⊙ 단원의 평가 계획하기 혹은 수정하기

대부분의 교사는 단원의 지도가 끝난 후에 그 단원에 대한 평가 문항을 만든다. 하지만 수업 **전에** 만드는 것이 더 낫다. 그렇게 하면 중요한 개념과 내용에 수업의 초점을 맞출 수 있다. 교사가 개발 · 수정하는 검사는 학생들이 알아야 할 중요하고도 확인해 볼 가치가 있는 개념, 내용, 이해 등을 직접 측정할 수 있어야 한다. 만약 검사에서 관계가 별로 없는 세부 사항을 평가한다면 학생들은 공부할 때 세부 사항들에 초점을 맞추어야 한다고 생각할 것이다. 교과서 내 단원에 제시된 검사 문항을 사용하든 아니면 직접 개발하든 교사는 무엇보다 먼저 평가할 정보가 중요한지 그 여부를 따져 봐야 한다. 그런 다음, 어떤 문항 형식이 특정 개념이나 이해 전반을 평가하는 데 적절할지를 결정해야 한다. 예를 들어, 만약 학생들이 여러 가지 지층의 종류를 알기 원한다면 각 지층의 이름을 붙이게 하는 것이 가장 적절할 것이다. [그림 21-2]에는 각 학습 목표별 적절한 검사 문항이 제시되어 있다.

각 학습 목표 혹은 학습 목표들의 조합에 대해 희망하는 학습 성과와 잘 맞는 검사 문항 유형을 선택하시오. 저학년의 경우에는 적은 수의 문항만 사용하기 바랍니다.

예

학습 목표: 지층 구분하기

선택된 문항의 형식: 명명하기

지시사항: 각 지층의 이름을 쓰시오.

학습 목표: 각 지층을 기술하기
선택된 문항의 형식: 선다형 문항
지시사항: 가장 알맞은 답에 동그라미 하시오.

1. 지구의 핵은
   a. 지구의 중심이다. c. 매우 뜨겁다.
   b. 부분적으로 액체이다. d. 세 가지 모두가 맞다.
2. 지구의 맨틀은
   a. 뜨거운 액체이다. c. 두껍고 차가운 암석층이다.
   b. 두껍고 뜨겁고 딱딱한 층이다. d. 세 가지 모두가 맞다.
3. 지구의 지각은
   a. 얇고 뜨거운 액체이다. c. 얇고 바위투성이인 지구의 외층이다.
   b. 지구의 두꺼운 외층이다. d. 세 가지 모두가 맞다.

학습 목표: 다음 용어들을 설명한다. 핵, 맨틀, 지각, 광물, 퇴적암, 라바, 마그마, 화성암, 변성암
선택된 문항의 형식: 연결 짓기
지시사항: 빈칸에 정확한 정의에 해당하는 숫자를 쓰시오.

____핵	1. 암석의 조각들로 형성된 암석
____맨틀	2. 지표면으로 나올 때 뜨겁고 녹은 암석
____지각	3. 얇고 암석 투성이인 지구의 외층
____광물	4. 뜨겁고 부분적으로 액체인 지구의 중심
____퇴적암	5. 지표면 밑의 뜨겁고 녹은 암석
____라바	6. 지각층에서 형성되는 고체 물질
____마그마	7. 핵을 둘러싸고 있는 뜨거운 암석층
____화성암	8. 식어서 딱딱하게 굳은 녹은 물질로 형성된 암석
____변성암	9. 열과 압력에 의해 변형된 퇴적암과 화성암으로 형성된 암석

[그림 21-2] 적절한 검사 문항 결정하기

◉ 단원의 내용을 가르치기 적당한 크기로 나누기

내용 교과 영역 단원을 가르치기 위해 준비할 때 교사는 어떤 주제와 관련하여 서로 연결되어 있으면서도 한 차시에 가르치기에 적절한 크기로 단원의 내용을 세분화해야 한다. 많은 초등학교 교과서의 단원들은 차시 숫자와 결말 질문들로 이미 가르치기 적절한 크기로 세분화되어 있지만, 다른 교과서들은 읽기를 어려워하는 학생들에게는 너무 큰 단위로 조직되어 있다. 읽기 전, 읽기 중, 읽기 후 활동들은 차시 단위 내용별로 구조화해야 한다.

읽기 전 활동

학생들이 학습해야 할 중요한 정보는 이미 정해져 있고 단원의 학습 목표와 평가 문항에 반영되어 있지만, 다른 내용 교과 영역 수업 단계들은 교사가 주도할 수 있다. 첫 번째 단계는 학생들을 지문에 준비시키는 단계로, 내용 이해와 중요한 정보 추출을 촉진할 자료 내 중요한 변인들(예: 새로운 어휘, 읽기 어려운 단어, 조직 패턴, 새로운 그림 등)을 학생들에게 미리 가르치거나 이에 주목하게 한다.

주어진 지문에 대한 읽기 전 활동의 양을 얼마로 할 것인가는 읽기 자료의 복잡성, 학생들의 경험, 해당 제목 관련 학생들의 사전지식 그리고 학생들의 읽기 기술에 달려 있다. 사회 교과에서 맨 처음으로 지문을 읽는 4학년 학생일 경우에는 더 숙련된 학생보다 확실히 읽기 전 활동을 많이 필요로 할 것이다.

⊙ 해독이 어려운 단어 가르치기

내용 교과 영역 교과서에는 좀 더 어려운 단어들이 많이 나오기 때문에 학생들이 그 단어들을 제대로 해독하고 발음할 수 있도록 확실히 해 둘 필요가 있다. 해독 수업을 위해 단어를 선정할 때에는 발음하기 어렵고, 내용 이해에 중요하면서 내용 안에 그 단어를 어떻게 발음하면 되는지 단서가 없는 단어를 고른다. 이 단어를 제시할 때에는 이 책 전체에 걸쳐 제시했던 수업 형식을 이용하여 학생들에게 발음과 구조 해독 기술을 강조해야 한다. 내용 교과 영역 교과서 내 많은 다음절 단어는 학생들이 이미 알고 있는 접두어나 접미사를 포함하고 있다. 이처럼 학생들이 이미 알고 있는 부분을 발음하게 해 보고 그 이후에 단어 전체를 읽어 보게 한다. 예를 들어, *mantle*이란 단어가 나오면 *le* 부분을 읽게 하고 단어 전체를 읽어 보게 한다. 다른 단어들에 대해서도 해당 단어의 각 부분을 가리키면서 읽게 하고, 그런 다음 단어 전체를 읽게 한다. 일반적으로 단어들의 발음은 해당 단어의 주요 뜻과 동시에 소개 가능하다. 왜냐하면 해독하기 어려운 단어는 대개 낯선 단어이기 때문이다. 중요한 점은 단어의 정확한 발음을 학생들이 이미 알고 있다고 짐작해 버리면 안 되고 직접 가르쳐야 한다는 점이다. 해독은 문단 이해를 위한 충분조건은 아니지만 필요조건이다.

⊙ 어휘 교수

읽기 전 활동 중 가장 중요한 것 중 하나는 어휘 교수이다. 알고 있는 단어의 뜻과 개념이 얼마나 되느냐에 따라 본문 이해가 달라진다. 따라서 교사는 학생들의 이해를 촉진하기 위해 본문 속에 있는 필수적인 어휘는 소개해 줘야 한다. 학생들이 새로운 개념을 자동적으로 획득하지 못한다는 점은 그러한 단어를 직접 가르치는 것이 필요함을 시사한다.

어휘 교수를 위한 단어의 개수는 학생들의 경험적 배경을 넘어서면서도 문단 이해에 아주 중요한 단어들로 가능한 한 소수로 한정해야 한다. 한 차시 수업 안에서 이해하기 어려운 단어를 너무 많이 제시하여 학생들이 이에 압도되지 않도록 해야 한다. 이후 수업에서 중요한 단어들은 신중하게 소개하고, 연습하며, 복습하게 해야 한다.

어휘나 개념을 가르치기 위해서 교사가 사용할 수 있는 방법은 많다. 하지만 여기에서는 ① 직접교수 절차, ② 개념 지도, ③ 특징 분석 절차의 세 가지만 다루고자 한다.

직접교수 절차

이 책에서는 내용 교과 읽기 교수 시에도 잘 활용할 수 있는 다음과 같은 많은 어휘 교수 전략을 다루어 왔다. ① 예를 이용하여 지도하기, ② 유사어를 이용하여 지도하기, ③ 낱말의 정의를 이용하여 지도하기, ④ 사전이나 낱말목록에서 낱말 뜻 찾기, ⑤ 맥락 단서 활용하기. 비록 이 전략 모두를 내용 교과 자료 읽기 교수 시에 사용할 수 있지만, 맥락 분석을 더 많이 강조해야 한다. 초등학교용 교과서를 쓴 저자들은 학생들이 많은 단어를 경험하지 않았을 것이라는 점을 알고 있기 때문에 대체로 명시적 맥락과 추론적 맥락 단서를 제시해 준다. 맥락 분석은 학생이 어휘를 확장하는 주요 도구 중 하나이다. 교사의 지도가 없을 때 독자는 맥락 분석을 사용할 수 있기 때문에 이 분석법을 능숙하게 잘 활용하면 스스로 어휘를 확장할 수 있다. 많은 아동은(그리고 성인들도) 낯선 단어는 당장은 건너뛰며 읽는 습관을 형성해 왔다. 맥락 분석을 직접 가르치면 아동으로 하여금 단서를 사용하여 단어 뜻을 찾게 할 수 있다.

어휘 수업 도중 학생들로 하여금 문단 속의 맥락 단서, 용어집, 사전 등을 이용하여 단어의 뜻을 말해 보도록 질문한다. 이것이 여의치 않으면 단어의 정의를 직접 제시해 주거나 낯선 단어의 유사어를 제시해 준다. 하지만 단어의 뜻을 읽거나 단어를 말로 따라 하는 것 자체만으로는 수업에서 제시된 지문에 대한 이해가 향상되는 것은 아니다(Beck, McKeown, & Kucan, 2002; Kame'enui & Baumann, 2012). 어떠한 경우에도 단어와 그 뜻을 소개한 다음에는 학생이 그 단어 사용 연습을 충분히 할 수 있도록 직접 지도해야 한다. 이를 위해 이 책의 제17장에서 소개했던 수업 형식(〈표 17-1〉과 〈표 17-5〉 참조)과 비슷한 것을 적용한다. 먼저 교사는 단어를 소개하고 학생들에게 용어집이나 단원 안에서 그 단어의 뜻을 찾아보도록 요구한다. 만약 단어의 뜻이 맥락 안에 충분히 나오지 않거나 용어집에 나오지 않았으면 그 단어의 뜻이나 유사어를 직접 제시해 준다. 단어의 뜻을 제시해 주고 나서는 학생들로 하여금 그 뜻을 반복해서 익히게 하거나 그 뜻을 물어봄으로써 학생들이 제대로 알고 있는지 여부를 확인해야 한다. 그다음에 학생들이 그 뜻을 확실히 알도록 그 단어가 사용된 예를 몇 개 들어 주어야 한다. 이어서 단어가 제대로 사용된 예와 그렇지 않은 예를 제시하여 학생들의 단어 이해 정도를 검사한다. 마지막으로, 그 단어를 사용하여 예를 만들어 보거나 말해 보게 한다. 〈표 21-2〉는 이러한 지도 절차를 나타낸다.

표 21-2 유사어나 낱말 뜻을 이용한 어휘 지도 수업 형식

교사	학생
1. (새로운 단어를 말해 준다. 학생들은 문단 속에서(맥락적 분석) 혹은 용어 목록에서 해당 단어를 찾는다. 어느 곳에서든 단어 뜻이 명료하지 않으면 단어 뜻을 말해 준다.)	
a. "이 단어는 수출(export)이에요. 무슨 단어라고요?"	"수출(export)."
b. "용어 목록에서 수출이라는 단어를 찾아보세요."	
c. "단어 뜻을 읽으세요."	"다른 나라에 팔기 위해 어떤 나라에서 다른 나라로 보내지는 것."
2. (질문을 하고 단어 뜻을 반복해 보게 함으로써 학생들의 단어 뜻 이해 여부를 검사한다.)	
a. "수출품은 어디로 보내지나요?"	"다른 나라로."
b. "수출품은 왜 나라 밖으로 보내지나요?"	"팔기 위해서."
3. (단어 뜻을 명료화하기 위해 예를 제시하거나 문장 속에서 단어를 사용한다.)	
a. "예를 들어, 일본은 자동차를 팔기 위해 미국에 자동차를 보내요. 자동차는 일본의 중요한 수출품 중 하나입니다."	
b. "미국은 러시아에 밀을 팝니다. 밀은 미국의 중요한 수출품 중 하나입니다."	
4. (단어 사용 예와 예가 아닌 것을 무작위 순서로 제시한다. 학생들은 예와 예가 아닌 것을 고르고 왜 그것이 예나 예가 아닌지를 말한다.)	
a. "이것이 수출품인지 말해 보세요. 호주는 양털을 다른 나라에 팝니다. 양털은 호주의 수출품입니까?"	"예."
"왜 수출품입니까?"	"왜냐하면 팔기 위해 호주에서 내보내기 때문입니다."
b. "미국은 호주로부터 많은 양의 양털을 삽니다. 양털은 미국의 수출품입니까?" (학생이 오류를 범하면 다음과 같이 학생들이 답을 수정하도록 안내한다.)	"아니요."
"다시 잘 들으세요. 미국은 호주로부터 많은 양털을 삽니다. 미국은 팔기 위해 양털을 다른 나라에 보냅니까?"	"아니요."

“그러면 양털은 미국의 수출품입니까?”	“아니요.”
c. “한국은 많은 양의 라디오와 카세트를 캐나다에 팝니다.”	
“라디오와 카세트는 한국의 수출품입니까?”	“예.”
“왜 그것들이 수출품입니까?”	“왜냐하면 한국은 그것들을 캐나다에 팔기 때문입니다.”
d. “한국은 많은 양의 목재를 캐나다로부터 삽니다. 목재는 한국의 수출품입니까?”	“아니요.”
“왜 목재는 한국의 수출품이 아닙니까?”	“왜냐하면 한국은 목재를 팔지 않고 그것을 사기 때문입니다.”
e. “미국은 많은 소를 기르고 쇠고기를 많은 나라에 팝니다. 소고기는 미국의 수출품입니까?”	“예.”
“왜 그렇습니까?”	“왜냐하면 미국은 소고기를 다른 나라에 팔기 때문입니다.”
“명심하세요. 수출품은 한 나라가 다른 나라에 파는 어떤 것을 말합니다.”	
5. (선택사항) (학생들이 예를 추가한다.)	
a. “신중하게 생각하세요. 미국의 수출품에는 어떤 것들이 있나요?”	(미국 수출품을 제시한다.)
b. “최근 우리는 중국에 대해 배웠어요. 중국의 수출품에는 어떤 것들이 있을까요?”	(중국 수출품을 제시한다.)
6. (새로운 단어와 그 뜻을 복습시킨다. 관련 단어를 이미 가르쳤다면 그 단어와의 관계를 강조한다.)	
a. “수출품은 우리가 사는 것입니까, 아니면 파는 것입니까?”	“파는 것.”
b. “수입품은 우리가 사는 것입니까, 아니면 파는 것입니까?”	“사는 것.”
c. “만약 호주가 양털을 미국에 팔면 양털은 호주의 수입품입니까, 수출품입니까?”	“수출품.”
“양털은 미국의 수입품입니까, 수출품입니까?”	“수입품.”
d. ”필수품이란 무엇을 말하나요?“	“우리에게 필요한 것.”
e. “사치품은 무엇을 말하나요?”	“우리가 원하긴 하지만 필요하지는 않는 것.”
f. “다음이 필수품인지 사치품인지 말해 보세요.”	
“TV.”	“사치품.”
“음식.”	“필수품.”
“따뜻한 옷.”	“필수품.”
“좋은 스웨터.”	“사치품.”

참고: 다른 단어와 단어 뜻에 대해서 비슷한 수업을 반복한다. 수업 중 교사는 다음과 같은 단어들도 지도할 수 있다.
수입, 필수품, 사치품.

예를 사용하여 특정 어휘를 지도하는 또 다른 효과적인 방법은 **개념 지도**를 사용하는 것이다. 이 방법에서도 새로운 단어, 단어의 뜻, 예, 예가 아닌 것을 제시하는 활동을 사용한다(Bulgren, Schumaker, & Deshler, 1988). 수업을 준비할 때 교사는 설명문 자료에서 어휘 개념을 선정한다. 그런 다음 단어의 뜻, 그 단어가 항상 나타내는 특징, 혹은 절대 나타나지 않는 특징, 그 개념의 예와 예가 아닌 것을 포함한 개념 지도를 그린다. **천연자원**에 관한 개념 지도가 〈표 21-3〉에 제시되어 있다.

표 21-3 개념 지도 예

개념 이름: 천연자원

정의: 자연에서 얻을 수 있으면서 사람들에게 가치 있는 것

개념의 특징		
항상 그러함	가끔 그러함	전혀 아님
자연에서 얻을 수 있음, 사람들에게 가치 있음	우리 삶에서 스스로를 교체함, 스스로 교체하지 않거나 아주 느리게 교체됨	사람이 만들었음

예	예가 아닌 것
나무 물 옥수수 농장	나무로 만든 책상 얼음조각 옥수수 플레이크

출처: Bulgren, Schumaker, & Deshler (1988).

개념을 제시할 때 교사는 칠판이나 기타 도구(파워포인트)에 빈칸의 개념 지도를 그린다. 그런 다음 다음과 같이 특별하게 고안된 절차에 따라 이 개념 지도를 채워 나간다. ① 단어와 그 뜻을 제시한다. ② '항상' '가끔' '전혀 아님'과 같은 특징들을 설명한다. ③ 그 특징과 관련하여 예와 그렇지 않은 예를 설명해 준다. ④ 특징과 관련이 있는지를 나머지 예와 예가 아닌 것들로 확인한다. 개념 지도 제시 내내 학생들은 논의에 활발하게 참여해야 한다.

개념 지도

서사문 자료와는 달리 설명문 자료에서는 어렵거나 낯선 개념들이 대개는 의미적으로 연결되어 있다. 예를 들어, 암석 형성에 관한 텍스트에는 **핵, 맨틀, 지각** 등 서로 밀접하게 연관된 개념들이 나온다. 이 용어들을 지도할 때에는 그 용어들 간의 관계를 강조하면서 가르치는 것이 유용할 것이다. **그래픽 조직자**(DiCecco & Gleason, 2002; Griffin, Duncan Malone, & Kame'enui, 1995; Griffin, Simmons, & Kame'enui, 1991) 혹은 **시·공간적 표현**(Darch, Carine, & Keme'enui, 1986)이라 불리는 개념 지도를 통해 개념들 간의 관계를 강조하며 개념들을 가르칠 수 있다. 개념 지도는 개념을 처음에 획득할 수 있게 해 줄 뿐만 아니라 정보의 유지와 재생도 촉진한다.

개념 지도는 중요한 개념, 어휘, 내용, 사건, 일반화, 사실 등을 포함한 일단의 지식을 다이어그램이나 다른 시각적 표현 수단을 이용하여 시각적으로 나타내 준다. 개념 지도는 학생들이 설명문과 단원을 읽기 전에 일련의 지식을 전체로 조망할 수 있게 해 준다. 학생들은 설명문을 읽기 전에 중요한 내용에 대해서 배울 수 있을 뿐만 아니라 단원의 구조를 이해하게 된다. '지도'라는 명칭이 시사하듯, 개념 지도는 단원의 내용과 구조를 안내한다.

개념 지도의 구조는 설명문 자료의 구조 유형에 따라 달라진다. 많은 경우, 설명문 자료

새로운 헌법(1787)

1. 어떤 종류의 정부인가?
   민주 정부: 사람들에 의해 통치되는 정부
   공화 정부: 정부를 운영하기 위해 시민들이 대표를 선출하는 국가나 주
2. 정부의 어느 조직이라도 너무 힘이 세지지 않도록 하려면 어떻게 해야 하는가?
   답: 연방정부의 권력을 분리한다.

답: 정부의 각 조직은 각자가 자신의 역할을 수행하도록 서로 도와야 한다.
입법부는 법률을 제정하지만 **대통령**이 이에 서명해야 한다.
대통령은 군을 통솔하지만 **입법부**가 그 군의 재정을 지출할 것인지를 결정해야 한다.

[그림 21-3] 개념 지도 예: 위계

참고: 굵은 글씨체로 표현된 모든 단어는 교사가 학습지에 제시한다. 다른 단어들은 수업 시간 중 학생들이 기록한다.

는 상위 개념, 하위 개념, 관련 개념, 관련된 세부 사항들 간의 관계를 의미하는 **위계 구조**로 되어 있다. [그림 21-3]에 있는 개념 지도는 위계적인 지식의 구조를 나타낸다. 이에 따르면, 이 단원에서는 연방정부의 조직, 정부의 하위 조직, 각 하위 조직의 기능, 요소 등을 다룬다. [그림 21-3]에 나온 바와 같이 위계는 중심 개념들, 하위 개념들, 그와 관련된 세부 사항들을 나타낼 때 사용한다.

어떤 경우에는 **전체**와 **부분**의 관계를 잘 보여 주는 **다이어그램**으로 일단의 지식 덩어리를

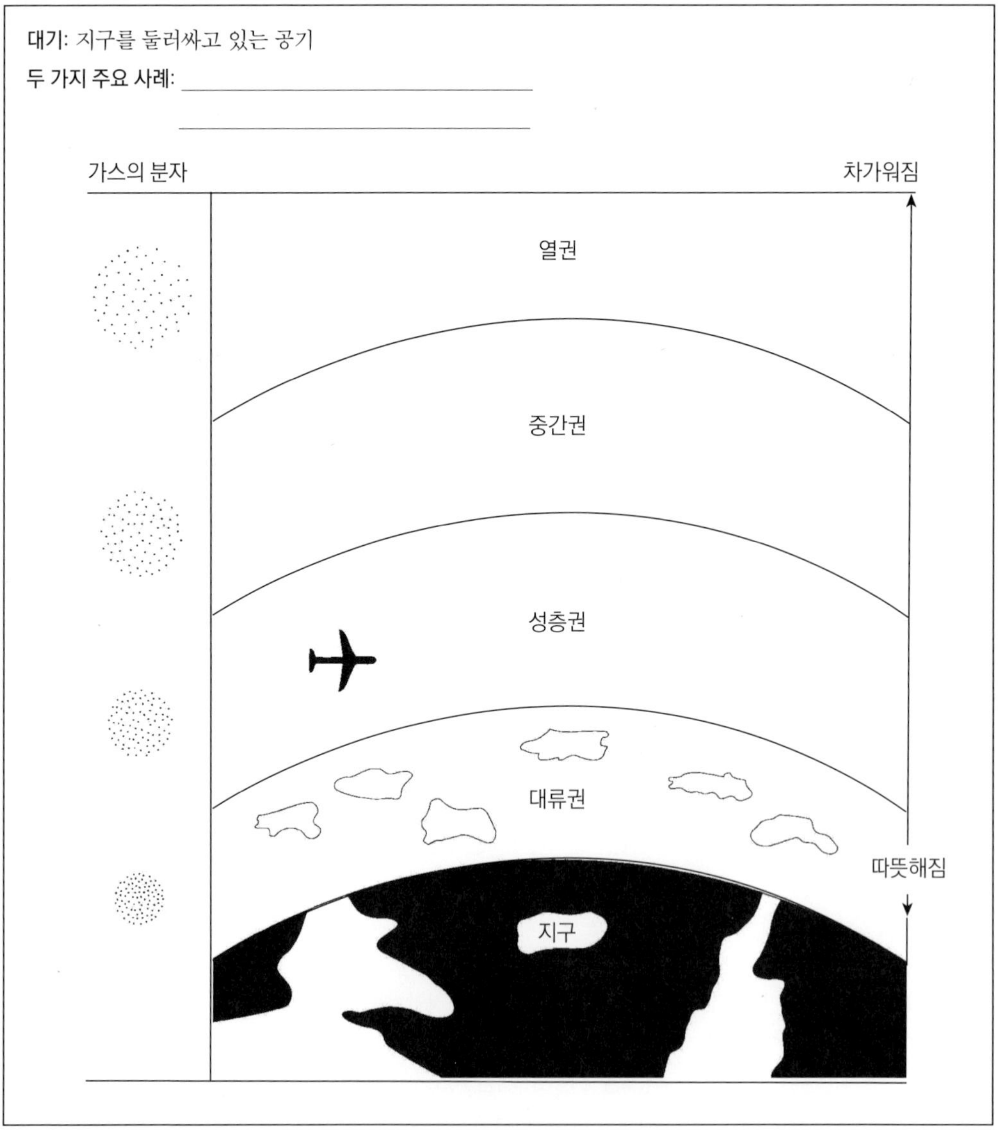

[그림 21-4] 개념 지도 예: 대기의 네 가지 층을 설명하는 다이어그램

가장 잘 나타낼 수 있다. [그림 21-4]에서 개념 지도는 다이어그램을 이용하여 대기의 4개 층을 나타내고 있다. 이 그림을 이용하여 교사는 단원에서 다루고 있는 4개의 주요 개념은 물론 관련 내용(예: 각 대기층에서의 가스 분자의 밀도 변화, 각 대기층 간의 온도 변화)까지 미리 가르칠 수 있다. [그림 21-5]의 다이어그램은 호흡계를 설명하고 있다. 부분(입, 기관지, 후두)과 전체(호흡계) 간의 관계가 강조되고 있기 때문에 여기서도 다이어그램은 가장 적절한 표상 수단이다.

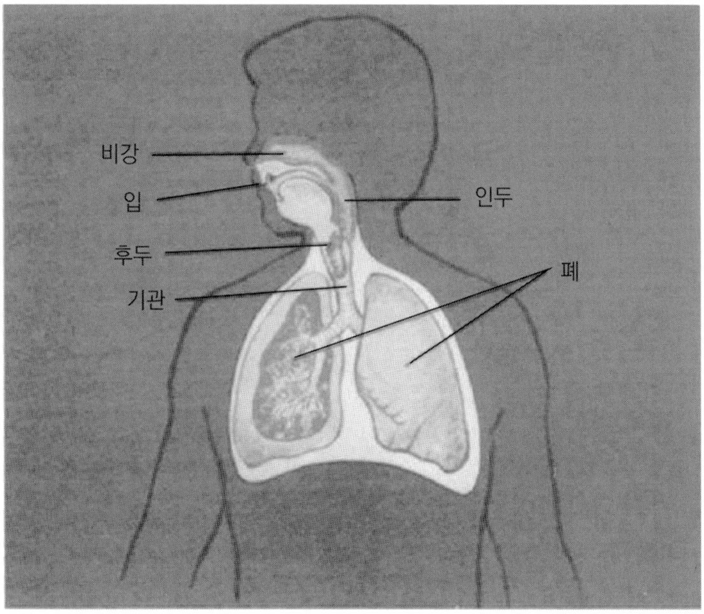

호흡계

인두: 비강과 기관을 연결

기관: 폐로 연결된 관

후두: 성대 포함

폐: 공기와 혈액 간 가스 교환이 일어나는 인체 조직

[그림 21-5] 개념 지도 예: 호흡계를 설명하는 다이어그램

출처: Accent on Science (A Merrill Science Program) Hardcover, 1985 by Robert B. Sund, Donald K. Adams, Jay K. Hackett, Richard H. Moyer, Merrill (1985), p. 178. ISBN-13: 978-0675068444. Copyright by McGraw-Hill Education. 허가하에 재인쇄.

많은 단원과 소단원에서는 시간(예: 산업혁명 이전과 이후), 사물(암석의 각 유형), 사람들(남서쪽 토착 아메리칸인들의 과거와 현재), 개념(민주주의와 공산주의)을 **비교**하고 **대조**한다.

이 경우 단원에 제시된 정보를 비교하고 대비시키기 위해 차트를 사용한다. 이러한 유형의 구조는 과학 교과서 내 지상 생물계(〈표 21-4〉 참조) 내용을 나타낸 개념 지도에서 찾

표 21-4 개념 지도 예: 비교/대조

지상 생물계: 비슷한 전집과 기후를 갖고 있는 대규모 생태계			
구분	육지 생물계		
	기후	일상 식물과 원생 생물	일상 동물
툰드라	매우 추움, 비가 적음	이끼, 잔디, 관목, 이끼류	순록, 여우, 늑대, 올빼미, 매, 독수리, 갈매기, 파리, 나그네 쥐
타이가			
열대우림			
온대 우림			
사막			

표 21-5 개념 지도 예: 연대표

독립을 위한 투쟁(미국혁명 1775~1783)					
우표법 (1765)	보스턴 대학살 (1770)	보스턴 차 사건과 협약 (1773)	렉싱턴 전투 (1775)	독립선언 (1776)	영국과의 평화 (1783)
의회가 우표법 통과 ↓ 식민지 사람들이 우표세를 구입해야만 함 ↓ 식민지 사람들이 화를 냄 ↓ 식민지 사람들이 영국에 메시지를 보냄 ↓ 우표법이 강요될 수 없었음 ↓ 영국이 우표법을 철회함	의회가 차에 관세를 부과하고 식민지 사람에게 오직 영국에서만 차를 살 수 있다고 말함 ↓ 많은 사람들이 차 마시기를 중단함. 어떤 사람들은 차를 밀수입함 ↓ 영국 군인들이 차를 수색함 ↓ 식민지 사람들이 화를 냄 ↓ 작은 전투가 발생하고 5명의 식민지 사람이 사망함				

아볼 수 있다. 이 차트를 사용하여 학생들은 **생물군계**(biomes) 내에서 기후, 주변 식물, 동물들을 비교할 수 있다.

사회 교과의 논의 구조는 종종 시간에 따른 사건의 연속성을 반영하는 경우가 많다. 이 경우 가장 적절한 개념 지도는 **연대표**(timeline)이다. 〈표 21-5〉에 나오는 개념 지도는 미국 혁명의 주요 사건들을 시간의 흐름 순서에 따라 연대표에 나타낸 것이다. 단원의 각 하위 절을 읽기 전 교사는 주요 사건들의 시간적 순서를 검토한다(우표법과 보스턴 대학살 사건 밑의 사건들의 시간 순서를 참조할 것). 이와 같은 사전 개관 활동을 하고 나면 학생들은 지문을 읽을 때 많은 사전지식을 동원할 수 있다. 학생들은 중요한 정보에 초점을 맞추고, 각 사건에 대해 그들이 이미 알고 있는 기존 구조에 단원의 새로운 정보를 동화시킬 수 있다.

또 다른 설명문 자료에는 **과정**(예: 어떻게 면 직물이 생산되는가)과 **순환주기**(예: 먹이 순환주기, 암석 순환주기)가 나와 있다. 여기서도 개념 지도의 구조는 지식의 구조를 반영해야 한다. 예를 들어, 과학 교과서의 어떤 단원에서는 석탄, 석유, 천연가스의 형성 과정을 담고

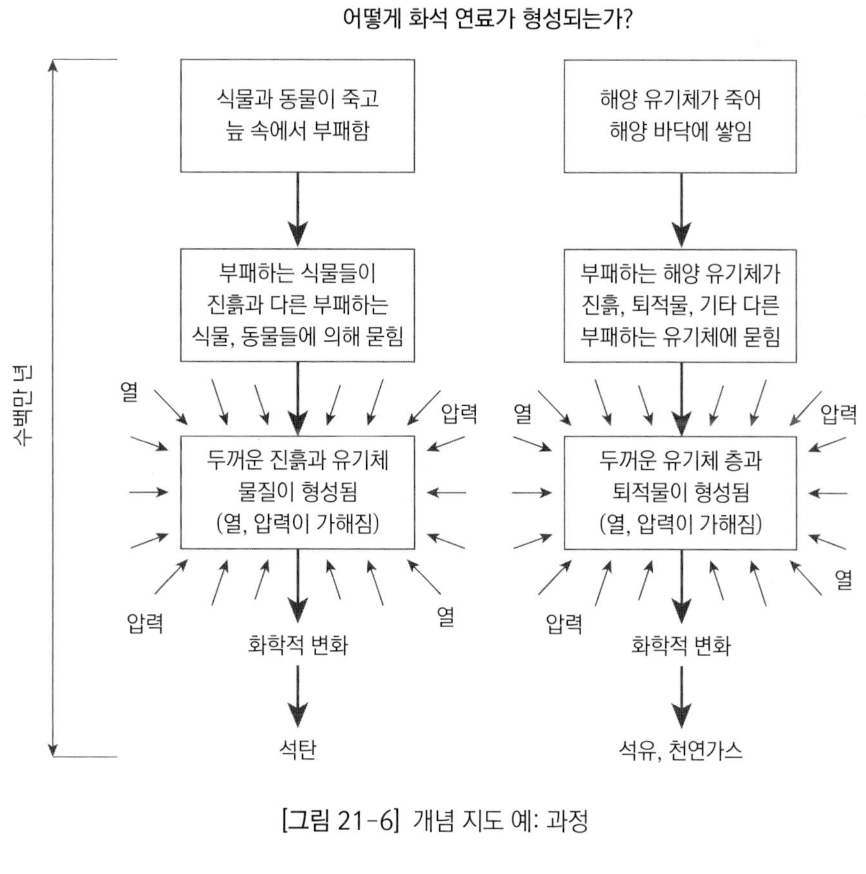

[그림 21-6] 개념 지도 예: 과정

있다. 이 기본 단계들을 사전에 가르치기 위해 단계 간의 관계를 나타내는 화살표를 사용하여 개념 지도를 개발하였다([그림 21-6] 참조). 개념 지도는 다음 단계에 따라 개발한다.

1. **학생들에게 미리 가르칠 중요한 내용(어휘, 개념, 아이디어, 일반화, 사건, 세부 사항, 사실, 기타)을 결정한다.**
2. **내용의 구조를 잘 반영시켜 개념들을 시각적 표상으로 조직한다. 위계, 다이어그램, 비교-대조, 연대표, 과정/순환.** 어떤 경우에는 이 구조들을 조합하여 사용할 수도 있다. 예를 들어, 과학 교과의 원생생물에 관한 내용을 개념 지도로 나타내기 위해 유기체와 왕국 간의 관계, 왕국의 세 하위 집단을 나타내기 위해 **위계**로 개념 지도를 시작할 수 있다. 그런 다음 원생생물의 다양한 종류와 그들의 특성을 나타내기 위해 **비교-대조** 차트를 이용하였다(〈표 21-6〉 참조).

표 21-6 개념 지도: 다양한 구조

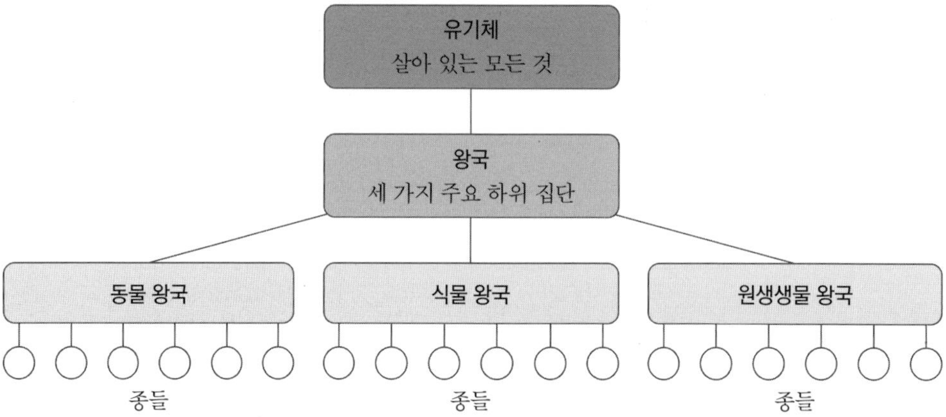

원생생물			
유형	먹이 구하는 방법	사는 곳	예
바이러스			
박테리아			
단세포 동물			
균류			
해조류			
이끼류			

3. **완성된 개념 지도를 설계한다.** 교사는 먼저 자신이 미리 가르치고자 하는 어휘, 개념, 정의, 세부 사항, 사건, 사실, 기타 등의 내용을 기록한다(완성된 개념 지도의 예는 [그림 21-7] 참조). 개념 지도에 작은 그림들을 첨가하는 것이 도움이 된다(예: 행정부 옆에 백악관에 관한 개요를, 나무란 단어 옆에 나무 그림을). 이러한 작은 그림들은 개념 지도에 대한 흥미를 높일 뿐만 아니라, 빈칸의 개념 지도가 제시될 때 학생들이 정보를 기억하는 데에도 도움이 된다.

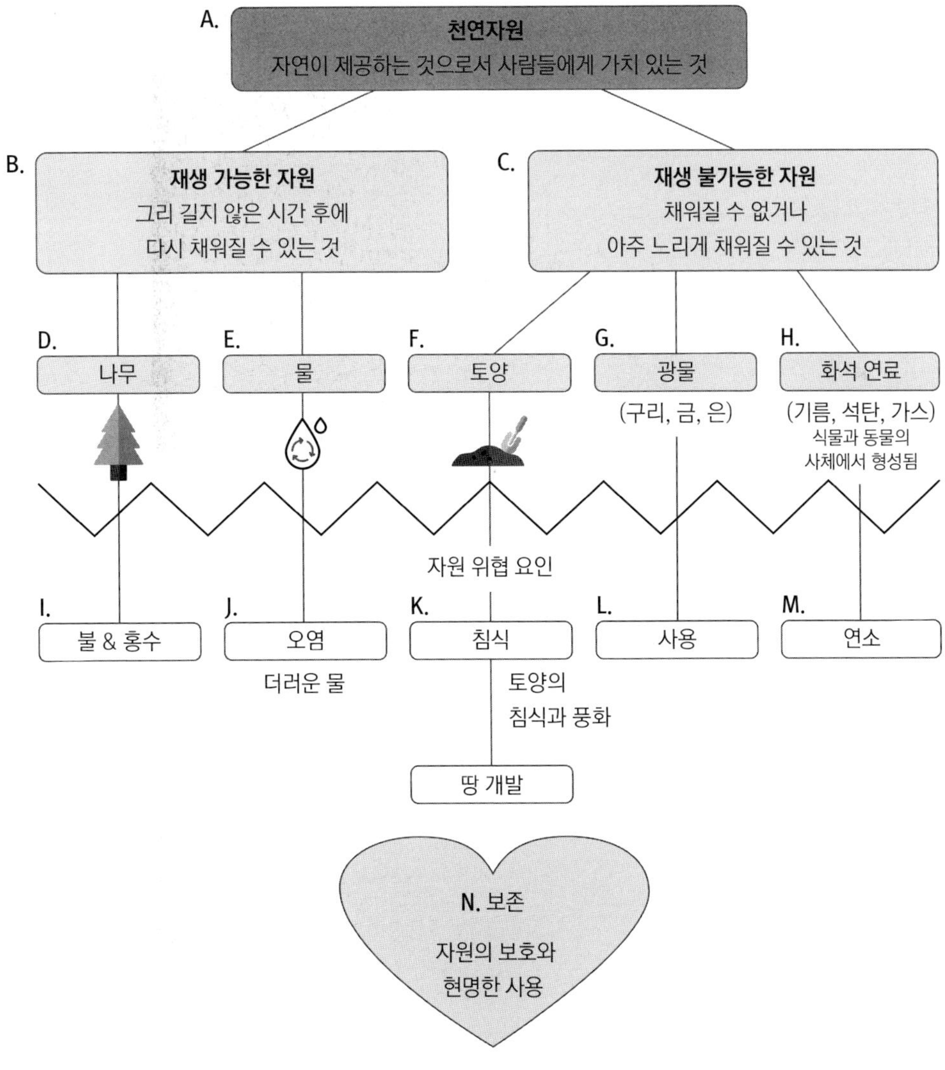

[그림 21-7] 천연자원에 관한 완성된 개념 지도

참고: 수업 도중, 교사는 이 지도를 OHP를 통해 학생들에게 보여 준다.

4. **부분적으로 완성된 개념 지도를 만든다**([그림 21-8] 참조). 부분적으로 완성된 개념 지도에는 주요 용어와 실제 다이어그램 등을 나타낸다. 수업 도중 부분적으로 완성된 개념 지도를 학생들에게 나누어 준다. 학생들은 정의, 예, 사건 등과 같은 정보를 채워 넣는다. 개념 지도 위에 기록을 할 것이기 때문에 학생들은 더 적극적으로 학습에 참여할 것이고 더 지속적으로 주의를 집중하여 결국 학습을 더 잘하게 될 것이다.

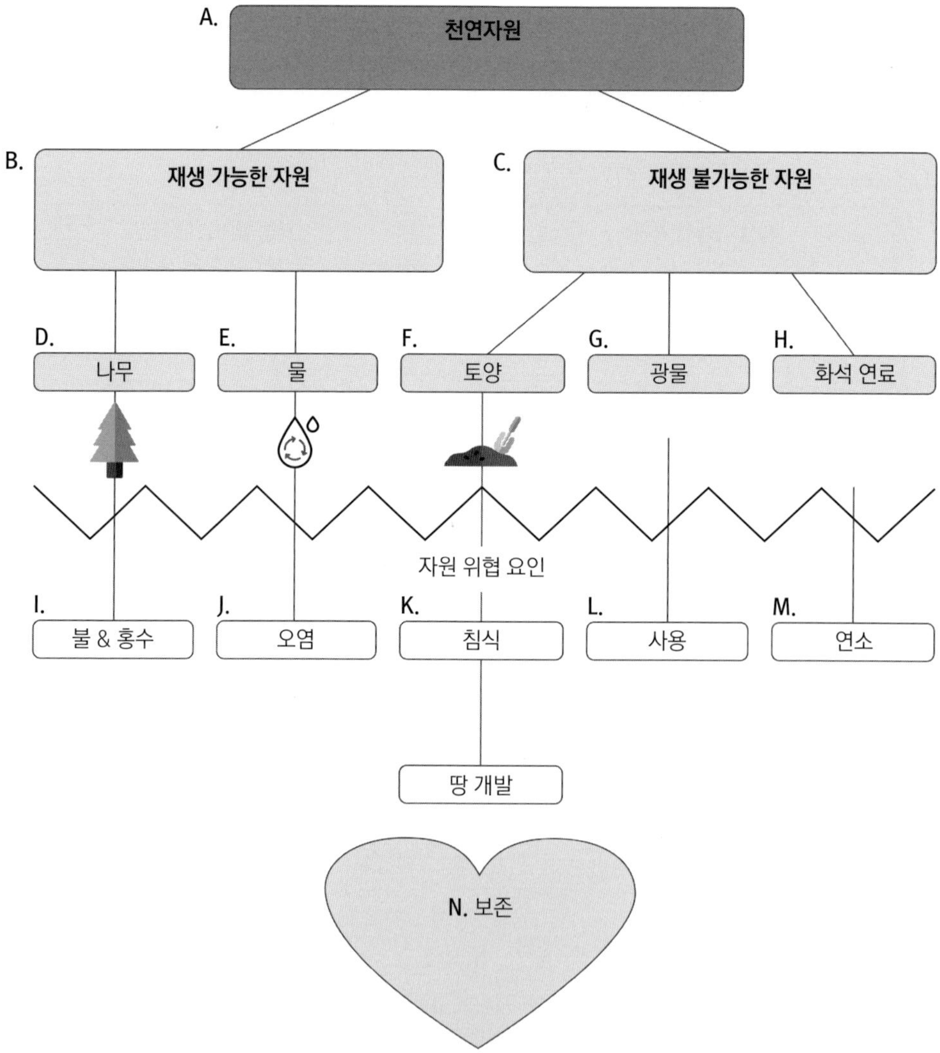

[그림 21-8] 천연자원에 관한 부분적으로 완성된 개념 지도

참고: 수업 도중 부분적으로 완성된 이 개념 지도를 학생들에게 나누어 준다. 학생들은 수업 시간 내내 이 빈칸을 채운다.

5. **빈칸의 개념 지도를 만든다.** 교사는 모든 단어를 지우고 개념 지도의 다이어그램과 구조, 기타 첨가된 그림들만을 남겨 놓는다. 빈칸의 개념 지도는 다양한 방식으로 사용할 수 있다. 첫째, 지도 초기에는 이전에 제시했던 개념들을 복습하고 확실히 기억하도록 하는 데 사용한다. 둘째, 빈칸의 개념 지도는 읽기 후 활동의 하나로서 학생들이 개인이나 집단이 빠진 정보를 채움으로써 개념 지도를 만들 때 사용한다. 셋째, 빈칸의 개념 지도는 복습 시에 빠진 정보를 채워 넣을 때 사용한다.

개념 지도의 절차는 개념 지도의 구조에 따라 매우 다양하지만, 다음의 절차를 활용한다(천연자원에 대한 개념 지도 지도용 수업 대본의 예는 〈표 21-7〉 참조).

1. **부분적으로 완성된 개념 지도를 학생들에게 나누어 준다.** 수업 도중 학생들은 빠진 정보를 채워 넣는다.
2. **완성된 개념 지도의 빈 형식을 투명 용지나 별도의 활동지에 복사하여 학생들에게 보여 준다.** 이때 교사는 완성된 개념 지도는 가리고 오직 학생들이 주목했으면 하는 부분만 보여 준다.
3. **논리적인 순서에 따라 어휘, 사건, 세부 사항, 사실, 기타 사항들 간의 관계를 강조하며 개념 지도에 정보를 채워 넣는 것을 시범 보인다.** 어휘 개념을 소개할 때에는 이 책의 앞에서 소개했던 직접교수 절차를 적용해야 한다. 교사는 어휘와 그 뜻을 학생들에게 제시해야 한다. 그런 다음 그 뜻을 학생들이 반복하게 하거나 그 뜻에 대해 학생들에게 질문을 함으로써 어휘 뜻을 확실히 아는지 점검해야 한다. 학생들이 어휘 뜻을 자신들의 개념 지도에 적도록 한다. 그런 다음 교사는 개념 사용 예와 예가 아닌 것을 사용하여 이해 정도를 확인하고, 스스로 어휘 사용 예를 만들어 보도록 한다. 개념 지도의 또 다른 부분(예: 사실, 세부 사항, 사건 등)을 제시할 때에는 사실을 제시한 다음, 학생들로 하여금 그 사실을 따라서 말해 보게 하거나 그것에 대해 질문을 한다. 그리고 개념 지도에 그 사실을 기록하도록 한다. 수업 도중 학생들이 주의를 집중하도록 하게 하기 위해서는 적극적인 참여가 매우 중요하다. 교사는 학생들에게 계속해서 질문을 하고 개념 지도에 정보를 적도록 해야 한다.
4. **적당한 시기에 이제까지 다루었던 개념들을 복습하고 확실히 기억하도록 한다.** 이 작업은 OHP 같은 기구에 빈칸의 개념 지도를 올려놓고 학생들에게 내용에 대해 질문을 하는 방식으로 진행한다.

5. 수업 후반에 교사는 빈칸의 개념 지도를 사용하여 중요한 내용을 다시 한번 복습시킨다.

표 21-7 개념 지도 수업 예

첫째 날
지시사항: 부분적으로 완성된 개념 지도([그림 21-8])를 학생들에게 나누어 준다. 완성된 개념 지도([그림 21-7])를 OHP에 올려 보여 준다(T: 교사, S: 학생).

T: 여러분은 천연자원에 관한 단원을 읽을 거예요. 이 단원을 읽기 전에 중요한 개념을 배워 봅시다. (지도의 상자 A를 가리킨다.) 천연자원은 자연이 제공해 주는 것으로 사람들에게 가치 있는 것을 말해요. 천연자원이 무엇이라고요?

S: 천연자원은 자연이 제공해 주는 것으로 사람들에게 가치 있는 것입니다.

T: 그래요. 예를 들어, 나무는 천연자원이에요. 나무는 자연이 제공하는 것이고 사람들에게 가치가 있어요. 토양은 또 다른 천연자원의 예이에요. 그것도 자연이 제공해 주고, 사람들에게 가치가 있어요. 의자는 천연자원이 아니에요. 의자에는 나무와 금속이 포함되어 있고, 그 두 가지는 천연자원이지만, 의자는 사람이 만든 것이에요.
이것이 천연자원인지 말해 보세요. 물은 천연자원입니까?

S: 예.

T: 왜 그렇죠? (학생 1명을 지명한다.)

S: 왜냐하면 그것은 자연이 제공하고 사람들에게 가치가 있기 때문입니다.

T: 금은 천연자원입니까?

S: 예.

T: 왜 그렇죠? (학생 1명을 지명한다.)

S: 왜냐하면 그것은 자연이 제공하고 사람들에게 가치가 있기 때문입니다.

T: 이 금반지는 천연자원입니까?

S: 아닙니다.

T: 왜 이 금반지는 천연자원이 아닙니까? (학생 1명을 지명한다.)

S: 왜냐하면 그것은 사람이 만들었기 때문입니다.

T: 맞았어요. 반지는 천연자원인 금으로 만들어졌지만, 반지 자체는 천연자원이 아닙니다. 상자 A 속에 천연자원의 정의를 쓰세요. (학생들이 빈 상자를 채울 동안에 점검한다.)
천연자원에는 두 가지 종류가 있어요. (상자 B를 가리킨다.) 첫 번째 천연자원의 종류를 재생 가능한 자원이라고 합니다. 어떤 종류의 천연자원이라고요?

S: 재생 가능한 자원이요.

T: 재생 가능한 자원은 그리 길지 않은 시간 안에 다시 채워질 수 있어요. 재생자원은 얼마나 빨리 채워질 수 있다고요?

S: 그리 길지 않은 시간 안에요.

T: 그래요. 이 자원들은 그리 길지 않은 시간 안에 다시 채워질 수 있어요. 예를 들어, 이것들은 한 달, 1년 혹은 100년 안에 다시 채워질 수 있어요.
재생 가능한 자원의 정의를 상자 B에 쓰세요. (학생들을 점검한다.)
D를 찾으세요. (잠시 멈춤) D 옆에 무슨 단어가 있죠?

S: 나무요.

T: 그래요. 나무는 재생 가능한 자원의 예이에요. 나무에서는 씨앗이나 솔방울이 나와요. 이 씨와 솔방울에서 새로운 나무가 자라나요. 여기에는 몇 년 혹은 경우에 따라서는 100년이 걸릴 수도 있어요. 왜 숲 속의 나무를 재생 가능한 자원이라 부르죠? (학생 1명을 지명한다.)
S: 왜냐하면 그리 길지 않은 시간 안에 다시 채워질 수 있으니까요.
T: 나무는 왜 중요한 천연자원입니까?
S: (적당한 답을 수용한다.)
T: E를 찾으세요. (잠시 멈춤) E 옆에는 어떤 단어가 나오나요?
S: 물이요.
T: 물은 재생 가능한 자원의 또 다른 예입니다. 물은 그리 길지 않은 시간 안에 스스로를 대체합니다. 화살표를 보세요. 지표면의 물은 증발하여 공중으로 올라갑니다. 나중에 구름이 형성되어 비나 눈으로 물은 되돌아옵니다. 왜 물이 재생 가능 자원입니까? (학생 1명을 지명한다.)
S: 왜냐하면 물은 그리 길지 않은 시간 안에 스스로를 대체하기 때문입니다.
T: 물은 왜 중요한 천연자원입니까?
S: (적당한 대답은 수용한다.)
T: (빈 개념 지도를 OHP에 올려놓는다.) 지금까지 배운 것을 다시 복습해 봅시다. 여러분이 갖고 있는 개념 지도를 펴세요. (상자 B를 가리킨다.) 이 개념 지도의 제목은 무엇입니까?
S: 천연자원입니다.
T: 누가 천연자원을 제공합니까?
S: 자연입니다.
T: 천연자원은 누구에게 가치 있습니까?
S: 사람들에게요.
T: 천연자원의 예를 몇 개 들어 보세요.
S: (천연자원의 예를 제시한다.)
T: 좋아요. (상자 B를 가리키며) 천연자원의 또 다른 종류는 무엇입니까?
S: 재생 가능한 자원입니다.
T: 재생자원은 대체될 수 있습니까?
S: 예.
T: 얼마나 빨리 대체될 수 있습니까?
S: 그리 길지 않은 시간 안에요.
T: (D를 가리키며) 재생자원의 한 가지 예는 무엇입니까? (학생 1명을 지명한다.)
S: 나무입니다.
T: 나무는 왜 재생자원입니까? (학생 1명을 지명한다.)
S: 왜냐하면 나무는 그리 길지 않은 시간 안에 대체될 수 있기 때문입니다. (적절한 대답을 수용한다.)
T: (E를 가리키며) 또 다른 재생자원의 예는 무엇입니까?
S: 물입니다.
T: 물은 왜 재생자원입니까? (학생 1명을 지명한다.)
S: 왜냐하면 물은 그리 길지 않은 시간 안에 대체될 수 있기 때문입니다. (적절한 대답을 수용한다.)
T: (완성된 개념 지도를 OHP 위에 올려놓는다.) 상자 C를 찾으세요. (잠시 멈춤) 이제 다른 종류의 천연자원인 재생 불가 자원에 대해 공부해 봅시다. 잘 들으세요. 재생 불가 자원은 대체될 수 없거나 아주 천천히만 대체될 수 있습니다. 정의를 나와 같이 읽어 보세요. 재생 불가 자원은 대체될 수 없거나 아주 천천히만 대체될 수 있습니다.

S: 재생 불가 자원은 대체될 수 없거나 아주 천천히만 대체될 수 있습니다.

T: 어떤 천연자원은 우리가 그냥 다 써 버릴 수 있습니다. 그 자원들은 대체되지 않습니다. 또 어떤 자원들은 스스로를 대체할 수는 있습니다만, 수천 년이 걸릴 수 있습니다. 따라서 그 자원들은 우리가 살아 있는 동안이나 우리 다음 세대가 살아 있는 동안에는 대체되지 않습니다.

T: 여러분의 개념 지도에 재생 불가 자원의 정의를 적으세요. (학생들이 정의를 적는 것을 확인한다.)

T: F를 찾으세요. (잠시 멈춤) F 옆에 적힌 단어를 읽으세요.

S: 토양.

T: 맞아요. 토양은 재생 불가 자원의 한 예입니다. 토양이 날아가 버리거나 씻겨 나가거나 깎여 나가면 스스로를 대체할 수는 있습니다만 수천 년이 걸립니다. 왜 토양이 재생 불가 자원입니까?

S: 왜냐하면 아주 천천히 스스로를 대체하기 때문입니다.

T: 토양은 왜 중요한 천연자원입니까?

S: (적절한 대답을 수용한다.)

T: G를 찾으세요. (잠시 멈춤) 단어를 읽으세요.

S: 광물.

T: 맞아요. 광물은 재생 불가 자원의 또 다른 예입니다. 광물에는 구리, 금, 은 등이 있습니다. 광물의 예에는 어떤 것들이 있다고요? (학생 1명을 지명한다.)

S: 구리, 금, 은입니다.

T: 여러분 개념 지도의 광물 단어 밑에 구리, 금, 은을 적으세요. (확인한다.)

T: 우리가 물건을 만들기 위해 바위나 광산에서 광물을 채취할 때 광물은 스스로를 대체하지 못합니다. 왜 광물은 재생 불가 자원이라 합니까?

S: 스스로를 대체하지 못하기 때문입니다.

T: 광물은 왜 중요한 천연자원입니까?

S: (적절한 대답을 수용한다.)

T: H를 찾으세요. (잠시 멈춤) H 옆의 단어를 읽으세요.

S: 화석연료.

T: 그래요. 화석연료도 재생 불가 자원입니다. 화석연료의 예에는 석유, 석탄, 천연가스 등이 있습니다. 화석연료의 예에는 무엇이 있다고요? (학생 1명을 지명한다.)

S: 석유, 석탄, 천연가스.

T: 화석연료 밑에 석유, 석탄, 천연가스를 적으세요. (확인한다.)

T: 화석연료는 수백만 년 전에 땅에 묻힌 식물과 동물의 사체에서 생긴 것입니다. 화석연료가 무엇에서 생겼다고요? (학생 1명을 지명한다.)

S: 식물과 동물의 사체입니다.

T: 그래요. 죽은 식물과 동물이 땅속 깊은 곳에 묻힙니다. 수백만 년 동안 석유, 석탄, 천연가스가 이 식물과 동물의 사체들로부터 생깁니다. 여러분이 화석연료가 어떻게 생기는지 기억할 수 있게 여러분 개념 지도에 '식물과 동물의 사체에서 생김'이란 말을 적으세요. (확인한다.)

T: 우리가 에너지를 얻기 위해 석유, 석탄, 천연가스를 태울 때 그것들은 수백만 년 동안 스스로 대체되지 않습니다. 화석연료는 왜 재생 불가 자원입니까?

S: 왜냐하면 그것들은 아주 천천히만 대체되기 때문입니다. (적절한 대답을 수용한다.)

T: 화석연료는 왜 중요한 천연자원입니까? (학생 1명을 지명한다.)

S: (적절한 대답을 수용한다.)

T: 이제 시간을 좀 갖고 여러분의 개념 지도를 공부하세요. (확인한다.) 수업을 마치기 전에 우리가 오늘 배운 것을 복습해 봅시다. (빈 개념 지도를 OHP 위에 올려놓는다.)

T: 여러분의 개념 지도를 엎어놓고 여기를 보세요. (상자 B를 가리킨다.) 오늘 우리는 무엇을 공부하고 있나요?

S: 천연자원입니다.

T: 천연자원은 무엇입니까?

S: 자연이 제공해 주는 것으로서 사람들에게 가치 있는 것입니다.

T: 누가 천연자원을 사용합니까?

S: 사람들입니다.

T: (상자 B를 가리키며) 첫 번째 유형의 천연자원은 무엇입니까?

S: 재생 가능 자원입니다.

T: 재생 가능 자원은 스스로를 대체할 수 있습니까?

S: 예.

T: (D를 가리키며) 재생 가능 자원의 한 가지 예는 무엇입니까?

S: 물입니다.

T: 좋습니다. (상자 B를 가리키며) 천연자원의 두 번째 예는 무엇입니까?

S: 재생 불가 자원입니다.

T: 재생 불가 자원은 무엇을 말합니까? (학생 1명을 지명한다.)

S: 대체될 수 없거나 아주 느리게 대체될 수 있는 것을 말합니다.

T: (상자 F를 가리키며) 재생 불가 자원의 첫 번째 예는 무엇입니까?

S: 토양입니다.

T: 토양은 빨리 대체될 수 있습니까?

S: 아닙니다.

T: (상자 G를 가리키며) 재상 불가 자원의 그다음 예는 무엇입니까?

S: 광물입니다.

T: 광물의 예에는 어떤 것들이 있습니까? (학생 1명을 지명한다.)

S: 구리, 금, 은입니다.

T: 광물은 빨리 대체될 수 있습니까?

S: 아닙니다.

T: 재생 불가 자원의 마지막 예는 무엇입니까?

S: 화석연료입니다.

T: 화석연료의 예에는 어떤 것들이 있습니까? (학생 1명을 지명한다.)

S: 석유, 석탄, 천연가스입니다.

T: 화석연료는 무엇에서 생깁니까? (학생 1명을 지명한다.)

S: 수백만 년 전에 땅속에 묻힌 식물과 동물의 사체입니다.

T: 화석연료는 빨리 대체될 수 있습니까?

S: 아니요.

T: 아주 잘 했습니다. 내일은 우리의 천연자원을 해치는 것들에 대해서 이야기해 볼 것입니다. 여러분의 개념 지도를 노트 속에 넣어 두세요.

개념 지도에는 한 단원의 내용 전부를 담을 수도 있고 단원의 내용 일부만 담을 수도 있다. 만약 한 단원의 내용 전부를 나타낸다면(천연자원에 관한 개념 지도처럼), 개념 지도를 학생들의 읽기 과제 영역에 맞추어 제시해야 한다. 학생들이 해당 단원의 내용을 학습해 나가면서 개념 지도의 해당 부분을 채워 가도록 한다.

이상으로, 이 절에서는 개념 지도가 과학, 사회, 건강 관련 교과서 내의 지식을 미리 가르치고 복습하는 데 아주 강력한 도구라는 것을 전달하고자 하였다. 개념 지도는 학생들에게 개념들 간의 관계와 단원의 구조를 보여 줄 뿐만 아니라 정보를 보다 쉽게 습득하고 유지하며 재생할 수 있도록 시각적으로 표현해 준다. 개념 지도는 읽기 기술이 매우 낮은 학생들에게도 매우 유용하다. 이 학생들은 내용 교과 교과서를 읽지 못할 수 있지만, 그렇다고 그들이 중요한 개념이나 아이디어를 학습하지 못하는 것은 아니다. 또한 교사가 준비한 개념 지도를 일찍부터 경험하면 중등학교에서 자신들의 개념 지도를 설계하고 사용할 준비를 갖출 수 있다.

특징 분석 절차

내용 교과에 나오는 개념들을 제시하는 또 다른 절차는 특징 분석(feature-analysis)이다(Pittelman, Heimlich, Berglund, & French, 1991). 이 절차는 개념이 한 가지 범주(예: 정부의 유형, 서로 다른 암석의 형성, 행성)에 속할 때 사용한다. 이 절차를 사용할 때 교사는 개념과 그 개념들의 특징을 매트릭스에 정리한다. 예를 들어, 정부 지도자 유형에 대한 특징 분석을 통해 지도자의 지위가 상속된 것인지, 무력에 의해 유지되는 것인지, 사람들에 의해 선출된 것인지, 의원들에 의해 선출되었는지를 나타낸다(〈표 21-8〉 참조). 행성에 대한 특징 분석을 통해 행성에 생명체가 있는지, 지구보다 뜨거운지 혹은 차가운지, 지구보다 큰지 혹은 작은지, 위성이 있는지, 지구와 특징이 비슷한지 혹은 다른지 등을 검토한다(〈표 21-9〉 참조).

특징 분석 매트릭스를 제시할 때 교사는 학생들이 해당 개념이 각 특징을 갖고 있는지 여부를 결정하도록 지원한다. 어떤 특징이 나타나면 A+를 기록하고, 그 특징이 나타나지 않으면 A-를 기록한다. 만약 학생들이 어떤 개념에 대해 사전지식이 거의 없다면 각 개념과 그 특징을 직접 제시해 준다. 학생들은 교과서 내용을 읽기 전에 매트릭스 전체를 완성할 수도 있고, 교과서 내용을 읽고 나서 매트릭스를 완성할 수도 있다. 일단 매트릭스가 완성되면 학생들이 각 개념들 간의 유사점과 차이점에 주목하도록 지원한다. 예를 들어, 교사는 행성 특징 분석과 관련하여 다음과 같은 질문을 한다. “어떤 행성이 위성을 갖고 있나요? 어떤 행성이 지구보다 뜨거운가요? 어떤 행성이 지구보다 추운가요? 어떤 행성이 지구와 비슷한 특징을 갖고 있나요? 화성은 지구와 어떻게 다르죠? 금성은 지구와 어떻게 비슷합니까?"

표 21-8 특징 분석 예

	상속	무력	선출	국민들에 의해 선출	의원들에 의해 선출
군주(왕, 여왕)	+	-	-	-	-
독재자	-	+	-	-	-
대통령	-	-	+	+	-
수상	-	-	+	+	+

표 21-9 특징 분석 예

		생명체	지구보다 뜨거움	지구보다 차가움	지구보다 큼	지구보다 작음	위성	지구와 유사한 물리적 특징
안쪽	수성	-	+	-	-	+	-	+
	금성	-	+	-	-	-	-	+
	지구	+	-	-	-	-	+	+
	화성	-	-	-	-	+	+	+
바깥쪽	목성	-	-	+	+	-	+	-
	토성	-	-	+	+	-	+	-
	천왕성	-	-	+	+	-	+	-
	해왕성	-	-	+	+	-	+	-

⊙ 그래픽으로 지원

어휘 뜻과 해독 관련 도움을 받는 것 이외에 학생들은 종종 각 단원에 나오는 시각적 보조자료를 적절하게 읽고 해석할 준비가 되어 있어야 한다. 내용 교과 자료들은 일반적으로 학생들이 처음 보는 차트, 표, 그래픽, 다이어그램, 지도, 해석을 필요로 하는 삽화나 사진 등을 담고 있기 때문에 직접교수를 필요로 한다. 이 직접교수의 목적은 제시된 정보를 읽고 해석하는 능력은 물론 설명문 작문 때 이러한 특징의 중요성에 대한 인식을 증가시키는 데 있다.

학년 초에 내용 교과 영역 교과서에 포함시킬 시각적 보조물 유형을 결정해야 한다. 일반적으로 몇 가지 시각적 보조자료 유형은 교과서 전체에 걸쳐 반복적으로 사용될 수 있다. 예를 들어, 사회 교과서에는 지도, 선 그래프, 원 그래프, 연대표, 표 등이 나올 수 있다. 내용 교과 읽기 지도를 시작하기 전에 대표적인 시각적 보조자료 유형을 읽고 해석하는 방법을 가르치는 것이 바람직하다. 사회 교과서 전체에 걸쳐 지도가 나온다면 다음과 같은 독도법 기술을 가르쳐야 한다. 지도의 제목으로부터 지도의 주제 결정하기, 방향 결정하기, 다양한 지역 표시하기, 지도에 나온 여러 상징기호 이해하기, 지도의 범례 읽기, 지도에 나타난 지형의 특징 확인하기, 지도의 척도 읽기 등. 같은 방식으로 교사는 다음과 같은 기술들을 강조하며 학생들에게 책에 나오는 각 유형의 그래프(예: 선 그래프, 그림 그래프, 막대 그래프) 읽는 방법을 가르칠 수 있다. ① 제목과 부제 등을 이용하여 그래픽 자료의 제목 결정하기, ② 그래프의 조직 이해하기, ③ 그래프에서 정보 찾기, ④ 그래프 속의 숫자가 아닌 정보(예: 막대의 높이, 선의 높이)를 이용하여 비교하기, ⑤ 그래프 속의 숫자 정보를 이용하여 비교하기, ⑥ 정보에 근거하여 추론하기(수업 대본의 예는 〈표 21-10〉 참조).

표 21-10 다양한 종류의 그래프 도입 수업 형식

(그래프 유형에 따라 수업을 조정할 것: 선 그래프, 막대 그래프, 원 그래프, 그림 그래프, 내용 교과 영역 교과서에 나오는 그래프를 이용한 표)

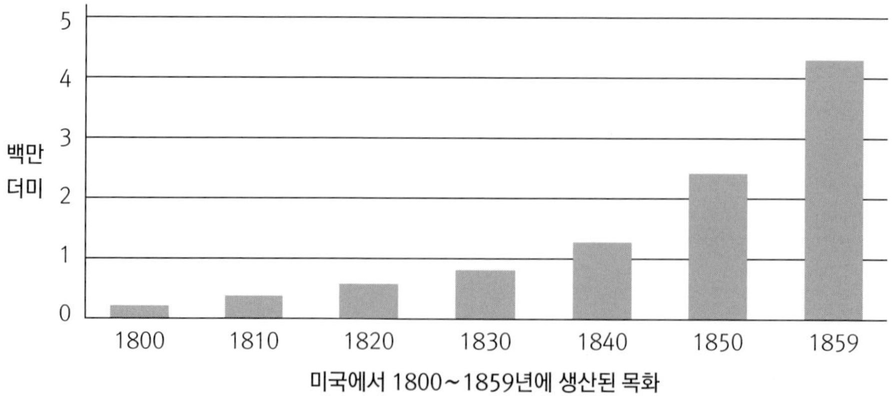

교사	학생
1. [그래프의 이름(예: 선 그래프, 막대 그래프, 원 그래프, 그림그래프, 표)과 그래프에 담긴 정보의 유형을 소개한다.]	

a. "221쪽의 그래프를 보세요. 이 그래프는 막대 그래프라고 합니다. 이런 종류의 그래프를 무엇이라 한다고요?"	"막대 그래프."
b. 막대 그래프는 우리가 막대의 높이를 비교함으로써 사물들을 비교할 수 있게 해 줍니다.	
2. (그래프의 제목을 읽는 것과 제시된 정보의 유형을 결정하는 것의 중요성을 소개한다.)	
a. "그래프가 무엇에 관한 것인지를 알기 위해서는 그래프의 제목을 읽습니다. 그래프의 제목을 읽어 보세요."	"1800년부터 1859년까지 미국에서 생산된 목화."
b. "그래프에는 어떤 정보가 나올까요?"	"목화 생산."
3. (그래프의 조직에 대해 소개한다.)	
a. "이 막대 그래프로 1800년부터 1859년까지 미국에서 생산된 목화 수백만 더미를 비교할 수 있습니다. 그래프의 가로축의 각 막대 밑의 숫자를 보세요. 이 숫자들은 비교하고자 하는 각 연도를 나타냅니다. 각 연도 숫자 위에 있는 것이 막대입니다."	
b. "가장 높은 막대 위에 여러분의 손가락을 짚으세요. 가장 높은 막대는 1859년에 생산된 목화의 양을 나타냅니다. 가장 짧은 막대를 찾으세요. 가장 짧은 막대는 1800년에 생산된 목화 양을 나타냅니다."	(학생들은 각 막대를 손가락으로 짚는다.)
4. (학생들이 비교할 때 숫자 정보를 사용하지 않고 시각적 그림을 이용하도록 안내한다.)	
a. "처음 두 막대를 보세요. 1800년과 1810년 중 언제 목화가 더 많이 생산되었나요?"	"1810년."
"1850년과 1859년 중 언제 목화가 더 많이 생산되었나요?"	"1859년."
b. "1800년부터 1859년까지 목화 생산량은 증가했나요, 아니면 감소했나요?"	"증가했어요."
"언제 목화가 가장 많이 생산되었나요?"	"1859년."
5. (수량 정보를 이용하여 비교할 수 있도록 학생들을 안내한다.)	
a. "이제 막대 그래프의 왼쪽 숫자들을 보세요. 이 숫자들을 보면 몇 백만 더미의 목화인지를 알 수 있어요."	
b. "가장 높은 막대 그래프를 찾으세요. 왼쪽 선에서 해당하는 숫자를 보세요. 400만 더미가 조금 넘는 목화가 1859년에 생산되었어요."	
c. "1850년의 막대를 보세요. 왼쪽 선에서 그에 해당하는 숫자를 찾아보세요."	
"1850년에 대략 얼마 정도의 목화가 생산되었나요?"	"200만."
"1840년의 막대를 찾으세요. 1840년에는 몇 백만 더미의 목화가 생산되었나요?"	"100만."
6. (그래프에 제시된 정보에 기반하여 추론하는 것을 지도한다.)	
a. "1800년대에 목화 생산량은 증가했나요, 감소했나요?"	"증가했습니다."
b. "목화 생산의 모든 단계에서 노예들이 활용되었습니다. 제시된 연도 중 언제 농장 소유주가 가장 많은 노예를 필요로 했을까요?"	"1859년."
"노예제도 폐지가 농장 소유주들에게 위협이 되었을 것이라 생각하나요? 왜 그렇게 생각합니까?"	"예."

만약 이와 같은 그래프 읽는 기술을 이전에 가르쳤다면, 특정 단원에 그래프가 나올 때 정보 해석하기, 결론 도출하기, 비교하기 혹은 문제해결을 위해 정보를 사용하는 방법 등에 대해 초점을 맞추어 지도할 수 있다. 단원에 나오는 그래프에 대해 교사는 구조화된 질문을 제시한다. 1900년부터 1929년까지 생산된 자동차에 관한 막대 그래프에 대해 다음과 같은 질문을 한다. "이것은 어떤 유형의 그래프인가요? 이 그래프의 제목은 무엇인가요? 이 그래프는 무엇에 대한 것일까요? 그래프의 가로축에 있는 숫자는 무엇을 나타내나요? 그래프의 세로축에 있는 숫자는 무엇을 나타내나요? 몇 년도에 가장 많은 차가 생산되었나요? 몇 년도에 가장 적은 수의 차가 생산되었나요? 1910년부터 1919년까지 대략 몇 대의 차가 생산되었나요? 1920년부터 1929년까지는 대략 몇 대의 차가 생산되었나요? 1920년부터 1929년까지 생산된 차는 1910년부터 1919년까지 생산된 차보다 몇 대나 더 많은가요? 요즘 차 생산량은 더 많을 것이라고 생각하나요? 왜 그런가요?"

그래픽 보조자료를 읽고 해석하는 것을 가르치는 것 이외에 **언제** 그래픽 보조자료를 참조해야 하고, 어떻게 본문을 읽다가 그래픽 보조자료를 보고 다시 본문으로 와야 하는지에 대해서도 지도해야 한다. 저자는 독자의 주의를 그래픽 자료에 집중시키기 위해 다음과 같이 다양한 기법을 사용한다. 그래픽 보조자료를 참조하도록 명시적으로 지시하거나(예: "다이어그램을 보세요." "표 오른쪽 끝의 값."), 본문 안에서 그래픽 보조자료 내용을 언급하거나 논의에 해당하는 그래픽 보조자료가 어떤 것인지를 나타내기 위해 기호를 사용하기도 한다.

읽기에 서투른 학습자들에게는 저자가 그래픽 보조자료에 대해 언급하기 전까지 본문을 읽다가 본문의 해당 부분에 손가락을 가리키며 그래픽 보조자료를 참조하고, 모든 글자나 숫자를 읽으며 그래픽 보조자료를 신중히 검토한 후 다시 본문을 읽도록 가르친다. 내용 교과 읽기 자료를 읽을 때는 그래프, 지도, 다이어그램, 차트, 그림, 기타 삽화 등을 건너뛰면 절대로 안 된다는 점을 반드시 가르쳐야 한다. 학생들은 그래픽 보조자료들을 신중히 검토해야 한다.

⊙ 선정한 읽기 자료 미리 보기

설명문을 읽기 위한 또 다른 사전 활동으로는 단원의 제목, 서론, 제목, 소제목, 요약, 단원 마무리 질문 등 단원의 정보를 담고 있는 부분들을 미리 보는 것이다. 이러한 미리 보기를 통해서 독자는 단원에서 다루고 있는 내용 자료와 정보의 조직에 대해 어느 정도 알고, 이를 통해 자료를 읽는 데 필요한 '선행 조직자' 틀을 형성한다.

내용이나 조직의 구조가 복잡하거나, 교과서를 처음 접하거나, 설명문 자료 읽기에 숙

워밍업(warm-up)

과학, 사회, 건강 교과서에서 어떤 단원을 읽기 전에 **준비**가 필요해요. 다음 부분들을 미리 보기를 통해 단원의 내용을 미리 알아보세요.

처음 • 제목
• 서론
중간 • 중간제목
• 소제목
끝 • 요약
• 질문

예시 수업

(이 수업 형식은 설명형 단원이면 어느 것에도 적용될 수 있다. 미리 보기 활동 전에 워밍업 전략을 복사해서 학생들에게 나누어 준다.)

1. 오늘 우리는 책의 단원을 읽기 전에 어떻게 준비할 것인지를 배울 것입니다. 사람들은 종종 어떤 활동을 하기 전에 준비를 합니다. 여러분이 만약 야구경기장을 가면, 선수들이 공을 앞뒤로 던지고 방망이를 휘두르는 것을 볼 것입니다. 축구 경기 전에는 선수들이 경기가 시작되기 전 자신들의 근육을 준비시키기 위해 몸을 푸는 것을 볼 것입니다.
2. 여러분도 교과서의 어떤 단원을 읽기 전에 마치 경기 전에 여러분이 여러분 몸을 풀듯이 여러분의 생각을 준비시켜야 합니다. 읽기 전 준비를 할 때에는 읽을 단원의 내용이 무엇인가를 알아내도록 합니다. **준비하기** 단계를 읽으세요.
   단원을 읽기 전에 단원의 어떤 부분을 미리 봐야 하나요?
3. 여러분의 ○○ 교과서를 꺼내세요. ◇◇쪽을 펴세요. 이 단원을 미리 보기 위해 **준비**를 이용해 봅시다. 단원의 **첫 부분**을 보세요. 이 단원의 제목을 읽으세요. 이 단원에는 무슨 내용이 나올까요? (칠판에 제목을 쓴다.)
4. (단원에 서론이 있으면 같은 활동을 한다.) 다음에는 이 단원에 대해서 좀 더 알아보기 위해 서론을 읽을 것입니다. 내가 서론을 읽을 테니 잘 보세요. (서론을 읽는다.) 이 단원에는 어떤 내용이 나올까요?
5. 이 단원의 **중간쯤**을 보세요. 첫 번째 중간제목을 보세요. 중간제목은 무엇인가요? 그렇다면 이 단원의 이 절에는 어떤 내용이 나올까요? (칠판에 중간제목을 쓴다. 모든 중간제목과 소제목에 대해 이 활동을 계속한다.)
6. 이 단원의 **끝부분**을 보세요. (단원에 요약이 나오면 같은 활동을 한다.) 다음에 우리는 요약을 읽을 것입니다. 내가 요약을 읽을 테니 잘 보세요. (요약을 읽는다.) 이 단원의 중요한 내용에 대해서 말해 보세요. 이 단원을 읽을 때 우리는 이 중요한 내용에 대해 더 배우게 될 것입니다.
7. 이 단원의 끝부분에 있는 질문들을 찾아보세요. 이 단원 전체를 읽기 전에 이 질문들을 읽는 것이 왜 중요할까요? 이 질문들을 읽어 봅시다. (개별 학생을 지명하여 각 질문을 하나씩 읽게 한다.)
8. 이제 우리가 지금까지 읽었던 것들 모두에 대해서 생각해 봅시다. 이 단원에 어떤 내용이 나올 것인지를 말해 보세요. 이 단원을 읽고 어떤 내용을 학습하게 될 것 같나요?

[그림 21-9] 단원 미리 보기 수업 형식: 워밍업

출처: Archer & Gleason (2002).

련되지 않았거나, 단원에 제시된 정보가 사전지식 범위를 넘어설 때에는 단원 미리 보기를 안내해야 한다. Archer와 Gleason(2002)은 워밍업이라는 교사 안내 중심 본문 미리 조사하기 절차를 개발하였다. 이 전략을 사용할 때는 학생들로 하여금 단원의 각 부분을 검토하고 그 단원에서 주로 배우게 될 내용을 예측해 보도록 한다. 이 지도 절차는 [그림 21-9]에 나와 있다.

아동들이 본문의 조직과 책의 전체 내용에 대해 좀 더 친숙해지면 내용 전반을 대략적으로 이해하도록 미리 봐야 할 부분을 간략하게 훑어 준다. 그러고 나서 〈표 21-11〉과 같은 활동지를 이용하여 스스로 혹은 또래와 함께 구조화된 활동을 하도록 한다. 모든 학생이 단원 내용 미리 보기를 마치면 교사와 학생은 단원의 구조와 단원을 읽고 습득해야 할 정보에 대해 토론한다.

표 21-11 단원 미리 보기를 위한 학생 활동지

지시사항: 여러분 짝과 준비 활동을 할 때 다음 빈칸을 채우세요.	
단계 1	이 단원의 첫 부분을 보세요. 이 단원의 제목과 서론을 읽으세요. 이 단원의 제목은 무엇입니까? ____________ 이 단원에 서론이 있습니까? ____________ 제목과 서론에 근거해 볼 때 이 단원은 무엇을 다룰까요?
단계 2	이 단원의 중간 부분을 보세요. 중간제목과 소제목을 읽으세요. 이 단원에 나오는 중간제목과 소제목을 읽으세요. ____________ ____________ ____________
단계 3	이 단원의 끝부분을 보세요. 이 단원의 요약을 읽으세요. 이 단원에는 요약이 있습니까? ____________ 요약에 근거해 볼 때 이 단원에서는 어떤 내용을 학습하게 될까요? ____________ ____________
단계 4	이 단원 끝의 질문을 읽으세요. 이 단원 끝에는 질문이 있습니까? ____________ ____________ 질문에 근거해 볼 때 이 단원에서 여러분이 배우게 될 두 가지는 무엇입니까?
단계 5	여러분 스스로에게 "이 단원은 ________에 대해 다룰 것이다."라고 말하세요. 다음 문단원을 완성하세요. 이 단원은 ____________ ____________을 다룰 것이다.

읽기 활동

학생들이 지문을 읽을 준비가 어느 정도 되었으면, 실제로 지문 읽기 수업 형식을 선정해야 한다. 읽기 활동 유형은 학생들의 해독과 독해 능력 그리고 설명문 읽기 경험에 달려 있다. 예를 들어, 과학 교과서의 첫 단원을 읽는 3학년 학생이라면 안내 분량을 최대화하기 위해 교사 주도 절차를 선택해야 할 것이다. 학생들이 성장함에 따라 학생들이 '교사'로서 참여하여 다른 학생에게 내용 교과 영역 자료에 대해 질문을 하는 대화 절차(상보적 교수)에 참여시킨다. 또한 짝과 읽기, 중요한 내용을 짝에게 말하기 등을 통해 학생들의 참여를 최대화한다. 마지막으로, 설명문 자료에 대한 학생들의 경험이 쌓이면 다른 설명문 자료 읽기에 사용 가능한 독자적인 읽기 및 학습전략을 제시해 준다.

읽기 활동 유형은 다양하지만, 여기서는 ① 안내된 읽기, ② 상보적 교수, ③ 짝과 읽기, ④ 학습전략의 네 가지 활동을 강조하고자 한다. 네 가지 읽기 활동은 물고기에 관한 설명문을 이용하여 시범을 보일 것이다. 먼저 [그림 21-10]의 문단을 읽기 바란다.

물고기

물고기는 척추동물 중 가장 단순한 동물이다. 그러면서도 척추동물 중 가장 큰 집단이다. 모든 물고기는 비슷한 특징을 갖고 있다. 모든 물고기는 뼈를 갖고 있다. 여러분이 지금까지 봐 온 대부분의 물고기는 단단한 뼈를 갖고 있다. 일부는 연골 조직으로 된 뼈를 갖고 있다.

연골은 뼈의 일부를 구성하는 단단하면서도 유연한 물질을 말한다. 상어와 가오리는 단단한 뼈 대신 연골을 갖고 있다. 여러분의 신체는 뼈와 연골을 모두 갖고 있다. 여러분의 코끝을 만져 보라. 코끝을 문질러 보라. 코의 끝부분과 코의 윗부분을 비교해 보라. 연골은 어떤 느낌인가? 여러분의 머리 중 어느 부분이 연골인가?

물고기는 또한 **비늘**을 갖고 있다. 비늘은 가늘고 반질반질한 뼈 같은 물질의 조각으로서 물고기의 온몸을 덮고 있다. 각 비늘은 다른 비늘과 겹쳐 있다. 거칠고 단단한 비늘은 물고기를 보호하는 데 도움을 준다. 비늘은 갑옷과 어떻게 같은가?

물고기는 물에서 산다. **아가미**는 물고기가 물에서 산소를 얻는 기관이다. 물고기 머리 부분의 옆에서 열리고 닫히는 아가미를 볼 수 있다. 물은 물고기 입으로 들어가서 아가미로 나온다. 물속의 산소는 아가미 속으로 들어간다. 몸속에서 나오는 이산화탄소는 아가미를 통해 배출된다. 그런 다음 물은 아가미 틈을 통해 몸 밖으로 배출된다. 그림에서 물고기의 아가미 틈을 찾아보라. 아가미는 물고기의 아가미 틈 아래 있다.

물고기는 냉혈 동물이다. **냉혈 동물**은 환경과 같은 신체 온도를 갖고 있다. 예를 들어, 따뜻한 물에 사는 물고기는 따뜻한 신체 온도를 갖고 있다. 차가운 물에 사는 물고기는 차가운 신체 온도를 갖고 있다.

대부분의 물고기는 얇은 피부로 덮힌 뼈로 된 팔을 갖고 있다. 물고기는 지느러미와 몸 운동을 이용하여 물속에서 움직인다. 물고기의 지느러미 숫자를 세어 보라. 지느러미는 몇 개인가? 지느러미는 어디에 있는가?

[그림 21-10] 설명문 교과서 자료

출처: Accent on Science (A Merrill Science Program) Hardcover, 1985 by Robert B. Sund, Donald K. Adams, Jay K. Hackett, Richard H. Moyer, Merrill (1985), p. 178. ISBN-13: 978-0675068444. Copyright by McGraw-Hill Education. 허가하에 재인쇄.

◉ 안내된 읽기

독해에 어려움을 겪거나 내용 교과 영역 교과서를 처음으로 배우는 어린 학생들을 지도할 때 교사는 이 책의 앞부분에서 제시했던 서술형 읽기 자료를 위한 읽기 형식과 유사한 교사 주도 전략인 **안내된 읽기**(guided reading)를 사용한다. 이 절차에서 교사는 내용 교과 영역 관련 하나의 문단 혹은 일련의 문단들에 대해 안내된 읽기 질문이나 지시(예: "~을 찾기 위해 읽으세요.")를 한다. 이 질문은 문단 내용 중 중요한 내용에 학생들의 주의를 집중하는 역할을 한다. 그런 다음 학생들은 문단의 내용을 조용히 읽는다(만약 읽기를 잘 못하는 학생의 경우라면 조용히 읽고 난 다음 소리 내어 읽게 한다). 문단을 읽고 난 후 교사는 학생들에게 문단의 중심 내용, 알았으면 하는 중요한 사실이나 세부 사항에 대해 질문을 한다.

이 절차를 최적화하기 위해서는 학생들이 혼자서 읽을 때 스스로 물을 수 있는 질문의 유형을 시범 보이기 위해 질문을 구조화해야 한다. 예를 들어, 학생들에게 문단의 제목을 묻는 것으로 시작한다. 그런 다음 가장 중요한 정보를 강조하면서 그 제목에 관해 쓰인 정보를 요약하라고 한다. 이후 학생들이 문단 내용 중 혼란스러워하는 부분을 명료화하는 데 도움을 줄 질문을 한다. 마지막으로, 남은 부분에서 어떠한 내용이 나올지를 예측하도록 하는 질문을 한다. 남은 읽기 활동들을 검토해 보면 알겠지만, 질문의 유형은 학생들로 하여금 **상보적 교수**(reciprocal teaching)를 준비하는 데, **짝과의 읽기 활동**(partner reading)을 할 때 내용을 다시 말하는 데, 그리고 **학습전략** 시연 단계 때 학생들을 준비시키는 역할을 할 것이다. 안내된 읽기의 예가 〈표 21-12〉에 나와 있다.

표 21-12 교사 주도의 안내된 읽기 수업 형식

교사	학생
1. (학생들은 글의 제목이나 소제목을 읽는다. 교사는 학생들에게 해당 절이 무슨 내용을 다룰 것인지 물어본다.)	
a. "제목을 읽으세요."	"물고기."
b. "이 절에서는 어떤 내용을 다룰까요?"	"물고기."
2. (선택한 부분을 읽게 한다. 일반적으로 한 문단 혹은 동일한 제목하의 일련의 문단들을 선택한다. 선택한 부분은 속으로 읽도록 한다. 만약 학생들이 해독에 어려움을 보이면 처음에는 속으로 읽다가 나중에는 소리 내어 읽도록 한다. 선택한 부분을 읽기 전에 안내된 읽기 질문을 하거나 지시를 한다.)	
a. "첫 번째 문단을 읽고 모든 물고기에게 동일한 것이 무엇인지 찾아보세요."	(문단을 속으로 읽는다.)
b. "읽기를 다 마치면 앞을 보세요."	
3. (선택한 내용에 대해 구조화된 질문을 한다. 질문들은 학생들로 하여금 문단의 제목을 알아내고 중요한 정보를 요약하는 데 도움이 되어야 한다. 아울러 선택한 내용 부분의 혼동스러운 요소를 명료화하고 그다음 부분에서 어떠한 내용이 다루어질 것인지를 예측하는 데 도움이 되어야 한다.)	
a. "이 문단 전체가 무엇에 관해 말하고 있는지 단어나 구를 말해 보세요."	"물고기요."
b. "그래요. 이 문단은 물고기에 대해 이야기 하고 있어요. 물고기에 대한 내용 중 중요한 몇 가지를 말해 보세요."	"물고기는 척추동물 중 가장 큰 집단입니다."
c. "예전에 읽었던 내용에서 척추류는 무엇이었죠?"	"척추를 가진 동물입니다."
d. "이 문단이 물고기에 대해 말하고 있는 것 중 중요한 것은 또 무엇입니까?"	"모든 물고기는 뼈를 갖고 있습니다."

e. "아주 좋아요. 그래요. 이 문단은 물고기에 대해 말하고 있어요. 이 문단에 따르면, 물고기는 척추류 중 가장 큰 집단이고 모든 물고기는 뼈를 갖고 있어요."	
f. "대부분의 물고기 뼈는 무엇으로 되어 있나요?"	"뼈요."
g. "일부 물고기의 뼈는 무엇으로 되어 있나요?"	"연골이요."
h. "이 문단에서는 연골이 무엇인지 말해 주고 있나요?"	"아니요."
i. "다음 문단에서는 무엇을 배울 것으로 생각하나요?"	"연골이요."
j. "여러분 모두는 이제 물고기에 대해 뭔가를 알게 되었어요. 물고기에 대해 우리가 배운 내용들의 일부를 말해 보세요.	"물고기는 비늘을 갖고 있어요. 물고기의 지느러미에 관해서요. 그리고 물고기가 어떻게 헤엄치는지에 관해서요."
4. (나머지 문단이나 이 문단의 나머지 부분에 대해 같은 절차를 반복한다.)	
5. (선택한 부분을 모두 읽은 다음에는 학생들이 내용 전체에서 정보를 요약하는 데 도움을 줄 질문들을 제시하고, 중요한 정보는 연습할 기회를 제공한다.)	
a. "이 절에서 우리가 읽은 것을 복습해 봅시다. 물고기는 척추동물 중 가장 큰 집단입니다. 모든 물고기는 무엇을 갖고 있나요?"	"척추요."
b. "골격을 형성하는 두 가지 재료는 무엇입니까?"	"뼈와 골격이요."
c. "연골이란 무엇을 말합니까?"	"코끝의 뼈와 같이 유연한 물질이요."
d. "물고기 몸체는 무엇이 덮고 있습니까?"	"비늘이요."
e. "아가미는 물고기를 어떻게 돕습니까?"	"물고기의 몸을 보호합니다."
f. "어떤 기관이 물고기로 하여금 물에서 산소를 뽑아내도록 도와줍니까?"	"아가미요."
g. "물고기는 온혈동물인가요, 아니면 냉혈동물인가요?"	"냉혈동물이요."
h. "냉혈동물에는 어떤 것들이 있습니까?"	"환경과 같은 온도를 가진 동물이요."
i. "만약 어떤 물고기가 차가운 물 속에 산다면 그 물고기의 체온은 어떻게 될까요?"	"차갑게 됩니다."
j. "물고기에는 팔이나 다리가 없지만, 사지를 갖고 있습니다. 이 사지를 무엇이라 부릅니까?"	"지느러미요."
k. "지느러미는 물고기를 어떻게 돕습니까?"	"물속에서 이동하는 데 도움을 줍니다."
6. (시간이 허락하면, 또래에게 읽었던 내용을 다시 말해 보게 한다. 또래가 내용을 말하면, 다른 또래에게 삭제된 중요한 정보가 있으면 말해 보게 한다. 이 작업은 학생들이 정보를 요약하는 연습을 하게 해 줄 것이다. 이 기술은 또한 상보적 교수, 또래와 읽기, 혼자 말하기를 사용하는 스스로 학습하기 전략에 사용될 수 있다.)	
a. "또래 1번, 여러분 짝에게 물고기에 대해 읽은 것을 말해 주세요."	(학생은 짝에게 내용을 이야기한다.)
b. "또래 2번, 여러분 짝에게 빠진 정보가 있으면 모두 짝에게 이야기하세요."	(짝이 놓친 다른 정보를 짝에게 말해 준다.)

◉ 상보적 교수

상보적 교수(reciprocal teaching; Palincsar & Brown, 1986)의 읽기 활동은 안내된 읽기에서와 매우 유사하게 진행한다. 하지만 내용에 대한 질문은 교사와 학생이 모두 한다. 교사는 학생들에게 질문하기, 요약하기, 명료화하기, 예측하기의 네 가지 전략을 지도한다. 일단 학생들에게 이 전략들을 지도하고 나면 교사와 학생 모두가 내용에 대한 질문을 한다. 교사와 학생은 이러한 방식으로 단원의 내용에 대한 대화에 참여한다. 네 가지 전략은 다음과 같다.

- **질문하기:** 내용 속의 중요한 정보를 확인하고, 내용에 대한 질문을 생성하며, 질문을 또래에게 제시한다. 학생들은 질문을 하는 것뿐만 아니라 질문에 대한 대답에도 참여하기 때문에 교사의 질문에 대답하기만 했을 때보다 수업에의 참여도는 더욱 높다.
- **요약하기:** 읽은 부분의 정보를 요약하고 가장 중요한 정보를 보고한다. 읽기가 진행되면 학생들로 하여금 여러 문단이나 문단 내 여러 부분의 내용을 요약하도록 한다.
- **명료화하기:** 읽었던 내용 중 명료하지 않은 부분(예: 잘 모르는 어휘 등)을 찾아내도록 해서 독해를 촉진하기 위한 반응(도움을 요청하거나 자료를 다시 읽는 등)을 제대로 보일 수 있게 한다.
- **예측하기:** 읽을 내용 속에서 저자가 다루고자 하는 것이 무엇인지를 예측해 보게 한다. 이를 위해서는 제목 관련 사전지식과 이미 읽었던 부분에 나왔던 정보를 활용해야 한다.

Palincsar와 Brown(1986)이 지적했듯이, 상호 대화를 하며 이 전략들을 사용하기 전에 교사는 먼저 각 전략을 가르쳐야 한다. 각 전략을 가르치고 나서 학생들이 어느 정도 각 전략 사용에 능숙해지면 설명문 문단을 읽는 맥락 속에서 각 전략을 사용하는 시범을 보인다. 시범 초기에는 대화를 안내하고 읽는 도중에 이 전략들이 어떻게 사용될 수 있는지를 시범 보인다. 수업이 진행되면서 질문을 제기하고 대화를 유지하는 책임을 점진적으로 학생들에게 넘긴다. 시간이 지날수록 학생들은 대화를 주도할 책임을 더 많이 지겠지만, 교사는 계속해서 이 전략 활용을 안내해야 한다. 물고기에 관한 문단을 소재로 한 교사와 학생 간 상보적 교수의 예는 〈표 21-13〉과 같다.

표 21-13 상보적 교수를 이용한 교사와 학생 간 대화 예

(1번 문단을 소리 없이 읽은 다음)	
교사:	누가 교사 역할을 맡을까요?
학생 1:	제 질문은 '어떻게 물고기는 모두 같나요?'입니다.
학생 2:	물고기는 모두 척추를 갖고 있습니다.
학생 1:	척추는 무엇으로 구성되어 있습니까?
학생 3:	뼈로 구성되어 있습니다.
학생 4:	또한 연골로도 구성되어 있습니다.
학생 1:	요약을 해 볼게요. 이 문단은 물고기에 대해 말하고 있어요. 모든 물고기는 척추를 갖고 있어요. 척추의 일부분은 뼈로 구성되어 있어요. 물고기의 다른 척추는 연골로 구성되어 있어요.
교사:	명료화해야 할 사항들이 있나요?
학생 1:	연골이 무엇인지 명료화해야 할 것 같아요.
교사:	연골이 무엇인지 방금 읽은 문단에 나와 있나요?
학생 1:	아니요.
교사:	다음 문단에서 저자는 무엇을 말할까요?
학생 5:	연골이요.
학생 1:	그래요. 저도 저자가 연골에 대해 이야기할 것이라 예측해요.
교사:	저자가 물고기에 대해 연골 말고 또 무엇에 대해 이야기할지 예측할 수 있나요?
학생 6:	어쩌면 물고기가 어떻게 움직이는지에 대해 말할지 몰라요.
학생 7:	아마도 지느러미 같은 물고기의 각 부분에 대해 말할 것 같아요.
학생 8:	틀림없이 서로 다른 물고기의 종류에 대해서 말할 것 같아요.
교사:	모두 아주 잘 예측했어요. 여러분이 예측한 것 중에서 맞는 것이 있는지 다음 문단을 읽어 봅시다.

◉ 짝과 읽기

읽기 과정에 학생들을 능동적으로 참여시키기 위한 한 가지 방법은 짝과 읽기(partner reading) 활동을 활용하는 것이다. 학생들의 읽기 수준을 감안하여 각 학생 짝을 지정한다. 일반적으로는 읽기 능력이 제일 낮은 학생은 중간 수준의 학생과, 중간 수준 학생은 하위 수준, 중간 수준, 상위 수준 학생과 그리고 가장 높은 수준의 학생은 중간 혹은 상위 수준 학생과 짝을 지어 준다. 학생들은 사이에 한두 권의 책을 놓고 짝과 나란히 앉도록 한다. 교사가 읽을 지문을 선정하면, 학생들은 한 쪽씩 혹은 일정한 시간(통상 5분) 경과 후 교대로 문단을 읽는다. 짝이 해독 오류를 보이면 어떻게 교정할 것인지를 가르쳐야 한다(Fuchs, Fuchs, Mathes, & Simmons, 1996). 학생들은 '묻고 말하기(ask then tell)' 교정 절차를 익혀야 한다. 오류를 감지하면 짝은 "이 단어를 읽어 보겠니?"라고 묻는다. 만약 단어가 정확하지 않다면, 짝은 단어를 말해 준다("그 단어는 ~야."). 그러면 학생은 해당 문장을 다시 읽는다.

짝과 읽기는 학생들이 실제로 읽는 활동의 양을 증가시키지만, 온전한 효과는 오직 독해 전략이 첨가되었을 때만 얻을 수 있다. 짝과 읽기 전략 중 아주 뛰어난 한 가지 전략은 **문단 줄이기**(paragraph shrinking) 전략이다(Fuchs et al., 1996). 이 전략을 활용할 때 읽기를 맡은 학생은 교수자 역할을 맡은 짝에게 문단을 읽어 준다. 읽기가 끝나면, 교수자를 맡은 학생은 읽은 학생에게 문단에 나오는 사람의 이름과 문단의 내용에 대해 물어본다. 그런 다음 '누구 혹은 무엇'과 관련된 가장 중요한 것을 말해 보도록 한다. 이어서 교수자 역할을 맡은 학생은 문단의 주제를 10단어 이하로 말해 보게 한다. 이러한 특징 때문에 이 전략을 문단 줄이기 전략이라 부른다.

⊙ 학습전략

다른 읽기 영역 지도에서와 마찬가지로, 내용 교과 읽기 지도 시 교사의 궁극적인 목적은 학생들이 스스로 과제를 분석하고, 그 과제를 수행할 계획을 고안하며, 계획을 실행하고 자신의 수행을 평가할 수 있도록 그들의 능력을 개발하는 것이다. 이 목적을 달성하는 한 가지 방법은 학생들에게 과제별 **학습전략**(learning strategies)을 가르치는 것이다. 여러 문헌에서 학습전략을 다양하게 정의해 왔지만, 여기서는 특정한 유형의 과제(예: 설명형 자료 읽기)에 반응하는 체계적이고 학습자 중심인 절차로 학습전략을 규정한다. 일반적으로, 학습전략은 일련의 단계들로 구성되어 있다. 이 단계들의 목적은 자기점검, 자기평가, 자기교정 등을 통해 자기 자신의 사고 과정을 생각하면서 중요한 변인(예: 설명형 자료 속의 중요한 개념)에 인지와 주의를 향상시키고 초인지를 증가시키도록 하는 데 있다.

그동안 초등학생과 중학생을 대상으로 설명문 자료 읽기를 위해 많은 학습전략이 개발되고 연구되어 왔다(Deshler, Schumaker, Harris, & Graham, 1999; Gleason, Archer, & Colvin, 2002; Schumaer, Denton, & Deshler, 1984). 하지만 이들 학습전략 간에는 몇 가지 공통점이 있다. 첫째, 모든 학습전략은 학생들이 읽기 과정에 보다 능동적으로 참여하게 하려 한다. 단원을 수동적으로 읽고, 또 그냥 읽는 것보다 질문을 형성하고, 내용에 대한 메모를 하며, 중요한 정보는 말로 다시 말해 보게 한다. 둘째, 모든 전략은 학생들의 주의를 가장 중요한 개념, 아이디어, 세부 사항에 집중시키려 한다. 셋째, 내용 교과 읽기 학습전략은 중요한 정보를 암송하게 하거나 적어 보게 함으로써 정보를 시연하고 연습하도록 한다. 여기서는 그중 두 가지 유형의 학습전략에 대해 좀 더 알아보고자 한다. 한 가지는 말로 연습하는 것이고 다른 하나는 글로 연습하는 것이다.

구두 시연 전략(verbal-rehearsal strategies)

SQ3R(조사하기, 질문하기, 읽기, 암송하기, 복습하기) 전략이 개발된 이후 구두 시연 혹은 암송 활동을 포함하고 있는 많은 유사 학습전략이 초·중등학생을 대상으로 개발되어 왔다(Archer & Gleason, 2002; Deshler et al., 1999; Gleason, Archer, & Colvin, 2002). 이들 학습전략 중 하나인 능동적 읽기(active reading)는 그 단순성 때문에 초등학생과 읽기 저성취 중등학생에게 특히 효과적이다. [그림 21-11]은 능동적 읽기의 학습전략 단계를 나타낸 것이다.

능동적 읽기
R=Read(읽기) 문단을 읽는다. 제목에 대해 생각한다. 중요한 세부 내용에 대해 생각한다. C=Cover(덮기) 손으로 읽기 자료를 덮는다. R=Recite(암송하기) 스스로에게 읽은 것을 스스로에게 말한다. 제목을 말한다. 중요한 세부 내용을 말한다. 자기 말로 내용을 말한다. C=Check(점검하기) 손을 들고 내용을 확인한다. 중요한 내용을 잊어버렸으면 다시 시작한다.

[그림 21-11] 능동적 읽기 절차

출처: Archer & Gleason (2002). Copyright by Curriculum Associates. 허가하에 재인쇄.

능동적 읽기 전략은 하나의 문단을 읽고, 문단을 손으로 가리고, 중요한 정보를 암송하며, 자기가 암송했던 것이 맞는지를 문단 내용을 다시 보며 확인하는 전략이다. 선택한 읽기 영역을 다 읽을 때까지 이 과정을 지속한다. 학습자는 눈으로 확인 가능한 행동(읽기 자료 읽기, 읽기 자료를 손으로 가리기, 내용을 말로 암송하기)을 보이며 읽기 과정에 능동적으로 참여한다. 인지(정보에 대해 생각하기)는 구두 시연으로 향상된다. 초인지(자신의 생각에 대해 생각하기)는 자신이 암송한 것을 검토하는 단계에서 활성화된다.

Archer와 Gleason(2002)이 그들의 교수 자료에서 제시한 바와 같이 **능동적 읽기** 전략을 소개하기 전에 학생들로 하여금 자신들이 읽는 내용을 구두로 다시 말해 보게 하는 것이 중요하다. 첫째, 학생들에게 문단의 제목을 알아내도록 한다. 일단 학생들이 문단의 제목을 하나의 단어나 구로 이야기할 수 있으면 문단 내 세부 내용을 확인하고, 문단의 제목과 세부 내용을 자기 말로 다시 말해 보도록 지도한다. 학생들이 특정 문단의 내용을 다시 말할 수 있게 되면 전략 전체를 시범 보인다. 또한 학생들이 능숙하게 이 전략을 활용할 때까지 안내된 연습을 제공하고, 그 이후에 혼자서 이 전략을 연습하게 한다.

기록지를 이용한 시연 전략(written rehearsal strategies)

설명문 자료를 읽는 과정에 학생들이 적극적으로 참여하게 하는 또 다른 방법은 중요한 내용에 대해 기록을 하게 하는 것이다. 기록을 할 때, 학생들은 저자의 메시지에 세심한 주의를 기울여야 하고, 어떤 정보가 중요하고 적을 필요가 있는지를 평가해야 한다. 그러한 메시지와 중요한 정보들은 이후 학습에 사용될 수 있도록 내용을 짧게 요약하기, 내용을 요약한 문단 쓰기, 단원의 질문에 대답하기, 보고서 작성하기 등의 과정에서 드러나게 된다.

가르칠 노트 기록 방식을 선택할 때에는 형식 자체가 내용의 주의를 분산시키지 않도록 하는 것이 중요하다. 종종 교사들은 문단 내 아이디어들의 관계를 들여쓰기, 숫자(로마 숫자와 아라비아 숫자), 글자(대문자, 소문자) 등과 같은 형식적인 개요 작성 방법을 이용하여 학생들에게 소개하곤 한다. 개요를 잡는 활동은 발표나 보고서 작성을 준비하기 위해 **자기 자신의** 생각을 조직하는 데 도움이 될 수 있지만, 쓰인 내용에 대해 기록을 할 때에는 적절하지 않다. 왜냐하면 많은 학생은 저자의 정보보다는 자료를 기록하는 형식(예: 로마 숫자 I로 써야 할지, 대문자 A로 써야 할지, 아니면 소문자로 써야 할지 등)에 더 신경을 쓸 것이기 때문이다. 따라서 제목을 쓰고 그 하위 내용들은 조금 들여서 쓰는 등의 보다 간단한 형식의 노트 기록 방식을 가르쳐야 한다. 이런 방식은 숫자나 글자를 사용하는 방식보다 훨씬 단순하여 학생으로 하여금 개요를 작성하는 형식보다는 내용들 간의 관계에 더 초점을 맞추게 해 준다.

Archer와 Gleason(2002)이 개발한 이러한 간단한 방식의 노트 기록법은 텍스트 구조에 따라 기록을 하고 분석 단위로 문단을 다시 사용하기 때문에 특히 초등학생과 읽기 저성취 학생들에게 적합하다. 이 기록 방식에 따르면 학생들은 종이 중앙에 제목과 소제목을 적고 해당 쪽수를 적는다. 그런 다음 각 문단별로 해당 부분에 기록을 한다. 첫째, 문단의 제목을 기록한다. 그런 후 문단 속의 중요한 세부 사항을 조금 들여쓰기로 기록한다. 기록을 모두 마치고 난 후, 명료하게 썼는지 확인한 다음, 다시 처음으로 돌아가서 왼쪽 여백에 각 문단별 질문을 기록한다. 나중에 기록한 것을 가지고 공부할 때에는 자기가 기록한 것을 가리고 스스로에게 질문을 하고 대답을 말해 보게 한 다음, 자신의 대답과 자신의 기록을 서로 비교해 보게 한다(〈표 21-14〉의 예시 참조).

표 21-14 들여쓰기를 이용한 노트 기록하기 예

이 노트는 텍스트 자료의 구조를 반영한다. 적을 내용은 각 문단에서 추출하여 제목과 중요한 세부 내용으로 작성한다.

물고기	

물고기 집단
• 가장 단순한 척추동물 집단
• 가장 규모가 큰 집단
• 척추등뼈를 갖고 있음
  - 뼈
  - 연골
	아가미
	• 물에서 산소를 추출하는 기관
	  - 물이 입으로 들어옴
	  - 산소가 아가미로 들어감
	  - 물이 아가미 틈으로 나감

연골 • 단단하면서 유연함 • 일부 물고기의 등뼈 • 상어와 가오리	냉혈 동물 • 체온이 환경과 같음 • 따뜻한 물=따뜻한 몸

비늘
• 가늘고, 미끄러우며, 뼈 같은 물질
• 물고기를 덮고 있는 방식
  - 서로 겹쳐져 있음
  - 물고기 보호
	지느러미
	• 피부로 둘러싸인 팔다리
	• 물속을 이동하는 데 사용

노트 정리하기는 신중하게 지도해야 한다. 첫째, 학생들이 문단의 제목과 중요한 세부 내용을 파악하도록 가르쳐야 한다. 다음으로 노트 정리하기 절차를 시범 보여야 한다. 이를 위해 교사는 문단을 읽고, 문단의 제목을 정하고, 그것을 칠판, OHP, 노트북 등에 기록하며, 그런 다음에는 중요한 세부 사항을 들여쓰기를 통해 기록한다. 시범을 보일 때에는 '생각하며 크게 말하기'를 통해 왜 문단 제목과 세부 사항을 선정했는지 학생들에게 말해 줘야 한다. 이 과정에서 노트 정리는 간결해야 하고 자신의 말로 해야 한다는 것을 강조해

야 한다. 그런 다음 시범에 따라 들여쓰기를 이용하여 내용을 잘 조직하게 한다.

노트 정리하기 시범을 보인 다음에는 학생들이 노트 정리하는 것을 안내해 줘야 한다. 일단 문단을 읽고 제목을 정하게 한다. 가능한 한 여러 개의 제목을 먼저 뽑고 그중에서 하나를 골라 보게 한다. 그런 다음 칠판, OHP, 파워포인트 화면 등에 학생들이 고른 제목을 쓰고, 그 제목을 자신들의 활동지에 적게 한다. 이어서 학생들이 문단의 중요한 세부 내용을 제안하면, 교사는 그 내용들이 맞는지 피드백을 준다. 학생들은 제목 아래에 들여쓰기 형태로 중요한 세부 내용을 기록한다. 이때 교사는 다시 한번 학생들에게 중요한 세부 내용을 기록할 때 간결할 것, 자신의 말로 적을 것 등을 강조한다. 이러한 안내된 연습 방식은 학생들이 능숙하게 이 전략을 활용할 수 있게 되기까지 여러 날에 걸쳐 지속하는 것이 좋다). 학생들이 어느 정도 능숙해지면 스스로 노트를 정리해 볼 기회를 제공한다. 이때쯤이면 학생들은 정보가 많이 담긴 읽기 자료 내용을 잘 기록할 수 있어야 한다. 이 수업 절차는 그림으로 제목과 하위 내용을 삽화로 나타내는 노트 정리방법인 **지도화**(mapping)를 가르칠 때에도 사용할 수 있다(지도화 예는 [그림 21-12] 참조).

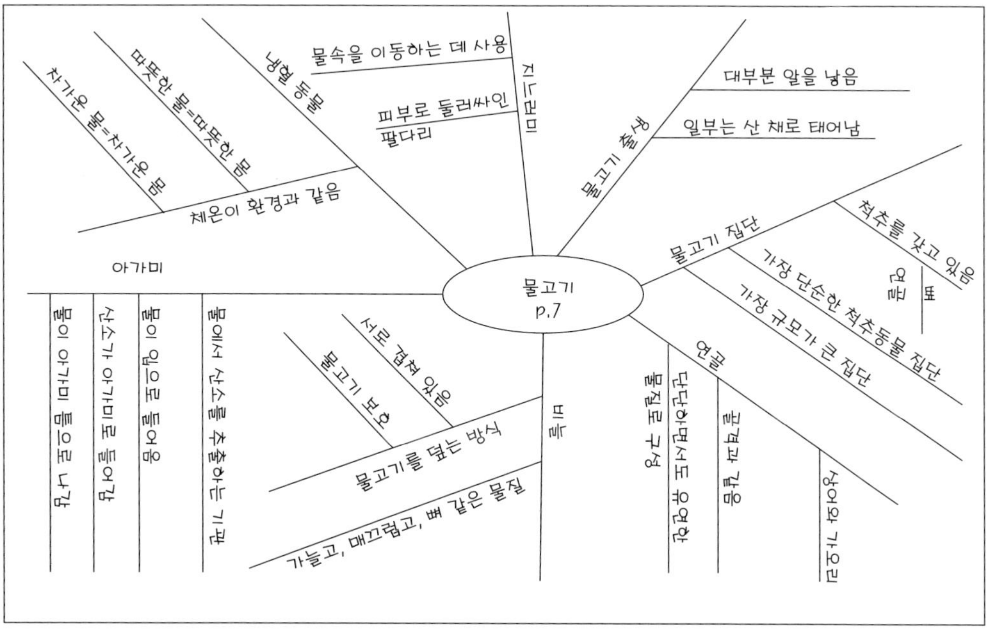

[그림 21-12] 지도화 예

노트 정리하기는 노트에 내용을 적을 **뿐만 아니라** 적은 내용을 실제로 공부할 때에만 학생들에게 도움이 된다. 학생들이 기록한 것을 모아서 점수를 매길 필요는 없지만, 학생들의 책임감 고취 차원에서 노트 정리를 완성했는지 안 했는지는 성적표에 기록해 두어야 한다. 학생들에게는 자신이 기록한 노트를 어떻게 공부해야 할지에 대해서도 가르쳐야 한다. 학생들은 구두 시연 전략(예: 읽고, 덮고, 암송하고, 확인하기) 혹은 자기질문하기 전략(self-questioning strategy; 예: 너의 질문을 읽어라. 질문에 답하라. 노트를 보고 답을 확인하라)을 사용할 수 있다. 노트 정리한 것을 활용하기 위해 학급 활동을 구조화할 수도 있다. 교사는 내용에 대해 질문을 하고 학생들로 하여금 자신들이 적은 노트 속에서 답을 찾도록 한다. 이와 비슷하게, 학생들도 또래에게 질문을 하고 그에 대한 답을 각자의 노트 속에서 찾도록 할 수 있다. 이 두 가지 활동을 통해 학생들에게 노트 활용 연습기회와 그 노트의 적절성에 대해 피드백을 제공해 준다.

읽기 후 활동

읽기 후 활동의 목표는 읽었던 자료에 나왔던 정보를 통합하고, 종합하며, 확실하게 기억하는 데 있다. 많은 읽기 후 활동(예: 빈 개념 지도 채우기, 학급 노트를 이용하여 내용에 대해 토론하기, 정보를 시각적으로 나타내기) 중 ① 질문에 답하기와 ② 내용 요약 적기가 특히 효과적이다. 두 활동 모두 학생들이 중요한 정보를 한 번 더 공부하고 연습하며 이후 공부할 때 사용할 수 있는 기록물을 만드는 기회를 제공해 준다.

◉ 기록된 질문에 답하기(answering written questions)

학생들이 지문을 읽으면 그 내용에 대한 질문을 적어서 제시한다. 이 활동이 학생들에게 유용하려면 교사는 다음 조건에 맞는 질문들을 기록하거나 선택해야 한다. 질문들은 ① 읽기 자료에 나와 있는 사소한 정보가 아닌 큰 개념들을 강조해야 하며, ② 사실적 독해 반응뿐만 아니라 추론적 독해 반응도 포함해야 하고, ③ '예'와 '아니요'의 반응을 넘어서야 하며, ④ 쉽게 해석할 수 있도록 문장을 잘 만들어야 한다. 이 질문들의 목적 중 하나는 지문을 확실하게 이해하도록 하는 것이기 대부분은 경험적인 배경보다는 지문 속 정보에 근거하여 답할 수 있는 '지문 의존적인(passage dependent)' 질문이어야 한다. 또한 질문에 대한 답은 중요한 개념과 그 개념들 간의 관계를 담고 있어야 한다. 종종 교사와 저자는 중심 생각보다는 사소한 사실에 초점을 맞춘 질문을 제시하는 경우가 있다. 그러면 학생들은 세부적인 사항들만 찾고 정작 중요한 것과 중요하지 않은 것을 구분하지 못하게 된다. 질문을 신중하게 선정해서 이러한 사태를 방지해야 한다. 그래서 교사는 스스로에게 "이 부분에 관해 내가 **정말로** 학생들이 기억하길 바라는 것이 무엇일까?"라고 질문해야 한다.

많은 학생은 단원의 질문에 답하는 전략을 많이 알고 있지 않다. 예를 들어, 학생들은 질문을 신중하게 읽지 않거나 단원 속에서 대답을 찾는 절차를 모를 수 있다. 또한 질문이 묻고 있는 단어를 포함하지 않은 불완전한 문장을 답으로 작성하고는 한다. 이러한 문제를 완화시키기 위해서는 질문에 답하는 구체적인 학습전략을 가르쳐야 한다. Archer와 Gleason(2002)이 개발한 전략을 사용하여 학생들에게 질문을 신중하게 읽고 질문 문장의 일부분을 답안으로 작성하여 기록하는 방법을 가르친다. 이 절차는 장점이 많다. 첫째, 학생들에게 과제를 시작하는 방법을 알려 줄 수 있다. 둘째, 답 문장이 완전해지며 질문 속의 단어나 어구를 반영하게 된다. 마지막으로, 질문을 답 문장의 일부로 바꾸는 작업은 학생들로 하여금 단원의 내용을 참조하기 전에 먼저 질문 자체를 신중하게 생각해 보게 한다. 이렇게 함으로써 질문과 관계없는 것처럼 보이는 답을 할 가능성을 줄일 수 있다. 또한 제목과 소제목을 검토함으로써 제목에 대해 언급하고 있는 부분을 찾을 수 있다. 마지막으로, 학생들은 답을 찾아 완성할 수 있다(〈표 21-15〉 참조).

표 21-15 단원의 질문에 답하기 전략

단원의 질문에 답하기
과학, 사회, 체육 교과서 속의 질문에 답해야 할 때 이 전략을 사용하시오. 명심하자. 질문 속의 단어를 여러 분 답안에 사용할 수 있다.
단계 1: 질문을 신중하게 읽는다. **단계 2:** 질문의 단어나 어구를 답안의 일부로 바꾸고 이를 적는다. **단계 3:** 제목에 대해 말하고 있는 부분을 찾는다. 그 부분을 찾기 위해서는 제목과 소제목을 이용한다. **단계 4:** 답을 찾을 때까지 읽기 자료를 읽는다. **단계 5:** 답안을 완성한다.

출처: Archer & Cleason (2002). Copyright by Curriculum Associates. 허가하에 재인쇄.

다른 학습전략을 지도할 때처럼 교사는 전략의 단계들을 제시하고, 전략을 시범 보이며, 전략을 연습할 때 학생들을 안내하고, 개인적인 연습을 제공해야 한다. 이 전략을 신중하게 가르치고 연습시키면 학생들의 답안의 질은 매우 크게 향상될 것이다. 이 전략을 가르치고 나면 대부분의 교사는 더 이상 학생들에게 답안을 작성할 때 질문에 있는 단어나 어구를 사용하라고 요구할 필요가 없다.

◉ 요약 적기(written summaries)

지문에 요약을 적는 것은 여러 가지 이유로 아주 뛰어난 읽기 후 활동이다. 첫째, 요약하기는 학생들이 설명문 자료의 조직을 이해하는 데 도움을 준다. 둘째, 요약하기는 학생들로 하여금 중심 생각과 중요한 개념들을 결정하는 연습을 하게 해 준다. 셋째, 요약하기는 국어 학습에 어려움을 겪는 학생들이 흔히 어려워하는 표현적 글쓰기 연습을 제공해 준다. 마지막으로, 요약하기 과정에서 중요한 내용을 찾아내는 노력을 통해 그 내용들을 더 잘 기억할 수 있다(Gajria & Salvia, 1992).

이렇게 많은 효과에도 불구하고 요약하기는 고등학생이라도 잘 하기가 어려운 기술이다. 요약하기는 학생들에게 많은 것을 요구한다. 학생은 요약에 어떠한 정보를 포함시키거나 삭제해야 할 것인지, 정보를 어떻게 조직하고 자신의 말로 표현할지를 결정해야 한다. 나이가 어린 학습자나 읽기 저성취 학습자에게는 무엇을 요약에 포함시키고 어떻게 정보를 압축하여 간결한 요약문으로 쓸지를 결정하기가 매우 어려울 것이다.

Sheinker와 Sheinker(1989)는 학생들의 내용 교과 자료의 요약을 안내해 줄 강력한 학습전략을 개발하였다. 그 전략은 다음 단계에 따라 진행한다. ① 지문을 훑어본다, ② 중요사항들을 나열한다, ③ 관련 있는 중요사항들을 하나의 문장으로 나타낸다, ④ 제일 중요하지 않은 사항을 삭제한다, ⑤ 나열된 중요사항들을 다시 읽는다, ⑥ 압축된 형태로 서로 합치고 지운다, ⑦ 남은 사항들을 논리적 순서대로 번호를 붙인다, ⑧ 남은 사항들을 번호순에 따라 문단으로 작성한다. 이 절차가 [그림 21-13]에서 [그림 21-15]까지 제시되어 있다. 이러한 단계별 전략은 중요하지만 배우기 쉽지 않은 요약 기술을 익히게 하는 데 모든 학생에게 유용할 것이다.

Sheinker와 Sheinker(1989)가 제시한 수업 절차에 따라 교사는 요약하기의 목적, 요약을 하면 좋을 상황을 소개하고 요약하기 시범을 보인다. 꼼꼼하게 구조화된 일련의 수업과정에서 교사는 전략의 단계들, 각 단계의 사용 근거를 제시하고 각 단계를 훈련시킨다. 그런 다음 학생들은 미리 제시된 단계에 따라 요약 문단을 작성한다. 이후 모든 학생이 각 단계를 거치면서 브레인스토밍을 하며 집단 차원의 요약 문단을 작성한다. 학생들은 자신들이 작성한 요약문을 학급 전체가 작성한 요약문과 비교한다. 학생들이 요약 문단을 정확하고 유창하게 작성할 수 있을 때까지 이 수업 방식을 반복한다.

Sheinker와 Sheinker(1989)가 개발한 전략에 따라 학생들은 단원을 훑어보고 중요한 사항들을 열거한다. 그다음 관련된 사항들을 서로 합쳐 하나의 문장으로 작성한다. 그런 후에 학생들은 가장 덜 중요한 사항들을 삭제한다. 이 전략의 첫 4단계가 이 예에 제시되어 있다.

물고기

물고기는 척추동물이다.
(모든 물고기는 척추를 갖고 있다.
척추는 뼈나 연골로 이루어져 있다.
~~연골은 내 코 끝과 같다.~~
물고기는 비늘을 갖고 있다.
(비늘은 물고기 몸을 감싸고 있다.
비늘은 물고기 몸을 보호한다.
(아가미는 물고기 몸의 조직이다.
아가미는 물에서 산소를 추출한다.
물고기는 냉혈 동물이다.
물고기는 물속에서 이동할 때 지느러미를 사용한다.

[그림 21-13] 요약문 작성하기의 초기 단계

물고기

① 물고기는 척추동물이다.
② 모든 물고기는 척추를 갖고 있다.
~~척추~~는 뼈나 연골로 이루어져 있다.
~~연골은 내 코 끝과 같다.~~
③ 물고기는 비늘을 갖고 있다.
~~비늘은 물고기 몸을~~ 감싸고 있다. 그리고
비늘은 물고기 몸을 보호한다.
⑥ ~~아가미는 물고기 몸의 조직이다.~~ 물고기의 특수한 몸 조직이다.
아가미는 물에서 산소를 추출한다.
④ 물고기는 냉혈 동물이다.
⑤ 물고기는 물속에서 이동할 때 지느러미를 사용한다.

[그림 21-14] 요약문 작성하기의 추가 단계

요약문을 작성하고 나면, 학생들은 자신들이 열거한 중요사항을 다시 읽고 이 목록들을 더 압축하기 위해 서로 합치거나 지운다. 그런 다음 남은 사항들을 논리적 순서대로 번호를 붙인다. 이 단계들이 [그림 21-14]에 제시되어 있다.

물고기
물고기는 척추동물이다. 모든 물고기는 뼈나 연골로 이루어진 척추를 갖고 있다. 물고기는 그들의 몸을 감싸고 있고, 그 몸을 보호하는 비늘을 갖고 있다. 물고기는 물속에서 이동할 때 지느러미를 사용하는 냉혈 동물이다. 물고기의 특수한 몸 조직인 아가미는 물에서 산소를 추출한다.

[그림 21-15] 중요사항을 요약한 문단

학생들은 자신이 열거했던 중요사항을 논리적 순서에 따라 하나의 문단으로 작성함으로써 문단 요약을 완성할 수 있게 된다.

복습 절차

필기 과제에 대한 피드백은 정답과 함께 제공하되, 전체 집단 혹은 소집단 교정은 필기 혹은 구두로 피드백을 준다. 정확하지 않거나 완성하지 못한 반응의 경우에는 교재를 사용하여 완성하도록 해야 한다. 필기 활동 수행 정도는 차트, 성적표 혹은 과제 기록지에 기록하도록 한다. 모든 학생은 90% 정확도 수준으로 수행을 해야 한다. 만약 이 수준에 이르지 못하면 준비 활동과 연습량을 늘려야 한다. 대체로 저성취 학생들은 필기 과제가 너무 어렵거나 학생들이 충분한 준비를 하지 못하기 때문에 정확도가 낮다. 학생들이 계속해서 과제를 수행하지 못하면 자칫 잘못된 공부 습관(단지 과제를 마치기 위해 무작위로 대답해 버림)과 부정적인 태도를 가질 수 있다.

어려운 개념을 확실히 알도록 하기 위한 집단 전체 혹은 소집단 토의는 개별 교정 이후에 진행한다. 추가로 내용에 대한 사실적 질문과 추론적 질문을 하고, 구두로 대답을 하게 하며, 학생들을 토의 과정에 참여시킨다. 이때 해당 단원을 복습할 때 적어 두었던 질문들을 사용한다. 개념을 명료화하기 위해 표, 차트, 그래프, 연대표 혹은 흐름도 등을 사용하여 정보를 시각적으로 요약한다.

지문을 읽고 필기 과제를 마친 후 곧바로 어려운 개념을 확실히 알도록 하는 것 이외에 중요한 개념과 그들 간의 관계를 이후 수업에서 교사가 제기한 구두 질문, 필기 과제에 제시한 문항 혹은 매일 퀴즈 등을 통해 복습하도록 해야 한다. 중요한 개념의 복습을 확실히 하기 위해 단원이나 소단원 끝부분의 검사를 활용할 수도 있다. 누적된 복습을 통해서 학생들은 내용 교과 영역 교과서에 제시된 정보가 중요하고, 매일 과제를 완성하는 데서 그치지 않고 지속적으로 유지하고 있어야 한다는 것을 학습하게 될 것이다.

요약

설명문 자료는 좀 더 익숙한 것에서 그렇지 않은 것까지 다양하기 때문에 내용 교과 영역 교과서 읽기는 중간 학년 학생들에게 새로운 도전이 될 수 있다. 교과서에 제시된 정보를 숙달하는 것을 촉진할 뿐만 아니라 혼자서 사용할 수 있는 중요한 읽기 기술을 획득하게 해 주는 내용 교과 영역 교과서를 사용하는 방법은 명시적으로 지도해야 한다. 내용 교과 영역 수업 준비는 학생들이 숙달해야 하는 읽기 영역 내 정보를 선정하는 것부터 시작한다. 이 정보는 읽기 영역을 읽는 도중이나 읽고 난 후 완성해야 할 검사나 필기 과제로 변환시킨다. 과제는 적힌 질문, 요약문 작성하기, 차트, 그래프, 연대표, 개념 다이어그램 등과 같은 정보의 시각적 표상 등으로 구성할 수 있다. 단원은 또한 가르칠 수 있는 단위로 나누어야 한다.

중요한 정보를 결정하고, 교사가 작성했든 아니면 내용 교과 영역 교과서 속 자료에서 뽑았든 필기 과제를 정했으면 선정한 읽기 자료를 읽도록 학생들을 준비시킨다. 준비 활동에는 어휘 미리 가르치기(해독과 뜻), 중요한 그래픽 소개하기, 선정한 읽기 자료 개관하기, 지문의 구조 가르치기, 개념 지도나 개념 다이어그램을 이용한 개념 미리 가르치기, 그리고 특징 분석 절차 등이 있다. 지문 읽기를 위한 준비 활동의 양과 유형은 학생들의 개인차를 반영하여 조정해서 읽기 저성취 학생은 더 많이 준비를 시켜야 한다. 학생들이 내용 교과 영역 읽기를 잘 하게 되면 준비 활동의 양을 점진적으로 줄여서 나중에는 혼자서 읽을 수 있도록 한다.

지문 읽기 준비가 끝나면 학생들은 안내된 읽기, 상보적 읽기, 짝과 읽기, 혼자 묵독하기 등을 통해 읽기 자료를 읽고 학습전략을 이용할 수 있어야 한다. 그런 다음 읽기 자료에 대한 필기 과제를 완성할 수 있어야 한다. 학생들에게 노트를 정리하는 방법, 질문에 답하는 방법 그리고 요약문을 작성하는 방법을 가르쳐야 한다. 필기 과제를 완성하고 나면 집단 혹은 개별 교정을 제공하고, 그 후 학생들은 부정확하거나 불충분한 대답이 있으면 교정하도록 한다. 이 밖에 중요한 개념을 복습하고 확장하는 추수 활동이 추가로 포함되어야 한다.

응용 연습문제

과학, 사회, 체육 교과서에서 하나의 단원을 택한 다음, 다음의 활동을 완성하기 위해 활용하기 바란다.

교사의 수업 준비

01 단원을 신중히 읽는다. 단원을 읽고 학생들이 알아야 할 중요한 개념, 어휘, 이해해야 할 사항들, 사실 등을 결정한다. 〈표 21-1〉에 나와 있는 것과 비슷하게 내용을 분석하여 작성한다.

02 단원의 시험 문제를 만들거나 수정한다. 시험이 중요한 내용을 다루는지 확인하고 내용을 측정하기 위해 적절한 문항을 사용한다.

03 단원의 내용을 수업하기 좋은 단위로 나눈다. 각 수업 단위는 특정 주제에 관해 연결된 논의를 담도록 하고 한 번의 수업 시간 동안 가르칠 수 있는 분량이 되도록 주의한다.

읽기 전 활동

앞서 선정한 단일 수업용 읽기 자료별로 다음 활동을 완성한다.

01 선정한 읽기 자료 부분을 다시 읽고 해독하기 어려운 단어 목록을 작성하시오. 각 단어별로 어떻게 발음을 학생들에게 소개할지 말해 보시오(예: 단어를 전체로, 접두어를 미리 교정함으로써, 단어의 부분을 지적함으로써).

02 읽기 자료에서 중요한 개념 어휘를 하나 선정하시오. 어휘 개념을 가르치기 위한 수업 형식으로 〈표 21-2〉에 나온 것과 비슷한 수업 지도안을 작성해 보시오.

03 또 다른 개념 어휘를 하나 선정하라. 개념 지도에 사용할 개념 다이어그램(〈표 21-3〉 참조)을 작성하시오.

04 선정한 읽기 자료 혹은 단원 내용 전체의 중요한 내용을 시각적으로 제시하기 위해 사용될 수 있는 개념 지도를 그려 보시오. 개념 지도 구조가 내용의 구조와 일치하도록 주의하시오(예: 위계, 다이어그램, 비교-대조, 시간순서, 절차/순환).

05 선정한 읽기 자료의 각 문단 혹은 서로 관련된 문단들에 대해 안내된 읽기 절차에 사용될 수 있는 질문들을 작성하라. 질문의 예는 〈표 21-12〉의 단계 3을 참조하시오.

06 들여쓰기를 이용한 노트 정리하기와 지도화하기를 이용하여 여러분이 선정한 읽기 자료에 대해 노트 정리를 해 보시오.

읽기 후 활동

01 지문을 읽고 나서 학생들이 작성할 수 있는 일련의 질문들을 작성하시오. 질문들이 내용 분석에서 추출한 중요한 개념들에 초점을 맞추도록 유의하시오.

02 요약하기를 지도할 때 사용할 수 있는 일단의 예들을 만들어 보시오. 선정한 읽기 자료에서 중요한 사항들을 열거해 보시오. 그런 다음 관련된 사항들을 하나의 문장으로 작성하고 가장 중요하지 않은 것은 삭제하시오. 이어서 중요한 사항들을 서로 합치고 삭제하여 더욱 압축해 보시오. 최종적으로 남은 사항들을 논리적 순서에 따라 번호를 부여하시오. 마지막으로, 선정한 읽기 자료에 대한 요약문을 작성하시오.

제6부

학교 차원의 읽기 교수 조직화

제6부에서는 초등 저학년부터 중학년까지의 모든 학생에게 아주 효과적이고 인간적인(humane) 많은 읽기 교수 프로그램 제공에 적합한 학교 조직 모델을 중점적으로 다룬다. 이 모델은 개입 반응(RTI)* 모델이라 부른다. 이 장에서는 이 모델의 필수적인 요소를 다룰 것이다. RTI 모델의 필수적인 요소는 학교나 지역마다 매우 다르겠지만, 이 다단계 수업 지원 체제의 목적은 읽기 문제를 예방하고 학교 단위의 협력을 증진하기 위함이다. 이 장에서는 학년 수준(1단계)의 학생, 학년 미만 수준(2단계)의 학생 그리고 학년보다 매우 낮은 수준(3단계)의 학생을 위해 RTI 모델을 어떻게 확립하고 적용하는지에 대한 지침을 제시하고자 한다.

---

* 역자주: RTI는 국내에서 보통 중재 반응으로 번역해 왔는데, 이 책에서는 개입 반응으로 번역하였다. 그 이유는 '중재'라는 우리말에는 '① 제3자가 분쟁을 하는 당사자들 사이에서 분쟁을 조정하여 화해를 모색하는 일, ② 당사자들 사이에서 조정하여 화해를 모색하다' 등과 같이 교육적으로 적극 나선다는 뜻보다는 주로 분쟁을 조정한다는 뜻이 더 강하기 때문이다.

제22장

개입 반응: 학교 차원의 읽기 교수 조직화

학습 목표

1. 학교 차원의 읽기 교수를 조직하기 위한 개입 반응(Response to Intervention: RTI) 모델의 특징과 요건을 확인하고 설명한다.
2. RTI 모델의 네 가지 필수 요소인 보편적 선별, 학교 차원의 다단계 수업 지원 체제, 학습진전도 점검, 데이터 기반 의사결정을 기술한다.
3. 1단계 지원, 2단계 지원, 1단계와 2단계 지원의 조화, 3단계 지원의 특징을 논한다.

이 책에서 지금까지 다루어 온 효과적인 읽기 교수 방법들은 학생들의 성공적인 읽기를 위해 매우 중요하다. 교사 1명으로도 각 교실 안에서 직접교수 읽기 전략과 기법을 성공적으로 적용할 수는 있다. 하지만 학교 차원의 지원을 통해 훨씬 더 효과적인 질 높은 수업이 가능할 것이다. 학교 차원의 체제를 통해 학생들을 효과적으로 배치하고, 학급을 구성하며, 수업의 강도를 학생의 요구에 따라 다양화하고, 학생의 학습진전도를 평가하며, 그 결과에 반응하고, 높은 수준의 읽기 교수 적용을 위해 전문성 개발과 코칭이 가능하다. 이 장에서는 교사가 직접교수 읽기 전략과 기법을 적용하는 것을 지원해 줄 학교 차원의 체제에 대해 알아보고자 한다.

일반적으로 RTI란 모든 학생이 읽기에 성공하는 데 필요한 읽기 교수를 제공하기 위해 현재 널리 사용되고 있는 학교 차원의 체제를 말한다. 하지만 아동 개인 차원에서 이 모델은 해당 아동이 특수교육 서비스 대상자인지 여부를 결정하는 하나의 과정으로 사용된다. 이 장에서는 RTI 모델을 특수교육 대상자 적격성을 결정하는 모델로서보다는 읽기 성과를 향상시키고 읽기 실패를 방지하는 모델로 다루고자 한다. RTI 모델은 읽기 문제를 조기에 감지하고 읽기에 어려움을 겪는 학습자들이 학습에 실패하기 **전에** 돕기 위해 적절한 교수를 제공하는 데 초점을 둔다. RTI 모델은 학습에 어려움을 겪는 학습자들이 필요로 하는 지원을 제공받지 못하여 결국 실패할 때까지 기다리지 않는다. 이 책 전체에 걸쳐 주장해 왔듯이, RTI 모델은 효과적인 읽기 수업을 처음부터 제공하고, 각 학생들의 요구에 맞게 그 수업을 조정하는 데 가장 효과적이고 인간적인 방법이다. 이 책의 저자들이 보기에는 이것이 RTI 모델의 주된 목적이다. 하지만 이미 자기 학년 수준보다 현저하게 낮은 수행을 보이는 학생들이 동학년 또래를 따라잡도록 도와주기 위해서는 아주 강력한 수업을 제공해야 함을 인식해야만 한다. RTI 모델은 이러한 요구도 다룬다. RTI 모델은 다음과 같은 개념에 기반하고 있다. ① 모든 학생은 질 높은 읽기 수업으로 효과를 볼 수 있다. ② 어떤 학생은 다른 학생보다 더 많은 시간 동안 적극적으로 읽기에 참여해야 하고 더 집중적인 수업을 필요로 한다. ③ 학교는 학생들의 읽기 기술을 점검하고 그 결과를 각 학생의 요구에 맞는 읽기 교수 단계를 제공하여야 한다(National Center on Response to Intervention, 2010). 이 원칙들은 직접교수 읽기 교수법의 핵심이다.

RTI의 필수 요소로는 다음 네 가지가 자주 거론되고는 한다.

- **보편적 선별**: RTI 학교는 추가적인 도움을 필요로 하는 학생들이 누락되지 않도록 하고 잠재적인 읽기 문제를 조기에 찾아내기 위해 읽기 문제가 있는 모든 학생을 선별한다.
- **학교에서의 실패를 방지하기 위해 다단계 지원을 포함한 학교 단위 수업 체제**: RTI 학교는 모든 학생에게 **1단계**의 질 높은 연구 기반 읽기 수업을 제공한다. 읽기 문제 위기 학생들은 추가로 지원을 받는다. 추가 지원에는 더 많은 지도 시간, 더 작은 규모의 학습 집단, 개별 학생의 필요를 반영한 수업 등이 포함된다. **2단계** 개입은 1단계 수업만으로는 성공하지 못하는 학생들에게 보다 강력하고 집중적인 수업을 제공한다. **3단계** 개입은 2단계 지원으로도 성공하지 못하는 학생들에게 더욱 집중적이고 강력하며 특화된 개입을 제공한다. 세 단계 지원은 각 학생에게 적합한 지원의 유형과 지원의 양을 제공하는 유연한 체제를 구축하기 위한 의도로 구안되었다. 학생들은 지원 요구에 따라 지원 단계를 옮길 수 있다. RTI 모델의 세 가지 단계는 [그림 22-1]과 아래 부분에서 자세하게 설명되어 있다.
- **학습진전도 점검**: RTI 학교는 읽기 위기 학생들의 학습진전도를 지속적으로 그리고 체

계적으로 점검한다. 이를 통해 교사들에게는 집단과 개별 차원의 학생 필요에 기반하여 수업을 조정하는 데 필요한 유용한 정보를 제공해 준다. 학습진전도 점검 강도는 학생들의 요구에 맞추어 조정한다. 많은 지원이 필요한 학생들은 더욱 자주 그리고 더욱 구체적인 학습진전도 점검을 받는다. 또한 학습진전도 점검을 통해 도움이 필요한 학생들을 확인한다.

- **모든 수준에 걸쳐 수업을 조정하기 위한 데이터 기반 의사결정:** RTI 학교 교사들은 선별, 학습진전도 점검, 매일매일의 수업 결과를 이용하여 ① 그날의 수업을 조정하고, ② 학생들이 자신의 필요에 가장 적합한 수준의 지원을 받을 수 있도록 한다(National Center on Response to Intervention, 2010).

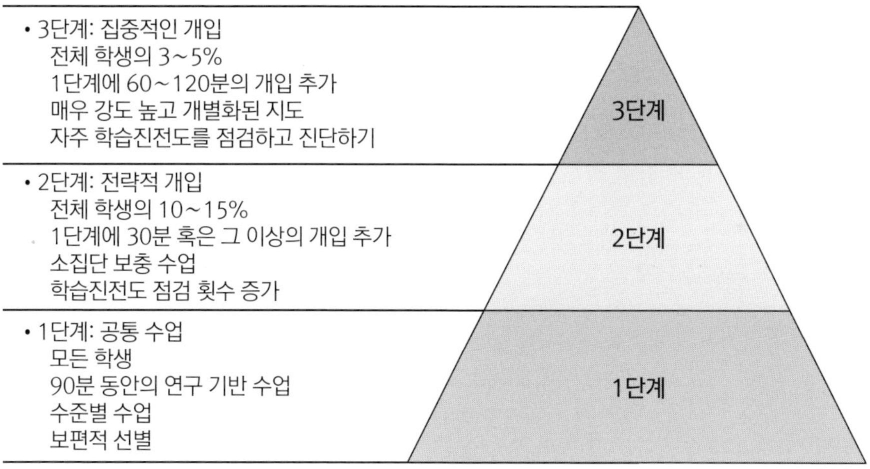

[그림 22-1] RTI: 세 단계의 개입

RTI 모델은 직접교수와 결합할 때 특히 강력한 효과를 발휘할 수 있다. 이 두 가지는 모든 학생에게 효과적인 읽기 수업을 제공하기 위해 필요한 각 측면을 다룰 때 상호 보완할 수 있다. RTI 모델은 전 학교적 조직을 위한 체제를 제공해 주고, 직접교수는 모든 학생의 학습을 촉진하는 데 필요한 구체적인 교수 방법을 제공해 준다. RTI 모델은 직접교수를 제공하기에 우호적인 여건을 제공해 준다. 이 책에서 기술하고 있는 직접교수 전략과 절차들은 RTI 체제 내 모든 단계에 적절하다.

RTI 모델의 강력한 특징 중 하나는 읽기를 잘 지도하는 일을 특정 교사 한 사람만의 책임이 아닌 학교 전체의 책임으로 만든다는 점이다. RTI 모델을 통해 학급 간 협조가 가능하고 학생들이 읽기에서 성공할 수 있도록 하기 위해 다른 교직원을 투입하는 것이 가능하다. RTI 모델에서는 교사 개인이 개별적으로 지도하는 것이 아니라 선별하기, 학습진전도 점검하기, 수업을 위한 학습 집단 구성하기, 그리고 학생 배치와 지도와 관련해서 데이터에 근거한 문제해결식 의사결정을 내리기 등에 관해 학교 차원의 협력이 증진될 수 있다.

보편적 선별, 학습진전도 점검, 배치를 위한 평가

RTI 모델은 기술적으로 견고한 평가(assessment)에 기반하고 있다. 보편적 선별(universal screening)과 학습진전도 점검은 RTI 모델의 중요한 요소이다. 평가는 읽기 교수를 개별 학생의 요구에 맞추는 수단이다. RTI 모델의 핵심인 보편적 선별과 학습진전도 점검 이외에, 직접교수에는 배치 검사와 프로그램 내 학습진전도 점검이 포함된다. 평가의 각 유형이 〈표 22-1〉에 제시되어 있다. 각 평가 유형은 수업 관련 의사결정에 중요한 정보를 제공하기 때문에 유용하다.

표 22-1 평가 유형과 목적

평가 유형	목적	평가 시기
보편적 선별	추가로 진단과 지원이 필요한 학생을 모두 확인하기 위해 모든 학생을 선별	학년 초 · 중 · 말
학습진전도 점검 (일반적)	해당 학년도 동안 학생의 학습진전도 정도가 충분한지 평가	반복적으로 평가. 반복 주기는 요구의 강도에 따라 결정. 요구가 큰 학생은 주 단위로 평가
학습진전도 점검 (프로그램별)	최근 수업에서 가르친 내용을 학생이 완전히 습득했는지 평가	프로그램이 규정한 바에 따름. 교사 개발 검사는 매주 혹은 2주마다 한 번씩 실시
배치 검사	학생의 요구에 가장 적합한 읽기 프로그램 수준 결정	학년 초, 프로그램을 바꿀 때, 프로그램이 학생의 요구를 충족시켜 주지 못할 때
진단 (심층적인 기술 평가)	구체적인 읽기 기술의 장점과 요구 확인	학년 초 혹은 문제 발생 초기
성과 평가(학년 말 평가)	읽기 성과 수준 결정	학년 말

보편적 선별

읽기 위기 학생들을 가급적 조기에 확인하는 것은 중요하다. 보편적 선별의 의도는 읽기에 어려움을 겪기 시작하는 모든 학생을 확인하여 적절한 지도를 받도록 하는 데 있다(Gersten et al., 2008). RTI 체제하에서는 학년 초기, 중간, 후기에 보편적 선별을 한다. 선별 시에는 하나 이상의 중요한 읽기 기술에 대해 모든 학생을 평가한다. 검사는 매우 간결하게 해서 학생당 3~5분 정도 안에 마치고, 검사도구로는 읽기 수행 지표로 고안된 유창성 확인용 1분짜리 검사를 사용한다. 학년 초기 검사는 새 학년 시작 첫 주에 완료해야 한다. 이렇게 해야 현재의 읽기 기술에 따라 집단을 구성하고 학기 시작 수일 내로 읽기 교수를 시작할 수 있다. 이러한 선별 검사는 꼭 담임교사가 해야 할 필요는 없다. 학년이나 건물 단위로 팀을 조직하여 선별을 하고 선별 검사 결과를 해석하는 방안도 가능하다(Gersten et al., 2008).

보편적 선별 검사는 학생을 판단하거나 점수를 매기기 위해 사용하지 않는다는 점을 기억해야 한다. 보편적 선별은 읽기 위기 학생들을 확인하고 그들이 읽기에 성공하는 데 필요한 지원을 받도록 하는 데 있다. 중요하게 기억해야 할 점은 학생들은 서로 다른 속도로 학습하며, 학생들의 변화하는 요구를 충족시켜 주기 위해서는 학습자 집단을 유연하게 구성해야 한다는 점이다.

학교는 각 학년 단계별로 학생들의 읽기 기술을 '효율적이고 민감하게' 평가할 수 있는, 측정학적으로 적절한 측정 수단을 선정해야만 한다. 학생들의 읽기 기술이 발달해 감에 따라 새로운 보편적 선별 방법이 필요하다. 〈표 22-2〉는 각 학년별로 권장할 수 있는 측정 방법을 제시한 것이다. 이 측정 영역에는 자·모음 원리, 음운 인식, 발음 등 핵심적인 읽기 기술이 포함되어 있다. 하지만 어휘와 언어 이해와 관련해서는 효과적인 선별 측정 방안이 아직 개발되어 있지 않다(Gersten et al., 2008).

선별 검사를 실시한 이후에는 검사 결과를 미리 정한 표준 수행값과 비교하여 해당 학생들이 읽기 문제가 저위험군인지, 보통 위험군인지, 고위험군인지를 결정한다(Gersten et al., 2008). 표준 수행값은 검사 제작자들이 권고한 것이나 혹은 지역 표준에 근거한 것이어야 한다.

선별 검사는 학생들이 현재 학습하고 있는 핵심적인 읽기 기술을 평가할 때 가장 유용하다. 예를 들어, 자·모음 글자 이름 말하기 검사는 유치원에서 흔히 실시한다. 이 검사를 공식적인 읽기 교수가 시작되기 전에 실시하면 잠재적인 읽기 문제 여부를 예측하는

표 22-2 선별과 학습진전도 점검 측정 방법

자・모음 이름 읽기 유창성

- **학생의 과제:** 학생은 자・모음을 보고 그 이름을 말한다.
- **점수:** 1분 동안에 정확히 읽은 자・모음 수
- **학년:** 유치원~1학년
- **사용 목적:** 선별 목적으로만
- **참고사항:** 학생이 자・모음 이름이 아닌 소리만 배웠다면 이 점수는 잘못 사용될 수 있다. 이 검사를 흔히 사용하고 있긴 하지만, 처음 읽기를 배우는 아동들에게는 자・모음 이름 알기가 수업의 중점이어서는 안 된다(자・모음의 소리를 가르치는 것의 중요성에 대한 논의는 제7장 참조).

자・모음 소리 유창성

- **학생의 과제:** 학생은 자・모음을 보고 각 글자의 대표음을 말한다.
- **점수:** 1분 동안에 정확히 소리 낸 자・모음 수
- **학년:** 유치원~1학년
- **사용 목적:** 선별과 학습진전도 점검
- **참고사항:** 이 검사는 흔히 사용되고 있긴 하지만 유치원 학생들의 선별과 학습진전도 점검에 유용한 정보를 제공해 준다.

음소 분리 유창성

- **학생의 과제:** 단어를 듣고 단어 속의 소리를 분리하여 말한다.
- **점수:** 1분 동안에 정확히 소리 낸 음소 수
- **학년:** 유치원~1학년
- **사용 목적:** 선별과 학습진전도 점검
- **참고사항:** 학생이 소리 사이에 멈추지 않고 단어를 분리하는 방법을 배웠다면(제6장에서 권고한 대로) 길게 소리 낸 것도 맞다고 채점해야 한다. 이는 대부분의 질 높은 검사들(예: DIBELS, AIMSweb)에서 채택하고 있는 방법이다.

무의미 단어 읽기 유창성

- **학생의 과제:** 무의미 단어를 보고 읽는다.
- **점수:** 1분 동안에 정확히 읽은 단어 수
- **학년:** 1학년
- **사용 목적:** 선별과 학습진전도 점검
- **참고사항:** 이 검사는 학생들이 아직 학습하지 않은 단어에 해독 기술을 적용하는 능력을 측정한다.

구두 읽기 유창성(지문 읽기 유창성으로도 불림)

- **학생의 과제:** 문단을 보고 1분 동안 읽는다.
- **점수:** 1분 동안에 정확히 읽은 단어의 수
- **학년:** 1학년 이상
- **사용 목적:** 선별과 학습진전도 점검
- **참고사항:** 이 검사의 주요 점수는 분당 정확하게 읽은 단어의 수이다. 하지만 교사는 필요한 지원의 수준과 학생들이 보이고 있는 진전도를 결정하기 위해 학생들의 정확도도 고려해야 한다.

데 유용하다. 하지만 학생들이 자 · 모음 **소리** 읽기를 학습하기 시작했다면(제7장에서 제안했던 대로) 자 · 모음 **이름** 알기 검사 결과는 잘못 사용될 수 있다. 단어 해독이나 음소 단위로 소리 내기 기술 학습에는 아주 뛰어난 진전을 보이지만 자 · 모음 이름 알기 점수는 낮을 수 있다(Gersten et al., 2008). 이 경우 학교는 몇 가지 중 선택이 가능하다. 이 선택지 중에는 ① 이 문제를 인식하고, 자 · 모음 이름 알기 검사 점수는 단어를 해독하는 데 제한적인 역할을 한다는 것을 감안하여 검사 결과를 그대로 받아들이지 않는다. ② 자 · 모음 이름 알기 검사 대신 자 · 모음 소리 내기 검사를 실시한다. ③ 자 · 모음 이름 알기 검사를 사용하되, 자 · 모음 소리로 발음한 것도 맞은 것으로 채점한다. 하지만 학교가 이런 식으로 검사를 수정하면 검사 결과를 표준 수행과 비교해서는 안 되고, 학생들의 수행에 근거하여 자체적으로 표준을 개발해야 한다. 이와 비슷하게 많은 음소 분리 검사에서는 학생들이 소리 사이에서 잠시 멈추는 것을 정확한 반응의 예로 제시한다. 이는 종종 교사들로 하여금 정확한 반응을 위해서는 학생들이 각 소리 사이에서 멈추어야 한다고 믿게 만들 수 있다. 이는 제6장에서 제시한 소리 분절 전략과 정반대이다. 다행히 많은 질 좋은 선별 검사 도구에서는 소리 사이에서 멈추지 않고 소리를 늘리고 빼며 분리해도 맞는 것으로 채점한다. 검사를 실시하는 사람들이 이를 인식하는 것은 매우 중요하다. 여기에서 기억해야 할 큰 개념은 보편적 선별과 학습진전도 점검을 위한 평가는 그 목적을 고려하지 않고 실시하거나 해석해서는 안 된다는 점이다. 교사와 기타 교수자들은 선별 검사나 학습진전도 점검의 목적이 학생들이 능숙한 읽기 기술에서 진전을 보이고 있는지를 측정하는 데 있음을 기억해야 한다.

선별 검사가 매우 유용하고 뛰어난 검사이긴 하지만 어떤 검사도 완벽한 것은 아니다. 정말 지원이 필요한 학생은 빠뜨리거나 반대로 도움이 필요하지 않은 학생을 포함시킬 수 있다. 학교에서 RTI를 적용하는 교사들은 검사 결과를 신중하게 사용해야 하고, 검사와 수업 시간에 학생들의 수행을 밀착하여 점검하여 적절하게 대응해야 한다(Gersten et al., 2008). 선별 검사는 많은 정보원 중 하나에 불과하다. 학습진전도, 배치 검사, 매일 수업에서의 수행도 학생이 읽기 위기에 처해 있는지 여부에 관한 중요한 정보를 제공해 줄 수 있다.

학습진전도 점검

보편적 선별 이외에 RTI 체제에서는 학습진전도 점검이 포함되어 있다. 학습진전도 점검은 1년에 여러 번에 걸쳐 학생의 기술을 빠르게 평가하는 과정이다. 학습진전도 점검의 주요 목적은 읽기 성공에 중요한 영역에서의 현재의 학습진전도에 관해 믿을 만한 정보를 확보하고, 그 결과에 따라 수업을 적절하게 수정하는 데 있다. 아울러 학습진전도 점검을 통해 선별 검사 결과를 보완할 수도 있고, 수업 집단 구성과 각 학생별 필수 지원 수준을 결정하는 데 도움을 줄 수 있다. 앞의 〈표 22-1〉에 제시된 검사들은 선별뿐만 아니라 학습진전도 점검용으로도 사용할 수 있다.

학습진전도 점검 횟수는 학생의 요구와 학교의 자원에 달려 있다. 읽기 문제 저위험군 학생이라면 한 달에 한 번 정도도 가능하다. 하지만 고위험군 학생은 매주 점검을 해야 하거나(Gersten et al., 2008), 가용한 자원에 따라 격주에 한 번씩은 해야 한다. 다음에서는 각 지원 단계별로 적절한 학습진전도 점검 방법을 제시하고자 한다.

배치 검사와 프로그램 내 학습진전도 점검

앞에서 기술한 선별 검사와 학습진전도 점검 검사는 학년 내 모든 학생에게 적합하게 설계된 것이라서 교사가 사용하는 특정 읽기 프로그램에 영향을 받지 않는다. 이 검사 이외에 특정 읽기 프로그램에서 가르치는 구체적인 기술을 평가하는 것 역시 유용하다. 이 검사를 통해 학생을 읽기 프로그램에 배치하는 데 필요한 중요한 정보를 제공하고 해당 학생이 지도를 받은 대로 해당 프로그램을 습득하고 있는지 여부를 점검할 수 있다.

질 높은 읽기 프로그램에는 각 학습자에게 가장 알맞은 수준을 확인하기 위한 배치 검사가 포함되어 있다. 어떤 학생을 특정 읽기 집단에 포함하려면 그 프로그램의 배치 검사를 제시하여 해당 프로그램이 해당 학생의 장점과 요구에 맞는지를 확인해야 한다.

또한 질 높은 읽기 프로그램에는 가르쳤던 특정 읽기 기술을 평가하기 위한 학습진전도 점검과 숙달 검사가 포함되어 있다. 이 검사들은 해당 프로그램에서 가르치는 내용과 밀접하게 연관되어 있기 때문에 해당 학생이 프로그램의 목표를 도달했는지 여부에 관해 매우 구체적이고 정확한 정보를 제공해 줄 수 있다. 불행하게도 대부분의 주요 읽기 프로그램들에는 이러한 검사들이 충분치 않거나 명료하지 않다. 이 경우 교사는 비형식적인 학습진전도 점검용 평가를 확보하고 있든지 아니면 스스로 만들어 준비하고 있어야 한다. 이상적으로는 간단한 학습진전도 점검 평가를 이용하여 매주 혹은 격주 간격으로 중요한 기술에 대한 학습진전도를 점검해야 한다.

예를 들어, 유치원에서는 음소 인식, 글자-소리 대응, 단어 읽기 기술을 점검해야 한다.

초기 읽기 단계에서는 이러한 기술들을 비형식적으로 점검하기 위한 평가를 개발하는 것이 상대적으로 쉽다. 각 학습진전도 점검 평가에는 ① 가장 최근에 가르쳤던 글자-소리 대응을 최소한 2개의 모음을 포함하여 5개 소리 내보게 하기, ② 여러 개의 단어를 구두로 합성하고 분절해 보도록 하기, ③ 단어 읽기를 수업한 다음 여러 개의 규칙 단어와 불규칙 단어를 읽어 보게 하기 등을 포함시킨다. 검사 대상 단어와 글자는 최근 수업에서 다루었던 것들로 구성해야 한다. 글자와 단어를 종이에 쓰고, 학생들로 하여금 글자 소리를 말하고 해당 소리가 포함된 단어를 읽도록 한다. 학년 중간쯤에 학생이 문단을 읽을 때쯤이면 이전에 읽었던 문단의 일부를 읽도록 하여 읽기 정확성과 읽기 속도 수준을 기록할 수 있다.

비형식적인 진전도 점검 평가에서 성적이 좋지 않은 학생들에게는 이미 가르쳤던 모든 글자-소리 대응과 모든 유형의 단어들을 대상으로 검사를 실시해야 한다. 어려움을 겪는 특정 기술에 대해서는 추가로 보충 수업을 실시해야 한다. 만약 전체 학생의 1/3 이상이 특정 기술에 어려움을 보이면 교사는 해당 기술에 초점을 맞추면서 이전 수업을 다시 실시해야 한다.

읽기 기술 심층 평가

진단 평가라고도 알려져 있는 읽기 기술 심층 평가는 어떤 학생이 이미 습득한 것과 앞으로 습득해야 할 특정 읽기 기술을 확인할 목적으로 고안되었다. 이 검사는 앞에서 언급했던 검사들보다 훨씬 깊게 들어가고 더 많은 시간을 필요로 한다. 따라서 읽기 기술 심층 검사는 일반적으로 선별 검사나 학습진전도 검사 결과 어떤 학생의 읽기 문제가 고위험군으로 나왔을 때만 실시한다(이하 3단계 참조). 이 검사는 상업용 검사 제작자들에게서 구입하거나 아니면 교사가 비형식적인 읽기 기술 평가를 직접 개발한다.

유치원과 초등학교 1학년 단계에서는 글자 소리와 글자 이름에 관해 아는지 여부에 대해 학생들이 종종 검사를 받는다. 1학년 때에는 학생들이 규칙 단어를 읽는지, 발음을 아는지 등에 대해 검사를 한다. 이러한 유형의 검사 중 하나인 초기 발음 평가(부록 F)에는 평가 실시 지침, 학생들을 위한 검사지, 그리고 개인별 · 집단별 기록 양식이 포함되어 있다. 부록 G의 초등 발음 평가는 개인용 검사이다. 학생들은 단어 목록 내의 단어를 구두로 읽는다. 단어들은 발음 요소를 소개할 때 권고했던 순서에 따라 제시된다. 각 단어는 특정 발음 요소를 검사하기 위해 고안되었다. 검사 대상 요소는 학급 기록 양식의 단어 앞에 표시되어 있다. 각 학생의 수행을 학생용 기록지에 적고 학급용 기록 양식에 학급 결과를 요약한다. 두 기록지와 평가 시행 지침이 부록 G에 제시되어 있다. 발음 평가는 단지 학생이 어떤 발음 요소를 아는지 혹은 모르는지를 미리 간단하게 알려 주기만 한다는 것을 명심해야 한다. 어떤 단어의 발음 요소를 정확히 찾아낼 수 있다고 해서 반드시 그 학생이 같은 발음 요소를 다른 단어에서도 찾아낼 수 있는 것은 아니다. 예를 들어, 어떤 학생이 *hawk*란 단어는 정확히 읽을 수 있지만 다른 단어, 예컨대 *claw*의 *aw* 소리는 읽지 못할 수 있다. 학생이 특정 발음 기술 문제를 보이는지 알아보기 위해서는 읽는 도중 보이는 오류를 검토해야 한다.

선별, 학습진전도 점검, 진단 검사를 고려할 때 학교는 이 검사들의 장점뿐만 아니라 비용(특히 교사와 학생의 시간)도 고려해야 한다. 검사는 적절하게 배치하고 강력한 지도를 하기 위한 하나의 수단이지 그 자체가 목적은 아니다. 과도한 검사 실시는 교사와 학생의 시간과 같은 학교 자원을 분산시켜 지도 자체를 어렵게 할 수 있다(Gersten et al., 2008). 따라서 학교와 교사는 수집된 모든 자료가 실제로 학생들의 읽기 성취를 향상시키는 데 사용될 수 있도록 현명하게 처리해야 한다.

1단계 지원

1단계 수업은 전형적으로 학생들이 일반 학급에서 받는 읽기 교수를 지칭한다. 1단계 수업은 모든 학생에게 첫 번째 수준의 지원을 제공하기 위해 고안되었다. 1단계는 대체로 다음 세 가지 요소를 포함한다. ① 과학적 읽기 연구에 근거한 읽기 프로그램의 핵심 읽기 교수를 하루에 최소한 90분 이상 제공, ② 1년에 최소 3회 이상의 보편적 선별, ③ 모든 교사가 읽기를 효과적으로 지도할 수 있도록 지속적으로 전문성 개발(Vaughn Gross Center for Reading and Language Arts, 2005). 1단계 수업은 대다수의 학생들에게 효과적일 뿐만 아니라 추가로 지원을 필요로 하는 학생들에게도 기본적인 지도를 제공할 목적으로 고안되었다. 효과적인 1단계 수업은 성공적인 RTI 모델에 중요하다. 만약 1단계 수업이 약 80%의 학생들의 요구를 충족시켜 준다면, 다른 단계에서는 추가로 지원을 필요로 하는 학생들에게는 그에 맞는 지원을 제공할 수 있다. 하지만 1단계 수업이 학생 대부분의 요구를 충족시켜 주지 못하면 많은 학생이 추가 지원을 필요로 할 것이고, 그렇게 되면 지원에 필요한 자원이 분산될 것이며, 결국 모든 학생에게 효과적이지 못하게 될 것이다. 따라서

RTI 모델을 적용하기 위한 첫 번째 중요한 일 중 하나는 1단계 수업을 향상시키는 것이다(Vaughn Gross Center for Reading and Language Arts, 2005). 이것이 1단계에서의 강력한 직접교수를 통해 RTI가 가장 성공적일 수 있다고 믿는 이유이다. 이 책에서 기술한 직접교수 기법을 1단계에서 적용한다면 2단계와 3단계에서 추가로 지원을 필요로 하는 학생 수는 점점 적어질 것이다. 아울러 2~3단계에서 추가 지원을 필요로 하는 학생들에게는 1단계에서의 직접교수 적용이 추가 지원의 토대가 될 수 있을 것이다(이에 대해서는 2단계와 3단계 지원을 논할 때 상세화할 예정이다).

읽기 기술 수준별 집단 구성

비록 1단계 수업이 모든 학생에게 제공되지만, 이것이 곧 모든 학생이 같은 수업을 같은 방식으로 제공받는다는 것을 의미하지는 않는다. 1단계 수업은 각 학생들의 요구에 맞추어야 한다. RTI 모델에서는 비슷한 기술과 요구를 가진 학생들을 집단으로 묶을 때 유연하게 접근한다(Burns & Gibbons, 2008). 제3장에서는 현재의 수업 수준에 맞게 학생들을 집단화하는 것의 장점에 대해 논의했다. 비슷한 읽기 기술을 가진 학생들끼리 집단으로 묶음으로써 교사는 집단으로 지도하면서도 더욱 효과적으로 개별 학생들의 요구에 반응할 수 있다. 또한 집단 구성은 매우 유연하게 해야 한다. 그래서 학생의 수행 결과, 현재의 배치가 적절하지 않다는 것을 나타내면 해당 학생을 좀 더 수행을 잘 하는 집단이나 잘 못하는 집단으로 배치해야 한다. 또한 집단의 규모는 학생들의 장점과 요구 수준에 따라 다르게 결정한다. 예컨대, 어린 학생이나 읽기 기술이 낮거나 주의집중력이 약한 학생들의 경우에는 더 작은 규모의 집단으로 편성해야 한다. 이러한 방식의 집단화를 통해 1단계 프로그램이 학생 대부분의 요구를 충족시키는 데 기여할 수 있다.

1단계 집단은 교사 개인, 동 학년 담당 교사들, 혹은 서로 다른 학년 교사들이 구성한다. 개별 교사는 학급 내에 세 가지 읽기 집단을 구성하여 학생들의 읽기 기술과 요구에 가장 잘 맞는 집단에 학생을 배치한다. 수업을 위한 집단 구성은 특정 학년 담당 모든 교사가 서로 협력하고 학생들의 요구에 가장 적합한 집단에 학생들을 배치하면 더욱 강력해진다. 3명의 1학년 담당 교사가 서로 협력하면 총 9개의 수준별 읽기 교수 집단을 구성할 수 있다. 이 9개 읽기 교수 집단 중 가장 이상적인 집단에 학생들을 배치한다. 이를 통해 모든 읽기 수행 수준에서 모든 학생에게 더욱 효과적이고 효율적인 지도가 가능하다.

하지만 이러한 다수의 수준별 집단 안에서도 학생들의 요구는 서로 다르다. 이럴 때에는 일단 수업을 한 번 하고 나서 추가 수업이 필요한 학생 혹은 특정 읽기 기술을 더 연습해야 할 학생들을 대상으로 맞춤화된 수업을 제공한다(Gersten et al., 2008). 1단계 수업에서는 읽기 수준별 집단 구성을 유연하게 하고 추가 연습이 필요한 학생들을 위해 맞춤형 수업을 해야 한다. 이러한 방식으로, 1단계 수업의 목적은 가능한 한 많은 학생의 요구를 충족시켜 주는 데 있다.

2단계 지원

비록 질 높은 1단계 수업이라도 모든 학생에게 충분한 지원을 제공하지는 못한다. 어떤 학생들은 읽기에서 충분한 진전을 이루려면 추가 지도와 연습이 필요하다. 2단계 지원은 선별이나 학습진전도 점검 결과 1단계에서 충분한 진전을 이루지 못하는 것으로 나타난 학생들을 지원하기 위한 것이다. 2단계 수업은 더 많은 시간, 더 규모가 작은 집단 구성, 더 자주 그리고 구체적인 학습진전도 점검, 더욱 집중화된 수업 지원 그리고 개별 요구에 더 맞추는 것 등을 통해 1단계 지원을 보완한다. 2단계 지원은 1단계 지원을 대체하지는 않지만, 대신 더욱 강도 높은 **추가** 지도를 제공한다.

Gersten 등(2008)은 2단계 수업을 다음과 같이 기술했다.

> 2단계 수업은 3~4명의 동질적인 학생들로 이루어진 소집단에서 읽기 교수의 주요 요소(독해, 유창성, 음소 인식, 발음, 어휘)를 다루는 교재를 사용하여 진행해야 한다. 수업 대상 영역은 보편적 선별 평가에서의 학생들의 점수에 근거하여 정한다. 수업은 점진적으로 읽기 기술을 학습해 갈 수 있도록 먼저 하나의 읽기 기술을 단독으로 소개한 다음 나중에 다른 읽기 기술과 결합시키는 방식으로 체계적으로 진행해야 한다. 명시적 교수에서는 학생들이 연습할 기회를 자주 제공하고, 이해하기 쉬우면서도 구체적인 피드백을 제공해야 한다(p. 19).

Gersten 등(2008)이 주장한 '명시적 교수'와 비슷하게 직접교수 전략과 기법은 이러한 목표들을 달성하는 수단을 제공한다.

집단 구성과 충분한 수업 시간표 짜기

학교는 학생들이 읽기에서 향상을 보이도록 2단계 수업에 충분한 시간을 할애해야 한다. 이를 위해서는 보통 1단계 수업 이외에 매주 20~40분 길이의 수업을 3~5일 동안 실시해야 한다. 2단계 수업은 1단계를 보완해야 하기 때문에 1단계 수업 시간과 다른 시간대에 편성해야 한다. 학생들은 수업 요구에 따라 집단을 구성하는데, 대개 한 집단을 3~4명으로 구성한다(Gersten et al., 2008).

2단계 지원은 학급 담당 교사, 읽기 전문 지도교사 혹은 2단계 개입에서 특별히 훈련을 받은 교수자가 제공한다(Vaughn Gross Center for Reading and Language Arts, 2005).

1단계와 2단계 연계시키기

2단계 수업은 1단계 수업과 밀접하게 연계되어야 한다. 일반적으로, 2단계 지원의 목적은 추가 지원을 통해 학생들로 하여금 1단계에서 성공하도록 하는 것이다. 하지만 학생들의 요구 유형은 서로 다르다. 어떤 학생은 단 몇 개의 읽기 기술에서만 어려움을 보이고 또래들에 비해 크게 뒤처지지 않는다. 하지만 다른 학생은 전반적으로 읽기 기술이 부족하고 거의 모든 읽기 기술에서 또래에 비해 많이 뒤처져 있다. 첫 번째 유형의 학생은 최근 1단계 읽기 수업에서 미처 습득하지 못했던 특정 읽기 기술에 초점을 맞추어 추가로 지도하고 연습시키면 될 것이다. 이러한 추가 지도를 받으면 1단계의 다른 학생들과 같은 속도로 진전을 보일 수 있을 것이다. 이 상황에서는 어려움을 보이는 특정 읽기 기술에 따라 학생들의 집단을 구성하고 그 특정 기술에 초점을 맞추어 미리 가르치고, 다시 가르치며 혹은 추가 연습을 피드백과 함께 시켜야 한다. 미리 가르치기 전략은 1단계에서 학생이 특정 읽기 기술을 배우기 **전에** 2단계 지도를 통해 그 기술을 미리 가르치는 것이다. 이를 통해 학생들은 1단계 집단에서 해당 기술을 배울 때 성공한다. 다시 가르치기와 추가 연습은 1단계 집단에서 어려움을 겪고 있는 학생들에게 제공해야 한다. 구체적으로, 1단계 집단에서 새로운 읽기 기술을 소개하고 연습시킨 다음, 두 번째 처방—같은 읽기 기술을 추가로 지도하고 연습시킴—을 2단계에서 제공한다. 이와 같은 두 번의 처방으로 많은 학생은 읽기 교수 전 과정에서 좋은 흐름을 유지하면서 각 기술을 습득한다. 이 책 여러 곳에 제시된 직접교수 수업 형식과 전략들을 미리 가르치기, 다시 가르치기, 추가 연습 제공하기에 활용할 수 있다.

이미 학년 수준에 많이 뒤처진 학생들에게는 다른 접근이 필요하다. 이들은 많은 읽기 기술에서 또래를 따라잡아야 한다. 이 학생들이 1단계 기술 수준의 집단에 배치된다면 그들의 **수준에 맞춘** 지도를 최소한 90분은 받아야 한다. 이 학생들은 2단계 지원의 하나로서 보충 수업을 통해 지원을 받는다. 2단계 집단은 1단계 집단 수업이 끝난 곳에서 매일 지도를 받는다. 별도의 수업 시간과 수업을 받는다면, 또래들과의 격차를 더 빨리 좁힐 수 있다.

불행히도 모든 RTI 모델 적용 학교가 1단계에서 질 높은 직접교수를 적용하는 것은 아니다. 이럴 경우 2단계 교사는 매우 어려운 선택을 해야 한다. 소수의 구체적인 읽기 기술에 대해서만 지원을 필요로 하는 학생들에게는 1단계에서 사용했던 수업 전략 혹은 읽기 프로그램 자체를 수정하는 것으로도 적절하다. 수정을 통해 시범 보이기, 다양한 예, 학생 반응에 대한 빈번한 교정적 피드백 등으로 2단계 지도를 더욱 명료하고 체계적으로 만든다. 이 책에서 기술한 수업 형식과 전략은 1단계 프로그램에서 다룬 기술과 주제에 관해 직접교수를 제공하기 위해 사용한다. 예를 들어, 어떤 학생이 단어를 음소 단위로 소리 내어 읽는 것에 어려움을 겪는다면, 2단계 교사는 제8장에서 제시한 수업 형식을 적용한다. 어떤 학생이 서로 연결된 문단 읽기 유창성이 낮다면, 2단계 교사는 제17장에서 제시한 전략을 사용한다. 하지만 학생들이 많은 읽기 기술에서 광범위하게 그리고 심각하게 어려움을 보이고 또래에 비해 많이 뒤처져 있다면, 읽기 기술을 소개하는 순서, 문항 배치 순서, 새로운 전략 가르치기, 수업 시간 추가 설정하기 등 보다 심층적인 수정을 고려해야 한다. 이러한 심층적인 수정을 통해 2단계에서의 지도 프로그램을 더욱 일관되고 효과적으로 만들 수 있다. 하지만 학생들이 1단계에서 배운 것들과 일치하지 않거나 서로 충돌할 가능성이 있다. 이는 1단계에서의 질 높은 읽기 프로그램을 사용해야 하는 것이 왜 중요한지를 잘 보여 준다. 모든 학생에게 1단계 지원을 제공할 것이라면 지도 프로그램과 수업은 모든 학생의 요구에 맞춘 것이어야 한다.

2단계에서의 학습진전도 점검

2단계에서의 학생들의 학습진전도 점검은 적어도 한 달에 한 번, 아니면 더 자주 해야 한다. 점검 결과는 학생에게 필수적인 지도 수준을 결정하고 수업을 조정하는 데 사용한다. 학습진전도 점검 결과, 2단계 지원이 더 이상 필요하지 않고 학생이 1단계 지원만으로도 학습을 진전시킨다고 나올 수도 있다. 다른 한편으로는 학습진전도 점검 결과, 학생이 충분한 진전도를 보이지 않고 3단계 지원을 필요로 한다고 나타날 수도 있다. 제공하는 지원의 수준은 항상 학생의 변화하는 요구에 맞추어 유연해야 하고 수시로 바뀌어야 한다. 또한 학습진전도 점검 결과 학생이 가장 어려움을 겪는 영역이 무엇인지(예: 유창성인지 어휘 발달인지)를 알려 주면 교사는 그 영역에 초점을 맞추어 추가로 지도를 한다. 지원 단계, 수업의 중점, 수업의 속도를 바꿀것인가에 관한 결정은 학습진전도 점검 결과에 근거해야 한다.

3단계 지원

질 높은 2단계 개입은 1단계 이후의 지원을 필요로 하는 대부분의 학생에게 성공적으로 적용된다. 하지만 소수의 학생(3~5%)은 2단계 개입만으로는 충분한 학습진전을 이루지 못한다. 이 학생들은 더 많은 지원을 필요로 하지만, 그들이 필요로 하는 '더 많은' 지원은 고도로 집중화되고 아주 충실하게 적용되며 모든 측면에서 체계적이어야 한다. 3단계 지원의 의도는 지도 시간과 지도 강도를 1단계와 2단계를 합친 것보다 더 증가시키는 것이다. 일반적으로, 3단계 지원을 필요로 하는 학생들은 1단계 수업에 지속적으로 참여한다. 1단계 지원이 모든 학생이 동일한 수업을 받아야 하는 것을 시사하는 것이 아니라 학생들이 **자신에게 맞는 수준으로** 수업을 받는 것이라는 점을 기억하기 바란다. 이는 3단계 지원을 필요로 하는 학생들에게 특히 중요하다. 읽기 수준별 집단 구성을 할 때에는 1단계 수업이 3단계 지원을 받는 학생들에게도 관련이 있고 적절하도록 해야 한다. 3단계 지원을 필요로 하는 학생들이 자신의 수준에 맞지 않는 교수학습 자료나 효과적이지 않은 수업을 받느라 귀중한 수업 시간을 낭비하게 해서는 안 된다.

3단계 지원은 2단계 지원을 대체해야 한다. 3단계 지원은 더 많은 시간을 제공하고, 더 작은 규모의 집단, 더 자주 그리고 구체적인 학습진전도 점검, 더 개별화하기 등을 통해 이전 단계들의 지원을 넘어서야 한다. 3단계에서의 지원들을 종종 **강화된 개입**으로 부른다. 직접교수 읽기 전략은 3단계 강도 높은 개입 지원으로서는 매우 적절하고 효과적이다.

강력한 3단계 지원은 지도 시간을 추가하는 것으로 시작한다. 3단계에서의 학생은 1단계 수업 이외에 주 5일 동안 집중적인 읽기 교수를 60~120분까지 받아야 한다(Gersten et al., 2008). 따라서 1단계 수업이 90분으로 설정되어 있다면 3단계 수업이 필요한 학생은 매일 수준에 맞는 집중적인 읽기 교수를 150분에서 210분 동안 받아야 한다. 읽기 교수 시간을 최대화하기 위해서는 학생들이 수업에 높은 정도로 참여하고 동기화되어 있어야 한다. 그렇기 때문에 수업은 한 번에 90분이나 120분 동안 진행할 것이 아니라 하루에 몇 차례로 **분산시켜** 실시해야 한다. 예를 들어, 어떤 학생에게 3단계 지원 수업을 하루에 2~3시간에 걸쳐 2회 이상의 30분짜리 수업(혹은 4번의 15분짜리 수업) 형태로 제공할 수 있다. 지도 시간은 이 밖에도 방과 시작 전, 방과 후 짧은 시간 동안의 수업, 혹은 여름방학 프로그램 등으로 연장한다.

단순히 더 많은 수업 시간만 제공해서는 충분하지 않다. 학생이 참여하지 않거나 학습하지 않는데 수업 시간만 늘려서는 수업 목표에 도달할 수 없다. 효과적인 3단계 지원을 위해서는 늘어난 수업 시간 동안 수업의 강도를 높여야 한다. 다음은 수업의 강도를 높이는 중요한 방법들이다.

⊙ 수업 속도를 조절하여 학생들이 추가 수업을 받고 각 기술을 연습할 수 있도록 함

학습을 아주 어려워하는 학생들은 종종 또래보다 읽기 기술을 숙달하는 데 더 많은 연습을 필요로 한다. 이 학생들은 추가 연습이 필요하기 때문에 또래들처럼 빠르게 수업을 소화할 수 없다. 하지만 추가 연습은 신중하고 체계적으로 계획하고 실행해야 한다. 고정된 연습 시간(예: 10분 혹은 30분)을 설정하는 것은 중요하지만, 어떻게 연습하게 할 것인가도 이에 못지않게 중요하다. 추가 연습은 아주 집중해서 해야 하고, 중간중간 쉬는 시간을 가지면서도 빠르게 진행되어야 하며, 학생이 높은 수준(90~100% 성공 기준)으로 성공할 수 있는 자료로 연습해야 한다. 3단계 지원에서는 추가 연습을 제공하고 추가 지도 시간과 교사로부터의 신중한 안내에 반응할 기회를 가질 수 있기 때문에 학생들은 교육과정 내에서 학습진전을 유지할 수 있다.

⊙ 소수의 중요한 읽기 기술에 집중

3단계 지원에서 수업은 읽기 성공에 필수적인 기술에 정확하게 초점을 맞추어야 한다. 이 책의 다른 장에서 이러한 읽기 기술에 대해서 자세히 다룬 바 있다. 음소 인식, 발음, 유창성, 어휘, 독해가 읽기에서 중요한 다섯 가지 영역이다. 하지만 가장 집중적인 지원을 필요로 하는 학생들을 효과적으로 지도하기 위해서는 반드시 이러한 기술에 보다 정확히 초점을 맞추어야 한다. 각 읽기 기술 영역별로 교사는 가장 중요한 각 읽기 기술에 지도 시간을 확실하게 투입해야 한다. 예를 들어, 단어를 음소 단위로 소리 내어 읽는 데에는 실제로는 사용되지 않는 음소 인식 기술을 가르치는 데 많은 시간을 투입할 가능성이 있다. 하지만 이것은 3단계 지원을 받는 학생들을 위한 효율적인 시간 사용이라고 보기 어렵다.

⊙ 진단 검사와 학습진전도 점검을 전략적으로 그리고 현명하게 사용

중요한 읽기 기술 중 어떤 것 혹은 어떤 항목에서 강점과 약점을 보이는지 정확하게 평가하는 것은 학생이 아직 숙달하지 않았으면서도 사전 기술이 필요한 읽기 기술을 콕 집어 가르치는 데 필수적이다. 또한 학습진전도 점검은 학생의 요구에 맞춘 자신들의 지도가 효과적인지 아닌지를 파악하는 데 유용하다. 집중적인 지도를 위해서는 개별화가 필요하고, 학습진전도 점검을 통해서는 개별 학생을 위한 프로그램을 계획하고 수정하는 데 정보를 제공해 준다.

⊙ 직접적 · 명시적 · 체계적 교수

수업 중 교사와 학생 간 효과적이고 효율적인 상호작용이 있을 때 비로소 학습이 일어난다. 이 책 전반에 걸쳐 제시한 수업 형식과 순서는 명료하고 간결하며 효율적인 것을 추구했다. 이 세 가지 특징은 모든 단계의 지원에서 중요하지만, 특히 3단계 수업에서는 필수적이다.

⊙ 학습자에게 반응하고 질 높은 피드백을 수반한 광범위한 연습을 위해 학급 규모 감축

3단계 지원을 받는 학생들은 특정 읽기 기술 학습에 적극적으로 참여하고(예: 구두 혹은 서면으로 반응을 보이거나 이야기의 첫 단어를 가리키거나 짚는 등의 몸짓 같은 것이라도), 정확하고 개별화되었으며 시의적절한 피드백을 받을 기회를 가장 많이 필요로 한다. 이는 효과적인 수업 형식과 교정을 동반한 일대일 지도나 혹은 동질적인 매우 작은 규모의 소집단 지도를 통해 가능하다.

⊙ 읽기 교수에 최고 전문성을 가진 교사에게 의존

1단계와 2단계의 질 높은 지도에도 성공하지 못한 학생들은 정밀한 수업과 학생의 학습에 반응적인 수업을 필요로 한다. 이를 위해서는 읽기 관련 깊은 지식(예: 이 책에서 제시하고 있는 정보의 숙달)과 학생과의 효과적인 상호작용(이는 대체로 전문가 지도하의 실습을 통해 습득됨)이 필요하다. 3단계 지원은 훈련을 많이 받지 않았거나 명료하고 체계적인 읽기 교수에 경험이 많지 않은 사람이 중요한 읽기 교수를 할 경우 효과적이지 않을 가능성이

크다. 하지만 훈련을 많이 받지 못한 사람이라도 전문가에게 밀접하게 코칭을 받고 학생의 진전도를 세밀히 점검하기만 하면 연습활동 정도는 가능할 것이다.

⊙ 학교 기반 팀을 통한 지원을 이용하여 읽기 교수 계획과 개별화

3단계 수업은 매우 고도로 개별화하고 학생의 진전도에 반응적이어야 한다. 다른 단계보다 3단계 지원에서 데이터 기반 의사결정이 더욱 중요해진다. 학교 기반 팀은 3단계에서 학생의 진전도를 점검하고 개별 학생의 요구에 맞는 개입 계획을 개발하기 위해 협력해야 한다. 효과적인 3단계 지원 서비스를 위한 문제해결 의무는 공동으로 이행해야 한다 (Gersten et al., 2008; Vaughn Gross Center for Reading and Language Arts, 2005).

Fuchs, Fuchs와 Vaughn(2014)이 언급한 것처럼 "학생들을 지도하기 위해 학급 규모를 줄이고, 지도 시간을 늘리며, 잘 준비된 지도 인력을 투입하는 것은 비용이 많이 든다. 하지만 집중적인 지도를 제공하지 않는 것의 비용(예: 성공에 필수적인 기술을 갖추지 않고 학교를 졸업하는 것)은 더욱 크다"(p. 15).

부록

부록 A

단어 목록*

차례

* 부록 A의 괄호 안 내용은 변별 연습 시 사용할 수 있는 최소한의 다른 단어를 나타낸다.

연속음으로 시작하는 CVC 단어(제8장)

a	i	o	u	e
fad				fed
fan	fin		fun	
fat	fit			
lad	lid			led
lag		log		leg
lap	lip			
	lit	lot		let
mad	mid		mud	
		mom	mum	
man				men
map		mop		
mat	mit			met
		nod		Ned
Nat	nit	not	nut	net
nap	nip			
	rid	rod		red
rag	rig		rug	
ram	rim		rum	
ran		Ron	run	
rap	rip			
rat		rot	rut	
sad	Sid	sod		
Sam			sum	
	sin		sun	
sat	sit			set
sap	sip			

파열음으로 시작하는 CVC 단어(제8장)

a	i	o	u	e
bag	big		bug	beg
bad	bid		bud	bed
bam			bum	
bat	bit		but	bet
cap		cop	cup	
cab			cub	
can		con		
cat			cut	
dad	did		dud	
Dan		Don		den
	dig	dog	dug	
	dip			
gas			Gus	
gag				
			gun	
had	hid			
ham	him		hum	
has	his			
hat	hit	hot	hut	
	hip	hop		
		hog	hug	
				hen
jab		job		
jam	Jim			jet
	jig	jog	jug	
	kin			Ken
	kid			
pan	pin			pen
pat	pit	pot		pet
	pig			peg
		pop	pup	pep
tab			tub	
tag			tug	
tan	tin			ten
tap	tip	top		
	Tim	Tom		

합성 자음 혹은 겹자음으로 끝나는 CVCC 단어(제8장)

a		i		u		e		o
act	(at)	fill		bump	(bum)	bend	(Ben)	golf
and	(add)	film		bunt	(bun)	bent	(Ben)	honk
ant	(an)	fist	(fit)	bust	(but)	best	(Bess)	lock
band	(bad)	hint	(hit)	dump		belt	(bell)	pond
bank		Ink		dust		bent	(Ben)	pomp
camp	(cap)	lick		gulp		dent	(den)	rock
can't	(can)	lift		gust	(gut)	end	(Ed)	romp
cast	(cat)	limp	(lip)	hunt	(hut)	felt	(fell)	sock
damp	(dam)	milk		hung	(hug)	held	(help)	soft
fact	(fat)	mint	(mit)	jump		left	(let)	
fast	(fat)	mist	(miss)	junk		kept		
gasp	(gas)	sick		luck		melt	(mell)	
hand	(had)	tilt	(till)	lump		mend	(men)	
lamp	(lap)	wind	(win)	must		neck		
land	(lad)			punk		nest	(net)	
last				runt	(run)	pest	(pet)	
mask				rust	(Russ)	self	(sell)	
mast	(mass)			suck		send		
pant	(pan)			sung		sent		
past	(pass)					test		
raft	(rat)					tent	(ten)	
sack						weld	(well)	
sand	(sad)					went	(wet)	
sank								

합성 자음으로 시작하는 CCVC 단어(제8장)

bl—bled (bed), blot
br—brag (bag), brat (bat), bred (bed), brig (big), brim
cl—clad, clam, clan (can), clap, clip, clot, club (cub)
cr—crab (cab), cram, crib, crop (cop)
dr—drag, drip (dip), drop, drug (dug), drum
fl—flag, flap, flat (fat), fled (fed), flip, flop
fr—frog (fog), from
gl—glad, glum (gum)
gr—grab, gram, grim, grin, grip
pl—plan (pan), plop (pop), plot (pot), plug, plum, plus
pr—prop (pop)
sc—scan, scat (sat), scab
sk—skid, skim, skin, skip, skit

sl—slam (Sam), slap (sap), slat, sled, slim, slip (sip), slob (sob), slot, slug, slum (sum)
sm—smog, smug
sn—snag, snap (sap), snip, snub, snug
sp—span, spat (sat), sped, spin, spit, (sit), spot, spun (sun)
st—stab, stem, step, stop, stun (sun)
sw—swam (Sam), swim
tr—trap (tap), trim (Tim), trip (tip), trot (tot)
tw—twig, twin (tin)

CCVCC, CCCVC, CCCVCC 단어(제8장)

bl—blast, blimp, blunt (bunt), blond, blend (bend), blink, bliss, black (back), block, bluff
br—bring, brunt, brand (band), brass (bass)
cl—clamp (camp), clasp, cling, clump, clung, clink, class, cliff
cr—cramp, crust, craft, crisp
dr—drink, drank, drift, draft, dress, drill
fl—fling, flung, flunk
fr—frost, frank, frisk, frill (fill)
gl—gland, glint, glass (gas)
gr—gramp, grand, grump, grant, grasp, grunt, grass (gas), grill
pl—plant (pant), plump (pump), plank
pr—print, prank, press
sc—scalp
sk—skunk, skill
sl—slang, slant, slump, slept, sling
sm—smack (sack), smell (sell)
sn—snack (sack), sniff
sp—spend (send), spent (sent), spank (sank), spunk (sunk), spell (sell), spill
st—stand (sand), stamp, stump, sting (sing), stink (sink), stomp, still, stiff, stack (sack), stuck (suck)
sw—swift, swang (sang), swung (sung), swing (sing), swell (sell)
tr—tramp, trunk, trust, trend, trick (tick)
tw—twang, twist
spl—split (spit), splint, splat
str—strip, strap, strung, strand, struck
scr—scrap, scram, script

장모음의 VCe 유형 단어(제13장)

1. 단자음으로 시작하는 단어(CVCe)

a		i		o		u		e	
vane	(van)	time	(Tim)	hope	(hop)	cute	(cut)	Pete	(pet)
fade	(fad)	like	(lick)	note	(not)	use	(us)	eve	
made	(mad)	site	(sit)	robe	(rob)	mule			
bake	(back)	Mike	(Mick)	home		cure			
cane	(can)	mile	(mill)	joke		pure	(purr)		
tape	(tap)	ripe	(rip)	hole		fume			
mate	(mat)	file	(fill)	nose		mute			
hate	(hat)	tile	(till)	rope					
sake	(sack)	pile	(pill)	mope	(mop)				
Jane	(Jan)	ride	(rid)	pope	(pop)				
pane	(pan)	mite	(mit)	bone					
same	(Sam)	fine	(fin)	cone	(con)				
cape	(cap)	wine	(win)	dope					
wave		pike	(pick)	hose					
tame	(tam)	bite	(bit)	note					
take	(tack)	kite	(kit)	yoke					
save		dime	(dim)	poke					
make	(Mack)	hide	(hid)	pole					
gaze		pine	(pin)	rose					
		tide		rode	(rod)				
		side	(Sid)						
		hire							
		fire							
		wire							
		dine							
		dire							
		line							
		like							
		dive							
		five							
		lime							
		bike							
		nine							
		size							

2. 합성 자음으로 시작하는 단어(CCVCe)

a		i		o		u
skate		slide	(slid)	spoke		brute
state		snipe	(snip)	broke		
trade		gripe	(grip)	close		
stale	(stall)	prime	(prim)	drove		
scale		spine	(spin)	globe		
snake	(snack)	spite	(spit)	froze		
slave		bride		scope		
slate	(slat)	crime		smoke		
scare		pride		stone		
plate		prize		stove		
plane	(plan)	smile		slope	(slop)	
grape		stripe	(strip)			
grade						
frame						

3. VCe 음절을 가진 다음절 단어

a	i	o	u	e
careless	perspire	hopeless	excuse	complete
escape	dislike	explode	confuse	stampede
inhale	likely	backbone	reuse	
take-off	umpire	pinhole	costume	
handmade	entire			
grateful	lifetime			
pancake	ninety			
timeless				

글자 조합(제13장)

ai aid, aim, bail, bait, claim, fail, fair, laid, maid, mail, main, pail, paid, pain, paint, plain, rain, tail, stair, trait, afraid, complain, remain, explain, tailor, daily, ailment, maintain, obtain, aimed, failing, mailing, painter, raining, aid (add), aim (am), bait (bat), fair (far), maid (mad) al fall, call, tall, ball, small, wall, mall, salt, false, bald, waltz, also, always, almost, salty, all right, walnut, hallway, walrus, alter

ar arm, bark, barn, card, cart, farm, far, star, hard, harm, mark, park, part, art, car, dark, mars, smart, start, yard, starve, shark, artist, darling, barber, target, party, carpet, partner, harvest, barking, starring, parked, smarter, started, bark (back), hard (hand), art (at), car (care), star (stare), bar (bare)

au fault, vault, sauce, cause, taught, haunt, laundry, author, autumn, August, daughter, applaud, because, auto

aw bawl, brawn, claw, dawn, hawk, jaw, law, lawn, paw, pawn, raw, saw, straw, crawl, shawl, yawn, awful, drawing, lawful, sawmill, lawyer, seesaw, outlaw, strawberry, awkward, awning

ay day, gay, may, ray, say, clay, gray, play, pray, spray, tray, payment, today, played, saying, player, playing, prayed, praying, away, Sunday

ch chap, chat, chip, chop, cheek, chug, charm, chimp, chain, cheap, chest, chill, chair, champ, catch, match, patch, pitch, switch, ditch, much, march, starch, crunch, arch, pinch, teach, touch, rich, hunch, chip (ship), chop (shop), chap (clap), ditch (dish), catch (cash), catcher, pitcher, pitching, chopped, teacher, touched, rancher, chuckle, chilly, marching

ea bead, bean, beast, dean, deal, fear, hear, heal, heat, Jean, lead, meal, least, mean, meat, neat, read, sea, seal, seat, speak, steam, east, eat, freak, leave, please, sneak, wheat, treat, bean (Ben), beat (bet), beast (best), meat (met), speak (speck), reason, season, peanut, teacher, eastern, dealing, speaker, sneaker, treated, eating, leaving, hearing, healed, heated, steaming

ee bee, creep, see, deer, flee, free, green, keep, wheel, three, jeep, creek, fleet, bleed (bled), beet (bet), peep (pep), weed (wed), beetle, between, canteen, fifteen, sixteen, indeed, needle, freedom, coffee, bleeding, creeped, wheeled, peeping

ue cue, due, sue, rescue, argue, tissue, value, statue

ew new, few, flew, chew, slew, stew, drew, grew, curfew, nephew

ey hockey, money, donkey, turkey, whiskey, valley, alley, monkey, honey igh fight, light, right, tight, might, high, sigh

ir bird, birth, dirt, first, shirt, sir, skirt, stir, third, whirl, bird (bid), first (fist), shirt (short), stir (star), dirty, birthday, stirring, whirled, thirsty, thirty kn knock, know, knee, knife, knight, knit, knob, knot, known

oa boast, coat, cloak, float, road, roast, oak, soap, throat, toast, boat (boot), coal (cool), load (loud), oar (our), oatmeal, toaster, unload, approach, railroad, seacoast, soapy, charcoal, coaster

oi boil, join, noise, point, spoil, soil, moist, oil, voice, coil (cool), foil (fool), coin (con), boiler, appoint, adjoin, disappoint, poison, avoid, joined, noisy, boiling

ol bold, bolt, cold, colt, roll, fold, gold, hold, hole, scold, sold, told, toll, volt, control, enroll, folder, golden, holder, holster, roller, swollen, unfold, roller, folding, holding

oo boot, cool, food, fool, hoop, mood, moon, moose, room, soon, tool, pool, stoop, smooth, tooth, too, spoon, shoot (shot), stoop (stop), soon (son), hoop (hop), cartoon, bedroom, noodle, poodle, shampoo, igloo, bamboo, fooling, moody, shooting, raccoon, teaspoon, harpoon

or born, lord, porch, torn, stork, shore, fort, sport, torch, storm, north, corn (con), for (far), pork (park), port (part), short (shot), normal, order, organ, ordeal, border, conform, escort, forty, hornet, perform, inform, popcorn, story, morning

ou cloud, clout, loud, pout, pouch, scout, blouse, count, ground, found, out, round, sound, about, aloud, amount, around, counter, thousand, trousers, outside, cloudy, counting, grounder, bout (boot), mouse (moose), noun (noon), mouth (moth), our (or)

ow blow, crow, glow, grow, know, low, owe, row, slow, show, throw, shown, thrown, grown, elbow, fellow, below, follow, hollow, pillow, shadow, yellow, window

oy boy, toy, joy, Troy, annoy, employ, enjoy, cowboy, oyster, royal

ph phone, graph, photo, phrase, photograph, physics, typhoon, alphabet, elephant, dolphin, orphan, pamphlet, trophy, nephew, paragraph

sh shed, shin, shut, shun, dish, wish, rush, lash, flash, fresh, crash, brush, trash, shine, chime, shame, shape, share, ship (slip), shot (slot), shop (stop), shell (sell), shack (sack), cash (cast), fish (fist)

th that, them, this, with, tenth, eleventh, twelfth, thirteenth, fourteenth, fifteenth, sixteenth, seventeenth, eighteenth, then (ten), than (tan) ur church, curb, cur, hurt, purr, spurt, surf, turn, burst, curse, curve, purse, nurse, purple, turkey, Thursday, disturb, further, return, turtle, injure, burn (born), fur (far), curl (Carl)

wh when, whip, which, what, white, while

wr wrap, wreck, wrench, wring, wrist, write, wrong, wrapper, wreckage, wrestle, wrinkle, writer, wrongful

접미어(제14장)

a panda, comma, Anna, soda, drama, china, zebra, mamma, papa

able likeable, teachable, touchable, expendable, drinkable, enable, unable, portable, reasonable, returnable

age luggage, package, village, image, voyage, storage, passage, hostage, cottage, manage, language, wreckage, usage

al sandal, formal, postal, local, vocal, final, journal, metal, total, legal, criminal

ance clearance, entrance, performance, distance, instance, annoyance

ed hugged, killed, missed, ripped, tipped, bumped, helped, jumped, picked, rocked, clapped, dripped, dropped, flipped, grabbed, grinned, gripped, pressed, smelled, spelled, tricked, flipped, dotted, patted, petted, dusted, handed, landed, tested, lasted, hunted, ended, blasted, planted, slanted, trusted, twisted

ence absence, sentence, audience, patience, silence, influence, evidence, confidence

er batter, bigger, butter, fatter, hotter, letter, madder, sadder, bumper, faster, helper, hunter, blacker, dresser, slipper, speller, sticker, swinger, swimmer

es glasses, misses, passes, messes, foxes, mixes, taxes, boxes, wishes, dishes, fishes, mashes

est biggest, fattest, hottest, maddest, saddest, dampest, fastest, blackest, flattest, stiffest

ful handful, careful, useful, helpful, cheerful, mouthful, watchful, faithful, fearful

ible horrible, sensible, possible, flexible, admissible, responsible, permissible, convertible, terrible, invisible

<u>ic</u> traffic, picnic, arctic, antic, frantic, plastic, magic, tragic, comic, panic, basic, music, critic

<u>ing</u> batting, betting, cutting, digging, filling, getting, killing, letting, petting, bending, dusting, ending, helping, jumping, picking, testing, clapping, dripping, grabbing, grinning, planning, smelling, spending, swimming

<u>ion</u> fashion, champion, region, union, companion, opinion, religion, million, billion

<u>ish</u> snobbish, selfish, sluggish, publish, foolish, furnish, establish, accomplish, astonish, punish, finish, radish

<u>ive</u> active, captive, attentive, expensive, impressive, attractive, constructive, corrective, defective, destructive, positive

<u>le</u> battle, cattle, juggle, middle, paddle, riddle, saddle, wiggle, apple, bottle, giggle, little, puddle, handle, ankle, bundle, candle, jungle, uncle, grumble, twinkle, trample

<u>ment</u> agreement, argument, basement, attachment, development, employment, movement, payment, appointment, shipment

<u>less</u> endless, groundless, matchless, toothless, speechless, sleepless, helpless, careless, restless, lifeless, nameless, useless

<u>ness</u> madness, badness, freshness, dullness, witness, dryness, likeness

<u>tion</u> action, mention, fraction, question, invention, inspection, section, suction, portion, construction, celebration, circulation, congratulation, combination, decoration, education, formation

<u>ture</u> feature, creature, fracture, lecture, picture, puncture, structure, culture, venture, capture, torture, mixture, adventure, furniture, nature, future

<u>ward</u> northward, inward, forward, backward, coward, skyward, onward, awkward

<u>y</u> funny, muddy, penny, bunny, happy, jelly, silly, rocky, jumpy, handy, lucky, rusty, sandy, windy, candy, empty, fifty, sixty, smelly, snappy, sticky, clumsy, drafty, grumpy, plenty, sloppy, twenty

접두어(제14장)

<u>a</u> about, alive, alarm, around, along, amount, among, apart, asleep, atop

<u>ab</u> absent, absentee, absorb, absurd

ad	address, adjust, admire, admit, adverb, advertise
ap	appear, appeal, appendix, applaud, appoint, approach
at	attack, attempt, attend, attic, attach
be	because, become, before, begin, behave, behind, behold, belong, beneath, besides, between, beware
com	combine, command, commit, compete, complain, complex, compute
con	concrete, conduct, confess, confine, confirm, conflict, conform, confuse, connect, conserve, consist, control, consult, convict, contract
de	decay, declare, decoy, defeat, define, defrost, delay, delight, demand, depart, depend, describe, design, desire, destruct, detail, devote
dis	disappear, disappoint, discount, disconnect, discuss, dismiss, dismount, display, displease, disagree, disbelieve, discharge, dishonest, discolor, distance
ex	explain, expect, expense, expert, explode, expand, expire, export, explosive, extol, exclaim, excuse, exact, exam, except, exit, examine, example
for	forbid, forever, forget, forgive, forward
fore	forbid, forearm, forecast, forgive, forehead, forest, forget, forty, foremost, foreman, foreclosure, forefront
im	imperfect, impact, impeach, impress
in	income, index, infect, inflate, inform, inspect, intend
mis	miscount, misdeal, misfit, misjudge, mislead, misplace, mistake, mistreat, misspell, misprint, mistrust, mismatch
non	nonsense, nonstop, nonprofit, nonconform, nonsupport
over	overall, overboard, overcast, overcome, overdue, overhead, overload, overlook, overrun, oversight, overtake, overtime, overturn, overstep, overshoes, overshadow
per	percent, perfect, perfume, perhaps, permanent, persist, person, perplex, perspire, perturb
post	postage, postcard, postman, postpone, postmark, postal
pre	predict, pretend, preheat, prepay, prepare, precook, preside, precede
pro	profile, protest, propose, produce, protest, provoke
re	return, rebake, recall, recount, refill, reflex, reform, refresh, refuse, regain, regard, relay, release, remark, repair, repay, report, replay, reprint, respect, retreat, reverse

sub subdue, subject, submerge, submit, subnormal, subside, subsist, subtract, suburb, subway

super superman, supervise, supertanker, supersonic, supermarket, supersede, supernatural

trans transfer, transform, transit, translate, transmit, transparent, transplant, transport

un unable, unarm, uncage, unchain, unclean, unhappy, uneven, unlock, unreal, untie, unfair, unseen, unsafe, unlucky, unsure

under undercharge, underdog, undergo, underline, understand, underground, undertake, understood, underworld, underwear

up uphill, upkeep, uplift, upright, upside, uptown, upward, uphold, upon, uproar, upstream

CVCe 파생단어(제14장)

(괄호 안의 모든 단어가 최소한으로 다른 것은 아니다.)

1. *s*로 끝나는 단어

a		i		o		e-u	
canes	(cans)	bites	(bits)	Cones	(cons)	Petes	(pets)
cares	(cars)	files	(fills)	globes	(globs)	cubes	(cubs)
hates	(hats)	fines	(fins)	hopes	(hops)	uses	
mates	(mats)	miles	(mills)	mopes	(mops)		
planes	(plans)	shines	(shins)	robes	(robs)		
shakes	(shacks)	times					
stares	(stars)	wines	(wins)				

2. *er*로 끝나는 단어

a		i		o		e-u	
later	(latter)	filer	(filler)	closer	(hotter)	cuter	(cutter)
shaver	(slammer)	diner	(dinner)	smoker	(robber)	ruder	(rudder)
crater	(batter)	finer	(winner)	homer	(logger)	user	
braver	(hammer)	riper	(hitter)				
saver	(madder)	timer	(ripper)				
biter	(bigger)						

3. *ed*로 끝나는 단어

a		i		o		e-u
hated	(tapped)	filed	(filled)	hoped	(hopped)	used
named	(jammed)	smiled	(ripped)	closed	(robbed)	
waved	(fanned)	timed	(kidded)	smoked	(nodded)	
skated	(rammed)	piled	(fitted)	stoned	(rotted)	
blamed	(batted)	glided	(fibbed)	roped	(logged)	
faded	(matted)					

4. *ing*로 끝나는 단어

a		i		o		e-u
naming	(batting)	filing	(filling)	hoping	(hopping)	using
skating	(tapping)	riding	(hitting)	roping	(robbing)	
waving	(slamming)	timing	(ripping)	closing	(logging)	
hating	(napping)	piling	(kidding)	smoking	(stopping)	
shading	(snapping)	biting	(winning)	roving	(mopping)	

5. *y*로 끝나는 단어

a		i		o		e-u	
gravy	(Tammy)	spicy	(Timmy)	bony	(Tommy)	cuty	(nutty)
shady	(batty)	shiny		smoky	(Dotty)	tummy	
wavy	(fanny)	tiny		stony	(foggy)		
shaky	(Sammy)	wiry					

6. *est*로 끝나는 단어

a	i	u
bravest	ripest	cutest
latest	wisest	rudest
safest	widest	surest
tamest		

Y 파생단어(제14장)

	ier	iest	ied	ies
army				armies
buddy				buddies
bumpy	bumpier	bumpiest		
clumsy	clumsier	clumsiest		
foggy	foggier	foggiest		
funny	funnier	funniest		
greedy	greedier	greediest		
greasy	greasier	greasiest		
grumpy	grumpier	grumpiest		
handy	handier	handiest		
happy	happier	happiest		
holy	holier	holiest		
hungry	hungrier	hungriest		
kitty				kitties
lucky	luckier	luckiest		
muddy	muddier	muddiest		
party				parties
penny				pennies
rusty	rustier	rustiest		
silly	sillier	silliest		
skinny	skinnier	skinniest		
smelly	smellier	smelliest		
ugly	uglier	ugliest		
windy	windier	windiest		
baby			babied	babies
berry				berries
body				bodies
bury			buried	buries
busy	busier	busiest	busied	
carry	carrier		carried	carries
copy	copier		copied	copies
country				countries
hurry			hurried	hurries
lady				ladies
marry			married	marries
sorry	sorrier	sorriest		
study			studied	studies
worry			worried	worries

가운데 하나의 자음이 있는 2음절 단어(제15장)

a	e	i	o	u
paper	legal	Bible	frozen	music
satin	fever	visit	holy	bugle
travel	pedal	china	local	punish
cable	meter	prison	profit	human
label	clever	final	moment	super
planet	zebra	limit	copy	pupil
table	seven	finish	motor	humid
chapel	metal	minus	topic	study
rapid	defend	silent	robin	rumor
magic	second	tiger	poker	
crazy	seven	pilot	soda	
favor	devil	spinach	total	
vacant	petal	spider	solid	
taxi	evil	river	robot	
crater		tiny	modern	
panic			proper	
maple			pony	
			comic	
			motel	
			motor	
			promise	
			model	
			robin	
			total	

부록 B

400개 상용 단어

a
about
after
again
airplane
all
almost
along
also
always
am
an
and
animals
another
anything
are
around
as
ask

baby
back
bag
ball
balloon
bark
barn
bear
because
bed
be
bee
been
before
began
behind
below
best
better
between

birthday
black
blue
boat
book
both
box
boy
bring
brought
brown
build
bus
but
buy
by
cage
cake
call
called

car
carry
cat
catch
children
city
clean
coat
cold
colds
come
could
cow
cry
cut
daddy
dark
day
did
didn't

dog
done
don't
door
down
draw
dress
drink
drop
duck
each
eat
eight
end
enough
even
ever
every
fall
family

fat
father
feet
few
fight
find
fire
first
fish
five
fly
food
for
found
four
fox
friend
from
full
fun

at	big	came	different	far	funny
ate	bike	can	do	farm	game
away	bird	can't	does	fast	gave
get	hill	left	name	pet	school
girl	him	leg	need	pick	see
give	his	let	never	pig	seen
go	hold	letter	new	picnic	set
goat	home	life	next	picture	seven
goes	hop	light	night	place	shall
going	horse	like	no	play	she
gone	hot	line	not	please	shoe
good	house	little	nothing	pocket	should
good-bye	how	live	now	pony	show
got	hurry	long	number	pretty	side
grass	hurt	look	of	prize	sing
great	I	looked	off	pull	sister
green	ice	lost	often	put	sit
grow	if	made	oh	rabbit	six
guess	I'll	make	old	race	sleep
had	I'm	man	on	rain	so
hair	in	many	once	ran	soon
half	into	may	one	read	some
hand	is	maybe	only	ready	something
happy	it	me	open	red	sound
hard	its	men	or	ride	small
has	it's	met	other	right	start
hat	jump	might	our	road	stay
have	just	miss	out	rocket	step
he	keep	money	over	room	still
head	kind	more	own	round	stop

hear	kitten	morning	paint	run	stopped
heard	knew	most	pan	said	store
hello	know	mother	part	same	story
help	land	much	party	sang	street
hen	large	must	peanut	sat	such
her	last	my	penny	saw	sun
here	laugh	myself	people	say	sure
surprise	they	too	upon	well	with
table	thing	took	us	went	won't
take	things	town	use	were	word
talk	think	toy	used	what	words
tell	this	train	very	when	work
ten	those	tree	wagon	where	world
than	thought	truck	walk	which	would
thank	three	try	want	while	write
that	through	turtle	warm	white	year
the	time	TV	was	who	yellow
their	to	two	wash	why	you
them	today	under	water	will	your
then	together	until	way	window	yes
there	told	up	we	wish	zoo
these	tomorrow				

부록 C

초기 발음 프로그램 수업 개요

이 개요에 제시된 수업 형식을 포함하고 있는 표들

글자 소개－〈표 7-1〉	음소 단위로 소리 내어 읽기－〈표 8-1〉과 〈표 8-2〉
글자 변별－〈표 7-2〉	즉독－〈표 9-1〉과 〈표 9-2〉
합성－〈표 6-1〉	불규칙 단어－〈표 10-1〉
분절－〈표 6-2〉와 〈표 6-3〉	지문 읽기－〈표 8-4〉와 〈표 8-5〉

수업 1

글자 소개—a

끼워 넣기—sad, if, at

글자 소개—a

수업 2

글자 소개—m

글자 변별—m, a

끼워 넣기—it, mad, am

글자 소개—a

글자 변별—m, a

수업 3

글자 변별—m, a

분절—am, it

글자 변별—m, a

분절—Sam, at

수업 4

글자 소개—t

글자 변별—t, a, m

분절—at, it, Sam

글자 소개—t

글자 변별—t, a, m

분절—am, sit

수업 5

글자 소개—t

글자 변별—m, a, t

분절—am, sad, sit

글자 변별—m, a, t

분절—mad, if

수업 6

글자 소개—s

글자 변별—m, a, s, t

분절—am, sit, Sid

글자 소개—s

글자 변별—m, a, t, s

분절—Sam, it

수업 7

글자 소개—s

글자 변별—m, a, s, t

음소 단위로 소리 내어 읽기—am

글자 변별—m, a, s, t

분절—at, sit, if

음소 단위로 소리 내어 읽기—am

수업 8

글자 소개—i

글자 변별—m, a, s, t, i

음소 단위로 소리 내어 읽기—am, at

분절—sat, it, am

글자 소개—i

글자 변별—m, a, s, t, i

음소 단위로 소리 내어 읽기—am, at

수업 9

글자 소개—i

글자 변별—m, a, s, t, i

음소 단위로 소리 내어 읽기—sat, am

분절—if, fat, miss, fig

글자 변별—m, a, s, t, i

음소 단위로 소리 내어 읽기—mat, Sam

수업 10

글자 소개—i

글자 변별—m, a, s, t, f, i

음소 단위로 소리 내어 읽기—am, sat

분절—mad, Sid, fit, rat

글자 소개—f

글자 변별—m, a, s, t, f, i

음소 단위로 소리 내어 읽기—at, sat

수업 11

글자 소개—f

글자 변별—m, a, s, t, f, i

음소 단위로 소리 내어 읽기—Sam, sit

분절—rag, fit, sad, add

글자 변별—m, a, s, t, f, i

음소 단위로 소리 내어 읽기—am, it, sat

수업 12

글자 소개—d

글자 변별—m, a, s, d, f, i

음소 단위로 소리 내어 읽기—mat, sit, sat

글자 소개—d

글자 변별—a, d, i

분절—lot, rag, luck

수업 13

글자 소개—d

글자 변별—m, a, s, d, f, i

분절—not, nut, in, on

글자 변별—a, d, i

음소 단위로 소리 내어 읽기—if, fit, am, fat, Sam

지문 읽기—am

(음소 단위로 소리 내어 읽기)

수업 14

글자 변별—a, m, s, t, i, f, d

분절—lot, rat, sick, rip

글자 변별—t, d, i

블규칙 단어—is

음소 단위로 소리 내어 읽기—Sid, mad, fat, sad, sit, if

지문 읽기—Sam

(음소 단위로 소리 내어 읽기)

수업 15

글자 소개—r

글자 변별—m, a, s, i, t, r, d

블규칙 단어—is

음소 단위로 소리 내어 읽기—mad, sat, it, if, at, sad

글자 변별—r, a, i

분절—on, in, ran, rag

지문 읽기—am, Sam

(음소 단위로 소리 내어 읽기)

수업 16

글자 소개—r

글자 변별—m, a, i, t, f, d, s, r

블규칙 단어 word—is

음소 단위로 소리 내어 읽기— sad, sat, am, fit, mit, mad

글자 변별—r, i, s

분절—sick, sock, lot, on, in

지문 읽기—Sam is sad.

(음소 단위로 소리 내어 읽기)

수업 17

글자 소개—o

글자 변별—o, a, i, r, d, f, s, t

분절—lock, fig, cat, rag

음소 단위로 소리 내어 읽기—at, it, am, fit, mad, Sam

즉독—at, it, am

지문 읽기—it, is, Sam

(음소 단위로 소리 내어 읽기)

수업 18

글자 소개—o

글자 변별—o, a, i, r, d, f, s, t

분절—top, got, dad, Tag

음소 단위로 소리 내어 읽기— ram, rid, fit, am, rat, Sam, sit

즉독—it, at, Sam, sit

지문 읽기— Sam is sad. Sid is mad.

(음소 단위로 소리 내어 읽기)

수업 19

글자 소개—g

글자 변별—o, a, i, r, d, f, t, g

분절—rug, cut, cat, did, hot

음소 단위로 소리 내어 읽기— Sam, it, am, sat, rim, fit, mad

즉독—Sam, it, am, sat

지문 읽기—Sid is mad at Sam.

(음소 단위로 소리 내어 읽기)

수업 20

글자 소개—g

글자 변별—o, a, i, r, d, f, t, g

분절—dad, got, can, dig, him

음소 단위로 소리 내어 읽기— mom, rod, rat, sit, at, Sid, fit, ram

즉독—sit, am, at, sad

지문 읽기— Sam is fat. Mom is fit.

(음소 단위로 소리 내어 읽기)

부록 D

초기 읽기 단계 학생용 기본 어휘와 학생의 어휘지식 평가를 위한 제안

1. **색** blue, red, black, orange, green, yellow, pink, brown, white, gray, gold, purple, olive

검사 제안 각 색을 칠하기 위해 크레용을 사용한다. 색칠한 각 색을 가리키며 "무슨 색이죠?"라고 묻는다.

2. **전치사**(괄호 안은 비슷한 단어이다.) in, on, under (below), over (above), next to (beside), between (in the middle of), in front of (ahead), in back of (behind)

검사 제안 연필과 컵 2개를 사용한다. 연필을 다양한 위치에 놓으면서 "연필이 어디에 있죠?"라고 묻는다.

3. **보통 명사와 장소**

교실: board, window, reading corner, teacher's desk, bookcase, bulletin board, light switch, doorway, chalk, clothing area, globe, map, stapler, clip, folder, calendar, lunch card holder

음식

과일: apricot, apple, cherry, pear, plum, grape, orange, grapefruit, pineapple, blueberry, strawberry

야채: beet, broccoli, cabbage, carrot, celery, onion, pepper, radish, squash

고기: chicken, ham, liver, steak, turkey

유제품: cottage cheese, yogurt, Swiss cheese, American cheese

여러 가지의 기타: mustard, catsup, salt, pepper, sugar, honey, pudding, bread, cereal

장소: park, zoo, restaurant, grocery store, drug store, shoe store, department store, school, garage, church, library, post office, hotel, hospital, forest

검사 제안 그림이나 실제 사물을 준비한다. 그리고 "이것은 무엇이죠?"라고 묻는다.

4. 대명사

주어: he, she, they, it, you, we

목적어: him, her, them, you

소유격: his, her, their, your, its

검사 제안 성별만 다르고 나머지는 똑같은 여러 장의 사람 사진이나 그림을 준비한다(예: 달리는 여자 아이와 남자 아이 그림). 그림의 해당 부분을 가리키면서 다음과 같이 질문한다. "그녀의 머리를 짚으세요. 그의 머리를 짚으세요. 남자 아이가 달리고 있는 그림을 짚으세요, 두 아이 모두를 짚으세요."

5. 사물의 부분

match: stick, head

pencil: eraser, point, shaft

hammer: handle, head, claw

purse: bag, clasp, handle

wagon: wheels, handle, body

shoe: sole, heel, laces, top, tongue

egg: yolk, white, shell

jacket: hood, zipper, front, back, sleeve

clock: case, hands, face

cabinet: handle, doors, shelves

refrigerator: door, handle, body, freezer door, shelves

tree: roots, branches, trunk, leaves

chair: seat, back, legs, rungs

door: doorknob, key hole, hinges, lock, rod

cup: bowl, handle

pot: body, lid, handle

table: top, legs

umbrella: frame, handle, covering

fish: body, tail, fins

nail: head, shaft, point

flower: roots, stem, leaves, petal

glasses: frame, earpieces, lenses

shirt: collar, pocket, sleeves, cuffs, buttons

window: frame, lock, handle, panes

coat: sleeves, collar, buttons, button holes, front, back

pants: zipper, legs, cuffs, pockets

broom: handle, bristles

toothbrush: handle, bristles

glove: thumb, fingers, cuff, palm

car: wheels, fenders, windows, doors, bumpers, hood, windshield, headlights, seats, seat belts, steering wheel

rake: handle, prongs

fork: handle, prongs

knife: blade, point, handle

dashboard: speedometer, glove compartment, radio, clock, gas gauge

shovel: handle, scoop

jar: lid, mouth, neck, body, label

belt: strap, buckle, prong, loop, holes

lamp: shade, stand, cord, switch, bulb

garbage can: handles, lid, body

spoon: handle, bowl

staircase: railing, post, stairs

person

face: hair, eyebrow, eyelash, forehead, nostrils, chin

upper body: waist, shoulder, upper arm, lower arm, index finger, ribs, backbone, hips, wrist, elbow, palm, knuckles

lower body: ankle, knee, arch, hips, thigh

검사 제안 그림이나 실제 사물을 제시하면서 "이것은 어느 부분인가요?"라고 묻는다.

6. 특징(형용사)

long—short	few—many	dark—light
big—little	same—different	deep—shallow
hot—cold	old—new	raw—cooked
full—empty	skinny—fat	stale—fresh
wet—dry	clean—dirty	ripe—spoiled
straight—crooked	fast—slow	early—late
rough—smooth	young—old	happy—sad
wide—narrow	tiny—huge	sick—well
quiet—noisy	mild—stormy	easy—difficult
safe—dangerous	ugly—beautiful	careful—careless
sharp—dull	open—closed	tight—loose
whole—part	shiny—dull	
wild—tame	cool—warm	

검사 제안 특징을 보여 줄 수 있는 그림이나 실제 사물을 준비한다. "이것은 ~한가요?" 혹은 "어떤 것이 ~한가요?"라고 묻는다.

7. 직업

baker	forest ranger	barber
garbage collector	playground supervisor	brick layer
grocer	plumber	bus driver
hair dresser	police officer	carpenter
jeweler	priest cashier	librarian
printer	clerk	lifeguard
rabbi	cook	logger

roofer	custodian	secretary
dentist	mail carrier	shoe-repair person
dishwasher	mechanic	flight attendant
doctor	taxi driver	dressmaker
minister	teacher Nurse	telephone-repair person
electrician	painter	truck driver
engineer	paper carrier	TV-repair person
farmer	photographer	veterinarian
firefighter	pilot	waiter or waitress
fisherman		

검사 제안 그림을 제시하면서 "이 사람은 무엇이라 부르나요?"라고 묻는다.

8. **수량 언어** all, some, none, most, a few, a lot

검사 제안 책상 위에 연필 다섯 자루를 놓고 "나에게 연필 (모두, 일부, 0개, 대부분, 몇 개, 아주 많이)를 주세요."라고 요구한다.

9. **재료** cardboard, cloth, fur, glass, leather, metal, plastic, rubber, wood, brick

검사 제안 물체의 재료 조각 혹은 사물의 그림을 보여 주고 "이것은 무엇으로 만들어 지나요?"라고 묻는다.

10. **모양** circle, square, rectangle, oval, triangle

검사 제안 각 도형의 모양을 그리고 "이것은 무슨 모양인가요?"라고 묻는다.

11. **패턴** plaid, striped, plain, spotted, flowered, checkered

검사 제안 사각형을 각기 다른 패턴으로 채운 다음 "이것은 무슨 패턴인가요?"라고 묻는다.

부록 E

구두 언어 선별 검사와 검사 결과 기록 양식

구두 언어 선별 검사 기록 양식

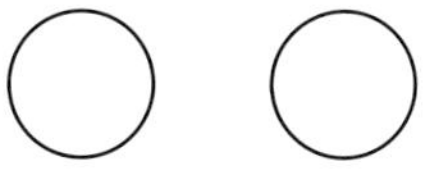

원 1: 노란색　　원 2: 갈색

지시 사항: 원 1을 노란색으로, 원 2를 갈색으로 칠하시오.

1. (원 1을 가리키며) "이것은 무슨 색이죠?"
2. (원 2를 가리키며) "이것은 무슨 색이죠?"
3. "내가 문장을 말해 볼게요. 내가 말한 대로 말해 보세요. 잘 들으세요. (잠시 멈춤) "큰 소년이 더러운 벤치에 앉아 있다." (학생들이 그대로 잘 따라 하지 못하면 한 번 반복한다. 첫 번째나 두 번째 시도에서 정확히 문장을 따라 말하면 맞은 것으로 채점한다.)
4. "잘 들으세요."(잠시 멈춤) "Mary는 지난밤 어린 동생을 돌보고 있었다. 따라 말해 보세요." (학생이 정확히 따라서 말하지 못하면 문장을 한 번 반복한다. 첫 번째나 두 번째 시도에서 정확히 문장을 따라 말하면 맞은 것으로 채점한다.)
5. "문장을 말하고 나서 여러분에게 질문을 할 거예요. 잘 들으세요. 작은 고양이 한 마리가 어제 공원에서 잤다. 다시 잘 들으세요. 작은 고양이 한 마리가 어제 공원에서 잤다." "고양이가 어디에서 잤나요?" (공원에서)
6. "고양이는 공원에서 언제 잤나요?" (어제)
7. "생쥐와 소는 어떻게 다른가요?" (맞는 답을 수용한다.)
8. "잘 들으세요. 월요일, 화요일, 수요일, 목요일, 금요일. 따라 말해 보세요." (학생이 정확히 따라 말하지 못하면 반복한다. 첫 번째나 두 번째 시도에서 정확히 문장을 따라 말하면 맞은 것으로 채점한다.)
9. "여러분의 치아를 치료하는 사람을 무엇이라 부르나요?"
10. "연필은 보통 무엇으로 만들어졌나요?"

학생 이름	1. 노란색	2. 갈색	3. 진술문 (1)	4. 진술문 (2)	5. 장소	6. 시간	7. 다른 점	8. 요일	9. 치과 의사	10. 나무

부록 F

초기 발음 평가

초기 발음 평가는 학생이 글자-소리 대응, 대문자, 규칙 단어를 숙달했는지 여부에 대한 예비 지표로 사용할 수 있는 간편한 선별 방식이다.

누구를 검사하나?	이 검사는 글자-소리 대응을 아직 배우고 있는 초기 읽기 단계 학생에게 실시한다.
평가 자료	• 학생용 검사지 • 학생용 응답지 • 학급용 기록 형식
검사와 채점 절차	• 각 검사 영역을 검사한다. 학생이 연속해서 오류를 5회 범하는 영역은 검사를 중단하고 다음 영역으로 넘어간다. • 가로 방향으로 문항을 실시한다. • 학급 전체 검사 결과를 학급 기록 양식에 요약한다. 글자-소리 대응 • 각 글자를 가리키고 "이 글자의 소리는 무엇인가요?"라고 묻는다. • 만약 학생이 맞는 소리를 내면 +로 기록한다. • 5초 이내에 맞는 소리를 내지 못하면 학생에게 정답을 알려 주고 NR(no response, 무반응)로 적는다. • 글자의 소리 대신 이름을 말하면 LN(letter name, 글자 이름)으로 적고 소리를 알고 있는지 물어본다. 학생이 소리를 알면 LN 옆에 +를 적는다. • 학생이 소리를 잘못 알고 있으면 0으로 적고 학생이 말한 소리를 적는다. 대문자 • 각 글자를 가리키고 "이 글자의 소리는 무엇인가요?"라고 묻는다. • 채점은 이전 채점 절차를 따른다.

	규칙 단어 • 각 단어를 가리키고 "이 단어를 읽어 보세요."라고 말한다. • 만약 학생이 정확하게 읽으면 +로 기록한다. • 만약 학생이 잘못 읽으면 학생이 잘못 읽은 대로 기록한다. • 만약 학생이 단어를 한 글자씩 소리 낸 다음 단어 전체로 읽는다면 SO+(한 글자씩 소리 냄)으로 기록한다. • 만약 학생이 5초 이내에 단어를 읽지 못하면 학생에게 정답을 말해 주고 NR(무반응)로 기록한다.

학생용 평가지				
소리				
a	m	t	s	i
f	d	r	o	g
l	h	u	c	b
n	k	e	v	p
y	j	x	w	q
z				

학생용 평가지		
대문자		
D	A	R
N	G	B
E	M	H

규칙 단어			
it	am	mad	cat
him	tag	must	hand
flag	drop	skin	stamp
strap	split	skunk	

학생 이름: ______________________ 날짜: ______________

검사자 이름: ______________________ 학년: ______________

초기 발음 평가
학생용 기록 양식

소리(무슨 소리?)		
#	문항	반응
1	a	
2	m	
3	t	
4	s	
5	i	
6	f	
7	d	
8	r	
9	o	
10	g	
11	i	
12	h	
13	U	
14	c	
15	b	
16	n	
17	k	
18	e	
19	v	
20	p	
21	y	
22	j	
23	x	
24	w	
25	q	
26	z	

대문자(무슨 소리?)		
#	문항	반응
27	D	
28	A	
29	R	
30	N	
31	G	
32	B	
33	E	
34	M	
35	H	
규칙 단어(어떤 단어?)		
36	it	
37	am	
38	mad	
39	cat	
40	him	
41	tag	
42	must	
43	hand	
44	flag	
45	drop	
46	skin	
47	stamp	
48	strap	
49	split	
50	skunk	

초기 발음 평가
학급용 기록 양식

소리		학생들											
1	a												
2	m												
3	t												
4	s												
5	i												
6	f												
7	d												
8	r												
9	o												
10	g												
11	l												
12	h												
13	u												
14	c												
15	b												
16	n												
17	k												
18	e												
19	v												
20	p												
21	y												
22	j												
23	x												
24	w												
25	q												
26	z												

대문자		학생들											
27	D												
28	A												
29	R												
30	N												
31	G												
32	B												
33	E												
34	M												
35	H												
단어													
36	it												
37	am												
38	mad												
39	cat												
40	him												
41	tag												
42	must												
43	hand												
44	flag												
45	drop												
46	skin												
47	stamp												
48	strap												
49	split												
50	skunk												

부록 G

초등 발음 평가

초등 발음 평가는 학생이 발음과 구조의 어느 부분을 알거나 모르는지 여부에 대한 예비 지표로 사용할 수 있는 간편한 선별 방식이다. 발음과 구조 요소는 단어 맥락에서 검사되기 때문에 학생이 어떤 단어는 보고 읽지만 같은 요소를 포함하고 있는 다른 단어는 읽지 못하지는 않는지 주의 깊게 봐야 한다.

누구를 검사하나?	이 검사는 대부분의 글자-소리 대응을 알고 1학년 중간부터 3학년 수준의 읽기를 보이는 학생에게 실시한다.
평가 자료	• 학생용 검사지 • 학생용 응답지 • 학급용 기록 양식
검사 절차	• 학생에게 읽을 단어들을 준다. • 첫 번째 단어부터 읽기 검사를 한다. 학생에게 제시된 지면 속의 단어를 읽게 한다. • 학생 기록 양식(다음 페이지)에 학생의 반응을 적는다. • 학생이 연속해서 5문항을 틀리면 검사를 중단한다. • 주의: 만약 학생이 처음 10단어 중 최소 5개 이상을 정확하게 읽지 못하면 검사를 중단하고 초기 발음 평가를 실시한다. • 학급 전체 검사 결과를 학급 기록 형식에 요약한다.
채점 절차	• 단어를 정확히 읽으면 +로 기록한다. • 3초 이내에 정확히 단어를 읽지 못하면 NR(no response, 무반응)로 적는다. (학생에게 정답을 알려 주어도 된다.) • 학생이 단어를 잘못 읽으면 학생이 읽은 대로 적는다. • 검사하지 못한 문항은 빈칸으로 놔둔다.

학생 이름: ______________________ 날짜: ______________________
검사자 이름: ______________________ 학년: ______________________

초등 발음 평가
학생용 기록 양식

#	문항	반응
1	th-bath	
2	er-hunter	
3	ing-testing	
4	sh-shop	
5a	ed-handed	
5b	ed-licked	
5c	ed-missed	
6	wh-when	
7	qu-quiz	
8	ol-fold	
9	y-sunny	
10	est-fastest	
11	oa-loan	
12	ar-cart	
13a	VCe-fine	
13b	VCe-hope	
13c	VCe-cane	
14	ea-neat	
15	oo-hoop	
16	le-candle	
17	ee-meet	
18	ai-pain	
19	ch-lunch	
20	or-port	
21	ay-pray	
22	ou-proud	
23	ir-thirst	
24	ur-curb	
25a	VCe + taped	
25b	VCe + hoping	
25c	VCe + timer	
26	kn-knock	
27	oi-boil	
28	oy-enjoy	

#	문항	반응
29	ew-stew	
30	ph-graph	
31	wr-wrap	
32	au-haunt	
33	aw-hawk	
34	con-confuse	
35	ment-payment	
36	de-demand	
37	al-sandal	
38	ful-handful	
39	dis-distant	
40	able-enjoyable	
41	less-useless	
42	ness-darkness	
43	pro-protect	
44	tion-invention	
45	ist-artist	
46	ible-sensible	
47	age-package	
48	sion-mission	
49	ence-silence	
50	ish-selfish	
51	pre-predict	
52	ex-expand	
53	over-overtime	
54	ion-million	
55	com-compare	
56	ture-venture	
57	ive-detective	
58	ac-accuse	
59	ous-joyous	
60	ic-panic	
61	ward-forward	
62	ize-realize	

학생용 검사지

1-4	bath	hunter	testing	shop
5-6	handed	licked	missed	when
7-10	quiz	fold	sunny	fastest
11-13	loan	cart	fine	hope
13-16	cane	neat	hoop	candle
17-20	meet	pain	lunch	port
21-24	pray	proud	thirst	curb
25-26	taped	hoping	timer	knock
27-30	boil	enjoy	stew	graph
31-34	wrap	haunt	hawk	confuse
35-38	payment	demand	sandal	handful
39-42	distant	enjoyable	useless	darkness
43-46	protect	invention	artist	sensible
47-50	package	mission	silence	selfish
51-54	predict	expand	overtime	million
55-58	compare	venture	detective	accuse
59-62	joyous	panic	forward	realize

초등 발음 평가
학급용 기록 양식

문항-단어		학생들											
1	th-bath												
2	er-hunter												
3	ing-testing												
4	sh-shop												
5a	ed-handed												
5b	ed-licked												
5c	ed-missed												
6	wh-when												
7	qu-quiz												
8	ol-fold												
9	y-sunny												
10	est-fastest												
11	oa-loan												
12	ar-cart												
13a	VCe-fine												
13b	VCe-hope												
13c	VCe-cane												
14	ea-neat												
15	oo-hoop												
16	le-candle												
17	ee-meet												
18	ai-pain												
19	ch-lunch												
20	or-port												
21	ay-pray												
22	ou-proud												
23	ir-thirst												
24	ur-curb												
25a	VCe+taped												
25b	VCe+hoping												
25c	VCe+timer												
26	kn-knock												

27	oi-boil											
28	oy-enjoy											
29	ew-stew											
30	ph-graph											
31	wr-wrap											
32	au-haunt											
33	aw-hawk											
34	con-confuse											
35	ment-payment											
36	de-demand											
37	al-sandal											
38	ful-handful											
39	dis-distant											
40	able-enjoyable											
41	less-useless											
42	ness-darkness											
43	pro-protect											
44	tion-invention											
45	ist-artist											
46	ible-sensible											
47	age-package											
48	sion-mission											
49	ence-silence											
50	ish-selfish											
51	pre-predict											
52	ex-expand											
53	over-overtime											
54	ion-million											
55	com-compare											
56	ture-venture											
57	ive-detective											
58	ac-accuse											
59	ous-joyous											
60	ic-panic											
61	ward-forward											
62	ize-realize											

참고문헌

제1장 읽기 교수에 대한 견해

ABT Associates. (1977). *Education as experimentation: A planned variation model: Vol. IV-B. An Evaluation of follow through* (p. 73). Cambridge, MA: Author.

Adams, G. L., & Engelmann, S. (1996). *Research on direct instruction: 25 Years beyond DISTAR. Seattle,* WA: Adams and Engelmann Educational Achievement Systems.

Adams, M. J. (1990). *Beginning to read: Thinking and learning about print.* Cambridge, MA: MIT Press.

Alessi, G. (1988). Diagnosis diagnosed: A systemic reaction. *Professional School Psychology, 3*(2), 145–151.

American Academy of Pediatrics. (2009). Learning disabilities, dyslexia, and vision. *Pediatrics, 124,* 837–844.

American Federation of Teachers. (2004). *Six promising schoolwide reform programs.* Washington, DC: Author.

American Institutes of Research. (1999). *Educators' guide to schoolwide reform.* Washington, DC: Author.

Archer, A. L., & Hughes, C. A. (2011). Exploring the foundations of explicit instruction. In A. L. Archer & C. A. Hughes (Eds.), *Explicit instruction: Effective and efficient teaching* (pp. 1–22). New York: Holt Rinehart & Winston.

Baker, S. K., Fien, H., & Baker, D. L. (2010). Robust reading instruction in the early grades: Conceptual and practical issues in the integration and evaluation of Tier 1 and Tier 2 instructional supports. *Focus on Exceptional Children, 42*(9), 1–20.

Becker, W. C., & Carnine, D. W. (1980). Direct instruction as a direct approach to educational intervention with disadvantaged and low performers. In B. Lakey & A. Kazdin (Eds.), *Advantages in clinical child psychology* (Vol. 3, pp. 429–473). New York: Plenum Press.

Borman, G. D., Hewes, G. M., Overman, L. T., & Brown, S. (2002). *Comprehensive school reform and student achievement: A meta-analysis*. Baltimore, MD: Center for Research on the Education of Students Placed At Risk (CRESPAR) at Johns Hopkins University.

Brophy, J. E., & Good, T. L. (1986). Teacher behavior and student achievement. In M. Wittrock (Ed.), *Third handbook of research on teaching* (pp. 328–375). New York: Macmillan.

Coyne, M. D., Kame'enui, E. J., & Carnine, D. W. (2011). *Effective teaching strategies that accommodate diverse learners* (4th ed.). Upper Saddle River, NJ: Pearson.

Engelmann, S. E., & Carnine, D. (1991). *Theory of instruction: Principles and applications* (Rev. ed.). Eugene, OR: ADI Press.

Engelmann, S. E., & Engelmann, T. (1966). *Give your child a superior mind.* New York: Simon and Schuster.

Foorman, B. R. (1995). Research on "The Great Debate": Code-oriented versus whole-language approaches to reading instruction. *School Psychology Review, 24*(3), 376–392.

Forness, S. R., Kavale, K. A., Blum, I. M., & Lloyd, J. W. (1997). Mega-analysis of meta-analyses. *Teaching Exceptional Children, 29*(6), 4–9.

Hattie, J. (2008). *Visible learning: A synthesis of over 800 meta-analyses relating to achievement.* New York: Routledge.

Kame'enui, E. J., Fien, H., & Korgessar, J. (2013). Direct instruction as eo nomine and contronym: Why the words and details matter. In L. Swanson, S. Graham, & K. Harris (Eds.), *Handbook on learning disabilities* (2nd ed., pp. 489–506). New York:

Guilford Press.

Kame'enui, E. J., & Simmons, D. C. (1990). *Designing instructional strategies: The prevention of academic learning problems*. Columbus, OH: Merrill.

Kavale, K. A., & Forness, S. R. (1987). Substance over error: Assessing the efficacy of modality testing and teaching. *Exceptional Children, 54,* 228-239.

Landrum, T. J., & McDuffie, K. A. (2010). Learning styles in the age of differentiated instruction. *Exceptionality, 18,* 6-17.

Liberman, I. Y., & Liberman, A. M. (1990). Whole language vs. code emphasis: Underlying assumptions and their implications for reading instruction. *Annals of Dyslexia, 40,* 51-76.

Lloyd, J. W. (1984). How shall we individualize instruction or should we? *Remedial and Special Education, 5,* 7-15.

Lyon, G. R. (1995). Research initiatives in learning disabilities: Contributions from scientists supported by the National Institute of Child Health and Human Development. *Journal of Child Neurology, 10,* 120-126.

National Reading Panel. (2000). Report of the National Reading Panel. *Teaching children to read: An evidence-based assessment of the scientific research literature on reading and its implications for reading instruction: Reports of the subgroups* (NIH Publication No. 00-4754). Washington, DC: U.S. Government Printing Office.

Pashler, H., McDaniel, M., Rohrer, D., & Bjork, R. (2009). Learning styles: Concepts and evidence. *Psychological Science in the Public Interest, 9,* 106-119.

Perfetti, C. A., & Dunlap, S. (2008). Learning to read: General principles and writing system variations. In K. Koda & A. Zehler (Eds.), *Learning to read across languages* (pp. 13-38). Mahwah, NJ: Erlbaum.

Pinker, S. (1994). *The language instinct: How the mind creates language*. New York: HarperCollins.

Rosenshine, B. V. (1986). Synthesis of research on explicit teaching. *Educational Leadership, 43,* 60-69.

Rosenshine, B. (2008). *Five meanings of direct instruction*. Center on Innovation & Improvement. Retrieved from http://www.centerii.org.

Smith, S. B., Simmons, D. C., & Kame'enui, E. J. (1995). *Synthesis of research on phonological awareness: Principles and implications for reading acquisition* (Tech. Rep. No. 21). Eugene, OR: University of Oregon, National Center to Improve the Tools of Educators.

Snider, V. E. (1992). Learning styles and learning to read: A critique. *Remedial and Special Education, 113,* 6-18.

Stahl, S. A., & Kuhn, M. R. (1995). Does whole language or instruction matched to learning styles help children learn to read? *School Psychology Review, 24,* 393-404.

Stockard, J. (2008, September). *Improving first grade reading achievement in a large urban district: The effects of NIFDI-supported implementation of direct instruction in the Baltimore City public school system,* Technical Report # 2008-1. Eugene, OR: National Institute for Direct Instruction.

White, W. A. T. (1988). Meta-analysis of the effects of direct instruction in special education. *Education and Treatment of Children, 11,* 364-374.

Willingham, D. T. (2005, Summer). Do visual, auditory, and kinesthetic learners need visual, auditory, and kinesthetic instruction? *American Educator, 31-35,* 44.

제2장 읽기 교수 모델

Adams, M. J. (1990). *Beginning to read: Thinking and learning about print.* Cambridge, MA: MIT Press.

Armbruster, B. B., Lehr, F., & Osborn, J. (2001). *Put reading first: The research building blocks for teaching children to read.* Washington, DC: Partnership for Reading.

Brady, S. A., & Shankweiler, D. P. (Eds.). (1991). *Phonological processes in literacy: A tribute to Isabelle Y. Liberman.* Hillsday, NJ: Lawrence Erlbaum Associates, Inc.

Catts, H. W., & Kamhi, A. G. (Eds.). (1999). *Language and reading disabilities.* Needham Heights, MA: Allyn & Bacon.

Common core state standards (2010). *English language arts.* Washington, DC: National Governors Association Center for Best Practices, Council of Chief State School Officers.

Gersten, R. M., Compton, D., Connor[CE1], C. M., Dimino, J., Santoro, L., Linan-Thompson,

S., & Tilly, W. D. (2009). *Assisting students struggling with reading, response to intervention and multi-tier intervention in the primary grades: A practice guide.* (No. NCE 2009-4045). Washington, DC: National Center for Education Evaluation.

Gersten, R., Baker, S., Collins, P., Linan-Thompson, S., Scarcella, R., & Shanahan, T. (2007). *Practice guide for educators: Effective literacy and English language instruction for English learners in the elementary grades.* Washington, DC: Insitute of Education Sciences.

Hart, B., & Risley, T. R. (1995). *Meaningful differences in the everyday experience of young American children.* Baltimore, MD: Brookes Publishing Co.

Juel, C. (1988). Learning to read and write: A longitudinal study of fifty-four children from first through fourth grade. *Journal of Educational Psychology, 80*(4), 437-447.

Kame'enui, E. J. (1996). Shakespeare and beginning reading: "The readiness is all." *Teaching Exceptional Children, 28*(2), 77-81.

Lyon, G. R. (2001, March 8). Statement of Dr. G. Reid Lyon, Chief, Child Development and Behavior Branch, NICHD to Subcommitte on Education Reform. U.S. House of Representatives.

National Center for Education Statistics (1998). *The conditions of education 1998.* Washington, DC: U.S. Department of Education, Office of Educational Research and Improvement.

National Reading Panel. (2000). Report of the National Reading Panel. *Teaching children to read: An evidence-based assessment of the scientific research literature on reading and its implications for reading instruction: Reports of the subgroups* (NIH Publication No. 00-4754). Washington, DC: U.S. Government Printing Office.

Smith, S. B., Simmons, D. C., & Kame'enui, E. J. (1995). *Synthesis of research on phonological awareness: Principles and implications for reading acquisition* (Tech. Rep. No. 21). Eugene, OR: University of Oregon, National Center to Improve the Tools of Educators.

Stanovich, K. E. (2000). *Progress in understanding reading: Scientific foundations and new frontiers.* New York: Guilford Press.

Torgesen, J. K., & Wagner, R. K. (1998). Alternative diagnostic approaches for specific developmental reading disabilities. *Learning Disabilities Research & Practice, 13,*

220-232.

Vellutino, F. R., Scanlon, D. M., Sipay, E. R., Small, S. G., Pratt, A., Chen, R., et al. (1996). Cognitive profiles of difficult-to-remediate and readily remediated poor readers: Early intervention as a vehicle for distinguishing between cognitive and experiential deficits as basic causes of specific reading disability. *Journal of Educational Psychology, 88,* 601-638.

제3장 교실에서의 읽기 교수

Berkeley, M. (2002). The importance and difficulty of disciplined adherence to the educational reform model. *Journal of Education for Students Placed at Risk, 7*(2), 221-239.

National Governors Association Center for Best Practices, Council of Chief State School Officers. (2010). *Common core state standards: English language arts.* Washington, DC: National Governors Association Center for Best Practices, Council of Chief State School Officers.

제4장 교수 전달

Armbruster, B. B., Echols, C. H., & Brown, A. L. (1983). *The role of metacognition in reading to learn: A developmental perspective* (Reading Education Report No. 40). Champaign-Urbana: University of Illinois, Center for the Study of Reading.

Billingsley, B. S., & Wildman, T. M. (1990). Facilitating reading comprehension in learning disabled students: Metacognitive goals and instructional strategies. *Remedial and Special Education, 11*(2), 18-31.

Borkowski, J. G. (1992). Metacognitive theory: A framework for teaching literacy, writing, and math skills. *Journal of Learning Disabilities, 25*(4), 253-257.

Brown, A. (1987). Metacognition, executive control, self-regulation, and other more mysterious mechanisms. In F. E. Weinert & R. H. Kluwe (Eds.), *Metacognition, motivation, and understanding* (pp. 65–116). Hillsdale, NJ: Erlbaum.

Carnine, D. W., & Kame'enui, E. J. (1992). *Higher order thinking: Designing curriculum for mainstreamed students*. Austin, TX: PRO-ED.

Collins, V. L., Dickson, S. V., Simmons, D. C., & Kame'enui, E. J. (1996). *Metacognition and its relation to reading comprehension: A synthesis of the research* (Technical Report No. 23). Eugene, OR: University of Oregon, National Center to Improve the Tools of Educators.

Cornoldi, C. (1990). Metacognitive control processes and memory deficits in poor comprehenders. *Learning Disability Quarterly, 13*(4), 245–255.

Cronbach, L. J., & Snow, R. E. (1977). *Aptitudes and instructional methods: A handbook for research on interaction*. New York: Irvington.

Engelmann, S. E., & Carnine, D. (1976). A structural program's effect on the attitudes and achievement of average and above average second graders. In W. C. Becker & S. Englemann (Eds.), *Technical report 76-1. Appendix B: Formative research*. Eugene, OR: University of Oregon.

Guthrie, J. T. (1977). Follow through: A compensatory education experiment. *The Reading Teacher, 31*(2), 240–244.

Meltzer, L. J. (1993). Strategy use in students with learning disabilities: The challenge of assessment. In L. J. Meltzer (Ed.), *Strategy assessment and instruction for students with learning disabilities* (pp. 93–136). Austin, TX: PRO-ED.

National Reading Panel. (2000). Report of the National Reading Panel. *Teaching children to read: An evidence-based assessment of the scientific research literature on reading and its implications for reading instruction: Reports of the subgroups* (NIH Publication No. 00-4754). Washington, DC: U.S. Government Printing Office.

Palincsar, A., & Brown, A. (1984). Reciprocal teaching of comprehension-fostering and comprehension-monitoring activities. *Cognition and Instruction, 1,* 117–175.

Paris, S. G., & Jacobs, J. E. (1984). The benefits of informed instruction for children's reading awareness and comprehension skills. *Child Development, 55,* 2083–2093.

Simmons, D. C., Kame'enui, E. J., & Darch, C. (1988). Learning disabled children's metacognition of selected textual features. *Learning Disabilities Quarterly, 11,* 380–

395.

Wong, B. Y. L. (1992). On cognitive process-based instruction: An introduction. *Journal of Learning Disabilities, 25*(3), 150-152, 172.

제5장 초기 읽기에 대한 개관

Armbruster, B. B., Lehr, F., & Osborn, J. (2001). *Put reading first: The research building blocks for teaching children to read.* Washington, DC: Partnership for Reading.

Carnine, D. W. (2000). *Why education experts resist effective practices and what it would take to make education more like medicine.* Thomas B. Fordham Foundation report of April 2000.

Chall, J. (1967). *Learning to read: The great debate.* New York: McGraw-Hill.

Dehaene, S. (2009). *Reading in the brain: The science and evolution of a human invention.* New York. NY: Viking.

Engelmann, S. E. (2004, January 28). The Dalmatian and its spots: Why research-based recommendations fail logic 101. *Education Week.*

Moats, L. C. (2000). *Whole language lives on: The illusion of balanced reading instruction.*

National Reading Panel. (2000). Report of the National Reading Panel. *Teaching children to read: An evidence-based assessment of the scientific research literature on reading and its implications for reading instruction: Reports of the subgroups* (NIH Publication No. 00-4754). Washington, DC: U.S. Government Printing Office.

Shaywitz, S. (2008). *Overcoming dyslexia.* New York, NY: Random House.

Wolf, M. (2007). *Proust and the squid: The story and science of the reading brain.* New York, NY: HarperCollins.

제6장 음소 인식과 알파벳의 이해

Adams, M. J. (1990). *Beginning to read: Thinking and learning about print*. Cambridge, MA: MIT Press.

Ball, E. W., & Blachman, B. A. (1991). Does phoneme awareness training in kindergarten make a difference in early word recognition and developmental spelling? *Reading Research Quarterly, 24*(1), 49-66.

Byrne, B., & Fielding-Barnsley, R. (1990). Acquiring the alphabetic principle: A case for teaching recognition of phoneme identity. *Journal of Educational Psychology, 82,* 805-812.

Carnine, D. W., & Silbert, J. (1979). *Direct instruction reading*. Columbus, OH: Merrill.

Dehaene, S. (2009). *Reading in the brain: The science and evolution of a human invention*. New York. NY: Viking.

Kame'enui, E. J. (1996). Shakespeare and beginning reading: "The readiness is all." *Teaching Exceptional Children, 28*(2), 77-81.

Mann, V. (1993). Phoneme awareness and future reading ability. *Journal of Learning Disabilities, 26*(4), 259-269.

National Reading Panel. (2000). Report of the National Reading Panel. *Teaching children to read: An evidence-based assessment of the scientific research literature on reading and its implications for reading instruction: Reports of the subgroups* (NIH Publication No. 00-4754). Washington, DC: U.S. Government Printing Office.

Pinker, S. (1994). *The language instinct: How the mind creates language*. New York: HarperCollins.

Rack, J. P., Snowling, M. J., & Olson, R. K. (1992). The nonword reading deficit in developmental dyslexia: A review. *Reading Research Quarterly, 27*(1), 29-52.

Smith, S. B., Simmons, D. C., & Kame'enui, E. J. (1995). *Synthesis of research on phonological awareness: Principles and implications for reading acquisition* (Tech. Rep. No. 21). Eugene, OR: University of Oregon, National Center to Improve the Tools of Educators.

Snowling, M. J. (1991). Developmental reading disorders. *Journal of Child Psychology and Psychiatry, 32*(1), 49-77.

Spector, J. E. (1995). Phonemic awareness training: Application of principles of direct instruction. *Reading and Writing Quarterly, 11,* 37–51.

Stanovich, K. E. (1986). Matthew effects in reading: Some consequences of individual differences in the acquisition of literacy. *Reading Research Quarterly, 21*(4), 360–406.

Vellutino, F. R. (1991). Introduction to three studies on reading acquisition: Convergent findings on theoretical foundations of code-oriented versus whole-language approaches to reading instruction. *Journal of Educational Psychology, 83,* 437–443.

Vellutino, F. R., & Scanlon, D. M. (1987a). Linguistic coding and reading ability. In S. Rosenberg (Ed.), *Advances in applied psycholinguistics* (Vol. 2, pp. 1–69). New York: Cambridge University Press.

제11장 초기 읽기 단계의 어휘 교수

Beck, I. L., McKeown, M. G., & Kucan, L. (2002). *Bringing words to life: Robust vocabulary instruction*. New York: Guilford Press.

Biemiller, A. (2012). Teaching vocabulary in the primary grades: Vocabulary instruction needed. In E. J. Kame'enui & J. F. Baumann (Eds.), *Vocabulary instruction: Research to practice* (2nd ed., pp. 34–50). New York: The Guilford Press.

Engelmann, S. E., & Osborn, J. (2002). *Language for thinking*. Columbus, OH: Science Research Associates.

Engelmann, S. E., & Osborn, J. (2008). *Language for learning*. Columbus, OH: Science Research Associates.

McKeown, M. G., Beck, I. L., & Sandora, C. (2012). Direct and rich vocabulary instruction needs to start early. In E. J. Kame'enui & J. F. Baumann (Eds.), *Vocabulary instruction: Research to practice* (pp. 17–33). New York: The Guilford Press.

National Reading Panel. (2000). Report of the National Reading Panel. *Teaching children to read: An evidence-based assessment of the scientific research literature on reading and its implications for reading instruction: Reports of the subgroups* (NIH

Publication No. 00-4754). Washington, DC: U.S. Government Printing Office.

제12장 초기 읽기 단계의 독해 교수

Hart, B., & Risley, T. R. (1995). *Meaningful differences in the everyday experience of young American children*. Baltimore, MD: Brookes Publishing Co.

National Reading Panel. (2000). Report of the National Reading Panel. *Teaching children to read: An evidence-based assessment of the scientific research literature on reading and its implications for reading instruction: Reports of the subgroups* (NIH Publication No. 00-4754). Washington, DC: U.S. Government Printing Office.

제13장 발음 원리 분석

Hanna, P. R., Hanna, J. S., Hodges, R. E., & Rudlof, E. H. (1966). *Phoneme-grapheme correspondences as cues to spelling improvement*. Washington, DC: U.S. Government Printing Office.

National Reading Panel. (2000). Report of the National Reading Panel. *Teaching children to read: An evidence-based assessment of the scientific research literature on reading and its implications for reading instruction: Reports of the subgroups* (NIH Publication No. 00-4754). Washington, DC: U.S. Government Printing Office.

제14장 구조 분석

Archer, A., Gleason, M., & Vachon, V. (2003). *Rewards*. Boulder, CO: Sopris West.

제15장 초등 저학년 및 중학년에서의 불규칙 단어

Burmeister, L. E. (1968). Usefulness of phonic generalizations. *Reading Teacher, 21*, 349-356.

Hanna, P. R., Hanna, J. S., Hodges, R. E., & Rudlof, E. H. (1966). *Phoneme-grapheme correspondences as cues to spelling improvement*. Washington, DC: U.S. Government Printing Office.

제16장 유창성 교수 및 지문 읽기

Engelmann, S. E. (2008). *Improving reading rate of low performers*. Unpublished manuscript. Available at www.zigsite.com.

Hasbrouck, J. E., & Tindal, G. (1992, Spring). Curriculum-based oral reading fluency norms for students in grades 2-5. *Teaching Exceptional Children, 24*(3), 41-44.

National Reading Panel. (2000). Report of the National Reading Panel. *Teaching children to read: An evidence-based assessment of the scientific research literature on reading and its implications for reading instruction: Reports of the subgroups* (NIH Publication No. 00-4754). Washington, DC: U.S. Government Printing Office.

제17장 초기 읽기 단계 이후의 어휘 교수

Armbruster, B. B., Lehr, F., & Osborn, J. (2001). *Put reading first: The research building blocks for teaching children to read*. Washington, DC: Partnership for Reading.

Beck, I. L., McKeown, M. G., & Kucan, L. (2002). *Bringing words to life: Robust vocabulary instruction*. New York: Guilford Press.

Beck, I. L., McKeown, M. G., & Omanson, R. C. (1987). The effects and uses of diverse vocabulary instructional techniques. In M. G. McKeown & M. E. Curtis (Eds.), *The nature of vocabulary acquisition* (pp. 147-163). Hillsdale, NJ: Erlbaum.

Beck, I. L., Perfetti, C. A., & McKeown, R. C. (1982). Effects of long-term vocabulary instruction on lexical access and reading comprehension. *Journal of Educational Psychology, 74,* 506-521.

Biemiller, A. (2001, Spring). Teaching vocabulary: Early, direct, and sequential. *American Educator,* American Federation of Teachers.

Biemiller, A. (2012). Teaching vocabulary in the primary grades: Vocabulary instruction needed. In E. J. Kame'enui & J. F. Baumann (Eds.), *Vocabulary instruction: Research to practice* (2nd ed., pp. 34-50). New York: The Guilford Press.

Carnine, D. W., Kameenui, E. J., & Coyle, G. (1984). Utilization of contextual information in determining the meaning of unfamiliar words. *Reading Research Quarterly, 19*(2), 188-204.

Carnine, D. W., Kameenui, E. J., & Woolfson, N. (1982). Training textual dimensions related to text-based inferences. *Journal of Reading Behavior, 14*(3), 335-340.

Graves, M. F. (1986). Vocabulary learning and instruction. *Review of Research in Education, 13,* 49-90.

Graves, M. F., Juel, C., & Graves, B. B. (1998). *Teaching reading in the 21st century.* Des Moines, IA: Allyn & Bacon.

Hart, B., & Risley, T. R. (1995). *Meaningful differences in the everyday experience of young American children.* Baltimore, MD: Brookes Publishing Co.

Irvin, J. L. (2001, May). *Strategies to improve reading in the content areas.* Presentation sponsored by Staff Development Resources, Portland, OR.

Kame'enui, E. J., & Baumann, J. F. (Eds.). (2012). *Vocabulary instruction: Research to practice* (2nd ed.). New York: The Guilford Press.

McKeown, M. G., Beck, I. L., & Sandora, C. (2012). Direct and rich vocabulary instruction needs to start early. In E. J. Kame'enui & J. F. Baumann (Eds.), *Vocabulary instruction: Research to practice* (pp. 17-33). New York: The Guilford Press.

Mezynski, K. (1983). Issues concerning the acquisition of knowledge: Effects of vocabulary training on reading comprehension. *Review of Educational Research, 53,* 253-279.

Nagy, W. E. (1988). *Teaching vocabulary to improve reading comprehension.* Newark, DE: International Reading Association.

Nagy, W. E., Anderson, R., & Herman, P. (1987). Learning word meanings from context during normal reading. *American Educational Research Journal, 24,* 237-270.

Nagy, W. E., Herman, P., & Anderson, R. C. (1985). Learning words from context. *Reading Research Quarterly, 20,* 233-253.

National Reading Panel. (2000). Report of the National Reading Panel. *Teaching children to read: An evidence-based assessment of the scientific research literature on reading and its implications for reading instruction: Reports of the subgroups* (NIH Publication No. 00-4754). Washington, DC: U.S. Government Printing Office.

Smith, R. W. L. (1966). *Dictionary of English word-roots.* Totowa, NJ: Littlefield, Adams & Co.

Stahl, S. A., & Fairbanks, M. M. (1986). The effects of vocabulary instruction: A model-based meta-analysis. *Review of Educational Research, 56,* 72-110.

Stahl, S. A., & Shiel, T. G. (1999). Teaching meaning vocabulary: Productive approaches for poor readers. In *Read all about it! Readings to inform the profession* (pp. 291-321). Sacramento, CA: California State Board of Education.

제18장 독해 기술과 절차

Engelmann, S. E., Osborn, S., & Hanner, S. (2008). *Corrective reading program: Comprehension skills.* Columbus, OH: Science Research Associates.

Engelmann, S. E., Osborn, S., & Hanner, S. (2008). *Reading mastery signatures Grade 4 and 5.* Columbus, OH: Science Research Associates.

Hirsch, E. (2006). Building knowledge. *American Educator, 30*(1), 8-51.

National Reading Panel. (2000). Report of the National Reading Panel. *Teaching children to read: An evidence-based assessment of the scientific research literature on reading and its implications for reading instruction: Reports of the subgroups* (NIH Publication No. 00-4754). Washington, DC: U.S. Government Printing Office.

RAND Reading Study Group. (2002). *Reading for understanding: Toward an R & D program in reading comprehension.* A report prepared for the Office of Education

Research and Improvement (OERI).

Torgesen, J. K. (2007, January). ***Research related to strengthening instruction in reading comprehension***. Presentation at Reading First Comprehension Conference, Atlanta, GA. Available at www.fcrr.org.

제19장 서술문 독해 전략

Gurney, D. E., & Dimino, J. (1990). Story grammar: An approach for promoting at-risk secondary students' comprehension of literature. *Elementary School Journal, 91,* 19-3.

제21장 내용 교과(사회, 과학 등) 읽기 직접교수법

Archer, A., & Gleason, M. (2002). ***Skills for school success*** (Book 4). North Billerica, MA: Curriculum Associates.

Beck, I. L., McKeown, M. G., & Kucan, L. (2002). ***Bringing words to life: Robust vocabulary instruction***. New York: Guilford Press.

Bulgren, J. A., Schumaker, J. B., & Deshler, D. D. (1988). Effectiveness of a concept teaching routine in enhancing the classes. *Learning Disability Quarterly, 11,* 3-17.

Darch, C., Carnine, D., & Kame'enui, E. (1986). The role of visual displays and social structure in content-area instruction. *Journal of Reading Behavior, 18,* 275-295.

Deshler, D. D., Schumaker, J., Harris, K. R., & Graham, S. (1999). ***Teaching every adolescent everyday***. Cambridge, MA: Brookline Books.

DiCecco, V. M., & Gleason, M. M. (2002). Using graphic organizers to attain relational knowledge from expository text. *Journal of Learning Disabilities, 35*(4), 306-320.

Fuchs, D., Fuchs, L. S., Mathes, P. G., & Simmons, D. C. (1996). ***Peer-assisted learning strategies in reading: A manual***. (Available from Douglas Fuchs, Box 328 Peabody, Vanderbilt University, Nashville, TN 37203)

Gajria, M., & Salvia, J. (1992). The effects of summarization instruction on text comprehension of students with learning disabilities. *Exceptional Children, 58*(6), 508-516.

Gleason, M. M., Archer, A. L., & Colvin, G. (2002). Interventions for improving study skills. In M. R. Shinn, H. M. Walker, & G. Stoner (Eds.), *Interventions for academic and behavior problems II: Preventive and remedial approaches* (pp. 651-680). Bethesda, MD: NASP Publications.

Griffin, C. C., Duncan Malone, L., & Kame'enui, E. J. (1995). Effects of graphic organizer instruction on fifth-grade students. *Journal of Educational Research, 89*(2), 98-107.

Griffin, C. C., Simmons, D. C., & Kame'enui, E. J. (1991). Investigating the effectiveness of graphic organizer instruction on the comprehension and recall of science content by students with learning disabilities. *The Journal of Reading, Writing, and Learning Disabilities International, 7*(4), 355-376.

Hiebert, E. H.., & Cervetti, G. N. (2012). What differences in narrative and informational texts mean for the learning and instruction of vocabulary. In E. J. Kame'enui & J. F. Baumann (Eds.), *Vocabulary instruction: Research to practice* (2nd ed., pp. 322-344). New York: The Guilford Press.

Kame'enui, E. J., & Baumann, J. F. (Eds.). (2012). *Vocabulary instruction: Research to practice* (2nd ed.). New York: The Guilford Press.

Palincsar, A., & Brown, A. (1986). Interactive teaching to promote independent learning from text. *The Reading Teacher, 39,* 771-777.

Pittelman, S. D., Heimlich, J. E., Berglund, R. L., & French, M. P. (1991). *Semantic feature analysis: Classroom applications.* Newark, DE: International Reading Association.

Schumaker, J. B., Denton, P. H., & Deshler, D. D. (1984). *The paraphrasing strategy.* Lawrence: The Unversity of Kansas.

Sheinker, J., & Sheinker, A. (1989). *Metacognitive approach to study strategies.* Rockville, MD: Aspen.

제22장 개입 반응: 학교 차원의 읽기 교수 조직화

Burns, M. K., & Gibbons, K. A. (2008). *Implementing response-to-intervention in elementary and secondary schools: Procedures to assure scientific-based practices.* NY: Routledge.

Fuchs, L., Fuchs, D., & Vaughn, S. (2014). What is intensive instruction and why is it important? *Teaching Exceptional Children, 46*(4), 13-18.

Gersten, R., Compton, D., Connor, C. M., Dimino, J., Santoro, L., Linan-Thompson, S., & Tilly, W. D. (2008). *Assisting students struggling with reading: Response to Intervention and multitier intervention for reading in the primary grades. A practice guide.* (NCEE 2009-4045). Washington, DC: National Center for Education Evaluation and Regional Assistance, Institute of Education Sciences, U.S. Department of Education. Retrieved from http://ies.ed.gov/ncee/wwc/publications/practiceguides/.

National Center on Response to Intervention. (2010). *Essential components of RTI—A closer look at response to intervention.* Washington, DC: U.S. Department of Education, Office of Special Education Programs, National Center on Response to Intervention.

Vaughn Gross Center for Reading and Language Arts. (2005). *Introduction to the 3-Tier Reading Model* (4th ed.). University of Texas System/Texas Education Agency.

찾아보기

인명

내용

ㄴ

ㄷ

ㅁ

ㅂ

저자 소개

Douglas W. Carnine

미국 오리건 대학교 명예교수

Jerry Silbert

직접교수학회(The National Institute for Direct Instruction: NIFDI) 임원

Edward J. Kame'enui

미국 오리건 대학교 교수

Timothy A. Slocum

미국 유타 주립대학교 교수

Patricia A. Travers

미국 오리건 대학교 교수

역자 소개

정광조(Jung Kwang Jo)

단국대학교 특수교육과 학사
단국대학교 대학원 특수교육전공 석사
서울대학교 대학원 교육학과 특수교육전공 박사
전 성균관대학교 교육학과 및 연세대학교 교육대학원 겸임교수
고려대학교, 서울교육대학교 및 경인교육대학교 외래교수
중부대학교 및 나사렛대학교 중등특수교육과 겸임교수
서울특별시교육청 교육연구정보원 교육정책연구소 위촉연구원
서울특별시중부교육지원청 특수교육운영위원
현 서울특별시교육청 중등 특수교사
광운대학교 교육대학원 특수교육전공 외래교수
한국학습장애학회 이사

〈주요 저 · 역서〉
『특수교육의 이해』(공저, 학지사, 2019)
『포커스 그룹 연구 방법론: 이론과 실제』(공역, 학지사, 2018)
『특수아동의 이해』(공저, 일문사, 2015)

신재현(Shin, Jaehyun)

서울대학교 사범대학 교육학과 학사
서울대학교 대학원 교육학과 특수교육전공 석사
미국 미네소타 대학교 교육심리학과 특수교육전공(학습장애) 박사(Ph.D.)
전 미국 미네소타 대학교 교육심리학과 박사후 연구원
한국학습장애학회 상임이사
현 경인교육대학교 특수(통합)교육학과 부교수
한국학습장애학회 이사
학습자중심교과교육학회 이사

〈주요 저 · 역서〉
『교육사각지대 학습자 이해와 지원』(공저, 박영스토리, 2022)
『예비교사 교육의 방향과 실천』(공저, 지식과감성, 2020)
『특수교육의 이해』(공저, 학지사, 2019)
『학습장애 및 학습부진 아동의 과학적 평가방법: 교육과정중심측정(CBM)의 이해』(공역, 학지사, 2015)

이대식(Lee, Daesik)

서울대학교 사범대학 교육학과 학사
서울대학교 사범대학 교육대학원 교육방법전공 석사
미국 오리건 대학교 특수교육과 박사(Ph.D.)
전 한국학습장애학회 회장
한국통합교육학회 회장
현 경인교육대학교 특수(통합)교육학과 교수
한국통합교육학회 이사
한국특수교육학회 이사

〈주요 저 · 역서〉
『학습부진 및 학습장애 교육: 교수-학습이론과 모형의 조건』(학지사, 2020)
『통합교육의 이해와 실제: 통합학급에서의 효과적인 교육방법』(3판, 공저, 학지사, 2018)
『직접교수법에 따른 효과적인 수학 수업: 수학 학습부진 및 학습장애 학생 지도법』
(공역, 학지사, 2017)
『DSM-5에 기반한 학습장애아동의 이해와 교육』(3판, 공저, 학지사, 2016)
『학습부진학생의 이해와 지도』(공저, 교육과학사, 2014)

직접교수 읽기

Direct Instruction Reading (6th ed.)

2022년 8월 10일 1판 1쇄 인쇄
2022년 8월 20일 1판 1쇄 발행

지은이 • Douglas W. Carnine · Jerry Silbert · Edward J. Kame'enui
Timothy A. Slocum · Patricia A. Travers
옮긴이 • 정광조 · 신재현 · 이대식
펴낸이 • 김진환
펴낸곳 • (주) 학지사
04031 서울특별시 마포구 양화로 15길 20 마인드월드빌딩
대표전화 • 02)330-5114 팩스 • 02)324-2345
등록번호 • 제313-2006-000265호

홈페이지 • http://www.hakjisa.co.kr
페이스북 • https://www.facebook.com/hakjisa

ISBN 978-89-997-2730-6 93370

정가 27,000원